제 12 판

# 학습장애와 관련 경도장애

## 특징, 교수 전략, 그리고 새로운 방향

# Learning Disabilities and Related Mild Disabilities

## Characteristics, Teaching Strategies, and New Directions

**Twelfth Edition**

Janet W. Lerner · Beverley Johns 지음
김미숙 옮김

박학사

Andover • Melbourne • Mexico City • Stamford, CT • Toronto • Hong Kong • New Delhi • Seoul • Singapore • Tokyo

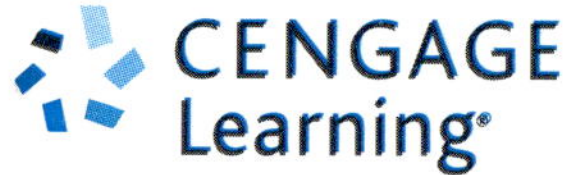

**Learning Disabilities and Related Mild Disabilities**

12th Edition

Janet W. Lerner, Beveriey Johns


ISBN: 978-1-1111-8570-1



ISBN-13: 978-89-98521-21-9

**Cengage Learning Korea Ltd.**
Suite 1801 Seokyo Tower Building
133 Yanghwa-Ro, Mapo-Gu
Seoul 121-837 Korea
Tel: (82) 2 322 4926
Fax: (82) 2 322 4927

Cengage Learning is a leading provider of customized learning solutions with office locations around the globe, including Singapore, the United Kingdom, Australia, Mexico, Brazil, and Japan. Locate your local office at:
**www.cengage.com/global**

Cengage Learning products are represented in Canada by Nelson Education, Ltd.

For product information, visit **www.cengageasia.com**

Printed in Korea
1 2 3 4 17 16 15 14

# 차례

## 7장 주의력결핍 과잉행동장애와 관련 장애 233

## 8장 장애 유아 265

## 12장 읽기 곤란 413

## 13장 쓰기 언어 곤란 469

이 책의 참고 문헌은 지면상 싣지 못했습니다.
박학사 웹사이트(http://www.pakhaksa.co.kr)의 자료실에서 내려받을 수 있습니다.

# 역자의 말

그 동안 특수교육은 사회문화적 변화와 함께 많은 성공적 결과는 물론 새로운 문제를 야기하면서 해결해야 할 과제도 산더미처럼 많아졌습니다. 특히 학습과 관련된 문제들은 개개인에게 매우 큰 어려움으로 다가 서 있고, 이런 문제들은 개개인의 특성에 따라 다양하게 나타나고 있습니다. 인간이 유일한 존재로서 가지게 되는 독특한 다양성의 문제는 해결방법도 다양해야 한다는 결론을 이끌게 합니다. 이는 철저히 개별적 접근으로 문제를 해결해야 한다는 과제가 교육현장에 종사하는 교사들에게는 물론 관련 전문가들에게도 막중하게 책임져야 할 임무라는 것을 의미합니다.

역자는 이 책이 이런 고민들의 중요한 핵심 부분을 해결해 줄 것이라고 판단합니다. 이 책은 Lerner에 의해 집필되었던 과거 『학습장애』라는 책의 제목을 『학습장애와 관련 경도장애』로 바꾸면서 현장경험과 이론을 겸비한 Johns와 공동집필을 하여 학습에 문제를 가진 학생들의 대상을 확장하고, 그들이 전 생애에 걸쳐 가질 수 있는 문제를 기술하고 그에 따른 해결방안을 제시하였습니다. 그들의 충실성은 독자들의 궁금증을 많이 해결할 수 있도록 도와줄 것입니다.

이 책은 저자들이 가능한 한 많은 연구에서 진보를 보인 결정적인 결과들과 일반교육과 특수교육 모두에서 일어난 정책의 새로운 변화, 그리고 교사, 부모 및 학생들에게 도움이 되는 기초적이고 전통적인 기반, 개념, 전략 그리고 새로운 방향을 제시하고 있습니다. 또한 많은 사례와 예시는 물론 질문을 제시하여 독자들이 이 책과 함께 해결방안들을 고민할 수 있는 풍부한 기회를 제공하고 있습니다. 이런 모든 내용은 특수교사를 꿈꾸는 모든 학생들을 물론, 교육전문가, 특수교육 관련 종사자들에게도 유익할 것입니다.

12판은 미국과 캐나다를 제외한 다른 나라에서만 구매할 수 있는 국제판으로 참신하게 개정되었으나, 실질적인 내용으로 들어가 보면 미국 현실에 더 적절한 정책이나 방향들이 제시되어 있어, 우리나라의 독자들이 현실감을 느끼기에는 충분하지 못할 수도 있습니다. 그러나 이론적 배경, 철학, 교수전략, 학습에서 생길 수 있는 문제들, 사정 방법 등에 대한 기술들은 모든 사회문화에 속한 학습장애를 이해하는 데 굉장한 도움이 될 것이고, 많은 사례 제시는 우리나라에서도 흔히 접할 수 있는 사례들이라 괴리감보다는 동질감을 느낄 것입니다. 다만 미국의 정책이나 법은 우리나라의 학습장애에 대한 법적 보호나 권리들을 찾아 비교하는 기회를 갖는다면 한국 학습장애 현장의 발전을 위한 새로운 모색의 기회를 마련할 수 있을 것입니다. 더불어 독자들의 이해에 조금이라도 도움이 되기 위해, 미국의 상황적 용어나 과정, 예시 용어 등에 관해서는 역자가 필요하다고 생각될 때 각주를 이용하여 설명해 두었습니다.

이 책을 읽는 방법은 저자들이 서문을 통해 상세하게 기술하여 독자들의 이해를 돕고 있으니 참고하시길 바라며, 본문 안에 있는 질문들은 각자 답을 하여 사고를 확장시킬 기회로 활용하기 바랍니다. 또한 이 책은 정말 많은 웹사이트를 제공하고 있는데, 독자들이 이를 활용하신다면 좀 더 풍부한 정보를 얻을 수 있을 것입니다.

학습장애에 대한 책은 늘 그 내용이 방대하고 까다로워 이해하는 데 많은 시간이 필요하고, 다양한 관점에서의 접근이 요구됩니다. 이러한 어려움은 Lerner와 Johns가 공동 저술한 이번 책으로 많이 해결될 것입니다. 학습에 문제를 보이는 학생들에게 관심이 있는 독자들에게 많은 도움이 되었으면 합니다.

마지막으로 학습에 어려움을 가진 개개인에게는 응원의 박수를, 늘 현장에서 학습에 문제를 보이는 학생들을 위해 애쓰는 모든 선생님들께는 감사의 박수를, 교사를 꿈꾸는 예비교사에게는 용기의 박수를 보냅니다. 또한 이 책을 출판하기까지 물심양면으로 도와주신 박학사의 모든 직원들께도 감사의 마음을 전합니다.

역자 김미숙

# 저자 서문

이 책은 학습장애 학생과 경도장애 학생이라는 두 집단 모두에 초점을 맞추었다. **학습장애**는 특수교육법에 분류된 장애 범주이다. **경도장애**는 학습장애를 포함하여 특수교육의 몇몇 범주에 속한 학생 집단으로 많은 학교에서 사용되는 명칭이다. 학습장애 학생과 관련 경도장애 학생들은 개개인이 독특한 재능, 특징, 강점 그리고 약점의 조합으로 당혹스럽게 한다. 이 책에서 제시하고 있는 개념과 전략들은 광범위하게 적용되며, 학습장애 학생과 관련 경도장애 학생들에게 적절하다. 학습장애 학생과 관련 경도장애 학생들은 모든 학급에서 발견된다. 이런 학생들은 인지되고 대우받음에도 불구하고, 살아가는 내내 많은 어려움을 가지게 되는 운명에 처해 있다. 이 책의 주요 관심과 목표는 학습장애 학생과 관련 경도장애 학생을 확인하고, 그들이 학교와 인생에서 성공할 수 있도록 돕는 것이다.

『학습장애와 관련 경도장애: 특징, 교수 전략, 그리고 새로운 방향』(12판)은 학습장애 학생과 경도장애 학생에 대한 최신의 관점을 반영하는데, 연구에서의 결정적인 진보를 포함하고, 오늘날 일반교육과 특수교육 모두에서 일어난 정책의 변화도 살펴본다. 또한 새로운 경향으로, 이 책은 해를 거듭하면서 교사, 부모 그리고 학생들에게 도움이 되는 기초적이고 전통적인 기반, 개념, 그리고 전략을 제시한다.

## 독자, 접근법, 그리고 목적

『학습장애와 관련 경도장애』(12판)는 대학과 대학원에서 일반교육 혹은 특수교육을 전공하는 학생들을 위한 책으로 집필하였다. 이 분야에 대한 포괄적인 이해를 제시하고, 다양한 경도장애의 특징을 기술하고, 일반교사, 특수교사, 학교심리학자, 행정가, 병리학자, 상담가, 관련 전문가에게 교수전략을 제공한다. 『학습장애와 관련 경도장애』는 예비교사에게 특히 유용하고, 일반교육 혹은 포함학급의 특별한 요구를 가진 학생들을 가르쳐야 하는 책임감이 점점 증가되면서 재직 중인 교사에게도 유용하다. 또한, 이 책은 부모들에게 자녀와 자녀의 문제를 좀 더 잘 이해할 수 있는 필수적인 배경 정보를 제공한다. 학습장애와 관련 경도장애는 대부분의 아동, 청소년, 성인들의 학습을 방해하면서 그들의 학교생활과 성인 삶에 영향을 미친다. 그들의 문제는 학교 학습에서 심각한 어려움으로 이어지고, 이런 어려움은 종종 성인기까지 지속된다. 학습장애와 관련 경도장애에 대한 필자들의 다차원적인 접근은 독자들에게 이런 복잡한 주제에 대하여 포괄적인 개관을 얻을 수 있도록 할 것이다. 교사들은 경도장애 분야에서 다양한 이론상의 접근을 이해해야 한다. 그들은 학생을 평가하기 위한 절차를 알아야 하고, 치료 교육적 기술을 가지고 있어야 하고, 교수 방법, 전략, 그리고 매체에 친숙해져 있어야 한다. 또한 교사들은 특수교육법의 영향을 잘 알고 있어야 한다.

## 12판에 포함된 새로운 것들

이 책의 적용 범위와 특별한 특징은 예비교사들이 담당할 미래의 학급에서 성공하는 데 도움이 되도록 구성되어 있다. 이번 12판에 담겨 있는 몇몇 핵심 개편에 대한 개요의 간단한 목록은 아래와 같다.

### 새로운 교차-범주 강조

대부분의 주는 그들의 교사 자격증 정책을 변화시켜 "경도장애" 혹은 어떤 경우에는 "경도/중(中)도장애"와 같은 명칭을 사용하여 교차-범주적으로 특수교사 자격증을 발부하고 있다. "경도장애"라는 명칭에는 각각의 주의 자격 기준에 따라 종종 학습장애, 정신지체, 정서/행동장애, 기타 장애와 같이 몇 가지 서로 다른 범주에서 특수교육 지원에 적격한 학생들이 포함된다. 주의 새로운 자격 요구에 충족되려면 대학 수준의 교사 준비 프로그램은 광범위하게, 그리고 경도장애 학생을 가르치기 위한 공부에서는 교차-범주적 과정을 포함해야 할 것이다. 이 책은 "학습장애"에 관한 전통적인 과정은 물론 이런 광범위한 과정(종종 "경도장애 학생 가르치기"라는 제목을 붙이기도 함)에 사용할 수 있다. 이 책에서 제시하는 개념은 광범위하고 모든 유형의 과정에 적용 가능하다. 예를 들어, 주제와 법의 적용범위, 사정, 반응-대-중재(RTI) 절차, 그리고 교수 전략들은 학습장애 학생과 관련 경도장애 학생 모두에게 즉시 적용할 수 있다.

## 좀 더 많은 일반학급에서 교육의 적용 범위

대부분의 학습장애 학생과 관련 경도장애 학생들을 위한 교육적 환경은 일반학급이고, 이런 학생들을 가르치는 것은 일반교사의 책임이다. 이 책의 모든 장에 마련된 특별한 글상자(특별한 특징으로)와 담화자료는 학습장애 학생과 관련 경도장애 학생을 가르치는 일반교사들을 위한 전략에 대한 설명이다.

오늘날, 대부분의 학습장애 학생과 관련 경도장애 학생들은 일반학급이나 포함학급에서 수업을 받는다. 포함은 많은 혜택이 있다. 일반학급은 장애 학생들에게 그들의 일반학급 또래친구들과의 관계를 제공하고, 일반학급의 학생들에게는 다양한 학생들을 좀 더 많이 수용할 수 있도록 도와주며, 일반교사와 특수교사 간의 협동을 개선한다.

## 초 · 중등교육법(ESEA)의 재인증

ESEA(초 · 중등교육법)은 낙제아동방지법(NCLB)으로 잘 알려져 있는데, 이는 2002년 부시 행정부에서 통과시킨 법이다. ESEA법은 현재 재인증되어 NCLB법을 대신한다. ESEA법은 다음과 같은 내용을 포함하여 새롭게 제안되었다.

- 주, 학교 구역, 그리고 학교를 위하여 증가된 교육 재정
- 새로운 연방 검사 기준(주 기준 대신)
- 학생의 점수를 올린 교사를 위한 보상 및 인센티브
- 오랜 기간 반복되는 학생의 시험 점수의 향상을 강조
- 추가된 차터 스쿨(charter school)*을 위한 좀 더 많은 지원
- 대학을 위한 어린 학생들 준비시키기

* [역자 주] 차터 스쿨은 미국의 교육 개혁의 일환으로 학부모 · 교원 · 자치단체 등이 협력하여 설립한 초 · 중 공립학교의 일종인데, 일반적인 공립학교보다 규제가 적은 것이 특징이지만 학생의 성적 향상에 지나치게 치중하는 문제도 있다.

## 장애인교육개선법2004(IDEA2004)의 재인증

이번 개정판에서는 IDEA2004에 관한 새로운 정보와 장애 영역에 미치는 영향에 대한 정보도 제공하였다. 이 책의 1장과 2장에서 필자들은 학습장애 학생과 관련 경도장애 학생들에게 영향을 미치는 IDEA2004의 특별한 특징을 설명하였다. IDEA 2006의 법규는 미국 교육부에 의해 2006년에 발표되었는데, 학교가 IDEA2004의 법을 어떻게 시행해야 하는지에 관하여 분명히 밝혔다. 이 법규들은 1장과 2장에 있으며, 이 책 전체에 걸쳐 잘 논의되어 있다.

## 반응-대-중재(RTI)

RTI는 모든 학생을 가르치기 위한 새로운 과정이고 학습장애 학생과 관련 경도장애 학생의 적격성을 결정하는 데 효과적이다. RTI는 2장에서 포괄적으로 설명하고 있고, 이 책의 관계 있는 모든 부분에 설명되어 있다.

## 영어 학습자(ELLs)의 증가된 적용 범위

특별히 고려해야 할 점은 모국어가 영어가 아니면서 아직 영어가 충분하지 못한 학생인 영어 학습자를 이 책에서 다루고 있다는 것이다. 예비 교사들은 경도장애를 가진 ELL학생의 독특한 요구에 대하여 배워야 한다. 이런 논쟁거리는 11장에서 논의되었고 전반적으로 이 책의 모든 영역에서 잘 다루어지고 있다.

## 웹-근거 출처

오늘날, 학생들은 인터넷을 통하여 어떤 주제에 대한 좀 더 많은 정보를 조사하고 싶어 한다. 이 책에서는 필자들이 논의하고자 하는 주제에 적절한 웹사이트 주소를 제공하였다. 이런 웹사이트 출처를 통하여 학생들이 좀 더 좋은 정보를 찾아볼 수 있고, 적절한 웹사이트로 좀 더 쉽게 내용을 확인할 수 있다. 또한 특정 주제에 대한 많은 적용 범위와 다양한 학습자료가 이 책에 동반된 웹사이트를 통해 제공된다.

## 12판 안에서 각 장의 주요 개정

- 1장과 2장은 특수교육과 관련된 일반교육에 대한 최신의 관점에 대하여 논의한다. 또한 이들 장은 장애 학생들의 사정과 교육에 효과를 미치는 새로운 법에 대하여도 논의한다.
- 6장은 학습장애 학생과 관련 경도장애 학생들에게 자주 보이는 사회, 정서, 그리고 행동 문제에 집중되어 있다. 이런 문제들은 학생의 학습과 그들의 전체 인생을 방해할 수 있다. 또한 이장에서는 사회, 정서, 그리고 행동 문제를 가진 학생들을 도울 수 있는 실제적 전략과 중재를 기술한다.
- 7장은 주의력결핍 과잉행동장애(ADHD)와 자폐 스펙트럼 장애이다. 철저하게 개정된 7장은 ADHD를 위한 새로운 연구와 약물치료에 관한 정보를 제공한다. 또한 7장은 자폐증, 비언어 학습장애, 그리고 아스퍼거 증후군과 같은 관련된 자폐 스펙트럼 장애에 대하여 설명하고 있다.
- 10장은 학습장애와 관련 경도장애에 대한 의료적 측면을 기술한다. 이 장은 뇌와 인지 신경과학 연구에 관한 흥미 있는 최근 결과를 제시한다. 자기공명영상(fMRI)을 활용한 연구는 뇌와 난독증에 대한 새로운 정보를 제공한다.
- 11장은 언어와 영어 학습자(ELL)의 확장된 적용 범위이다. 이런 개편은 ELL학생의 사정과 교육을 위한 방법을 개척한 것이다.
- 새로운 것은 포함에 대한 상세한 적용 범위이다. 현재, 대부분의 학습장애 학생과 관련 경도장애 학생은 일반학급에서 지원된다. 이와 관련된 내용은 1장에서 4장 그리고 6, 7장과 8장에서 확대하였고, 책임성 있는 포함 실제에 대한 최신 정보를 제공하고, 특수교사와 일반교사들이 포함작업에서 함께 협력할 수 있는 방법을 기술했다.
- 장애 유아에 관한 8장은 장애 유아에 대한 새로운 적용 범위와 조기 중재를 기술한다. 8장은 음운적 인식, 신속한 명명하기, 그리고 조기 읽고 쓰기 교수를 포함하여 어린 아동에게서 나타나는 학습장애와 관련 경도장애의 조기신호에 관하여 검토한다. 또한 8장에서는 어린 아동에게 사용되는 다양한 조기 중재 전략을 제공한다.
- 9장은 학습장애와 관련 경도장애를 가진 청소년과 성인에 대한 광범위한 내용을 포함하고 있다. 이 장은 학습장애 청소년과 성인의 문제에 관한 현행의 정보를 제공하고 이런 개개인을 돕는 전략을 제시한다.

- 12장은 읽기에 관한 장으로 읽기 교육을 위한 성공적인 교육방법, 명백한 요구, 음운적 인식, 교수, 발음, 유창성, 어휘, 이해를 가르치기 위한 구조화된 교수에 관하여 국가 읽기 위원회에서 발견한 최신의 결과를 포함한다. 또한 이 장은 읽기를 가르치는 데 읽고 쓰는 능력에 기초한 교수의 가치를 설명한다.
- 예시를 새롭게 구성하였다. 현행 예시와 많은 최신 예시는 이 책의 많은 영역에서 제시된다.

## 학생 학습 지원과 특별한 특징

학습하기에 쉽고 사용하기에 좀 더 매력적으로 이 책을 만들기 위해 필자들은 이번 12판에 가치롭고 새로운 특징을 추가했고, 이전의 책들에 이어 가장 성공적이라고 생각한다.

- **장의 시작 개요**는 각 장의 주요한 머릿글로 기술되는데, 이는 학생들에게 장의 자료를 학습에 활용할 수 있는 사전 조직자의 역할을 담당할 것이다.
- **인용**은 각 장의 시작에 제시되는데, 이는 독자들을 집중하도록 도와주고 통찰력을 자극하기 위해 제공한다.
- **교수 정보**는 학습장애와 관련 경도장애 학생들을 가르치기 위한 실질적 교수 모델, 방법, 전략의 예시를 제공한다.
- **학생 이야기** 글상자는 모든 장에 배치하고 있다. 이런 짧은 실례가 되는 정확한 묘사는 토의에서 주제로서 예시를 들 수 있는 학생의 실제 생활 상황에 따른 단편이다. 심화질문은 각각 학생 이야기의 마지막에 독자들에게 제시하고 있다.
- **일반 교육에 포함된 학생** 글상자는 일반학급에 포함된 학습장애 학생과 관련 경도장애 학생을 가르치는 아이디어와 전략을 제공한다.
- **내가 알고 있는 한 아동...** 글상자는 사례연구로 학생들이 각 장에서 읽었던 내용과 심화질문을 제시하여 적용할 수 있도록 한다.
- **교육정보 비디오 사례 활동**의 특징은 독자들이 각 장의 핵심 주제가 예시되는 실제 교실 환경에서 이루어지는 짧은 비디오 사례를 보는 것이다. 독자들은 이 비디오 사례를 본 후에 심화질문에 대한 답을 한다. 이 비디오 사례는

Education CourseMate 웹사이트에 있고 독자들이 쉽게 접속할 수 있도록 하고 있다.

- **장의 요약**은 각 장의 마지막에 강조하였는데, 한 항목씩 구성하고 주요한 생각을 각 장에 제시하였다.
- **토론과 심화 질문**은 각 장의 요약 다음에 있는데, 이는 각 장에 있는 주요한 생각들에 대하여 협력하여 설명하는 기회를 제공한다.
- **핵심용어**는 각 장의 중요한 핵심 용어를 목록화하여 제공한다.

## 수업을 위한 교육 보충

**교수자 지침.** 교수자 지침은 이 책을 사용하는 과정을 구성하기 위한 장과 장의 계획이다. 특징은 목표, 핵심용어, 주요한 점, 명백한 숙달, 부가적인 교육 출처, 각 장을 위한 시험은행에 대한 학습을 포함한 것이다.

**Education CourseMate와 교수자 웹사이트.** Cengage LearnEducation CourseMate는 인쇄된 책을 지원하는 상호교류 학습, 공부, 그리고 시험 준비 도구와 함께 생활에서의 개념을 과정으로 가져온다. CourseMate는 통합된 전자책, 퀴즈, 플래시카드, 비디오, 그 외 여러 가지를 포함하고, 관계, 첫 도구는 이 과정에 참여하는 학생을 감독한다. 동반되는 교수자 웹사이트는 교수자의 지침에 대한 전자 장치, 시험 은행, 영상 도서관, 파워포인트 슬라이드와 동일한 비밀번호로 접속할 수 있다. login.cengage.com에 접속해 보라.

## 학생을 위한 교육 보충

**Education CourseMate.** 학생들은 Education CourseMate에서 통합된 전자책, 플래시카드가 포함된 학습 도구, 퀴즈, 비디오, 그 외의 여러 가지에 접속해 보라. 이 웹사이트는 추천된 교육정보 비디오 사례(Teachsource Video Case)에 접속을 허용한다. 각 장과 관련된 각 사례는 3분에서 5분 동안의 비디오로 구성되며 오디오 파일은 매일 교사들이 교실에서 직면하는 복잡한 문제와 기회를 묘사한 실제 교실에서 예상되는 각본으로 제시한다. 이 비디오와 오디오 동영상은 배경 지식을 제공하는데 “가상물”과 함께 그들의 복합적인 관점에서 교실의 어려운 문제에 대한 실질적 경험을 교사들이 인지하도록 한다.

## 감사의 말

『학습장애와 관련 경도장애: 특징, 교수 전략, 그리고 새로운 방향』은 학습장애가 있는 학생들, 심각한 학습의 어려움을 가진 학생들, 사회문제를 가진 학생들, 그리고 정서/행동 문제를 가진 학생들과 공립학교에서의 필자들의 경험으로 성장하였다. 또한 필자들은 학습장애, 정서/행동 장애, 그리고 대학에서의 특수교육에 대한 교육과정을 배웠다. 이 책은 필자들의 경험과정들에 학생들로 부터의 피드백에 의해 많은 영향을 받아 집필되었다. 학생들, 동료들, 그리고 기관들 또한 새로운 개념, 프로그램, 사정 도구, 그리고 중재 전략에 관한 필자들의 생각에 집중했다. 필자들은 많은 학자들, 연구자들, 저자들의 저서와 논문, 컨퍼런스에서의 발표자들, 필자들과 함께 작업을 했던 학교 구역과 대학에 있는 교육가들에게 많은 도움을 받았다.

필자들은 다양한 단계에서 원고를 읽어 주고 도움이 되는 제안과 비평을 아낌없이 제공해 준 다음의 검토자들에게 감사의 인사를 드린다.

피츠버그 대학교의 Tabetha Bernstein-Danis
웨인 주립대학교의 Mary F. Brady
실버레이크 대학의 Rosalyn Muraski
제네시즈 뉴욕 주립대학의 Angela Patti
웨인 주립대학교의 Sasha Roberts-Levi
이스턴일리노이 대학교의 Jennifer Stringfellow
인디애나 대학교 이스트의 Pamela Beth Whitt
프레전트빌의 페이스 대학교의 Roberta Wiener

필자들은 이 책을 집필하는 동안 기술적으로 안내를 해 준 센게이지 러닝의 프리랜서 개발 편집자인 Kate Scheinman에게 감사의 인사를 전한다.

Janet Lerner는 우선 특수교육에서 대학 강사, 격려가 되고 자극이 되는 학자이며 저자들에게 감사의 인사를, 그 다음으로는 이 책의 시작에 중요한 역할을 담당해 준 Samuel A. Kirk 박사에게 감사의 인사를 전한다. 또한 그녀의 가족—Susan, Laura, Dean, James, Aaron, Lee, Sue, Anne, Sarah—에게 감사의 마음을 전하며, 늘 격려와 모든 저자적 요구들을 지원해 준 그녀의 남편 Eugene에게도 감사의 마음을 전한다.

Beverley Johns는 지도와 영감을 위하여 그녀의 경력에 가장 영향을 미친 교수 Beth Sulzer-Azaroff 박사에게 감사의 마음을 전한다. 그녀는 학습장애 영역에서 오랫동안 헌신해 온 Janet Lerner와 함께 공동저자가 된 것이 무한한 영광이고 감사할 따름이다. 그녀의 가족(James, Martha, Jim, Craig, Babs, Luverne, Judi, Jan)은 저자로서 갖추어야 할 훈련, 기강 그리고 용기를 제공해 주었다. 그녀의 남편 Lonnie는 지속적인 지지와 인간적 안정의 근원이었다.

*Janet W. Lerner*

*Beverley H. Johns*

## 저자 소개

**Janet W. Lerner**는 노스웨스턴 일리노이 대학교 명예교수로 특수교육과 교수이면서 장을 맡고 있다. 그녀는 특수아동위원회에서 J. E. Wallace Wallin 특수교육 평생 공로상을 수상하였다. 그녀는 개척자 CEC 부분에서 로마인 P. Mackie 상을 수상하였다. Lerner 박사는 일반교사와 특수교사로 근무하였고, 초등학교, 중학교, 고등학교에서 읽기전문가로도 일하였다. 그녀는 몇몇 대학에서 학습장애, 읽기 교수, 특수교육에 대하여 가르쳤다. 그녀는 「학습장애: 학제 간 저널(*Learning Disabilities: An Interdisciplinary Journal*)」, 그리고 미국 학습장애 협회 발간의 공동편집자이다. Lerner 박사는 특별한 요구를 가진 유아(Young Children With Special Needs, 2006), 읽기 문제: 진단과 교수전략(Reading Problems: Diagnosis and Teaching Strategies, 2010)을 포함하여 다수의 저널 논문을 발표하였고 다수의 책을 집필하였다. Lerner 박사는 현재 내셔널 루이스 대학교에서 PACE 프로그램의 소속 교수이다.

**Beverley Holden Johns**는 일리노이 주의 공립학교에서 학습장애 학생과 정서/행동 문제 학생을 35년 동안 가르쳤다. 그녀는 현재 학습과 행동 상담자이고 맥머레이 대학의 강사이다. 그녀는 2000년에 특수아동위원회에서 CEC 우수 리더십 상과

2007년 로마인 P. Mackie 리더십 상을 받았다. 그녀는 2006년에서 2010년까지 국제 특수교육협회에서 회장을 역임했다. 그녀는 홍콩대학교에 처음으로 Marden강의를 소개했다. Johns는 10개의 저서에서 주저자(4개의 저서는 공동저자)를 담당했다. *Who's Who in America*, *Who's Who of American Women*, *Who's Who in American Eduacation*, *Who's Who Among America's Teachers*에 이름이 올라 있다. 그녀는 30년 동안 일리노이 특수교육협회(13개 주에 걸쳐 회원이 포함된)인 ISELA의 의장을 역임해 왔다. 그녀는 과거 일리노이 학습장애협회의 의장이었고, 미국 LDA 위원회의 회장 대변인을 역임했다. 그녀는 미국과 캐나다, 산후안, 푸에르토리코, 시드니, 오스트레일리아, 폴란드의 바르샤바, 홍콩, 중국, 페루의 리마, 라트비아의 리가의 워크숍에 참석하였다.

제I부 학습장애 그리고 관련 경도발달장애: 개요

# 1장

# 학습장애와 관련 경도발달장애: 특성 및 경향

❝선생님의 영향은 오랫동안 지속된다. 그러므로 그 누구도 선생님의 영향이 멈추는 지점을 결코 말할 수 없다.❞

—HENRY ADAMS

Corbis/PhotoLibrary

## 이 장의 차례



이 책의 I부는 1장, "학습장애와 관련 경도발달장애: 특성 및 경향"으로 구성되어 있다. 이 장에서는 (1) 경도장애라는 명칭, (2) 학습장애의 범주와 학습장애의 역사, (3) 특수교육에 대한 법적 양상, 그리고 (4) 특수교육 현장에서의 주요 현행문제들에 대하여 살펴본다.

## 1.1 서 론

이 책은 **학습장애** 학생(특수교육 범주)과 **경도장애** 학생(몇몇 다른 특수교육 범주의 학생들을 포함하는 명칭) 모두에게 초점을 맞추었다. 학습장애와 관련 경도장애가 많은 아동들, 청소년들, 성인들의 학습은 물론 학교 생활과 성인 생활을 방해한다. 몇몇 주[1]는 학습장애 혹은 정서/행동장애와 같이 특수교육의 특별한 범주에 대한 인증과 프로그램이 있다. 또 다른 몇몇 주에서는 경도장애(혹은 **경도/중도장애**)와 같은 비범주(혹은 범주를 넘어서서) 인증과 프로그램이 있다.

## 1.2 경도장애란?

경도장애는 몇몇의 서로 다른 장애 범주에 속한 학생들로 구성된다. 예를 들면 경도장애를 위한 프로그램으로 학습장애 학생, 정신지체 학생, 정서/행동장애 학생, 그리고 다른 장애 학생들을 함께 가르치는 것이다. 이들을 경도장애를 가진 학생들로 함께 묶을 수 있는 정당한 이유는 대부분의 교수적 방법이 이런 다양한 범주에서 유사하게 사용된다는 것이다. 게다가 많은 경도장애 학생들은 종종 특수교사의 지원과 협력 아래 일반교육으로 수업을 받는다. 또한 재활법(Rehabilitation Act)[2]의 504조에 의해 분류된 학생들도 일반학급에서 수업을 받는다(Boyle & Scanlon, 2010; Hallahan, 2007; Raymond, 2004).

**그림 1.1**은 경도장애의 구성을 나타내는 것으로, 이 집단에 속한 학생들은 경도장애로 분류된다.

"경도장애"의 개념이 좀 더 복잡성을 띠는 이유는 예외적인 각 범주에서 장애 정도가 나타난다는 것이다. 예를 들자면, 학습장애로 분류된 아동들의 장애 정도를 경도(輕度), 중도(中度) 혹은 최중도(最重度)로 나타낼 수 있다. 동일하게 지적장애, 그리고 정서/행동장애의 범주에 속해 있는 학생들도 경도, 중도 혹은 최중도로 분류할 수 있다. 자폐증과 같이 낮은 출현율을 보이는 경우에도 종종 경도, 중도, 최중도로 분류되곤 한다.

비록 장애의 정도를 경도, 중도, 최중도로 기술한다고 할지라도 "경도"가 "심각하지 않다"는 것을 의미하지 않는다. "조금이라도 차이"가 존재한다는 것은 매우 중요한 사실이다. 경도장애는 모든 사람들이 쉽게 할 수 있는 것들을 할 수 없다는 것인데, 이는 학습과 자아존중에 중요한 영향을 미칠 수 있다(Boyle and Scanlon,

1) [역자 주] 미국의 행정 구역으로 한국의 도에 해당한다.

2) [역자 주] 1973년에 재정된 재활에 관한 법률로서 「직업 재활법」이라는 명칭에서 「재활법」이라는 포괄적인 의미의 명칭으로 바뀌었고, 이 법은 직업 환경과 교육 환경에서 장애인을 위한 동등한 기회와 비차별을 요청하는 명령과 지시를 포함한 획기적인 법이다.

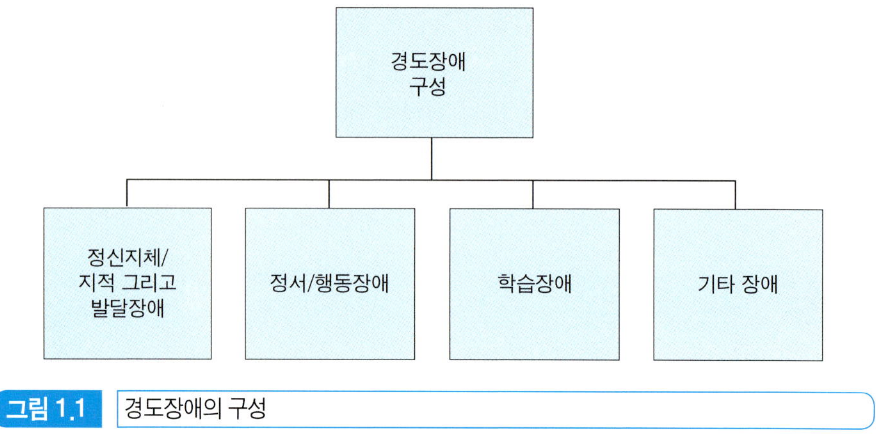


그림 1.1 경도장애의 구성

2010; Raymond, 2004).

계속하여 설명되는 개념과 전략들은 그 범위가 넓으며 경도장애 학생들에게 적용할 수 있다. **표 1.1**은 경도장애 학생들의 몇 가지 특징을 기술한 것이다.

지금부터 "경도장애"에 포함된 특수교육의 주요한 범주를 간략하게 살펴보도록 한다. 특히 정신지체, 사회적/정서적 장애, 학습장애, 그리고 기타 장애의 범주에 대하여 살펴본다.

## 정신지체/지적 그리고 발달장애

**정신지체**라는 용어는 특수교육법(IDEA-2004)에서 사용하는 범주이다. 그러나 많은 특수교육가와 부모들은 오랫동안 정신지체라는 용어로 낙인이 찍혀 품위가 손상된다고 느껴왔다. 이런 문제에 대한 대안으로 2007년 2월에 정신지체인의 요구를 가장 먼저 조직적으로 지원한 미국정신지체협회(American Association for Mental Retardation, AAMR)는 미국 지적 그리고 발달장애협회(American Association on Intellectual and Developmental Disabilities, AAIDD)(http://www.aaidd.org)로 조직의 이름을 바꾸었다. 지금은 많은 조직과 기관들이 정신지체보다는 지적 그리고 발달장애라는 용어를 사용한다.

정신지체라는 용어는 2004 장애인교육개선법(Individuals with Disabilities Education Improvement Act of 2004, IDEA-2004)에서 사용되어, (1) 지능지수의 한계와 (2) 적응능력의 결함이라는 두 가지의 본질적인 요소를 반영한다. IDEA-2004에서 정신지체는 일반적으로 지적기능이 현저하게 평균 이하이고 동시에 적응행동에 결함이 존재하며 발달 기간 동안에 나타난다고 정의한다.

**표 1.1** 경도장애 학생의 학습과 행동에 대한 일반적 특징

| 특징 | 내용 |
|---|---|
| 주의력 결핍 | 수업내용이 설명될 때 초점을 맞추지 못함; 짧은 주의집중 시간, 산만해지기 쉬움, 빈약한 집중력; 과잉 행동 보임 |
| 빈약한 운동장애 | 대근육 운동과 소근육 운동의 협응 곤란(일반적인 어색함과 서투름이 나타남) |
| 심리적 처리과정 다름 | 청각적 혹은 시각적 정보처리과정에서의 문제(시각 혹은 청각적 자극의 이해 곤란) |
| 학습에서의 빈약한 인지전략 | 학습 과제를 어떻게 해결해야 하는지 모름; 미흡한 조직적 기술; 수동적인 학습 태도(자발적으로 자신의 학습을 이끌어 내지 못함) |
| 구어언어 어려움 | 기본적인 언어 장애(언어 발달, 듣기, 읽기, 어휘력의 문제) |
| 읽기 곤란 | 단어 해독, 기존 언어 인지 기술, 혹은 읽기 이해의 학습 문제 |
| 쓰기 곤란 | 글짓기, 철자, 그리고 습자를 요구하는 과제에서 빈약한 수행 |
| 수학적 어려움 | 양적 사고, 계산, 시간, 공간, 계산법에 대한 어려움 |
| 빈약한 사회적 기술 | 사회적 상황에서 어떻게 행동하고 말해야 하는지 모름; 만족스러운 사회적 관계와 우정 형성이 어려움 |

1983년 전까지 정신지체 정의에서 강조된 것은 오로지 지적 기능, 즉 지능지수였다. 정의에 적응 기술이 추가된 것은 1983년 Grossman(1983)과 미국정신지체협회(AAMR)(2002)에 의해 제안되면서부터였다.

2002년, 정신지체에 대한 미국정신지체협회의 정의는 다음과 같이 개정되었다.

> 정신지체는 지적기능과 개념 형성, 사회적, 그리고 실질적인 적응 기술에서 나타나는 적응행동, 모두에서 심각한 한계라는 특징을 나타낸다. 이 장애는 18세 전에 발생된다.

개정된 정신지체의 정의는 지능지수와 적응행동이 함께 혼합된 조건으로 형성되어 있다. **적응행동**은 자기-보호기술, 독립기술, 혹은 사회기술과 같은 실질적인 기술들을 의미한다. 정신지체의 수준은 학생의 요구에 지원되는 정도에 따라 구조화된다. 또한 정신지체는 특히 아동기에 시작되는 기능 상태에 따라 나타나고 지능지수와 적응기술 모두에서 제약이 나타나는 것이 특징이다(Kirk, Gallagher,

**표 1.2** 정신지체/지적 혹은 발달장애 학생의 요구에 대한 지원 수준

| | |
|---|---|
| 1. 간헐적인 지원 | 모든 시간이 아니라 요구된 지원만 제공한다. 이 수준은 경도정신지체에게도 동일하게 적용한다. |
| 2. 제한된 지원 | 짧은 시간 동안 규칙적으로 지원을 제공한다. 이 수준은 중도(中度)정신지체에게도 동일하게 적용한다. |
| 3. 광범위 지원 | 규칙적으로 계속되는 지원을 제공한다. 이 수준은 중도(重度)정신지체에게도 동일하게 적용한다. |
| 4. 확산된 지원 | 모든 환경에서, 그리고 좀 더 많은 관계자들이 포함되어 강도 높게 도와주도록 구성된 지원을 제공한다. 이 수준은 최중도(最重度)정신지체에게도 동일하게 적용한다. |

Anastasiow, & Coleman, 2009; Williamson, McLeskey, Hoppery, & Rentz, 2006).

경도정신지체 학생들은 기초학습 기술들을 배울 수 있지만 그들의 학습 속도는 느리고, 방법에 따라 충분한 지원을 요구할 것이다.

**정신지체/지적 그리고 발달장애 수준** 정신지체의 수준을 지능지수 점수에 근거하여 경도(輕度), 중도(中度), 중도(重度) 그리고 최중도(最重度)로 구분한다. 경도와 중도(中度)의 정신지체 아동은 경도장애를 위한 프로그램이나 일반학급에 속해 있다. 2002년에 미국정신지체협회(2002)는 학생의 요구를 지원하는 데 기초가 되는 4수준의 정신지체를 구분하여 제시하였고, 그 내용은 **표 1.2**와 같다.

**정신지체 출현율** 대부분의 정신지체 학생(87%)은 경도정신지체이며 경도장애를 위한 프로그램에 포함되어 있다. 모든 정신지체 학생의 약 41%는 일반학급에 속해 있고, 24%의 학생은 하루 중 몇 시간만 학습도움실(resource rooms)에서 보낸다. 모든 장애 학생의 약 8%가 정신지체 범주에 포함된다(**표 1.4** 참조). 장애 아동들은 분류되어 있다(이 장의 "특수교육에서 법의 영향"에 있음). 유용한 정신지체를 위한 웹사이트는 **http://thearc.org**(The Association for Retarded Citizens, ARC)와 **http://www.aaidd.org**(American Association on Intellectual and Developmental Disabilities, AAIDD)가 있다. 정신지체/지적 그리고 발달장애 아동들은 다양한 경제, 인종, 문화 그리고 언어 집단에서 발견된다.

## 정서/행동장애

미국연방법에서 사용되는 용어는 정서장애이다(Individuals with Disabilities

**표 1.3** 미국연방법(IDEA-2004 규칙)에 정의된 정서장애

다음의 특성 중 하나 혹은 그 이상의 조건이 교육적 수행에 현저히 불리한 작용으로 오랫동안 존재한다.

A. 지적, 감각적, 또는 다른 신체적 요인으로는 설명할 수 없는 학습적 무능력
B. 또래 및 교사들과의 대인관계에서 만족스러운 관계 형성 혹은 유지에 대한 무능력
C. 정상적인 상황에서 부적절한 행동과 감정의 표출
D. 통상적으로 불행이나 우울의 느낌을 가짐
E. 사람 혹은 학교에 관련하여 신체적 증후 혹은 두려움으로 발전되는 경향

Education Improvement Act, IDEA-2004). 정서장애는 미국연방법 IDEA-2004 규칙에 정의되어 있고, 그 내용은 **표 1.3**과 같다.

많은 전문가들은 연방정의에 문제가 있다고 지적하며, 정서/행동장애라는 용어를 사용할 것을 제안한다(EBD)(Kauffman & Landrum, 2009; Forness & Knitzer, 1992; Stichter, Conroy, & Kauffman, 2008). Forness와 Knitzer(1992)는 정서/행동장애라는 용어가 정서장애라는 연방정부의 용어보다 몇 가지 장점이 있다고 지적한다. 정서/행동장애는 (a) 현재의 전문적 특혜가 반영되고, (b) 정서와 행동 모두의 손상이 포함되며, (c) 학교 안에서 일어난 행동에 초점을 맞추며, (d) 작거나 일시적인 문제는 제외된다는 장점을 가진 전문용어이다.

많은 주와 학교 프로그램에서 **정서/행동장애(EBD)**라는 용어를 사용하고 있다. 정서/행동장애는 학습하는 것이 어렵고, 교사 혹은 다른 사람들을 당황하게 만든다. 종종 정서/행동장애 학생들은 경도장애를 위한 프로그램에 포함되어 있다.

**정서/행동장애 특징** 정서장애와 행동장애의 특징은 서로 다르다. **정서장애**는 자신에 관한 감정이 포함된다. 예를 들어 어떤 학생이 심각하게 만성적으로 슬프거나 우울함을 느끼거나 낮은 자아개념과 같은 감정들로 자신의 생활 태도와 학습하는 능력에 방해를 받는 것이다. **행동장애**는 공격적이거나 반사회적인 행동과 같이 좀 더 명백한 문제들을 나타낸다. 종종 정서와 행동 문제는 서로 상호의존적이거나 중복되어 나타나기도 하고 상호 연관되기도 한다. 어떤 학생은 사회적으로 고립되기도 한다. 의기소침한 학생은 철회행동을 나타내기도 하고, 빈약한 또래관계에 놓이기도 한다. 그리고 정서와 행동 문제는 다양한 경제, 인종, 문화, 그리고 언어 집단에서 발견된다.

정서/행동장애 학생들은 6장 "사회, 정서, 그리고 행동 문제"에서 상세하게 논의

될 것이다. 또한 6장에서는 교수 전략과 정서와 행동 문제를 보이는 학생들을 위해 요구되는 지원들을 제시한다.

**정서장애 출현율** 장애를 가진 모든 학생의 약 8%가 정서장애의 범주로 분류되고 있다(**표 1.4** 참조). 정서장애를 가진 학생들의 29%는 일반학급에 포함되어 있고, 약 24%는 하루 중 일정 시간 동안 학습도움실에 속해 있다(U.S. Department of Education, 2008). 일반학급과 학습도움실에 있는 정서/행동장애 학생들 대부분은 경도장애 학생이다.

## 학습장애

학습장애 학생들은 일반적으로 "경도장애"라는 명칭에 포함되어 있었다. 학습장애에 대한 좀 더 상세한 설명은 이 장의 1.3절에서 제공될 것이다. 학습장애는 정보를 저장하고 진행되는 과정과 인출에 대한 인간의 능력을 방해하는 신경학적 원인에 의해 나타난다. 이는 읽기, 쓰기, 말하기, 철자, 계산, 추론의 능력에 영향을 미칠 수 있으며, 주의, 기억, 협응, 사회적 기술, 정서적 성숙에도 영향을 미칠 수 있다(Learning Disabilities Association of America, 2009). 폭넓게 사용되는 몇 가지의 학습장애의 정의는 1.3절의 학습장애 범주에서 소개할 것이다.

장애 범주에서 약 46%의 장애 학생이 학습장애 범주에 속하는 것으로 확인된다(**표 1.4** 참조). 이런 학생의 약 29%가 일반학급에 포함되어 있고, 약 24%는 하루 중 일정 시간만 학습도움실에 포함되어 있다(U.S. Department of Education, 2008). 학습장애 학생은 종종 경도장애 집단에 포함되어 일반학급과 학습도움실에서 수업을 받는다. 학습장애 아동은 다양한 경제, 인종, 문화, 그리고 언어 집단 모두에서 발견된다.

## 기타 장애

기타 다른 장애를 가진 아동들은 학교에 있는 특수 프로그램은 물론 특수교사에 의해 개인의 상태를 평가하여 인증된 후 경도장애에 포함된다. 예를 들어 일리노이주는 초기 특수교사 자격을 학습장애, 정신지체, 사회/행동장애, 정형외과적 손상, 뇌손상, 자폐증, 그리고 기타 건강장애라는 7개의 서로 다른 장애를 가르치는 교사로 분류하였다. 따라서 기타 다른 장애 유형은 개인의 상태에 대한 분류기준이나 학교 프로그램에 따라 경도장애에 포함된다.

경도장애 집단에는 종종 이 집단에서 제외되는 주의력결핍 과잉행동장애(ADHD)와 아스퍼거증후군(AS)도 포함된다. 이 두 장애는 7장, "주의력결핍 과잉행동장애와 관련 장애"에서 설명될 것이다. 기타 장애 아동은 다양한 경제, 인종, 문화, 그리고 언어 집단 모두에서 발견된다.

## 1.3 학습장애 범주: 전환 분야에서

학습장애는 정보를 저장하고 진행되는 과정, 그리고 인출에 대한 인간의 능력을 방해하는 신경학적 원인에 의해 나타나는데, 이는 읽기, 쓰기, 말하기, 철자, 계산, 추론의 능력에 영향을 미칠 수 있다. 또한 주의, 기억, 협응, 사회적 기술을 방해할 수 있다. 학습장애 학생에게 적절한 지원과 중재가 제공된다면 학교에서 성공할 수 있고 성공적인 삶으로 세상에서 유명해지기도 한다. 부모와 교사는 학생의 강점을 촉진하고 약점을 파악하여 성공적인 성취 경험을 가질 수 있도록 지원해야 한다.

어린 유아의 문제는 학습하는 데 극심한 어려움을 호소하는 것이다. 이런 아동들은 모든 문화, 국가, 언어 집단에서 인생을 살아가는 동안 학습하는 데 심각한 어려움을 경험한다. 45년 넘게 알고 있던 학습장애 상태는 학교와 학습하는 데 심각한 문제를 호소하는 아동들을 이해하고 수용하려는 설명으로 제공되었다.

### 학습장애 출현율

최근, 공립학교에서는 학습장애로 분류되는 학생 수가 점점 감소되고 있다. 그동안 점점 증가되던 학습장애 학생 수는 2000년을 전환점으로 감소되기 시작하여 2000년에서 2007년 사이에 9%가 감소되었다. 미국에서 학습장애로 분류된 학생 수는 2000년에 2,847,388명이었는데, 2007년에는 2,563,665명으로 감소하였다. 특수교육에 적격인 학생의 수는 지난 7년 동안 16%로 계속적으로 증가했음에도 불구하고 학습장애 학생 수는 감소한 것이다(**그림 1.2**). 이는 몇몇 학생이 주의력결핍 과잉행동장애 혹은 경도자폐증과 같은 기타 다른 영역의 장애로 분류되었기 때문일 것이라고 판단한다.

학습장애 학생의 출현율이 감소하는 몇 가지의 원인은 Cortiella(2009)에 의해 제안된 학습장애의 양상에 제시되었고, 그 내용은 다음과 같다.

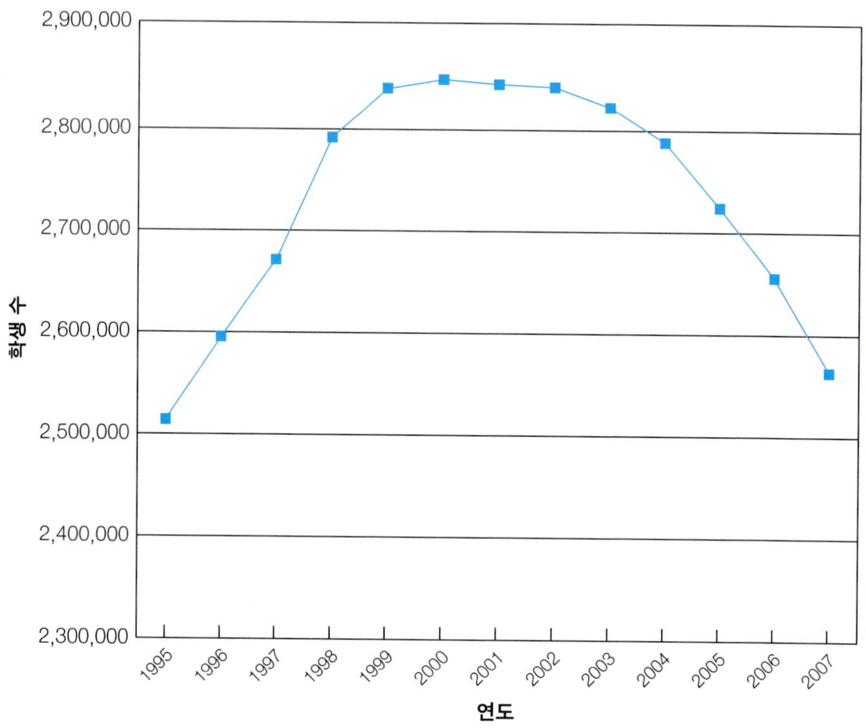


그림 1.2 학습장애 학생 수

출처: http://www.IDEAdata.org, 2007 Child Count; Cortiella, 2009.

- 주의력결핍 과잉행동장애(ADHD)와 같은 장애가 건강장애 혹은 자폐증의 범주에 포함되면서 다른 장애 범주에로의 학생 이동
- 조기아동교육에 대한 발전과 관심
- 일반교육에서 제공되는 읽기 교수의 개선
- 반응-대-중재(Response-to-Intervention: RTI)의 활용을 포함한 동일시 접근으로 이동

## 학습장애 정의

**미국연방정부 정의** 가장 널리 사용되고 있는 학습장애 정의는 1975년 장애인교육법, 공법 94-142에 처음으로 나타났다. 2004년의 미국장애인교육개선법(IDEA-2004)에 포함되어 있는 이 법은 지속적인 개정으로 통합되었다. 미국연방법에 있는 학습장애 정의는 많은 주 정의의 기초가 되고 있으며 많은 학교에서 사용되고 있다. IDEA-2004의 미국연방법에 제시된 학습장애 정의는 다음과 같다.

"특정 학습장애"라는 용어는 언어 이해 및 사용, 말하기와 쓰기가 포함된 기본 심리 과정에서 하나 혹은 그 이상의 손상을 의미하며, 이 손상은 듣기, 사고, 말하기, 읽기, 쓰기, 철자 혹은 수학적 계산 그 자체의 불완전한 능력으로 분명히 나타난다. 이 용어는 지각장애, 뇌손상, 미세뇌기능장애, 난독증, 발달적 실어증과 같은 증상들을 포함한다. 이 용어는 시각장애, 청각장애, 운동장애, 정신지체, 정서장애, 환경적 결손, 문화적 결손, 경제적 결손과 같은 것의 결과에 의한 학습 문제는 포함하지 않는다〔U.S. Department of Education. 2004. The Individual with Disabilities Education Improvement Act of 2004(IDEA-2004). Washington, DC〕.

학습장애에 대한 미국연방정의를 요약하면 다음과 같은 주요한 개념들이 포함된다(이들 중 몇 개는 논란이 되고 있다).

1. 한 사람이 기본적 심리과정에서 하나 혹은 그 이상의 손상을 나타낸다. (이런 과정은 기억, 청지각, 시지각, 구어 그리고 사고하기와 같은 지적능력을 의미한다.)
2. 한 사람이 학습하기, 특히 말하기, 듣기, 쓰기, 읽기(단어 인지 기술과 이해), 수학(계산과 추론) 학습에 곤란을 보인다.
3. 이 문제는 시각 손상, 청각 손상, 운동장애, 정신지체, 정서장애, 경제적 결손, 환경적 결손, 문화적 결손과 같은 다른 원인 때문에 주로 나타나지 않는다.

또한 미국연방법의 조작적 정의는 처음으로 학습장애 아동을 위한 분리된 규정을 제정하였다(U.S. Department of Education, 1977). 이러한 규정은 어떤 학생이 특정 학습장애로 분류되려면 (1) 적절한 학습경험이 제공되었을 때 하나 혹은 그 이상의 영역에서 연령과 능력 수준에 적합하게 성취할 수 없는 학생, (2) 7개의 영역: (a) 구어 표현, (b) 듣기 이해, (c) 쓰기 표현, (d) 기본 읽기 기술, (e) 읽기 이해, (f) 수학 계산, (g) 수학 추론에서 하나 혹은 그 이상에서 성취와 지적능력 간의 불일치가 심각한 학생의 경우라고 공포한다.

학습장애 학생을 위한 지원의 적격성에 대한 결정은 학교가 학습을 위한 학생의 명백한 능력과 낮은 성취 간의 심각한 불일치를 고려하여 이루어질 것이다. 이 장의 후반부와 2장 "사정과 IEP 절차"에 기술된 것과 같이 학교는 적격성을 결정하는 데 학생의 반응-대-중재 또한 검토한다.

**학습장애에 대한 또 다른 중요한 정의** 학습장애에 대한 또 다른 정의 두 가지는 (1) 학습장애 전국연합위원회(National Joint Committee on Learning Disabilities)

와 (2) 학습장애 정부부처위원회(Interagency Committee on Learning Disabilities)에 의해 내려진 정의이다. 학습장애에 대한 추가적인 정의들은 다른 조직이나 다른 나라에서도 개발되고 있다.

**학습장애 전국연합위원회**(National Joint Committee on Learning Disabilities, NJCLD) NJCLD는 학습장애와 관련된 14개의 전문적 조직과 학과로 구성된 대표적인 조직이다. NJCLD의 정의에는 다음과 같은 중요한 개념이 포함된다(National Joint Committee on Learning Disabilities(NJCLD), 1990; State of Learning Disabilities, 2009).

- 이질적(또는 다양한)인 집단으로 이루어진 장애
- 듣기, 말하기, 읽기, 쓰기, 추론하기, 수학적 기술을 습득하고 활용하는 데 중요한 곤란
- 장애는 개인에게 본질적으로 내재(또는 선천적)되어 있고, 중추신경계의 기능장애에 의한 것이라는 전제
- 전 생애에 걸쳐 발생
- 자기조절 행동, 사회지각, 사회적 상호작용에서 빈번한 문제 발생
- 다른 장애(예: 감각 손상, 정신지체, 심각한 정서장애)나 외부의 영향(예: 문화적 차이, 불충분하고 적절하지 않은 교수)에 수반되어 일어나기도 하지만 학습장애는 그런 조건이나 영향의 결과로 발생되지 않음

**학습장애 정부부처위원회**(Interagency Committee on Learning Disabilities, ICLD) ICLD는 학습장애의 정의를 개발하려고 미국 국회에 의해 위임된 하나의 정부위원회이다. ICLD는 보건복지부와 교육부에 속한 12기관의 대표들이 포함된다. ICLD의 정의는 학습장애의 특징으로 사회적 기술 결함을 제시하고 있다(Interagency Committee on Learning Disabilities, 1988).

## 학습장애 정의의 공통요소

학습장애에 대한 다양한 정의들은 다음과 같은 몇 가지 공통적인 요소를 포함하고 있다. (1) 신경학적 요인, (2) 인지처리과정 요인, (3) 기초 학습과 학습 과제의 곤란, (4) 잠재능력과 성취 간의 불일치, (5) 다른 원인의 제외. 여기서는 이런 요소 각각의 특징과 문제에 대하여 간단히 기술하고자 한다.

**신경학적 요인** 늘 직접적으로 진술되는 것은 아니지만 대부분의 정의는 학습장애가 신경학적 요인과 관계되어 있다는 관점을 함축적으로 나타내고 있다. 모든 학습은 뇌에서 일어나기 때문에 궁극적으로 학습에서의 문제는 뇌와 척수를 구성하는 유기체제인 중추신경계의 기능장애에서 그 원인을 찾을 수 있다. 대부분의 경우 신경학적장애는 의료적 검사나 외부적인 의료검사에 의해 발견하기 어렵다. 그러므로 중추신경계장애는 항상 행동적 관찰을 통해 결정된다. 신경과학과 의료적 연구는 기능적 자기공명영상(functional Magnetic Resonance Imaging: fMRI)을 통해 학습장애에 대한 신경학적 기초 징후를 더 많이 밝힌다(Shaywitz, 2003; Sousa, 2001). (10장, "학습장애와 관련 경도장애에 대한 의료적 측면" 참고.)

**인지처리과정 요인** 인지처리과정 요인은 지적기능에 대한 다양한 요소들의 고르지 못한 발달을 의미한다. 지적능력은 단 하나의 유일한 능력이기보다는 오히려 다양한 기본적인 지적능력들로 구성된다. 학습장애아들은 이러한 구성능력들이 적절하게 발달되지 않는다. 즉, 구성 요소 중 몇몇은 예상되는 순서와 속도로 성숙되지만, 또 다른 구성 요소는 느리게 발달하는데, 그 때문에 학습 문제의 징후들이 나타나게 된다. 학습장애 학생들은 서로 다른 지적처리과정에서 강점과 약점이 분명히 나타난다. 미국연방정부 정의의 핵심적 구절은 이러한 기본적 심리처리과정에서 하나 혹은 그 이상의 손상을 나타낸다는 구성 요소를 정의에 제시한 것이다.

**기초 학습과 학습 과제의 곤란** 학습장애아는 학습에 있어서 서로 다른 유형의 문제에 직면한다. 어떤 아동의 문제는 말하기와 구어 습득에서 일어날 수도 있고, 또 다른 아동의 문제는 읽기, 산수, 습자, 운동기술, 혹은 쓰기에서 일어날 수도 있다. 앞에서 언급한 바와 같이 미국연방정부 정의의 운영 중 하나로 학습하는 데 있어 7개의 특별한 기초 학습으로 구분하여 학습장애를 발견할 수 있도록 하였다.

**학습을 위한 아동의 잠재능력과 기초 학습 성취 간의 불일치** 학습장애에 대한 정의에서 가장 논란이 되는 구성 요소는 학생이 학습하는 데 있어서의 잠재적 능력과 학습하거나 성취한 결과 간의 차이를 확인하는 것이다. 미국연방정부의 정의는 학습장애 아동이 7개의 기초 학습 영역 중 하나 혹은 그 이상에서 성취와 지적능력 간의 **심한 불일치**를 나타내어야 한다고 분명히 밝히고 있다.

잠재능력과 성취 간의 불일치가 존재한다는 것을 결정하려면 (1) 학습을 위한 학생의 잠재능력 결정, (2) 학생의 **현재 성취 수준**, (3) 학습하는 데 학생의 잠재능력과 실질적 성취 수준 간의 불일치 정도를 파악해야만 한다. 이러한 평가과정은 학습을 위한 학생의 잠재능력을 측정하는 데 IQ 검사를 활용한다는 것과 심각한 불일치의 정도로 학습능력을 확인한다는 것과 같이 많은 문제를 포함한다. 몇몇은 어떤 아동이 학습장애 지원에 적격한지를 결정하는 데 몇 가지 형태의 "불일치 공식" 중 하나를 사용하여 학습장애를 정량화하여 진술하기도 한다(이러한 적격 공식에 대한 좀 더 많은 정보는 Student Website를 방문해 보라).

**다른 원인의 제외** 정의에서 이 구성 요소는 학습장애가 정신지체, 정서장애, 시각 혹은 청각 손상, 문화적, 사회적, 혹은 경제적 환경과 같은 다른 장애의 결과로 일어나는 것이 아니라는 관점을 반영하는 것이다.

그러나 실질적으로 학습장애의 정의에서 제외된 구성 요소는 아동들에게 중복적으로 나타나는 문제로서 종종 적용하기 어렵다. 다른 장애 아동을 가르치는 교사들은 많은 학생들이 그들의 주요 장애와 더불어 학습장애를 나타내며 두 가지의 문제를 동시에 가지는 것을 관찰한다. 다른 장애가 종종 학습장애를 일으킨다는 것을 점점 더 수용하고 있는 추세이다(Silver, 2006).

## 학습장애 아동의 타고난 재능

학습장애를 가진 몇몇 아동들은 탁월한 재능을 가질 수도 있다(Vukovic & Siegel, 2006; Lovett & Lewandowski, 2005; Fletcher, Coulter, Reschly, & Vanghn, 2004). 재능이 있다는 것은 자발성, 호기심, 상상력, 무한한 열중, 그리고 감수성과 같은 특징이 포함된다는 것으로, 이와 같은 특징은 학습장애 아동에게서도 종종 관찰된다. 천재처럼 보이는 학습장애 아동에게는 많은 활동을 요구한다. 그들은 일반학급을 싫어하기도 하고, 교실 수업에 참여하는 것을 어려워할 수도 있다. 만약에 그들의 학습적 요구들이 충족되지 않는다면 그들은 안절부절못하고, 부주의하고, 심지어 파괴적인 반응을 보일 수도 있다. 이런 아동들이 학교에서 보이는 어려움 때문에 학습의 기회들을 박탈하지 않는 것은 특히 중요한데, 이는 좌절, 실패, 혹은 우울로 발전될 수 있기 때문이다.

천재성을 가진 학습장애인들은 높은 성취능력을 가진 성인이 될 수 있다. 학습장애를 지닌 성공적인 성인들은 학교에서 매우 특별한 것들을 발견하기도 한다. 많은 연구에서 매우 성공한 많은 사람들이 학습장애를 가졌었다고 밝히고 있다. 실질적으로 한 연구에서는 재정적으로 성공한 사람들의 300명 중 30~40%가 학교에서 학습적 어려움이 있었던 사람이라고 보고한다(West, 2003). 유명한 잡지인

Bob Daemmrich Photography, Inc.

학습장애를 가진 몇몇 아동은 탁월한 재능을 가질 수 있다.

「포춘(Fortune)」[3](Morris, 2003)은 학습장애를 가진 유명한 기업의 대표들(CEOs)과 관련된 기사를 실었다. 그 내용을 살펴보면 미래의 연구에서 요구되는 학습장애에 대한 긍정적인 면을 강조한다(West, 2003).

## 학습장애 특징

여러 가지의 서로 다른 특징들이 학습장애와 관련된다. 그러나 개개인은 독특하기 때문에 이런 특징 중 단 몇 가지만 나타나기도 한다. 어떤 아동도 모든 특징을 나타내지는 않는다. 몇몇 학생은 수학에서 장애가 나타나기도 하고 다른 학생들은 수학이 뛰어날 수도 있다. 주의문제는 학습장애를 가진 많은 학생들의 증상이지만 반드시 모두에게 나타나는 증상은 아니다. 그리고 어린 아동들이 청소년보다 좀 더 많이 과잉행동을 보이는 것처럼 어떤 특징은 특정 연령에서만 많이 나타나기도 한다. 또한 장애 특징은 서로 다른 연령에서 서로 다른 방법으로 분명해진다. 예를 들어 언어 장애는 취학 전에 말하기 문제로 지연되어 나타날 수도 있고, 초등학생들에게는 읽기장애로, 중학생들에게는 쓰기장애로 나타날 수 있다. 이와 같은 학습과 행동 특징에 대한 각각의 영향은 매우 복잡하기 때문에 이 책에서 그것들에

3) [역자 주] 미국의 경제 잡지

관하여 좀 더 상세히 다룰 것이다.

**성 차이** 병원과 학교는 학습장애를 가진 소년들이 소녀들보다 4배가 많다고 보고한다. 그러나 성에 대한 연구에서 실질적으로 소녀들이 소년들만큼 학습장애를 나타낸다고 보고하고 있지만 확실하지는 않다. 학습장애를 가진 소년과 소녀들은 서로 다른 특징을 나타낸다. 소년들은 좀 더 많은 신체적 공격으로 통제를 잃어버리지만 시각-운동 능력, 철자 능력, 그리고 쓰기언어와 같은 기계적인 능력을 가지곤 한다. 학습장애를 가진 소녀들은 인지, 언어, 그리고 사회의 문제가 더 많이 보이고 읽기와 수학에서 심각한 기초 학습 성취 결함을 보이는 경향이 있다. 소녀들은 좀 더 언어적으로 발달되고 신체적 공격은 좀 덜 보인다. 확인되지 않은 학습장애 소녀들은 오랫동안의 기초 학습, 사회적, 그리고 정서적으로 심각하게 위험해 보이는 하위 집단에 속해 있다(Corteilla, 2009; Siegel & Smythe, 2006; Shaywitz, 2003).

소녀보다 소년들이 학습장애로 좀 더 많이 확인되는 이유는 **생물학적 원인**(남성이 학습장애에 좀 더 노출되어 있을 수도 있음), **문화적 원인**(소년들이 어른들에게 귀찮음을 나타내는 데 좀 더 파괴적인 행동을 나타내는 경향 때문에 남자에게서 좀 더 확인될 수도 있음), 그리고 **기대 압박**(학교에서 성공하기를 바라는 기대가 소녀보다는 소년에게 더 크게 나타날 수도 있음)으로 설명된다.

## 생애 주기별 특징

부모 및 전문가들과 관련된 최초의 작은 집단이 1960년에 처음으로 그들의 자녀를 위한 도움을 얻고 학습장애의 영역을 조성하기 위하여 노력하였을 때, 그들의 노력은 초등학교 수준의 아동 요구를 재촉하는 데 초점을 맞추고 있었다. 오늘날, 우리는 학습장애가 인생의 많은 단계에서 분명해지면서 각 단계에서 서로 다른 문제들이 나타난다는 것을 알고 있다.

**그림 1.3**은 6~21세의 각 연령에서 학습장애로 확인된 학생 수를 나타낸다(U.S. Department of Education, 2008). 학생의 수는 6세에서 9세 사이에 점점 증가하고, 대다수의 학생들이 9세에서 14세 사이의 연령범위에서 출현하고, 그 수는 16세에서 21세 사이에 급격히 감소한다. 이러한 유형은 학습장애를 가진 아동의 상당한 수가 9세에서 14세 사이의 연령범위에서 확인되었다는 것을 의미한다. 대부분의 학습장애 아동들은 9세가 될 때까지는 확인되지 않았고, 10대 후반에서의 감소는 학습장애를 가진 청소년들이 학교에서 낙제하는 비율이 높은 것과 연관되

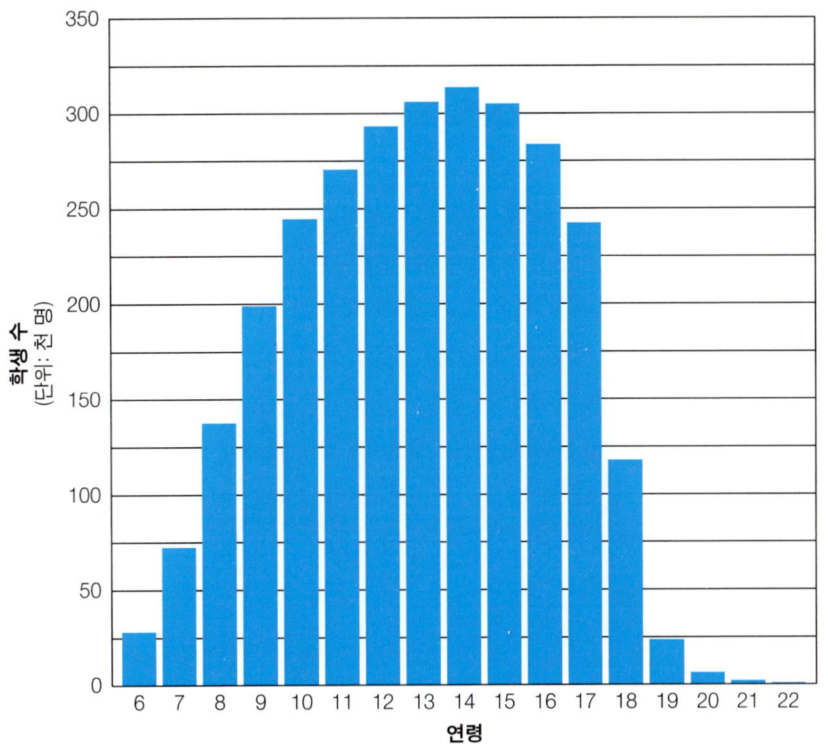


**그림 1.3** 학습장애 학생의 연령 분포

출처: From *To assure the free appropriate public education of all children with disabilities*. Twenty-eighth annual report to Congresss in the Implementation of the Individuals with Disabilities Education Act, by the U.S. Department of Education, 2008. Washington, DC: Westat.

어 있을 수도 있다.

각각의 연령집단(취학 전, 초등학생, 청소년, 그리고 성인)은 서로 다른 종류의 기술이 필요하다. 그러므로 학습장애의 어떤 특징은 특정 연령 수준에서 매우 두드러지게 나타난다.

**취학 전 수준** 어린 연령일 때에는 성장률을 예측하기 어렵기 때문에 교육가들은 일반적인 학습장애와 같은 명확한 명칭으로 취학 전 아동들을 분류하는 것을 좋아하지 않는다. 학습장애를 보이는 어린 아동(6세 이하)들은 종종 발달적 지연이라는 비범주 명칭으로 분류한다. 취학 전 장애 아동에 대한 법률은 (1) 출생에서 3세까지의 영유아, (2) 3세에서 6세까지의 취학 전 아동이라는 두 개의 서로 다른 법안을 제정하고 있다. 취학 전 아동들에 대해서는 8장, "장애 유아"에서 설명할 것이다. 많은 경험과 연구에 의해 영유아(출생에서 3세까지)와 취학 전 아동(3세에서 6

세)을 위한 중재 프로그램들은 매우 효과적이며, 중재 노력은 높은 성공을 보여 준다는 것이 밝혀졌다(Lerner, Lowenthal, & Egan, 2003).

발달적으로 지연된 취학 전 아동들에게서 보이는 특징들은 빈약한 운동 발달, 언어 지체, 구어 장애, 그리고 늦은 인지와 개념발달이다. 취학 전의 문제들에 대한 일반적인 예로는 3세 아동이 공을 잡지 못하고, 깡충 뛰거나 뛰어오르지 못하고, 조작적인 장난감을 가지고 놀지 못하고(빈약한 운동 발달), 4세 아동이 의사소통을 하는 데 있어서 언어를 사용하지 않고, 제한된 어휘, 언어를 이해할 수 없으며(언어와 구어 장애), 5세 아동이 10까지 수를 셀 수 없고, 색깔을 구분할 수 없고, 퍼즐을 할 수 없는 것(빈약한 인지발달)을 들 수 있다. 그리고 취학 전 아동들은 종종 과잉행동과 빈약한 주의를 보인다. 취학 전 아동들에게 나타나는 이런 문제와 치료는 매우 독특하여, 이 책에서는 특정한 장의 주제로 정하여 구체적으로 기술하고자 한다(8장, "장애 유아"). 3세에서 5세까지 아동의 자료만으로는 장애 범주로 분류(예: 학습장애)되지는 않지만 특수교육을 받고 있는 모든 아동의 5%는 3세에서 5세까지의 연령집단에서 나타난다(U.S. Department of Education, 2008).

**초등학교 수준** 대부분 아동들의 학습장애는 그들이 학교에 입학하여 기초 학습 기술을 습득하는 데 실패했을 때 처음으로 나타나게 된다. 실패는 종종 읽기에서 일어나지만 수학, 쓰기 혹은 다른 학교의 과목에서도 일어난다. 초등학교 저학년에서 빈번하게 보이는 행동은 주의를 기울이지 못하고 집중하지 못하는 것, 연필을 다루는 데 서툴고 빈약한 쓰기로 연결되는 빈약한 운동 기술, 그리고 읽는 것을 학습하기 어려워하는 것이다.

교육과정이 점점 더 복잡해지는 4학년에서 8학년까지의 초등학교 고학년에서의 문제는 좀 더 높은 수준의 사고 기술이 요구되는 사회나 과학과 같은 다른 영역에서도 발생할 수 있다. 또한 정서적 문제는 몇 년 동안의 실패를 반복한 후에 점점 더 심해지고, 학생들은 그들의 빈약한 성취를 점점 더 의식하게 된다. 몇몇 학생들은 이 연령에서 중요한 사회적 문제와 친구를 형성하고 유지하는 능력이 점점 더 부족해진다. 학습장애 아동의 약 40%가 6세에서 11세까지의 연령집단에서 나타난다(U.S. Department of Education, 2008).

**중등학교 수준** 학교생활에서 급격한 변화는 중등학교 수준에서 일어나며 청소년기에는 학습장애로 매우 큰 대가를 치르기 시작한다. 중학교와 고등학교의 교육과정, 그리고 교사, 사춘기의 혼란으로 인하여 좀 더 강력한 요구와 계속되는 기초 학습 실패는 학습장애를 가속화시킨다. 또한 청소년들은 학교를 마친 후의 삶에 관하여 관심을 갖기 시작한다. 그들은 대학, 경력, 그리고 직업의 결정을 위한 상담과 안내를 요구할 수 있다. 상황이 악화되면서 몇몇 청소년들은 청소년 범죄 행동에 빠지거나 학교에서 낙제되기도 한다(Quinn, Rutherford, & Leone, 2001; Learning Disabilities Association of America, 1995).

청소년들은 너무 감성적이어서 종종 이 연령에서 약간의 정서, 사회 그리고 자아개념의 문제가 학습장애에 수반된다. 대부분의 중등학교는 학습장애 청소년들을 위한 프로그램을 마련하고 있다. 청소년의 독특한 특징 중 몇 가지와 청소년을 위한 특별한 프로그램은 9장, "학습장애 청소년과 성인, 그리고 관련 경도장애 청소년과 성인"에서 설명한다. 학습장애 학생들 중 약 60%가 12세에서 17세의 연령 집단에서 나타난다(U.S. Department of Education, 2008).

**성인기 학습장애** 학교를 마친 몇몇 성인들은 학습장애를 극복하고, 학습장애 정도를 줄이거나 그들의 문제를 보완하여 교묘히 학습장애를 숨기는 방법을 배우게 된다. 그러나 대부분의 성인들은 학습 문제가 지속되며, 그들의 장애 흔적은 성인기에도 그들을 끊임없이 방해한다. 읽기 곤란과 비언어적 사회장애는 그들의 능력을 발전시키는 데 한계로 작용될 수 있고, 친구를 만들고 유지하는 그들의 능력에도 방해가 될 수 있다. 대부분의 성인들은 자발적으로 그들의 학습장애에 잘 대처하여 나중의 삶에 도움이 되는 것을 찾아내려고 노력한다.

## 학습장애를 가진 몇몇 저명한 사람들

몇몇 사람의 인생 이야기는 유명해지면서 사회에서 성공적 공헌자가 되었는데, 이는 심각한 학습장애를 극복한 그들의 노력이 반영된 것이다. **학생 이야기 1.1**, "어린 시절의 기억들"은 학습장애인들의 어린 시절의 이야기를 기술한 것이다. 이런 저명인사들은 다행히 학습하는 데에 적절한 방법을 발견하여 그들의 최초의 실패를 성공적으로 극복할 수 있었다.

## 학습장애에서 문화 간 특징

학습장애는 세계의 모든 문화와 나라에서 일어나는 보편적인 문제이다. 이 문제는 미국과 영어로 말하는 나라에 한정되어 나타나지 않는다. 그 동안 축적된 많은 연구들은 모든 나라와 사회에는 정상적인 지적능력을 가진 것으로 보이지만 언어를 배우고, 읽기나 쓰기 기술을 습득하고, 수학을 푸는 데 심한 어려움을 가진 사람들

## 학생 이야기 1.1

### 어린 시절의 기억들

**Charles Schwab**, 그는 성공적이고 혁신적인 주식중개회사의 설립자로서 전 생애 동안 심각한 읽기 문제와 투쟁했다. Schwab는 상상력, 예측능력, 사업문제의 해결에 대한 착상과 같은 그의 다른 능력을 발전시켜 그의 문제에 대처하였다고 말한다. Schwab는 그의 읽기 문제가 읽기를 잘 하는 사람들이 다른 능력들을 획득할 수 있는 것보다 더 높은 수준으로 발달시키는 데 더 많은 노력을 하게 하였다고 믿는다(Kantrowitz & Underwood, 1999; West, 1997). Charles Schwab의 웹사이트 http://www.schwablearning.org에 실려 있다.

**Nelson Rockefeller**, 미국의 부통령이었고 뉴욕의 주지사였던 그는 학습장애의 유형 중 하나인 읽기 학습을 매우 어려워하는 심한 난독증으로 고생했다. 그의 열약한 읽기 능력은 학교에서 좋은 성적을 얻기 힘들게 하였고, 그의 학습능력은 정치적 활동을 하는 동안 그의 모든 연설 내용을 암기하게 하였다. Rockefeller는 학습장애를 가지고 성장했던 시절에 대한 자신의 감정을 다음과 같이 기술하면서 회상하였다.

> 나는 난독증이었고 지금도 읽기는 여전히 힘들다. 나는 저녁 기도시간에 성경의 짧은 구절을 완전히 형편없이 읽었던 여덟 살이었을 때의 고통과 굴욕을 생생히 기억한다. 나는 다른 아동들이 쉽게 할 수 있는 것을 할 수 없다는 것에 대한 좌절, 모든 경우는 아니지만 너무 민첩하지 못해 느꼈던 굴욕감을 통해 난독증이 무엇인지 알게 되었다. 그러나 나는 60년 넘게 이러한 문제에 대처한 후, 학습장애를 가진 아동과 그들의 부모에게 희망과 용기의 메시지를 전할 수 있게 되었다. (pp. 12-14)

**Thomas Edison**, 독창적인 미국의 발명가인 그는 어렸을 때 비정상아, 번잡하고 지적으로 결함을 가진 아동으로 불렸다. 그는 학교를 다니는 동안 일기를 쓸 수 없었고, 학급에서는 늘 꼴찌를 하였다고 한다. 그의 아버지는 그를 바보라고 생각하였고, Edison 자신도 자신을 열등하다고 생각했었다.

**Auguste Rodin**, 프랑스의 위대한 조각가인 Rodin은 학창 시절 최악의 학생으로 불리었다. 그의 선생님은 Rodin을 교육할 수 없다고 판단하고 그의 부모에게 그를 수업에서 데리고 나가라고 말하였고, 그들은 그가 세상을 살아갈 수 있을지 의심스러워했었다.

**Woodrow Wilson**, 미국의 학구적인 28대 대통령이었던 그는 9살이 될 때까지 문자를 익히지 못하였고, 11살이 될 때까지 읽기를 습득하지 못하였다. Woodrow가 매우 우둔하고 진보가 더디었기 때문에 친인척들은 그의 부모를 안타까워했다.

**Albert Einstein**, 수학의 천재인 그는 3살이 될 때까지 말을 하지 못했다. 그는 단어를 인지하는 것을 어려워 했고, 7살이 될 때까지 진부하게 각각의 문장을 말하였고, 단어를 소리 내어 말하기 전에는 그의 입술을 움직이지 않았다. 어린 시절 Albert는 학교 과제를 잘 하지 않았다. 그는 계산하는 능력이 조금 있었으나 외국어 학습은 매우 힘들어 했다. 어떤 선생님은 그에게 “잘하는 것이 없을 것”이라고 말했다. Einstein의 언어 장애는 그의 성인 삶 내내 지속되었다. 그는 읽을 때 단어만 들었다. 그에게 쓰기는 힘들었고 서툴렀다. 그가 사고과정을 표현할 때에 드물게 단어로 설명했는데, 이는 어떤 생각을 한 후에 나중에 단어로 생각한 것을 표현하려고 노력한 것이었다(Isaacson, 2007; Patten, 1973).

**심화질문** 조기의 기초 학습적 노력이 개개인의 삶에 얼마나 영향을 미친다고 생각합니까?

이 있다는 것을 보여 준다. 국제학습장애연구학회(The International Academy for Research in Learning Disability, IARLD)는 학습장애에 대한 국제적 연구를 촉진하는 데 헌신하였고, 또한 「샐러머스(Thalamus)」라는 잡지를 출간하고 **http://www.iarld.net**에 웹사이트를 열었다.

세상의 모든 곳에서 고통을 겪고 있는 아동들에 대한 치료적 보고는 매우 유사하다. 예를 들어 전문가에 의하면 중국의 어떤 성인들은 학교에서 처음으로 좌절한 실패를 기억하는데, 이 이야기는 미국의 학습장애 아동들이 직면하게 되는 당혹스런 에피소드와 비슷하다(Lerner & Chen, 1992).

> 학습적 문제에 대한 나의 첫 기억은 내가 타이완에 있는 학교에 1학년으로 입학하였던 일곱 살 때 일이었다. 선생님은 칠판에 특징을 썼고, 학생들은 그들의 공책에 칠판에 적혀 있는 내용을 옮겨 적었다. 나는 간단한 이 과제를 수행할 수 없었던 것을 분명히 기억한다. 나는 나의 친구들이 이 과제를 쉽게 수행하는 것을 보았지만, 나는 칠판에 있는 특징과 단어들을 옮겨 적을 수 없어 당황했고 힘들었다(p. 148).

학습장애에 관한 연구 보고는 세계의 많은 곳, 즉 대한민국(Kim, Rhee, Burns, & Lerner, 2009), 네덜란드(Van der Lief & Morfidi, 2006; Steven & Werkhoven, 2001), 영국(Wedell, 2001), 스칸디나비아(Lundberg & Höien, 2001), 뉴질랜드(Chapman, 1992), 독일(Opp, 2001), 이탈리아(Fabbro & Masutto, 1994), 멕시코(Fletcher & DeLopez, 1995), 포르투갈(da Fonseca, 1996), 캐나다(Wong & Hutchinson, 2001), 오스트리아(Elkins, 2001), 러시아(Korkunov, Nigayev, Reynolds, & Lerner, 1998), 남아메리카(Bravo-Valdivieso & Müller, 2001), 그리고 이스라엘(Shalev, Manor, Auerbach, & Grodd-Tour, 1998) 등에서 이루어지고 있다. 이 문제는 영어와 같이 철자를 토대로 한 체계의 쓰기언어를 학습하는 아동에게도 나타나고, 중국(Hsu, 1988)이나 일본(Tsuge, 2001)과 같은 표어문자(그림문자)체계의 쓰기언어를 학습하는 아동에게서도 나타난다.

## 학습장애에 대한 역사

여기서는 학습장애에 대한 간단한 역사를 소개한다.

학습장애라는 용어는 학습장애에 관심 있었던 부모와 교육가들의 작은 집단들이 몇 개의 공동체로 분리된 부모 집단들을 하나의 조직으로 합치려고 시카고에서 만났던 1963년에 처음으로 소개되었다. 각각의 부모 집단들은 **지각장애 아**

동, 뇌상해 아동, 그리고 중추신경계 손상 아동을 포함하여 서로 다른 이름으로 활동하고 있었다. 이러한 집단들이 하나로 연합하여 학습장애를 자신의 아동의 문제를 확인하는 유일한 용어로 사용하는 것에 대한 동의를 요구했다. 학습장애(learning disabilities)라는 용어는 이 모임에서 Sam Kirk(Kirk, 1963)에 의해 제안되었고, 즉시 승인되었다. 오늘날 이 조직은 미국학습장애협회(Learning Disabilities Association of America, LDAA)로 알려졌고, http://www.Idaamerica.org는 이런 역사적 만남에서 시작되었다.

학습장애를 처음으로 알게 된 이래 수십 년 동안, 이 분야는 많은 논쟁적 문제와 투쟁해 왔고, 학습장애에 대한 우리의 생각을 과거와는 다르게 변화시켰다(Hallahan, 2007). 학습장애라는 용어가 요구된 즉시 수락되었지만, 모두에게 받아들여지는 학습장애의 정의를 개발해야 하는 과제는 매우 큰 도전이었다. 사실 이런 사람들을 정의하는 것은 몇몇 사람이 "나는 그것을 보았을 때 나는 그것을 안다."라고 정의 내리는 것이 불가능하다고 한 Potter Stewart 판사의 논평과 학습장애를 연결하였다는 것을 매우 심각하게 고려해야 한다. 학습장애에 대한 가장 영향력 있는 정의는 미국연방정부법 IDEA-2004이다.

학습장애는 처음으로 1975년 미국연방정부법(PL 94-142)에 특수교육의 범주로서 분류되었다. 이는 그들의 아동의 문제에 대하여 적절히 설명하려는 부모들과 학습장애 학생을 가르치고 그들이 요구하였던 중요한 상호적인 개별화 교수 유형을 제공하는 데 열정적으로 헌신하는 교육가들에게 매우 기쁜 날이었다(Hallahan, 2007).

학습장애 분야의 과거 체제(1800~1930)는 뇌의 손상과 기능 면에서 폭넓게 과학적으로 연구하던 기간이었다. 대부분의 초기 뇌연구자들은 발작과 사고로 고통받고 있는 성인 환자의 뇌손상을 조사하는 데 관련된 의사들이었다. 이들 과학자들은 말하고 읽는 능력과 같은 약간의 뇌기능을 상실한 환자의 행동을 조사하여 정보를 수집하였다. 과학자들은 많은 환자들의 부검으로 뇌의 특정 영역의 손상이 기능 손상과 연결될 수 있다는 것을 밝혔다.

이런 뇌 연구는 학습장애 영역의 토대가 되었고(1930~1960), 뇌의 과학적 연구들은 아동의 치료 연구에 적용되었으며, 계속하여 가르치는 방법으로 옮겨가게 되었다. 심리학자와 교육가들은 학습장애 학생들을 사정하고 가르치는 방법을 위한 도구들을 개발하였다. 이러한 과정을 거치는 동안 문제를 기술하는 데 사용된 전문용어인 뇌손상 아동, 미세뇌기능장애는 마침내 학습장애라는 용어로 바뀌었다.

뇌손상 아동이라는 용어는 Alfred Strauss와 Laura Lehtinen(1947)에 의해 처음으

로 사용되었고, 특수아동의 새로운 범주로서 뇌손상 아동을 추가하였다. Strauss와 Lehtinen는 뇌손상은 아동의 생애에서 출생 전(태아 단계), 출생 과정 동안 혹은 출생 직후 순간(출생 후 단계)이라는 세 기간 중 한 기간 동안 일어날 수 있다고 가정했다. 이 분야의 학자들은 기관 손상에 대한 결과로 정상적인 학습 과정이 방해받는다고 확신하였다. 대부분의 이런 아동들은 과거에는 정신지체, 정서장애, 자폐증, 실어증, 혹은 행동적 부적응으로 분류되어 왔었다. 많은 수의 아동들은 공립학교에 들어올 수 없는 심각한 행동적 특성을 나타내었다.

뇌손상 아동의 대표적인 특징은 감각 자극에 대한 해석이 곤란한 것으로 사물, 관계 혹은 속성을 인지하는 능력에 이상을 보이는 **지각손상**이다. 예를 들어, 어떤 선생님은 그녀가 물방울 무늬의 옷을 입었을 때, 지각장애 아동들은 그들이 지각하였다고 생각한 것을 확인하기 위해 물방울 무늬의 옷을 만지지 않을 수 없는 것처럼 보였다고 기록하였다. **그림 1.4**는 정상인이 파악하는 지각의 모호성과 지각장애 아동의 불안정한 세상을 정상인이 이해할 수 있도록 도와주는 설명이다. 여기에 제시된 그림은 우리에게 늙은 노파인지 젊은 여인인지를 결정하도록 한다. 여러분의 눈에는 제시된 그림이 젊은 여인, 아니면 늙은 노파 중 어느 쪽으로 보이

**그림 1.4** 여러분은 이 그림이 젊은 여인, 아니면 늙은 노파 중 어느 쪽으로 보이는가?

출처: Illustration by W. E. Hill in *Puck*, 1915.

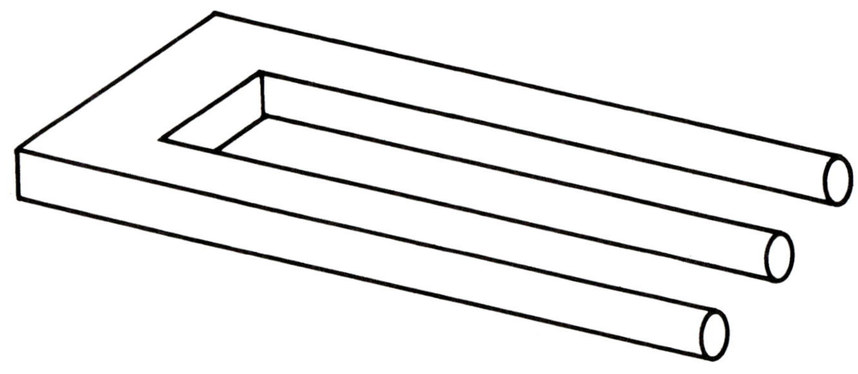

**그림 1.5** 그리기 검사: 모사하거나 기억해서 그리기

는가?

**그림 1.5**는 어떤 사람에게 제시된 그림을 잘 보도록 한 후에 기억해서 그림을 그리도록 요청하였다. (여러분은 이 그림을 보면서 그리는 것조차 어렵다는 것을 알게 될 것이다.) 이런 그림들은 지각장애 아동이 경험하는 지각적 혼란에 대하여 설명해 준다.

뇌손상 아동에 대한 Strauss의 연구는 전문가에 의해 잘못 진단되어 왔고, 부모들에게 이해되지 않았으며, 사회에서는 종종 포기해버린 다양한 아동 집단에서 유사한 특징으로 인지하며 학습장애 분야를 위한 기초가 되었다.

**미세뇌기능장애**(minimal brain dysfunction, **MBD**)라는 용어는 경도, 학습장애의 원인인 미세중추신경계 이상, MBD라는 용어가 미국 보건, 교육, 복지부에 의해 이러한 아동을 분류하는 방법으로 장려되면서 정의된다(Clements, 1966). MBD는 평균 정도의 지적능력이지만 학습과 행동적 손상을 가진 아동으로 중추신경계 이상 혹은 기능장애를 가진 것을 기술하는 데 사용되어 왔다. 대부분의 의료적 전문가들은 아동을 진단할 때 *MBD*라는 용어를 사용했다.

학습장애는 이런 기술과 관계있는 장애인을 언급하는 방법으로 인식되면서 잘 사용한다.

미국은 학습장애를 위한 수업을 학교에서 마련하도록 하였다. 이 분야는 학습장애를 위한 프로그램으로 급진적인 성장을 하면서 발전하였고, 교사들은 훈련되었고 아동들은 지원을 받기 시작하였다.

학습장애를 위한 공립학교의 첫 프로그램 중 하나는 뉴욕의 시러큐스에서 만들어졌다(Cruickshank, Bentzen, Ratzebbugh, & Tannhauser, 1961). 1960년과 1970

년에는 학습장애를 위한 공립학교 프로그램이 전국적으로 신속하게 마련되었다. 부모의 압력, 전문적 정보의 증가, 교사훈련프로그램의 적용, 그리고 주법(state law)이 학습장애 학생을 위한 지원을 요구하는 등 몇 가지의 강력한 힘을 발휘하며 이런 발전을 촉진시켰다. 이런 모든 일은 1975년 처음으로 총체적인 특수교육법, 전장애아동교육법(Education for All Handicapped Children Act, PL 94-142)이 통과하기 전에 일어났다.

대부분의 조기 프로그램은 초등학교 학생들을 위하여 마련되었다. 이런 조기 프로그램들은 학습장애 아동들을 특수교육의 전형적인 교수 프로그램에 따른 환경인 분리된 학습에 배치하였다. 이런 과정을 거친 후에 학습도움실 프로그램이 소개되었고, 중등학교에 있는 학습장애 청소년들을 지원하기 시작하였다. 많은 새로운 검사와 교육 자료는 학습장애의 범주로 확인된 학생의 수를 매우 증가시키면서 발전하였다.

## 1.4 특수교육에서 법의 영향

여기서 우리는 다음과 같은 법들을 살펴볼 것이다.

- 법에서 특수교육의 범주
- 특수교육법
- 초 · 중등교육법(ESEA)
- 낙제아동방지법(NCLB)
- ESEA의 재승인
- 재활법 504조와 미국장애인법
- 사례법의 역할

### 법에서 특수교육의 범주

미국교육법은 13범주의 장애를 인정한다(Individual With Disabilities Education Improvement Act, 2004). **표 1.4**는 13범주의 장애에 대한 목록(1열); 일반학교 학생 수에서 각 범주의 백분율(2열); 모든 장애 아동에 대한 각각 장애 범주의 백분율(3열)이 실려 있다. 또한 **표 1.4**는 **고(高)-발생률-범주**(다수의 아동이 가지는 장

**표 1.4** 6~17세 연령의 장애 아동 범주

| 장애 유형 | 총 인구수에 대한 백분율 | 모든 장애에 대한 백분율 |
|---|---|---|
| 고-발생률-범주 | | |
| 학습장애 | 5.36 | 46.2 |
| 언어 장애 | 2.29 | 19.7 |
| 정신지체 | 0.98 | 8.4 |
| 정서장애 | 0.92 | 7.9 |
| 기타 건강장애 | 0.99 | 8.5 |
| 저-발생률-범주 | | |
| 자폐증 | 0.32 | 2.8 |
| 청각장애 | 0.14 | 1.2 |
| 지체장애 | 0.12 | 1.0 |
| 시각장애 | 0.05 | 0.1 |
| 외상성 뇌손상 | 0.04 | 0.3 |
| 발달지연 | 0.15 | 1.3 |
| 중복장애 | 0.23 | 2.0 |
| 농-맹 | 0 | 0 |
| 모든 장애 | 11.60 | 100.0 |

출처: From *To assure the free appropriate public education of all children with disabilities*. Twenty-eighth Annual Report to Congress on the Implementation of the Individuals with Disabilities Education Act by the U.S. Department of Education, 2008. Washington, DC: Westat.

애 범주)와 **저(低)-발생률-범주**(소수의 아동이 가지는 장애 범주)로 분류하여 구성하였다.

**그림 1.6**은 원그래프로 장애를 가진 모든 학생의 구성을 제시한 것이다.

**표 1.4**에서 보여 주는 것처럼 학습장애는 모든 장애 학생에서 46%로 제일 큰 범주이고 정신지체는 8.4%, 정서장애는 7.9%이다. "기타 건강장애(OHI)" 범주는 모든 장애 학생에서 8.5%나 차지하고 주의력결핍 과잉행동장애(ADHD)가 포함된다.

"기타 장애"라는 명칭은 저-발생률-범주를 언급하며 특수교육지원을 받고 있는 약 1%의 아동이 포함된다. 기타 장애는 예외의 몇 가지 범주로 구성되고, 여기에 포함된 학생들은 종종 경도장애의 집단에 포함되기도 한다. 특수교육 지원에 적격한 학생이 되려면, 학생들이 교육적 수행에 불리한 영향을 미치는 장애 범주로 확

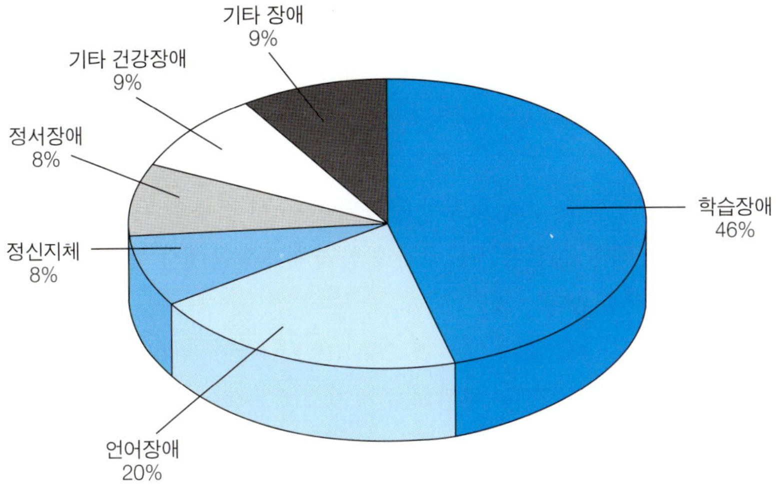


**그림 1.6** 모든 장애 학생의 구성

출처: From *To assure the free public education of all children with disabilities*. Twenty-eighth Annual Report to Congress on the Implementation of the Individuals with Disabilities Act by the U.S. Department of Education, 2008. Washington, DC: Westat.

인되어야만 한다.

## 특수교육법

**표 1.5**와 같이 특수교육법은 계속하여 제정되어 왔다. 법은 장애를 가진 3세에서 21세까지의 모든 아동과 청년들이 무상의 적절한 공립교육을 받을 권리에 대하여 제시한다. 더 나아가 각각의 주(state)는 미국연방법에 따라 특수교육에 대한 계획을 마련해야만 한다. 특수교육법의 각각의 법은 초기 법이 계속하여 개정된 것이다.

**표 1.5** 특수교육법

| 연도 | 번호 | 법명 |
|---|---|---|
| 1975 | P.L. 94-142 | 전장애아동교육법 |
| 1986 | P.L. 99-457 | 전장애아동교육법 개정 |
| 1990 | P.L. 101-476 | 장애인교육법-1990 |
| 1997 | P.L. 105-117 | 장애인교육법-1997 |
| 2004 | P.L. 108-456 | 장애인교육개선법-2004 |

특수교육법은 장애인에 대한 교육을 보장하는 시민권리법률이다. 이 법은 장애 학생에 대한 배제, 무시, 평균 이하로 대우해 왔던 과거의 교육적 실제를 바꾸는 계기를 마련한다.

장애 학생에게 지원을 제공한 최초의 특수교육법은 **전장애아동교육법(공법 94-142)**으로 1975년에 미국 의회에서 통과되었다. 이 법률의 두드러진 특징은 장애의 각각 범주에 대한 실질적인 출현율과 함께 특수교육에서 특수아동을 각각의 범주로 처음으로 분류했다는 것이다.

가장 최근의 법은 **장애인교육개선법-2004(IDEA-2004)**이다. IDEA-2004는 학습장애 학생과 관련 경도장애를 분류하고 사정하며 지원하는 데 밀접한 관계가 있고, 이에 대한 상세한 설명은 이 책의 개별화 교육 계획(IEP)과 절차적 안전보호(2장, "사정과 IEP 절차" 참고); 최소 제한 환경, 지속적인 대안적 배치, 그리고 부모의 적극적 참여(4장, "교육적 환경과 가족의 역할" 참고); 주의력결핍 과잉행동장애(7장, "주의력결핍 과잉행동장애와 관련 장애" 참고)에서 기술하고 있다.

IDEA-2004는 다음의 구체적 방법들을 분명히 제시하고 있다(IDEA-2004의 요약은 웹사이트 http://www.cec.sped.org 참고).

- 부모의 역할 강화
- 취학 전 장애 아동에 대한 모든 권리와 보장 확대
- 일반교육 교육과정에 대한 접근 보장
- 부적절한 동일함의 확인과 잘못된 명칭화를 예방하기 위해 인종, 민족 그리고 언어에 대한 다양성에 관심 할애 확대
- 중재 혹은 논쟁해결과정과 같은 비대립적인 방법을 통한 그들의 차이를 극복하려는 부모와 교육가 격려

IDEA-2004는 장애인이 특수교육과 관련된 지원 모두에 대한 요구를 인정한다.

## 초 · 중등교육법(ESEA)

초 · 중등교육법(The Elementary and Secondary Education Act, ESEA)[4]은 1965년

4) [역자 주] 이 법은 초 · 중등학교에서 교육의 질과 교육의 기회를 강화하고 향상시키는 데 목적을 두고 저소득층 아동의 학업성취도 향상, 교사의 질 개선, 영어 능력 특히 독해력이 부족한 아동의 수준 향상, 혁신적 교육프로그램의 개발을 통해 학교의 질 개선과 학부모에게 학교의 선택권 보장, 21세기 안전한 학교 보장 등의 내용으로 구성되어 있다.

에 제정되었고, 해를 거듭하면서 명칭은 물론 회원의 변화가 있어 왔다.

**낙제아동방지법(NCLB)** 초 · 중등교육법의 변형이라고 불리는 **낙제아동방지법**(The No Child Left Behind Act, **NCLB**)은 부시 대통령 행정부가 2001년에 통과시켰다. 이 법을 공표한 목적은 모든 아동들에게 공정함과 평등성을 보장하며 질 높은 교육의 기회 제공과 기초 학습 성취 기준에 도전시켜 최소한의 습득을 달성하게 하려는 것이었다. NCLB의 주요 특징은 공립학교에서 학생들이 읽기와 수학을 습득하는 것을 필요조건으로 한다. NCLB는 만족스러운 진보를 달성하는 데 실패한 학교에게는 제재조치가 실행된다. NCLB는 다음과 같은 몇 가지 중요한 점을 제시하고 있다(Wright, Wright, & Heath, 2004).

- NCLB는 모든 주(state)가 적극적으로 기초 학습 기준과 교육과정 지침을 적용할 것을 요구한다. 또한 모든 주에서 모든 아동에 의해 획득되는 "습득" 수준이 일관성 있게 발달할 것과, 어른이 그 결과를 책임지는 책임체제의 개발을 요구한다. 실패한 학교는 문을 닫거나, 재구조화되거나 인수된다. 모든 학생은 좀 더 좋은 학교를 위하여 빈약한 학교에서 전학갈 수 있는 권리를 가진다.
- NCLB는 모든 학생의 읽기와 수학 성취 시험으로 각 학교의 진보를 측정한다. 학교는 하위집단(예: 민족, 장애, 영어학습자, 그리고 저소득층)에 속한 학생들을 보고해야 한다. NCLB의 기준에 의하면, 모든 하위집단의 학생들은 2014년까지 숙달될 수 있는 충분한 기초 학습 진보를 달성해야 한다. 만약에 특정 학교가 하위집단을 적절히 교육하지 않았다면 그 학교는 이 기준에 의해 실패할 것이다.
- NCLB는 모든 학교에게 2014년까지 읽기, 수학, 그리고 과학에서 모든 아동들을 숙달시키도록 요구한다. 이 목표를 달성하기 위한 핵심 요구에는 3학년에서 8학년까지 매년 치르는 성취 시험; 모든 교실에서 매우 우수한 교사; 연구된 교수; 증가되는 부모의 권리; 주, 구역, 그리고 학교 성적표가 포함된다.
- NCLB는 학교와 학교 구역의 가난한 아동, 장애 아동, 영어 학습자, 소수 민족과 이주 아동, 그리고 기타 방치된 아동을 포함하여 모든 아동의 교육적 요구를 만족시킬 것과 매년 교육된 아동에 대한 그들의 진보를 행정적으로 보고할 것을 요구한다.
- NCLB는 아동들에게 효과적이고 과학적으로 준비된 교수와 도전적인 기초 학습 내용을 사용할 것을 요구한다. 아동들은 수업 시간이 증가되는 부가적 지원으로 적극적이고 가속화된 교육적 프로그램을 받게 된다.

- NCLB는 미국연방제도I(Federal Title I)을 인정하여 수락하는 모든 주, 학교 구역, 그리고 학교를 포함한다. 제도I지원은 공립학교에 있는 가난하고 불리한 아동의 보충 교육 프로그램을 준비하는 데 필요한 경비를 제공해 준다. 주는 최하위의 성취 학교를 지원하며, 필요성을 분명히 하고 개선에 의지가 강한 학교 구역을 우선 지원한다.
- NCLB는 모든 주가 NCLB에 명시된 **연간 적정 진보**(adequate yearly progress, **AYP**)를 달성하기 위해 모든 학교와 구역의 확실한 책임체제 시행을 요구한다.

NCLB가 학습장애 학생과 관련 경도장애 학생들에게 요구하는 시험은 종종 위협적이다. 가끔 시험의 결과로 얻어진 성취는 학생들의 장애 영역을 결정하게 되는데, NCLB 절차는 학습장애 학생과 관련 경도장애 학생들의 독특한 개인적 차이를 고려하지 않기 때문에 그들은 이런 시험에 취약할 수밖에 없다(Johns, 2003).

**ESEA의 재승인** ESEA는 현재 오바마 행정부에 의해 재승인되었다. 미교육부 장관인 Arne Duncan은 재승인된 ESEA를 발전시켰다(Duncan, 2009). 새로운 ESEA는 대학과 직업을 위하여 학생들을 준비시킬 분명한 기준을 제시한다.

## 1973년의 재활법 504조와 미국장애인법(ADAA)(2008)

중등교육 이후 장애인에게 도움이 되는 부가적인 법은 **1973년의 재활법 504조**(Section 504 of the Rehabilitation Act of 1973)와 **미국장애인법**(Americans With Disabilities Act, **ADA**)이다. 재활법 504조는 미연방기금이 제공되는 시설에 있는 장애인을 위하여 조정이 이루어질 것을 요구한다. 2008년의 미국장애인법(ADAA)은 직장에서의 차별로부터 장애인을 보호한다. 두 개의 법은 4장, "교육적 환경과 가족의 역할"과 9장, "학습장애 청소년과 성인, 그리고 관련 경도장애 청소년과 성인"에서 좀 더 자세히 설명할 것이다.

2008년의 ADAA는 새롭게 재활법 504조와 연결하여 1990년의 미국장애인법(ADA)을 확장한다. 재활법 504조는 유치원생부터 고등학교 학생들에게까지 적용하여 적격한 학생의 수와 범위를 확장한다.

## 사례법의 역할

사례법은 연방 혹은 주 법정에서 결정되었던 실질적인 법정 사례로 구성된다. 이러한 법정 사례적 결정은 앞으로의 사례를 위한 기초가 되기 때문에 중요하다.

몇 가지 중요한 법정 사례는 이 책의 여러 곳에 기술되어 있는데, 최소 제한 환경(LRE)에 관한 법정 사례는 2장, "사정과 IEP 절차"에, 가르치는 방법에 관한 법정 사례는 3장, "치료교육"에, 조정에 관한 법정 사례는 4장, "교육적 환경과 가족의 역할"에 있다.

## 1.5 새로운 쟁점과 정의

대부분의 현행의 쟁점과 방향은 학습장애 학생과 관련 경도장애 학생들에게 영향을 미치는 특수교육과 일반교육에서 일어났다. 다음에 이어지는 부분에서, 우리는 이러한 몇 가지의 쟁점과 방향에 대하여 간단히 검토하도록 한다.

### 좀 더 포함된 배치

오늘날, 많은 학습장애 학생과 관련 경도장애 학생들은 일반학급 혹은 포함교실에서 수업을 받는다. 포함의 혜택은 많다. 일반학급은 장애 학생이 일반학급 친구들에게 접근할 수 있는 통로가 되며, 학생의 수행에 대한 기대를 높이고, 일반학급의 학생들은 다양한 학생들을 좀 더 흔쾌히 수용하여 도와주며, 일반교사와 특수교사 간의 협력을 개선한다(Cawley, Hayden, Cade, & Baker-Krocynski, 2002; Elbaum, 2002). 포함에 대한 이러한 철학과 실제는 4장, "교육적 환경과 가족의 역할"에 상세히 기술되었다.

대부분의 학습장애 학생과 관련 경도장애 학생들은 일반학급에서 지원받아 왔다. 이런 학생들은 장애를 가졌지만 재활법 504조에 따라 일반학급에서 수업을 받는다. 포함교실에서 성공하기 위해서는 일반학급의 교사와 특수교사의 협동적 노력이 요구된다(Schwarz, 2006). **일반교육에 포함된 학생 이야기 1.1**, "몇 가지 일반 전략들"에서 학습장애 학생과 관련 경도장애 학생을 위하여 도움이 되는 전략을 제시한다. 이러한 전략들은 일반학급의 모든 학생에게도 도움이 될 것이다.

### 반응-대-중재(RTI)

**반응-대-중재**(Response-to-intervention, **RTI**)는 일반학급에서 모든 학생들을 가르치려는 새로운 절차이다. IDEA-2004는 학교가 RTI와 포괄적인 평가를 사용할

## 일반교육에 포함된 학생 이야기 1.1

### 몇 가지 일반 전략들

- 배운 것에 대한 복습으로 수업을 시작하라. 학생들은 종종 여태까지 성취했던 것을 잊어버리는데, 특히 주말 혹은 방학 중에는 더 잘 잊어버린다. 복습은 학생들에게 배웠던 것을 기억해 내도록 도와주는 것으로 매우 중요하다.
- 학생들에게 수업의 목표를 말해라. 학생들이 특정 수업의 목표를 이해하는 것은 매우 중요하다.
- 특별한 요구를 가진 학생들을 교사 가까이에 배치하라. 좌석의 배치는 수업 중에 학생들을 집중시키고 산만하지 않도록 하는 데 도움이 된다. 또한 교사가 수업 중에 학생의 반응을 관찰하는 데도 도움이 된다.
- 모든 학생에게 공부 기술을 가르쳐라. 교실에 있는 모든 학생들이 공부 기술을 배우는 것은 매우 좋은 일이다. 공부 기술의 절차를 설명하고 공부하는 활동을 시범 보여라.
- 개념과 기술에 대한 충분한 연습을 제공하라. 장애 학생과 관련 경도장애 학생들은 수행 속도가 느리기 때문에 많은 예의 제시와 배워야 할 내용과 기술을 연습하는 기회가 필요하다.
- 차별화된 교수를 사용하라. 학급에 있는 모든 학생들의 학습 유형과 학습 요구를 고려하라. 학습장애 학생과 관련 경도장애 학생은 종종 학습하는 데 서로 다른 유형을 나타낸다. 몇 가지 서로 다른 방법으로 관심, 학습 유형, 그리고 개인적 능력에 대응하여 수업하는 것은 매우 중요하다.
- 매 수업의 마지막에 배웠던 것에 대한 요약을 제시하라. 수업을 마친 후 모든 학생들에게 수업에서 도움이 되었던 부분과 배웠던 것에 대한 요약을 제시하라.

것을 규정하고 있다. 여기서는 RTI를 간단하게 설명하지만 2장, “사정과 IEP 절차”에서는 매우 상세하게 설명되어 있다.

간략하게 설명하자면, RTI는 일반교육에 있는 모든 학생들을 위하여 “입증된 교육 절차”를 제공하여 기초 학습의 실패를 줄이고 예방하는 하나의 예방모델이다. RTI 절차는 수업에서 적절한 반응을 하지 못하는 학생들을 위하여 적극적인 수준의 지원을 제공한다(Renaissance Learning, 2009; O'Conner, 2007; Division for Learning Disabilities, 2007; Vaughn, 2006; Learning Disabilities Association, 2006, **http://www.ldaamerica.org/news/responsiveness.asp**).

IDEA-2006의 규정은 어떤 아동이 특정 학습장애인지를 결정하는 방법을 분명히 알려 주고, 학교가 RTI 절차를 사용할 수 있도록 한다. 또한 이 법은 특히 학교가 성취와 지적능력 간의 심한 불일치에 대한 측정을 포함한 전반적인 평가 절차를 사용하여 학습장애지원에 대한 아동의 적격성을 결정할 것을 강조한다(Fuchs, Fuchs, & Hollenbeck, 2007).

## 주 전체의 기준

주 전체의 기준(Statewide standards)은 교육의 분야에서 개인적 상태에 대한 성취기준의 환경으로 언급된다. 전국교사교육인증협회(National Council for Accreditation of Teacher Education, NCATE)가 승인한 특수아동협회(The Council for Exceptional Children, CEC)는 특수교사를 위한 지식과 기술-근거 기준은 물론 열 가지 내용의 기준을 개발하였다. 좀 더 상세한 정보는 **http://www.cec.sped.org/ps/perf_based_stds/standards.html**의 CEC 웹사이트에 있다. 이러한 내용 기준은 특수교육의 모든 분야에 적용된다. **표 1.6**은 특수교육을 위한 열 가지의 내용 기준을 제시하고 각각의 기준을 설명하고 있다. 주 전체의 평가 기준은 2장, "사정과 IEP 절차"에서 좀 더 상세하게 다루어진다.

## 보조 교수적 공학

오늘날의 아동은 컴퓨터에 근거를 둔 과학기술의 변화로 새로운 과학기술 사회를 살아간다. 아동들은 오늘을 좀 더 이해해야 하고 상업, 의사소통, 그리고 문화는 좀 더 빠르게 세계적인 연결을 시도한다. 학교는 학생들이 이렇게 극적으로 변화하는 것에 적응하여 완전히 참여할 수 있도록 하고, 매우 복잡한 과학기술이 적용되는 직장에서 경쟁하기 위한 준비를 도와주어야 한다.

사회는 일반적으로 아동을 기능적으로 발달시키기 위하여 컴퓨터에 근거를 둔 과학기술의 혜택을 금방 알아차린다. 심지어 이런 혜택은 학습장애 학생과 관련 경도장애 학생에게는 좀 더 크게 나타난다. 컴퓨터의 사용은 일반교육 환경에서 그들을 성공적으로 이끄는데, 이는 공평한 경쟁의 장을 만들도록 도움을 줄 수 있다. 많은 학습장애 학생과 관련 경도장애 학생의 컴퓨터 조작이 용이해지면서 읽기와 쓰기에 대한 그들의 능력에서 심한 어려움을 극복하도록 도와주고 있다. 많은 연구들은 기초 학습 문제가 있는 학생들이 컴퓨터로 종종 특별한 능력을 발휘할 수 있다고 밝히고 있다(Belson, 2003; Hasselbring & Glaser, 2000; Raskind & Higgins, 1998a, 1998b). 컴퓨터 기술에 대한 특별한 응용은 이 책의 많은 장에서 기술하고 있다.

2004년에 통과된 보조공학법(Assistive Technology Act)은 장애 아동이 보조공학을 이용하는 권리에 대한 필요성을 인정하고 보조공학 장치 활용과 보조공학 지원에 대한 비용을 규정한다(PL 108-364). 장애 학생을 위한 보조공학은 "장애인의 기능적 능력을 증가시키고, 유지하거나 개선하는 데 중요하게 사용된 상업적인 제

**표 1.6** 특수교육에 대한 내용 기준

이 표는 특수아동협회 2009의 내용 기준이다. 교사를 위한 CEC의 내용 기준에 관한 좀 더 많은 정보는 http://www.cec.sped.org에 있는 CEC 웹사이트를 방문하라.

| CEC 내용 기준 | 설명 | 제시된 장 |
|---|---|---|
| 근거 | 이 분야에서 발전하고 변화하는 규율로서 이해는 철학, 증명을 기초로 한 원리와 이론, 관련된 법과 정책, 다양한 역사적 관점에 대한 핵심을 근거로 이루어지며, 역사적 영향을 받는 인간 문제와 특수교육의 분야, 교육 그리고 특별한 요구를 가진 아동에 대한 처우에도 그 영향이 이어진다. | 1, 2, 3, 4장 |
| 학습자의 발달과 특징 | 독특한 인간 존재로서 처음으로 그들의 학생을 존중하여 알리고 설명한다. | 3, 5, 6장 |
| 개인적 학습 차이 | 학교와 모든 삶에서 이루어지는 개인의 학습에 예외적 조건이 나타날 수 있는 영향을 이해한다. | 1, 3, 5, 6, 10장 |
| 교수 전략 | 특별한 학습적 요구를 가진 개개인을 위한 개인적 교수에 증명된 교수 전략의 목록을 가지고 있어야 한다. | 11, 12, 13, 14장 |
| 학습 환경과 사회적 상호작용 | 특별한 학습 요구를 가진 개인을 위한 적극적인 학습 환경 구성은 문화적 이해, 안전, 그리고 정서적 행복을 촉진한다. | 4장 |
| 언어 | 전형적, 혹은 비전형적인 언어 발달을 이해하고 특별한 방법으로 개인과 상호작용할 수 있는 경험과 언어를 사용할 수 있다. | 11장 |
| 교수 계획 | 장기적 개별화 교수 계획의 개발은 일반교육 교육과정은 물론 특수교육 교육과정과도 깊게 연관된다. | 2, 3, 4장 |
| 사정 | 다양한 교육적 결정을 위하여 다각적 유형의 사정 정보를 활용한다. | 2장 |
| 직업적 · 윤리적 실제 | 직업 윤리와 직업 실제 기준에 의해 안내한다. | 1, 3, 4장 |
| 협력 | 가족, 교육가, 관련 지원 제공, 그리고 문화적으로 민감한 공동체 기관에 있는 개인과 정기적이고 효과적인 협력을 도모한다. | 4, 6, 8, 9, 10장 |

출처: Council for Exceptional Children, Professional Standards(2009). Arlington, VA: Council for Exceptional Children.

품, 부분적으로 변경되거나 맞춤 제작된 모든 물건, 장비, 생산체제"라고 정의한다(Individuals With Disabilities Education Act, 2004 Regulations, 34 CFR 300). **표 1.7**에 제시된 몇몇 방법으로 학습장애 학생들과 관련 경도장애 학생들이 컴퓨터를 활용할 수 있다.

JGI/Blend Images/Jupiter Images

기초 학습에 문제를 보이는 학생들은 종종 컴퓨터 조작에 특별한 능력을 보인다.

## 학생 이야기 1.2

### 강점으로서 컴퓨터

Jason은 학습장애를 가진 젊은 청년인데, 그는 읽기와 쓰기 기술이 1학년의 수준을 보이는 심한 난독증을 가지고 있다. 수년간 다양한 읽기 프로그램에 참여하고 많은 개인 교사와 공부했음에도 불구하고, 그는 여전히 거의 읽기와 쓰기를 할 수 없다. 그는 컴퓨터 교실에서 예산을 위한 컴퓨터용 회계 처리 프로그램을 어떻게 사용하는지 배웠고 발표를 위하여 파워포인트를 작성하는 방법을 배웠다. Jason은 성공적으로 배웠고 매우 짧은 시간 안에 컴퓨터 프로그램을 활용하기 시작했다. 분명히 이런 컴퓨터의 활용은 그의 언어적 장애 영역을 건드리지 않는 대신에 그의 강점인 시각적 영역을 사용하였다. 오랫동안 학습장애를 가진 많은 학생들은 뛰어난 예술성을 나타냈다. 아마도 그 또한 컴퓨터 공학에 대한 능력이 뛰어난 것이라고 생각된다.

**심화질문** 어떻게 컴퓨터가 언어 기술이 약하고 시각적 능력이 강한 학생들을 도울 수 있다고 생각합니까?

**표 1.7** 학습장애 학생과 관련 경도발달장애 학생이 사용할 수 있는 컴퓨터 방법

- 이메일(E-mail). 이메일은 학습장애 학생과 관련 경도장애 학생이 폭넓게 사용한다. 학생들은 전자메일을 주고받을 수 있고, 친구를 만들고 다른 학생들과 의사소통할 수 있고, 교사들은 리스트서버를 통하여 학급 전체와 의사소통할 수 있다. 학생들은 http://www.yahoo.com에서 무료 Yahoo 이메일 주소를 만들 수 있다. 또한 이메일로 교사들은 부모와 의사소통할 수 있다.
- 인터넷. 학생들은 인터넷 사용을 즐긴다. 그들은 조사를 위해 접속하거나 쓰기과제를 위한 자료를 내려 받을 수 있다. 학생들은 인터넷 안전에 대한 교육을 받는다.
- 소셜 네트워크. 인기 있는 소셜 네트워크의 예에는 마이스페이스(MySpace), 페이스북(Facebook), 그리고 트위터(Twitter)가 포함된다. 대부분의 경도장애나 학습장애를 가진 많은 학생들은 온라인 의사소통 체제로 만들어진 소셜 네트워크를 사용하여 친구들과 대화를 나누기도 한다.
- 전자 책. CD-ROM에 있는 전자 책은 흥미가 높은 이야기를 제공하고 화면상으로 단어들에 하이라이트를 표시할 수 있으며 컴퓨터로 크게 읽을 수 있다.
- 문서 처리. 문서 처리는 습자, 철자, 그리고 작문에 어려움을 보이는 학습장애 학생들에게 도움이 된다.
- 음성 인식 장치. 음성 인식 장치는 사용자에게 마이크로폰을 통해 구술하는 것이다. 이 장치는 사용자의 언어를 컴퓨터가 말할 수 있는 형식으로 전환한다. 음성 인식 장치를 사용한 도구로는 Dragon Naturally Speaking이 있다. 좀 더 많은 정보는 웹사이트, **http://www.scansoft.com/naturallyspeaking**에서 찾을 수 있다.
- 텍스트 판독기. 텍스트 판독기 장치는 텍스트를 음성으로 바꾸는 장치로 잘 알려져 있다. 이 장치는 인쇄된 교재를 합성 언어와 디지털 언어로 전환한다. 우수한 텍스트 판독기 프로그램은 Kurzweil 읽기 프로그램이다. 좀 더 많은 정보는 웹사이트 **http://www.kurzweiledu.com**에서 찾아볼 수 있다.

**학생 이야기 1.3**, "컴퓨터의 활용"에서 학습장애 학생에게 컴퓨터가 얼마나 중요한지 알게 될 것이다.

## 보편적 수업 설계

새로운 공학 모델은 **보편적 수업 설계**(Universal Design for Learning, UDL)에 의해 개발되었다. UDL은 모든 교육과정이 학습을 촉진시키고 서로 다른 배경, 학습 유형, 능력을 가진 개개인, 그리고 장애인에게 적절히 학습 내용을 수정한다. UDL 웹사이트는 **http://www.cast.org**에 있다.

## 학생 이야기 1.3

### 컴퓨터의 활용

나는 컴퓨터의 사용 방법을 배울 때까지 작문하는 방법을 배우지 못했다. 이 말을 이상하게 여기겠지만 나는 바른 철자쓰기도, 작문도 할 수 없었기 때문에 나의 지난 시간에 작문은 그저 철자에 불과했다. 나는 철자 체크를 할 수 있는 단어 처리 체제를 발견했을 때 마침내 작문에 생각과 아이디어를 포함할 수 있었다. 나는 컴퓨터가 철자오류를 수정한다는 것을 알았을 때 더 이상 철자에 신경을 쓰지 않기 시작했다. 그때부터 나는 작문에서 내용을 살펴보기 시작했다.

출처: C. Lee & R. Jackson(1992). *Faking It: A Look into the Mind of a Creative Learner*. Portsmouth, NJ: Heinemann.

**심화질문** 컴퓨터를 사용하는 능력이 개인적 관점에 대한 쓰기에 어떤 변화를 일으킨다고 생각합니까?

## 내가 알고 있는 한 아동…

### Tiger: 읽기 문제를 가진 아동

Tiger G.는 링컨 초등학교의 3학년인 9살 소년이다. 그는 학교 구역에서 떨어진 곳에서 이사를 왔고 Jackson 선생님의 일반교실에 있다. Tiger는 늘 열심히 노력하지만 그에게 읽기는 매우 어려웠다. 그는 칠판에 쓰여진 단어들을 종이에 옮겨 적지 못하였다. 그는 발음 수업을 이해하지 못했고 발음 숙제도 완성할 수 없었다. 그는 매우 제한적인 어휘만 알아본다. 종합적으로 판단해 볼 때, Tiger의 읽기는 1학년 수준이다. 그의 수학 능력은 좋아서 수학을 재미있어 하며 수학 수업을 쉽게 따라 온다. Tiger는 구어활동으로 학습에 참여하지만 매우 조용하고 학급에서 읽기를 수행할 수 없다.

Tiger는 학교에서 매우 불행하게 되었다. Jackson 선생님은 Tiger의 어머니와 협의시간을 가졌는데, Tiger의 어머니는 Tiger가 학교에 오기 싫어해서 Tiger를 매일 학교에 보낼 때마다 한바탕 소동이 일어난다고 말했다. 그리고 그의 어머니는 Jackson 선생님에게 그의 언어발달이 매우 느리다고 말했다. Tiger는 야구 같은 운동을 좋아하고 몇몇 친구도 있다. Tiger의 주요한 문제는 읽기 영역에 있다.

Tiger의 어머니는 Tiger에 대한 평가를 학교에서 실시해 주었으면 좋겠다고 말했다. IEP 팀은 사정을 통하여 다음과 같은 점수를 보고하였다. WISC-IV(아동용 웩슬러 지능검사, 4판)에서 지능지수는 125였고 읽기 이해는 1.6, 철자는 1.5, 수학은 3.6의 점수를 획득하였다.

IEP 팀은 Tiger가 학습장애라는 결론을 내렸다. 그는 읽기에서 좀 더 높은 성취를 나타낼 수 있는 잠재능력을 가지고 있지만 작은 집단에서 집중적인 읽기 중재가 요구된다.

**주석:** 29년 동안의 미국학습장애협회에 실린 인기 있는 연례 세션을 각색한 것으로 Jerry Minskoff에 의해 수정되었다. 이 세션에서는 다수의 청중이 문제를 제기하고 전문가 집단이 그 문제에 대한 답을 하려고 노력하는데 종종 청중들로부터 지원을 받기도 한다.

#### 질문

1. IEP 팀이 Tiger를 학습장애로 결정한 이유는 무엇입니까?
2. Tiger의 강점은 무엇입니까? 그리고 Tiger의 요구 영역은 무엇입니까?

## 요약

1. 특수교육 분야에서 많은 변화가 일어나고 있다.
2. 몇몇 주의 자격 요구는 특수교육에서 교사를 위하여 장애 범주를 교차할 수 있는 자격을 요청한다.
3. 경도장애를 위한 프로그램은 종종 정신지체, 정서/행동장애, 학습장애, 기타 장애와 같은 특수교육의 범주가 포함된다.
4. 경도장애는 지적장애 학생, 정서/행동장애 학생, 학습장애 학생, 그리고 기타 장애 학생을 포함한다.
5. 경도장애에 관련된 학생들은 유사한 특징을 많이 나타낸다.
6. 학습장애의 범주는 여전히 특수교육에서 가장 큰 범주이다.
7. 미연방법에 나타난 학습장애의 정의는 우선적으로 주 정의에 근거가 되지만 다른 정의도 제안할 수 있다.
8. 정의의 공통요소에는 신경학적 장애, 처리과정 결손, 기초 학습과 학습 과제 곤란, 성취와 지적능력 간의 불일치, 그리고/혹은 반응-대-중재, 학습 곤란에 대한 다른 이유들의 제외가 포함된다.
9. 학습장애는 모든 인종과 언어를 사용하는 개인에게 영향을 미치며 모든 문화에서 일어난다.
10. 학습장애 분야에 대한 역사는 45년 동안 발전하여 왔다.
11. 학습장애 학생과 관련 경도장애 학생에게 영향을 미치는 법은 낙제아동방지법(NCLB), 장애인교육개선법(IDEA-2004)과 1973년의 재활법 504조가 있다.
12. 새로운 쟁점과 방향은 포함 실제, 주 전체의 기준, 검사, 그리고 보편적 학습 설계(UDL)이다.

## 교육정보 비디오 사례 활동

1장을 읽은 후에 Education CourseMate 웹사이트에 들어가 "근거: 미연방법률에 연관된 교수"라는 제목의 교육정보 비디오 사례(TeachSource Video Case)를 보기 바란다. 이 비디오에서 각 한 명씩의 교사, 전문가, 인턴, 교장이 장애인교육개선법(IDEA)과 낙제아동방지법(NCLB)이라는 미연방법의 개선에 대하여 토론한다.

### 질문

1. 이들 교육가들은 이런 법을 개선하는 과정에서 어떤 문제를 논의했습니까?

2. IDEA와 NCLB의 차이는 무엇입니까?

## 토론과 심화질문

1. 경도장애란 무엇입니까? 경도장애는 범주적 장애와 어떤 차이가 있습니까?
2. 특수교육과 학습장애의 교사 역할이 어떻게 변화했습니까?
3. 모든 학생이 표준화된 시험을 치르는데 학습장애 학생과 관련 경도장애 학생에게 이러한 시험의 영향은 무엇입니까?
4. 장애 학생이 컴퓨터를 이용할 수 있는 몇 가지 방법을 기술해 봅시다.
5. 학습장애 분야의 발전에 대한 뚜렷한 역사적 4 단계를 기술해 봅시다.

## 핵심 용어

경도장애 … 2
경도/중도장애 … 3
고(高)-발생률-범주 … 25
공법 101-476, 장애인교육법(IDEA-1990) … 27
공법 105-117, 1997년의 장애인교육법(IDEA-1997) … 27
공법 108-456, 장애인교육개선법(IDEA-2004) … 27
공법 94-142, 전장애아동교육법(1975) … 27
공법 99-457, 1986의 전장애아동교육법 개정 … 27
낙제아동방지법(NCLB) … 29
뇌상해 아동 … 22
미국장애인법(ADA) … 30
미세뇌기능장애(MBD) … 24
반응-대-중재(RTI) … 31
보조공학 … 33
보조공학법 … 33
보편적 수업 설계(UDL) … 36
심한 불일치 … 13
연간 적정 진보 … 30
저(低)-발생률-범주 … 26
적응행동 … 5
정서장애 … 7
정서/행동장애(EBD) … 7
정신지체 … 4
주 전체의 기준 … 33
중추신경계 손상 아동 … 22
지각손상 … 23
지각장애 아동 … 21
학습장애 … 2
학습장애 전국연합위원회(NJCLD) … 12
학습장애 정부부처위원회(ICLD) … 12
학습 차이 … 34
행동장애 … 7
현재 성취 수준 … 13
1973년의 재활법 504조 … 30

제II부 사정과 교수

# 2장

# 사정과 IEP 절차

“책임 기준을 만족시키는 신화적인 마을인 워비건 호수는 “모든 여자는 강하고, 모든 남자는 잘생기고, 모든 아동들은 평균 이상으로 발달한다.””

—GARRISON KEILLOR

Myrleen Ferguson Cate/PhotoEdit

## 이 장의 차례



제 II부, "사정과 교수"는 사정과 교수 절차에 관련된 구성 요소들을 강조하는 사정(2장), 치료교육(3장), 교육 환경(4장)의 세 장(chapter)으로 구성된다.

사정이 교육과 연결되었을 때 교사들은 학생들의 어려움을 이해하며 가르치는 데 도움을 받을 수 있다. 만약에 관심이 이러한 구성 요소 중 단 한 개에만 할애된다면 노력이 분산되어 학생들이 능력을 충분히 발휘하지 못할 것이다. 예를 들어, 보편적으로 학생들의 독특한 문제를 고려하지 않은 교육 기술과 방법 및 자료의 활용은 학생의 독특한 욕구를 고려하지 않기 때문에 비효과적이다. 마찬가지로, 사정이 오로지 진단 명칭을 결정하는 것이라면 이 절차는 학생의 학습을 지원하기 위한 지침을 제공하지 못한 것이다.

2장, "사정과 IEP 절차"에서는 사정의 활용에 대하여 검토하고, 적격성에 대한 RTI 접근을 살펴보고, 그리고 적격성에 대한 종합적인 평가 접근을 개관할 것이다. 또한 IEP의 법적 절차와 사정 정보를 획득하는 방법을 알아보고, 사정 측정의 예를 제공할 것이다.

## 2.1 사정 정보의 활용

**사정**은 학생에 관한 정보를 수집하는 과정으로, 형식적 판단을 활용하여 학생과 관련된 것들을 결정한다. 사정 절차는 학생의 문제에 대한 특징을 확인하여 교수를 계획하는 데 활용하는 중요한 과정이다. 특수교육 지원에 대한 적격성은 어떤 학생이 법에 제시된 특수교육의 범주 안에서 확인 혹은 분류되어야만 한다. 또한 사정이 무엇보다 중요한 이유 중 하나는 학생의 학습을 도와주는 계획에 활용될 수 있는 정보를 얻을 수 있다는 것이다.

사정은 다음과 같은 몇 가지 절차로 지원된다.

1. **선별**(Screening). 선별 절차는 좀 더 종합적인 평가가 요구되는 학생을 발견하기 위해 대략적인 평가를 실시한다.
2. **의뢰**(Referral). 의뢰 절차는 다른 학교의 직원에게 추가적인 지원을 요청한다. 관찰과 교실 수행을 기초로 하여 교사(혹은 다른 사람)는 학생의 평가를 요청할 수 있다.
3. **분류**(Classification). 분류 절차는 지원에 대한 학생의 적격성을 결정하는 데 중요하다. 학생들의 지원에 대한 요구를 판단하고 장애의 범주를 확인한다.
4. **교수 계획**(Instructional planning). 교수 계획 절차에서는 개개 학생을 위한 교육 프로그램을 개발한다. 사정 정보는 교수 목표를 설정하고 가르치기 위한 특별한 계획을 개발하는 데 중요하다.
5. **학생 진보 검토**(Monitoring pupil progress). 학생의 진보 정도를 평가하는 것은 매우 중요하다. 검토를 위한 몇 가지 접근에는 표준화된 형식적 검사, 형식적 측정, 지속적인 관찰 과정이 있다.

## 2.2 특수교육 지원을 위한 적격성 결정

최근 법률은 특수교육 지원을 위한 학생의 분류방법에 중요한 변화를 가져왔다. 학생들을 학습장애로 분류하려는 법에 제시된 최종적인 규정은 다음과 같다. (1) 지적능력과 성취 간의 심한 불일치로 요청하지 말아야 하고, (2) 과학적 연구에 근거한 중재에 대한 아동의 반응 과정을 활용해야 하며, (3) 어떤 아동이 학습장애인지 혹은 아닌지를 결정하는 대안적 연구에 근거한 절차를 사용한다(Regulations for the Individuals With Disabilities Education Improvement Act of IDEA-2004, 2006; Division for Learning Disabilities, 2007).

학교가 특수교육 지원을 위한 적격성을 결정하는 데 중요한 방법은 (1) 반응-대-중재(RTI) 접근, 혹은 (2) 예측되는 장애를 가진 학생에 대한 종합적인 평가이다.

## 2.3 반응-대-중재(RTI)

**반응-대-중재**(Response-to-intervention, **RTI**)는 기초 학습 곤란을 보이는 문제가 **증거-기반 중재**(혹은 과학적 연구를 근거로 한 방법)를 활용하여 처음으로 나타나는 학생들을 확인하기 위해 마련된 절차이다(IDEA-2004; Regulations for IDEA-2004, 2006). RTI는 일반학급의 학생들, 학교에서 실패할 위험이 있다고 생각되는 학생들, 장애가 예측되는 학생들(경도장애와 학습장애로 예측되는 학생들 포함)과 같은 모든 학생들에게 사용할 수 있는 방법이다. RTI의 목표는 모든 학생의 기초 학습에 대한 실패를 예방하는 것이다(Division for Learning Disabilities, 2007; Renaissance Learning 2009; Fuchs & Deshler, 2007; Hollenbeck, 2007; Hallahan, Keller, Martinez, Byrd, Gelman, & Fan, 2007; Zirkel, 2007; Yell, Shriner, & Katsiyannis, 2006).

### RTI 교수 단계

RTI에 대한 몇 가지의 서로 다른 설명이 있지만, 가장 대표적인 설명은 세 가지 단계(수준)의 중재를 활용한다는 것이다. 각 단계는 중재 혹은 교수의 수준을 나타

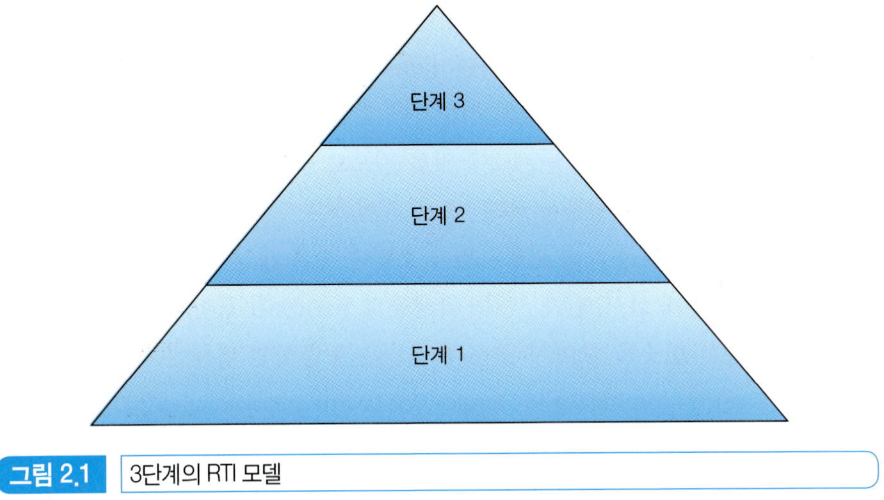


**그림 2.1** 3단계의 RTI 모델

낸다. 다른 요구를 가지는 학생들은 좀 더 집중적인 교수를 받는다. **그림 2.1**은 3단계 중재의 RTI 모델이다.

RTI 모델은 어떤 학생이 증거-기반 중재에 잘 반응하는 경우 1단계(첫 수준)로, 이 단계에 속한 학생은 장애가 아니다. 1단계에서 RTI 교수에 대하여 긍정적으로 반응하지 못한 학생들은 다음 단계(2단계)에서 좀 더 집중적인 교수가 실시된다. 만약에 학생이 2단계의 집중적인 교수가 실시된 이후에도 여전히 반응도 못하고 학습하지도 못한다면, 그 학생은 3단계로 이동하여 소집단 구성 안에서 좀 더 집중적인 중재를 받는다. 3단계의 중재에도 긍정적인 반응을 이끌어 내지 못한 학생들은 특수교육을 위한 평가에 의뢰된다(Renaissance Learning 2009; Division for Learning Disabilities, 2007; Vaughn, Wanzek, & Fletcher, 2007).

다시 설명하면, RTI는 모든 학생을 대상으로 한다. 학습장애나 경도장애로 예측되는 학생들을 포함하여 일반학급의 학생들이 학습의 실패에 대한 위험을 파악한다. RTI에서 단계 1, 단계 2, 단계 3의 중재에 잘 반응한 학생들은 특수교육 지원에 적격하지 않다고 판단한다. RTI 중재를 학습하지 못한 학생들은 "비-반응자"로 판단하여 특수교육 평가에 의뢰될 것이다(Renaissance Learning 2009; Division for Learning Disabilities, 2007; Yell, Shriner, & Katsiyannis, 2006; Deshler, Mellard, Tollefson, & Byrd, 2005; Speece, 2005; McMaster, Fuchs, Fuchs, & Compton, 2005). 중재의 세 단계에 대한 구체적 설명은 다음과 같다.

- **단계 1. 일반교육에서 높은 질의 교수와 학생의 진전에 대한 관찰.** 학생의 약 80%는 단계 1에서 지원받게 될 것으로 예상한다. 단계 1에서 적절한 반응을

하지 못한 학생들은 단계 2로 진행한다.

- **단계 2. 진전 정도를 계속 관찰하면서 좀 더 집중적으로 증거-기반 교수 실시.** 단계 2에서는 학생들에게 읽기 전문가와 같은 교사들이 지원되어 가르친다. 학생들의 약 10~15%는 단계 2에 있을 것으로 예상한다. 단계 2에서 적절한 반응을 하지 못한 학생들은 단계 3으로 진행한다.
- **단계 3. 진전 정도를 계속 관찰하면서 소집단 혹은 개인적으로 매우 집약적인 증거-기반 중재 실시.** 단계 3에는 학생들의 5~10%가 포함되어 있다. 단계 3에서 적절한 반응을 보이지 않은 학생들은 종합적인 평가에 의뢰될 것이다(Renaissance Learning 2009; Division for Learning Disabilities, 2007; Denton, 2006; Bradley, Danielson, & Doolittle, 2005). 3단계의 RTI 의사결정 흐름표는 **그림 2.2**에 제시되어 있다.

## RTI의 장점과 비판

**RTI의 장점** RTI의 장점은 다음과 같다(Renaissance Learning 2009; Vaughn, Wanzek, & Fletcher, 2007; Division for Learning Disabilities, 2007; National Joint Committee on Learning Disabilities 2005; Fuchs & Deshler, 2007; Hollenbeck, 2007).

- RTI는 장애의 조기 발견과 예방에 초점을 맞추어 특수교육에 포함되는 학생의 수를 감소시킨다.
- RTI는 과잉적으로 동일시하는 소수의 학생을 감소시킨다.
- RTI는 일반교육의 일부이고 일반교육 교사에게 그 책임이 있다.
- RTI는 학생이 극복하고 책임을 증가하는 데 초점을 둔다. 예측되는 모든 장애 범주가 포함된다.
- RTI는 입증되거나 과학적인 연구를 근거로 한 자료를 활용하며 점점 더 집중적인 교수의 단계와 수준이 제공된다.
- RTI는 범주의 명칭을 사용하지 않고 학생들에게 지원을 제공한다.
- RTI는 책임과 협력을 공유할 것을 촉구한다.

**RTI의 비판** RTI에 대한 비판은 다음과 같다(Johns & Kauffman 2009; Wanzek & Vaughn, 2009; Vaughn, Wanzek, & Fletcher, 2007; Gerber, 2005; Mastropieri & Scruggs, 2005; Kavale, 2005; Semrud-Clikeman, 2005; McMaster, Fuchs, Fuchs, &

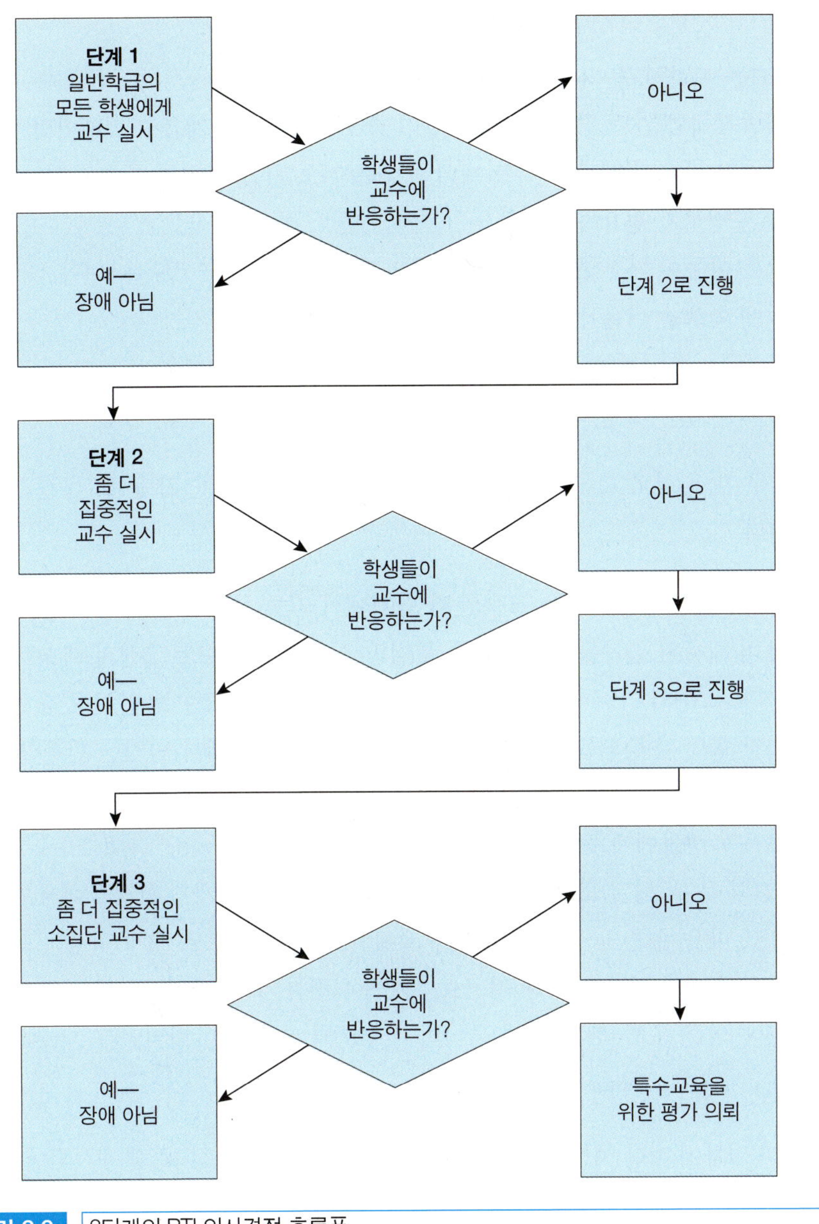


그림 2.2 3단계의 RTI 의사결정 흐름표

Compton, 2005).

- RTI를 충분히 실행하기 위한 비용이 알려져 있지 않다.
- RTI는 아동의 문제를 인정하는 것을 지연할 수 있다.
- RTI가 대규모 적용에 대한 준비가 되어 있는지 의문이다.

- RTI를 실시하면 학습장애의 개념은 사라지는 것인가?
- RTI는 여전히 좀 더 엄격한 연구가 필요하다.
- 학습장애와 관련 경도장애의 원인인 중추신경계적 관계를 고려해야만 한다.
- 나이가 많은 학생과 읽기를 제외한 다른 기초 학습 영역의 학습에 관한 좀 더 많은 정보가 필요하다.
- 모든 아동이 가장 효과적인 중재에 반드시 잘 반응하는 것은 아니다.
- 장애 학생을 위한 권리와 보호가 RTI를 제공하는 것인가?

## RTI의 표준 실시요강 모형과 문제-해결 모형 접근

RTI는 두 개의 서로 다른 접근인 (1) 표준 실시요강 모형과 (2) 문제-해결 모형을 제시한다.

- RTI의 표준 실시요강은 교수의 각 단계에서 기초 학습 혹은 행동적 문제를 위하여 제시된 절차를 사용하려는 특별한 접근과 교수 프로그램의 개발로 개선한다. 교수의 각 수준은 표준화되는데, 이는 일관된 교수 방법이 특정 길이의 기간 동안 수행되는 것을 의미한다. 일반학급 교수에서 빈약한 반응을 보이는 학생을 가르치고, 수행과 향상 정도에 대한 평가를 위한 절차는 소집단의 모든 학생들에게 동일하게 실시된다(Division for Learning Disabilities, 2007).
- RTI의 문제-해결 모델은 중재에 대한 반응에 실패한 개개 학생들에게 개인적으로 다음 수준의 교수와 지원을 계획한다. 원칙적으로 개개 학생의 독특한 욕구에 대한 설명은 사례 접근으로 이루어진다. 교사 지원 팀 혹은 교수 지원 팀에 의한 문제-해결 모델은 이미 대부분의 학교에 마련되었다(Division for Learning Disabilities, 2007).

RTI의 절차에 대한 예는 **학생 이야기 2.1**, "Lucy와 RTI의 과정"에 잘 제시되어 있다.

## 진보 평가

**진보 평가**는 학생들이 교수 프로그램의 학습으로 적절히 습득하였는지를 결정하는 중요한 절차이다. 진보 평가는 학생의 기초 학습 수행을 측정하고 교수의 효과를 평가하는 사정 절차이다. 교사들은 정규적(매주 혹은 매달)으로 일반 학생의 기초 학습 수행 정도를 사정하여 기록한다(Division for Learning Disabilities, 2007; Fuchs, & Fuchs, 2006; Council for Exceptional Children, 2004). 좀 더 많은 정보는

## 학생 이야기 2.1

### Lucy와 RTI의 과정

Lucy는 6살이고 파인학교의 1학년 학생이다. 파인학교는 학생들에게 반응-대-중재 절차를 사용한다. Lucy는 일반학급에서 RTI 단계 1의 수업을 받았지만 이 중재에 반응을 잘 하지 못했다. 그녀의 일반학급 담임교사는 Lucy가 소리 인지를 어려워하고 읽기 수업을 시작하는 데 어려움이 있다고 말했다. 진보에 대한 평가는 Lucy가 단계 1 중재를 통하여 학습하지 못한 것으로 내려졌다. Lucy는 현재 좀 더 집중적인 교수가 제공되는 RTI 단계 2를 파인학교에 있는 읽기 전문가에게서 배우고 있다. Lucy는 RTI 단계 2에서 긍정적으로 반응하고 있어 특수교육 평가를 고려하지 않아도 될 것으로 생각된다.

**심화질문** RTI 절차는 어떻게 Lucy가 장애를 가지고 있지 않다는 것을 알려 준다고 생각합니까?

전국학생진보 평가센터(National Center on Student Progress Monitoring)를 위한 웹사이트인 **http://www.studentprogress.org**에서 찾을 수 있다.

대부분의 진보 평가 프로그램은 패키지로 되어 있고, 교사들이 개개 학생들의 진보 정도를 파악하기 위해 컴퓨터를 활용하여 그래프나 도표로 나타낼 수 있다. **그림 2.3**은 2학년인 Tony의 수학 진보 평가표이다. 이 표는 10개월 이상 수학 평가에 의해 Tony가 2분 동안 얼마나 많은 수학문제를 정확히 해결하는지를 보여 준다.

교육과정에 근거한 측정과 몇 가지 다른 기초 학습 영역에 대한 진보 평가를 처리하는 데 중요한 소프트웨어 프로그램은 AIMS웹에 있는데, 읽고 쓰는 능력, 계산능력, 수학, 철자, 그리고 작문을 평가한다. AIMS웹은 **http://www.aimsweb.com**에 있다.

### 교육과정 중심 측정

진보 평가 절차 중 또 다른 하나는 **교육과정 중심 측정**(curriculum-based measurement, **CBM**)이다. 교육과정 중심 측정은 학생이 학교와 교실에서 실질적으로 무엇을 하는지에 대하여 파악하려고 고안된 절차이다. 이 사정은 짧은 시간 동안 반복되는 측정으로 몇 가지 과제를 학생들이 실질적으로 수행하게 한다.

교육과정 중심 측정(CBM)은 기초 기술의 성장을 평가하기 위한 절차이다(Deno, 2003). 우선, 교사는 교육과정 영역 혹은 학생의 IEP에서 학생을 위한 목표를 결정한다. 그 다음, 학생의 진보는 수립된 학습 목표의 학습 과제를 짧은 시간

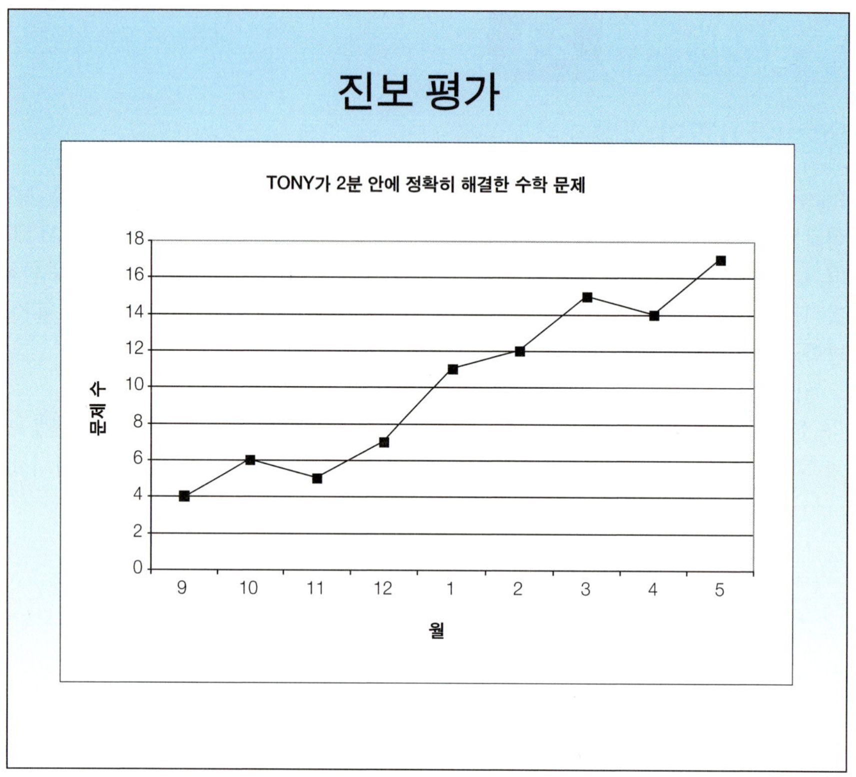


**그림 2.3** 수학 진보 평가

동안 제시하는 체계적이고 반복적인 측정이 실시된다. 수행 결과는 그래프나 도표로 나타내어 학생의 진보를 교사나 학생 모두가 분명하게 확인할 수 있도록 한다. CBM 수행의 견본들은 1분에서 3분 사이에 나타나며, 그들은 매일 혹은 매주에 걸쳐 성공적인 학생의 수행 변화를 도표화시킨다.

**그림 2.4**의 교육과정 중심 측정은 어떤 학생이 읽기 견본을 1분 동안 큰 소리로 읽은 단어의 수를 측정하여 읽기의 성장을 평가하는 데 사용된 것으로, 그림의 왼쪽에서 보여 주는 것처럼 기초선은 연속적 3일 동안 이루어졌다. **그림 2.4**의 오른쪽은 목표한 교수 프로그램이 연속적으로 14주 동안 활용된 후에 매주 측정하여 성취된 진보 정도를 보여 주는 것이다. 이 표는 연속되는 1분 동안 읽기 견본에서 정확하게 읽은 단어의 수를 보여 주는 것으로 14주 동안의 구어읽기 수행이 개선되었음을 증명해 주고 있다. 단속선은 14주 안에 분당 65단어를 읽어야 하는 IEP의 목표이다(Deno, 2003). CBM은 철자, 쓰기, 수학, 그리고 읽기와 같은 많은 기초 학습 영역의 측정에 활용된다.

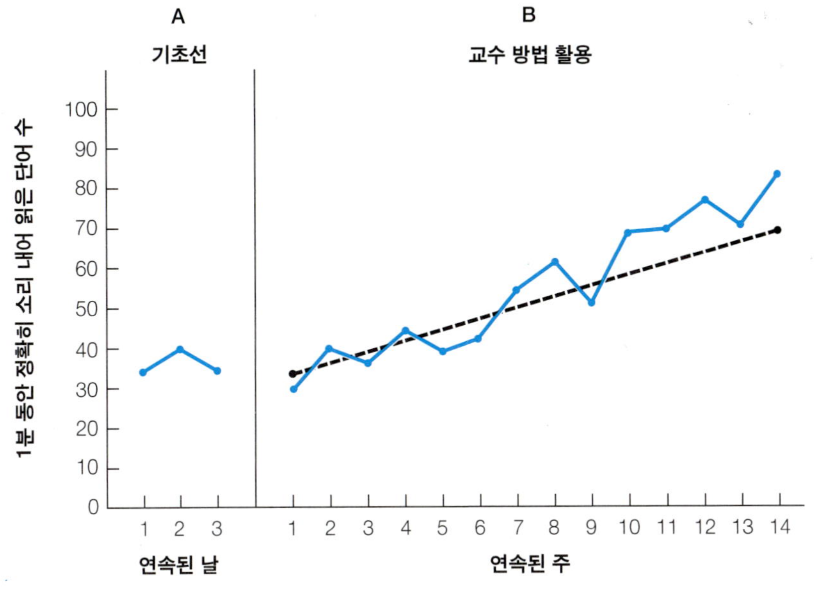


**그림 2.4** 어떤 학생의 진보에 대한 교육과정 중심 측정표

## 2.4 종합적인 평가

**종합적인 평가**는 어떤 학생에 대한 특수교육 지원의 적격성을 결정하는 또 다른 방법이다. 개인 학생에 관한 정보 수집이 필요한 종합적인 평가는 학생의 상태에 대한 판단과 중요한 결정을 내리고 적절한 교수를 계획하는 데 중요하다. 종합적인 평가는 학생을 위한 개별화 교육 계획(IEP)의 준비 과정으로 학교에서 활용되고 있다(Hallahan & Cohen, 2008; Salvia, Ysseldyke, & Bolt, 2007).

장애가 예측되는 학생에 대한 종합적인 평가는 1975년 특수교육법이 처음으로 통과된 이래 계속하여 사용되고 있다. 심리가, 의사, 그리고 기타 건강 관련 전문가들과 같은 대부분의 전문가들은 종합적인 평가를 사용한다.

최근 최고 법원은 장애가 예측되는 학생의 권리로 종합적인 평가를 받을 수 있다는 결정을 내렸다. 그 사례로는 포레스트 그루보(Forest Grove) 학교 구역[5]과 교육 지원(08–305)이 2009년 6월 22일에 결정되었는데, 최고 법원은 IDEA–2004를 따르

5) [역자 주] 포레스트 그루보 학교 구역은 Oregon 주의 Forest Grove에 있는 공립학교가 포함된 구역이다.

도록 하였고, 학생들은 적절한 시기에 알맞은 권리를 가지며 특수교육의 적격성을 결정해 주는 적절한 평가를 마련하라고 판결을 내렸다. 최고 법원의 사례에 의하여 학교 구역이 학생에게 종합적인 평가를 제공하지 않았을 경우 부모가 학교에서 수업료를 상환 받을 수 있다고 판결내렸다(Cohen, 2009; Wright & Wright, 2009).

## 종합적 평가에서 획득된 정보

종합적인 평가에는 학습장애로 예측될 학생을 위하여 다음과 같은 몇 가지 정보가 포함된다(Division for Learning Disabilities, 2007).

- 학생의 행동이 기록된 관찰 자료
- 교육적으로 관련된 의학적 발견
- 시각, 청각, 혹은 운동장애; 정신지체, 정서장애, 문화적 요인, 환경적, 혹은 경제적 결손; 혹은 제한된 영어 진보
- 경청하기, 생각하기, 말하기, 읽기, 쓰기, 철자, 그리고 수학에 대한 학생 능력의 표준화된 측정과 질적으로 분석한 자료
- 학생의 강점과 약점, 발견된 특정 학습장애의 결정에 대한 근거 요약
- 개별화된 교수에서 통보된 자료를 근거로 한 추천, 조정 혹은 수정의 필요성에 대한 진술, 요구되는 행동 지원과 학습 지원에 대한 확인
- RTI를 사용했다면 RTI 정보에 관한 보고
- 학생의 지적능력(학습을 위한 잠재능력)과 실질적인 성취 간의 비교

경도 혹은 중(中)도 장애가 예측되는 학생들에게는 부족한 능력 정도, 중요한 집중 문제, 감각 손상 혹은 행동장애를 알려 주는 종합적인 평가가 자료로 제공된다(Division for Learning Disabilities, 2007).

## 지적능력과 기초 학습 성취 간의 불일치

학습장애로 예측될 학생에 대한 종합적 평가에서 가장 논란이 되는 쟁점 중 하나는 지적능력과 실질적인 기초 학습 간의 심한 불일치에 대한 증명이다. 앞에서 언급한 것처럼 장애인교육개선법 2004(2006)에 제시된 최종 규정은 어떤 아동이 학습장애가 있는지에 관한 결정을 내리는 하나의 기준으로 학교에서 지적능력과 성취 간의 심한 불일치에 대한 증명을 사용하는 것을 허용한다(필요하지 않지만). 실질적으로 불일치 요인은 아동의 종합적인 평가에서 고려되는 하나의 요소에 불

과하다.

성취와 지적능력 간의 불일치를 종합적인 평가 중 하나의 요소로서 간략하게 설명하자면, 학생들은 학습을 할 수 있는 지적 잠재력을 가지고 있지만 기초 학습 수행에서는 이런 잠재력을 발휘하지 못한다는 개념을 토대로 하고 있다(Hallahan, 2007; Hallahan & Cohen, 2008).

불일치는 학생의 성취(실질적으로 학습한 것)가 학생의 지적능력(학습하는 잠재적 능력)과 비교된다는 의미이다. 학생의 지적능력은 종종 IQ 점수로 측정되고 있는데 IQ 검사는 현재 심하게 비난받고 있다.

인지 검사 혹은 지적능력의 검사는 지능지수로 산출되는 것보다 훨씬 더 많은 능력을 제공하고 있다는 것을 명심해야 한다. 또한 교사들은 학생들이 어려워하는 영역과 개개의 학생은 "서로 다른 정신"을 가진다는 것을 알아야 할 뿐만 아니라 학생의 강점과 선호점을 알아두어야 한다(Scherer, 2006).

**불일치 점수**는 성취와 지적능력(혹은 학습하는 잠재력) 간의 불일치를 정량화하기 위한 수학적 계산이다. 불일치를 계산하는 서로 다른 몇 가지의 공식이 있는데, 이 공식에 대한 정보는 Student웹사이트에 있다. 불일치는 오로지 낮은 성취만을 근거로 하지 않음에도 불구하고 중요한 판별적 특징은 특정 학습장애가 낮은 성취를 근거로 한 범주에서 보인다는 것이다(Batsche, Kavale, & Kovaleski, 2009).

**불일치 요인에 관한 우려** 지적능력-성취 간의 불일치 요인에 관한 우려는 다음과 같다.

- **양적인 정보와 질적인 정보가 결합되어야 한다.** 많은 부모와 교사들은 그들의 아동에 대한 어떤 결정을 내리기 위하여 양적 불일치 점수를 사용하는 것을 걱정하고 있고, 불일치 요인은 의료적 판단과 실질적 경험을 대신할 수 없다고 강력히 주장한다(Chalfant, 1989; Mastropieri, 1987).
- **개인적 잠재력을 측정하기 위하여 활용되는 IQ 점수는 유용하지 않다.** IQ 검사가 반드시 필요하지 않다. 게다가 IQ 점수는 학생의 문화나 모국어에 의해 불리한 영향을 받을 수 있다. 더욱이 어떤 학생은 장애의 특성 그 자체 때문에 낮은 IQ 점수를 받을 수 있다(Stuebing, Barth, Molfese, Weiss, & Fletcher, 2009; Fletcher, Coulter, Reschly, & Vaughn, 2004).
- **빈약한 성취를 보이는 아동들은 종종 학습장애와 유사한데, 그들은 높은 IQ 점수이든지 혹은 낮은 IQ 점수이다.** 많은 연구는 서로 다른 IQ 점수대에도 불구하고 비슷하게 빈약한 성취를 보인다고 밝혔다(Stuebing, Barth, Molfese,

## 학생 이야기 2.2

### Ozzie: 불일치 공식의 활용

**Ozzie**는 8살이고 링컨학교 3학년 학생이다. 링컨학교는 학습장애를 판정하기 위해 불일치 공식이 포함된 표준화된 규준참고검사를 실시한다. Ozzie는 읽기와 수학에서 많은 어려움을 보였고, 일반학급 교사는 Ozzie를 위한 교수 방법을 제안하려 사전의뢰 중재 팀을 요청했다. 교사는 제안된 교수 방법들을 사용했지만 그것들이 Ozzie에게는 효과적이지 않았다. Ozzie의 부모와 담임교사는 Ozzie의 부족한 진보를 걱정하여 특수교육 평가에 의뢰하기로 결정했다. 다학문 평가팀은 인지능력과 읽기 성취 검사를 포함한 몇 가지 종류의 검사를 실시하였다. IEP(개별화 교육 계획)의 일부인 이 팀은 Ozzie가 지적능력-성취 간의 불일치를 보이고 있다는 것을 발견했다. 따라서 IEP 팀은 Ozzie를 학습장애라고 진단 내렸다.

**심화질문** 불일치 절차는 Ozzie의 평가에서 어떻게 사용되었다고 생각합니까?

Weiss, & Fletcher, 2009; Fletcher, Coulter, Reschly, & Vaughn, 2004).

- **불일치 공식이 주마다 다양하다.** 주와 학교 구역은 학습장애를 확인하기 위해 그들만의 불일치 공식을 사용한다. 그래서 어떤 아동이 어떤 주에서는 학습장애로 확인되지만 다른 주로 이사를 가면 학습장애로 확인되지 않을 수도 있다.

불일치 공식을 활용한 한 사례는 **학생 이야기 2.2**, "Ozzie: 불일치 공식의 활용"에 기술되어 있다.

## 2.5 평가 절차에 대한 법의 영향

특수교육법에 관한 정보(IDEA)는 **http://www.ideapartnership.org**에서 얻을 수 있다. IDEA와 더불어 초 · 중등교육법(ESEA)은 장애 학생을 위한 사정 방법에 영향을 준다. 부시 행정부에서 ESEA 법은 낙제아동방지법(NCLB)으로 불린다. 오바마 행정부는 ESEA를 개정하는 절차에 있고, 아마도 NCLB에서 ESEA로 바꾸어 이름을 붙일 것이다. 두 개의 법(IDEA와 ESEA)은 시험과 수행 기준이 명확하다. 더 많은 정보는 **http://www.wrightslaw.com**에 있다.

## 2.6 개별화 교육 계획(IEP)

IDEA-2004는 장애를 가진 모든 학생에게 무상으로 적절한 공립교육(FAPE)을 제공할 것을 규정하고 있다. 이는 특수교육과 관련된 지원이 공립교육에 확장되어 제공되었다는 것과 주교육기관에 대한 기준이 만들어졌다는 것을 의미한다. 교육은 적절한 취학 전 학교, 초등학교, 혹은 중등학교 교수가 포함되고 개별화된 교육계획(IEP)이 제공된다.

특수교육법의 주요한 조항은 공립학교가 특수교육과 관련된 지원을 받는 아동에게 **개별화 교육 계획**(IEP)을 실시해야만 한다는 필요조건을 제시한다(IDEA-2004). IEP는 장애 아동 개개인에 대하여 기술된 진술이다. IEP는 교사, 부모, 학교 행정가, 관련 지원 관계자와 학생 당사자(적절할 때)가 장애 아동을 위한 교육적 개선을 위해 함께 작업할 기회를 형성해 준다. IEP는 장애 아동 개개인을 위한 질적 교육의 토대가 된다.

**절차적 안전 보장**은 미연방법에 제시되어 있고, 아동과 부모의 권리에 대한 보호를 보장한다. **부모의 권리**라는 용어는 부모와 가족의 권리를 보호하기 위해

**표 2.1** 부모와 가족을 위한 권리와 절차적 안전 보장

1. 부모는 IEP 과정의 몇 가지 단계를 작성하는 데 동의해야 한다: (1) 그들의 아동에게 평가 실시; (2) IEP가 작성된 이후에 세워질 계획과 배치 포함, (3) 3년마다의 재평가 계획
2. 사정은 학생의 언어로 실시되어야 하고 아동이 무엇을 알고 있는지 혹은 기초 학습적, 발달적, 그리고 기능적으로 성취할 수 있는 것에 대한 정확한 정보를 수집한다. 그 결과는 부모의 모국어로 보고해야 한다.
3. 학교와 지역교육기관(LEA)은 검사에 인종적 혹은 문화적으로 차별하는 내용이 포함되었는지를 확인해야 한다.
4. 부모는 수집된 모든 정보와 결정을 내리는 데 사용된 모든 정보를 볼 권리를 가진다. 부모는 평가 절차, 검사, 기록, 보고서에 대한 설명을 요청할 수 있다.
5. 부모는 무상의 중재 권리를 가진다. 의도적인 **중재**는 비대립적인 방법으로 학교 구역과 장애 아동의 부모 간의 논쟁을 해결하는 과정이다.
6. 부가적인 논쟁 해결 과정을 "해결 회의"라고 한다.
7. 부모와 학생이 IEP의 결정에 동의할 수 없거나 의도된 중재가 만족스럽지 못했다면 정당한 법 절차에 의거하여 공청회를 개최하도록 요청할 권리를 가진다. 부모가 공청회에서 승소하면 학교는 변호사 비용을 지불해야 하는 특정 조항을 따라야 한다.
8. 학생의 보고서와 기록에 대한 비밀은 법으로 보호된다.

IDEA-2004에서 사용된다. 부모의 권리는 일련의 특수교육법을 통해 상당히 확장되어 왔고 그 내용은 **표 2.1**에 요약되어 있다.

## 2.7 IEP 단계

IEP는 일련의 단계로 구성된다. **그림 2.5**에서 보여 주는 것처럼 IEP의 세 단계는 의뢰, 사정, 그리고 교수이다. 이들 각각의 단계는 다시 하위영역으로 나뉘어져 모두 여섯 수준으로 이루어진다. 이 단계들은 IEP의 법률적 명령을 따른다.

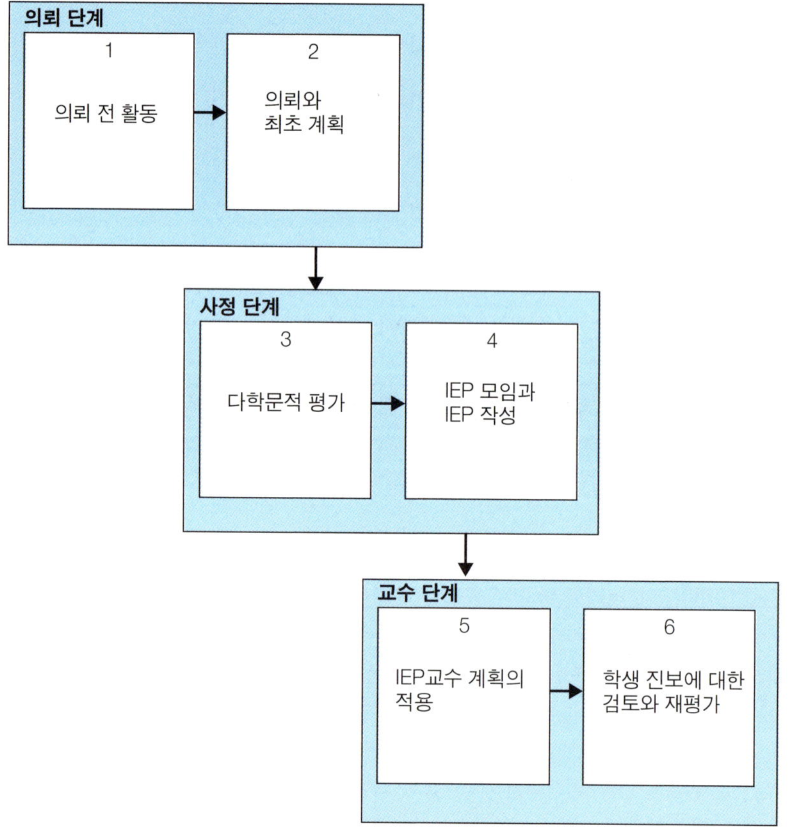


**그림 2.5** IEP 단계

## 1단계: 의뢰

**의뢰 단계**는 IEP 절차가 시작되는 단계이고 의뢰 전 활동과 의뢰와 최초 계획이라는 두 개의 구성 요소가 포함된다.

**수준 1: 의뢰 전 활동** **교수 지원 팀**(교사-지원 팀)은 일반교사가 일반학급에서 어려움을 호소하는 학생들에게 사용할 **의뢰 전 활동**을 개발한다. 학생을 특수교육 평가에 의뢰하기 전, 교사들은 아동에게 준비된 중재를 실행한다. 만약에 학생에게 중재가 성공적이었다면 그 학생은 평가에 의뢰할 필요가 없게 된다. 대부분의 학교 관할기관은 의뢰 전 과정이 의뢰를 시작하기 전에 이루어졌다는 증거를 요청한다(몇몇은 RTI가 의뢰 전 과정으로 대체되기도 한다).

교수 지원 팀은 학생의 기초 학습과 문제 행동을 분석하고 교실의 편의를 조정할 때 지원된 동료 교사들의 집단이다. 담임교사는 학생을 돕기 위해 제안된 중재 방법을 실행한다. 의뢰 전 단계는 다학문적 평가에 학생을 의뢰할 것인지를 결정하는 중요한 결론을 내리기 때문에 매우 중요하다. 일단 어떤 학생이 다학문적 평가에 의뢰되면 특수교육적 지원에 대한 적격성이 높아지는 것이다(Salvia, Ysseldyke, & Bolt, 2007). 교수 지원 팀은 교사의 의뢰 전 요청에 응답해야 하는데 일반적인 응답 단계는 **교수 정보 2.1**, "의뢰 전 교수 지원 팀의 과제"에 제시하고 있다(Chalfant & Pysh, 1993; Clark, 2000; Spinelli, 2006).

**수준 2: 의뢰와 최초 계획** 학생의 특수교육 평가를 위한 최초 **의뢰**는 학생과 교류한 부모, 교사, 전문가, 혹은 학생 당사자에 의한 몇 가지 근거를 통해 이루어진

Elizabeth Crews

협력팀은 학생의 강점과 약점을 고려하고 학생에게 가능한 중재를 검토한다.

## 교수 정보 2.1

### 의뢰 전 교수 지원 팀의 과제

다음에 제시된 단계는 의뢰 전 과정 중 하나의 방법을 기술한 것이다.

1. 아동의 학습 문제를 기록한 일반교사는 학교 협력팀에게 도움을 요청한다.
2. 의뢰 전 교수 지원 팀은 담임교사로부터 의뢰된 아동을 위하여 가능한 몇 가지 중재에 대한 조사를 실시한다.
3. 담임교사는 일반학급에서 제안된 중재를 실시한다.
4. 그 이상의 결정이 요구된다면, 협력팀의 구성원 중 한 명은 학급에서 의뢰될 학생을 관찰하고 담임교사와 함께 앞으로의 진행 방법을 상의한다.
5. 의뢰될 학생의 문제가 지속된다면, 담임교사는 특수교육의 지원을 위하여 정식으로 그 학생을 의뢰한다.
6. 반응-대-중재 절차에서는 과학적 연구-기반 중재가 활용된다.

다. 의뢰가 시작되면 교직원은 이를 따라야만 한다. 부모는 학교 업무로 통보된 평가에 동의해야 한다. 의뢰 결정을 위해 일반적 평가가 실시되고 정보 수집에 책임감 있는 사람이 필요하다.

## 2단계: 사정

**사정 단계**는 IEP 단계의 핵심이며 다학문적 평가와 IEP 모임과 IEP 작성으로 구성된다.

**수준 3: 다학문적 평가** 이 수준은 다양한 분야를 대표하는 전문가들이 기초 학습 사정은 물론 관계 있는 정보와 예측되는 장애에 관련된 행동을 수집한다. **다학문적 평가**에는 학교 심리학자, 학교 사회복지사, 학교 간호사, 구어병리학자, 학습장애 전문가, 읽기 전문가 등의 다양한 전문가가 포함된다.

법(IDEA-2004)은 평가를 위한 정보 수집의 절차를 제시한다. 평가를 위한 검사는 해당 대상자에게 적절해야 하고, 목적을 확인하여 사용해야 하며, 문화적 혹은 인종적 편견이 없어야 한다. 또한 평가 자료는 평가 대상자의 모국어로 관리되어야 한다. 평가 팀은 반드시 몇 가지 규칙을 분명히 제시하고 최소한 한 명의 교사 혹은 예측되는 장애 영역의 전문가를 포함하도록 한다. 다학문적 평가 팀에서 전문가는 검사를 관리하고 다른 평가 자료를 수집한다.

**수준 4: IEP 모임과 IEP 작성** 다학문적 평가가 수행된 후, 정보를 수집하고 IEP 모임을 위하여 부모와 교류한다. 이 모임에서는 평가 대상자가 특수교육에 적격한지에 대한 결정이 내려지고 IEP가 작성된다.

**IEP 모임의 참석자** IDEA-2004에 의한 IEP 팀의 참석자는 다음과 같다:

1. 장애 아동의 부모
2. 장애 가능성이 있는 아동(장애 아동, 혹은 일반교육/특수교육 환경에 참여한 적이 있는 아동)의 일반교육 담당교사 중 한 명
3. 최소 한 명의 특수교사, 혹은 경우에 따라서는 장애 가능성이 있는 아동에게 특수교육을 제공한 사람 중 한 명
4. 학교 혹은 학교 구역의 대표
   a. 장애 아동의 독특한 욕구에 특별히 적절하게 고안된 교수를 준비할 자격이 있고 규정을 관리할 수 있는 자
   b. 일반교육 교육과정에 관한 지식이 있는 자
   c. 학교 혹은 학교 구역에 있는 자원의 유용성에 관한 지식이 있는 자
5. 평가 결과에 대한 교수적 함의를 설명할 수 있는 자로서 다른 팀의 구성원 중 한 명도 가능
6. 부모 혹은 기관의 지시를 따를 수 있는 자, 아동에 관한 특별한 전문적 지식을 가진 자, 경우에 따라서는 관련 지원의 직원도 포함
7. 경우에 따라 장애 아동 당사자

**아동의 IEP에 관한 내용** IEP의 내용에는 다음의 구성 요소가 포함되어야 한다(IDEA-2004):

1. 현재 아동의 기초 학습 성취와 기능적 수행에 관한 수준 제시
   a. 일반교육 교육과정에서 장애로 인한 아동의 적극적 참여와 진보에 미치는 영향의 정도
   b. 취학 전 아동의 장애가 적절한 활동에 참여하는 데 미치는 영향의 정도
   c. 장애 아동에게 대안적 평가 실시 여부
2. 기초 학습과 기능적 목표가 포함된 적절한 매년의 목표를 제시하고, 그 내용으로는
   a. 아동이 일반교육 교육과정에 포함되어 진보를 이끌어 낼 수 있도록 장애로 인한 아동의 요구 충족

b. 아동의 장애로 인한 또 다른 교육적 요구 충족

3. 매년의 목표 달성에 대한 아동의 진보 정도를 어떻게 측정할 것인지, 그리고 아동이 매년 목표를 달성한 진보에 관한 정기적인 보고(1년에 4번, 혹은 또 다른 정기적 보고와 동시에 보고 카드의 발행)의 제공 일시 제시
4. 특수교육과 관련 지원, 부가적 지원, 실행 가능한 범위에 대한 전문가의 평가 중심 연구, 아동에게 제공되는 것에 대한 제시, 그리고 프로그램 수정과 아동에게 지원될 교직원의 제시
5. 학생이 일반학급에서 활동하는 데 비장애 아동과 함께 참여하지 못할 범위 제시
6. 주와 학교 구역 전체의 사정에서 아동의 기초 학습 성취와 기능적 수행을 측정해야 할 필요성이 제시된 개인에게 적절한 조정에 대한 진술
7. 지원과 수정을 시작하는 데 계획된 일정, 예상되는 빈도, 지역, 이러한 지원과 수정이 지속되는 동안의 계획된 일정
8. 적절한 전환 사정과 지원, 아동이 16세가 되었을 때 효과적인 첫 IEP에 늦지 않도록 하고 매년 최신 정보 적용(전환은 9장, "학습장애 청소년과 성인, 그리고 관련 경도장애 청소년과 성인"에서 좀 더 상세히 기술한다).

**관련 지원** 특수교육 지원의 필요성을 결정하는 것과 더불어 IEP 팀은 장애 아동이 특수교육적 혜택으로 가능한 관련 지원을 위한 요구사항을 결정한다. 관련 지원에는 전환과 발달적 지원, 구제 방법과 또 다른 보조적인 지원이 포함된다. 또한 관련 지원에는 언어 치료와 청각적 지원, 심리적 지원, 물리와 직업치료(레크리에이션 치료 포함), 사회복지 지원, 상담 지원(재활상담 포함), 적응과 이동 지원, 진단과 평가를 목적으로 하는 의료적 지원도 포함된다.

## 3단계: 교수

**교수 단계**는 문서(IEP) 작성이 완성된 후에 실시되며, 여기서는 가르치게 될 학생의 진보를 평가하는 방법이 포함된다.

**수준 5: IEP 교수 계획의 적용** 이 단계는 사정-교수 과정의 일부인 교수가 실시된다. 교수는 IEP 문서가 작성된 후에 실시한다. 이 단계 동안, 학생들은 그들이 동의한 환경에서 배우고, IEP에서 계획된 목표에 도달하기 위해 고안된 교수를 받는다. 이 단계는 교수를 통한 IEP 실행이 포함된다(3장, "치료교육"과 4장, "교육적 환

경과 가족의 역할"을 참고하라).

**수준 6: 학생 진보에 대한 검토와 재평가** 이 단계는 학생의 진보에 관하여 IEP 계획의 검토와 재평가를 실시한다. IEP에는 반드시 이 평가에서 어떻게 성취되어야 하는지, 누가 이 평가를 실시할 것인지, 그리고 어떤 사정 도구와 기준을 사용할 것인가에 대한 설명이 기술되어 있어야 한다.

## 학습장애와 관련 경도장애 학생의 평가

미국연방법은 학습장애와 관련 경도장애 학생을 평가하는 과정에서 고려해야 하는 몇 가지의 주요점을 제시한다(IDEA, 2004).

- **교실에서 학생 관찰하기.** 학생에 대한 교실 관찰은 학교에서 학생의 행동과 행동이 어떻게 기초 학습 수행에 영향을 미치는지에 관한 정보를 제공한다.
- **학생의 강점과 집단의 특성 알기.** 학습장애와 관련 경도장애 학생들은 많은 강점이 있고, 이러한 강점을 파악하고 촉진하는 것은 중요하다. 예를 들어 몇몇 아동이 수학과 컴퓨터 사용은 잘 하지만 읽기 기술은 어려워할 수 있다. 반면에 몇몇 아동은 사회적 기술과 친구를 만드는 데 강점을 가지기도 하고, 또 다른 아동들은 예술과 창의적 시도를 잘 하며, 또 어떤 아동들은 신체적 활동과 운동에 우수한 능력을 보이기도 한다. 아동의 강점을 아는 것과 알고 있는 강점을 활용하는 것은 아동의 교수 계획을 결정하는 데 중요한 역할을 담당한다.

  또한 학생을 평가할 때 집단의 특성을 살펴보는 것도 매우 도움이 된다. 예를 들어 심한 습자 문제를 가진 학생은 소근육 운동 기술을 어려워할 것이다. 마찬가지로, 읽기 문제를 가진 학생들은 구어 손상이 내재되어 있을 수도 있다. 구어 표현에 빈약한 학생들은 지체된 언어, 분명히 발음하는 데 영향을 미치는 언어-운동 곤란, 단어를 기억하는 데 어려워하는 병력이 있을 수도 있다.
- **부모와 가족의 관심 고려.** IDEA-2004는 부모의 역할을 강화할 것과 가족들이 가정과 학교에서 자녀교육에 참여하는 의미 있는 기회를 가질 것을 강조한다. 이 법은 부모들이 자녀교육에서의 핵심 역할을 인정한다.
- **연간 목표 설정.** IEP는 필요하다면 기초 학습과 기능적 영역에서 적절한 매년 목표를 진술해야 한다. **연간 목표**는 학생들이 1년 동안에 성취해야 할 것에

대한 일반적 예상이다. 이러한 목표는 각 과목에서 학생의 가장 본질적인 요구와 우선하는 것을 나타내는 것이고, 학생의 특별한 결함 영역을 설명하는 것이다. 예를 들어, 어떤 학생이 수학에서의 일 년 목표는 곱셈과 나눗셈을 배워 해결할 수 있게 되는 것이다.

- **교육적 환경과 지원 결정.** 특별한 특수교육과 관련된 지원으로 제공되는 것은 무엇일까? 어떤 학생이 일반학급에 참여하는 범위는 어느 정도일까? 이러한 결정은 학생이 수업을 받는 교육적 환경과 관련되어 있다(4장, "교육적 환경과 가족의 역할"을 참고하라). 또한 이런 결정에는 학생이 최소 제한 환경에 놓이게 될 범위를 확정해야 한다. IDEA-2004에서는 일반교육 교육과정이 학생을 위한 IEP를 계획하는 데 적절한 시작점이고 모든 학생들이 선호되는 학습 과정이라고 규정한다.
- **진보 평가.** 학생의 진보는 어떻게 평가되고 측정될까? 즉, 진보 평가를 활용하여 연간 목표가 충족되었는지에 관하여 결정할 필요가 있다. 측정도구로는 무엇을 사용할 것인가? 그것들을 관리할 책임은 누구에게 맡길까? 주 전체적으로 요구되는 이런 모든 조정은 IEP에 포함되어야 한다. **표 2.2**는 연간 목표를 평가하는 형식의 한 예이다. 전국학생진보 평가센터의 웹사이트인 **http://www.studentprogress.org**는 진보 평가에 대한 정보를 제공해 준다.

## IEP에서 고려하여야 할 특별한 요인

대부분의 특별한 요인은 학습장애 학생과 관련 경도장애 학생의 평가에서 고려되어야 한다. 미국연방법은 행동적 문제가 있는 아동들을 위하여 **기능적 행동사정**과 긍정적 행동중재와 지원을 요구한다. 이 주제는 6장, "사회, 정서, 그리고 행동 문제"에서 상세히 설명된다. 여기서는 영어학습자(ELL)와 보조공학과 교수공학이라는 서로 다른 두 가지의 특별한 요인에 대하여 설명한다.

**영어학습자** 사회는 다양한 사람들의 요구가 증가하면서 점점 더 성장에 대하여 민감해지고 있다. **영어학습자**(ELL: 제한된 영어 숙달을 보이는 학생)는 미국에서 급증하고 있다. 미국에 있는 대부분의 학교 구역에서 영어학습자는 유치원에 입학하는 아동의 절반 정도를 차지하고 있다. IDEA는 아동이 영어에서 제한된 숙달을 보인다면, IEP 팀은 그 아동의 IEP를 작성할 때 언어적 요구를 고려해야 한다고 제시한다.

**표 2.2** 수학에서 IEP 연간 목표를 위한 형식의 예

**교수 영역: 수학**
**연간 목표: 학생은 곱셈과 나눗셈 계산 기술을 배울 것이다.**

| 연간 목표 회의 | | | | |
|---|---|---|---|---|
| 부모에게 진보 보고 | 사용되는 시험, 자료, 평가 절차 | 성공적인 수행기준 | 평가 일정 | 교육적 운영 |
| 1. 학생은 두 자리 수 덧셈을 할 것이다. | 학생은 두 자리 수 덧셈 문제 20개를 완성할 것이다. | 85%의 정확도 | 마지막에 첫 번째 평가 기간 | 학생은 수학에서 주 전체 평가에 참여할 것이다. |
| 2. 학생은 두 자리 수 뺄셈을 할 것이다. | 학생은 두 자리 수 뺄셈 문제 20개를 완성할 것이다. | 85%의 정확도 | 마지막에 두 번째 평가 기간 | • 수학평가에서 두 배의 시간을 부여한다.<br>• 학생에게 수학시험에서 계산기 사용을 허용한다. |
| 3. 학생은 81의 결과에 의하여 곱셈과 나눗셈을 할 것이다. | 학생은 지정된 시간 안에 81에 의하여 문제지에 있는 곱셈과 나눗셈 문제 20개를 완성할 것이다. | 65%의 정확도 | 마지막에 세 번째 평가 기간 | |
| 4. 학생은 한 자리 수와 두 자리 수 곱셈을 할 것이다. | 적절한 습득 시험은 수학 교재에 포함되어 있을 것이다. | 75%의 정확도 | 마지막에 네 번째 평가 기간 | |
| 5. 학생은 두 자리 수 나눗셈을 할 것이다. | 적절한 습득 시험은 수학 교재에 포함되어 있을 것이다. | 75%의 정확도 | 마지막에 다섯 번째 평가 기간 | |

**보조공학과 교수공학** IDEA-2004는 IEP 팀이 아동에게 보조공학 장치와 지원이 필요한지에 대하여 검토하도록 규정한다. **보조공학**은 장애인에게 특별한 결함을 보완하여 능력을 주도록 도와주는 모든 공학으로 정의된다. 저(低)기술 장치에서 고(高)기술 장치까지 모두 포함된다. **교수공학**은 가르치는 데 사용되는 소프트웨어와 프로그램이다.

- 보조공학이라는 용어는 장애 아동의 기능적 능력을 도와주려고 고안된 장비와

제품을 말한다. 예를 들어, 언어-인지 시스템은 사람이 이 장치에 명령하거나 말한 것을 컴퓨터로 조작하게 하는 것이다.

- 보조공학 지원이라는 용어는 장애 아동이 보조공학을 선택, 획득, 혹은 보조공학 장치를 사용하는 데 직접 보조하는 모든 지원을 말한다. 예를 들어, 쓰기장애 아동을 가르치는 데 단어처리과정을 위한 자판 기술이 요구되는 것은 보조공학 지원이 실행된 것이다.

IEP는 장애 아동의 능력에 대한 특성과 요청된 보조공학 장치, 그리고 지원 방법을 기술해야 할 것이다.

## 2.8 사정 정보의 확보

사정 정보는 다음과 같은 몇 가지 출처로부터 수집할 수 있다. (1) 생육사 혹은 면접, (2) 관찰, (3) 표준화된 규준-참조 검사, (4) 교육과정-중심 측정 및 진보 평가, (5) 대안적 사정, (6) 비공식적 측정. 종종 몇 가지 유형의 정보가 한 번에 수집되기도 하고, 혹은 하나의 사정 절차가 또 다른 것을 이끌어 낼 수도 있다. 예를 들어,

학생에 대한 관찰은 특별한 검사에서 사용되도록 제안될 것이다. 혹은 검사자와의 대화에서 학생의 잘못된 생각에 의해 수반되는 언어의 오조음(misarticulation)에 대한 발견은 청각의 어려움을 의심할 수 있고, 청각의 예민함과 청각 변별의 검사를 실시하는 결정을 이끌어 낼 수 있다.

## 생육사

개인의 **생육사**를 통하여 수집된 정보는 개인의 배경과 발달에 관한 단서와 식견을 제공한다. 면접 동안 부모는 아동의 출생 전 병력, 출생 시 상황, 신생아 시기의 발달, 발달적 중요한 시점(앉기, 걷기, 배변 훈련, 그리고 말하기), 아동의 건강력(질병과 사고를 포함), 그리고 가족 구성원의 학습 문제에 관한 정보를 제공한다. 개인의 학교생활은 부모, 학교 기록, 그리고 학교 직원(예: 교사, 간호사, 진로상담)으로부터 수집할 수 있다.

면접자는 상호 간의 신뢰 감정이 확립되도록 노력해야 하고, 부모를 놀라게 하는 질문은 하지 않도록 주의하고, 그들의 행동을 비난하는 말을 하여 그들이 방어적으로 되지 않도록 해야 한다. 또한 면접자는 지나친 감정적 개입과 비효율적인 결과를 억제하는 전문적 객관성을 유지하면서 협력, 수용, 그리고 공감의 마음을 전달해야 한다.

능숙한 면접자는 부드럽고 대화적 예의를 갖추면서 정보를 수집하여 생육사 면접 동안에 많은 유용한 정보를 수집할 수 있다. 개인력 정보와 영향은 의료적 관찰, 전통적인 검사, 그리고 대안적 사정 측정을 통하여 획득되는 지식과 더불어 종합된다. **표 2.3**은 생육사 면접을 통하여 수집되는 정보의 유형을 제시한 것이다.

대부분의 생육사 면접 형태는 유용하다. 몇몇 형태는 많은 영역에서 정보를 입수하기 때문에 매우 장황하고 광범위하다. **적응행동척도**(Adaptive behavior scales)는 종종 개인이 자연과 사회에 대한 기대에 그들 스스로 얼마만큼 적응하였는지에 관하여 질문하는 데 사용된다. 어떤 정보 제공자(주로 어머니)는 면접에서 정보를 제공한다. 여기서는 적응행동척도에서 일반적으로 사용되는 몇 가지 방법을 제시한다.

- **바이랜드 적응행동척도**(Vineland Adaptive Behavior Scales). 이 척도는 출생에서 19세까지, 의사소통, 일상생활 기술, 사회성, 그리고 운동 기능에 대한 영역을 사정한다(American Guidance Services, **http://ags.pearsonalassessments.com**).

표 2.3 생육사 정보

| 정보 확인 |
|---|
| 학생: 이름, 주소, 전화번호, 출생일, 학교, 학년<br>부모: 아버지의 이름과 직업, 어머니의 이름과 직업<br>가족: 형제의 이름과 나이, 가족의 다른 구성원<br>병원: 면접 날짜, 의뢰 기관, 검사자 이름 |
| **생육력** |
| 출생 전: 임신 기간, 어머니의 상태, 특별한 요인<br>출생 상태: 성숙 혹은 미성숙, 분만 시간, 체중, 특이 사황<br>출생 후 상태: 정상, 특별한 보호의 요구 |
| **신체와 발달적 자료** |
| 건강력: 사고, 고열, 기타 질병<br>현재 건강: 식사와 수면 습관, 에너지와 활동 수준<br>발달력: 앉기, 서기, 첫 단어, 첫 문장, 언어 곤란, 운동 곤란의 나이 |
| **사회와 개인적 요인** |
| 친구<br>형제 관계<br>취미, 관심, 여가 활동<br>가정과 부모의 태도<br>책임의 수용<br>학습 문제에 대한 태도 |
| **교육적 요인** |
| 학교 경험: 학년 월반 혹은 유급, 이사, 교사 변동<br>취학 전 교육: 유치원, 보육학교<br>이전에 받았던 특별한 도움<br>교사의 기록<br>학교에 대한 학생의 태도 |

- **AAMR 호손 적응행동척도**(Hawthorne Adaptive Behavior Scales). 이 척도는 정보 제공자를 면접할 때 사용되는데, 6세에서 9세 사이에 속한 아동의 자조 기술, 의사소통 기술, 사회 기술, 기초 학습 기술, 그리고 직업 기술에 관한 정보를 수집할 수 있다(Hawthorne Educational Services, http://www.hes-inc.com).

## 관찰

Yogi Berra에 의하면 "때로는 여러분이 그저 지켜보는 관찰을 할 수 있다."라고 말한다. 학생에 대한 **관찰**은 사정의 일부이고, 얻어진 정보는 매우 유용하다. 학생의 많은 특성을 검사나 생육사 면접을 통해서 확인하는 것은 어렵지만 숙련된 관찰자는 종종 교실 환경에서 학생의 중요한 특성과 행동을 발견할 수도 있다.

학생 행동의 관찰에서는 다른 사정 측정에서 발견된 것이 확인되기도 한다. 예를 들어, 숙련된 관찰자가 학생이 수업에 참여하고 있는지, 혹은 다른 활동을 즐겁게 하는지에 관하여 기록할 수 있다. 또한 관찰은 학생의 일반적 인간 적응을 살피는 데 중요하다. 학생이 어떻게 장소와 사람에 반응할까? 학생이 학습 문제에 대하여 어떤 태도를 보일까? 운동 협동은 학생의 움직임과 걸음걸이를 관찰하여 평가할 수 있다. 학생이 도약하고 점프하고, 공을 던지고 잡을 수 있나? 학생이 어떻게 쓰기 과제를 시작하는가? 쓰는 동안 신체가 왜곡되는가? 학생이 어떻게 연필을 잡는가? 학생이 남이 알아볼 수 있는 쓰기를 위해 과도한 노력이 필요한가?

언어는 관찰을 통해 즉시 사정된다. 조음의 문제나 유치한 언어 유형의 징후가 있는가? 학생이 단어를 찾는 데 어려워하는가? 학생이 적절한 어휘를 가지고 있는가? 학생이 쉽게, 더듬더듬, 혹은 지나치게 말하는가? 학생이 문장을 완성하는 데 한 단어, 짧게, 불완전한 구를 사용하는가? 오조음이 있는가(예: *aminal* 혹은 *psghetti*)? 학생의 주요 혹은 모국어는 무엇이고 영어 능력은 어떠한가?

게임과 장난감은 활동과 관계를 형성하는 방법을 파악하기 위해 제공된다. 그 예는 다음과 같다. 학생이 지퍼를 올리고, 구두끈을 묶고, 옷의 단추를 끼우고, 맹꽁이 자물쇠를 잠글 수 있는가?

매일 실시되는 교실 행동의 관찰은 많은 정보를 제공한다. 예를 들자면 다음과 같은 것들이다. 읽는 동안 학생이 알지 못하는 단어에 어떻게 반응하는가? 학생이 교사에게 도움을 받기 위해 멈추고 바라보는지, 첫 자음을 보고 추측할 수 있는지, 음절 안에서 단어를 쪼갤 수 있는지, 혹은 문맥에서 단어를 추론하려고 노력하는가 등이다.

## 표준화된 규준-지향 검사

표준화된 **규준-지향 검사**(norm-referenced tests)는 학교에서 자주 사용한다. 개발된 규준-지향 검사는 검사 발행자가 동일 연령의 많은 수의 아동에게 질문지 검사를 실시하는 것이다. 이 집단은 검사 규준이 그들의 수행을 토대로 하기 때문에 규준-참조 집단으로 불린다. 표준화된 검사에서 학생의 성취 정도가 분석되면, 개개 학생의 점수가 비교 연령의 학생 점수 혹은 규준-참조 집단의 학년과 비교된다.

**공식적 표준화 검사**(formal standardized tests)는 학생 점수의 반은 평균 이하이고 나머지 반은 평균 이상이 되도록 통계적으로 고안된 것이다. 물론 지역 공동체는 그들의 아동 모두가 평균 이상의 점수를 받길 원한다. 표준화된 검사는 시행, 점수 매기기, 그리고 해석에 엄격한 절차를 요구한다. 표준화 검사는

- 학생들이 연습하여 높은 점수를 획득할 가능성을 없애기 위해 한 번 이상 검사를 하려면 늘 한 가지 이상의 형식이 적용된다.
- 다음과 같은 지침에 의해 실행된다. (a) 시행, 점수 매기기, 그리고 해석을 위한 방향 제시, (b) 학년 규준, 연령 규준, 백분율 순위, 혹은 몇 가지 다른 형식의 척도 점수에 관한 정보 제공, (c) 타당성에 대한 정보 제공(측정에서 가정된 검사 측정에 대한 정도). 또한 이런 지침은 신뢰성(수행의 일관성 혹은 유사성)이 있어야 한다. 0.90이라는 신뢰 계수는 이 검사가 학생에게 다시 실시된다하더라도 그 학생은 동일한 범위의 점수를 획득할 가능성이 90%라는 것을 의미한다.

교사들은 검사를 사용하고 해석하는 기술을 알아야 할 것이다. 빈번하게 어떤 검사의 가치는 특별한 하위검사 수행의 측정, 모든 하위검사 점수의 윤곽, 혹은 검사 동안의 의료적 관찰처럼 최종 검사 점수에서 훨씬 많이 존재하지는 않을 것이다. 어떤 검사에 대단한 경험이 있는 평가자는 몇 가지 영역에서 사용할 정보를 찾을 수 있을지도 모른다.

공식적 검사의 완전한 상태는 (1) 표준화—어떤 집단에도 이 검사가 표준화되는가? (2) 신뢰성—검사 결과가 일치하는가? (3) 타당성—검사는 측정에서 요구된 것을 측정하였는가? 로 판단한다. 규준-지향 검사는 사정 과정에서 유용하다. 검사의 제한성을 아는 것과 적절한 견해로 검사의 정보를 활용하는 것은 중요하다. 단 하나의 점수는 정보의 아주 작은 일부로 제공되기에 교사들은 특정 검사의 적용을 과대평가하여 일반화하지 말아야 한다. 다양한 자료가 사정에 활용된다면 검사 점수는 사정과 교수를 위하여 풍부한 결과를 제공할 수 있다.

일반적인 표준화 검사의 사용은 이 장과 11장, "말하기 언어 곤란", 12장, "읽기 곤란", 13장, "쓰기언어 곤란" 과 14장 "수학 곤란"에 기술되어 있다.

표준화된 검사는 다음과 같은 몇 가지 이유로 비판받고 있다. (1) 학생에 관한

충분한 정보를 제공하지 않는다. (2) 검사는 학생이 수업에서 무엇을 학습하였는지 사정할 수 없다. (3) 검사는 문화적으로 다양한 사람에 대한 편견이 있을 수 있다. (4) 높은 검사 점수를 획득하려는 학생을 위하여 학생들을 준비시키는 데 수업 시간을 활용함으로써 교사들을 동요시킬 수 있다.

## 비공식적 사정 측정

표준화된 검사에 대한 각성은 교육가들을 비공식적 사정 절차로 이동하도록 이끌어 낸다. 비공식적 사정에 대한 관심은 학생이 자연스러운 환경에서 학교 교육과정을 활용할 수 있게 하고, 학생이 교실에서 실질적으로 실행하는 것을 이용하여 평가하기 때문에 점점 더 확대되고 있다. 비공식적 사정 접근은 산출, 구성, 설명 혹은 어떤 반응의 수행에서 학생을 촉진한다.

**비공식적 사정 측정**(Informal assessment measures)은 유용한데, 실질적 사정 절차는 일상적인 자료와 그들이 교실에서 일반적으로 공부하는 활동에서 학생 성취를 측정한다. 비공식적 검사를 위하여 교실 자료를 활용하는 것에 대한 주요 이점은 사정 방법이 기대되는 행동에 가능한 근접해 있다는 것이다. 또한 비공식적 검사는 교사에게 실시와 해석에서의 자유로움을 제공한다. 예를 들어, 어떤 교사가 학생을 사정하는 동안 촉진할 수 있고, 혹은 검사를 완성할 수 있는 시간을 학생에게 좀 더 부여할 수 있다. 이런 조절은 학생들이 쉽게 평가받을 수 있도록 하고, 그들의 최선의 노력을 이끌어 내도록 촉진되는 도움을 받을 수 있다. 또한 비공식적 사정 측정은 형식적 검사보다 좀 더 자주 실시할 수 있고, 단일 회기보다 더 장기간 실시할 수 있다. 또한 비공식적 사정 측정은 다양한 자료와 절차를 사용하여 정규수업 시간 동안 실시할 수도 있고, 비용도 공식적 검사보다 적다.

교사들이 사용할 수 있는 몇 가지 비공식적 측정은 다음과 같다. (1) 포트폴리오 사정, (2) 비공식적 학년별 단어 인지 검사, (3) 비공식적 산수 검사, (4) 목표-지향 검사. 비공식적 읽기 검사(12장, "읽기 곤란"), 비공식적 운동 검사(10장, "학습장애와 관련 경도장애에 대한 의료적 측면"), 그리고 음운론적 인식 검사(11장, "말하기 언어 곤란")와 같은 몇 가지 비공식적 검사는 이 책의 다른 적절한 장에서 제공하고 있다.

**포트폴리오 사정** **포트폴리오 사정**(portfolio assessment)은 학생의 실질적인 교실 작업에서 얻어진 다양한 견본이 확장된 시간 동안 수집된다. 이런 포트폴리오는 학생의 현행 성취 수준과 오랜 시간 동안의 진보를 평가하는 데 사용된다. 포트폴리오 사정은 종종 읽기와 쓰기 진보를 측정하는 데 사용된다. 학생 작업에서 수집된 견본은 모든 기초 학습 영역에서 성취와 진보를 결정하는 데 사용될 수 있다.

포트폴리오 사정은 교실에서 매일 작업했던 것에서 선택된 견본, 기초 학습 수업 검사(예: 철자쓰기 혹은 산수), 행동에 대한 조사 목록, 견본 이야기, 발달의 다양한 단계에서의 쓰기 초안, 과학 프로젝트, 예술 작품 견본, 교사의 관찰 기록집, 혹은 집단 프로젝트의 결과와 같은 자료들을 포함한다.

견본의 수집에 대한 결정은 교사가 교수적 프로그램의 목표에 시작부터 고려하

대안적이고 비공식적 사정 측정은 학생들이 교실에서 현재 공부하고 있는 일반적인 자료로 학생을 검사하려는 유용하고 실질적인 사정이다.

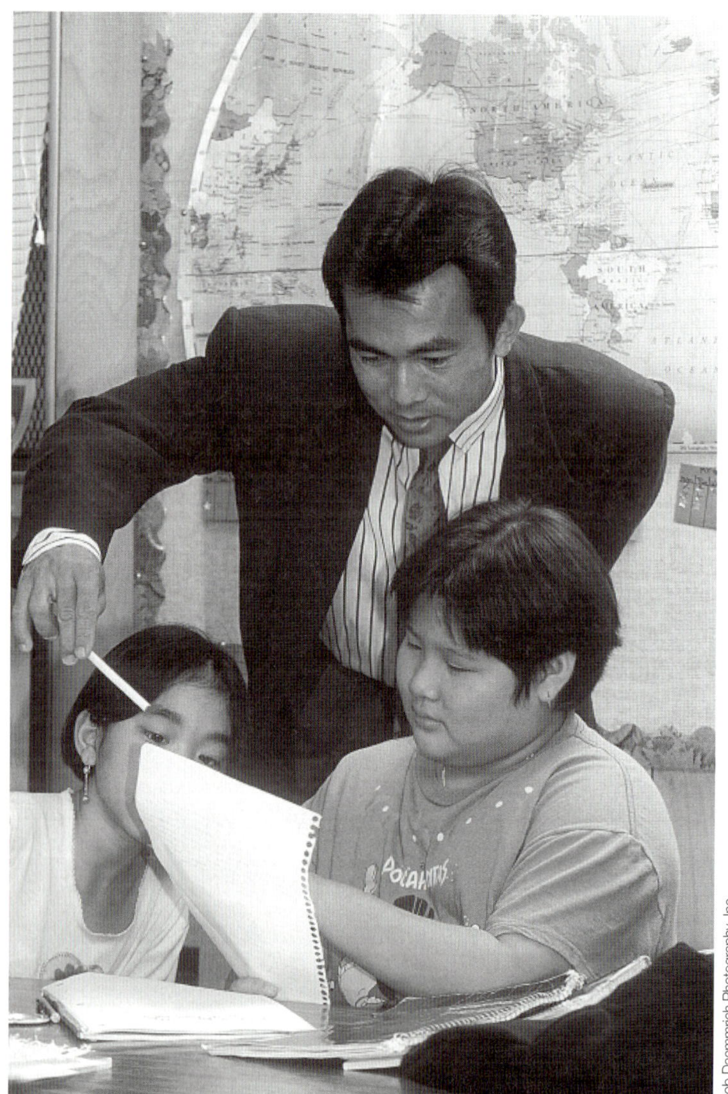

Bob Daemmrich Photography, Inc.

여 그 목표가 반영되어야 한다. 예를 들어, 포트폴리오 사정은 IEP에서 결정된 목표를 포함해야 한다. 학생은 그들 자신의 포트폴리오를 제작해야 하는 책임이 있다. 왜냐하면 포트폴리오는 교실에서의 학습 과정에 대한 반영으로서 지원되기 때문인데, 이것들은 학생–교사 협의에서 활용할 수 있다(Salend, 1998).

**비공식적 학년별 단어 인지 검사** 이런 유형의 검사는 학생의 대략적 읽기 수준을 결정하는 데 빠르게 사용할 수 있는 방법이다. 또한 이 검사는 학생의 단어 분석적 오류를 발견하는 데 사용된다. 비공식적 학년별 단어 인지 검사(informal graded word–recognition)는 학년별로 기초적인 어휘 중 무작위로 선택된 단어로 구성된다. **표 2.4**의 단어는 몇 가지 기초적인 도서목록 시리즈와 학년별 읽기 어휘 목록에서 선택된 단어를 제시한 것이다. 비공식적 학년별 단어 인지 검사는 다음과 같은 방법으로 제시한다. (1) 학년별로 분리된 목록에서 선택된 단어, (2) 한 장에 전체 검사 작성, (3) 학생이 어려워하는 단어에 대한 분석과 발음 기호 없이 단어 카드를 읽는 동안 검사자는 검사지에 오류 표시하기, (4) 학생에게 세 개의 틀린 단어가 나타날 때까지 점점 더 어려워지는 목록 읽기. 학생이 단 두 단어만 틀린 경우에는 도움을 받으면 읽을 수 있는 교육 수준이라고 판단한다. 학생이 한 단어만 틀렸을 경우는 독립적 읽기 수준에 있는 것이다(예: 학생이 혼자서도 읽을 수 있는 수준). 학생이 세 단어를 틀렸을 경우는 단어 읽기에 실패한 것으로 간주하는 것은 물론 자료가 너무 어려웠다는 것을 의미한다.

**비공식적 산수 검사** 비공식적 산수 검사(informal arithmetic test)는 학생의 기초 계산 기술에서 약점을 발견하기 쉽도록 고안되어 있다. **그림 2.6**에 제시된 비공식적 산수 검사는 6학년 학생에게 사용된다. 이 검사에서 어려운 수준은 검사가 실시되는 학년별 수준에 의해 높아질 수도 있고 낮아질 수도 있다. 비공식적 산수 검사는 간단한 오류 분석으로 좀 더 근본적인 어려움에 대한 실수가 일어나지 않도록 하는 몇 가지 항목을 포함한다.

**목표–지향 검사** **목표–지향 검사**(Criterion–referenced tests)는 수행 비교보다는 검사 결과를 기술하는 데 그 목적을 두어 학년 수준보다는 숙달 수준을 측정한다. 이와는 대조적으로 규준–지향 검사(전통적인 표준화된 검사)는 어떤 학생의 수행을 동일 연령의 다른 아동의 수행과 비교한다. 이런 차이는 수영과 같은 비기초 학습 영역에서 설명될 것이다. 수영에 대한 목표–지향 검사에서 사용되는 용어는 아동의 얼굴을 물에 담그기, 물에 뜨기, 크롤 차기와 같이 어떤 과제를 수행할 수 있게

표 2.4 비공식적 학년별 단어 인지 검사

| 전-초보 | 초보 | 1학년 | 2학년 |
|---|---|---|---|
| see | day | about | hungry |
| run | from | sang | loud |
| me | all | guess | stones |
| dog | under | catch | trick |
| at | little | across | chair |
| come | house | live | hopped |
| down | ready | boats | himself |
| you | came | hard | color |
| said | your | longer | straight |
| boy | blue | hold | leading |
| **3학년** | **4학년** | **5학년** | **6학년** |
| arrow | brilliant | career | buoyant |
| wrist | credit | cultivate | determination |
| bottom | examine | essential | gauntlet |
| castle | grammar | grieve | incubator |
| learned | jingle | jostle | ludicrous |
| washed | ruby | obscure | offensive |
| safety | terrify | procession | prophesy |
| yesterday | wrench | sociable | sanctuary |
| delight | mayor | triangular | tapestry |
| happiness | agent | volcano | vague |

| | | | | | |
|---|---|---|---|---|---|
| **덧셈** | 300<br>60<br>406<br>+ 3 | 35<br>24<br>6<br>+18 | 271<br>+389 | 234<br>573<br>+261 | 123<br>324<br>+452 |
| **뺄셈** | 765<br>−342 | 751<br>−608 | 7,054<br>−3,595 | 8,004<br>−5,637 | 90,327<br>−42,827 |
| **곱셈** | 37<br>×10 | 45<br>×83 | 721<br>×346 | 483<br>×208 | 802<br>×357 |
| **나눗셈** | $2\overline{)36}$ | $12\overline{)36}$ | $6\overline{)966}$ | $16\overline{)1,061}$ | $13\overline{)8,726}$ |

그림 2.6 비공식적 산수 검사: 6학년 수준

되는지를 판단하는 것이다. 이와는 반대로 규준-지향 검사에서 사용되는 용어는 어떤 아동이 평균 9세 아동만큼 수영을 잘하는지 평가하여 판단한다.

목표-지향 검사는 대상자들이 성장하였는지를 제시하는 방법이기 때문에 유용하다. 종종 백분율, 스테이나인(stanines),[6] 혹은 학년-수준 점수라는 용어로 학생들의 향상 정도를 파악하기 어려웠지만, 숙달, 목표-지향 측정은 어떤 학생의 특정 기술이 향상되었는지의 여부를 알기 쉽게 한다.

## 2.9 주 전체 시험과 책임

낙제아동방지법(2001)은 각 주(state)가 읽기/언어, 예술, 수학, 그리고 과학의 기준을 조절하여 사정을 개발하고 개선해야 한다고 규정한다. 또한 IDEA-2004는 각 주가 모든 공립학교를 위하여 주 전체 시험에서의 성취 목표를 결정해야 한다고 규정하고 있다.

주는 학생에게 수립된 목표와 기준이 충족되었는지를 파악하려는 진보 측정을 위한 사정을 실시해야 한다. 각 주의 기준은 주의 교육부에 있는 웹사이트에서 찾아볼 수 있다. 다양한 주 기준을 위한 두 개의 다른 출처는 소프트웨어 인스피레이션(Inspiration)을 위한 웹사이트에 있다(http://www.inspiration.com/standards/index.cfm).

### 주 전체 시험에 포함된 장애 학생

IDEA-2004는 특별히 교육 재정을 위한 특수교육의 적격성을 판단하려는 조건으로 장애 아동은 전반적인 주 전체와 구역-전체 사정 프로그램에 포함되어야 한다고 규정한다. 또한 IDEA-2004는 실시 일정과 보고하는 데 필요한 조건과 지시에 대하여 다음과 같이 규정을 제시하고 있다.

- 필요하다면 주는 적절하게 조정된 사정에 주 전체와 구역-전체의 장애 아동이 참여하도록 요청한다.
- 주는 일반 사정 프로그램에 참여할 수 없는 아동을 위한 대안적 평가를 개발하여 제공한다.

6) [역자 주] 검사 점수를 9단계의 정규 분포로 구분했을 경우의 한 단계

- 주는 비장애 아동의 사정결과를 보고하는 것처럼 동일한 빈도와 진술로 장애 아동의 사정 결과를 공개적으로 보고해야 한다.

이 규정은 장애 아동이 주 전체 검사에 참여해야 한다는 것과 이런 검사가 각 학생의 IEP에 포함되기 위하여 요구되는 모든 조정을 의미한다. 또한 장애 아동에 관하여 부모에게 이루어지는 보고는 다른 아동에 대한 보고와 동일한 진술과 빈도로 이루어져야만 한다. 즉, 보고 카드가 모든 아동에게 4분기로 발행되었다면, 장애 학생을 위한 진보 보고도 동일한 분기로 발행되어야 한다.

## 주 전체 시험을 위한 조정

IDEA-2004는 장애 학생을 위하여 주 전체 시험을 조정(accommodations)하는 것을 허용한다. 이런 **사정을 위한 조정**(accommodations for assessment)은 각 학생의 IEP에 반드시 기술되어 있어야만 한다. 교사는 이런 조정을 적용하기 위해 계획된 많은 지원과 지침을 요청할 수 있다. **그림 2.7**은 장애 학생을 위한 공통적 사정 조정의 예이다.

IDEA-2004는 주가 장애 학생이 사정에 참여할 수 있도록 조정된 지침을 개발할 것을 규정한다. 대부분의 주에는 조정을 위한 지침이 개발되어 있다(Yell, Shriner,

| **시간**<br>• 시험을 마칠 수 있는 연장된 시간<br>• 시험 동안 쉬는 시간을 자주 허용<br>• 시험이 실시되는 하루 중 시간 변경<br>• 시험 보는 날 동안 몇 회기로 시험 조정<br>• 여러 날 동안 몇 회기로 시험 조정 | **장소**<br>• 산만하지 않은 환경 제공<br>• 소집단에서 실시<br>• 병원에서 실시<br>• 단독 공간 사용<br>• 분리된 공간에서 시험 실시<br>• 몇 회기 동안 시험 조정 |
|---|---|
| **제시**<br>• 시험 형식 수정, 확대 인쇄 사용, 한 장에 최소의 항목 사용<br>• 오디오카세트 사용<br>• 학생에게 큰 소리로 시험문제 읽어 주기<br>• 지시 반복<br>• 확대경 사용<br>• 시험문제를 읽어 주는 컴퓨터 사용 | **응답**<br>• 시험 답을 적기 위하여 컴퓨터 사용<br>• 필사자에게 받아쓰게 함<br>• 테이프에 답 녹음<br>• 정답지 대신에 시험지에 정답 표시<br>• 학생이 손으로 쓰는 대신에 단어 처리 사용 허락 |

**그림 2.7** 장애 학생을 위한 공통적 사정 조정의 예

& Katsiyannis, 2006). 장애 학생을 위한 조정은 이런 학생을 위한 활동 영역 수준을 지원한다. 조정에 대한 염려는 이런 유형의 시험이 지적 측정의 질을 무효를 만들지는 않을까 하는 데 있다. 예를 들어, 시험의 타당성을 무효화시킬 수 있는 연장된 시간을 시험에서 제공해야 하는가(Johnson, Kimball, & Brown, 2001)? 고등학생의 시험에서 연장된 시간이 시험 점수에 미치는 효과에 관한 몇몇 연구가 있다. 이런 연구는 학습장애 학생들이 시험에서 연장된 시간으로 상당히 좋은 점수를 받았으나, 학습장애가 없는 학생들은 시험에서의 연장된 시간에도 불구하고 그들의 점수는 개선되지 않았다고 보고한다(Weaver, 2000).

## 중요한 인지장애 학생을 위한 대안적 사정

중요한 인지장애 학생이 일반적인 사정에 참여할 수 있는 대안적 사정을 위한 지침을 개발해야만 한다. **대안적 사정**(Alternate assessments)은 수행을 측정하는 또 다른 방법이다. 대안적 사정은 학생의 IEP에 제시되어야 한다. 이런 유형의 사정은 1%의 장애 학생에게 사용될 수 있다.

**수정된 기초 학습 성취 기준에 근거한 대안적 사정을 위한 최근 규정** 2007년 4월, 미국교육부는 장애 학생의 2%까지 수정된 성취 기준에 근거한 대안적 사정을 만들도록 하는 최종 규정을 공포했다. 학생에게 이런 사정을 실시해야 하는지에

## 학생 이야기 2.3

### 주 전체의 시험을 위한 조정

Oregon 주 전체의 사정 체제(OSAS)는 쓰기-언어 사정에 대한 영역을 수행하여 측정된다. 이런 검사는 단어처리 장치와 철자검토 장치를 사용하는 것을 허용하지 않고 있는데, 이 규정은 수업 중에 이런 장치를 활용하는 학습장애 학생들에게도 적용된다. 대부분의 학습장애 학생들은 숙달했다는 증서를 획득할 수 없을 정도로 주 전체의 쓰기-언어 검사에 매우 취약하다. Oregon 주는 학습장애 학생을 위한 대안적 사정을 개발하지 못하였음은 물론 일어나는 호소 과정도 충분하지 못한 실정이다.

Oregon 법률 소송에는 쓰기-언어 검사에 통과하지 못하여 숙달했다는 증서를 받지 못했던 학습장애 학생을 포함되었다. 이런 학생의 부모들은 Oregon 교육부를 상대로 집단소송을 제기했다. 이 집단소송에 대한 판결은 학습장애 학생을 위하여 적절한 조정을 실시하라고 내려졌다. 쓰기-언어 영역에 장애를 가진 학생들에게 쓰기-언어 검사에서 단어처리 장치와 철자검토 장치를 사용할 수 있는 기회가 부여되었다.

관한 결정의 책임은 IEP 팀에게 부여하고, 그 결정은 IEP 팀이 학생의 장애 특성 때문에 학년-수준의 숙달을 성취할 수 없을 것이라고 합리적으로 확신되었을 때 내려진다(Regulation, 34 CFR Parts 200과 300, 2007). 다음에 계속되는 부분에서 조정과 대안적 사정을 위한 새로운 규정을 기술한다.

**수정된 성취 기준에 대한 대안적 사정** 이 유형의 사정은 각 주에서 개발되고 있고 학년-수준의 기초 학습 내용 기준의 숙달 정도에 좀 덜 엄격한 기준이 적용된다. 수정된 기초 학습 성취 기준은 장애 학생이 포함될 수 있는 주의 학년-수준의 기초 학습 내용 기준에 근거되어야만 한다. 주의 기초 학습 내용 기준은 수정되지 않는다. 이런 사정은 또 다른 2%의 장애 학생에게 사용될 수 있다(Regulation, 34 CFR Parts 200과 300, 2007).

요약하면, 모든 학생에게 요청되는 과목 영역에서 다음에 제시된 것 중 하나의 방법을 활용하여 사정될 것이다.

1. 조정 없는 정규 사정
2. 조정된 정규 사정
3. 학년-수준의 기초 학습 성취 기준에 근거된 대안적 사정
4. 수정된 기초 학습 성취 기준에 근거된 대안적 사정
5. 대안적 기초 학습 성취 기준에 근거된 대안적 사정

## 2.10 검사의 예

여기서는 몇 가지 사정 검사의 예를 제시한다.

### 지능과 인지능력 검사

지능 검사와 인지능력 검사는 학생의 학습태도와 특정 인지 속성에 관한 정보를 제공한다. 특정 지능 검사는 심리가에 의해 실시되고, 일반적 지능 검사는 적절히 훈련된 교사에 의해 실시된다. 일반적으로 사용되는 개개인의 인지와 지능 검사는 통상적으로 심리가에 의해 실시된다.

- **아동용 웩슬러 지능 검사, 제4판**(The Wechsler Intelligence Scale for Children,

4th edition, WISC–IV)은 16개의 하위 검사가 포함된 네 가지의 지표 척도–언어 이해, 지각적 반응, 작업 기억, 추론 속도–로 구성되어 있다. Harcourt Brace & Co.

- **스탠포드–비네 검사**(The Stanford–Binet)는 15개의 하위영역이 포함된 4개의 영역–유동적 추론, 지식, 정량적 추론, 시공간적 처리, 작업 기억–으로 구성되어 있다. Riverside Publishing.
- **카우프만 아동용 사정 검사**(Kaufman Assessment Battery for Children II, K–ABC)는 비언어적 요소와 정신 처리과정/유동–결정 지표, 추가된 개개인의 척도 점수를 제공한다. Western Psychological Services.

**표 2.5**는 적절히 훈련된 교사에 의해 실시될 수 있는 몇 가지 인지능력 검사를 목록화하여 제시한 것이다.

**우드콕–존슨 심리교육 검사 III** 우드콕–존슨 심리교육 검사 III(Woodcock–Johnson Psychoeducational Battery III), 완결판(WJ–III)은 일반적인 지적능력, 특정 인지능력, 학교 태도, 구어, 그리고 기초 학습 성취를 측정하려는 검사세트이다. 대상은 2세에서 90+대까지, 유치원에서 대학원까지 사용할 수 있다. WJ–III는 (1) 인지능력 검사, (2) 성취 검사라는 두 개의 사정 도구로 구성되어 있다.

**표 2.5** 훈련된 교사에 의해 실시될 수 있는 인지능력 검사

- 우드콕–존슨(Woodcock–Johnson) III의 인지능력 검사. 인지능력 검사. Riverside Publications
- 스로슨(Slosson) 지능검사–개정판은 비교적 짧은 영상 검사로 개정되어 있다. Slosson Educational Publications
- 디트로이트(Detroit) 학습 태도 검사–4(DTLA–4)는 6세에서 17세 아동에게 사용된다. Pro–Ed
- 디트로이트(Detroit) 학습 태도 기초 검사–2는 3세에서 12세의 어린 아동에게 사용된다. Pro–Ed
- 맥카르시(McCarthy) 아동능력 척도는 2.5세에서 8.5세 사이의 어린 아동들을 사정하기 위해 고안되었다. Harcourt Assessment
- 일리노이 심리언어학적 능력 검사–제3판(ITPA–3)은 지적 기능의 하위기술을 명백히 분석하도록 구성된 지적 처리과정에 대한 검사 중 하나이다. Pro–Ed
- 굿이너프–해리스(Goodenough–Harris) 그림 검사는 사람에 대한 아동의 그림을 분석하는 것으로 지적 성숙을 측정한다. Harcourt Assessment

나는 오늘 밤 볼링을 치러 가지 않았어, Freddie, 나는 내일 억지로 지능검사를 하러 가야 해!



WJ-III는 적절히 훈련된 교사가 실시할 수 있다. WJ-III의 인지 수행 목록은 **표 2.6**에 제시하고 있다.

우드콕-존슨 심리교육 검사 III-성취 검사는 각 목록의 점수를 합산할 수 있는 22개의 성취 검사로 구성된 도구이다. 이 목록에는 (1) 구어 표현, (2) 듣기 이해, (3) 기초 읽기 기술, (4) 읽기 이해, (5) 음소/자모 인식, (6) 수학 계산, (7) 수학 추론, (8) 쓰기 표현이 있다.

**아동용 웩슬러 지능 검사, 제4판(WISC-IV)** WISC-IV는 지능을 측정하는 데 사용되는 가장 일반적인 검사일 것이다. WISC-IV에는 (1) 언어 이해, (2) 지각적 추론, (3) 작업 기억, (4) 처리 속도라는 네 가지의 인지요인을 포함한다.

1. **언어 이해.** 언어를 사용하고 이해하는 능력

**표 2.6** WJ-III의 인지 수행 목록

| WJ-III의 인지 수행 목록 |
|---|
| WJ-III의 인지 검사는 인지 수행과 관련이 있는 인지능력의 폭넓은 범주로 구성된 목록을 포함한다. 이 목록들은 검사의 조합에 의한 결과이다. 이 목록들은 다음과 같다. |
| • 언어 능력—표준 척도 |
| • 언어 능력—확장된 척도 |
| • 이해/지식 |
| • 장-기간 구조 |
| • 시각-공간 사고 |
| **기타 의료적으로 유용한 목록** |
| • 음소 인지 |
| • 작업 기억 |

2. **지각적 추론.** 비언어적 그리고 지각적 기술 능력
3. **작업 기억.** 단기 기억에서 정보를 기억하는 능력
4. **처리 속도.** 빠르게 작업하는 능력

### 일반적으로 사용되는 성취 검사

일반 검사 도구는 읽기, 산수, 철자, 그리고 문법과 같은 기초 학습 기술에서의 수행을 측정한다. **표 2.7**은 일반적으로 사용되는 표준화된 성취 검사 목록이다.

## 2.11 일반학급에서 시험 보기 전략

특수교사의 협력을 통해 일반교사는 포함학급에 있는 모든 학생에 대한 주(state)의 표준 수행 시험을 관리할 책임이 있다. **일반교육에 포함된 학생 이야기 2.1**, "일반학급에서 시험 보는 전략"은 시험을 준비하는 학생을 도와줄 몇 가지 전략들이다(Spinelli, 2002). 시험 보는 전략에 대한 유용한 정보는 **http://www.charliefrench.com/test_tips.htm과 http://www.testtakingtips.com**에서 찾아볼 수 있다.

**표 2.7** 일반적으로 사용되는 성취 검사

| 검사 | 검사 영역 | 유형 | 개발자 |
|---|---|---|---|
| **우드콕-존슨 III 성취 검사** | 구어, 읽기, 쓰기, 수학 | 개인, 규준-지향 | Riverside 출판사 |
| **피버디 개인 성취 검사-개정** | 일반적 정보, 읽기 인식, 읽기 이해, 쓰기 표현, 수학, 철자 | 개인, 규준-지향 | 미국 지침 지원 |
| **카프만 개인 성취 검사 II** | 읽기, 수학, 쓰기언어, 구어 표현 | 개인, 규준-지향 | 미국 지침 지원 |
| **브리간스 기초 기술의 진단 이해 중재** | 듣기, 읽기, 쓰기, 수학 | 개인, 목표-지향 | 교육과정 위원회 |
| **우드콕 읽기 숙달 검사-개정** | 읽기 | 개인, 표준화 | 미국 지침 지원 |
| **핵심 수학 진단 계산 검사-개정** | 수학 | 개인, 표준화 | 미국 지침 지원 |

## 일반교육에 포함된 학생 이야기 2.1

### 일반학급에서 시험 보는 전략

- 학생에게 시험 전에 충분한 휴식과 영향을 취할 수 있도록 제안하여 시험을 보기 위해 준비를 시켜라.
- 학생에게 모의 상황에서 표준화된 조건 아래 시험을 볼 수 있도록 연습하는 기회를 제공하라.
- 학생에게 빠르게 적절한 원을 채우고, 원 혹은 돔 안에 어두운 선을 긋는 연습을 제공하라. 대부분의 표준화 검사는 학생들이 분리된 정답지의 원안을 가득 채워 정답을 기록할 것을 요구한다.
- 시험과 동일하게 답안지를 분리하라. 학생들이 시험지에 답을 표시하고 난 후 답안지에 그들이 표시한 답을 옮겨 적도록 연습하라.
- 학생에게 정확하지 않은 답을 삭제하도록 가르쳐라. 학생들에게 잘못된 답을 삭제하는 연습을 통해 그 답이 왜 잘못되었는지 논의하게 하라.
- 학생에게 질문의 빈칸에 좀 더 좋은 답을 추측할 수 있게 설명하라.
- 학생에게 그들이 해결하지 못하는 문항에 시간을 낭비하지 않고 효과적으로 시험 시간을 운용하도록 가르쳐라. 학생은 시험을 보는 동안 그들의 시간을 점검하는 시간을 가져야 한다.
- 학생들에게 연장된 시간, 보조공학, 소집단에서 시험 보기와 같이 그들의 장애를 위해 적절한 수정을 요청하도록 촉구하라.
- 학생의 IEP에서 시험을 위해 조정된 작성 내용을 검토하라.

## 내가 알고 있는 한 아동…

### Courtney: RTI 프로그램에서의 학생

Courtney는 6세 3개월이고 워싱톤 초등학교 1학년 학생이다. 그녀는 언어 소리의 음소 인지를 매우 어려워하고, 리듬화된 단어를 인지하지 못한다. 워싱톤 학교는 장애 위험이 있다고 생각되는 학생을 위해서 가르치는 유형으로 반응-대-중재(RTI)를 적용한다. Courtney의 점수는 9월 음소 인지 선발 검사에서 매우 낮은 성취를 보였으며, 그녀는 학교에서 실패할 위험이 있다고 판단되었다. 그녀는 단계 1 중재 프로그램에서 과학적으로 입증된 자료를 사용하여 1학년의 일반학급에서 수업을 받았다. Courtney의 수행은 단계 1 교수 아래 교육과정 중심 측정(CBM)으로 8주 동안 평가되었다. 단계 1의 8주 동안 실시된 중재 마지막 날에 교육과정 중심 사정 측정이 실시되었는데 Courtney의 점수는 목표 점수에 도달하지 못하였다. Courtney에게는 단계 2의 중재 프로그램이 실시되었다. 단계 2에서 그녀는 읽기 교사에 의해 과학적으로 입증된 자료가 전달되는 좀 더 집중적인 교수를 받았다. 그녀는 단계 2 집단에서 매일 30분씩 중재를 받았다. 읽기 교사와 1학년 담임교사 또한 Courtney를 위한 효과적인 기술들로 협력하여 일했다. 단계 2 교수의 마지막에 진보 평가에서 Courtney의 점수는 상당히 올랐고, 그녀는 읽기에서 좋은 진보를 달성하였다. 진보 평가 점수는 Courtney가 단계 2의 중재에 긍정적으로 반응했다는 것을 보여 주었다. Courtney가 단계 2의 중재에 긍정적으로 반응하였기 때문에 그녀는 장애 아동이 아닌 것으로 판단되었다. Courtney의 진보는 1학년의 나머지 시간 동안 1학년 담임교사와 읽기 교사에 의해 상세히 평가 될 것이다.

**질문**

1. Courtney는 단계 1 교수에서 어떤 반응을 보였습니까?
2. Courtney는 단계 2 교수에서 어떤 반응을 보였습니까?

## 요약

1. 사정은 교수에 관한 중요한 결정을 내리기 위해 학생의 적절한 정보를 수집하는 과정이다.
2. 지원을 위한 학습장애와 관련 경도장애 학생의 적격성을 결정하는 두 가지 접근은 반응-대-중재와 종합적인 평가이다.
3. 미국연방법인 장애인교육개선법(IDEA-2004)은 사정 과정에 영향을 미친다.
4. 개별화 교육 계획(IEP)은 개별학생을 위하여 작성되고 전체적 교수-사정 과정을 관리한다.
5. 부모와 가족의 권리 혹은 절차적 안전 보장은 사정 과정 동안에 고려되어야만 한다.
6. 사정-교수 과정은 다음과 같은 6 수준으로 구성된다. (1) 의뢰 전 활동, (2) 의뢰 및 최초 계획, (3) 다학문적 평가, (4) IEP 모임-IEP 작성, (5) IEP 교수 계획의 적용, (6) 학생의 진보에 대한 검토와 재평가.

7. 학습장애 학생을 위한 IEP는 다음 같은 특별한 요인들을 고려하여 계획되어야 한다. (1) 학생의 적격성을 결정하는 방법, (2) 기능적 행동사정과 긍정적 행동 중재 및 지원, (3) 영어학습자(ELL), (4) 보조공학.
8. IEP에는 학습장애 학생으로 확인되었을 때 그 학생에 대하여 다음과 같은 설명이 진술되어야 한다. (1) 수행 수준 제시, (2) 관찰된 행동, (3) 강점과 집단의 특성, (4) 부모 관심, (5) 연간 목표, (6) 교수를 위한 교육 환경, (7) 진보 평가.
9. 사정 정보는 다음과 같은 몇 가지 방법으로 얻을 수 있다. (1) 생육력 혹은 면접, (2) 관찰, (3) 학년 척도, (4) 표준화된 규준-지향 검사, (5) 교육과정-중심 측정과 수행 평가, (6) 대안적 그리고 비공식적 사정 측정, (7) 교육과정 중심 측정(CBM)과 진보 평가.
10. 책임성에 대한 요구는 학교에서 점점 더 증가되고 있다. 학습장애 학생은 주 전체의 시험에 포함되어야만 한다. 이런 학생을 위한 시험의 조정은 학생의 IEP에 작성되어 있어야만 한다.

## 교육정보 비디오 사례 활동

**2장을 읽은 후에** Education CourseMate 웹사이트를 방문하여 "중간 학년에서의 사정(Assessment in the Middle Grades): 학생 학습의 측정"이라는 제목의 교육정보 비디오 사례(TeachSource Video Case)를 보라. 이 비디오에서는 수학교사인 Somers가 교수와 사정을 어떻게 연결하는가에 관하여 설명한다.

### 질문

1. Somers는 표준화된 수학 시험을 위하여 학생을 준비시키는 데 개별화 교육과 집단 교육을 어떻게 사용했습니까?
2. Somers는 학생의 학습뿐만 아니라 그의 교수를 평가하는 검사를 어떻게 사용했습니까?

## 토론과 심화질문

1. 개별화 교육 계획(IEP) 과정의 6 수준을 기술해 봅시다. 각 단계의 목적은 무엇입니까?
2. 장애인교육개선법(IDEA-2004)은 학습장애와 관련 경도장애 학생에게 사용되는 중요한 절차적 안전 보장을 요구합니다. 부모의 권리 혹은 절차적 안전 보장

에 관하여 토론해 봅시다.

3. IDEA-2004는 IEP 모임을 위한 관계자를 명확히 제시합니다. 각각의 관계자의 직함과 역할에 대하여 기술해 봅시다.
4. 학습장애 학생의 평가 자료를 수집하는 다섯 가지 방법은 무엇입니까? 각각의 방법을 사용하여 얻을 수 있는 정보의 예를 제시해 봅시다.
5. 표준화된 규준-지향 검사와 대안적 사정 측정을 비교해 봅시다.
6. 장애 학생이 시험을 보기 위해 조정할 수 있는 몇 가지에 대하여 기술해 봅시다.
7. 반응-대-중재(RTI)는 무엇입니까?

## 핵심 용어

개별화 교육 계획(IEP) … 55
공식적 표준화 검사 … 68
관찰 … 67
교수공학 … 63
교수 단계 … 60
교수 지원 팀 … 57
교육과정-중심 측정(CBM) … 49
규준-지향 검사 … 67
기능적 행동사정 … 62
다학문적 평가 … 58
대안적 사정 … 75
목표-지향 검사 … 71
반응-대-중재(RTI) … 44
보조공학 … 63
부모의 권리 … 55
불일치 점수 … 53
비공식적 사정 측정 … 69
사정 … 43
사정 단계 … 58
사정을 위한 조정 … 74
생육사 … 65
연간 목표 … 61
영어학습자(ELL) … 62
의뢰 … 57
의뢰 단계 … 57
의뢰 전 활동 … 57
적응행동척도 … 65
절차적 안전 보장 … 55
종합적인 평가 … 51
중재 … 55
증거-기반 중재 … 44
진보 평가 … 48
포트폴리오 사정 … 69
IEP 모임 … 59

# 3장

# 치료교육

"나는 나에게 말해 준 것을 잊어버린다. 나는 나에게 보여 준 것을 기억한다. 나는 나와 관계된 것을 이해한다."

—CHINESE PROVERB

Dmitriy Shironosov,2010/Used under license from Shutterstock.Com

## 이 장의 차례

3장에서는 사정-교수 과정의 교수 부분을 살펴본다. 사정은 단지 출발점에 불과하여 교육에 대한 지속적인 과정, 즉 특별한 유형의 교육은 장애로 어려움을 호소하는 학생들을 돕기 위하여 요청되는데, 이를 **치료교육**이라고 말한다. 치료교육은 학습장애와 관련 경도장애 학생을 가르치는 방법과 전략을 구체화한다.

## 3.1 치료교육

### 치료교육이란 무엇인가?

치료교육은 교육에 관한 개념과 태도를 의미한다. 치료교사들은 교육하는 것을 즐거워하는데, 그들은 학생의 생활과 학습에서 차이점이 발생할 수 있다고 확신하고, 학생들이 "아하"라고 하면서 "알았다"라는 것을 보여 줄 때 매우 기뻐한다. 특별한 교사의 유형을 표현해 보면 효과적인 교사, 치료교사, 교육적 치료사, 혹은 간단히 훌륭한 교사로 묘사된다. 이런 모두의 개념은 학생의 학습에 관하여 열정적이고, 민감하고, 낙관적이고, 신중한 교사들이라는 의미를 내포하고 있다. 치료교육은 어떤 특별한 교수 체제와 교육 환경을 요청하지 않는다. 치료교육은 특수교사, 일반교사, 중등 교과목 교사, 혹은 협력팀의 교육을 반영할 수 있다.

치료교육의 목표는 개별학생의 독특한 요구를 위한 학습 경험을 맞춤제작하는 것이다. 치료교사가 학생의 평가에서 수집된 정보를 활용하는 것은 학생의 특별한 학습 특성에 대한 분석과 더불어 학생을 위한 교수 계획을 고안하기 위함이다. 사정은 교육이 시작되어서도 멈추지 않는다. 사실, 치료교육의 본질은 사정과 교수가 지속되는 것이고, 이 두 가지가 서로 연결되어 구성되었다는 데 있다. 치료교사는 새로운 요구로 출현되면서 많은 부분의 교육을 수정하고 있다.

대부분의 서로 다른 중재 전략은 치료교육에서 활용할 수 있다. 어떤 치료교사는 "아동의 관찰자"가 되어 조심스럽게 아동이 무엇을 하는지 관찰한다. 예를 들어, 치료교사는 학생이 만들어 내는 오류의 유형을 관찰하는 것으로, 학생의 현행 발달 수준, 사고 방법, 혹은 근원적인 언어 체계와 같은 학생에 관한 정보를 수집할 수 있다. 어떤 학생의 구어 읽기 오류는 학생의 사고 방법을 제공해 주는 것이다.

치료교사는 일정 기간 동안 주의 깊게 학생을 살펴볼 수 있다. 학생을 평가한 다음, 평가에 근거하여 교육의 단계를 계획한다. 교육을 실행한 후, 학생이 학습했던 것을 파악하기 위해 재평가한다. 만약에 학생이 수행을 잘 했으면, 치료교사는 교

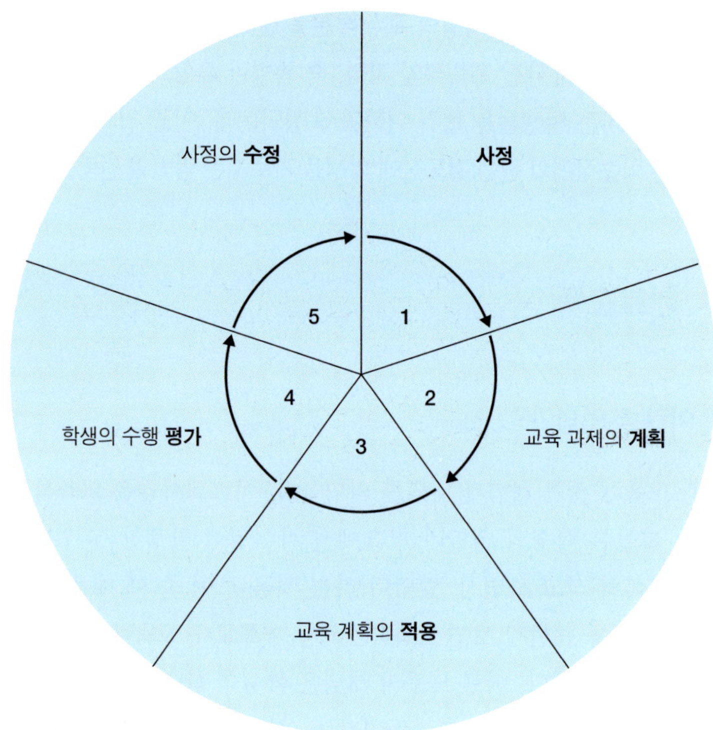


**그림 3.1** 치료교육 주기의 단계

육이 성공적이었다고 판단하고 다음 단계의 학습을 계획한다. 이와는 반대로 만약에 학생의 수행이 빈약했다면, 교사는 교육 계획을 위해 다시 사정해야 하고, 학습의 실패 원인을 찾으려는 노력의 일환으로 오류를 분석하고, 교육을 위한 새로운 활동 과정을 개발한다. 이러한 치료교육의 순환 주기는 **그림 3.1**에 제시한다.

5단계의 치료교육 주기는 다음과 같다.

1. **사정.** 학생의 기술 혹은 지식에 관한 정보를 수집하는 과정이다. 시험 혹은 교수의 필수적 부분을 통하여 관리할 수 있다.
2. **교육 과제의 계획.** 사정 정보를 교육 계획에 활용한다.
3. **교육 계획의 적용.** 이 단계에서는 실질적인 교육이 실행된다.
4. **학생의 수행 평가.** 교사는 자신의 수업에 학생들이 잘 반응하는지 평가한다.
5. **사정의 수정.** 사정을 수정할 필요가 있을지도 모른다.

교육을 위한 반응-대-중재(RTI) 모형(2장, "사정과 IEP 절차"에서 설명됨)은 이런 단계의 순서로 이동한다. RTI에서 첫 번째 단계는 학생을 가르치는 것이고, 그 다음으로는 교수에 대한 학생의 반응을 결정하는 것이다.

### 치료교육의 특성

대부분의 중요한 결정들은 무엇을, 그리고 어떻게 가르칠 것인가에 관하여 내려진다. 모든 점에서 교육은 변함없이 예술이다. 그 누구도 교사의 영향력이 멈추는 시점을 분명히 말할 수 없다. 치료교육은 다음 같은 방법에서 독특하다.

- **치료교육은 융통성을 요구하고 지속적인 결정을 내린다.** 치료교사는 수많은 결정을 내리는 사람이다. 그러나 일반적인 수업은 너무나 자주 사용되는 교재에 의해 결정된다. 많은 경우, 교재는 실재 교육과정이 운영되는 수업을 지배한다. 기초 학습 기술을 가르치는 완벽한 묶음을 추구하는 것은 결정을 내리는 교사의 요구를 최소화하려는 것으로 보여진다. 예를 들어, 순차적이고 서로 관련되어 있는 일련의 책인 **기초 독본**과 지원되는 교재가 기능적 기술의 발달을 위한 기초적인 교재로 제공되는 것에 그 의도를 두는데, 이들은 읽기 기술을 가르치는 데 활용되는 우수한 교수 도구이다.
- **치료교육은 대집단의 학생보다는 독특한 학생의 요구에 초점을 맞춘다.** 일반학급에서 수업은 늘 전체학급을 위해 계획되어 왔다. 그러나 학급을 가르치는 가장 최선의 방법은 독특한 행동과 학습 요구를 가지는 개별학생을 가르치기 위한 방법으로는 최선이 아닐지도 모른다.
- **치료교육은 다양한 환경을 관리할 수 있다.** 치료교육은 집단 혹은 개별적 환경, 일반학급에서 실시할 수 있다. 치료교육은 책임 있는 교사의 태도가 반영된다. 수집되는 정보를 통합하여 즉시 결정내리고, 교육 계획을 수정하며, 개별학생의 관심에 민감하고, 학습에서 선호되는 방법, 발달 수준, 개인적 감정을 통합하는 교사의 능력은 무엇보다도 중요하다.

## 3.2 차별화된 교수

**차별화된 교수**는 교사가 개개 학생의 독특한 요구를 충족시키고 학생의 강점과 약점을 활용하는 교수 철학을 반영한 것이다. 차별화된 교수는 일반학급에서 실시되는 치료교육의 특성을 구체화한다. 교육에서 가장 큰 실수 중의 하나는 학습으로 우리 모두를 동등하게 다루어 가르치려는 것이다. 그러나 모든 학생이 비슷하지 않다는 것을 전제로 하는 차별화된 교수는 각 학생에 대한 정보를 수집하고 아이디어를 산출하는 아동에게 다양한 선택권을 주는 교육과 학습에 대한 접근을 적용한다.

많은 아동들은 모든 교육과정에 맞추어 하나의 크기로 반응하지 않는다. 아동은 몇몇 유형의 상상, 다른 형태의 언어, 다른 형식의 문장과 같은 서로 다른 정보를 가진다. 차별화된 교수는 그들의 개인적 재능, 관심, 다양한 배경 지식, 그리고 독특한 경험에 반응하는 교육으로 그들의 개별적 요구를 만족시킨다. 차별화된 교수는 교사가 학생들이 학습하는 것을 도와 개개 학생이 성공할 수 있는 특별한 방법을 발견하려고 노력한다(Tomlinson, Brimijoin & Narvaez, 2008; Tomlinson, 2001; Bender, 2006). 보편적 설계에 의한 차별화된 교수에 대한 정보는 **http://www.cast.org**에서 찾을 수 있다.

## 교수 정보 3.1

### 치료교육의 사례

- Sammy는 선생님이 수업 중에 보여 주는 오버헤드 프로젝트용 슬라이드의 진행을 어려워했다. 그녀의 선생님은 Sammy에게 시각적 인지의 문제가 있다는 것을 알게 되었다. 그래서 담임선생님은 Sammy에게 슬라이드에 있는 자료를 복사하여 주었고, 그녀는 수업 시간에 슬라이드의 내용을 옮겨 적지 않아도 되었다.
- Debby는 시험에서 문장제 수학문제를 자주 틀렸다. 담임선생님은 Debby가 단어를 읽을 수 있고 수학적 계산도 실행할 수 있지만 문장제로 계산하여야 하는 문제를 연산식 도표로 세울 수 없다는 것을 관찰했다. 치료교사는 Debby의 수학적 실패가 가시화와 공간의 조작에 대한 어려움과 관련 있다는 것을 알게 되었다. 치료교사는 Debby가 학교, 상점, 친구의 집에 가는 길을 기억하지 못하고 매번 길을 잃어버린다고 기록했다. 담임선생님은 Debby의 가시화 기술과 문장제 문제에서 위치를 시각화하는 능력을 강화시키는 교육으로 그녀를 지도했다.
- Saul은 고등학교 학생이고 대부분의 교과목을 실패했다. 그는 학교과정에 흥미를 보이지 않았고 포함되어 있지도 않았다. 그의 언어-인지 기술은 좋았지만 그의 읽기 이해는 매우 열악했다. 수업에서 질문을 받았을 때, Saul은 늘 대답을 불쑥 말했고, 그 답은 틀리기 일쑤였다. 그의 반응은 작문에서도 동일하였다. Saul은 학습에 대한 독립적인 체계를 가지고 있지 않았다. 그는 학습 과제에 능동적으로 참여하는 방법을 알지 못했고 늘 충동적으로 반응했다. Saul의 선생님은 그가 학습에 관한 학습 전략이 부족하다는 것을 알게 되었다. Saul은 학습을 위한 특별한 전략을 배우고 있다.

## 다중지능

"다중지능"이라는 개념은 차별화된 학습에 대한 또 다른 관점이다. 대부분의 부모와 교사들은 그들의 아동이 학교에서 발생되는 학습 문제를 설명하지만, 그들은 학교의 교육과정에서는 일반적으로 과소평가되어 잘 파악되지 않는 놀랄 만한 재능을 가지고 있을 수도 있다. **다중지능**(Multiple intelligences)은 사람들이 학교 교육과정에서 잘 발휘되지 않는 서로 다른 유형의 지능을 소유하고 있다는 생각을 학습에 반영한 것이다. Howard Gardner(1983, 1993, 1999)는 지능에 최소한 8개 영역의 서로 다른 지능이 있다고 주장한다. 각각의 지능 유형은 가르치는 데 독특한 접근이 요구된다(**표 3.1**).

**표 3.1** Gardner의 다중지능

| 지능의 유형 | 설명 | 상징 |
|---|---|---|
| 구어적/언어적 | 구어와 언어 관련(작가와 시인의 자질) | |
| 논리적/수학적 | 양적 사고, 수, 그리고 논리적 유형<br>(수학자와 과학자의 자질) | ∑ + √ 1/8 % = |
| 시각적/공간적 | 사물을 시각화하는 능력과 내부적 심상과 영상을 창조하는 능력<br>(예술가, 건축가, 기술자의 자질) | |
| 음악적/리듬적 | 음의 유형, 리듬, 음악적 표현에 민감함<br>(음악가로서의 자질) | |
| 신체적/운동감각적 | 신체적 움직임을 조절하는 데 관련된 능력<br>(운동선수와 무용수의 자질) | |
| 개인 간 | 타인을 다루는 기술(판매원이나 정치가의 자질) | |
| 개인 내 | 내재된 상태, 자기-반영, 자기 자신에 대한 지식<br>(정확한 자기-지식을 가진 사람의 자질) | |
| 자연적인 | 자연, 동물, 식물 생활에 대한 적응<br>(농부, 산림경비원, 그리고 정원사) | |

출처: Adapted from *Frames of mind: The theory of multiple intelligences*, by Howard Gardner, 1983, New York: Basic Books.

## 학생 이야기 3.1

# 뛰어난 치료교사에 대한 기억

한 학생이 뛰어난 치료교사인 Grace Fernald에게 감사해 하며 그에 대한 기억을 기술하였다.

나는 8살이었다. 내가 매우 어렸을 때, 부모님은 나에게 2차 세계대전 중의 세상과 그날의 정치에 관하여 말해 주곤 하였다. 나는 그것들에 관하여 아는 것을 좋아했다. 그러나 나는 2학년 담임선생님을 만나면서 나의 행복한 세상은 끝나버렸다. 나는 학교에서 모든 것을 잘 적응하며 지내고 있다고 생각했는데, 선생님의 생각은 나와는 달랐다. 나는 2학년 때 장래에 의사가 되고 싶다는 꿈을 꾸었고, 그 일을 잘 할 수 있을 것이라고 확신했다. 선생님은 나의 부모님께 면담을 요청했고, 집에 있는 어린 동생 때문에 아버지께서 혼자 학교에 왔다. 나는 수업을 마친 후 교실에 조용히 앉아 있었다. 나는 선생님이 아버지에게 내가 지체되어 있고 의사는 결코 될 수 없다고 말하는 것을 들었다. 나의 아버지는 끈기 있게 그리고 매우 단호하게 선생님께 나의 지체에 관하여 동의할 수 없다고 말했고, 나는 내가 원하는 것은 무엇이든지 될 수 있다고 말했던 것으로 기억한다.

나의 부모는 교육을 존중했다. 그들은 UCLA에 나의 교육을 지원해 줄 것을 요청했고, Grace Fernald라는 이름을 가진 사람이 나를 위한 개인적 교육에 동의했다. 나는 Fernald 박사의 집을 처음 방문했던 때를 기억한다. 나는 그녀가 위엄 있을 것이라고 상상하였다. 나는 그녀의 집이 웨스트우드(지금은 리틀 홀비힐이라고 불림)에 있는 매우 잘 사는 지역에 위치한 아주 큰 스페인 풍의 집으로, 높다란 지붕에 둥근 아치 모양의 나무 천장, 거대한 벽난로가 있는 목재로 지어진 큰 집이었다고 기억한다. 나는 집안의 가구 때문에 놀랐는데, 그 가구들은 고풍스러웠고 동양적 카펫은 보기 좋았다. 또한 집에는 책들이 많았다. 모든 것이 잘 정돈되어 있었고 매우 조용했다.

Fernald 박사는 친절했고, 회색 머리에 멋있는 미소를 띠고 있었다. 그녀는 나의 선생님과 대화를 나눈 후에 나를 그녀의 사무실로 데리고 갔다. 그녀의 사무실은 큰 책상과 너무나 많은 책들이 있는 작은 방이었다. 매우 아늑하고 편안하게 보였다. 우리는 대화를 나누었다. 그녀는 나에게 IQ 검사를 실시할 것이라고 말하였다. IQ 검사는 아주 재미있었다. 우리는 다음과 같은 몇몇 질문에 함께 웃었다. "만약에 당신이 누군가에게 두 방의 총알을 쏠 수 있다면 첫 총알은 한 사람을 죽이고, 그리고 두 번째 총알로는 무엇을 할 수 있을까요?" 그리고 그녀는 몇 가지 다른 검사를 또 다시 실시하였다. 나는 그 검사들에 전혀 긴장하지 않았다. 마지막에 그녀는 나에게 매우 잘했으며, 매우 빠르게 읽기와 철자를 배울 것이라고 말했다. 그녀와 나는 Potter 양을 감동시켰다. 우리는 해냈다!

Fernald 박사의 감각운동적 접근은 단어가 크게 작성되거나 견본 단어를 덧쓰는 것은 물론 공기 중에서의 쓰기를 포함한다. 이런 활동 중에 Fernald 박사는 늘 유쾌했고, 늘 웃고 있었다. 아이였던 나는 새로운 친구가 생긴 것 같았고, 어떤 사람이 나에게 매우 중요한 방법으로 도움을 주고 있다는 것을 알게 되었다. 나는 이 교육에서 좋은 결과를 얻을 수 있길 바랬다.

여름이 되었을 때 Fernald 박사는 나를 나와 비슷한 문제를 가진 아동들을 위하여 UCLA에 개설된 수업에 등록하여 교육을 받을 수 있도록 하였다. 나의 부모는 나에게 Pico에서 웨스트 로스앤젤레스에 있는 로버트슨으로 바로 가는 큰 파란색 버스를 타고, 버스가 UCLA에 멈추면 버스에서 내려서 캠퍼스의 반대쪽으로 직진하여, 나무로 지어진 학교 건물이 있는 몇 개의 작은 골목을 지나면 Fernald 박사의 프로그램을 운영하는 집이 있다고 알려 주었다. 건물은 단순했으며 임시건물 형식의 초록색 구조로 되어 있

(계속됨)

## 뛰어난 치료교사에 대한 기억 (계속)

었고 매우 많은 나무, 값싼 그림 종이, 수년 전 사용했던 아동의 그림 냄새가 풍겨 나왔다. 나는 건물의 앞뒤에 있는 많은 건물과 골목을 탐색할 수 있었다.

그 수업에는 16명 이하의 학생이 있었다. 우리는 한 책상에 두 명씩 앉았다. 매일 두 명의 학생당 UCLA에서 훈련된 한 명의 학생교사가 배정되어 있었다. Fernald 박사는 학생들과 학생교사들 사이를 순회하면서 눈에 띄지 않게 있었다. 그녀는 수업에 참여하지 않았지만 분명한 책임을 지고 있었다. 학생교사는 교대로 수업의 책임을 바꾸었다. 수업 방법은 매우 재미있었다. 매일, 각각의 학생들은 각자의 학생교사에게 하나의 이야기를 구술하였다. 이야기는 원하는 만큼 길게 할 수 있었고, 나의 이야기는 매우 길었다. 교사는 나의 이야기를 모두 기록했다. 그 다음날 학생교사(모든 학생교사, 내 기억에는 젊은 여자 선생님)는 기록된 나의 이야기를 다시 가지고 왔는데, 특별히 타자로 쳐서 활자화된 문자로 작성되어 있었고, 나의 이야기 길이는 약 반 인치 정도였던 것으로 기억한다. 우리는 깔끔하게 타자로 인쇄된 우리의 이야기를 학생교사와 함께 읽었다. 우리는 그 이야기에서 몇 개의 단어를 연습했고, 큰 카드(적어도 나의 눈에는 그 카드가 2인치, 혹은 3인치 높이에 약 10인치의 길이)에 썼다. 우리는 단어를 따라 썼고 단어들의 철자를 배웠다. 학생교사의 학생 중 한 명(대부분이 소년이었다)이 자신의 이야기를 읽는 동안 다른 학생은 자신의 이야기를 반복하여 읽으면서 단어를 추적하며 단어 연습을 했다. 큰 카드를 활용하여 집단 전체가 활동하는 경우도 있었다.

Fernald 박사는 늘 좋은 분위기를 형성했고 개별적 관계를 가지며 개개 학생과 학생교사에게 관심을 보였다. 몇몇 학생은 그들 스스로 행동하기 어려워 했다. Fernald 박사의 수업은 엄격했다. 나는 수업 시간에 자발적 행동을 어려워했던 한두 명의 학생들이 영원히 그 수업을 떠났던 것을 기억한다.

그 수업은 반나절 동안 계속되었다. 수업에는 그림 그리기를 위한 약간의 시간은 물론 쉬는 시간도 포함되어 있었다. 수업의 대부분은 손가락으로 그리기, 혹은 다소 좋은 냄새가 나는 그림 물감에 손 담그는 활동이었다.

나는 읽는 동안 매우 몰입하게 되었다. 나는 Potter 양에게 내가 Fernald 박사에게 배운 것을 설명하려고 노력했다. 그러나 Potter 양은 Fernald 박사에게 관심이 없었다.

나는 이런 경험 이후 45년이 지나 UCLA에 다시 돌아왔다. 나는 25년을 스탠포드 학부에서 보냈고, 그곳에서 학장이 되었으며, UCLA 의과대학의 핵과학과의 학장으로 초빙되었다. 나는 뉴욕에 오기 전 4년 동안 UCLA에서 지냈다. UCLA는 골목은 많았다. UCLA에는 훨씬 더 빌딩이 많아졌고, Grace Fernald의 단순한 나무 교실은 새로운 법인 학교를 위해 철거되고 있었다. 그러나 UCLA에는 여전히 Grace Fernald 학교가 있고, 그 시설은 UCLA의 매력적인 부분 중 하나라고 생각한다.

나는 특히 다양한 전문적 변화를 경험하면서 Grace Fernald에 대한 단편적인 생각을 가지게 되었다. 나는 현재 뉴욕병원 코넬 메디컬센터의 페인 휘트니 클리닉을 책임지고 있는 정신과 리더이고 주요 정신과 과학잡지의 편집위원으로 활동하고 있는데, 가끔 Grace Fernald가 생각한 수업에 놀라곤 한다. Fernald 박사의 도움과 지원으로 몇몇 사람들의 인생이 얼마나 변화하였는가? 나는 여전히 오늘날에도 Fernald 방법을 사용한다. 비록 지금은 Fernald 박사가 그 분야의 지도자인 것을 알고 있지만 그 당시 나는 지도자로서 Fernald 박사를 만나지 않았다. 오히려 교사로서 분명하고 사랑스럽게 문제를 가진 아동들을 돕는, 그리고 내가 꿈꾸었던 미래를 나에게 가능하게 해 준—나의 현명한 부모—Fernald 박사를 만났던 것이다.

**출처:** 이 기억은 http://historyliteracy.org/98_spring/Fernald_stu.html에 제시되었다. Jack D. Barchas 박사가 뉴욕병원 코넬 메디컬센터와 *Archives of General Psychiatry*의 편집위원이었을 때 감사의 표시로 쓴 글을 그의 허락을 받고 재인용하였다.

(계속됨)

## 뛰어난 치료교사에 대한 기억 (계속)

**Grace Fernald에 관하여:** 1943년에 처음으로 발행된 그녀의 책에 그녀가 사용하였던 다감각방법에 관하여 기술되었다(Fernald, 1943/1988). Fernald는 UCLA에서 읽기 문제를 가진 학생을 위하여 처음으로 읽기 치료실을 만들어 개인적 지도를 실시하였다.

**심화질문** 이런 치료실 교사가 Jack에게 미쳤던 영향은 무엇이라고 생각합니까?

## 차별화된 교수 접근

여기서는 다르게 배우는 학생의 독특한 학습 욕구를 충족시킬 수 있는 몇 가지 교육 접근을 기술하고자 한다. 교사는 개개 학생의 욕구를 충족시킬 수 있는 많은 전략을 알고 접근해야 하고, 과도하게 단 하나의 교수 접근에 의존하지 않도록 해야 한다. 교사의 태도에 관한 예는 **학생 이야기 3.2**, "교사를 위한 우화"에 제시되어 있다. 이 우화는 개개 학생(혹은 동물)이 다르기 때문에 하나의 방법으로 가르치는 것은 좋은 방법이 아니라는 것을 시사한다.

다음 영역에서는 서로 다르게 학습하는 학생을 가르치는 3개의 독특한 접근, (1) 인지처리과정, (2) 직접 교수와 숙달학습, (3) 정신치료학적 교수에 대하여 살펴볼 것이다.

**인지처리과정** 인지처리과정(Cognitive processing)은 아동들이 학습하는 뇌에서 정보를 처리하는 데 서로 다른 방법을 사용한다는 것으로 설명된다(Sousa, 2001). 미국연방정부법은 모든 주에게 어떤 아동이 학습장애를 가졌다는 결정을 내리기 위하여 연구-중심 절차를 사용할 것을 규정한다(IDEA, 2004; Regulation for IDEA, 2006). 많은 주는 어떤 학생이 인지처리과정의 영역에서 학습을 방해하는 강점과 약점의 유형을 확인하는 절차의 사용을 허락한다(Schultz, 2009).

학습에 있어서 학생의 인지처리과정 접근 방법에 대한 확인은 미국연방정부의 학습장애에 대한 정의 중 가장 중요한 구성 요소인 기본적인 심리처리과정에서 하나 혹은 그 이상이 손상되었는지를 파악한다는 의미를 포함한다(IDEA, 2004). 학생의 인지처리과정에 관한 정보는 기초 학습의 수행에 관한 능력과 연결된다(Flannagan, Ortiz, Alfonso, & Mascolo, 2006; Kavale, Holdnack, & Mostert, 2005).

인지처리과정은 학습자가 학습하고 기초 학습 과제를 수행하는 데 사용하는 사고 절차이다. 몇몇 서로 다른 독특한 인지처리과정은 Schultz(2009), Mather와 Jaffe(2002), Flangan 등(2006)의 연구에서 찾아볼 수 있다.

## 학생 이야기 3.2

### 교사를 위한 우화

아래에 제시된 동물학교에 대한 우화는 동일한 방법으로 모든 아동을 가르치는 것이 헛된 일이라는 것을 알려 준다.

옛날, 옛날, 아주 먼 옛날, 동물들이 학교에 다니고 있었다. 교육과정은 달리기, 오르기, 날기, 그리고 수영하기로 구성되어 있었고, 모든 동물들은 이 모든 과목을 배웠다. 오리는 그의 선생님보다 수영을 잘 하였고, 날기에서는 등급을 통과했지만 달리기는 절망적이었다. 그는 나중에 학교에서 낙제하였는데 달리기 연습으로 수영 수업에서 통과하지 못했기 때문이다. 그는 수영에서는 평균을 유지하고 있었다. 그러나 평균이 인정되었기 때문에 그 누구도 오리가 낙제할 것이라고 생각하지 못했다.

독수리는 학생의 문제를 고려하여 심하게 연습을 시켰다. 그는 오르기 수업에서 모두가 나무 꼭대기에 도달하도록 엄격히 가르쳤다. 토끼는 달리기 수업에서 일등을 했지만 수영 수업을 포기했기 때문에 신경쇠약에 걸려 학교를 중퇴하였다. 다람쥐는 오르기 수업은 뛰어났지만 날기 수업을 담당하는 교사가 나무에 오르는 대신 운동장에서 날기 수업을 시작하였고, 다람쥐는 날려고 이륙할 때 과로로 쥐가 나서 오르기에서는 C점수, 달리기에서는 D점수를 받았다. 실용적인 프레리도그[7]는 학교 당국이 교육과정에 땅파기를 추가하지 않아 그들의 자손을 오소리에게 견습공으로 보내야 했다.

그 해의 마지막에 뱀장어는 수영을 잘 하고, 달리기, 오르기, 날기는 조금 할 수 있어 졸업생 대표가 되었다.

**출처:** http://www.ri.net/gifted_talented/teachers.html에 있는 "A Fable"을 각색했다.

**심화질문** 이 우화는 "모두에게 맞지 않는 하나의 크기"에 대한 진술을 어떻게 그려내었다고 생각합니까?

- **유동성 지능**(fluid intelligence)－어떤 사람이 소설 작업에서 나타내는 지적 조작
- **결정적 지능**(crystallized intelligence)－한 사람에게 일반적으로 축적된 지식
- **단기 기억**(short-term memory)－매우 짧은 시간 동안 정보를 이해하고 유지하는 능력
- **시각적 처리**(visual processing)－시각 유형과 자극을 함께 생각하는 능력
- **청각적 처리**(auditory processing)－분산된 소리에 집중하고 변별하는 능력
- **장기 저장 및 복구**(long-term storage and retrieval)－새롭거나 이전에 획득된 정보를 저장하고 정보를 유창하게 복구하는 능력
- **처리 속도**(processing speed)－인지 과제를 유창하게, 그리고 자동적으로 수행하는 능력

7) [역자 주] 북미 대평원 지대에 사는 다람쥐과의 작은 포유동물

**그림 3.2** 시각적 지각–Liar, Liar, 착시

인지처리과정은 뇌에서 일어난다. **그림 3.2**는 정보를 인지할 수 있는 다른 방법을 나타낸 것이다. 여러분에게는 이 그림이 무엇으로 보이는가? 단어 *Liar*가 보이는가, 아니면 얼굴의 옆면으로 보이는가?(그림을 옆으로 돌려서 보라.) 서로 다른 지각이 이 그림의 해석에 어떻게 영향을 미치는가? 지각은 뇌에서 일어난다.

교수를 위한 인지처리과정과 적용의 예는 다음과 같다.

- Jeff의 선생님은 Jeff가 음성학을 학습하는 데 많이 어려워하는 이유를 이해하면서 청각적 처리과정에서 보이는 그의 어려움을 알게 되었다. 따라서 Jeff의 선생님은 청각적 처리과정에서 Jeff의 어려움을 고려하여 음성학을 가르치는 방법을 수정하였다.
- Susan은 시각적 지각이 어렵기 때문에 인쇄된 단어를 전혀 기억할 수 없었다. 따라서 Susan의 선생님은 Susan에게 인쇄된 단어를 인지하도록 돕는 전략을 사용하였다.

**직접 교수와 숙달학습** **직접 교수**(Direct instruction)는 구조화되고 통제된 교육과정으로 기초 학습 기술을 가르치는 방법이다. 직접 교수를 실시하는 교육과정과 과제는 우선 학습하는 학생들을 분석한다. 그 다음에 교사는 기초 학습 교육과

Rhoda Sidney/The image works

인지 전략은 학습자들이 기초 학습 과제를 수행하는 데 있어 중요한 사고 과정이다.

정 기술을 가르칠 적절한 순서에 의해 각각의 단계를 신중히 일정한 순서로 배열한다. 학생은 그 기술을 숙달할 때까지 배열된 순서에 따라 각 단계를 반복 연습한다. 많은 연구들은 직접 교수의 이러한 절차가 학생들이 기초 학습 기술을 배우는 데 매우 효과적이라고 밝히고 있다(Carnine, Silbert, & Kame'enui, 1990; Mainzer, Deshler, Coleman, Kozleski, & Rodriguez-Walling, 2003).

직접 교수의 특성은 다음과 같다.

- 기초 학습 기술을 직접적으로 가르친다.
- 교사가 지시하고 통제한다.
- 신중하게 일정한 순서대로 배열하고 구조화된 자료를 사용한다.
- 학생의 기초 기술을 숙달시킨다.
- 학생에게 명확한 목표를 수립한다.
- 교수를 위한 충분한 시간을 할애한다.
- 학생의 수행에 대한 지속적인 평가를 실시한다.
- 학생에게 즉각적인 반응을 제공한다.
- 기술이 성취되어 숙달될 때까지 반복하여 기술을 가르친다.

**숙달학습**(mastery learning)은 직접 교수에 대한 결과이다. 학생은 학습 과제를 위한 기술의 각 순서를 습득해야만 한다. 특정 과제에서 각각의 기술을 학습하는 것은 사다리를 올라가는 것과 같다. 각 단계의 마지막 정상까지 올라가야 하는데, 학생들은 몇몇 단계에서 미끄러져 떨어지기도 한다. 예를 들어, 읽기 기술은 구성 요소의 하위기술을 숙달해야 하는 것과 같이 많은 하위기술로 구성되어 분석되고, 학생은 이런 읽기 기술을 숙달해야 할 것이다.

**정신치료학적 교수** **정신치료학적 교수**(psychotherapeutic teaching) 접근은 학생의 감정과 교사와의 관계에 집중된다. 실패한 학생은 학습 환경에서 행복하지 않고, 좌절, 빈약한 자아 발달, 그리고 부적절한 감정 등은 학습에서의 실패를 지속시킨다. 이런 견해에 의하면 가장 적절한 것은 성공의 감정을 경험하고 학생과 교사 간의 건강한 정신역학적 관계를 수립하여 실패에 대한 감정을 반전시키는 것이다.

정신치료학적 교수의 목표는 자아-개념을 다시 확립하고, 희망과 자신감을 회복하며, 학생이 교사가 자신의 문제를 이해하고 있다는 것을 알고, 교사는 학습하려는 학생의 능력에 자신감을 갖게 하여 성공시키는 것이다. 정신치료학적 요인이 분명히 고려되어야 함에도 불구하고, 정신치료학적 접근에 대한 배타적인 입장과 학생을 가르치는 데 요구되는 기술이 없다는 생각은 (학생들이 자신의 기초 학습 실패에 만족하는 것을 학습하는) 행복한 실패(happy failure)를 초래할 수 있다.

## 3.3 통제된 교수 변인

교사와 학교는 많은 요인들을 상대적으로 드물게 학습장애와 관련 경도장애에 연결시킨다. 학생의 가정 환경, 유전적 혹은 생물학적 구조는 학습 문제에 직접적인 원인이 되는 핵심 요소이고 교사에 의해 수정될 수 없는 변인이다. 그러나 그 밖의 다른 요인들은 교사에 의해 변화될 수 있으므로 이러한 요인들이 주의 깊게 검토되어야 할 것이다. 학습에서 검토될 수 있는 대표적인 변인으로는 난이도, 공간, 시간과 언어를 들 수 있는데, 이런 변인들은 교사에 의해 재조정될 수 있다.

### 난이도

제공되는 자료의 난이도는 매우 중요한 고려사항이다. 난이도는 학생의 현재 수행 정도와 수행할 수 있는 수준을 파악하여 충족되도록 수정되어야 한다. **준비성**

(readiness)이라는 개념은 Lev Vygotsky의 관점인 **근접발달영역**(zone of proximal development, **ZPD**)으로 설명될 수 있는데, 이는 어떤 기술이 학습되기 전에 필요한 성숙적 발달의 상태를 의미한다. 근접발달영역은 학습을 위한 학생의 능력과 적절한 수준의 한 가운데를 ZPD라고 하고 학생에게 적절한 난이도의 범위를 계획하는 개념이다(Vygotsky, 1962).(5장, "학습 이론과 교수 적용") 많은 학생들은 과제가 너무 어렵고 수행에서 요구되는 수준이 그들의 현행 기술을 뛰어넘기 때문에 간단히 과제에서도 실패하는 것이다. 학생들에게 그들의 수준을 훨씬 넘어서는 과제를 수행하도록 기대하는 것은 학습하는 데 완전한 실패라는 결과를 초래할 수 있다. 중재에 관한 연구들은 "과제의 어려움에 대한 통제"가 효과적인 중재의 중요한 특징이라고 밝하고 있다(Vaughn, Gersten, & Chard, 2000).

많은 기술과 반응은 자동화될 수 있을 때까지 숙달 후에도 학습을 지속해야 한다. 많은 기술은 새로운 상황에 전이되어 재빨리 사용할 수 있도록 내면화되고 자동화되어야 한다. 내면화는 자각하고 있는 것에서, 자동적 반응에 대한 인지적 수준에서, 혹은 습관적인 수준에서 이동된다. 예를 들어, 학생이 읽기에서 처음으로 10개의 단어를 신중하게 의식하여 발음하는 기술을 사용하지만, 나중에는 그 과정이 자동화되어 효과적인 읽기를 할 수 있게 된다.

## 공간

공간은 학습하는 데 도움이 되는 신체적 환경을 의미한다. 공간을 수정하는 방법은 칸막이, 탈의실, 스크린, 특별한 방, 조용한 코너를 만들고, 산만한 자극을 제거하는 것이다. 또한 공간은 적절한 크기의 종이나 책상 표면을 활용하여 학생의 작업 영역을 만든다. 학교 환경의 구성은 학생들이 학습하는 동안 산만해지지 않게 하여 학습의 향상을 도모할 수 있다.

공간 조정의 목표는 학생이 요청하는 공간으로 천천히 증가시켜야 한다. 일반적으로 학생들은 조정되지 않은 공간에서 잘 지내기 위해 자신을 통제하고 있다.

## 시간

교수 환경에서 시간을 조정하는 방법은 많다. 매우 짧은 시간 동안 주의집중을 하는 학생들의 수업은 짧은 시간으로 조정되어 운영할 수 있다. 예를 들어, 한 줄의 수학문제를 한 장의 전체 페이지에 제시할 수 있다. 작업 페이지는 네모상자로 자를 수 있고, 짧은 시간으로 분해하여 한 영역을 완성시킬 수 있다. 또한 적은 수의 철자로 구성된 단어가 철자 숙제로 제공될 수도 있다. 시간으로 측정되는 행동은 할당된 시간을 연장시킬 수 있다. 시간은 활동의 다양한 유형에 따라 짧은 단위로 조정할 수 있고, 조용한 활동은 활발한 활동 다음에 이어진다. 학생을 교사의 책상으로 오게 하는 것, 혹은 필수품을 가지러 선반으로 걸어가는 것과 같이 계획된 활동의 변화는 긴 수업 시간을 나누어 활용할 수 있다. 이와 같은 시간 조정의 목표는 학생의 과제 시간을 점점 더 늘리는 것이다.

### 언어

언어 또한 학생의 학습을 향상하는 데 조정될 수 있다. 언어는 혼란시키기보다는 이해를 쉽게 하는 것으로, 교사는 그들의 수업에서 언어적 표현을 통해 검사를 실시한다. 언어는 학생의 이해에 대한 수준과 연결된다. 모국어가 영어가 아닌 학생들을 위하여 교사들이 언어를 특별히 분명하고 정확하게 말하는 것은 매우 중요하다. 차트와 같이 시각적 자료 지원을 사용하는 것은 언어를 이해하는 데 도움이 된다.

몇몇 학생에게는 사용하는 언어의 길이를 짧게 하여 진술의 양을 줄여 주어야 한다. 짧은 언어를 활용한 진술의 예는 다음과 같다. (1) "전보식 언어"를 활용한 간결한 지도, 혹은 단지 기본적인 언어만 사용, (2) 학습자에게 시각적 자료 지원, (3) 애매모호한 단어 피하기, 혹은 몸짓으로 의미 강조하기, (4) 낮은 속도로 말하기, (5) 말하기 전에 학생을 건들기, (6) 복잡한 문장 구조 피하기, 특히 부정적인 문장 구조 피하기.

## 3.4 자기-존중과 동기 유발

Robert Louis Stevenson은 인생에서 좋은 능력을 가지기보다는 부족한 능력이지만 잘 사용해야 한다는 것을 관찰했다. 이는 교사들에게 학습장애 학생과 관련 경도장애 학생들이 그들의 문제에서 자신의 능력을 잘 사용하는 방법을 가르쳐 줄 것을 요청하는 것이다. 치료교육은 문제와 능력을 확인하는 것과 긍정적인 교사-학생 관계를 요구한다. 비록 효과적인 교육은 객관성과 교육과정, 기술, 그리고 방법에 대한 완전한 지식을 전적으로 요구하지만, 이와 더불어 감정, 정서, 희망, 그리고 꿈을 가진 개인으로서 학생을 주관적으로 이해해야 한다(Brooks & Goldstein,

## 학생 이야기 3.3

### 학습장애와 관련 경도장애 학생의 정서적 곤경

이 이야기는 실패에 대한 학생들의 정서적 느낌을 기술한 것이다.

12년 동안의 긴 학교생활 동안, 그리고 그 후에도 학습장애 학생들은 만족할 수 없는 상황과 늘 씨름한다. 학생들은 학교공부를 할 수 없었을 때, 소수의 대안적 방책을 만든다. 성인들이 직업에서 만족할 수 없게 되면 다른 장소나 직장 밖에서 위로를 찾고, 심지어 높은 월급이나 또 다른 보수 때문에 이런 어려움을 견디는 것을 선택하기도 한다. 그러나 학생들에게는 그런 탈출구가 없어 그저 실패에 대한 고통을 견디는 인내가 필요할 뿐이다. 부적절한 증거는 매일 교실에서 발견할 수 있다. 결국, 이런 학생들은 동료뿐만 아니라 가족에게서도 존중받지 못하곤 한다.

**출처:** Roswell, R. and Natchez, G.(1977) *Reading Disability*. New York: Basic Books.

**심화질문** 어떤 요인이 학습장애 학생들에게 자기-존중을 낮게 만들었다고 생각합니까?

2002; Brooks, 2000). 학생들은 절망, 낙담, 그리고 좌절로 수년 동안 고통을 받았기 때문에 패배감을 느끼고 두려워한다. 때때로 그들은 미래에 대한 거절, 실패, 희망이 없음을 느끼는데, 이는 그들이 학교에서 공부하는 모든 과목과 삶의 모든 면에 영향을 미친다. 실패했던 학생에 대한 이런 정서적 곤경은 **학생 이야기 3.3**, "학습장애와 관련 경도장애 학생의 정서적 곤경"에 잘 묘사되어 있다.

### 자기-존중

학생의 학습 문제는 세상의 모든 일에 악영향을 미칠 수 있다. 학생들이 실패에 대한 정서적 면을 깨닫는 것은 매우 중요하다. 부모와 교사는 아동을 못마땅하게 여길 뿐 아니라 종종 부모의 근심도 통제할 수 없게 된다. 부모는 그들의 자녀가 학습할 수 없다는 것과 그 속도가 명백히 느리다는 것에 당황하곤 한다. 심지어 가장 사랑해 주어야 하는 부모가 그들의 자녀가 학습하는 능력이 없어 벌을 받지는 않을까, 혼나지는 않을까, 위협당하지는 않을까 불안해하고, 심지어 부모가 바라는 결과를 만들어 내어 자녀에게 희망을 주기도 한다. 또한 교사는 학생에게 그들의 능력이 미치지 않아 좌절을 느낀다. 학생의 학습 문제는 교실에서 시작되고 교실에서 끝나는 데, 이 문제는 그들의 모든 생활에 전반적으로 영향을 미친다. 예를 들어, 학생의 학습 문제는 자전거를 타는 것에서 시작하여 친구를 만드는 것까지, 휴식시간에 어떻게 행동하는지에 대하여 아는 것에서 유능한 학생이 되는 것까지 아동에게 중요한 모든 일을 방해한다(Silver, 2003, 2006).

## 동기 유발

치료교사의 중요한 책임은 실패만 했던 학생을 동기화시키고 학습하는 데 흥미를 갖게 하는 것이다. Rick Lavoie(2007)는 동기에 대한 논의에서 "노력이 충분하지 않다. 학습자들이 노력할 수 있게 동기화하라."라고 말한다. Lavoie는 교사들이 훈련이 부족하고 동기에 대한 기본적 견해만 가지고 있다고 밝혔다. 학생들은 각자 서로 다른 동기의 형태로 반응한다. 동기 전략을 사용하였다면 좀 더 잘 할 수 있고, 만약에 그렇지 못했을 경우에는 다른 무엇인가를 해야 한다. Lavoie는 여덟 가지의 동기를 다음과 같이 제시한다. (1) 친구를 만들려는 욕구, (2) 독립에 대한 욕구, (3) 귀중한 사람이 되려는 욕구, (4) 알려는 욕구, (5) 주장하려는 욕구, (6) 통제를 위한 욕구, (7) 유명해지려는 욕구, (8) 집단에 소속하려는 욕구. 학생들 각자는 일련의 독특한 동기부여자로서 반응하기 때문에 교사들이 단 하나의 동기적 접근으로 모든 학생을 동기화시킬 수 없다(Lavoie, 2007).

어떤 학생이 학습에서 성공적인 경험을 하였을 때 성격에 유익한 영향을 미치며, 자신의 가치가 올라가는 것을 느끼며, 학습에 대한 관심이 다시 생기게 된다. 이런 교수는 치료적 방법으로 고려된다(Brooks, 2000).(6장, "사회, 정서, 그리고 행동 문제"에서 자기-존중을 확립하는 방법에 대해 구체적으로 설명한다)

## 관계 형성

교사와 학생 사이의 좋은 관계는 치료교육이 실질적인 첫 단계이다. 치료교육에서 대부분의 성공은 건강한 관계 수립에 의존한다. 교사는 학생들이 학습에 실패했을 때에도 인간 존재의 가치로서 학생을 존중하며 가르쳐야만 한다. 건강한 관계는 지나친 간섭이 아니라 측은한 마음과 학생의 발달을 위하여 진실된 관계를 형성하는 것이다. 치료교사와 학생과의 관계는 신뢰와 수용을 기본으로 새로운 분위기를 형성해야 한다. 부모와 가족 구성원이 객관적인 태도로 학생을 수용하는 것은 매우 어렵기 때문에 학생은 부모의 실망에 매우 민감하게 반응한다. 부모들은 종종 그들의 노력에 대한 그들 자녀의 반응을 알지 못한다. 예를 들어, 공립도서관에서 의지가 좋은 아버지가 그의 아들에게 책을 집어 그에게 들리게 읽어 주면서 "나는 네게 단어를 한 번 더 말해 줄 거야, 그 다음부터는 너는 나머지 인생에서 그 단어를 잊지 말았으면 해!"라고 말하는 것을 듣곤 한다. 이런 태도는 학습에 도움이 되

Jeffry W. Myers

학습에서의 성공은 성격 형성에 좋은 영향을 미치며, 감정과 자기-가치를 향상시키며, 학습에 관심을 다시 갖게 한다.

지 않는다. 왜냐하면 그 아동이 단어를 기억하려면 열두 번이나 반복해서 봐야 할지도 모르기 때문이다.

## 공유된 책임

학생과 교사 모두의 관계는 치료교육의 또 다른 중요한 요인이다. 학생은 그들의 문제를 분석하고 평가하는 작업에 모두 직접 참여한다. 또한 학생은 협동정신으로 수업을 계획하고 자료를 선택하는 행동적 역할을 한다.

## 제공된 구조

학습 문제를 가진 학생이 혼돈된 생활에서 처음으로 경험하게 되는 제공된 구조와 수립된 일상은 매우 중요하다. 많은 학생들은 이런 제도를 요구하고 좋아한다. 구조와 일상은 신체적 환경과 그날의 특별한 계획을 알리고, 활동의 순서는 물론 수업에서 가르칠 방법과 같은 많은 교육적 면을 제공한다.

## 진심 전달하기

학생들은 위선을 간파하는 데 기술적이고, 만약에 그들이 틀렸다는 것을 알았을 때도 교사가 잘 했다고 말한다면 그들은 교사의 위선을 곧 간파할 것이다. 그 대신에 교사가 많은 학생에게 비슷한 어려움이 있다고 말하면서 그 어려움을 극복할 수 있는 방법을 함께 발견할 것이라는 확신을 전달하며 오류에 관한 걱정을 최소화시키려 노력해야 한다.

## 성공 보여 주기

성공은 비타민과 같다. 만약에 여러분이 충분히 성장하지 못했다면 여러분은 오랫동안 문제가 될 수 있는 매우 심한 결함으로 고통스러울 것이다(Levine, 2002). 이런 이유로 자기-존중에 대한 생각을 할 수도 없는데, 이는 자기-존중이 얼마만큼 성공적인 경험을 했는가에서 비롯되는지를 알게 해 준다(Richardson, 2003). 학생은 성공에 대하여 알고 감사해 한다. 학생들은 자신이 잘 할 수 있는 것을 알아야 하며, 교사와 가족은 그들의 강점 영역을 지지하며 도와주어야 한다. 학습장애와 관련 경도장애를 가진 많은 학생과 성인들은 자신의 학습 문제와 강점을 사용하여 학습하는 방법을 알게 되면서 성공한다.

수업은 성공적인 경험을 할 수 있도록 고안되어야 하고, 학생들이 자료를 선택할 수 있도록 한다. 예를 들어, 교사들은 학생의 관심 영역을 충족시킬 수 있는 읽기 수준의 책을 준비할 수 있다. 또한 교사가 교육 자료의 난이도를 적절하게 선택하여 학생들이 다음과 같은 활동으로 그들의 성공과 진보를 경험하게 할 수 있다.

- 성공적인 작업에 대하여 칭찬하기
- 강화로서 외부로부터의 보상 사용하기
- 진보는 차트나 그래프와 같이 시각적 기록으로 보여 주기

## 학생의 관심을 활용하기

교사가 학생들에게 그들의 특별한 관심에 근거한 자료를 제공했을 때 학생들은 성공적으로 성취할 기회가 증가한다. 교사는 학생들과의 대화, 혹은 학생들이 흥미있어 하는 목록을 관리하면서 학생들이 가지는 관심을 발견할 수 있다. 또한 교사는 학생들의 관심 영역에서 자료를 발견하는 것으로 학생들에게 학습하려는 강한 동기를 유발시킬 수 있다.

학생들은 운동, 모험, 액션, 역사, 과학, 전기, 체험기, 미스터리, 유머와 같은 내용을 읽는 것을 좋아한다. 의미 있는 읽기 수업은 학생들이 관심을 가지는 *TV*

*Guide*,[8] 신문, 야구와 축구 프로그램, 음악, 인기 있는 잡지, 그리고 심지어 컴퓨터 매뉴얼과 같은 자료로부터 발전될 수 있다. 실질적으로 몇몇 고등학교 학생들이 처음으로 읽기에 대한 진정한 관심을 보인 것은 운전면허증을 취득하기 위한 필기 시험에 통과해야만 할 필요성에 의해 자극되었을 때였다. 또한 어린 아동은 좋아하는 작가 혹은 연재되는 책을 통해 읽기가 자극되어 왔다. 건전한 책은 흥미를 유발하고, 동기화되며, 기초 학습을 개선하는 강력한 도구가 된다. 다음에 제시된 진술들은 학생들이 흥미를 보이며 크게 진보한 몇몇 사례이다.

- Antonio는 학습장애를 가진 8학년[9] 소년으로 첫책인『놀랄 만한 여행(*The Incredible Journey*)』을 단번에 처음부터 끝까지 읽었는데, 그동안 그는 수업이 바뀌고 벨이 울리는 교실의 어떤 상황들도 모를 정도로 책을 읽기 시작한 순간부터 완전히 다 읽을 때까지 매우 몰입되어 있었다.
- Maria는 "할 수 있다"라는 말과 함께 성공한 여성에 관하여 흥미를 갖게 되었다. 그녀의 선생님은 많은 분야에서 성공한 여성과 관련 있는 많은 책과 기사를 찾아 주었다. 그녀의 읽기는 이런 자료를 읽은 후에 극적으로 개선되었다.
- Dave는 시카고 야구팀에 많은 관심을 보였다. 그의 선생님은 그에게 선수들의 게임과 일대기에 관한 이야기가 실린 신문을 찾아 주었다. 그의 이런 흥미는 읽기에 대한 관심을 유발시켰고, 결국 그의 읽기가 개선되었다.
- 가끔 텔레비전 드라마나 책에 근거한 영화는 읽기에 대한 흥미를 유발시킬 수 있다. 텔레비전으로『로빈슨 크루소(*Robinson Crusoe*)』를 본 후, 심한 읽기 문제를 가진 Juan은 선생님으로부터 로빈슨 크루소에 관한 책을 건네 받았다. 그는 책을 받아들자마자 책 읽기에 몰입하였다.

한동안, 학생의 태도와 미래는 치료교육 때문에 극적인 변화를 일으켰다. 이런 변화는 아동이 책을 읽으면서 일어났는데, 이런 변화를 유도하는 방법을 **독서요법**(bibliotherapy)이라 한다. 다른 사람의 경험에 대한 학습은 희망과 지지뿐만 아니라 표출과 식견을 촉진할 수 있다. 책에서 개인적인 문제(예: 키가 작고, 몸무게가 많이 나가고, 인기가 없는 아동, 혹은 신체적 혹은 기초 학습적 장애를 가진 아동)를 가진 학생은 자신과 유사한 문제로 고통스러워하고, 그들의 문제에 대한 특별한 해결 방법으로 도움을 받게 된다(Sridhar & Vaughn, 2002). 예를 들어, Peter

8) [역자 주] 미국의 TV 프로그램에 대한 정보 잡지

9) [역자 주] 미국 교육의 학년제는 주에 따라 다르고, 8학년은 한국의 경우 중학교 2학년에 해당된다.

는 학습장애를 가진 7학년 학생인데 위대한 현실도피 예술가인 Houdini에 매료되었다. Peter는 학교도서관에서 Houdini에 관하여 찾을 수 있는 모든 책을 읽었다. Peter의 선생님은 Houdini의 확장된 읽기가 엄청난 읽기 개선이라는 결과를 가져왔고, 성격과 태도의 변화도 일어났다고 말했다.

## 3.5 학습장애와 관련 경도발달장애 학생의 포함

4장, "교육적 환경과 가족의 역할"에서 기술한 것처럼, 학습장애와 관련 경도장애 학생들은 일반학급에서 수업을 받는다. 약 87%의 학습장애 학생은 학교생활의 최소 시간 동안 일반학급에서 보낸다. 이런 학생은 약 51%(일반학급에 포함된 시간이 21% 이하인 학생)이고, 하루 중 일부분을 학습도움실에서 그리고 나머지 부분은 일반학급에 있는 학생은 35%(정규교육에서 벗어난 시간이 21~60%인 학생)이다(U.S. Department of Education, 2008).

### 재활법 504조의 학생

1장에서 기술한 것처럼 장애에 대한 몇몇 학생들은 1973년 미국연방재활법 504조에 의하여 일반학급에서 수업을 받는다. 미국연방기관의 재활법 504조는 시민권리국(Office of Civil Rights)이라고 한다. 이 법은 교육부의 법도, IDEA(장애인교육개선법-2004)도 아니다. 재활법 504조는 장애를 가진 개개인에 대해 차별을 금지하는 시민권리에 관한 법이다. 미국장애인법(ADAA) 개정안에서의 조항은 재활법 504조에 있는 학생에 대한 내용을 적용한다.

재활법 504조에 의하면 장애가 있는 학생이 주의 장애진단 기준에 의해 반드시 특수교육 지원에 적격하지는 않을 수도 있다는 것이다. 이러한 학생은 재활법 504조에 의해 일반학급에서 교육이 지원된다. 재활법 504조는 학생을 위해 요구되는 특별한 조정에 대한 개요가 제시되어 있다. 재활법 504조는 학생을 위한 IEP를 계획하지는 않지만 재활법 504조에 제시된 계획이 준비된다. 재활법 504조의 계획은 차별화된 교수, 교육과정의 수정, 조정이 포함되어 있다(http://www.wrightslaw/com/infor/sec504.index.htm; Zirkel, 2009; http://www.concordspedpac.org/section504.html).

재활법 504조는 학생을 일반학급에서 지원하도록 규정하고, 이를 "일반학급에서의 **합리적인 조정**"이라 한다. 모든 주는 재활법 504조의 시행 규칙에 의거 학생을 위하여 조정된 지침을 마련해야 한다.

### 일반교육에 포함된 학생의 다양성

오늘날 다양한 사회에서의 일반학급은 서로 다른 민족, 언어, 그리고 문화를 가진 학생들로 구성되어 있다. 최근 문화와 언어적으로 다양한 학생들은 자신의 부모들이 세계의 각 나라에서 미국 혹은 캐나다로 이민하여 출생하였다. 이들 중 몇몇 학생은 영어학습자(ELL)와 제한된 영어 숙달에 포함되어 있다. ELL 학생에 관해서는 11장, "말하기 언어 곤란"에서 좀 더 상세히 설명된다.

학생의 문화와 언어 배경을 이해하는 것은 효과적인 교육을 위하여 절대적으로 필요하고, 교사들은 각각 문화에 대한 독특한 풍습을 이해해야 한다. 아동들이 학교에 입학할 당시, 그들은 이미 그들의 문화가 행동에 흡수되어 있는데, 이는 학교생활의 성패에 중요한 영향을 미친다. 아동이 사용하는 언어는 분명히 고려되어야 한다. 그리고 학교는 학생들이 독립적으로 공부하고 성적과 인지를 완성시키는 데 도움이 되어야 한다. 이런 기대는 협동력과 동료를 지향하는 것이 독립성과 경쟁력을 보다 높게 평가되는 문화에 대한 태도와 충돌할 가능성이 있을지도 모른다(Hernandez, 2001; Montgomery, 2001). 학습장애 학생과 관련 경도장애 학생들의 학습 문제는 그들의 문화와 언어에 의해 발생된다(Hernandez, 2002).

미국의 학교는 문화와 언어적 다양성이 증가되면서 교사들이 문화와 학생의 행동, 그리고 학교에서의 수행에 대하여 인식해야 할 필요성이 커지고 있다. 교사가 문화와 언어 집단의 차이에 대한 지식을 가지고 학생을 존중하는 것은 모든 학생이 학교에서 좀 더 성공적인 경험을 하도록 도와줄 것이다.

교사는 학생의 문화와 언어적 다양성을 고려한 분위기를 형성해야 한다(Montgomery, 2001). 그 예는 **교수 정보 3.2**, "문화적으로 반응하는 교사"에 제시한다.

## 3.6 학습장애와 관련 경도장애 학생들을 위한 조정

다음과 같은 조정은 학습장애와 관련 경도장애를 가진 학생들이 일반학급에서 학습하는 데 도움이 된다. (1) 주의집중 늘리기, (2) 듣는 능력 개선하기, (3) 교육과정 적용하기, (4) 학생들에게 시간을 운영하도록 도와주기.

## 교수 정보 3.2

### 문화적으로 반응하는 교사

- 교사는 그들의 교실에서 문화적으로 다양한 학생을 수용하고 환영하고, 또래 간의 적절한 관계를 형성하려는 학생들에 대한 요구를 알고 학생들에게 과제의 핵심 문제를 해결하도록 요청한다.
- 긍정적이고 의도적인 활동과 다양한 문화가 포함된 행사가 제시된 고시판을 제공하는 것은 학생 개개인과 그들의 문화를 존중하는 교실 분위기를 형성하게 한다. 문화적으로 다양한 문학을 위한 책 코너를 만들고, 학생들에게 유산과 문화적 전통에 관계된 작문과 구어 기록을 전시하는 언어 예술 및 사회적 연구 프로그램을 계획한다.
- 다학문적 예술과 잡지 쓰기가 포함된 문화적으로 민감한 교수 자료와 방법을 활용한다.
- 학생들이 탐구와 발견을 공유하면서 참여할 수 있는 상호적인 교실 환경을 구성한다. 이 방법은 학생들이 다양한 배경과 학습 집단에서의 협력 활동을 촉진한다. 학생들에게 안내되고 허물없는 토론은 서로 다른 사람들로부터 학습하는 기회를 제공받게 된다.
- 문화적으로 다양한 가족 및 전문가들과 협력하여 의사소통한다.

일반학급에서 장애를 가진 학생들을 위한 몇몇 조정은 **일반교육에 포함된 학생 이야기 3.1**, "일반학급에서의 조정"에 기술되어 있다.

## 주의집중 늘리기

짧은 주의집중은 대부분의 학습장애와 관련 경도장애 학생들에게서 나타나는 특

## 일반교육에 포함된 학생 이야기 3.1

### 일반학급에서의 조정

- 환경을 변화시켜라. 분리된 방, 개인 열람실, 혹은 작은 집단으로 실시하는 교수 혹은 시험을 제공하라.
- 계획을 변화시켜라. 시험과 교수에서 시간과 휴식을 연장하라.
- 발표의 유형을 변화시켜라. 큰 활자로 된 인쇄물을 사용하고, 쓰기 지도 대신에 언어적 지도 혹은 테이프에 녹음한 자료를 제공하라.
- 반응을 위한 기대를 변화시켜라. 학생들에게 질문에 대한 답을 구두로 하게 하거나 답을 가르쳐 주고, 학생들이 답안지 대신에 시험지에 답을 표시할 수 있도록 하라.

**출처:** Council for Exceptional Children, 2001; U.S. Department of Education, 2000b.

성이다. 이런 학생들은 주의집중을 하지만 곧바로 흐트러진다. 다음과 같은 활동은 학생들의 주의집중을 모으고 연장시키는 데 도움이 된다.

- 긴 과제를 짧은 영역으로 쪼개어 과제를 줄여라. 예를 들어, 짧은 철자 단어, 혹은 수학문제
- 소수의 문제로 가정 숙제를 줄여라.
- 분배된 실제를 활용하라. 길고 집중적인 실제 대신에 좀 더 짧게, 일정한 간격을 두고, 자주 수행되는 실제 영역을 계획하라.
- 학생의 흥미를 유지할 수 있는 과제를 만들어라. 학생들이 동료와 함께, 작은 집단에서, 혹은 흥미 있는 영역에서 작업하도록 촉진하라.
- 흥미 높은 과제와 흥미가 적은 과제를 번갈아 가며 제시하라.
- 과제의 참신성을 높여라. 새롭고 독특한 과제는 주의를 좀 더 환기시킬 수 있고 관심을 증가시킬 것이다.

## 듣기 능력 개선하기

우리는 학생들이 어떻게 들었는지 알고 틀린 것을 추측해 낸다. 학습장애와 관련 경도장애를 가진 아동들은 경청하지 않기 때문에 빈번하게 중요한 교수와 정보를 놓친다. 그들은 심지어 어떤 메시지가 전달되고 있다는 것조차도 알아차리지 못하는 경우도 있다. 학생들에게 다음에 제시된 전략을 활용하면 경청 기술의 습득에 도움이 될 것이다.

- 교수는 짧으면서도 직접적인 문장을 활용하여 간단하게 만들어라. 한 번에 한 문장씩 제시하고, 필요한 만큼 자주 반복하라. 문장에 사용되는 모든 어휘는 학생들이 확실히 알고 있는 어휘를 활용하라.
- 학생들이 수업을 들은 후에 반복하도록 촉구하라. 학생들에게 자발적으로 방금 전에 들은 정보를 반복하는 기억 기술을 사용하게 하라.
- 학생들에게 핵심 구절을 사용하여 주의를 환기시켜라. 예를 들어, "이것은 중요해요.", "집중해서 들으세요." 혹은 "이것은 시험에 나옵니다."와 같이 정보를 알리기 전에 중요성을 알리고, 손 신호, 혹은 지시하기 전에 전등을 켰다 껐다 하는 것처럼 전환시키는 신호로 주의를 환기시켜라.
- 설명되는 구어적 정보를 지원하는 시각적 자료(차트, 그림, 그래픽, 그리고 분필로 핵심 부분 표시, 혹은 오버헤드 프로젝트 슬라이드)를 활용하라.

## 교육과정 적용하기

종종 교사는 교육과정의 기본적인 본래 내용을 없애지 않고 변화시키고, 수정하고, 혹은 변경할 수 있다. 심지어 이런 작은 변화는 학생들의 수업에 도움이 된다.

- 기본 교육과정을 강화하기 위하여 흥미가 높은 자료를 선택하라. 가능한 조작적이고, 손으로 만질 수 있는 자료를 활용하라. 창의적인 활동은 문제를 통해서 단계적으로 행동하는 것과 같은 적극적인 참여를 요구하는데, 많은 학생들이 단지 듣고 관찰하기보다는 실질적으로 무엇인가를 실행했을 때 좀 더 잘 학습한다.
- 구어와 쓰기 정보에 시각적 지원을 적용하라. 동기를 유발하는 컴퓨터, 계산기, 녹음기와 같은 지원을 학습에 활용하라.
- 학생들에게 지필시험 대신 구두시험을 허락하고, 객관식 시험에서 정확하지 않는 답에 줄을 그어 지우는 것과 같은 시험보기 전략을 실시하여 시험에 적응시켜라.

## 학생들의 시간 운영에 대한 지원

시간 운영은 학습장애와 관련 경도장애를 위한 공통적 문제 영역이다. 학생들은 머지않아 특정 과제로부터 벗어나서 새로운 도전을 하게 된다. 학습장애와 관련 경도장애 학생들은 그들의 성인 생활을 유지하는 특징인 꾸물거리는 사람이 된다. 다음에 제시된 활동들은 학생들의 시간 운영을 도와준다.

- 학생은 시간적 감각을 발전시킬 수 있다. 명확한 시간을 보여 주는 컴퓨터로 스프레드시트, 막대차트, 원차트를 만들어 주어진 시간을 순환시켜라.
- 특별한 일과를 계획하고, 대처하는 데 적절한 방법은 물론 방해될 때, 그리고 학생들이 상황을 설명할 때도 계획된 일과를 고수하라.
- 학교생활 동안 대안적 활동은 주로 앉아서 하고, 여기에 가끔 서서하는 활동과 움직이는 활동도 포함하라.
- 학생들에게 주어진 과제를 조직하여 도와줄 수 있는 목록을 만들도록 하고, 스스로 과제를 완성하고 검토하도록 하라.
- 특별한 활동을 위한 일정 시간을 배정하여 행동을 비교하는 데 사용하라.

## 3.7 일반교육을 위한 효과적인 교수 전략

일반학급에서 학생을 위한 효과적인 교수 전략은 (1) 또래 교수, (2) 명백한 교수, (3) 능동학습 촉진하기, (4) 비계화된 교수, (5) 실행 기능, (6) 호혜적 교수, (7) 학습 전략 교수가 있다.

### 또래 교수

또래 교수(peer tutoring)는 일반학급에서 두 아동이 함께 학습 과제를 하는 전략이다. 한 아동은 **튜터**(tutor)가 되어 교사로서 봉사하고, 다른 한 아동은 **튜티**(tutee)로서 학습자가 된다. 또래 교수는 두 아동이 짝을 이루어 공부하는데, 일반학급에서 일대일 교수로 지원된다. 또래 튜터는 기초 학습 기술을 학습하고, 연습하며, 복습하는 튜티를 돕는다. 또래 교수 과제의 예로 큰 소리로 말하기, 단어의 철자쓰기, 문장 읽기, 수학문제 풀기가 있다. 또래 교수의 유형은 **동일-연령 또래 교수**(동일학급에서 한 아동이 튜터가 되고 다른 아동은 튜티가 됨)와 **교차-연령 또래 교수**(튜터가 튜티보다 몇 년 더 나이가 많음)가 있다(Greenwood, Maheedy, & Delquardi, 2002).

또래 교수의 경험은 튜터와 튜티 모두에게 도움이 된다. 또래 교수에서 튜티는 기초 학습 성취를 획득한다. 또래 교수는 또래가 성인보다는 아동의 사고에 근접해 있어 학습하는 데 좀 더 효과적이다. 튜터 또한 어떤 것을 완전히 학습시키는 최선의 방법을 누군가에게 가르치기 때문에 기초 학습적 혜택을 받는다. 또한 이런 경험은 튜터가 성취에 대한 기쁨을 느낄 수 있도록 한다. 또래 교수의 또 다른 장점은 튜터가 적절한 기초 학습과 비기초 학습의 행동 모델로서 지원되고, 두 아동 사이의 관계는 교실에서 부가적으로 사회적 관계를 확립하는 기회가 된다는 것이다.

많은 연구들은 일관되게 또래 교수가 성공적이고 유효한 전략이라고 밝히고 있다(Fischer, Schumaker, & Deshler, 1995; Fuchs & Fuchs, 1998; Greenwood et al., 2002). 또한 교사에게도 또래 교수가 비교적 용이하다. 또래 교수는 일반학급에서 학습장애와 관련 경도장애 학생에게 지원할 수 있는 실질적인 방법이고, 무엇보다 중요한 것은 아동들이 또래 교수를 좋아한다는 것이다.

**학급전체 또래 교수**는 또래 교수가 좀 더 조직적으로 변형된 것이다. 이런 활동은

학생의 흥미에 기초한 적극적인 학습과 학습에서의 활동 관련 격려

Susie Fitzhugh

학급전체 학생들이 튜터-튜티로 짝을 이루어 함께 공부한다. 매주의 첫날에 모든 학생은 또래 교수를 위하여 두 명이 짝을 이루어 하나의 팀으로 묶어 경쟁하도록 한다. 튜티들은 그들의 팀을 위해 그들의 튜터에 의해 제시되는 과제에 응답하여 점수를 얻어낸다. 매일 그리고 매주 종합적으로 가장 높은 점수를 얻은 팀이 이기는 것으로 결정한다(Greenwood, 1996; Utley, Mortweet, & Greenwood, 1997).

## 명백한 교수

많은 학습장애 학생들에게는 명백한 교수가 필요하다. 직접 교수처럼 **명백한 교수**는 교사가 학생에게 자신이 생각하는 것이 무엇인지 분명히 설명하고, 학생들이 과제를 해야만 하는 필요가 무엇인지 진술한다. 학생들은 이런 도움으로 직접적인 경험을 통해 추론을 형성한다. 명백한 교수는 학생들이 문제를 해결하고 혹은 관계를 설명하기 위한 적절한 방법이다. 이 방법은 학습 과정의 전 단계를 충분히 지원하고 적절한 실제를 제공한다(Gersten, 1998; U.S. Department of Education,

## 교수 정보 3.3

### 명백한 교수의 원리

- 학생에게 어떤 개념의 예 혹은 문제 해결 전략의 예를 적절히 제공하라.
- 단계별 전략(시간), 혹은 주의집중과 세심히 과정을 촉진하는 넓고 포괄적인 질문과 안내가 포함된 익숙한 실행 모델을 제공하라.
- 학생들이 결정을 내린 이유와 방법을 설명하는 경험을 제공하라.
- 학생의 활동에서 지속되는 질적 수행과 지원에 즉시 피드백을 제공하라.
- 흥미와 참여에 적절한 실제와 활동을 제공하라.

**출처:** From "Recent Advances in Instructional Research for Student with Learning Disabilities: An Overview," by R. Gerstein, 1998, *Learning Disabilities Research & Practice*, *13*(13), pp. 162–170. Laurence Erlbaum Associates, Inc의 허락하에 재인용함.

1997). **교수 정보 3.3**은 명백한 교수의 몇몇 원리에 대하여 제시하고 있다.

### 능동학습 촉진하기

학습은 방관하는 활동이 아니다. **능동학습**을 촉진하는 교수의 중요성은 인지 심리에 대한 연구에 의해 발달되었다. 능동적 학습자는 (1) 수업에 적극적으로 참석하고, (2) 모든 결과를 자신의 노력 탓으로 돌리고, (3) 그들의 지식과 경험에 과제와 자료가 관련되고, (4) 학습할 생각을 적극적으로 가진다. 능동학습을 위한 교수는 아동의 흥미를 활용하고, 가르치기 전에 배경 지식을 갖추는 것에 대한 중요성을 강조하고, 학생의 활동 개선을 촉진한다. 능동학습은 (1) 학습 환경, (2) 학습자, (3) 교수 자료와 같은 세 가지 요소의 상호성에서 나타나는 학습과 행동에 대한 개념을 강조한다. 학습 활동을 촉진하는 방법은 **교수 정보 3.4**, "능동학습을 촉진하기 위한 지침"에 제시한다.

### 비계화된 교수

비계화란 말은 학생이 과제를 학습하려고 시작하는 단계에서 제공되는 풍부한 교사의 지원을 의미한다. 유추는 제작자에 의해 사용되는 비계화를 만들게 한다. 학생에게 계획된 비계화는 학생들이 지원을 더 이상 필요로 하지 않을 때 제거되는

## 교수 정보 3.4

### 능동학습을 촉진하기 위한 지침

| | |
|---|---|
| **상호적 학습 촉진** | 학습은 환경, 학습자, 교수 자료라는 3개의 구성 요소가 상호작용하여 촉진된다. 교사는 이런 3개의 요소가 서로 잘 연관되도록 구성해야 한다. |
| **사전 경험에 대한 중요성 인식** | 학습 활동에 아동의 배경 지식과 경험을 결합시켜라. 학습은 아동이 지금 알고 있는 것에 의존한다. |
| **수업을 위하여 아동 준비시키기** | 개선된 이해, 동기, 정보의 저장을 이끄는 학습을 준비하라. 그들이 수업에 들어가기 전에 핵심 개념을 알려 주도록 하라. |
| **적극적인 참여 촉진하기** | 아동이 학습 과정에 능동적으로 참여할 때가 수동적으로 참여할 때보다 좀 더 성공적인 결과를 보인다. |
| **성공을 위한 수업의 구조화** | 학습, 자아-개념, 그리고 긍정적 태도는 긍정적인 협력을 이끌어 낸다. 교사는 아동이 성공을 경험할 수 있도록 수업을 구조화해야 한다. |
| **"배우는 것을 학습하는" 교수 전략** | 교사는 아동들이 학습 과정을 인식하도록 도울 수 있다. 예를 들어 아동들에게 문제 해결의 방법을 묻는 것은 학습에 사용되는 전략을 이해하는 데 도움이 된다. |

구조로 조기 단계에서 계획된 지원을 사용하는 일시적 구조이다. 즉, 비계화에 담긴 은유적 의미는 가르치는 교사가 학생이 특정 과제를 학습하는 조기단계에서 지원하는 것이다. 이러한 지원은 학생들에게 더 이상 필요하지 않을 때 제거된다(Pea, 2004; Gibbons, 2002).

비계화된 교수(scaffolded instruction)에 대한 개념은 Vygotsky(1962)의 근접발달영역(ZPD)이라는 개념과 연결된다. ZPD라는 용어는 효과적인 학습을 위한 난이도, 즉 아동에게 너무 쉽지도 않고 너무 어렵지도 않은 수준을 의미한다(교수에 대한 "골디락스(Goldilocks)[10)]" 접근, 5장의 "발달 심리학" 부분을 참고하라). 또한 Vygotsky는 특히 경험이 있는 성인(교사)과 학습자(학생)의 사회적 상호작용에 의존된 학습을 강조한다. 교사는 학생이 과제를 학습하는 초기 단계 동안에 학

10) [역자 주] 골디락스(Goldilocks)의 의미는 황금색의 머릿결이다. 골디락스는 영국의 전래동화인 "골디락스와 곰 세 마리"의 주인공인 금발 소녀의 이름에서 유래한 용어이다. 이 동화의 내용은 숲에서 길을 잃고 헤매던 골디락스가 외출하고 없는 세 마리의 곰이 사는 오두막에 들어가 자신이 가장 먹기 적당한 수프를 먹고 가장 편안한 침대에서 잠들었다는 내용이다.

## 교수 정보 3.5

### 실행 기능의 예

- 계획하기와 조직하기
- 활동에 요구되는 것 확인하기
- 과제의 순서를 결정하기
- 정하여진 순서대로 단계를 이용하기
- 과제 시작하기
- 어떻게 했는지 평가하기
- 피드백을 제공하고 제안하기

**출처:** Keely, 2006.

생이 요구하는 지원 혹은 비계를 제공한다(Pea, 2004; Gibbons, 2002; Rosenshine, 1997).

성공적인 비계화를 위해서는 아동들이 성취해야 할 것에 대한 몇몇 사전 이해를 주고받는 데 참여해야만 한다(Pea, 2004). 비계화의 예로는 (1) 간소화된 문제, (2) 교사에 의한 모델링 절차, (3) 교사가 말로 표현하는 사고, (4) 학생이 문제를 통하여 사고하도록 안내되는 교사 중재가 있다.

## 실행 기능

실행 기능(executive functions)은 뇌의 CEO라고 불려 왔다(Sousa, 2001). 실행 기능은 자신의 학습을 통제하고 지도하는 능력이다. 실행 기능은 어떤 목표를 성취하기 위해 기억, 언어, 그리고 주의와 같은 자원들을 조정한다. 상호 교환의 유형은 행동과 학습을 활동적으로 만들고, 평가하고 통제하는 방법으로 운영되고, 실행 기능은 사고하는 과정을 규정한다(Keeley, 2006; Swanson & Sa′ez, 2003; Barkley, 2001). 실행 기능의 예는 내일 할 것에 대하여 계획하는 것, 주의를 기울여야 하는 환경에서 사물을 결정하는 것, 과제의 도전에 어떻게 반응할 것인가를 결정하는 것을 포함한다. 실행 기능 결함은 **교수 정보 3.5**에 기술된 상황으로 그 특징을 알 수 있다.

생활을 조직하는 데 어려움을 나타내는 많은 장애 학생과 관련 경도장애 학생들은 실행 기능에 문제가 있다. 그들의 조직적 기술이 부족한 것은 불완전한 과제,

## 교수 정보 3.6

### 단계 조직

- 학생들이 사물을 두는 장소를 쉽게 발견할 수 있도록 분명히 정하고, 특히 교재, 과제, 그리고 외투 등과 같은 사물을 두는 장소를 분명히 결정해 두라.
- 학생들에게 제공되는 자료 목록에서 과제를 완성하는 데 필요한 자료 목록을 따로 마련하라.
- 학생들이 수업 시간 동안 하는 것이 무엇인지 정확하게 알 수 있는 계획을 제공하라. 계획을 제시하는 신호로 그림을 활용하라.
- 학생들이 학교를 떠나기 전에 모든 숙제를 확실히 제시하라. 교사는 칠판에 각각의 숙제를 쓰고 학생들이 알림장에 숙제를 옮겨 적도록 하라.
- 학생들에게 자료를 구성하는 데 필요한 휴대용 폴더를 제공하라. 예를 들어 한쪽에 새로운 공부거리를 두고 다른 쪽에는 시간 순으로 완성된 결과물을 두라. 각각의 교과를 위해 색깔 폴더를 사용하라.
- 해야 할 목록을 만들어라. 실행 기능을 개선하기 위해 일련의 핵심 전략이 제시된 해야 할 목록을 만들어라. 한 학생이 해야 할 목록에 근거하여 학습하고 그 목록들은 대부분의 생활 활동에 도움이 된다. 학생들이 해야 할 것에 대한 목록을 작성하고, 그 후 성취된 각각의 목록을 체크하도록 하라. 예를 들어 어떤 학생에게 다가올 시험을 위해 준비할 일들의 목록을 작성하도록 한 후 그 목록에서 준비된 것을 체크하여 지우도록 한다. 목록에는 다음과 같은 것들이 포함된다. (1) 시험을 위한 준비로 단원을 반복하여 읽기, (2) 그 단원에 대한 수업 기록을 복습하기, (3) 그 단원의 마지막에 제시되는 핵심 어휘 쓰기, (4) 책에서 사용되는 제목을 활용하여 그 단원의 개요 만들기, (5) 핵심 단어의 프래쉬 카드 만들기, (6) 스스로 핵심 단어에 대하여 시험보기.

완성할 수 없는 숙제, 그리고 미루기의 결과이다. 학생은 어떻게 진보를 계획하고, 학교 과제를 위하여 적절한 자료 수집과 과제를 완성하는 단계의 순서를 어떻게 결정해야 하는지 학습해야 한다.

최근 캔사스에서 잘 조직화된 은행 강도의 기록이 보고되었다. 경찰은 조사 영장을 발부받아 은행 강도의 집을 조사했다. 경찰은 "은행 털기"라는 수첩에 기록된 "해야 할 목록"을 발견하였다. 경찰은 강도가 해야 할 목록을 적은 수첩을 증거로 강도를 체포할 수 있었다.

**교수 정보 3.6**, "단계 조직"은 학생들을 조직하는 데 도움이 되는 방법이다.

## 호혜적 교수

**호혜적 교수**(reciprocal teaching)는 학생과 교사 사이의 사회적 상호작용 문답을 통하여 가르치는 방법이다. 예를 들어 읽기 이해를 가르치는데 상호 간의 교수는 교사나 학생이 공유하는 읽기 교재에 관한 논의를 번갈아 하는 대화 혹은 문답의 형식이다(Palinscar, Brown, & Campione, 1991). 많은 연구자들은 7학년 학생 중에서 읽기 이해 점수가 약 2.6년 이하의 성적을 보이는 빈약한 독자들에게 집단 훈련을 통한 호혜적 교수를 활용한다. 이 학생들은 한 장에 내용을 요약하기, 중심 관점에 관하여 질문하기, 자료에서 어려운 영역을 분류하기, 다음에 일어날 일에 관하여 예측하기와 같은 4개의 학습 전략을 훈련한다.

호혜적인 교수 절차는 다음과 같은 4개의 단계로 진행된다. (1) 교사와 학생이 자료를 조용히 읽는다. (2) 교사가 설명한 후에 학생들이 학습하는 데 중요한 생각을 큰 소리로 말하여 요약하고, 질문하고, 분류하고, 예측하는 전략을 만든다. (3) 모든 학생들은 서로 다른 페이지를 읽고, 한 사람씩 큰 소리로 발표한다. (4) 각각 학생은 요약하고, 질문하고, 분류하고, 예측하는 전략으로 능력을 나타낸다.

호혜적 교수의 핵심 원리는 다음과 같다(Palinscar et al., 1991).

- 학습은 사회적 활동, 즉 처음에는 사람들 사이에서의 공유하는 것이 고려되지만 결과적으로 학습은 개인적 성취에 의해 재현되면서 서서히 내면화된다.
- 교사와 학생 사이의 문답 혹은 대화는 학생의 학습을 안내한다.
- 교사는 중재 역할과 학습 기회를 형성하고 학습자의 주의를 집중시켜야 한다.
- 사정은 호혜적인 교수 동안에 실시하여 진행되는 지속적인 과정이다.

## 학습 전략 교수

학습 전략 교수는 학습장애와 관련 경도장애 학생을 위한 교육 방법으로 점점 더 많이 활용되고 있다. 학생들은 학습하고, 기억하고, 지도하는 체계적인 방법의 부족으로 불충분한 학습자가 되기도 한다. **학습 전략 교수**(learning strategies instruction)는 신비롭게 학생들이 어떻게 공부하는지, 그들이 이미 알고 있는 것에 새로운 자료를 어떻게 통합하는지, 그들의 학습과 문제 해결을 어떻게 평가하는지, 어떻게 기억하는지, 혹은 일어나려고 하는 것이 무엇인지 예측하게 하여 성공적인 학생이 되도록 돕는다. 많은 연구들은 학습장애와 관련 경도장애 학생들을 가르치는 효과적인 방법으로 학습 전략 교수를 제안한다(Mainzer et al., 2003; Swanson, 1999b).

학습 전략 교수는 학생들 자신이 학습에 대한 책임을 지도록 돕는다. 게다가 그들은 학습자로 활동하고 학습적 전략의 방법을 획득한다(Deshler, Ellis, & Lenz,

1996). 캔사스대학교의 학습연구협회는 학습 전략 교수에 대한 여러 가지 방법을 개발하였다. 여기에는 (1) 사전 검사, (2) 전략 기술, (3) 교수 모델, (4) 언어 실제, (5) 통제된 실제, (6) 향상된 실제, (7) 사후 시험, (8) 일반화가 있다.

학습 전략의 적용은 5장, "학습 이론과 교수 적용", 9장, "학습장애 청소년과 성인, 그리고 관련 경도장애 청소년과 성인", 그리고 12장, "읽기 곤란"에 기술되어 있다.

다음에 제시된 사항들은 학습 전략 교수를 위한 절차이다.

1. 구체적인 설명을 제공하라.
2. 학습 과정을 시범 보여라.
3. 전략 사용을 촉진하라.
4. 교사-학생 문답을 격려하라.
5. 처리 유형 문제를 질문하라.

## 3.8 과제 분석

**과제 분석**(task analysis)의 목적은 특별한 기술을 학습하려고 순차적인 단계를 계획하는 것이다. 과제 분석은 복잡한 활동을 좀 더 쉬운 단계로 나눈다. 이런 단계는 순서가 정해져 있고 학생들은 그 순서에 따라 각각의 단계를 배운다. 목표는 학생들을 요구되는 성취 기술 수준으로 향상시키는 것이다. 단추를 채우는 기술로 예를 들면, 단추 잡기, 단추 구멍에 단추 끼우기 등이 학습해야 할 구성 요소로 각각의 기술에 대한 순서를 결정한다. 교사들은 과제 분석을 할 때 다음과 같은 사항들을 고려해야만 한다. (1) 학생들이 반드시 배워야 하는 특별한 교육 과제에서 중요한 것은 무엇인가? (2) 이러한 과제를 학습하는 순차적인 단계는 무엇인가? (3) 학생들이 이러한 과제를 수행하는 데 필요한 특별한 행동은 무엇인가? 과제 분석에 대한 절차는 **교수 정보 3.7**, "과제 분석의 단계"에 제시한다.

다음의 목록은 교육과정 목표에 도달하는 교수 순서에 대한 과제 분석의 예이다.

- **긴 부분의 과제 분석**은 추정하기, 구분하기, 다양화하기, 제외하기, 검토하기, 다음 숫자 가져오기, 그리고 나서 과정을 반복하는 단계(혹은 하위 기술)를 포함한다. 각각의 단계는 가르치고 평가하는 계획이 있어야 한다.

## 교수 정보 3.7

### 과제 분석의 단계

단계 1. 학습 과제(행동적 목표)를 분명히 제시하라.
단계 2. 목표가 되는 기술을 배우는 데 필요한 단계로 학습 과제를 나누고 논리적인 교수 순서에 따라 이러한 단계를 배치하라.
단계 3. 학생들이 이미 수행할 수 있는 단계를 결정하여 비공식적으로 시험을 보라.
단계 4. 과제를 순서대로 분석하고 각 단계를 순차적으로 가르치기 시작하라.

- **기록 작성에 대한 과제 분석**은 학교도서관에서 주로 사용되는 것으로 알파벳 순서에 따른 기술, 카드 목록(혹은 컴퓨터 단말기)을 활용하는 것, 주제로 책을 찾고, 주제로 정보를 찾는 책의 색인을 활용하고, 독서로 주요한 아이디어를 얻어 내고, 언어의 어법 기술을 아는 것이 포함된다(Slavin, 2000).
- **단어를 인지하는 과제 분석**은 시작되는 자음을 인지하고, 짧은 모음과 혼성을 인지하는 기술이 포함된다.

## 내가 알고 있는 한 아동…

### 치료교사의 영향에 대한 Becky의 사례

Becky는 3학년의 첫 학기를 맞이하였다. 그녀는 1학년 때 문자와 단어 때문에 매우 난처했으며, 2학년이 되어서도 읽기와의 투쟁이 계속되었다. 그녀의 읽기 문제는 3학년까지 계속되었다. 그녀는 3학년 담임교사가 그녀에게 고함을 치는 것에 대하여 불만을 호소했다. Becky는 일반교육 3학년 교실에 포함되어 있었다. Becky는 학교에 가기 싫어했고 점점 자아-존중감을 잃기 시작했다. Becky는 미술을 좋아했고 그리기, 만화제작, 그리고 색칠하기에 특별한 재능을 가지고 있었다.

여러분은 특수교사였다면 Becky의 일반교사와 협력했을 것이다. 여러분은 Becky가 배울 수 있다고 확신하고 Becky를 위한 치료교사를 마련해 줄 것이다. 여러분은 Becky의 독특한 욕구를 위하여 맞춤 제작된 학습 경험을 바랄 것이다.

#### 질문

1. 여러분은 Becky의 자존감을 향상시키기 위해, 그리고 그녀에게 배울 수 있다는 자신감을 회복시키기 위해 어떤 단계를 할 수 있습니까?
2. 여러분은 Becky의 미술에 대한 재능이 그녀의 읽기 기술에서 어떻게 활용될 수 있다고 생각합니까?
3. 여러분은 Becky가 진보할 수 있도록 어떻게 도울 수 있습니까?

## 요약

1. 치료교사는 사정-교수 과정의 필수적 영역이다. 독특한 욕구를 가진 특별한 학생에게 맞춤 제작된 학습 경험에 대한 개념은 치료교육의 본질이다.
2. 치료 교육과정은 사정의 구성, 교수 과제의 계획, 교육 계획의 이행, 학생 수행의 평가, 사정의 수정이라는 다섯 단계의 순환으로 구성된다.
3. 차별화 교수는 학습장애와 관련 경도장애를 가진 학생들의 개별적 욕구를 충족시킨다.
4. 교사가 적용해야 할 치료적 선택 중 하나는 학교 환경, 즉 난이도, 공간, 시간, 그리고 언어에서의 특정 변인을 변화시키는 것이다. 교사는 이러한 요소의 수정으로 학생들이 학습하는 데 영향을 미치는 특정 변인을 통제한다.
5. 치료교육은 방법과 실제에서 소리 기반뿐만 아니라 이해하는 능력, 또래와의 감정이입적 관계를 요구한다. 친밀한 관계, 공유된 책임, 구조, 성실, 성공, 그리고 관심과 같은 여섯 가지 정신치료적 원리는 특정 관계를 형성하는 데 도움을 준다.
6. 오늘날 대부분의 교실은 문화와 언어적으로 다양하다.
7. 일반교육에서 효과적인 교수 전략은 조정, 또래 교수, 명백한 교수, 능동학습 촉진하기, 구조에서의 비계화, 호혜적인 교수, 그리고 학습 전략 교수가 포함된다.
8. 과제 분석은 특별한 기술을 작은 순차적인 단계로 분석하는 것이다.

## 교육정보 비디오 사례 활동

**3장을 읽은 후에** Education CourseMate 웹사이트를 방문하여 "기초 학습적 다양성: 차별화된 교수(Academic Diversity: Differentiated Instruction)"라는 제목의 교육정보 비디오 사례(TeachSource Video Case)를 보라. 이 비디오에서 3학년 교사가 그녀의 학생들에게 쓰기 표현을 가르친다. 그녀는 수업에서 쓰기 진술을 작성하는 데 좀 더 쉽게 배우는 아동, 중요한 지원이 요구되는 아동, 어려움을 가진 아동을 위한 개별화된 교수로 세 집단을 구성하여 차별화 교수를 제공하는데, 이는 기초 학습적으로 다양한 학생을 위하여 그녀의 수업을 차별화한 것이다.

### 질문

1. 이 비디오 사례를 통해 본 것과 이 단원을 읽은 것을 토대로, 쓰기 표현을 가르

칠 때 다양한 학습자를 위하여 이루어지는 차별화된 교수에 대한 여러분의 생각은 어떻습니까?

2. 읽기 교수에서 사용되는 차별화된 교수는 어떻게 활용될 수 있습니까?

## 토론과 심화질문

1. 치료교육이라는 용어가 의미하는 것은 무엇입니까?
2. 교사들은 학습장애와 관련된 여러 기지의 변인을 통제할 수 없습니다. 그러나 몇몇 변인들은 교사에 의해 통제되기도 하고 조정될 수 있습니다. 교사가 변화시킬 수 있는 교수적 변인에서 세 가지 사례를 들어 기술해 봅시다.
3. 일반학급에서 학습장애와 관련 경도장애 학생들을 위한 조정 방법을 고려해야 하는 중요한 이유는 무엇입니까? 일반학급 교사가 학생을 위하여 조정할 수 있는 세 가지 방법을 기술해 봅시다.
4. 교실에 있는 다른 학생들은 학생들을 동일한 방법으로 전혀 다룰 수 없기 때문에 장애를 가진 학생들을 위하여 수정하고 조정하는 것은 공정하지 않다고 불평합니다. 여러분은 이런 불평에 대하여 어떻게 반응하겠습니까?
5. 과제 분석에 대하여 설명해 봅시다. 교수적 순서(혹은 특별한 기술을 학습하는 단계)에 대한 사례도 제시해 봅시다.

## 핵심 용어

과제 분석 … 118
근접발달영역(ZPD) … 99
기초 독본 … 89
능동학습 … 113
다중지능 … 91
독서요법 … 105
또래 교수 … 111
명백한 교수 … 112
비계화된 교수 … 114
숙달학습 … 97
인지처리과정 … 94
정신치료학적 교수 … 98
조정 … 108
준비성 … 98
직접 교수 … 96
차별화된 교수 … 89
치료교육 … 87
학습 전략 교수 … 117
합리적인 조정 … 107
호혜적 교수 … 116

# 4장

# 교육적 환경과 가족의 역할

❝당신도 사과를 가지고 있고, 나도 사과를 가지고 있어서 우리가 서로의 사과를 바꾼다고 해도 여전히 너와 나는 하나의 사과를 가질 것이다. 그러나 당신에게 생각이 있고, 나에게도 생각이 있어서, 우리가 서로의 생각을 교환했다면 우리들 각자는 두 개의 생각을 가지게 될 것이다.❞

—GEORGE BERNARD SHAW

Bill Aron/PhotoEdit

## 이 장의 차례



교육적 환경은 사정-교수 과정의 치료적 요소이다. 이 장에서는 학습장애와 관련 경도장애를 가진 학생들을 가르치기 위한 교수적 환경을 살펴본다. (1) 교육적 환경에 관한 중요한 개념, (2) 교육적 환경의 유형, (3) 일반교사와 특수교사 간의 협력 촉진, (4) 장애를 가진 학생의 부모와 가족이라는 주제에 초점을 둘 것이다.

## 4.1 교육적 환경에 관한 중요한 개념

IEP(개별화 교육 계획)에 의해 이루어지는 핵심 판단은 학습장애와 관련 경도장애 학생들이 교수를 받게 되는 교육적 환경과 주위의 상태를 결정하는 것이다. 학생의 교육적 환경에 관하여 결정을 안내하는 법에서 (1) 최소 제한 환경(LRE), (2) 대안적 배치의 연속이라는 두 가지의 핵심 개념을 살펴보기로 한다.

## 4.2 최소 제한 환경

교육적 환경에 관련된 특수교육법에서 중요한 조항은 **최소 제한 환경**(least restrictive environment, LRE)이다. 장애인교육개선법-2004(IDEA-2004)는 가장 적절한 최소 제한 환경—장애를 가지지 않은 친구들과 함께—에서 장애 학생을 교육할 것을 요구한다. LRE는 포함 운동의 초석으로 지원된다.

### 포함

점점 더 빈번하게 장애 학생을 위하여 추천되는 교육적 환경은 일반학급인데, 이는 종종 **포함**(inclusion)으로 언급된다. IDEA-2004는 최소 제한 환경에서 수업을 받는 장애 학생들이 일반교육 교육과정으로 사정되길 요구한다.

학생을 위한 일반교육의 효과적인 교수는 본질적으로 장애 학생을 위하여 적절한 지원을 제공하는 것이다.

일반교육 환경에 포함된 장애 학생은 지속적으로 증가하고 있다. **그림 4.1**은 학습장애 학생이 속한 교육적 환경을 보여 주는 것으로, 현재 학습장애 학생 중 절반 넘게 일반학급에서 수업을 받고 있다는 것을 알 수 있다. 또한 오늘날 많은 경도장애 학생들은 일반학급에서 수업을 받고 있다(Boyle & Scanlon, 2010).

### 포함에 대한 철학

포함은 장애를 가진 모든 아동이 학교와 사회에서 중심이 되어 가능한 정상적으로, 그리고 기초 학습과 사회적으로 도움이 되는 환경에 참여할 권리가 있다는 신념에 근거한다. 포함을 지지하는 근본적인 철학은 전형적으로 발달하는 아동에게는 통합이 매우 바람직하고 주요한 목표이다(Gargiulo & Metcalf, 2010; Boyle & Scanlon, 2010; McLeskey, Hoppery, Williams & Rentz, 2004).

포함에 대한 철학적 주장은 장애 아동이 일반학급에 통합되는 정상화이다. 이 논쟁에는 장애 아동에 대한 명칭을 배제하는 것도 포함된다. 포함을 위한 부가

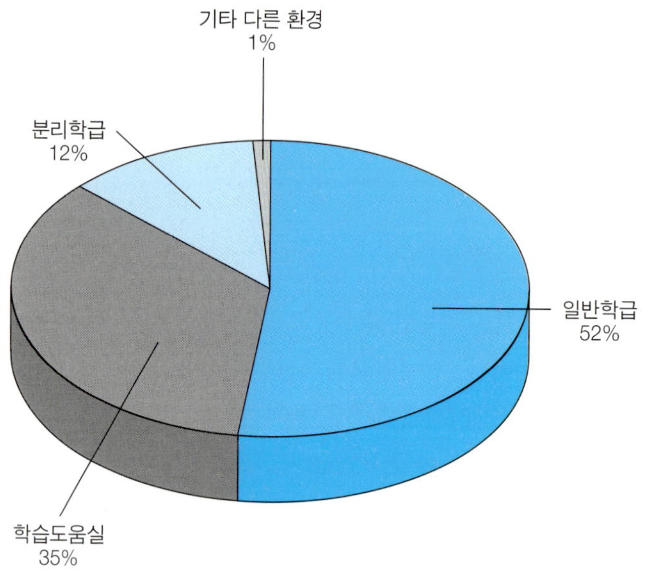


그림 4.1 학습장애 학생을 위한 교육적 환경

출처: U.S. Department of Education(2008), *To assure the free appropriate public education of all children with disabilities*. (2008), Twenty-eighth Annual Report to Congress on the Implementation of the Individuals with Disabilities Education Act, Washington, DC. Westat.

적인 희망은 아동의 문제를 일컫는 명칭을 제거해야 한다는 기본적인 신념이다(Gargiulo & Metcalf, 2010; Boyle & Scanlon, 2010; Villa, Thousand, Meyers, & Nevin, 1996).

포함을 위한 주장은 장애인이 성공적으로 모든 사람에게 제한되지 않는 환경으로 구성된 사회와 공동체에서 편안하게 기능을 배우는 것이다. 거대한 사회에서 정상화와 경험을 촉진하는 것, 그것을 보증하는 포함의 목적과 적절한 범위는 장애 학생이 비장애 학생과 함께 학교에서 경험하는 것이다.

## 주류화

주류화는 교사들이 학생들에게 통합된 배치가 더 이롭다고 확신했을 때 장애 학생을 일반학급에 배치하였던 조기절차이다. 학습장애 학생과 경도장애 학생들은 단 하나의 과목이라도 일반학급에 통합되었다. 주류화의 목표는 장애 학생들이 일반학급에서 보내는 시간의 양을 서서히 늘리는 것이었다. 주류화 계획은 특수교사와 일반교사에 의해 개개 학생을 세심히 가르치고 평가하는 것이다.

주류화에서 장애 학생을 위한 출발점은 특수학급이었다. 그러나 장애 학생은 점점 일반학급에 통합되었다. 반대로 포함은 특수교육이 요구되는 학생들을 위한 출발점이 교실 안팎 모두에서 지원되는 특수교육을 받는 학생들과 함께하는 일반학급이다.

## 효과적인 포함을 위한 지침

좀 더 효과적인 포함환경의 형성은 개개 학생을 위하여 축적된 기술과 독특하게 창조된 지식, 각각의 프로그램을 상호 간에 적절히 조정할 수 있는 전문가들로 구성된 다학문적 팀을 통하여 실질적으로 충분한 지원을 제공하는 것이다. 모든 관련자들이 학생의 요구와 진보를 결정하고 교육하여 평가하는 일에 참여하는 것은 매우 이상적이다.

효과적인 포함은 교사들이 (1) 학생과 가족을 고려하고, (2) 포함의 목표에 대하여 헌신적이어야 하고, (3) 적절한 자료와 지원이 제공되어야 하고, (4) 진행중인 전문적 발달을 촉진해야 한다(Salend, 2008; Friend & Bursuck, 2006; Smith, Polloway, Patton, & Dowdy, 2002). **일반교육에 포함된 학생 이야기 4.1**은 포함을 위한 몇 가지 실제적 전략을 제시한 것이다.

### 일반교육에 포함된 학생 이야기 4.1

#### 실제적 전략

- **팀 접근을 사용하라.** 일반교사는 특수교사와 관련된 전문가들과 함께 책임을 공유하는 팀 접근에 포함된다. 일반교사는 장애 학생의 요구를 만족시키는 것을 망설이고 두려워하는 경우가 많다.
- **도움이 되는 지원을 제공하라.** 일반학급에서 심한 학습장애와 관련 경도장애 학생들은 도움이 되는 지원을 요구한다. 따라서 특수교사는 도움이 되는 지원을 마련하여 제공해 주어야 한다.
- **사회적 수용을 위한 계획을 마련하라.** 많은 학습장애와 관련 경도장애 학생은 일반학급에서 동료에게 사회적으로 수용되기 어렵다. 일반학급에 배치하는 그 자체가 사회적 상호작용, 혹은 사회적 수용으로 연결되지 않는다. 따라서 사회적 수용을 위한 계획이 필요하다.
- **적절한 교실 행동을 가르쳐라.** 학생에게 만족스러운 교실 행동을 가르쳐야 한다. 교실에서 성공하려면 만족스러운 교실 행동이 기초 학습의 적격성보다 좀 더 중요하다. 교실을 위한 실질적인 행동은 (1) 다른 학생과 함께 긍정적으로 상호작용하는 것, (2) 학급 규칙에 순종하는 것, (3) 적절한 공부 습관을 발휘하는 것이 포함된다.
- **협력교수 전략을 활용하라.** 일반교사와 특수교사는 교실에서 학생들을 위한 활동을 계획하고 가르치는 데 협력해야 한다.

## 교육적 배치에서의 변화

앞에서 기술한 것처럼, 포함 운동은 미국의 학교에서 단계적으로 확대되었다. 모든 장애 학생의 배치가 확실히 일반학급으로 증가했다는 것은 주목할 만한 사실이다. 1987년에서 2008년 사이의 21년 동안 학습장애 학생이 일반학급에 배치된 백분율은 17%에서 52%로 증가하였다. 동일한 기간 동안 학습도움실에 배치된 학습장애 학생들은 59%에서 35%로 감소하였다(U.S. Department of Education, 2008). **그림 4.2**는 1987년에서 2008년까지 일반학급과 학습도움실에 배치된 학습장애 학생 수의 변화를 비교한 것이다. **그림 4.2**는 일반학급에 있는 학습장애 학생 수는 증가했고, 반면에 학습도움실에 있는 학습장애 학생 수는 감소했음을 보여 준다.

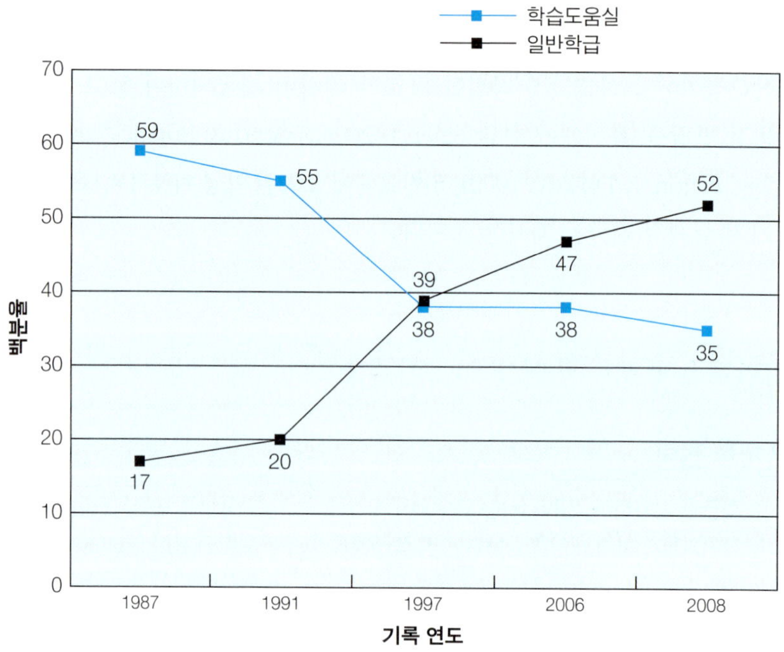


**그림 4.2** 학습장애 학생을 위한 환경의 변화

출처: 미국 교육부의 자료. 무상의 적절한 공교육을 보장한다. Annual Report to Congress on the Implementation of the Individuals with Disabilities Education Act. Washington, DC, 1987, 1991, 1997, 2006, 2008.

## 4.3 대안적 배치의 연속

또 다른 중요한 개념은 **대안적 배치의 연속**(continuum of alternative placements)이다. 법에서 이 규정은 학교가 장애 학생의 다양한 욕구를 충족시키는 일련의 교육적 환경을 적용하도록 구체화한다. 이런 배치에는 (1) 일반학급, (2) 학습도움실, (3) 분리학급, (4) 분리학교, (5) 기숙제 시설, (6) 가정 근거 혹은 병원 환경이 포함된다.

**표 4.1**은 모든 장애 범주의 학생을 위한 교육적 환경과 지원이 설명되어 있는 간단한 목록이다. 이 목록은 최소 제한적 환경에서 최대 제한적 환경에까지 순서화되어 있다. 앞에서 설명한 것처럼 **최소 제한 환경**이라는 용어는 가능한 장애 학생들이 장애가 없는 학생들과 함께하는 환경에서 교육을 실시하는 개념이다.

**표 4.1** 대안적 지원의 연속

| | 배치 | 설명 |
|---|---|---|
| 최소 제한 | 일반학급 | 학생들이 일반학급에서 대부분의 교육을 받고, 학교생활의 21% 이하의 시간은 일반학급이 아닌 특수교육과 관련된 환경에서 지원을 받는다. 여기에는 일반학급에 배치되어 특수교육을 받는 학생들은 물론, 일반학급에 배치되어 있지만 특정 시간 동안 일반학급 밖에서 특수교육을 받는 학생들도 배치되는 것을 포함한다. |
| ↑ | 학습도움실 | 학생들이 최소 21% 정도의 시간 동안 일반학급 밖에서 특수교육 관련 지원을 받지만 학교생활 중 그 시간이 60%를 넘지 않는다. 이는 일반학급에서의 부분적 수업과 함께 학습도움실에 배치되는 학생들을 포함하는 것이다. |
| | 분리학급 | 학교생활의 60% 이상을 특수교육과 일반학급 밖에서 관련된 지원을 받는 학생들을 포함한다. 학생들은 또 다른 배치로 부분적 교수를 위하여 분리학급에 배치되거나 일반학교에서 모든 시간을 분리학급에 배치한다. |
| | 분리학교 | 학교생활 중 50% 이상을 분리되어 특수교육과 관련 지원을 받는 학생이 포함된다. |
| ↓ | 기숙제 시설 | 학교생활 중 50% 이상을 공립 혹은 사설 기숙제 시설에서 교육을 받는 학생이 포함된다. |
| 최대 제한 | 가정 근거 혹은 병원 환경 | 가정 근거 혹은 병원 프로그램에 배치되어 특수교육을 받는 학생이 포함된다. |

일반학급에서 장애 학생과 비장애 학생이 함께 있는 배치는 최소 제한 환경이 고려된 것이다. 오로지 장애 학생만 있는 분리학급 혹은 분리학교의 배치는 좀 더 제한적 환경이다. 교사가 배치 선택의 연속체라는 관점을 잊지 않는 것과 좀 더 포함환경이 요구되는 몇몇 학습장애 학생들에게 제공할 수 있다는 사실은 중요하다(Johns, 2003; Crockett & Kauffman, 2001; Zigmond, 2003b, 2007).

## 대안적 지원이 연속되어야 하는 경우

많은 학자들은 또 다른 유형으로 지원되는 특수교육은 여전히 최적의 유형은 아니라고 확신한다(Zigmond, 2003b, 2007). 대안적 지원이 연속되어야 하는 경우는 다음과 같다.

- **장애 학생은 소집단에서 집중적인 교수를 요구한다.** 많은 학습장애와 관련 경도발달 학생은 어떤 기술을 배우는 데 잘 훈련된 전문적인 교사에 의한 집중적이고, 체계적이며, 명백한 교수를 요구한다. 또한 이런 학생을 위한 교수는 소집단이 가장 효과적인데, 이는 일반학급에서 제공하기 어렵다(Vaughn, Elbaum, & Boardsman, 2001; Zigmond, 2003a, 2007).
- **일반교사와 특수교사가 함께 개별화된 교수를 제공해야 한다.** 학생이 어디에서 교수를 받아야 하는가에 대한 논쟁은 매우 복잡하여 간단하게 결론을 내릴 수 없다. 무엇보다도 배치나 환경이 처치가 아니라는 것을 인지하는 것이 중요하다. 환경 그 자체는 환경에서 무엇을 해야 하는가보다 덜 중요하다. 일반교사와 특수교사들은 일반교육 환경 안에서 개별화된 교수를 함께 제공하며 협력해야 한다(Holloway, 2001; McLeskey et al., 2004; Murawski & Dieker, 2004; Zigmond, 2003, 2007; Murawski & Swanson, 2002).
- **많은 부모와 전문가의 걱정은 학습장애 학생과 관련 경도장애 학생의 다양한 욕구가 포함학급에서 충족될 수 없다는 것이다.** 이 사실은 명칭이 특수교육에서 없어서는 안 되고 심지어 일반교육에서는 선호하며, 특수교육에서도 여전히 필요하다는 것을 의미한다(Kauffman, 2007). 명칭을 붙이는 것, 즉 아동의 학습 실패로부터 오는 낙인을 해야 하는 것일까? 예를 들어 읽기장애는 교양을 가치롭게 여기지 않는 사회에서는 그리 문제가 되지 않을 것이다. 그러나 우리는 교양을 가치롭게 여기는 사회에서 살고 있고, 이런 사회에서 많은 사람들은 읽기장애를 가진 사람들이 읽는 것에 얼마나 고통스러워 하는지 알지 못한다(Kauffman & Hallahan, 1997).

- **많은 학습장애 학생과 관련 경도장애 학생은 개별화 교수와 집중적인 교수를 요구하는데, 이는 일반학급 환경에서 제공하기 어렵다.** 어떤 연구의 결과는 학습장애 학생들이 종종 거절되고 있다는 것을 보여 준다(Zigmond, 2003a). 이는 하나의 크기가 모든 것을 고정시키지 못하고, 일반학급에 함께 있는 모든 학습장애 학생에게 개별화 교수를 실시하기 어렵다는 것이다(Crockett & Kauffman, 2001; Foorman & Torgesen, 2001; Johns, 2003).
- **실험적인 연구는 "가장 효과적"인 하나의 교육적 환경을 밝히지 않았다.** 어떤 교육적 환경이 모든 학생들에게 효과적인 것은 아니다. 환경보다 더 중요한 것은 "교수의 유형과 학습하는 기회(혹은 할 수 있는)를 서로 다른 교육적 환경에서 학생들에게 어떻게 적응시킬 것인가?"이다. 교육적 환경보다 좀 더 중요한 것은 학생이 받는 교수 유형이다. 학습장애 학생은 그들의 차이가 이해된 교수와 명백한 교수를 요구한다(Zigmond, 2003).

## 4.4 교육적 환경의 유형

IEP 팀이 특별한 학생을 위한 **교육적 환경**을 선택하는 데는 (1) 장애의 심각성, (2) 관련 지원에 대한 학생의 요구, (3) 선택된 환경의 일과에 적절한 학생의 능력, (4) 학생의 사회적 그리고 기초 학습적 기술, (5) 학생의 학교 수준(초등, 중등, 고등)을 고려해야 할 것이다. IEP 팀은 종종 교육 환경의 몇 가지 유형에 대한 요소들을 종합적으로 고려하여 배치를 권유한다.

부모는 쓰기에 대한 교육적 환경을 동의해야만 한다. 만약에 학교의 교직원이 동의하지 않았다면 부모는 그것들에 대한 비용 없이 중재를 요청할 수 있고, 학교가 "해결 회의"를 요청하거나 부모가 청문회를 요청할 수 있다(Individual With Disabilities Education Improvement Act, 2004).

학습장애 학생과 관련 경도장애 학생이 실질적 교수를 받을 수 있는 환경은 어떤 유형일까? 미국교육부(2008)는 일반학급 밖에 있는 학생의 시간을 백분율로 계산하여 장애 학생의 교육적 환경에 대한 정보를 보고하였다. 교육적 환경은 일반학급 외에 (1) 일반학급 밖의 시간이 21% 이하, (2) 일반학급 밖(학습도움실)의 시간이 21~60% 사이, (3) 일반학급 밖(특수학급)의 시간이 60% 이상으로 분류한다.

## 환경적 선택 사항

앞서 설명한 것처럼, 대부분의 학습장애 학생과 관련 경도장애 학생은 일반학급에서 수업을 받는다. 미국교육부(2008)의 자료에 의하면 약 87%의 학습장애 학생이 일반학급에 포함되어 있다고 한다. 이 숫자는 교육적 배치가 일반학급에만 포함된 학생(52%)과 하루 중 일부분은 학습도움실에, 그리고 나머지 부분은 일반학급에 포함된 학생(35%) 모두가 포함되어 있음을 의미한다. 그리고 나머지 중 약 12%의 학습장애 학생들이 분리학급에서 수업을 받으며, 작은 백분율인 1%가 분리학교, 기숙제 시설, 혹은 가정 근거/병원 환경과 같은 다른 환경에 포함되어 있다(U.S. Department of Education, 2008). 다양한 교육적 환경은 이런 영역으로 설명된다. 대부분의 학습장애 학생과 관련 경도장애 학생들은 일반학급, 학습도움실, 혹은 특수학급에서 지원을 받는다.

가끔 두 가지의 교육적 환경이 결합된 배치는 특별한 학생을 위하여 실행 가능한 대안이다. 예를 들어, 어떤 학생이 하루 혹은 한 주의 일부 시간을 특수학급에, 그리고 나머지 시간 동안은 일반학급에 포함되어 있을 수 있다.

**일반학급** **표 4.1**에서 보여 주는 것처럼 일반교육 환경에 있는 학생들은 특수교육과 관련된 지원이 이루어지는 하루 중 21% 이하의 시간 동안만 일반학급 밖에 포함된다(U.S. Department of Education, 2008). **일반학급**은 장애가 없는 학생과

교사가 학생을 돕고 있다.

iofoto/iStockphoto.com

함께 있다는 용어로서 최소 제한 환경이 고려된 것이다. 일반학급에서 장애 학생을 효과적으로 통합하려면 세심한 계획, 교사의 준비, 팀의 노력, 그리고 완전한 지원체제가 필요하다. 일반학급에 속하는 단순한 물리적 배치는 기초 학습 성취와 사회적 수용을 격려하는 데 충분하지 않다. 학습장애와 관련 경도장애 학생들은 목표가 수립된 특별화된 교수와 주의해야 하는 특별한 욕구가 있다.

원칙적으로 일반교육과 특수교육은 교수에 대한 책임을 공유한다. 학생을 위한 자료를 제공하거나 일반학급에서 학생들을 실질적으로 가르치는 것으로 특수교사는 일반교사와 협력해야 한다. 또한 일반교사는 학습장애와 관련 경도장애 학생들의 공부하는 기술, 지식, 의지력에 대한 정보를 확보하고 있어야 한다.

오늘날 일반학급에서의 학생 구성은 극적으로 변화하고 있다. 일반학급에는 다음과 같이 구성된 학생 집단을 포함한다. 대부분의 일반학급에 있는 학생들은 장애를 가지고 있지 않거나, 몇몇의 학생으로 IEP를 통하여 분류된 장애를 가지고 있거나, IEP를 가지고 있지 않은 몇몇 학생들은 재활법 504조의 계획(재활법 504조의 계획에 대한 예는 **그림 4.3**을 참고하라)에 의해 조정되어 적격성이 있는 학생들이거나, 몇몇 학생들은 장애가 의심되지만 진단이 확정되지 않았거나, 몇몇 학생은 영어학습자(ELL)로 제한된 영어 진보를 보이는 학생들이다. 또한 오늘날 일반학급은 특별한 요구를 가진 다양한 유형의 학생들이 포함되어 있다. **그림 4.2**에서 보는 것처럼 일반학급에 있는 장애 학생의 백분율은 점점 증가하고 있고, 반면에 학습도움실에서 교육을 받는 장애 학생 수는 점점 감소되고 있다.

학생: ____________ 학교: ____________ 학년: ____________

날짜
실행: ____________ 종료: ____________ 평가: ____________

이 "계획"에 관련된 학생의 성취에 대한 진술: ____________

____________

| 중재/전략 | 실시자 | 평가 일자 | 의견 |
|---|---|---|---|
| | | | |

**그림 4.3** 일반교육에 포함된 학생을 위한 재활법 504조의 계획

**학습도움실** 학습도움실에 있는 학생들은 특수교육과 관련된 지원을 위하여 하루 중 21~60% 사이의 시간 동안 일반교육 환경의 밖에 속해 있다(U.S. Department of Education, 2006). **학습도움실**(resource room)은 하루 중 일정 시간 동안 규칙적으로 계획된 원리로 장애 학생에게 교육적 지원을 제공하는 교육적 환경이다. 학생들은 학습도움실에서 교육적 지원을 받는 시간을 제외한 나머지 시간을 일반학급에서 보낸다. 학습도움실에서 교육과정의 실시는 융통성을 가지며 이곳에서는 학생들에게 프로그램을 적용시키고, 많은 수의 학생들을 지원하고, 교사의 시간을 가질 수 있다. **그림 4.1**에서 보는 것처럼 학습도움실에서 수업을 받는 학생의 백분율은 감소하고 있다.

관리는 학습도움실 영역에서 학생들의 일정관리를 준비하는 것으로 이루어진다. 예를 들어 학생이 체육을 좋아한다면 교사는 학습도움실에서는 체육이 선취되는 것을 피하도록 해야 할 것이다. 또한, 담당교사는 교실을 떠날 학생들을 위한 최적의 시간을 협의해야 한다. 학습도움실은 즐거워야 하고 풍부한 자료가 제공되어야 한다. 학습장애와 관련 경도장애 학생들은 종종 짧은 주의집중을 보이므로 교수 영역 동안에 계획된 몇 가지 활동의 속도를 조정하는 것이 좋다.

**분리학급** **분리학급**(separate class)의 학생들은 특수교육과 관련 지원을 위하여 하루 중 60% 이상 일반학급 밖에 속해 있다(U.S. Department of Education, 2008). 학교에서 분리학급은 장애 학생에게 교육을 제공하기 위해 공립학교에 마련된 첫 교육적 환경 중 하나이다. 분리학급은 전형적으로 그 규모가 작은데, 동시에 6명에서 15명의 학생이 포함된다. 분리학급은 개별화되고 집중적인 교수를 세밀히 관리한다. 포함 운동의 성장과 함께 학습장애 학생 수의 약 12%만이 분리학급에 포함되었다.

몇몇 분리학급은 **범주화**(학습장애와 같이 오로지 하나의 장애 범주를 가진 학생들로 구성됨)되거나 **교차-범주화**(다양한 경도 혹은 중(中)도 학생으로 구성됨)된다. 종종 학교는 분리학급에 학습장애, 정서장애, 혹은 정신지체의 범주들을 한데 모아두기도 한다.

분리학급은 일반학급보다 장애 학생들의 자기-개념을 형성하는 데 도움이 되는데, 이는 일반학급은 장애 학생들이 달성하기에는 너무 높은 성취 기준이 세워져 있기 때문이다. 교사 대 학생의 낮은 비율은 분리학급의 학생들이 학습하는 데 시간을 좀 더 보내면서 집중적으로 개별화된 교수를 제공받을 수 있다. 분리학급은 가장 심각한 학습장애 학생들에 의해 요구되는 집중적이고 종합적인 중재의 유형을 실시하는 데 가장 적절한 환경이다.

**분리학교** 분리학교(separate schools)는 장애 학생을 위하여 특별히 세워진 특수 교육시설이다. 이런 교육은 종종 사립이지만 공적 지원이 이루어지기도 한다. 몇몇 학생들은 모든 시간을 분리학교에서 보낸다. 다른 학생들은 하루 중 반만 분리학교에서 보내고 나머지 반은 일반학교에서 학교생활을 한다.

분리학교의 단점은 비싼 교육 비용, 이동하는 거리, 일반교육에 대한 기회가 부족하다는 것이다. 분리학교의 이점은 심한 학습장애 학생과 관련 경도장애 학생들에게 좀 더 적절한 교육적 환경이 될 수 있고, 가끔 특정 학생들을 위하여 융통성 있는 선택을 할 수 있다는 것이다. 분리학교에서는 성공적인 조정 프로그램이 개발되어 있는데, 이는 다른 교육 환경에서도 활용된다.

**기숙제 시설** 기숙제 시설(residential facilities)은 학생들이 집에서 떨어져서 모든 시간 동안 배치되는 환경이다. 학생들은 공립 혹은 사립의 기숙제 시설에서 교육을 받는다. 비교적 적은 수의 학생들이 심한 장애로 인하여 이런 배치가 정당화된다. 예를 들어, 지역사회에 적절한 대안적 시설이 부족하거나, 행동적 징후가 매우 심하거나, 가족의 다른 구성원 사이에서 정서적 반응이 쇠약하다면 24시간 기준의 기숙제 시설에 배치하는 것은 학생과 가족 모두에게 가장 좋은 해결 방법이 된다.

기숙제 시설의 단점은 학생들이 가정과 이웃을 떠나면서 큰 지역사회에서의 사회적 경험에 대한 기회가 줄어든다는 것이다. 그러나 어떤 어린 아동을 위한 기숙제 배치는 가장 적절한 선택이 되기도 하여, 많은 학생들이 성공적으로 배우고, 세상에 적응하고, 매우 보람되게 직업과 삶을 살아가는 데 도움이 되기도 한다.

**가정 근거 혹은 병원 환경** 가정 근거 혹은 병원 환경에 있는 학생들은 종종 의료적 치료 때문에 이런 교육적 환경에 배치된다. 학교는 가정이나 병원에 교사를 보내어 교육을 제공하기도 한다.

**일대일 교수** 일대일 교수(one-to-one instruction)가 IDEA-2004에 제시된 교육적 환경은 아니다. 이 유형의 교수는 한 명의 성인이 한 명의 학생을 가르치는 것이다. 일대일 교수에 관한 연구는 학생의 성취를 상당히 이끌어 낼 수 있다고 밝히고 있다. 일대일 교수는 교수가 개별화되어 있기 때문에 학생들은 오랫동안 특별한 욕구에 맞춤 제작된 교수를 할 수 있도록 숙련된 교사에 의해 집중적인 교수를 받는다. 가끔 학생들은 일대일 교수로 개별화된 교수가 실시되어 그 결과가 좋게 나타나기도 한다(Slavin, 2000; Vaughn, Gersten, & Chard, 2000).

물론 학교가 현실적으로 개개 학생을 위하여 한 명의 교사를 제공하는 비용을 책정하는 것은 어렵기 때문에, 부모들은 종종 사설 시설이나 클리닉에서 이런 개별화된 형식의 교수를 받는 것을 선택한다. 따라서 학교는 가능한 일대일 교수에 근접할 수 있는 교수 방법을 찾는 것이 중요하다(Slavin, 2009). 개별화된 교수를 제공하기 위한 방법으로는 학급에서 컴퓨터 교수, 지원, 혹은 자원 봉사자를 활용하는 것들이 포함된다. 특히 지원 혹은 자원 봉사자는 전문적으로 자격을 갖춘 교사에 의해 지도되어야 한다.

컴퓨터는 개별화 교육에 대한 하나의 방법으로 제공된다. 좋은 컴퓨터 소프트웨어 프로그램은 정보를 제공하고, 학생에게 풍부한 실제를 수행하게 하고, 학생들의 발달 수준을 이해하는 사정을 실시하고, 요구되는 부가적인 정보를 제공하기 때문에 마치 튜터와 같다고 할 수 있다. 컴퓨터 프로그램은 생각을 제시하고, 그림을 활용하거나 강화 개념을 도식화하는 데 매우 효과적이다. 대부분의 학생들은 컴퓨터에 의해 동기화되기 때문에 종이-연필과제보다 좀 더 오랜 시간 열심히 학습할 것이다. 학생들이 컴퓨터 프로그램을 활용하려면 그들이 고안된 프로그램으로 학습하여 도움이 된다는 것을 입증하기 위해 면밀히 검토해야 한다.

지원 및 자원 봉사자의 활용은 일대일 교수에 근접한 또 다른 방법이다. 자원 봉사자 활동은 계속 증가하고 있다. 미국의 읽고 쓰기 능력 자원 봉사자(Literacy Volunteers of America)와 Laubach 프로그램, 일대일 프로그램 지원, 성인 튜터 자원 봉사자 활용과 같은 60개의 읽기와 읽고 쓰기 능력을 위한 지원 및 자원 봉사자 집단이 있다. 또한 많은 연구들은 튜터링이 부가적으로 학생의 읽기 능력을 향상시켜 학생의 읽기 성취, 자신감, 동기화를 증가시킨다고 밝힌다. 심지어 어떤 학생은 가장 좋은 학급의 수업을 받았는 데도 불구하고 그 중 몇몇 학생은 여전히 학교에서, 작업장에서, 그리고 일생 동안 요구되는 높은 수준의 읽기 기술을 충족시키려는 추가 시간과 지원을 요구한다. 튜터는 긍정적인 결과를 산출하는 명백한 교수를 제공할 수 있다(Center for the Improvement of Early Reading Achievement, 1998; Snow, Burns, & Griffin, 1998a). 튜터링은 여름방학과 같은 학교의 긴 휴식 기간 동안 특히 중요하다. 많은 연구들은 방학 기간 동안 학생들은 학습했던 많은 기술들을 잊어버린다고 보고했다(Wasik, 1998). 튜터링은 학급교사의 노력에 협력하도록 잘 훈련된 사람에 의해 형성되고, 교수를 준비하는 사람은 IEP에 정확하게 서술된 학생의 개별화된 요구에 근거하여 교수를 준비한다. 교사는 지원 및 자원 봉사자가 활용되었을 때 학생을 위한 교수를 계획하는 데 책임이 있는 사람이라는 것을 기억해야 한다. 지원 및 자원 봉사자는 학생에 의해 요구된 특별 교수를 어떻게 전달하는지에 관하여 정통한 교사의 감독 아래 일을 하여야만 한다.

## 4.5 협력: 일반교사와 특수교사 간의 협력

학습장애 학생과 관련 경도장애 학생의 많은 수가 일반학급에서 수업을 받고 있기 때문에 일반교사와 특수교사 간의 협력을 촉진하는 것은 특히 중요한 절차이다. 학생의 성공적인 포함을 위하여 팀 노력을 촉진하는 방법을 발견하는 것은 매우 중요하다.

### 협력

**협력**(collaboration)은 개인 혹은 집단을 위하여 함께 작업하는 상호작용의 형태이다. 협력에서 두 명 이상의 사람이 지원 방법으로 상호작용하는 것은 그들이 지원하는 사람들에게는 물론 각각의 구성원에게도 도움이 된다. 협력의 과정은 합의하여 확인된 문제에 대한 창조적인 해결 방법을 발견하려고 함께 작업하는 다양한 영역의 전문가(일반교사, 특수교사, 그리고 관련된 직업 종사자)들을 포함한다. 협력은 효과적인 포함을 위하여 절대적으로 필요하다(Friend & Cook, 2010; Walther-Thomas, Korinek, & McLaughlin, 2000). 성공적인 협력에는 다음과 같은 요소가 필요하다(Friend & Cook, 2010).

- 공통의 목표
- 자발적인 참여
- 참여자 사이의 평등
- 참여와 결정을 내리기 위한 책임 공유
- 극복을 위한 책임 공유
- 자료 공유

효과적인 협력을 위한 몇몇 원리와 전략은 **교수 정보 4.1**, "효과적인 협력"에 제시해 둔다.

## 교수 정보 4.1

### 효과적인 협력

| 협력을 위한 원리 | 작업 활동 |
|---|---|
| **공통의 원리 수립**<br>성공적인 동료들은 상호 간의 목표와 공동의 철학을 공유한다. | ✔ 관계 개발<br>✔ 처음에는 작은 기준의 활동으로 착수<br>✔ 공동 참여 개발 |
| **자발적으로 이루어진 참여**<br>협력은 관리자로부터 지시되는 힘에 좌우될 수 없다. 개개인이 문제에 대한 성숙된 책임과 자유롭게 해결 방법을 찾아야만 한다. | ✔ 핵심 투자자 포함하기<br>✔ 참여에 초대하기 |
| **참여자 사이의 동등성 인식하기**<br>개개인의 기여는 공평하게 그 가치가 있다. 개개인이 내리는 결정은 동등한 힘을 발휘한다. | ✔ 상호작용할 때 이름을 사용하고 지위는 사용하지 않기<br>✔ 팀의 역할을 번갈아 하여 공유하기<br>✔ 참여를 촉진하는 구조화 방법 |
| **참여와 결정을 내리기 위하여 책임 공유하기**<br>개개인이 참여와 결정을 내리기 위하여 책임을 공유해야 한다. | ✔ 문제에 관한 인식 공유하기<br>✔ 과제의 협력과 노동의 분담 사이의 균형<br>✔ 결정을 내리기 전에 브레인스토밍하기<br>✔ 후속 절차로서 모두가 동의한 행동에 대한 분명한 기술 수립하기 |
| **극복을 위한 책임 공유하기**<br>극복이 성공적이든 그렇지 않든 모든 사람이 공유한다. 극복이 성공적이었다면 그들은 명성을 공유한다. 극복이 성공적이지 못하였다면 그들은 실패에 대한 책임을 공유한다. | ✔ 위험과 잠재적 실패에 대한 인정<br>✔ 함께 성공을 축하하기<br>✔ 실패로부터 함께 배우기 |
| **자료 공유하기**<br>개개인은 도움이 되는 자료를 공유한다. | ✔ 각자의 자료를 확인하기<br>✔ 자료 배치에 관하여 합의된 결정을 내려 활용하기 |

## 일반교사의 요구

일반교사의 책임은 포함 운동이 확장되면서 점점 증가되고 있다. 오늘날 일반교사는 좀 더 많은 장애 아동과 서로 다른 특별한 요구를 가진 아동들이 포함된 학급을 담당하는데, 이는 넓은 범위의 학생들을 책임져야 한다는 것을 의미한다. 포함에 대한 책임을 가진 일반교사에게 제공될 수 있는 지원 방법은 다음과 같다.

- **IEP에 참여.** 2004의 장애인교육개선법은 일반교사가 개별화 교육 계획(IEP) 팀에 속할 것을 규정한다. IEP 팀은 일반교사가 장애 학생의 문제, 강점, 요구를 이해하도록 도와주어야 한다.
- **축소된 학급 크기.** 일반학급은 특별한 요구를 가진 많은 학생들을 가르치기 어렵다. 학급 크기를 줄이는 것은 교사들이 수업에 더해지는 책임에 잘 대처할 수 있도록 도와주는 것이다.
- **계획을 위한 시간.** 시간은 장애 학생의 요구를 충족하기 위하여 특수교사와 다른 전문가들과 함께 계획하여 학교생활 동안 일반교사에게 배분될 것이다.
- **전문가를 보조하는 사람.** 전문가를 도와주는 사람과 학급에서의 지원은 개개 학생의 요구를 충족시키려는 일반교사에게 도움이 된다.
- **자원 봉사자.** 많은 학교는 성공적으로 학급을 돕는 자원 봉사자를 유치하고 있다. 연장자인 시민은 물론 가끔 기업으로부터의 경영자와 같은 자원 봉사자들은 교수를 보조하는 데 참여할 수 있다.
- **특수교육가와 협력.** 특수교육가는 일반교사들이 교실에서 직면하는 문제들을 논의하여 해결하고 많은 상황을 운영하는 것에 도움을 제공한다.
- **대안적 배치의 연속.** 특수한 요구를 가지는 몇몇 학생은 일반학급에서 제공되는 포함을 좀 더 많이 요구한다. 이런 학생들을 위해 학습도움실, 혹은 특수학급과 같은 다른 배치의 선택이 필요하다.
- **관련 전문가들의 유용성.** IEP는 학생을 위해 필요한 말하기-언어 전문가, 혹은 직업 치료사와 같은 관련 전문가들의 지원을 계획한다. 이런 지원이 제공되는 것은 매우 중요하다.
- **학습을 위한 기회.** 일반교사는 컨퍼런스, 세미나, 워크숍 혹은 부가적으로 학습 활동을 훈련하는 곳을 찾아 연수받아야 한다.

## 특수교사의 요구

특수교육가와 학습장애를 담당하는 교사의 책임은 급진적인 변화로 정의 내리기가 어렵다. 특수교사는 (1) 학생을 분류하고 사정하고 그리고 교수하는 프로그램을 수립하기, (2) 학생을 선발하고 사정하고 평가하는 데 참여하기, (3) 교수를 계획하고 실행하는 데 일반교사와 협력하기, (4) 형식적 사정 측정과 대안적 사정 방법에 대하여 모두 알고 있기, (5) IEP 팀에 참여하기, (6) 직접 중재, 협력교수, 그리고 협력을 통하여 IEP 실행하기, (7) 부모와 면접하고 컨퍼런스 실시하기, (8) 자기-이해를 발달시키려는 학생을 돕고 학습장애와 맞서 극복하는 데 없어서는 안 될 희망과 자신감을 부여할 책임 등 많은 일을 해야 한다.

이러한 목표를 성취하려는 특수교사에게는 (1) 전문적 지식과 기술에서의 능력(시험과 교육을 위한 정보를 가지고 숙달하기)과 (2) 인간관계에서의 능력(사람들과의 작업 기술)이라는 두 개의 서로 다른 종류의 능력이 요구된다.

## 협력교수

**협력교수**(coteaching)는 일반학급에서 다양한 학생 집단에게 수업을 전달한다. 일반교육가와 특수교육가 사이의 협력교수는 일반학급에 있는 모든 학생에게 교수를 전달하기 위한 공동의 방법이 된다. 교육은 모든 교사를 포함하면서 공유된다. 협력교수는 상호 간에 만족될 수 있지만 교사들은 책임을 공유하고 수용하는 데 자발적이어야 한다. 사실, 협력교수는 결혼하는 것으로 비유되어 왔다. 교사가 100% 노력할 때 성공한다(Friend & Cook, 2010; Friend & Bursuck, 2002; Gately & Gately, 2001). 몇 가지 유형의 협력교수는 **표 4.2**에 제시되어 있다.

## 협력교수를 형성하기 위한 전략

다음에 제시된 활동은 협력교수에 도움이 된다.

- **협력교수 활동을 위한 시간을 마련하라.** 생산적인 일에는 공간, 시간, 그리고 연속적인 영역에 대한 확신이 있어야 한다. 계획하기, 의사소통하기, 그리고 평가하기에 대한 계획이 특별히 마련되어 있지 않으면 바쁜 학교생활에서 협력교수 활동을 위한 시간을 충분히 가질 수 없을 것이다.
- **협력교수와 협력 기술은 발달적 과정을 통하여 학습된다는 것을 인지하라.** 협력교수는 서로 이해하는 것과 함께 일하는 것을 배우는 발달적 단계를 거쳐야 한다.
- **코칭 전략을 사용하라.** 코칭은 학습장애와 관련 경도장애 학생들을 돕는 방법이다. 특수교사는 일반교사가 기술을 배우는 동안 교수를 제공하거나 특별한 기술을 안내하는 코치의 역할을 한다. 그리고 나서 협력교사들은 그들이 가르치길 원하는 기술을 결정한다.

**표 4.2** 협력교수의 유형

| 유형 | 설명 |
|---|---|
| 한 명의 교사, 한 명의 지원<br>한 집단: 한 명의 리더 교사, 한 명의 지원 교사 | 한 명의 교사는 초보 교수적 책임을 가진다. 다른 교사는 지원 역할을 한다(예: 관찰, 튜터, 행동 관리). |
| 정거장(station) 지원 교수<br>두 집단: 각각의 교사가 한 집단을 가르침 | 내용을 두 개의 영역으로 나눈다. 그리고 집단을 두 개의 집단(A 혹은 B)으로 나눈다. 교사 1이 집단 A에게 내용의 반을 가르치는 동안 교사 2는 집단 B에게 나머지 내용을 가르친다. 그러고 나서 집단을 서로 바꾼다. 교사 2는 집단 A에게 나머지 내용을 가르치고, 교사 1은 집단 B에게 내용의 반을 가르친다. |
| 병행 교수<br>두 개의 집단, 두 명의 교사: 각 교사는 학급 학생의 반을 가르친다. | 각 교사는 학급 학생의 반을 가르친다. 교사 모두는 동일 교수 자료를 활용한다. 교사들의 교수 유형은 서로 다르다. 본질적으로 학급 크기가 작아져 학생들이 참여하는 기회를 좀 더 가지게 된다. |
| 대안적 교수<br>두 개의 집단: 하나는 작게, 하나는 크게 | 학급을 하나는 대집단, 다른 하나는 소집단으로 나눈다. 한 명의 교사는 대집단을 가르치고, 다른 한 명의 교사는 소집단을 가르친다. 좀 더 집중적이고 직접 교수는 항상 소집단에서 사용된다. |
| 팀 교수<br>교사 모두는 집단을 가르치면서 리더십을 공유한다. | 교사 모두는 교수 활동에 동등하게 참여한다. 예를 들어 교사 1은 어휘를 소개하는 것으로 수업을 시작할 것이고, 그동안 교사 2는 문맥에서 단어가 놓인 예를 제공한다. |

- **의사소통이 시작되게 촉진하라.** 의사소통은 협력교수의 핵심이다. 문제는 일대일 의사소통의 기회 없이 협력교수가 지속되는 것을 용인한다면 불만이 쌓이면서 잘못된 이해가 발생하게 된다. 그런 상황을 피하려면 구어와 쓰기를 통한 의사소통이 분명히 이루어져야만 한다. 효과적인 협력교사들은 활동적 학습자로서 조력과 다른 사람의 생각, 그리고 비언어적 메시지를 인지하는 것에 민감하다. 또한 효과적인 협력교사들은 지속적인 피드백을 제공하고 질문하는데, 그들은 모르는 것에는 "나는 모른다."라고 솔직히 말할 수 있고 다른 사람이 적용할 수 있었을 때 인정해 준다.

두 명의 교사가 어떻게 협력적으로 학급에 대한 책임을 공유하는지에 대한 예는 **교수 정보 4.2**, "두 교사가 함께하는 교수를 위한 전략"에 제시한다.

## 교수 정보 4.2

### 두 교사가 함께하는 교수를 위한 전략

| 교사 1의 활동 | 교사 2의 활동 |
|---|---|
| ✔ 학급에서 강의 | ✔ 강의하는 동안 칠판에 핵심 아이디어 적기 |
| ✔ 구어적 교수 제공 | ✔ 칠판에 교수 적기 |
| ✔ 구어적 교수 제공 | ✔ 소집단 혹은 개개 학생의 이해 정도 검토하기 |
| ✔ 대집단의 이해 정도 검토하기 | ✔ 논쟁을 위한 준비로 학급을 두 개의 집단으로 나누어 그 중 한 집단 가르치기 |
| ✔ 논쟁을 위한 준비로 학급을 두 개의 집단으로 나누어 교사 2가 가르치지 않은 나머지 집단 가르치기 | ✔ 수정, 조정, 그리고 다양한 학습자를 위한 제안 제공하기 |
| ✔ 교육과정의 기준, 목적, 내용을 위한 기초 학습 계획 형성하기 | ✔ 소집단에게 과제 설명하기 |
| ✔ 대집단에게 교수 제공하기 | ✔ 수정 제공하기 |
| ✔ 강화물 활동 제공하기 | |

**출처:** Adapted from "Tips and strategies for coteaching at the secondary level," by W. Murawski & L. Dieker, 2004. *Teaching Exceptional Children*, *36*, p. 56. Council for Exceptional Children의 허락하에 재인용함.

## 4.6 가족과 부모

학습장애 학생과 관련 경도장애 학생은 부모들에게 엄청난 정서적 경종을 울리게 한다. 가족과 부모는 교사처럼 다양한 몇몇 문제에 직면하고, 그 충격은 매우 크다. 학생은 하루 중 적은 시간 동안 제한되고 통제된 학교에서 지내지만 가족과 부모의 책임은 휴가도 없이 모든 상황에서, 모든 요구에, 한 주의 7일, 24시간 동안 계속된다.

가족의 강점을 고려하는 것은 교직원에게 매우 중요하다. 가족-학교 협력을 통한 부모와 가족의 개선은 학교와 가정 사이의 기록 작성, 교실에서 부모의 적극적인 참여, 정규 과목 이외의 활동, 일대일 컨퍼런스, 전화 상담, 이메일 메시지와 같은 비형식적 의사소통에 의해 촉진되고 있다(Turnbull, Turnbull, Shank, & Smith, 2004).

부모는 그들의 자녀를 돕는 데 결정적인 역할을 담당한다. 부모들은 (1) 박식한 소비자가 되고, 학습장애 문제에 관하여 학습을 지속하고, (2) 단언적인 대변자가 되고, 가정, 학교, 그리고 지역사회에서 그들의 자녀를 위한 프로그램에 대한 권리를 찾고, (3) 그들의 자녀에 대한 법적 권리를 알리고, (4) 그들 자녀의 감정, 실패, 두려움, 그리고 시련에 대한 공감을 유지하면서 자녀의 행동을 관리하는 데 익숙해져야만 한다. 또한 부모는 가족의 다른 구성원에게 시간과 관심을 할애해야 하고, 자신을 위한 인생도 만들려고 노력해야 한다.

장애 아동의 양육은 그리 간단하지 않은 일이지만 보람 있는 일이다. 부모는 학교에 지원을 요구하고, 이런 지원은 가족과 다른 전문가들에게도 확장되어야 한다. 부모들이 지원과 더불어 격려되고, 전문지식을 공유한다면 자녀가 학교를 다니는 동안 좀 더 빨리 변화를 준비하고 기초 학습과 사회·정서적인 영향에서 벗어날 수 있을 것이다.

장애 아동의 부모에게 쉬운 답과 간단한 해결은 존재하지 않는다. **학생 이야기 4.1**, "부모의 생각"은 자녀를 돕는 부모의 역할에 대한 몇 가지 예이다.

## 문화적 그리고 언어적으로 다양한 가족에 대한 민감성

교사는 가족과의 상호작용 과정에서 문화적 관점과 장애에 관한 태도에 반응하려고 노력한다. 교사는 각 학생에게 의사소통에 대한 태도, 개인적 공간, 눈 맞춤, 기다리는 시간, 목소리 톤과 만남에서의 문화적 차이가 있음을 깨달아야 할 것이다. 교사는 가족과의 상호작용을 통해 이러한 문제를 민감하게 파악해야 한다(Lerner, Lowenthal, & Egan, 2003).

## 부모를 위한 제안

부모가 할 수 있는 유용한 몇 가지를 **교수 정보 4.3**, "부모와 가족을 위한 제안"에 제시한다.

교사는 부모에게 학습장애에 관한 지식과 자녀를 돕는 방법에 대하여 좀 더 정통하도록 도와주는 읽기 자료를 추천할 수 있다. **표 4.3**은 부모에게 도움이 되는

## 학생 이야기 4.1

### 부모의 생각

- 나는 Allegra를 위하여 학교의 모든 평가과정에 대한 연구를 계속하였다. 나는 이 도시의 많은 학교에 지원했으나 많은 학교가 나를 거절했다. 나는 매번 동일하게 "당신은 여기에 속할 수 없습니다"라는 전화를 받았다. 나는 매번 이런 거절에 깊은 절망감을 느꼈다. 이런 상황은 급속도로 증가했지만, 나의 절망은 어떤 계기로 극복되기 시작하였다.
- 나는 두려웠다. 나는 무엇을 해야 할지 몰랐다. 만약에 어떤 아동이 기초 교육에서 거절당했다면 이 세상에서 누군가가 무엇을 할 수 있을까? 나는 그녀의 미래가 실패한 것으로 보인다. 나는 오로지 그녀가 이 세상에서 입학할 수 있는 학교를 발견하여 우뚝 서야 한다는 것을 알고 있지만 어떤 학교에서도 그녀를 받아 주지 않았다. 아직도 "그녀는 학교에 들어가지 못했어."라는 말을 계속 듣고 있다.

**출처:** From *Laughing Allegra* (p. 40), by A. Ford, 2003, New York: New Market Press.

- 나의 아들은 학습장애이다. 나는 아들이 1학년 때 집으로 돌아와서 기초 독본 때문에 한탄했던 것을 기억한다. 그는 기초 독본을 해독할 수 없었다. 아들은 1학년 내내 집에 돌아와서 기초 독본을 통채로 암기하였다. 아들은 나에게 암기한 기초 독본을 몇 번이고 가지고 와서 확인받았다. 나는 아들의 담당교사가 나의 아들이 기초 독본을 통채로 암기할 수 있다는 것을 알지 못하고 있다고는 생각하지 않았다.
- 교사의 다음과 같은 의견은 당연하였다. "그는 아직 미성숙합니다." "그가 많이 노력한다면 그것을 할 수 있습니다." "그는 작업을 서두르기 때문에 부주의함이 나타납니다." "그는 게으릅니다." 만약에 교사들이 학생에게 이렇게만 말해 왔다면 학생들은 자신의 과제에 실망할 것이다.

**출처:** From "A Mother's thoughts on inclusion," by M.Carr, 1993, *Journal of Learning Disabilities*, *26*(9), 590.

- 아무도 Kerri를 영리하지 않다거나 동기가 부족하다고 비난하지 않았다. 그녀는 5학년 때의 IQ가 118이었고 충분한 열정도 있었다. 불행하게도 그녀는 소리에 문자를 연결하기 위한 능력을 가지고 있지 않았다. 그녀는 11살인데도 불구하고 문자들로 구성된 많은 단어들을 인지했지만, 철자쓰기는 여전히 할 수 없었다. 일반적으로 그녀를 난독증이라고 말하였다. 그러나(그녀의 상태에서 마련된 기준에 의하면) Kerri는 특별한 지원을 받지 못하였다. 이것은 매우 슬픈 일이었다. 그녀는 학습장애로 진단되기 전까지 학교에서 계속 실패하면서 그녀의 시간을 낭비할 것이다.

**출처:** From *Overcoming dyslexia* (p. 29), by S. Shaywitz, 2003, New York: Alfred A. Knopf.

**심화질문** 이 이야기들에 대한 몇 가지 일반적인 주제는 무엇이라고 생각합니까?

적절한 책과 웹사이트 목록들이다.

### 부모의 권리

IDEA-2004는 자녀의 교육과정에 부모와 가족의 권리를 강화한다. 이 법에서 중요

## 교수 정보 4.3

### 부모와 가족을 위한 제안

1. **여러분의 자녀가 무엇을 잘 하는지, 혹은 무엇을 하기 좋아하는지에 대한 주의를 환기시켜라.** 부모는 자녀의 관심 영역과 재능을 발견하는 것으로 성공을 위한 새로운 기회를 자녀에게 줄 수 있다. 심지어 냅킨 접기 혹은 부엌에서 특별한 잡일을 돕는 것과 같은 작은 과제도 자녀에게 성취감을 제공할 수 있다.
2. **자녀가 준비가 되어 있지 않을 때 활동에 밀어 넣지 마라.** 자녀는 부모를 기쁘게 하려고 적극적으로 혹은 소극적으로 도전하거나, 매일 꿈꾸는 세상에서 멀어지면서 내키지 않는 노력을 할 것이다. 자녀가 독재적이고 부적절한 기준을 만나면 기뻐하기보다는 고통스러워하면서 성인 세상에 의해 강요된 학습을 하는 것이다.
3. **가족의 일과를 간소화하라.** 몇몇 자녀에게는 식사 시간은 매우 복잡하고 자극적인 상황이 될 수 있다. 여러분의 자녀는 많은 소리, 시각, 냄새, 기타 등등에 잘 대처하지 못할 수도 있다. 처음에는 자녀를 다른 가족보다 먼저 먹일 필요가 있고, 그 후 점진적으로 가족과 함께 식사하도록 한다. 이런 예는 다른 일과에서도 찾아보라.
4. **자녀의 기능적 수준에 적절한 과제를 부여하도록 노력하라.** 자녀의 문제를 고려하여 도울 수 있는 몇 가지 방법을 발견하라. 예를 들어 표면을 쉽게 닦는 것과 쓰레기 용기를 아동들이 사용하면 혼란과 파손을 감소시킬 수 있다. 벽장 마루에 아동의 신발 윤곽을 그려 놓는 것은 아동들에게 왼쪽과 오른쪽을 알려 줄 수 있다.
5. **여러분의 자녀에게 말할 때는 직접적이고 긍정적인 언어를 사용하라.** 비판하는 대신에 지원적인 안내를 제공하라. 예를 들어 여러분이 자녀에게 말하는 동안 자녀에게 여러분을 보도록 요청하거나 말한 내용을 반복하도록 하는 것은 자녀들이 힘들어 할 수도 있다.
6. **자녀의 방은 단순하고 조용한 곳에 마련하라.** 가능한 방은 편안하고 쉴 수 있는 장소로 만들어라.
7. **여러분의 자녀가 다른 사람들과 함께 세상을 어떻게 살아가는지 배울 수 있도록 도와라.** 자녀들이 다른 아동들과 잘 놀지 못할 때, 부모들은 계획된 그들의 방법을 중단하고 자녀에게 사회적 경험을 안내한다. 이는 짧은 시간 동안의 놀이에도 아동을 혼자 두지 말라는 것을 의미하고, 다른 아동의 부모와 함께 놀이를 준비하거나 자녀에게 걸스카우트 리더 혹은 보이스카우트 리더로 자원 봉사하는 사회적 활동에 참여시킨다.
8. **자녀들은 중요한 학습을 요구한다.** 자녀가 실행한 작업을 존중하고 용인하도록 한다. 자녀들이 책임감을 가지고 배워야 하고, 가족의 구성원이 되는 것도 중요하며, 학교에서 요구되는 기초 학습적 기술을 배우는 것은 좀 더 중요하다.
9. **부모의 흥미를 밖으로 나타내라.** 부모들은 자녀를 돌보는 것을 멈추고 정기적으로 능력 있는 아기 돌보아 주는 사람에게 자녀를 맡기도록 한다. 부모는 혼자만의 시간, 그리고 사기를 올릴 시간이 필요하다.

**표 4.3** 부모와 가족을 위한 책과 웹사이트

| 책 |
|---|
| Barkley, R. (1995). *Taking charge of ADHD: The complete authouritative guide for parent*. New York: Guillford Press. |
| Ford, A. (2003). *Laughing Allegra*. New York: New Market Press. |
| Goldstein, S., & Mather, N. (1998). *Overcoming underachievement: An action guide to helping your child succeed in school*. New York: John Wiley. |
| Hall, S., & Moats, L. (1999). *Straight talk about reading: How parents can make a difference during the early years*. Chicago: Contemporary Press. |
| Lavoie, R. (2005). *It's so much work to be your friend: helping the child with learning disabilities find social success*. New York: Simon and Schuster, A Touchstone Book. |
| Lerner, J., Lowenthal, B., & Lerner, S. (1995). *Attention deficit disorders: Assessment and teaching*. Pacific Grove, CA: Brooks/Cole. |
| Osman, B. (1997). *Learning disability and ADHD: A family guide to learnind and learning together*. New York: John Wiley. |
| Silver, L. (2006). *The misunderstood child: A guide for parents of children with learning disabilities*. New York: Three Rivers Press. Crown Publishing. |
| Smith, S. (1991). *Succeeding against the odds: Strategies and insights from the learning disabled*. Los Angeles: Jeremy P. Tarcher. |
| **웹사이트** |
| Children and Adults with Attention Deficit Hyperactivity Disorder: **http://www.chadd.org** |
| Learning Disabilities Association of America: **http://www.ldaamerica.org** |
| Schwab Learning: **http://www.schwablearning.org** |

한 규정은 교육과 결정 내리기 과정에 참여하는 부모의 권리이다. 부모는 다음과 같은 권리를 가진다.

- 자녀를 위한 무상의 적절한 공립교육
- 자녀에 대한 평가 요청
- 학교가 자녀에 대해 평가하기를 원하거나 자녀의 교육적 배치가 변화될 때마다의 통보
- 공식적인 동의(부모들은 자녀를 가르치는 계획을 작성하는 것에 동의하고 언제든지 그들의 동의를 철회할 수 있음)
- 자녀의 독립적인 평가 획득

- 자녀에 대한 재평가 요청
- 자녀가 잘 아는 언어로 검사
- 자녀의 모든 학교 기록에 대한 검토
- 자녀의 개별화 교육 계획(IEP) 혹은 영유아를 위한 개별화 가족지원 계획(IFSP)에 참여
- 장애를 가지지 않은 자녀의 부모만큼 자녀의 진보에 대한 정보 제공

Jonathan Nourok/PhotoEdit

부모는 자녀를 돕는 데 중요한 역할을 담당한다.
(ⓒ Jonathan Nourok/Photo Edit, Inc.)

## 가족 체계

다섯 명의 가족은 물침대에 누워 있는 다섯 명의 사람과 같다. 한 사람이 움직이면 모든 사람은 잔물결이 일어났다는 것을 느낀다(Lavoie, 1995).

체계로서 가족을 바라보는 것은 유익하다. 가족 체계 이론에 대한 근본적인 생각은 가족 중 한 명에게서 일어나는 일은 나머지 모든 다른 구성원에게도 영향을 미친다는 것이다. 가족 체계에서 확장된 가족의 모든 구성원은 상호의존적이고, 각각의 구성원은 모든 다른 구성원에게 상호작용적이다. 가족 체계는 아동, 부모, 형제, 조부모, 집에서 함께 살고 있는 다른 사람, 혹은 아동의 가족 중 일부가 포함된다.

전체 가족 체계는 학습장애 아동과 관련 경도장애 아동에게 영향을 미친다. 매일 매일의 삶은 시작부터 스트레스가 많다. 영유아들은 예민하여 많은 노력이 요구되고, 진정시키기 어려운데, 이는 부모로 하여금 무능함, 혼란, 무력함을 느끼게 할 수 있다. 자녀가 학교에 들어가서 학습하는 데 실패하기 시작하면 부모는 죄책감, 수취심, 혹은 당혹감 등의 감정을 가지게 된다. 부모들이 좌절되면, 부모들은 자녀의 문제에 대하여 서로를 비난하게 된다. 부모 중 한 명이 자녀에게 너무 엄격하거나 너무 관대한 나머지 한 명의 부모를 비난하면서 부부관계는 또 다른 위험에 처하게 된다. 형제와 가족의 다른 구성원들은 자신의 형제자매가 학습장애라면 많은 영향을 받게 된다. 장애 아동의 형제는 당황하거나, 분노를 느끼며, 그들의 부모가 학습장애 형제에게만 관심을 할애한다면 질투하게 될 것이다. 이런 이유로 대처과정에 전체 가족이 포함되는 몇몇 경우 가족 체계를 위한 상담은 매우 중요한 부분으로 반드시 필요하다.

## 수용 단계

부모가 장애자녀에 대하여 곤혹스러움에 직면하였을 때 **수용 단계**(stages of acceptance)를 통과하기 쉽다(Kübler-Ross, 1969; Lavoie, 1995). 이 단계는 보편적이고 상실을 경험하는 모든 사람에게 적용된다. 이 경우, 부모들은 자녀에 대한 희망을 잃어버린다.

몇몇 부모들은 그들의 자녀가 학습장애라는 말을 처음 들었을 때 비탄에 잠기게 된다. 이 과정의 단계는 충격, 불신, 부인, 분노, 교섭, 그리고 수용이다. 부모들에게 보이는 단계의 요소와 각 단계에 머무는 시간의 길이는 서로 다르다. 종종 부모들은 초기 단계로 되돌아가기도 한다.

- 충격은 나쁜 소식이 전달되었을 때 부모들은 낭떠러지로 떨어져 망연자실하게 된다.
- 불신은 부모들이 진단을 믿지 않는 단계이다.
- 부인은 부모가 자녀의 장애를 인정하지 않고 거절하는 단계로 대안적 진단을 찾아 돌아다닌다. 부인의 진술에 대한 몇몇 예는 "잘못된 것은 아무것도 없어.", "내 자식이 그럴 리 없어–걱정 없어.", "내 자녀는 장애에서 벗어날 수 있을 거야." 등이다.
- 분노는 부인이 무너지면서 일어나고, 아동의 상황이 사실이 되면서 나타난다. 분노의 감정은 부모가 "왜 내게 이런 일이 일어났지?" 혹은 "이것은 공정하지 않아.", "그 교사는 아무것도 몰라.", 혹은 "나는 이웃도, 학교도, 그리고 이 교사도 싫어."라고 말하면서 나타난다.
- 교섭은 부모가 자녀의 상황을 어떻게 완화시킬 것인가에 전념하면서 나타난다. 예를 들어 부모는 "우리가 노력한다면 이 문제는 개선될 거야."라는 마음을 갖는다.
- 수용은 부모가 자녀의 장애를 직시할 수 있으면 자녀를 받아들이는 단계이다. 수용의 단계를 넘어서는 단계는 다름을 보이는 자녀와 부모의 삶을 좀 더 좋게 만드는 방법을 위하여 자녀를 자상하게 보살핀다.

정서에 대한 급격한 변화는 부모와 자녀와의 상호작용에 심한 충돌을 일으키게 한다. 두 명의 부모는 아마도 동시에 이런 단계를 거치지 않기 때문에, 각각의 부모는 다른 속도에서 다른 단계를 거쳐가는 사람의 마음을 존중하는 방법을 배워야만 한다.

이런 단계의 최종 목표는 부모들이 격한 정서에서 긍정적인 결정을 내려 수용의 단계까지 도달하게 하는 것이다. 부모들은 자녀의 장애와 함께 자녀를 받아들였을 때, 일상생활을 살아가는 것이 유지되고 가족, 가정, 지역사회에 책임을 가지면서 자녀의 특별한 요구에 잘 대처할 수 있다.

## 부모지원 집단과 가족 상담

건강한 부모의 자질을 수립하고 부모–교사 협력을 보증하는 것은 가장 바람직한 목표이다. 부모지원 집단과 가족 상담은 이러한 목표를 충족하도록 도와준다.

**부모지원 집단**(parent support groups)은 일반적 문제를 토의하려는 소집단이 정규적으로 만나서 그 방법을 부모들에게 제공한다. 이들 집단은 학교에 의해, 가족지원 조직, 전문적 상담, 혹은 학습장애협회(LDA)와 같은 단체에 의해 조직될 수도 있다. 서로 다른 부모들이 함께 만나는 기회는 유사한 문제를 가진 부모들의 고독을 감소시킨다. 더구나 이런 부모지원 집단은 지역사회, 학교 직원, 다른 전문가, 자녀의 곤경에 대한 입법부를 변화시키는 데 유용하다. 지역 부모 집단을 찾으려면 LDA 웹사이트인 **http://www.ldaamerica.org**를 검색해 보라.

부모지원 집단과 가족 상담은 다음과 같은 혜택을 제공한다.

- 자녀의 문제를 이해하고 수용하려는 부모를 돕는다.
- 자녀의 심리적 그리고 교육적 발달에 관한 불안으로부터 시작되는 걱정을 감소시키고, 부모는 그들이 혼자가 아니라는 것과 다른 부모들도 동일한 문제를 가지고 해결 방법을 찾는다는 것을 알게 된다.
- 부모는 자녀의 학습, 발달, 그리고 행동에서 없어서는 안 될 역할을 담당한다는 것을 깨닫게 되고, 그들은 그들의 자녀가 다르다는 것을 알고 자녀의 문제에 대해서 좀 더 효과적인 해결 방법을 배울 수 있다.
- 부모는 훈련, 의사소통 기술, 행동적 운영, 부모 주장, 특수교육 법규, 사회적 기술 발달, 자녀의 친구 만들기에 도움 주기, 가정 관리, 대학과 직업 기회에 관하여 배울 수 있다.

## 부모-교사 컨퍼런스

부모-교사 컨퍼런스는 가정과 학교 사이에서 중개 역할을 담당한다. 부모와 교사 모두는 이런 사적인 컨퍼런스에서 어떤 말을 들을지 몰라 부정적인 반응을 보이며 피하는 경향이 있다. 그러나 이런 컨퍼런스는 학생의 진보와 문제를 논의하여 학생들을 도울 수 있는 방법을 알게 되는 좋은 기회이다. 부모와 교사는 장애 아동의 발달을 위해 함께 일할 수 있다.

컨퍼런스에서 교사는 그들의 학생을 돌보는 누군가와 의사소통을 하여 그들을 안심시킬 수 있다. 교사들은 무례하지 않게 자신감을 가지고 부모에게 학생에 대한 진지한 관심을 전달하고, 부모를 존중해야 한다. 또한 부모들은 컨퍼런스를 통하여 가정에서 무엇을 해야 하는지에 대하여 알 수 있을 것이다.

# 내가 알고 있는 한 아동…

## Bernice와 협력교수팀

Bernice는 9살이고 일반학급의 4학년 학생이다. IEP는 Bernice를 학습장애라고 진단하였고, 읽기 유창성을 개선하는 것을 목표로 결정했다. George는 그녀의 담임교사이고, Peter는 특수교사로 Bernice의 학급에서 협력하여 가르친다. George와 Peter는 특별한 요구를 가진 학생들을 가르치는 데 협력적 관계를 형성하고 있다. George는 대집단 학급에서 대부분 학생들을 가르치고, Peter는 학급에서 소집단으로 특별히 관심이 요구되는 학생들을 가르친다. 4학년에 속한 몇몇 학생들은 읽기 유창성의 발달을 위해 도움이 필요하다. Peter는 일반학급에서 유창성에 관한 기술을 획득하는 데 도움이 필요한 네 명의 학생을 한 집단으로 구성한다.

Peter는 일반학급의 소집단에게 읽기 유창성을 확립시키기 위해 반복되는 읽기, 예측할 수 있는 책을 활용하기, 합창 읽기, 그리고 신경학적으로 자극을 주는 방법과 같은 전략을 사용하기로 계획한다.

### 질문

1. Peter 선생님은 소집단에서 반복읽기를 어떻게 사용했습니까?
2. Bernice에게 신경학적으로 자극을 주는 방법이 어떻게 도움이 된다고 생각합니까?
3. Peter 선생님은 어떤 따라 읽기 기술을 활용할 수 있습니까?

## 요약

1. 학습장애 학생과 관련 경도장애 학생을 위한 교육적 환경을 계획하는 데 두 가지의 중요한 개념은 (1) 최소 제한 환경과 (2) 대안적 배치의 연속이다.
2. 장애인교육개선법-2004(IDEA-2004)는 학생들이 최소 제한 환경에 배치할 것과 일반교육 교육과정으로 접근해야 한다는 것을 규정한다. 이는 최적의 적절성을 의미하고, 장애 학생들이 장애를 가지고 있지 않은 학생들과 함께 있어야 한다는 것을 의미하는 것이다.
3. 대안적 배치의 연속이라는 용어는 특수아동의 다양한 요구를 충족시키기 위해 학교에서 교육적 배치를 마련하는 것을 의미한다.
4. 대안적 배치의 연속이 장애 학생의 요구를 충족하기 위하여 (1) 일반학급, (2) 학습도움실, (3) 분리학급, (4) 분리학교, (5) 기숙제 시설, (6) 가정 혹은 병원 환경을 마련한다. 각각의 배치는 장애가 없는 학생들과 상호작용하는 기회라는 의미로 좀 더 성공적으로 제한된다. 교사와 학생 간의 일대일 교수는 매우 효과적이지만 비용이 많이 든다.
5. 일반교육과 특수교육 간의 협력관계를 촉구하는 방법에는 (1) 협력과 (2) 협력교수가 포함된다.

6. 협력은 일반학급에서 학습장애를 가진 학생에게 지원을 제공하기 위해 특수교사와 일반교사의 노력을 조정하는 것이다. 협력은 특수교사와 일반교사의 책임감을 증가시킨다.
7. 협력교수는 일반교사와 특수교사의 두 교수로 일반학급의 다양한 학생 집단을 가르치는 것이다.
8. 가족과 부모는 학생의 교육에 있어서 필수적인 구성 요소이다. 가족 체계는 확대된 가족의 모든 구성원이 상호의존하고, 개개의 구성원이 가족 체계의 모든 다른 구성원에게 영향을 미치도록 상호작용하는 것이다.

## 교육정보 비디오 사례 활동

**4장을 읽은 후에** Education CourseMate 웹사이트에 들어가 "포함: 일반교사와 특수교사를 위한 학급 적용(Inclusion: Classroom Implications for the General and Special Educator)"이라는 제목의 교육정보 비디오 사례(Teachsource Video Case)를 보길 바란다. 이 비디오에서 학급을 담당하는 일반교사가 특수교육 전문가로부터 지원을 받는다. 이 비디오는 일반학급에 있는 학생에게 실시되는 직업치료사와 언어치료사의 작업을 보여 준다.

### 질문

1. 여러분이 이 단원을 읽은 것을 토대로 하여 이 비디오 사례에서 효과적인 포함 학급에 대한 윤곽을 떠올리게 하는 것은 무엇입니까? 그것의 효율성에 관한 몇 가지 특별한 예를 제시해 봅시다.
2. 교육적 치료가 학습장애 학생과 관련 경도장애 학생을 어떻게 도울 수 있습니까?

## 토론과 심화질문

1. 특수교육법의 특징인 교육적 환경에 관한 두 가지의 핵심 개념에 대하여 토론해 봅시다. 이 두 가지 특징은 양립할 수 있는지, 아니면 대립되는지에 관하여 여러분은 어떻게 생각합니까? 여러분의 입장을 설명해 봅시다.
2. 교육적 환경에 대한 최근의 경향을 토론해 봅시다. 학습장애 학생과 관련 경도장애 학생에게 영향을 미치게 될 이런 경향에 대하여 여러분의 생각은 어떻습니까?

3. 포함 배치의 유형에 대한 장점과 단점을 기술해 봅시다.
4. 학습장애 학생과 관련 경도장애 학생을 위한 가장 일반적인 세 가지 교육적 환경에 대하여 비교해 봅시다.
5. 특수교사와 일반교사 간의 협력교수를 위한 활동에 대하여 토론해 봅시다.
6. 일반교사와 특수교사의 다양한 요구에 대하여 토론해 봅시다.

## 핵심 용어

제 III 부 이론과 방향

# 5장

# 학습 이론과 교수 적용

Michael Newman/PhotoEdit

“만약에 여러분이 어디로 가는지 알지 못한다면, 어떤 길이 여러분을 이끌 것이다. 이론은 새로운 지식의 관점에서 수정되어 개념에 작용한다. 이론 없이 가르치는 사람들은 쓸모 없는 길을 따라가게 할 것이다.”

—JOHN DEWEY

## 이 장의 차례



제 III부는 학습장애와 관련 경도장애에 기초를 이루는 이론과 새로운 방향에 대하여 검토한다. 3부의 핵심 주제는 학습 이론과 교수 적용(5장), 사회, 정서, 그리고 행동 문제(6장), 주의력결핍 과잉행동장애와 관련 장애(7장), 장애 유아(8장), 학습장애 청소년과 성인, 그리고 관련 경도장애 청소년과 성인(9장), 학습장애와 관련 경도장애에 대한 의료적 측면(10장)이다.

## 5.1 이론의 역할

"만약에 여러분이 어디로 가는지 알지 못한다면, 어떤 길이 여러분을 이끌 것이다." 이 충고는 삶의 또 다른 일면으로서 교육에도 적용할 수 있다. **이론**(theories)은 우리에게 학습장애의 복잡성을 이해하도록 도와준다. 이론은 학습 문제의 특성에 대한 시각에 비추어 학생을 설명하고, 교수를 위한 기초로서 안내하고 작용한다. 이론 없이 가르치는 사람들은 학생들에게 쓸모 없는 길을 따라가게 할 것이다.

이론은 효과가 있는 진술이라는 의미를 내포하고 있는데, 그렇다고 이론이 "불변의 진리처럼 가장된 고정의 절대 기준" 혹은 "엄격하게 지켜져야 하는 프로그램"을 의미하는 것은 아니다(Dewey, 1946, p. 202. 1998). 어떤 이론은 새로운 지식에 비추어 수정된 개념으로 작용된다. John Dewey는 이론이 모든 행동에 대한 지침을 제공하고, 분명하고 구조화된 사고, 그리고 미래의 연구를 위하여 기폭제가 되기 때문에 모든 일에서 가장 실질적으로 고려해야 한다고 강조한다.

이론은 지식을 체계화하여 안내하는 것으로 지속적으로 발전되고 지지된다. 이론의 목적은 우리가 현실 세상에서 무엇을 관찰하는지에 관한 형식, 조화, 의미화를 이끌어 내는 것이다(Dewey, 1998). 이론을 확립하는 것은 과정이다. 이론은 전에 결과를 이끌어 낸 사람들의 위대한 책임 아래 수립된다. 모든 질서는 초기 학자들에 의해 제공된 개념과 생각 위에 세워진다. 현행 이론은 연구자와 실천가들이 이론의 타당성과 유용성을 검증하려고 도전하여 수정되고 보완된다. 결국 수정된 이론은 사정과 교수의 실제에 대한 새로운 형식을 만들어낸다. 학습장애와 관련 경도장애를 연구하는 데 수집된 이론은 특수교육과 일반교육 모두의 많은 영역에서 중요한 응용을 만들어 내고 있다.

## 5.2 학습에 대한 이론

이 단원에서는 학습장애와 관련 경도장애를 위한 심리학과 그들의 응용에 기여한 주요 세 가지의 이론인 (1) 발달 심리학, (2) 행동 심리학, (3) 인지 심리학에 대하여 검토한다.

## 5.3 발달 심리학

발달 심리학은 학습에 대한 어려움을 이해하기 위한 중요한 지식을 제공한다. 발달 심리학의 핵심 개념은 인지 기술(사고)에 대한 성숙이 단계적인 발달에 따른다는 것이다. 학습에 대한 아동의 능력은 현재 아동의 성숙 상태에 의존한다. 또한 이런 성숙에 대한 관점은 속도를 증가시키는 데 적용되고, 발달 과정을 무시하는 실질적인 문제를 만들어 낸다. 스위스의 발달 심리학자인 Jean Piaget는 "나는 미국에서 매일 발달적 순서를 설명하는데, 미국 사람들은 '어떻게 속도를 낼 수 있나요?'라고 묻는다"라고 말했다. 여기에서는 (1) 발달 변인, (2) Piaget의 발달 단계, (3) 학습 단계, (4) 학습장애와 관련 경도장애를 위한 발달 심리학의 응용에 대하여 논의할 것이다.

### 발달 변인

**발달 변인**(developmental variations)은 발달에서 특별한 구성 요소의 속도가 다르다는 것을 의미한다. 즉 각 개개인의 인지능력을 포함하여 인간의 다양한 기능은 미리 정하여진 속도가 있다는 것이다. 다양한 능력들 사이의 불일치는 그들의 발달에서 몇몇 능력이 느린 것과 같이 서로 다른 속도로 성숙한다는 것을 의미한다. Bender(1957)는 이러한 변인을 "성숙적 지체(maturational lags)"라고 한다. 이런 성숙에 대한 관점은 대부분의 학습 문제를 가진 아동의 발달이 다른 아동의 발달과 별로 다르지 않고 오히려 그들의 발달적 차이는 시기(timing)의 문제라는 것을 암시한다.

성숙에 대한 관점은 실질적으로 사회가 많은 학습의 문제를 만들어 내었다고 주장한다. 예를 들어, 학교 교육과정이 연령을 기준으로 학생의 수행에 대한 기대치를 설정해 놓았다면, 학습 문제는 아동들이 준비도 되기 전에 기초 학습적 과제를 실행하도록 밀어 넣는 일에서 발생할 수 있다. 이런 방법으로 학교 교육의 요구는 학생들의 준비성, 혹은 능력, 성숙의 단계를 무시한 채 학생들에게 수행하도록 요청되어 실패의 원인이 되기도 한다.

발달 심리학에 많은 영향을 끼친 러시아의 발달 심리학자인 Vygotsky(1978)는 학생들에게 적당히 어려운 수준을 가르치는 것이 매우 중요하다는 것을 알게 되었다. 그는 교수가 아동들의 근접발달영역(ZPD)에서 지도될 때 아동들은 훨씬 더 잘 배울 수 있다는 결론을 내린다. Vygotsky는 학생을 위하여 다음과 같이 어려운 수준의 범위를 계획하였다. (1) 학생들 혼자서도 할 수 있는 매우 쉬운 수준, (2) 학생들이 누군가의 도움을 받으면 성취할 수 있는 중간 수준, (3) 학생들이 성공적으로 학습하기 매우 어려운 수준, 혹은 좌절 수준. Vygotsky는 중간 수준의 교수 계획을 권유하였고, 그는 이를 ZPD(zone of proximate development)라고 불렀다. 몇몇 연구자들은 이를 너무 쉽지도 않고 너무 어렵지도 않기 때문에 "골디락스(Goldilocks)" 수준으로 비유하는데, 오히려 이 비유가 더 적절할 수도 있다. 아동의 능력이 교수 수준에 맞지 않는다면 학습은 일어나지 않을 것이다.

많은 연구들은 어린 아동들이 종종 일으키는 기초 학습 문제에는 분명한 발달 변인이 있다고 밝히고 있다.

- 몇 년 넘게 학습곤란을 보이는 많은 학생들에 관한 조기 연구는 이런 학생들이 미성숙하기 때문에 성장하는 데 더 많은 시간이 요구된다는 사실을 발견하였다. 성숙에서 그들의 늦음을 보완하는 필수적인 도움과 함께 요구되는 추가 시간을 제공했을 때 그들은 기초 학습에 문제가 없었다. 느린 성숙을 보이는 학생들은 그렇지 않은 학생들이 학교를 마치는 것보다 1년에서 2년의 시간이 더 요구될 것이다(Koppitz, 1973).
- 성숙적 지체를 가진 영유아에 관한 또 다른 대규모의 연구는 그들이 상징에 대한 지적 조작, 청각적 변별, 그리고 좌우의 구별이 지체되어 있음을 발견하였다(Silver & Hagin, 1966, 1990).
- 유치원 아동들에 대한 광대한 연구는 읽기 실패를 예측할 수 있는 요인을 발견하려고 계획되었다. 이 연구는 2학년에서의 읽기와 철자 성취에 대한 검사가 성숙의 차이를 가장 잘 예측할 수 있는 민감한 검사 중 하나라고 밝혔다(De Hirsch, Jansky, & Langford, 1966).
- 전국 아동건강과 인간발달연구소(NICHD)는 읽기 학습을 어려워하는 아동이 음운적 인지를 포함하여 발달의 몇몇 영역에서 지연이 나타난다고 제안했다(Lyon, 1996; Lyon, Alexander, & Yaffee, 1997; Lyon, Shaywitz, & Shaywitz, 2003; NICHD, 1999; Torgesen, 1998; Vellutino, Scanlon, & Lyon, 2000). 또한 NICHD 연구는 취학 전과 1학년 초기에 실시하는 명백한 교수는 발달적 지체를 극복하고 기초 학습을 성취하도록 돕는다고 밝혔다. 이런 연구에 대한 좀 더 많은 정보는 웹사이트 **http://www.nichd.nih.gov**에서 찾아볼 수 있다.
- 아동에게 보이는 신경발달적 변인과 이런 변인들이 어떻게 기초 학습의 실패

를 이끄는지에 관한 Levine(2002)의 연구에서, 그는 아동에게 나타나는 발달 변인을 파악하고 학습 곤란을 개선하는 교수를 제공해야 할 필요성을 강조했다. 학습에서 또 다른 발달 변인에 대한 개요는 Molfese와 Molfese(2002)에 의해 보고되었는데, 그들은 사회, 행정부의 역할, 언어, 그리고 읽기 기술에 적용되는 발달 변인과 함께 학습에서의 발달 변인에 대하여 보고하였다.

## Piaget의 발달 단계

스위스의 심리학자인 Jean Piaget는 발달 심리학의 개척자로서 아동의 지적 발달을 연구하는 데 그의 일생을 보낸 것으로 알려져 있다. 아동에게서 나타나는 사고의 성숙 단계에 대한 Piaget의 관찰은 인지적 성장이 변하지 않으면서 상호의존적인 단계에서 일어난다는 것을 보여 준다. 또한, 그는 아동들이 각 단계에서 오로지 특정 인지적 과제만 학습하는 능력을 가지며, 일련의 성숙, 혹은 발달적 단계를 거치면서 사고하고 학습하는 능력은 연령에 따라 변화한다고 밝혔다. 학습의 양, 질, 깊이, 그리고 범위는 학습이 진행되는 동안의 단계에 의존하여 일어난다(Piaget, 1970; Brainerd, 2003; Meece, 2002). Piaget에 관한 부가적인 정보는 웹사이트 http://www.piaget.org에서 찾을 수 있다.

Piaget는 전형적인 아동의 발달 단계에 대한 도식적 설명을 제공한다.

1. **감각 운동기: 출생에서 2세.** 인생의 첫 2년은 **감각 운동기**라고 불린다. 이 단계 동안 아동들은 감각과 움직임을 통해, 그리고 물리적 환경과의 상호작용에 의해 학습한다. 아동들은 신체적으로 사물을 조작하는 것은 물론 움직이고, 만지고, 때리고, 깨물면서 공간, 시간, 장소, 영속성, 그리고 인과성에 관한 특성을 배운다. 학습장애를 가진 몇몇 아동들은 운동 탐구를 위하여 좀 더 많은 기회가 요구된다(감각 학습은 8장, "장애 유아"에서 설명하고 있다).
2. **전조작기: 2~7세.** Piaget는 인생의 다음 5년, 2세에서 7세 사이를 **전조작기**라 한다. 이 단계 동안, 아동들은 관계에 관한 직관적 판단을 하고, 상징적 사고가 시작된다. 이때 아동들은 언어가 점점 더 증가하면서 중요해지고, 세상의 특성을 표현하기 위해 상징을 활용하는 것을 학습한다. 그들은 세상의 특성과 속성에 관하여 배우기 시작한다. 그들의 사고는 세상을 지각하는 것에 의해 많이 지배받는다(지각은 8장, "장애 유아"에서, 언어는 11장, "말하기 언어 곤란"에서 설명하고 있다).

   전조작기의 특성 중 하나는 어린 아동이 오로지 사물에 대한 속성 혹은 기

© Bob Daemmrich Photography, Inc.

사회적 환경은 학습에 영향을 준다.

능에 이끌릴 수 있다는 것이다. 예를 들어 3세인 Josephine은 엄마가 언니의 학교 수업에서 보조 교사가 되었을 때 혼란해 하였다. Josephine은 매우 난처해하였고, 그녀는 "엄마는 선생님이 될 수 없어. 당신은 엄마야!"라고 소리치면서 당혹스러워 했다.

3. **구체적 조작기: 7~11세.** 7~11세 사이의 기간을 **구체적 조작기**라고 부른다. 아동은 관계성을 통하여 사고하고, 행동의 결과를 예측하며, 논리적인 양식으로 실체들을 분류한다. 그들은 그들의 사고를 좀 더 체계화하고 조직화할 수 있게 된다. 그러나 그들의 사고는 대체로 사전 경험과 비교하면서 공유하게 되고, 또한 조작하거나 감각을 통하여 이해된 구체적인 대상과 연결한다. 예를 들어, 이 단계에서 아동은 신체적으로 만지거나 그것들을 세어 보지 않

고 4개의 대상으로 구성된 한 세트의 사물을 인지할 수 있다.

4. **형식적 조작기: 11세.** 네 번째 단계인 **형식적 조작기**는 11세경에 시작되고, 사고의 과정에서 주요한 전환이 일어난다. 이 단계는 관찰이 사고를 이끄는 대신에 사고가 관찰을 이끌어 낸다. 아동은 구체적으로 언급되지 않는 개념, 이론, 그리고 논리적 관계를 이해할 수 있는 능력을 가진다. 형식적 조작기에서는 문제-해결 능력을 위한 일반화된 정위력(定位力)[11)]이 나타난다.

다음 단계로의 전환은 성숙에 의존하고, 그 단계들은 순차적이고 계층적이다. 교수는 학생들이 각각의 발달 단계에서 행동과 사고를 안정하려는 많은 기회와 경험에 영향을 준다. 그러나 학교 교육과정은 학생들의 이해를 위한 사전 준비 수준을 확인하여 기회를 제공하지 않으면서 학생들에게 주어진 영역에서 추상적이고 논리적인 개념화를 발전하도록 요구한다. 학생들에게 실제적 경험을 토대로 한 이해로부터 분리된 추상적, 논리적 개념을 가르치는 것은 부적절하고 불안정한 학습을 이끌것이다. 교사들은 이런 과정에서 학생들이 개념을 학습하였다고 생각하겠지만, 실상 그들은 단지 표면적인 구어 반응을 하고 있을 뿐이다. 예를 들어 이해에 대한 표면적인 학습은 **학생 이야기 5.1** "발달 이론과 성숙"에 제시한다.

## 학습 단계

학생들이 교육된 개념을 완전히 아는 데에는 일정한 시간이 필요하다. 일반적으로 학습자가 개념에 노출되는 첫 시간에는 그 개념을 완전히 이해하지 못한다. 오히려 그들은 개념을 완전히 이해하기 전에 학습의 발달적 단계를 거치면서 알게 된다. **그림 5.1**에 제시된 발달적 **학습 단계**에는 (1) 노출, (2) 지식의 이해, (3) 독립, (4) 적용이 포함된다. 교사는 하나의 학습 단계에서 다음의 학습 단계로 이동하는 것에 어려움을 호소하는 학생들에게는 도움이 되는 적절한 교수를 제공해야 한다. 이런 학생들은 각 단계에서 충분한 지원을 받아야 하는데, 이는 다른 학생들보다 한 단계에서 다음 단계로 이동하는 데 그 속도가 더 늦기 때문이다. 이런 실행은 학습의 각 단계를 바꾸는 데 가장 효과적이다. 학생들은 조기 습득 단계에서 새로운 기술 혹은 정보의 복잡한 기술을 아주 자세히 설명해 줄 것을 자주 요구한다. 학생들은 나중의 학습 단계에서는 새로운 기술과 새로운 지식을 통합하려는 능력

11) [역자 주] 집중력, 가동성(mobility), 대화능력, 감정조절능력을 향상시키고 상황을 바르게 인식하는 능력

## 학생 이야기 5.1

### 발달 이론과 성숙

어린 아동이 개념에 대한 깊은 이해 없이 표면적 구어 기술만을 가진 실례는 매우 재미있다.

- 한 유치원생이 우주선을 궤도에 쏘아 올리는 과학적 기술을 구어로 뛰어나게 설명하였다. 그의 훌륭한 설명은 "지금 발사…10-3-8-5-6-1!"와 함께 끝났다.
- 7세, 9세, 11세의 각각 3명의 아동에게 두 개의 여행 가방에 옷을 꾸리도록 요청했을 때 구체적 사물에 대한 인지능력의 성숙 정도가 명백히 나타났다. 11살인 Sue는 성인처럼 생각하여 하나의 여행 가방에는 낮에 입을 옷을, 또 다른 여행 가방에는 밤에 입을 옷을 정리했다. 9살인 Laura는 하나의 가방에는 상의를 정리하고, 또 다른 가방에는 하의를 정리하는 조직적 계획을 세웠다. 잠옷과 수영복의 상의는 하나의 가방에, 그리고 하의는 또 다른 가방에 넣었다. 7살인 Dean은 조직적 정리를 하지 못하고 무작위로 하나의 가방에 옷을 넣을 수 있는 만큼 정리하고, 나머지 옷은 또 다른 가방에 정리했다. 각각의 아동들은 각자의 성숙 단계에 의한 적절한 방법으로 2개의 가방을 정리하였다.
- 아동들이 좀 더 어려운 추상적 개념과 논리적 사고로 이동하기 전에 저학년에서 초기 학습 개념을 완벽히 이해해야만 한다. 예를 들어, 일대일 대응은 일련의 하나의 사물이 또 다른 일련의 하나의 사물의 수와 같다는 수학 학습에서의 기초적인 개념이다. 6살인 Jennine에게 교사가 5개의 작은 단추를 하나의 컵에 넣고, 5개의 큰 단추는 또 다른 컵에 넣는 것을 보여 주었다. Jennine는 큰 단추가 담긴 컵에 있는 단추가 더 많다고 말했다. 그녀는 일대일 대응에 대한 개념을 이해하지 못한 것이다.
- Piaget는 아동들에게서 보이는 사고의 성숙 단계에서 그들의 보존 발달에 관한 개념을 증명하려고 다음과 같은 실험을 하였다. Piaget의 보존 실험 중 하나는 아동들에게 동일한 크기의 두 개의 진흙 공이 같다는 것을 보여 주기 위해 저울에 올려놓는 것이었다. 8살 된 아동에게 2개의 공 중에서 하나의 공을 납작하게 하여 보여 주었을 때도 그들은 무게가 같다고 예측했다. 그러나 4살 된 아동들은 납작한 공이 더 무겁다고 말했다. 또 다른 실험에서는 동일한 양의 액체를 각각 두 개의 동일한 컵에 담았다. 하나의 컵의 액체를 가늘고 긴 컵에 옮겼을 때, 5살 된 아동은 가늘고 긴 컵에 담긴 액체가 더 많다고 확신했지만, 7살 된 아동은 그 양이 다르지 않다는 것을 알았다. 이와 같은 실험에서 Piaget는 보존의 원리를 이해하는 아동의 능력은 성숙의 과정을 통하여 자연스럽게 발달한다는 결론을 내렸다.

**심화질문** 이러한 사례는 학습에서 성숙의 중요성을 어떻게 설명하고 있다고 생각합니까?

을 구축하게 되는데, 이때 집중적인 연습은 가장 효과적이다. 또한 학생들은 종종 새로운 기술의 일반화와 적용하는 데 지원을 요구한다. 어떤 사람도 그저 단순히 습득된 기술이 다양한 상황에서 융통성 있게 사용할 수 있다고 확신하지 않는다.

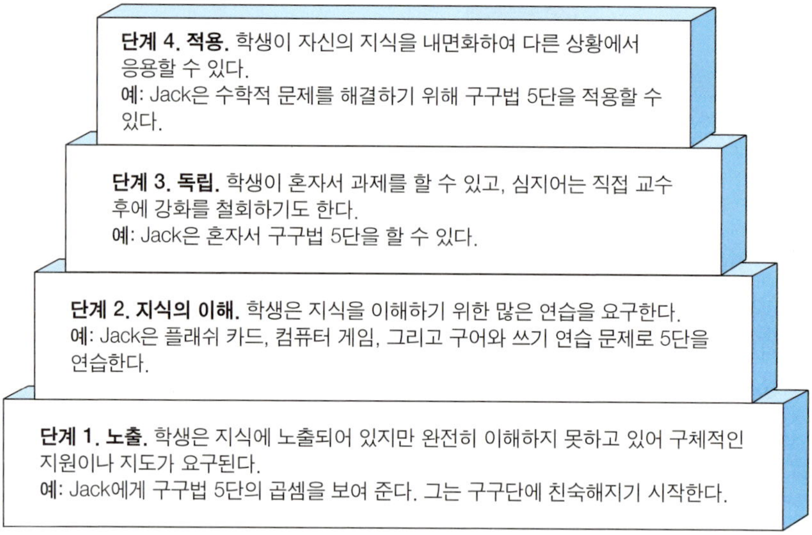

**단계 4. 적용.** 학생이 자신의 지식을 내면화하여 다른 상황에서 응용할 수 있다.
**예**: Jack은 수학적 문제를 해결하기 위해 구구법 5단을 적용할 수 있다.

**단계 3. 독립.** 학생이 혼자서 과제를 할 수 있고, 심지어는 직접 교수 후에 강화를 철회하기도 한다.
**예**: Jack은 혼자서 구구법 5단을 할 수 있다.

**단계 2. 지식의 이해.** 학생은 지식을 이해하기 위한 많은 연습을 요구한다.
**예**: Jack은 플래쉬 카드, 컴퓨터 게임, 그리고 구어와 쓰기 연습 문제로 5단을 연습한다.

**단계 1. 노출.** 학생은 지식에 노출되어 있지만 완전히 이해하지 못하고 있어 구체적인 지원이나 지도가 요구된다.
**예**: Jack에게 구구법 5단의 곱셈을 보여 준다. 그는 구구단에 친숙해지기 시작한다.

**그림 5.1** 학습 단계

## 발달 심리학의 응용

학습장애와 관련 경도장애 학생에게 발달 심리학은 어떤 영향을 미칠까? 이런 학생들이 학교에서 겪는 어려움에 대한 주요한 원인은 성숙에 있다. 모든 개개인은 다양한 기술을 성숙시키기 위하여 자연스럽게 발달하는 시간을 가진다. 가끔 학습 문제의 원인은 어떤 과정에서 성숙이 지연된 결과이다.

1. 많은 연구들은 저학년의 어린 아동이 동일 학년의 아동들에 비해 생일이 늦을 경우에 학습 문제가 좀 더 많이 나타난다고 밝히고, 이를 생일효과(birth-date effect)의 현상이라고 강조했다. 각 아동이 태어난 달은 학습장애 지원이 이루어지는 아동의 백분율에도 영향을 미치는데, 어린 아동(학교 입학일에 가까이 태어난 아동)들이 학습장애 지원에 좀 더 해당될 가능성이 높다(Nichell, Pederson, & Rossow, 2003; Diamond, 1983; DiPasquale, Moule, & Flewelling, 1980).
2. 교육적 환경은 실질적으로 인지능력이 아직 발달하지 않은 아동들에게 필요한 지적 요구에 따른 학습을 도와주기보다는 오히려 방해가 된다. 인지발달은 성인과 아동에게서 질적으로 다르게 나타난다. 인지발달은 아동의 성숙과 같이 단계적으로 발달하면서 사고 방법을 지속적으로 변화시킨다. 따라서 학교 환경은 아동의 자연스러운 성장을 이끌 수 있는 학습 경험이 제공되

도록 계획되어야 한다.

3. 준비성(readiness)이라는 개념은 목표기술을 학습하기 전에 요구되는 성숙적 발달과 사전 경험의 상태를 의미한다. 예를 들어 걷기를 위한 준비성은 신경학적 체계에서 특정 수준의 발달과 근육이 적절히 견고해져야 하고, 운동 기능에서의 적절한 발달을 요구한다. 영유아가 이런 능력을 가질 때까지 걷기 기술을 가르치는 시도는 실패할 것이다. 학습의 또 다른 영역에서 준비성을 설명하자면, 곱셈을 배우는 데는 덧셈에 관한 지식이 요구되는 것이다.

몇몇의 학습자는 준비성 기술을 부가적인 방법으로 습득하기도 한다. 그러나 학습장애와 관련 경도장애를 가진 어린 학생들에게는 명백한 교수가 학습하려는 다음 단계를 위하여 필요한 능력의 전조 혹은 준비성을 촉진하도록 도와준다. 세심한 교사는 어린 학생들의 성숙의 단계와 특정 발달적 지체를 연결하여 필요한 능력을 습득하도록 지원한다.

흥미롭게도, 교육에서 내려지는 결정에 대한 과학적인 시도들에서 가장 중요한 결정 중 하나—아동이 읽는 것을 언제 가르칠까—는 점성학에 근거하였다는 것이다. 아동이 태어난 별자리, 혹은 생일은 아동이 학교에 입학하고 공식적인 학교 학습을 시작하는 시기를 결정하기 때문에, 이러한 중대한 선택의 핵심적인 결정요인이 되는 것이다.

지금부터는 심리학에 있어서 또 다른 주요한 이론인 행동 심리학이 학습장애와 관련 경도장애에 미치는 영향에 대하여 살펴보기로 한다.

## 5.4 행동 심리학

행동 심리학은 행동을 학습하는 방법을 이해하도록 도와주는 이론으로, 가르치는 방법에 중요한 영향을 미친다. B.F.Skinner의 지휘로 연구가 시작된 이래, 60년 동안 행동 심리학의 개념은 학습을 촉진하기 위하여 주요하고 생산적인 적용을 이끌며 발전해 왔다. 특수교육의 개별화 교육 계획(IEP)은 행동적 접근이 적용된 것이다. IEP는 관찰 가능하고 측정 가능한 행동을 사용할 것을 요구한다. IEP에서는 학생의 현재 수행 수준이 측정되고 진술될 목표가 결정되며, 이러한 목표에 대한 성취를 평가하는 계획이 마련되고, 그 목적이 공식적으로 제시된다. 더구나 행동 이론들은 연구, 사정, 그리고 교수를 위한 체계적인 기반을 제공한다(Slavin, 2009;

Bauer, Keefe, & Shea, 2001; Scotti & Meyer, 1999). 학습과 교수의 행동 이론은 다음과 같은 개념에 근거한다.

1. 인간 행동은 긍정적 강화와 결과적 기능과 같은 행동 원리에 의해 형성된다.
2. 행동 수정은 관련된 행동에 직접적인 집중을 요구한다(예를 들어, 말하기, 읽기, 집중 할애하기, 뺄셈).
3. 교수의 목적은 분명히 명시되어야 한다.
4. 목표 행동은 관찰과 측정이 가능하다.
5. 중재의 효과는 자주 측정되어야 한다.

계속하여 (1) 행동 단위, (2) 기능적 행동사정과 긍정적 행동지원, (3) 직접 교수, (4) 행동 분석, (5) 행동 심리학의 응용에 대하여 살펴본다.

## 행동 단위

행동 심리학은 **행동 단위**에 기초하는데, 여기에는 A, B, C라는 세 가지 핵심 행동이 있다. ABC 유형은 **그림 5.2**에 제시하고 있다. A는 **선행 사건**(혹은 자극)이고, B는 **목표 행동**(혹은 행동 반응)이고, C는 **사후 결과**(혹은 강화)이다.

세 가지 행동 사이의 관계를 설명하는 한 예로 Bonnie가 조용히 읽기에 참여하는 시간을 늘리는 것이 교사의 목표라고 하자. 선행 사건(혹은 자극)은 조용히 읽기에 참여하는 시간을 제공하는 교사의 행동이다. 목표 행동(혹은 행동 반응)은 Bonnie가 2분 동안 읽을 때 일어난다. 사후 결과(혹은 강화)는 교사가 Bonnie의 읽기 행동을 칭찬하거나 보상으로 강화한다.

강화 이론에 대하여 비판하는 사람도 있다. Alfie Kohn(1995)의 유명한 저서인 『보상에 의한 벌: 금별, 보상 계획, A의 칭찬, 그리고 또 다른 상에 포함된 고통(*Punished by Reward: The Trouble With Gold Stars, Incentive Plans, A's Praise, and Other Bribes*)』에서 보상은 장기적인 행동의 변화를 이끌어 내지 못한다고 기

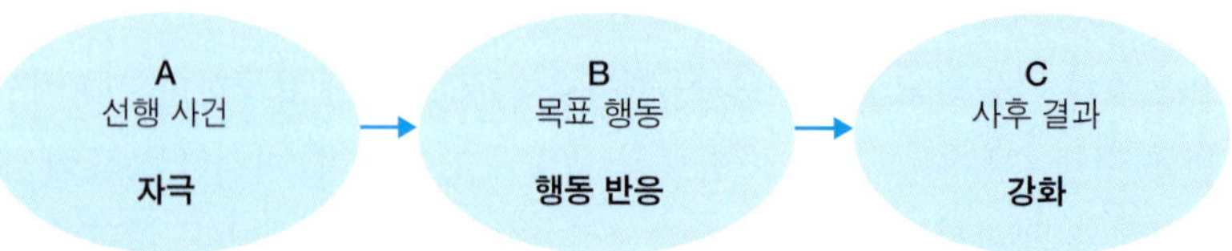


**그림 5.2** 행동 단위의 구성 요소

술한다.

## 기능적 행동사정과 긍정적 행동지원

장애인교육개선법(IDEA-2004)의 특징은 문제 행동을 보이는 장애 아동들을 위한 IEP가 기능적 행동사정과 긍정적 행동지원을 포함해야 한다는 것이다. 간략하게 설명하면 **기능적 행동사정**은 아동의 행동을 평가하고, **긍정적 행동지원**은 행동을 변화시키려는 중재이다(Lewis & Sugai, 1999; Polloway, Patton, & Serna, 2001; U.S. Department of Education, 2000a; Yell, Rozalski, & Drasgrow, 2001).

**기능적 행동사정** 학생들이 문제 행동을 보일 때, 학생을 위한 목적 혹은 기능을 지원하게 된다. 행동 단위의 세 가지 행동(**그림 5.2**에 언급됨)에서, 이것은 학생의 관찰가능한 행동을 유발시키는 선행 사건이다. 기능적 행동사정은 학생의 선행 사건이 학생에게 문제가 되는 행동을 수행하도록 이끄는 것이 무엇인지 발견하여 기술하고 분석한다. 예를 들어, Joshua는 큰 소리로 읽으라고 요청될 때마다 농담을 하고 큰 소리로 떠든다. 그의 기능적 행동사정은 Joshua의 빈약한 읽기 능력이 그를 당황하게 만들기 때문에 큰 소리로 읽는 것을 피하려고 이런 행동을 보였다고 판단한다.

**긍정적 행동지원** 어느 날 교사가 학생이 선행하는 행동에 대한 원인을 이해하면, 큰 소리로 읽기를 대신할 수 있는 활동, 즉 긍정적 행동지원을 모색한다. 예를 들어, 교사는 Joshua에게 요청될 읽기 단락에 관하여 사전에 개인적으로 알려 준 다음 친구들과 함께 그 단락의 읽기를 연습시킨다. 기능적 행동지원은 큰 소리로 읽으라고 요청될 경우를 대비하여 Joshua를 준비시키는 것이다. 이러한 지원은 Joshua의 문제 행동으로 인한 곤란한 사태를 제거할 것이다.

기능적 행동사정과 긍정적 행동지원에 관한 자세한 정보는 6장, "사회, 정서, 그리고 행동 문제"에 제시되어 있다.

## 직접 교수

**직접 교수**는 행동 이론에서 유래한 교수 실제이다. 직접 교수는 처음에 학습 문제를 보이는 학생을 위하여 개발된 교수 계획이고 읽기 숙달 시리즈에서 사용되어 왔다(Englemann & Bruner, 1974). 직접 교수는 가난 때문에 학습하기 어려운 학생들에게 효과적이었다(Carnnine, Silbert, Kame'enui, & Tarver, 2004). 직접 교수의 중요한 특징은 세심한 순차적인 기술을 토대로 한 수업, 많은 반복과 연습, 완전한 각본이 있는 수업이라는 데 있다. 직접 교수에 대한 웹 주소는 **http://www.sra4kids.com**이다.

직접 교수는 일반적으로 기초 학습 기술에 대한 구조화된 교수라는 의미로 활용되고 있다. (직접 교수라는 일반적 용어로 사용되고 있지 않음에 주의하라.) 직접 교수는 체계적으로 학습하는 과제에 집중된다. 기초 학습 기술의 핵심은 학생들이 배우는 것이고, 직접 교수는 학생들이 이러한 기술을 학습하도록 하는 환경을 구조화하는 것이다(Algozzine, 1991). 직접 교수에는 다음과 같은 특징이 있다(Carnine, et al., 2004; Algozzine, 1991; Rosenshine, 1986; Rosenshine & Steven, 1997).

- 기초 학습 기술을 직접 가르친다.
- 교사가 지도하고 통제한다.
- 구체적 순서와 구조화된 자료를 사용한다.
- 학생에게 기초 기술을 숙달시킨다.
- 학생에게 분명한 목표를 설정해 준다.
- 교수를 위한 충분한 시간을 계획한다.
- 학생의 수행에 대하여 지속적인 평가를 실시한다.
- 학생에게 피드백을 즉시 제공한다.
- 기술이 성취되어 숙달될 때까지 가르친다.

**명백한 교수**는 직접 교수와 유사하며 행동 조직을 기초로 한다. 명백한 교수는 교사가 가르치려는 특별한 기술에 관하여 분명하게, 그리고 학생들이 학습하는 데 자신의 경험으로부터 추론할 수 있도록 각 단계와 기술을 정확하게 가르친다(Gersten, 1998). 3장, **교수 정보 3.3**, "치료교육"에서 명백한 교수의 원리를 제시하고 있다.

## 행동 분석

**행동 분석**은 교수에 대한 행동 심리학의 또 다른 적용이다. 행동 분석은 교사가 학생들이 과제에서 성취해야 할 하위 기술을 결정하여 학습할 수 있도록 특별한 과제를 분석하는 것이다. 결정된 하위 기술은 정리하여 논리적인 순서로 배열한다. 교수는 학생들이 아직 습득하지 못한 각 기술들을 학습시키는 특별한 과제를 성취

## 교수 정보 5.1

### 행동 분석 단계

1. 학생의 수행에서 성취될 목표와 학습될 과제를 진술하라.
2. 과제의 수행에서 요구되는 하위 기술들을 분석하라.
3. 하위 기술을 배울 수 있게 순차적 순서로 목록화하라.
4. 학생들이 현재 알지 못하는 하위 기술을 결정하라.
5. 한 번에 하나의 하위 기술을 가르쳐라. 즉 하나의 하위 기술이 학습되었을 때 다음 하위 기술을 가르쳐라.
6. 학생이 목표를 성취하였는지, 혹은 과제를 학습하였는지에 대한 교수의 효과성을 평가하라.

하도록 학생을 도와주는 것이다. 학생들은 알지 못하는 각각의 하위 기술을 배운다. 학생은 하위 기술을 모두 학습하여 복잡한 행동을 습득한다.

예를 들어, 아동에게 수영을 가르치기 위해 행동을 각 단계로 분석하여 설명할 수 있다. 우선, 수영에 포함된 행동 단계를 분석한다(예: 뜨기, 서서 헤엄치기, 물 아래서 숨 참기, 발차기). 다음으로 아동에게 분석된 행동 순서에 따라 각 기술을 가르친 다음 각 기술이 연결되도록 가르친다. 마지막으로 수영장을 가로지르며 수영을 할 수 있는지 평가한다. 비록 이 예는 기초 학습 과제는 아니지만, 동일한 행동적 절차가 읽기, 수학, 혹은 쓰기에 적용될 것이다. **교수 정보 5.1**은 행동 분석에 포함된 각 단계를 기술한 것이다. 학생의 행동을 관리하는 좀 더 많은 정보를 얻으려면 http://www.behavioradvisor.com의 "Mac 씨의 행동 관리 사이트"를 방문하여 탐색해 보라.

### 행동 심리학의 응용

행동 심리학은 학습장애 학생과 관련 경도장애 학생을 위하여 광범위하게 적용된다.

1. **직접 교수와 명백한 교수는 효과적인 교수 방법론이다.** 학생들이 기초 학습 과제를 위하여 직접 교수를 받는 것은 중요하다. 교사는 교육과정의 구성 요소를 분석하는 방법과 순차적인 행동을 구조화하는 방법을 이해해야 한다.
2. **직접 교수는 교수의 많은 다른 방법과 연결될 수 있다.** 교사들이 학생들의 독

## 일반교육에 포함된 학생 이야기 5.1

### 행동 전략

일반학급에서 행동 전략으로 사용하는 방법:

**목표와 목적 수립**

- 기초 학습 목표를 분명히 하여 학습 과제를 구조화하라.
- 관리 가능한 단계로 목표를 세분화하여 과제를 분석하고 사용하라.

**보조를 맞춘 수업과 세심히 순서화된 자료 즉시 제공**

- 순차적이고 구조화된 자료를 제공하고, 수업에서 학생들이 한 번에 한 단계씩 습득하도록 도와주어라.
- 학습은 숙달한 후에도 더욱 반복하여 자동화되도록 속도를 증가시켜라.

**상세한 설명과 많은 예시 제공**

- 학생에게 과제를 확실히 이해시켜라.
- 상세하고 풍부한 교수와 설명을 제공하라.
- 많은 예를 사용하라.
- 많은 질문을 하라.

**새로운 기술을 연습하는 데 많은 기회 제공**

- 많은 연습 활동을 제공하라.
- 학생들이 쉽게 활동할 수 있게 하여 자동화가 발달되도록 도와라.

**학생들에게 피드백과 수정 제공**

- 학생들이 교사의 피드백을 통하여 새로운 자료를 학습하도록 도와라.
- 기초 학습에 피드백과 수정을 집중적으로, 그리고 즉시 제공하라.

**학생의 진보 평가**

- 학습에 대한 검토로 학생의 진보를 적극적으로 평가하라.
- 필요에 따라 교수를 수정하라.

특한 학습 유형과 특별한 학습 문제에 민감할 때, 직접 교수는 좀 더 효과적이다. 예를 들어, 민감한 교사는 음운 인식이 부족한 학생들을 위하여 직접 교수를 실행하는 동안 음운 학습에서 어려워하는 부분을 예측할 수 있다. 이러한 학생들은 기술을 학습하면서 시간, 연습, 복습, 그리고 개념에 대한 대안적 설명을 좀 더 많이 요구할 것이다. 민감한 치료교사는 계획된 교수에 교육과정과 개별학생에 대한 지식을 활용할 것이다.

3. **기능적 행동사정과 긍정적 행동지원은 행동 문제가 있는 학생들을 도울 수 있다.** 이는 바람직하지 못한 행동을 이해하는 가치로운 수단과 학생의 요구를 충족시킬 수 있는 방법을 제공한다.

**일반교육에 포함된 학생 이야기 5.1**, "행동 전략"은 일반학급에서 행동 심리학에 기초한 전략이다.

## 5.5 인지 심리학

세 번째로 중요한 심리학 이론은 인지 심리학으로 학습에서의 적용을 검토하며 살펴보기로 한다. 인지 심리학은 인간의 학습, 사고, 그리고 지식의 처리과정에 대하여 연구한다. **인지능력**(cognitive abilities)은 인간 기능에 있어서 필수적인 지적 기술의 군집이다. 이 능력은 어떤 것을 알게 하고, 인식하고, 사고하고, 개념화하고, 추상 개념을 사용하고, 추론하고, 비평하고, 그리고 창의적이게 한다. 인지적 · 정신적 처리과정의 본질에 관한 이론은 인간이 어떻게 배우는지, 그리고 인지적 특성이 학습에 어떤 영향을 미치는지에 대해 좀 더 이해하도록 도와준다. 또한 인지 이론은 학습장애 학생과 관련 경도장애 학생들을 위한 지침을 제공한다.

인지 심리학의 개념들은 오랫동안 매우 정교해져 왔고, 학습장애에서의 변화는 이러한 정교함을 반영하여 일어난다. 학습장애 학생과 관련 경도장애 학생의 교수에 영향을 미치는 다음과 같은 개념들은 인지 심리학의 생각이 발전되어 정교해진 것이다. (1) **인지처리과정**(cognitive processing)은 개별적으로 학습에 활용하는 정신적 활동을 의미한다. (2) 정보처리과정 모형(information-processing model)은 인간의 정신과 기억 체계에서 정보의 흐름을 강조하려는 학습 유형이다. (3) 인지 학습 이론(cognitive learning theories)은 사람들이 어떻게 배우고, 생각하고, 그리고 지식을 습득하는지에 대한 개념을 제공한다.

### 인지처리과정

앞에서 언급한 바와 같이, 장애인교육개선법-2004(IDEA-2004)에 있는 미연방의 학습장애에 대한 정의에서 중요한 요소는 학습장애 학생들이 학교 학습을 하는 데 요구되는 기초적 심리처리과정에서 하나 혹은 이상의 결함을 가지고 있다는 것이다. 심리처리과정의 결함이라는 용어는 학습장애 학생들이 인지처리과정에서 나타나는 어려움을 의미한다. 대부분의 학습장애 학생들과 관련 경도장애 학생들은 시지각, 청지각, 촉-운동지각, 언어기술, 그리고 기억 능력을 포함하는 기본적인 인지처리과정에 어려움을 보인다. 이런 학생들에게는 인지처리과정의 서로 다른 문제를 충족시키는 특별한 교육과 차별화된 교수가 필요하다.

심리처리과정 결함이라는 용어는 1975년에 처음으로 특수교육법(P.L. 94-142)이 제정된 이래 학습장애 학생들을 설명하는 중요한 요인이 되어 왔다. 교육가,

## 학생 이야기 5.2

### 인지처리를 고려한 학교

학생의 인지처리과정에 관한 정보를 잘 사용한 학교 교육과정의 예는 워싱톤의 랩학교로, 이 학교는 학습장애 학생을 위한 학교이다(Smith, 2005). 랩학교의 창설자면서 교장인 Sally Smith는 학교에 출석하고 있는 많은 아동들이 시각 예술에는 뛰어나나 청각과 언어 학습에서 많은 어려움을 보인다는 것을 알게 되었다. 그래서 그녀는 이런 학생들을 가르치는 데 예술과 경험적으로 직접 해 보는 것을 활용했다. 대신에 이런 아동들은 사회와 역사에서는 전형적으로 구조화하고, 교재 중심의 수업을 통하여, 1학년에서 6학년까지 기초 학습 클럽에서 배우도록 했다. 이러한 클럽에는 케이브클럽, 가드클럽, 나이트 앤 레이디스클럽, 르네상스클럽, 뮤지움클럽, 인더스트리얼클럽이 있다. 아동들은 1년 동안의 학교생활 중 반은 하나의 클럽에 참여한다. 이 클럽은 시각적 예술로 내용, 어휘, 역사, 그리고 지리를 가르친다. 예를 들어, 르네상스 클럽은 아동들의 비계를 설정하고 실제 시스티나성당의 천장화를 모사하여 그린다.

**심화질문** 교육과정에서 시각 예술의 역할은 무엇이라고 생각합니까?

심리학자, 부모, 그리고 기타 전문가들에게 **심리처리과정 결함**(psychological processing disorders)이라는 새로운 관점은 이런 학생들을 가르치는 새로운 방법을 제안하도록 했고, 학습에 실패한 학생들을 바라보는 관점에 활력과 희망을 가지게 했다. 이는 부모들이 아동들에게 노력하지 않는다고 나무라지 않고, 혹은 교사가 가르치지 않았다고 비난하지 않으며, 또한 부모의 양육 부족을 비난하지 않으면서 학습에 대해 보이는 아동의 어려움을 이해하는 논리적 방법을 제공한다(Smith, 2001; Vail, 1992; Vaughn, Gersten, & Chard, 2000).

교사는 관찰, 간단한 그들의 작업, 혹은 검사를 통하여 학생의 인지처리과정의 강점과 약점을 파악할 수 있다. 학생의 인지처리과정의 강점과 약점에 관한 지식은 교사들이 학생을 위한 적절한 교수를 계획하는 데 도움이 된다. 예를 들어 청각처리과정에 어려움을 가진 학생들은 음운과 같은 주요한 청각적 교수 방법을 어려워한다. 시각처리과정에 어려움이 있는 학생들은 주로 시각적 방법으로 학습하는 것이 장애물로 경험될 것이다. 학생의 인지처리과정을 고려한 학교 교육과정의 예는 **학생 이야기 5.2**, "인지처리를 고려한 학교"에 제시해 둔다.

### 정보처리과정 모형

**정보처리과정 모형**(information-processing model)은 학습과정 동안 정보의 첫

수용에서 처리과정 기능을 거쳐 행동을 하는 것까지의 정보 흐름을 추적한다. 청각 자극과 같은 입력(inputs), 연합, 사고, 그리고 결정 내리기와 같은 처리 기능(processing functions), 그리고 활동과 행동하는 출력(outputs)이 있다. 컴퓨터와 유사하게 사용되는 인간의 두뇌는 정보를 수용하고(입력), 정보를 저장하여 위치를 결정하고(기억 체계), 정보를 조직하고 조작과 결정을 촉진하고(중앙처리과정 체계-실행기능), 정보에 대하여 반응을 일으킨다(출력). 뇌와 학습에 대한 신경과적 연구는 정보처리과정의 모형을 지지한다(Pugh, Sandak, Frost, Moore, & Mencl, 2005; Sousa, 2001; Shaywitz, et al., 2004). 신경과학 연구와 뇌에 대한 좀 더 많은 정보는 10장을 참고하라.

**그림 5.3**은 정보처리과정 체계에 대한 그림 도표이다. 정보처리과정 모형은 입력, 출력, 기억, 실행 통제 기능과 같이 학습 처리를 개념화하는 데 유용한 방법을 제공한다(Greeno, Collins, & Resnick, 1996; Lyon & Krasnegor, 1996; Swanson,

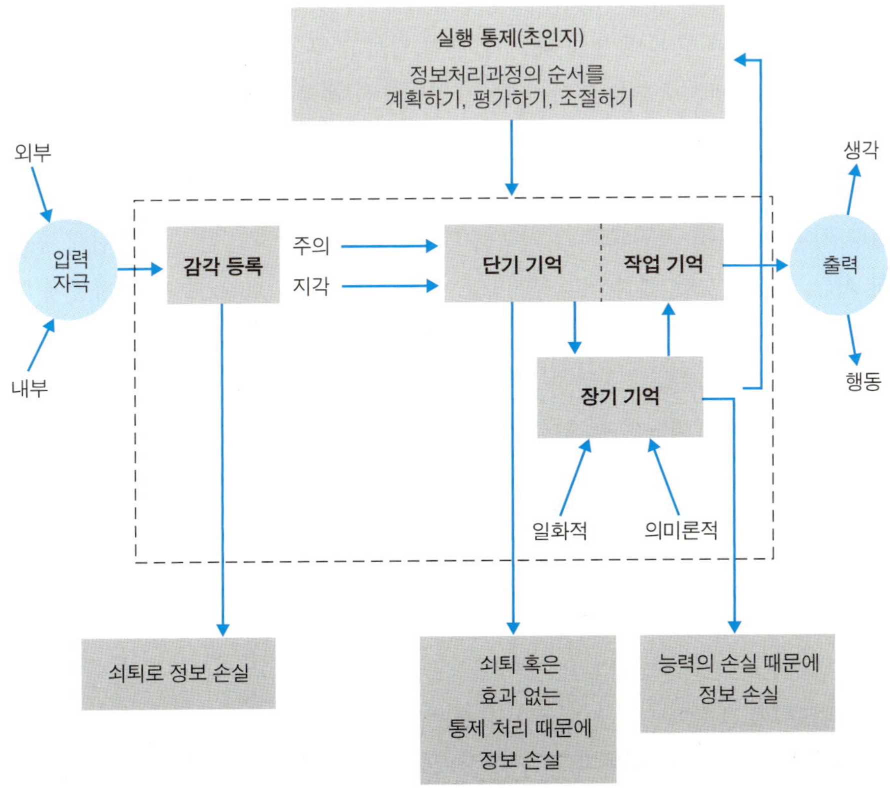


**그림 5.3** 정보처리과정 모형

1996). 이런 정보의 흐름을 설명한 예는 다음과 같다. 어떤 학생에게 하나의 단어를 보여 준다(입력 자극). 그 학생은 그 단어를 알아볼 수 있는 기억을 탐색하여 그 단어의 소리와 의미를 결정하고(처리와 실행 기능), 마침내 그 학생이 그 단어를 말한다(출력 실행). 만약에 학생이 그 단어에 대한 기억을 쇠퇴했거나 잊어버렸다면 그 단어를 인지할 수 없을 것이다.

정보처리과정 모형의 중심은 **다저장기억체계**(multistore memory system)이다. 다저장기억체계는 (1) 감각 등록, (2) 단기 기억(작업 기억), (3) 장기 기억이라는 3개의 기억 모형 사이에서의 정보 흐름을 의미한다(Swanson & O'Conner, 2009; Atkinson & Shiffrin, 1968; Broadbent, 1958). 정보처리에 관한 좀 더 많은 정보를 얻으려면 http://www.intime.uni.edu/model/information/proc.html을 방문해 보라. 세 가지 기억 모형은 **그림 5.3**에서 점선으로 그려진 네모 상자 안에 있다. 학습에 대한 정보처리과정 모형에서 정보의 구성 요소와 흐름은 이어지는 다음 내용에서 설명한다.

**감각 등록** 정보는 시각, 청각, 촉각, 후각, 미각과 같은 감각을 통하여 처음으로 수용된다. 자극은 내부의 정보 혹은 외부의 정보가 될 수 있다. 입력 수용기를 공격하는 대부분의 자극은 중요하지 않아 감각 등록에 들어오지도 않고 도착하지도 않는다. 그러나 한 번 정신이 입력 자극을 선택하여 주의를 기울이면 정보는 첫 기억 체계인 **감각 등록**(sensory register)에 흘러 들어간다. 이 감각 등록 체계는 입력 완충 기억장치로서 지원되고, 입력 수용에서 정보를 지각하고 분석하기 위해 충분한 시간 동안 정보를 해석하고 유지하도록 돕는다. **지각**(perception)은 자극에 의미를 부여하기 때문에 이 단계에서는 매우 중요하다. 지각은 개인의 과거 경험에 의존하여 자극 결과를 조직하는 능력과 의미를 붙이는 것이다. 과거 경험에서 지각 형성이 어떻게 되는가에 대한 예로, 3세된 아동에게 종이에 인쇄된 사각형 모양을 구별하도록 요구하였다. 구체화된 그의 개인적 그리고 독특한 지각은 "그것은 TV예요"라고 대답하였을 때 확실해졌다.

지각과 함께 집중 또한 이 단계에서 중요하다. 자극에 대한 잠재의식의 결정은 지속적인 집중이 일어나는 것이다. 주의에 관련된 결함은 8장, "장애 유아"와 7장, "주의력결핍 과잉행동장애와 관련 장애"에서 좀 더 상세히 살펴보기로 한다.

감각, 주의, 그리고 지각은 자극이 출현했을 때 일어나는 진행적 활동이다. 기억은 감각과 자료에 관련되어 이미 수용하고 인지한다. 기억(심상 혹은 "정신의 눈")은 자극이 기억에서 더 이상 재생되지 않았을 때 경험했던 감각과 지각을 저장하고 검색하는 능력이다. 감각과 지각은 오로지 정신에서 발생하는 것으로, 예를 들면 음악가가 처음으로 연주하는 음악을 듣는 것이요, 요리사가 사용한 레몬의 시큼함을 맛보는 것이요, 목수가 어제 작업에서 사용했던 사포의 거칠음을 느끼는 것이요, 정원사가 나무에 움튼 싹을 살펴보면서 라일락의 달콤한 냄새를 맡는 것이다. 3살 난 아동은 기억의 특성을 이해하기 위해 도움을 받는다. 어떤 아동의 어머니가 아동에게 눈을 감게 하고 땅콩버터와 잼 샌드위치를 생각하도록 요청한다. 그럼, 아동은 잼이 빵의 끝에서 흘러나오는 것을 "볼 수" 있으며, 땅콩버터의 "냄새를 맡을 수" 있고, 처음으로 한입 베어 먹었을 때의 "맛을 느낄 수" 있다고 말한다. 그 아동의 기억에 샌드위치에 대한 기억이 생생하게 남아 있었던 것이다.

**교수의 중요성** 정보처리과정의 이론은 경험에 대한 기억이 감각 등록에 몇 초 동안 저장된다는 것이다. 정보에 주의를 할애하려는 노력에도 불구하고, 정보는 감각 등록에서 빨리 사라진다. 교수의 중요성은 학생들에 따라 달라야 하고, 수업은 학생의 주의를 유발하도록 계획되어야 한다는 것에 있다. 교사는 학생의 주의 집중을 위해 빛을 움직이고, 종을 울리고, 혹은 "이 정보는 중요해요.", 심지어 "이것은 시험에 나올 것이다."라고 말하는 것과 같이 다수의 언어적 그리고 비언어적 신호를 사용한다. 좀 더 다른 섬세한 신호는 가리키거나, 입술 위에 집게손가락을 놓거나 하여 교사는 학생의 주의를 유도하고 집중시킬 수 있어야 한다. 아동들은 늘 어떤 것에 관심을 쏟고 있다. 교사들의 도전은 가르칠 자료에 주의를 집중시키는 것에서 시작될 것이다.

**단기 기억(STM)** **단기 기억**(Short-term memory)은 일시적인 저장 능력을 의미한다. 사람은 기억의 첫 체계인 감각 등록에서 의식적으로 정보를 인지하지 않는다. 그러나 단기 기억은 개인이 매우 의식적으로 정보를 인지하게 되지만 비교적 매우 소극적인 일시적인 기억 체계이다. 어떤 사람이 새로운 문제를 생각할 때, 새로운 정보는 단기 기억에서 오래된 기억을 대신한다. 오래된 기억은 쇠퇴되고 잊어버리거나 장기 기억에 저장되어 있다(Swanson & O'Connor, 2009; Swanson, Zheng, & Jerman, 2009; Swanson, 1996). 단기 기억은 컴퓨터의 스크린에서 작업하는 자료와 유사하다. 컴퓨터와의 유사하다는 것에서 설명하자면, 정보는 일시적이어서 저장하지 않고 전원을 끄면 그 정보는 잃어버린다는 것이다.

**작업 기억** **작업 기억**(Working memory) 또한 일시적인 기억 체계이지만, 이것은 차별화된 단기 기억으로 작업 기억은 활동적 체계이고 복잡한 인지적 과제를 사용한다. 인간은 적극적으로 정보를 사용하여 인지와 사고 활동을 변화시킨다. 인간은 지속적인 주의로 현재 관계가 있는 정보를 입력하고 그것에 관계된 행동, 문제 해결, 인지 계획을 발달시키는 것은 작업 기억에서 실행한다. 사람은 장기 기억이라는 최후의 저장을 위해 형성하고 분석하여 개정된 생각들을 작업 기억에서 처리한다. 어떤 정보가 작업 기억에 입력되려면 일반적으로 집중과 지속적인 주의를 요구한다(Swanson & O'Conner, 2009; Hambrick & Engle, 2003; Hutton & Towse, 2001; Sousa, 2001).

**교수의 중요성** 교수는 정보를 짧은 기간 동안 단기 기억에서 유지시키는 것이다. 단기 기억에서의 정보는 몇몇 방법으로 작용되었음에도 불구하고 곧 잃어버릴 것이다. 작업 기억 또한 일시적인 기억 체계이지만 단기 기억보다는 좀 더 적극적이다. 장애를 가진 학생들의 일반적인 특징은 언어적 정보를 기억하는 것이 어렵다는 데 있다(Mastropieri & Scruggs, 2010). 교수는 학생들이 작업 기억에서의 정보를 적극적으로 생각하도록 하여 단기 기억에 정보를 머무르게 하는 시간을 연장하고 장기 기억으로 이동하도록 도와준다. **교수 정보 5.2**, "기억을 개선하기 위한 전략"에 제시된 전략들은 기억을 개선시킬 것이다.

**장기 기억과 검색** 장기 기억(Long-term memory)은 영구적인 기억 저장소이다. 오랜 기간 동안 정보를 학습하고 유지하려면 정보가 단기 기억과 작업 기억에서 장기 기억으로 이동되어야 한다. 장기 기억에 저장된 정보는 영구적으로 남아 있다고 생각되어 왔다. 신경학적 연구와 의학적 경험에서 기억은 매우 오랫동안 장기 기억 저장소에 남아 있다고 분명히 밝히고 있다(Semb & Ellis, 1994). 장기 기억에 문제를 가진 사람들은 그 문제가 기억 저장소에서 나타나지 않고 인출(retrieval)에서 나타나는데, 이는 장기 기억에 저장된 정보를 어떻게 회상(혹은 기억)하느냐의 문제라는 의미이다. **그림 5.3**에서 보여 주는 것처럼, 단기 기억에서의 정보를 장기 기억에 저장했음에도 불구하고 잊어버릴 수 있다. 어떤 사람이 특정 문제에 관하여 생각하기 전에 저장된 정보가 장기 기억에서 검색되어야만 하고 단기 기억이나 작업 기억(혹은 자각)에 배치되어 있어야만 한다. 컴퓨터에 비유하자면, 어떤 사람이 저장된 파일에서 작업하길 바란다면, 저장된 파일을 데스크톱(단기 기억 혹은 작업 기억)에 저장되어 있어야만 한다.

장기 기억의 두 가지 유형은 일화적 기억과 의미적 기억이 있다. 일화적 기억은 어떤 사람의 삶에서 사건에 대한 시각과 감각적 표상인 심상으로 나타난다. 예를 들어, 어떤 사람은 카니발에 대한 일화적 기억은 회전목마의 소리에 의해 유발될

## 교수 정보 5.2

### 기억을 개선하기 위한 전략

- ✔ **사전 연습 및 정보의 반복.** 사전 연습은 잊어버리는 과정을 천천히 진행시켜 장기 기억으로의 정보 전이를 도와준다. 예를 들어, 여러분이 전화번호를 보고, 그 번호를 반복하는 것은 번호 키를 누르는 동안 전화번호를 기억하도록 도와준다.
- ✔ **정보를 덩어리로 나누거나 집단화하기.** 정보를 작은 조각으로 분리하는 것보다는 정보를 집단화시키는 방법이 정보를 기억하는 데 더 도움이 된다. 예를 들어, 123-44-1830이라는 사회보장번호(Social Security Number)[12]는 3개의 수로 이루어진 한 묶음, 2개의 수로 이루어진 한 묶음, 4개의 수로 이루어진 한 묶음의 3개 집단으로 묶을 수 있다.
- ✔ **정보의 조직화.** 정보를 조직화하는 것은 정보를 좀 덜 복잡하게 하고, 또 다른 부분의 정보와 연결시켜 준다. 예를 들어, 음식은 네 가지의 기본적 요소인 유제품, 곡식류, 과일과 야채류, 그리고 육류로 조직화할 수 있다.
- ✔ **핵심 단어.** 이는 특정 단어를 잘 아는 또 다른 단어에 연결시켜 기억을 도와주는 기술이다 (Mastropieri & Scruggs, 1998). 단어의 일부(예: 첫 소리, 혹은 운율적 요소)를 연결하는 것은 핵심 언어와 유사하다. 핵심 언어 방법은 외래어, 기술적 단어, 혹은 이름과 같이 짝이 되는 용어를 학습할 때 용이하다. 예를 들어, 여러분이 누군가를 소개받을 때, 여러분은 "키가 큰 Tony" 혹은 "푸른 눈의 Bonnie"와 같이 개인의 특성과 이름을 연결한다면 그 사람의 이름을 쉽게 기억할 것이다.

지도 모른다. 의미적 기억은 일반적 지식, 언어, 개념, 그리고 일반화에 대한 저장소로 구성된다. 장기 기억에서 의외의 작은 조각의 검색은 때때로 이상한 사건에 의해 유발된다. 한 번은 최근 전국교육회의에서 이와 같은 사건이 일어났는데, 어떤 참가자가 로비에서 어렴풋이 잘 아는 것 같은 여성을 보게 되었다. 그는 몇 분간 그녀를 관찰한 후에 그녀에게 걸어가서 "힐탑 5-4260"이라고 불쑥 말을 꺼냈다. 실은 그것은 약 25년 전에 기억했던 그녀의 전화번호였다. 결국, 회의 참가자는 그녀의 전화번호를 기억했을 뿐 그녀의 이름은 기억할 수 없었다.

**교수의 중요성** 정보를 장기 기억에 저장하는 방법은 검색의 과정을 도와준다. 교사는 학생이 검색하는 과정에서 학습 전략 교수를 활용하여 도울 수 있다 (Mastropieri & Scruggs, 2010). 9장, "학습장애 청소년과 성인, 그리고 관련 경도장애 청소년과 성인"에서 학습 전략 교수에 대하여 설명하고 있고, 12장, "읽기 곤란"

12) [역자 주] 우리나라의 주민등록번호처럼 공식적인 신분 증명에 필요한 번호로, 은행계좌 개설 및 조회, 직장 · 학교 등에 제출하는 서류와 각종 공식 문서에 반드시 기재해야 한다.

에서는 어휘를 개선하여 읽기에 사용되고, 그리고 의미적 기억을 향상시킬 수 있는 전략을 설명한다. 다음의 전략은 장기 기억에 정보를 저장하고 검색하는 데 도움이 되는 것이다.

1. **조직화된 도식.** 대부분의 추천되고 있는 공부 기술은 장기 기억에서 쉽게 기억해 낼 수 있도록 정보를 조직화하는 방법이다. 예를 들어, 사회 과목에서 한 나라를 연구할 때 날씨, 농작물, 강 등등 그 나라에 관한 핵심 정보를 연결하는 단어 웹을 사용하는 것이다.
2. **선행 지식 활용하기.** 새로운 정보를 학생이 이미 아는 지식과 연결시키는 것은 훨씬 쉽게 인출하도록 도와 준다. 어떤 것을 아는 것은 정보를 수용하는 것뿐만 아니라 정보를 해석하고 다른 지식과 관련시키는 것이다. 교사는 학습하는 데 학생이 이미 알고 있는 것이 무엇인지 파악하여 이미 알고 있는 지식과 새로운 지식을 연결시켜야 한다. 예를 들어, Abe는 이미 공룡에 관하여 꽤 많이 알고 있다. 새로운 유형의 공룡이 발견되는 순간, Abe는 새로운 공룡에 관한 정보를 그가 이미 알고 있는 사전 정보에 연결한다.
3. **의미 있는 정보의 형성.** 학생들은 정보를 이미 알고 있는 어떤 것에 연결하여 의미 있게 만들 수 있다면 그들의 장기 기억은 강화될 것이다. 학습은 이미 알고 있는 것(혹은 선행 지식)에 의존한다. 교사는 지식 배경을 제공하는 것에 의해, 그리고 장기 기억에 이미 있는 것과 연결하는 것으로 학생들을 도울 수 있다. 예를 들어 Betty는 뉴스에서 선거인단에 대한 개념을 접하게 되었다. 이 용어는 그녀가 이미 알고 있는 선거에 선거인단이라는 새로운 정보를 연결하여 좀 더 의미 있게 되었다. Betty는 각 주의 선거인단 스프레드시트 프로그램(spreadsheet program)과 각 대통령의 입후보자에 대한 선거 투표의 전체 수를 개발하였다. 그녀는 막대그래프를 활용하여 스프레드시트를 설명할 수 있었다.

**실행 통제** **실행 통제**(Executive control)는 정보처리과정의 요소로 통제하는 능력과 어떤 사람이 학습하고, 사고하고, 정신적 활동을 관리하는 것을 의미한다. 초인지(metacognition)라는 용어는 실행 통제와 관련하여 종종 사용된다. 초인지는 이 장의 나중 부분에서 좀 더 상세하게 설명한다. 실행 통제는 (1) 사고의 흐름을 관리하고, (2) 학습하는 동안 인지과정을 운영하고, (3) 정보가 처리되는 통로를 유지한다. 또한 정보처리과정에서 정해진 순서를 계획하고, 평가하고, 조절하는 것을 포함한다. 실행 통제는 정신적 활동이 일어나는 것을 결정하고, 처리과정의 구성 요소를 주의와 집중으로 수용하도록 결정한다. 어떤 사람의 동기와 목표는 주의를 할애할 우선순위를 결정하고 문제를 관리하는 데 중요한 요인이 된다(Lavoie, 2007; Lyon & Krasnegor, 1996; Swanson, 1996).(3장, "치료교육"에 있는 "실행 기능"이라는 제목의 영역을 참고하라.)

실행 통제는 컴퓨터를 조작하는 체계와 유사하다. 이 조작 체계는 프로그램과 자료들 사이를 조정하고 배치를 통제하여 인터페이스(interface)[13]로 연결한다. 또한 실행 통제는 각 프로그램이 하는 것이 무엇인지, 그리고 이 프로그램이 디스크 드라이브 혹은 인쇄 명령과 같은 특정 체제의 지원에 활용될 것을 요구하는지 추적하여 유지한다.

**교수의 중요성** 학생들은 정보를 기억하는 것만으로는 충분하지 않기 때문에 정보의 사용을 결정하는 실행 통제가 필요하다. 많은 연구들은 학생들이 가지고 있는 정보를 사용하여 학습을 촉진하고, 전략을 선택해야만 한다고 주장한다(Deshler, Schumaker, Lenz, & Bulgren, 2001; Deshler et al., 1996; Lenz, Ellis, & Scanlon, 1996). 사람이 사고하는 것을 통제하기 위한 학습 전략 교수는 9장, "학습장애 청소년과 성인, 그리고 관련 경도장애 청소년과 성인"에서 좀 더 자세히 설명한다.

## 5.6 인지 학습 이론

오늘날, 인지 심리학은 학습에 어려움을 가진 개인의 정신과 사고 과정에 대한 연구를 지속하고 있다. 현대의 인지 심리학은 실행 기능, 사회적 지각, 작업 기억, 자기 평가, 그리고 초인지를 포함한 사고 과정을 연구하는 것으로 인지 과정의 연구가 심층화되고 있다(Puch, et al., 2005; Sousa, 2001; Swanson, Harris, & Graham, 2003). 최근 기능성자기공명영상(fMRI)의 장치를 사용한 학습하는 뇌에 대한 신경학적 연구는 이러한 과정이 나타나는 뇌의 위치를 보여 준다(10장, "학습장애와 관련 경도장애에 대한 의료적 측면").

일반학급에서의 성공은 학생들이 복잡한 개념을 배우고, 문제 해결 기술이 좋아야 하며, 그들 스스로 정보를 조직하는 방법을 알아야만 이루어진다. 그들은 종종

13) [역자 주] 서로 다른 2개의 체계, 장치, 소프트웨어 등을 서로 이어 주는 부분, 또는 그런 접속 장치를 의미한다.

많은 기초 학습 활동과 충분한 피드백을 요구하고 추상적 정보를 유지하는 실제를 위하여 배경 지식을 제한한다(Swanson, Harris, & Graham, 2003; Gersten, 1998; Vaughn et al., 2000).

대부분의 교수 전략들은 인지 이론에서 유래하는데, 이는 학습장애를 가진 학생들이 일반교육 교과과정의 개념과 교과 문제를 해결하는 데 도움을 준다. 비계화된 교수, 학습 전략 교수, 그리고 또래 교수와 같은 몇몇 효과적이고 실증적인 교수 접근은 3장, "치료교육"에 설명되었다. 여기에서는 (1) 도제 기간, (2) 그래픽 조직자, (3) 개념맵, (4) 마인드맵이라는 인지 학습 전략에 대한 몇몇 부가적인 효과를 설명하기로 한다.

## 도제 기간

도제 기간은 지식이 있는 성인과 학습자가 실제 생활의 문제를 협력하여 해결하는 환경에서 일어나는 교수 방법이다. 이런 환경에서 일어나는 학습은 문제를 읽는 것보다는 진짜의 문제를 해결하는 데 적합하게 한다. 도제 기간은 학습자를 동기화시키고, 도제는 학생들이 현실 세상에서 지식이 어떻게 적용하는지에 대한 습득을 경험으로 배우기 때문에 일반화를 증가시킨다(Gersten, 1998). 몇몇 유럽 나라들은 도제를 중등 교육 이후의 대안으로 제시한다. 예를 들어 청년이 목공 기술을 배우기 위한 도제로서 목수와 함께 작업을 하는 것이다.

## 그래픽 조직자

그래픽 조직자(graphic organizer)들은 교재와 그림 모두를 혼합하여 개념, 지식, 정보를 시각적으로 표현한다. 그래픽 조직자는 복잡한 관계를 알 수 있는 정신에 따라 정보를 이해하려는 사람들을 쉽게 이해시킨다. 많은 연구들은 그래픽 조직자들이 학습장애 학생들에게 매우 유용하다고 밝히고 있다(Baxendell, 2003; Sabbatino, 2004). 그래픽 조직자는 일반적으로 다음과 같은 것들을 사용한다.

- 벤다이어그램
- 시각적(위-아래) 계층도
- 단어망
- 개념맵
- 마인드맵

다음은 개념맵과 마인드맵이 효과적인 인지 학습 전략으로 어떻게 활용되는지에 대하여 설명한다.

## 개념맵

개념맵을 가지고 학생 혹은 교사들은 개념과 단어를 함께 묶을 수 있다. 이 활동은 학생이 어떤 개념에 대한 구조를 활동적으로 하도록 지원한다. **그림 5.4**는 13세 된 학생이 쓰기 프로젝트를 준비하면서 팀 운동이라는 주제를 만들어가는 개념맵이다. 개념맵에 대한 좀 더 많은 정보를 위해 http://www.thinkingmaps.com을 활용해 보라.

## 마인드맵

**마인드맵**(mind mapping)은 한 학생 혹은 한 무리의 학생 집단의 생각을 한 장의 큰 종이, 전지, 큰 학습 차트에 그려 전하는 방법이다. 개념은 무작위로 산출되고, 특정 단어나 개념은 다른 암시나 그림으로 유도된 또 다른 개념을 형성시킬 것이다. **그림 5.5**는 학생 집단이 숙제에 대한 주제를 구조화한 마인드맵이다.

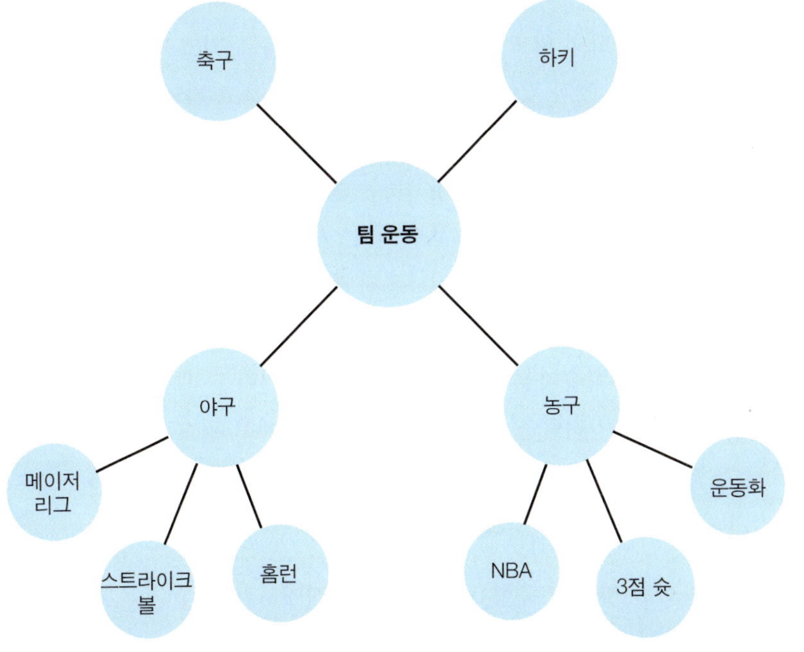


**그림 5.4** 팀 운동에 관한 개념맵

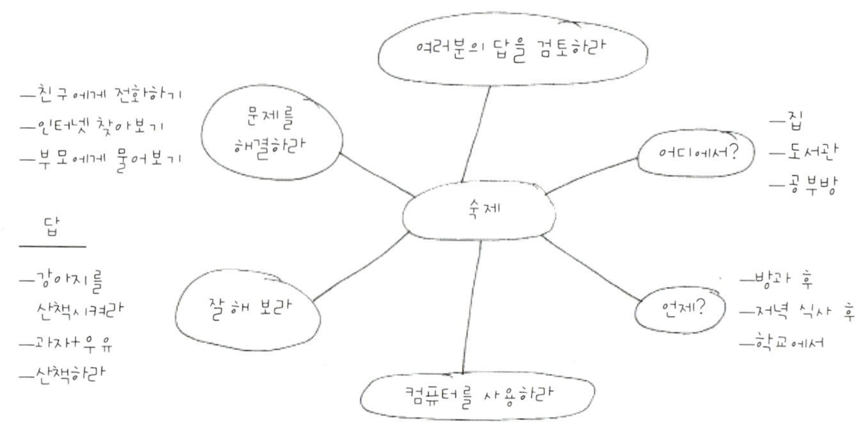


**그림 5.5** 숙제에 대한 마인드맵

## 초인지

**초인지**(metacognition)는 인간이 학습에 대하여 체계적인 사고로 인지하는 것을 의미한다. 즉, 통제하여 말하고 자신의 사고 과정을 관리하여 학습을 촉진하는 능력이다. 사람들은 구입할 물건을 기억하기 위해 쇼핑 목록을 만들고, 어려운 단원을 이해하거나 자료를 기억하기 위하여 스스로 개요를 작성하여 정리하는 것, 혹은 그들의 학습을 확고히 하고 강화시키는 데 도움을 주려고 막 배운 것에 대하여 예행연습과 반복하는 것과 같이, 그들이 스스로 학습하고 기억하는 것을 도와주는 어떤 일을 하는 것을 초인지로 설명한다. 이러한 행동은 자신의 한계를 인지하고, 자신의 학습과 문제 해결을 위하여 계획하는 능력을 인지한다(Swanson, 1996). **학생 이야기 5.3**, "초인지 쇼핑 행동"은 초인지의 예이다.

능률적인 학습자는 초인지 전략을 사용하지만 학습장애와 관련 경도장애 학생들은 그들 자신의 학습을 관리하는 기술이 부족한 경향을 나타낸다. 그러나 어느 날 그들이 능률적인 학습자들이 사용하는 초인지 전략을 배우게 된다면, 그들은 많은 상황에서 초인지 전략을 적용할 것이다. 학교에서 필요로 하는 초인지 전략은 (1) 분류, (2) 검토, (3) 평가, (4) 예측이다(Creel, Fore, Boon, & Bender, 2006; Gersten, 1998; Kluwe, 1987).

**분류** 분류는 학습 활동의 유형, 공부, 형식을 결정하는 기술이다. 사람들은 그들 자신에게 "나는 여기서 무엇을 하고 있지?" 혹은 "이 활동이 내게 중요한가?"라는 질문을 한다. 예를 들어, Jose는 영어 단어와 스페인어 단어를 비교하면서 "스페인

## 학생 이야기 5.3

### 초인지 쇼핑 행동

대부분의 사람들이 친근하게 여기는 초인지 행동에 대한 일반적인 예는 식품점에서의 쇼핑 활동을 계획하는 것이다. 대부분의 사람들은 이런 활동을 꼭 하고 있고, 그들은 자신을 위하여 발전된 계획을 작성한다. 다음의 식품점 쇼핑 계획은 사전 지식과 경험을 통한 초인지 행동이다. 그것들은 기억을 향상시키는 방법(예: 쓰기, 시각화 혹은 재검토)과 앞으로의 활동을 위하여 조직하고 준비하는 방법(예: 음식 만들기, 먹기, 식사 초대하기)을 포함한다. 한 집단의 사람들에게 그들의 식료품 쇼핑을 위하여 계획을 어떻게 세우는지에 대해여 묻자, 그들의 대답은 광범위하게 서로 달랐고, 그에 따라 광범위한 초인지 방법이 나타났다. 그들의 답 중 몇몇은 다음과 같다.

- 나는 편리한 장소에 종이를 붙여 놓고 그 주 동안 필요한 것이 발견되면 그것들을 붙여놓은 종이에 기록해 둔다. 나는 이 목록을 식료품점에 가지고 가면 쇼핑에 도움이 된다.
- 나는 쇼핑을 가기 전에 필요한 것이 무엇인지 생각하고 목록을 작성한다. 나는 이 목록에 따라 각각의 항목을 검토하면서 상품들을 구입한다.
- 나는 쇼핑을 가기 전에 찬장을 열어 보고 없는 항목을 살펴보는 것으로 식료품 쇼핑을 하는 충분한 정보를 제공받는다.
- 나는 가게 통로를 오고 가면서 내가 필요한 상품들을 떠올린다.
- 나는 세일하는 상품만을 사고, 이런 상품들을 재어 둔다.
- 나는 내가 얻을 수 있는 쿠폰을 사용하여 신중하게 쇼핑을 계획한다.
- 나는 가게에 가서 먹기에 좋은지 살펴보고 상품을 구입한다. 나는 집에 돌아왔을 때 필요한 상품을 구입하지 않은 것을 발견하고 다시 가게에 가곤 한다. 아마도 나는 쇼핑을 하는 계획을 세우지 않는 것 같다.
- 충동적 구입을 피하기 위해 나는 항상 쇼핑을 하기 전에 무엇인가를 먼저 먹는다.
- 나는 내가 사용할 돈이 얼마나 있는지 확인하고, 계산기로 구입한 물건이 그 금액에 도달하면 구입하는 것을 멈춘다.

**심화질문** 여러분은 초인지 전략을 어떻게 활용하여 쇼핑 을 합니까?

어를 아는 것이 영어를 배우는 데 도움을 줄 것이다."라고 자신에게 말한다.

**검토** 검토는 자신의 진보, 성공, 그리고 결과를 결정하는 문제를 해결하는 과정 동안의 단계를 포함한다. 예를 들어, 어떤 사람이 "나는 이 수업의 대부분을 기억한다.", "나의 계획은 매우 상세하고 신중하다.", "나는 거기에 도착하기 전에 가야 할 길이 여전히 멀다.", "나는 여기서 이해하지 못한 어떤 것이 있다."라고 말할지도 모른다.

**평가** 평가는 검토를 넘어서 질에 관한 정보를 제공한다. 예를 들어, 사람들은 "나의 계획은 어떤 위험도 배제할 만큼 충분히 좋지 않다.", 혹은 "나는 잘 해 내었어."라고 생각하는 것이다.

**예측** 예측은 문제 해결과 예측되는 결과를 위하여 가능한 대안적 선택에 관한 정보를 제공한다. 예를 들어, 사람들은 "내가 이 문제로 결정한다면, 기술적 세부 사항은 성취하기 힘들 것이다. 나는 그 문제를 도와줄 누군가를 찾아야 할 것이다.", 혹은 "나는 4일에 보고서를 마칠 수 있을 것이다."라고 생각하는 것이다.

### 인지 심리학의 응용

인지 심리학은 사람들이 어떻게 배우는지에 관하여 분석하기 때문에 교수를 위한 전략이 제공된다. 인지 심리학을 토대로 하는 교수 전략은 학생들이 경청하고, 기억하고, 이해하고, 사고하는 학습과 즐겁게 학습하도록 도와준다. 인지 전략이 적용된 일반교사의 방법은 **일반교육에 포함된 학생 이야기 5.2**, "인지 심리학에 기초한 전략"에 제시한다.

## 5.7 학습 교수 전략

여기에서는 (1) 학습 전략, (2) 학습에서의 사회적 상호작용, (3) 상호적인 대화와 같은 몇몇 인지 이론적 교수 적용에 대하여 설명한다. 또한 학습장애와 관련 경도장애를 가진 학생들을 위한 학습 교수 전략에 대한 적용도 살펴볼 것이다.

### 학습 전략

교수에 대한 **학습 전략 접근**(learning strategies approach)은 학생이 무엇을 배울 것인가에 초점을 맞추기보다는 어떻게 배울 것인가에 초점을 둔 일련의 방법이다. 능률적인 학습자는 배우고 기억하는 것을 도와주는 수많은 학습 전략을 사용할 수 있다. 학습장애와 관련 경도장애 학생들은 그런 학습 전략의 레퍼토리가 부족하다. 교사들이 학생들에게 학습 전략을 습득하도록 도와줄 때, 학생들은 어떻게 학습하는지를 배운다. 능률적이고 잘 적용되는 방법으로 배우는 사람들에 의해 사용되는 전략은 무엇인가? 성공적인 학습자는 학습을 촉진하는 그들의 사고 과정을 통제하고 관리한다. 그들은 **적극적인 학습자**이다. 그들은 그들 자신에게 질문하고, 그들의 생각을 조직한다. 학생들은 이미 소유하고 있는 사전 경험과 지식과 더불

## 일반교육에 포함된 학생 이야기 5.2

### 인지 심리학에 기초한 전략

사전 지식에 새로운 정보를 연결하라.

- 학습은 사전 지식과 경험에 의존하는 누적적인 과정이다. 새로운 지식은 이미 알고 있는 것에서 형성된다. 어떤 과목에 관하여 하나 이상을 알면, 학습 경험을 통하여 그 이상을 획득할 수 있다.
- 학생이 이미 알고 있는 것에서 시작하여 새로운 정보를 연결하도록 도와주라. 예를 들어, 21254를 아는 아동에게 새로운 숫자 213을 사전 지식인 212에 연결한다면 좀 더 쉽게 배울 수 있다.

적절한 수준에서 교수를 시작하라.

- 수업의 목적에서 면밀하게 어려운 정도를 확인하라.
- Vygotsky의 근접발달영역(ZPD)은 학습에는 몇 가지 어려움의 정도가 있다고 지적한다. 어려움의 정도가 낮은 쪽에서는 학생들이 독립적으로 배울 수 있다. 어려움의 정도가 높은 쪽은 학생의 능력을 넘어서고, 학생은 기술을 획득할 수도 없고, 그들 스스로 그 기술로 전이될 수도 없다. 이 두 수준 사이인 한가운데는 교수를 해야 하는 곳으로 이를 ZPD라고 한다. 이 수준은 학생들에게 힘들지도 쉽지도 않으며, 학생들은 성인에게 안내되어 성공적으로 배울 수 있다.

사회적 환경에 대한 안내를 제공하라.

- 교사와 학생 간의 사회적, 그리고 호혜적인 관계는 학습에서 매우 중요한 요소이다. 교사는 코치로서 학생이 학습하고 성장하기 위하여 필요한 지원을 제공한다.
- 비계화된 교수는 학생이 독립적으로 과제를 할 수 있을 때까지 지원을 제공한다.

어떤 기술을 자동화하도록 발전시켜라.

- 학생들이 특정 자동적 반응을 발달시키기 위해서는 많은 연습과 반복이 요구된다. 몇몇 유형의 지식은 거의 무의식적으로, 즉 거의 처리과정에 노력 없이 자동화되어야만 한다.
- 자동화의 예로, 학습하는 데 조건으로 한정하는 것은 단어를 보아 인지하고, 수학적 사실을 바르게 기억해내거나 그 주의 연속되는 날들을 주의를 기울이지 않아도 알 수 있는 것처럼 거의 무의식적으로 알게 되는 것이다.
- 학생들이 과제에 대하여 매우 많은 노력을 해야만 자동화되는 데, 학습의 자동화는 그들이 다른 영역을 학습할 때 좀 덜 노력해도 되도록 한다.

학습하려는 학생들을 동기화시키는 활동을 사용하라.

- 학생들을 위하여 즐거운 학습을 만들어라.
- 학생의 성취와 프로젝트의 진정성과 열의에 즐거워하고 자부심을 불어넣어라.
- 학생을 위하여 흥미로운 주제를 발견하라.
- 학생들이 학습하길 바라도록 외부적 동기를 제공하라.
- 학생들의 흥미를 유지하도록 새로움과 다양함을 활용하라.

어 배우려고 노력하며 새로운 자료에 접촉하고 통합한다. 또한 그들은 다음에 올 것이 무엇인가를 예측하기 위해, 또 새로운 정보의 적절성을 평가하기 위해 노력한다. 다시 설명하자면, 좋은 학습자는 학습의 운영을 어떻게 할 것인지 발견하고, 그들을 위해 사용될 인지 전략의 레퍼토리를 적용한다(Deshler, Schumaker, Lenz, & Bulgren, 2001; Swanson & Deshler, 2003; Lenz & Deshler, 2001; Deshler et al.,

1996; Lenz et al., 1996).

이러한 기능적 학습 전략을 가지고 있지 않은 학습자는 **수동적인 학습자**(passive learners)가 된다. 그들은 학습해야 할 것에 대한 그들의 생각을 어떻게 통제하고 관리하는지, 지식을 어떻게 확보하는지, 혹은 학습한 것을 어떻게 기억하는지 알지 못한다. 그들은 과거의 학습 경험이 실패와 좌절이 연속되는 비참한 연습을 해 왔기 때문에 학습에 대한 흥미가 부족할지도 모른다. 그들은 배울 수 있다고 믿지 않으며, 이런 학생들은 학습 과제를 어떻게 해야 하는지 알지 못한다. 결국, 그들은 수동적이고 의존적인 학습자가 되고, **학습된 무력감**(learned helplessness)에 빠지게 된다.

학생들은 그들의 학습과 기억을 촉진하기 위하여 학습 전략을 인지하고 획득해야 한다. 다행히도, 많은 연구들은 그들에게 학습 교수 전략을 실시한다면 그들은 기초 학습을 성공적으로 성취하는 방법을 잘 숙지하여 사용하고, 그 결과, 많은 상황에서 이러한 전략을 적용할 것이라고 밝히고 있다(Deshler, 2003; Lenz & Deshler, 2001; Gersten, 1998; Mainzer, Deshler, Coleman, Kozleski, & Rodriguez-walling, 2003).

**전략 중재 모형**(strategies intervention model, **SIM**)은 청소년에게 학습 전략을 가르치는 교수 방법이다(Deshler, 2003; Lenz & Deshler, 2001; Deshler et al., 1996). SIM 학습 전략은 학습에 대한 연구를 수년 동안 해온 캔사스대학 센터에서 개발되었다(Deshler, Schumaker, Lenz, & Bulgren, 2001; Lenz & Deshler, 2001; Swanson & Deshler, 2003; Deshler et al., 1996; Lenz et al., 1996). (전략 중재 모형에 대한 좀 더 상세한 설명은 9장, "학습장애 청소년과 성인, 그리고 관련 경도장애 청소년과 성인"에서 찾아보라.)

학습 전략은 읽기, 쓰기, 수학, 사회, 과학의 모든 교육과정에서 사용될 수 있다. 기초 학습 영역을 위한 학습 전략은 이 교재의 다양한 영역에서 소개하고 있다.

## 학습에서의 사회적 상호작용

사회적 환경은 학습하는 데 중요한 영향을 미친다. 학습 과정은 좀 더 개별적이고 학생 중심의 활동이다. 학생들 간에는 물론 교사와 학생과의 사회적 상호작용은 학습 과정에서 중요한 요소이다. 학습에서 사회적 상황을 강조한 이론은 Vygotsky(1978)의 학습에 대한 사회적 영향과 상호적인 대화이다. 여기에서는 이 이론에 대하여 살펴보기로 한다. (6장, "사회, 정서, 그리고 행동 문제"에서 사회적 상호작용에 대한 좀 더 많은 정보를 찾을 수 있다.)

**Vygotsky: 학습에서의 사회적 영향** 대인 관계가 관여된 발달에서 인지발달과 역할에 대한 사회적 특성은 러시아의 심리학자인 Lev Vygotsky에 의해 70년 넘게 연구되었다. Vygotsky(1978)는 사회적 영향이 학습 과정에 매우 중요하다는 것을 관찰하였다. 그는 학습은 적어도 자신보다 좀 더 박식하고 기술적인 다른 사람과 함께, 즉 최소한 두 사람에 의해 만들어지는 역동적인 사회적 상황인 대인 관계에서 일어난다고 강조한다. 인간 학습은 바이올린 연주를 배우고, 계산을 하고, 스패니쉬, 읽기, 쓰기를 배우고, 혹은 자동차를 수리하게 되는 책임으로 옮겨지면서 일어난다. 이러한 모든 학습 능력은 대인 관계 차원에서 전해진다. 많은 학습과 발달이 자연스럽게 일어나는 동안, 학습을 잘하지 못하는 학생들에게는 학생의 현재 능력에서 어떤 과제가 적절한지에 대하여 좀 더 세밀한 분석이 필요하다. 학습과 인지발달은 학생들이 조금 더 숙련된 학습자들과 함께 협력적으로 이루어질 때 향상된다.

## 상호적인 대화

**상호적인 대화**(interactive dialogues)는 학생과 교사 사이의 대화를 의미한다. 많은 연구들은 상호적인 대화는 효과적인 중재 전략이고, 특히 읽기 이해와 쓰기를 가르치는 데 효과적이라고 밝힌다. 또한 이들 연구는 상호적인 대화가 6명 혹은

Arthur Tilley/Stone/Getty Images

학생과 교사와의 상호작용은 학습 과정의 핵심적 중요 요소이다.

그 이하의 학생 집단에서 사용될 때 가장 효과적이라고 강조한다. 교사와 학생의 역할은 토론 주제에 관하여 비평적으로 생각하고 아이디어를 조사하여 찾는 것이다(Vaughn et al., 2000; Wong, 1999). 상호적인 대화는 종종 읽기 이해를 개선하는 전략으로 사용된다. 학생들은 읽은 이야기에 대하여 토론한다. 교사는 학생들이 말하는 것을 듣고 그 토론을 이끌어 간다.

상호적인 대화의 응용을 **호혜적인 교수**(reciprocal teaching)라고 부르는데 읽기 이해 전략을 가르치는 데 중요시 되어 왔다(Palinscar, Brown, & Campione, 1991). Palinscar와 그의 동료들은 다음과 같이 호혜적 교수를 통하여 읽기 이해 전략을 성공적으로 가르쳤다.

1. 교사와 학생은 조용히 자료를 읽는다.
2. 교사는 생각하는 데 중요한 점을 크게 말하여 요약하고, 질문하고 분류하고 예측하는 방법을 설명한다.
3. 학생들은 다른 페이지를 읽고 시범을 보이는 것에 책임을 가지며 그들의 생각을 크게 말한다.

## 내가 알고 있는 한 아동…

### 특별한 학생들의 사회과목을 위한 학습 전략

Ben, Cory, Jennifer, Sally, John, Bob, Mary 그리고 Luisa는 모두 Weiss의 학습도움실에 있는 7학년 학생들이었다. 또한 그들은 Keene의 일반교육 사회과목 수업에 참여하였다. Keene는 학교에 새로 온 교사인데, 이 학생들은 Keene 선생님을 매우 좋아했다. Keene는 교재에서 2주간 배운 사회과목의 단원을 시험 볼 것이라고 발표했고, 이 집단의 학생들은 그 시험을 잘 보길 바랐다. 그들은 Weiss에게 사회 시험을 잘 볼 수 있도록 도와줄 것을 요청했다. Weiss는 사회 시험을 준비하기 위하여 학습도움실에서 2주간 보내는 것에 동의했다. 사회과목 교재에는 각 장의 마지막에 핵심 어휘 단어가 있었다. 그래서 Weiss는 학생들에게 각각의 단어를 분석–단어의 어근, 접두사, 접미사–하도록 하여 각각 단어의 의미에 대하여 토론하도록 하였다. 그들은 각 단원의 주제 제목에 따라 각 단원의 개요를 작성했다. 그들은 Weiss에게 차트, 그림, 그래픽을 활용하여 특징을 설명하였다. 그들은 교재의 영역을 행동으로 옮기기도 했다. 그들은 서로에게 물어 볼 질문을 개발했다. 시험 결과는 학습도움실에 있었던 학생들 집단이 다른 학생들보다 좋았다. 일반학급 학생들의 몇몇은 학습도움실에서 그 단원에 대하여 공부하는 것을 도와준 것은 공정하지 않다고 교장에게 불평했다.

**질문**

1. 만약에 여러분이 교장이라면 공정성에 대한 판단을 어떻게 내리겠습니까?
2. 여러분은 시험을 잘 볼 수 있었던 동기는 무엇이었다고 생각합니까?
3. 이 단원에서 Weiss가 사용한 교수 전략은 무엇입니까?

4. 각각의 학생들은 요약하고, 질문하고, 분류하고 예측하는 데 능력을 발휘한다.

## 학습 전략 교수의 적용

학습 전략 교수는 실질적 교수의 적용이다. 학생들은 효과적인 학습 전략을 배워 많은 학습 상황에서 사용한다. 그들은 자신의 학습을 위하여 책임지는 학습자로서 적극적이다. 효과적인 학습은 학생과 교사 사이의 상호 관계를 중요하게 여기는 사회적 상황에서 일어난다.

## 요약

1. 학습과 교수에 관한 이론은 교사들에게 학생이 학습에서 보이는 어려움을 이해하도록 도와준다. 이론은 조기 이론의 공헌을 발판으로 발전된 사고이다.
2. 발달 심리학은 아동의 성장에서 자연스러운 발달과 인지능력의 순차적인 발달을 강조한다. 준비성의 상태는 아동이 어떤 능력을 획득하기 위하여 필요하다. 아동들이 준비가 되기 전에 배우도록 노력시키는 것은 기초 학습의 실패를 이끌게 된다.
3. 행동 심리학은 (1) 명백한 교수, (2) 직접 교수를 강조하며 학습장애에게 교수방법으로 제공한다. 행동적 단위는 (1) 선행 사건, (2) 목표 행동, (3) 사후 결과로 구성된다. 명백한 교수는 교사들이 학생들에게 성취하는 데 필요한 것을 분명히 제시하는 것을 의미한다. 직접 교수는 요구되는 기초 학습 기술을 가르치는 데 초점을 둔다.
4. 행동 분석을 통하여 교사는 하위 기술이라는 용어로 기초 학습 과제를 검토하여 과제를 성취하도록 이끈다.
5. 인지 심리학은 인간의 (1) 학습, (2) 사고, (3) 지식의 과정을 다룬다. 학습장애에 관한 다음과 같은 이론 집단은 인지 심리학에서 유래한다. (1) 인지처리과정에서 차이, (2) 학습에 대한 정보처리과정 모형, (3) 인지 학습 이론.
6. 인지처리과정의 결함에 관한 이론은 학생의 독특한 학습 특성과 그들이 성취에 어떤 영향을 미치는가에 초점을 둔다.
7. 학습에 대한 정보처리과정의 모형은 개인안에서의 정보의 흐름이다. 여기에는 (1) 외부 혹은 내부 입력, 주의와 더불어 지각, (2) 개개인이 실행 기능에서 사용되는 처리과정의 기능, (3) 수행의 형태로서 출력이 있다.

8. 세 가지 유형의 기억에 대한 다중 기억 모형은 정보처리과정의 핵심이다. 세 가지 기억 체계는 (1) 감각 등록, (2) 단기(혹은 작업) 기억, (3) 장기 기억이다. 실행 통제는 이 유형의 또 다른 중요한 요소이다.
9. 인지 학습 이론은 학습자 자신의 지식에 대한 정교함, 그리고 그들 자신의 생각을 평가하고 안내하는 능력을 성장하도록 돕는 것을 강조한다. 인지 심리학은 학생들이 그들 소유의 지식으로 구조화된 선행 지식에 의하여 이루어지는 새로운 학습을 강조한다.
10. 학습 전략은 학생들이 무엇을 배우는가보다는 어떻게 배우는가에 초점을 둔다. 학생들은 그들 소유의 학습을 통제할 수 있는 전략의 사용에 대하여 배운다.
11. 사회적 환경에서 일어나는 학습과 교사와 학생 사이의 관계는 중요한 요소이다.

## 교육정보 비디오 사례 활동

**5장을 읽은 후에** Education CourseMate 웹사이트에 들어가 "정보처리과정 전략의 활용: 중학교 과학 수업(Using Information Processing Strategies: A Middle School Science Lesson)"이라는 제목의 교육정보 비디오 사례(Teachsource Video Case)를 보길 바란다. 이 비디오에서 중학교 과학 교사가 화학 수업을 가르치면서 정보처리과정 전략을 사용한다. 그녀는 정보를 제시하는 데 시각, 쓰기, 청각, 읽기와 같은 다양한 방법을 사용한다. 그녀는 학생들이 가질 수 있는 다양한 "정신에 대한 습관"을 조절하려 했다고 말했다.

### 질문

1. 교사는 수업을 하는 중에 정보처리과정 전략을 어떻게 사용할 수 있었습니까?
2. 여러분은 이 단원을 읽으면서 기초가 된 것이 무엇이고, 비디오의 사례에서 과학을 가르치는 효과적인 방법으로 돋보인 과학 수업을 발견했습니까? 발견하였다면 그 이유는 무엇이고, 발견하지 못했다면 그 이유는 무엇입니까?
3. 여러분이 정보처리과정 수업에 관하여 생각할 수 있는 효과적인 특별한 사례나 의문점을 제시해 봅시다.

## 토론과 심화질문

1. 학습장애와 관련 경도장애에 대하여 공부하는데 왜 이론이 중요하다고 생각합니까?
2. 학습에 적용되는 발달 심리학에 대하여 토론해 봅시다. 발달적 지연이 학습장애를 일으키는 이유는 무엇입니까?
3. 학습장애와 관련 경도장애를 가진 학생들을 가르치는데 행동 심리학의 원리는 어떻게 적용됩니까?
4. 인지 심리학의 기본적 개념은 무엇입니까?
5. 정보처리과정 모형에서의 세 가지 기억 체계는 무엇입니까? 이런 체계는 어떻게 관련되어 있습니까? 학습에 대한 정보처리과정 모형은 학생을 가르치는 데 어떻게 적용됩니까?
6. 초인지라는 용어의 의미는 무엇입니까? 초인지 전략으로 생각되는 학생의 학습 문제에 대하여 토론해 봅시다.
7. 상호적인 대화는 어떤 것입니까? 상호적 대화를 학생들에게 어떻게 활용할 수 있습니까?

## 핵심 용어

감각 등록 … 174
감각 운동기 … 160
구체적 조작기 … 161
그래픽 조직자 … 180
다저장기억체계 … 174
단기 기억 … 175
마인드맵 … 181
명백한 교수 … 168
목표 행동 … 166
발달 변인 … 158
사후 결과 … 166
상호적인 대화 … 187
선행 사건 … 166
수동적인 학습자 … 186
실행 통제 … 178
심리처리과정 결함 … 172
이론 … 157
인지능력 … 171
인지처리과정 … 171
인출 … 176
자동화 … 185
작업 기억 … 175
장기 기억 … 176
적극적 학습자 … 184
전략 중재 모형 … 186
전조작기 … 160
정보처리과정 모형 … 172
지각 … 174
직접 교수 … 167
초인지 … 182

6장

# 사회, 정서, 그리고 행동 문제

“교사의 주요한 과제는 학생과 교사에 의해 학습이 성취되고, 놀이를 배우고, 사랑을 느끼고, 그리고 재미를 즐길 수 있도록 학생을 위한 환경을 구조화하고 관리하는 것이다.”

—JAMES KAUFFMAN AND TIMOTHY LANDRUM(2009)

Dana White/PhotoEdit

## 이 장의 차례



이 장에서는 사회, 정서, 그리고 행동 문제에 대하여 살펴본다. 이러한 문제는 학생의 학습과 전체 생활의 질을 방해할 수 있다. 또한 사회, 정서, 그리고 행동의 문제에 도움이 되는 전략과 중재를 기술한다.

## 6.1 사회, 정서, 그리고 행동 문제에 대한 개요

학습장애와 관련 경도장애를 가진 많은 학생들은 기초 학습에 어려움을 보일 뿐 아니라 사회, 정서, 행동 문제를 나타내기도 한다. 이러한 문제는 다음과 같다.

- **사회 문제**는 다른 사람과 서로 관계를 형성하고, 친구를 만들고 유지하고, 일상생활에 대한 사회적 요구를 충족하는 데 어려움이 있다.
- **정서 문제**는 자신에 관한 느낌이다. 예를 들어 학생이 만성적으로 슬프고 우울하다고 느끼는데, 이런 감정은 인생에 대한 개인의 견해와 학습하는 능력을 방해하여 낮은 자아 개념을 형성시킨다.
- **행동 문제**는 적극적이고, 반사회적이고, 이와 유사한 행동으로 명백히 나타난다.

사회, 정서, 그리고 행동 문제는 모든 집단의 아동들에게서 발생되고, 그들은 다양한 경제, 인종, 문화, 언어 집단에 속해 있다. 사회, 정서, 그리고 행동 문제는 상호의존적이고, 그것들은 서로 부분적으로 일치하거나 서로 관련되어 있다. 예를 들어, 자신에게 빈약한 감정을 가지는 학생들은 사회적 고립을 이끌 수 있는 특정 행동을 할지도 모른다. 의기소침한 학생들은 퇴화된 행동을 보이는데, 이는 빈약한 또래 관계와 사회적 고립의 원인이 된다. 사회, 정서, 그리고 행동 문제를 보이는 몇몇 학생의 예는 다음과 같다.

- Marty는 학교에서 기초 학습 기술을 획득하려고 열심히 노력하였다. 사실, Marty와 가족들은 그의 기초 학습 기술을 개선하는 데 시간과 에너지를 많이 사용한다. Marty는 친구를 만들고 사회생활을 확립하는 데 이용할 수 있는 시간이 없다. Marty는 기초 학습에 집중된 노력으로 고등학교를 졸업할 수 있었고 성공적인 컴퓨터 프로그래머가 될 수 있는 기술 학교에 입학할 수 있었다. 그러나 Marty는 친구를 형성하고 또래와 어떻게 상호작용하는지에 관하여 배울 수 있는 시간은 전혀 없었다. Marty는 성인이 된 지금도 여전히 친구가 없다.
- Katie는 초등학교 시절 내내 정서적 문제를 가지고 있었다. Katie는 대학에 들어갔지만 여전히 우울하고, 빈약한 자아 개념과 극도의 시험 불안에 시달리고 있다.

- Jerod는 숙제를 완성하는 시간이 매우 길다. 이해 평가에서 Jerod는 강박 장애를 가지고 있다고 판단했다. 그는 자신의 과제를 제출하기 전까지 "완벽"하길 원했다. 완벽에 대한 Jerod의 요구는 강박 장애로 나타났다.

매일 공부해야 하고 과제에 직면해야 한다는 상상은 여러분을 매우 힘들게 한다. 심지어 매우 긍정적인 사람도 결국 포기하고 다른 일을 찾기 시작할지도 모른다. 그러나 학생들은 이런 선택을 하지 못한다. 그들은 매일 학교에서 너무나 성취하기 어려운 과제에 직면하게 된다. 그래서 많은 학생들이 좌절하고 포기하는 것은 그리 놀라운 사실도 아니다. 학생들은 그들이 잘 할 수 있는 많은 강점을 가지고 있다는 것을 알고 있다. 그럼에도 불구하고 그들은 힘든 기초 학습 과제를 위해 그렇게 노력해야 하는 이유도 알지 못한 채 기초 학습 과제를 하고 있다. 이와 관련하여 기초 학습 성취와 구체화된 행동 사이의 관계에 대한 조사에서 학생들이 꺼리고 싫어하는 기초 학습의 과제를 피하려는 행동이 나타날지도 모른다고 보고한다(Lane & Beebe-Frankenberger, 2004). 행동 문제를 가진 아동들은 종종 기초 학습과 행동 모두에서 결함을 보이기 때문에 교사에게 중요한 문제가 된다(Nelson, Benner, & Moody, 2008). 우선 교사들은 학생들이 학교에서 일으키는 부정적 행동의 "원인"을 조사하고, 그 다음에 이런 원인이 고려된 중재를 계획해야 한다. 교사들은 학습 문제를 가진 많은 학생들이 매우 어려운 기초 학습 과제에 노력하면서 직면하게 될 스트레스에 민감해야만 한다. 학생들은 과제를 포기하거나, 문제 행동을 나타내고, 자신의 책상에 머리를 박고 휴식을 취하는 반응을 보일지도 모른다. 그들은 어려운 작업을 매우 싫어하고, 요구되는 과제 때문에 기진맥진하여 공부하는 것을 거절하고 피곤해 한다.

교사는 학생들이 노력하도록 지원하면서 학생들에게 나타나는 강점을 발견하는 것은 매우 중요하다. 이런 학생들에 대한 예는 **학생 이야기 6.1**, "문제를 보이는 학생"에 잘 기술되어 있다.

## 6.2 사회 문제

**사회적 기술**(social skills)은 일상생활에서 기본적인 사회적 요구들에 직면하였을 때 필요한 기술들이다. 사회적 기술의 결함은 학생들이 가질 수 있는 가장 심각한 유형으로 나타난다. 전 인생에서 사회적 손상은 기초 학습의 문제보다 훨씬 더

## 학생 이야기 6.1

### 문제를 보이는 학생

- **Mark.** Mark는 읽기 능력에 문제를 보이는 학습장애이다. 그의 담임선생님은 학생들이 읽기 연습에서 연속해서 큰 소리로 읽기를 기대한다. 읽기수업 동안, 선생님이 Mark를 교무실로 보낼 때까지 Mark가 엄청나게 주의를 끄는 행동을 하여 지쳐 있곤 하였다. 결국, 선생님은 Mark가 읽지 못한다고 결론 내렸다.
- **Wendy.** Wendy는 행동에 문제를 보인다. 그녀의 7학년 수학수업에서 수학과제 종이를 갈기갈기 찢어 쓰레기통에 던져버렸다. 그녀의 담임선생님은 Wendy가 그 작업을 할 수 없는 것이 아니라 하기 싫어 한다고 확신했다. Wendy의 담임선생님은 그녀의 최근 개인 성취 검사 점수가 3학년 수준의 수학적 능력을 나타내고 있다고 기록했다.

**심화질문** Mark의 교사는 연속해서 읽기에서 Mark에게 큰 소리로 읽는 것을 기대하는 대신에 무엇을 할 수 있다고 생각합니까?

위협적일 수 있다. 사회적 손상은 학교, 집, 그리고 놀이와 같이 인생의 거의 모든 면에 영향을 미친다(Silver, 2006). 사회적 문제는 다른 사람과 상호작용하는 능력을 포함한다. 학생들이 사회적 생활에 대한 미묘한 차이를 인지하지 못했을 때 그들은 어떻게 행동을 하는지, 그리고 친구들을 어떻게 형성하는지에 대한 자신감이 없어지게 된다. 학습장애를 가진 학생들의 삼분의 일은 사회적 기술에 문제를 가지는 것으로 추정된다(Elksnin & Elksnin, 2004; Bryan, 1997; Voeller, 1994). 학습장애를 가진 몇몇 학생들은 동일 연령의 또래들보다 사회적 기술이 부족하다(Gresham et al., 2006). 그래서 그들에게 사회적 인지행동을 하도록 요청한다면, 그들은 그들의 또래보다 그렇게 할 가능성이 적다. 또한 그들에게 사회적 문제를 해결하도록 요청한다면, 그들은 그 문제에 대한 가장 최선의 답으로 문제 해결 전략을 사용하는 대신 아무 생각없이 그저 빠르게 문제를 해결해 버릴 것이다. 그럼에도 불구하고 그들에게 그 문제를 해결하도록 반복하여 강요한다면, 그들은 반사회적 행동을 보일 수도 있다(Schumaker & Deshler, 1995).

사회적 어려움을 가지는 몇몇 학생들은 기초 학습을 매우 잘하기도 한다. 또한 학습장애와 관련 경도장애가 없는 학생들도 사회적 기술에 대한 어려움을 호소한다는 것을 알아야 한다(Gresham et al., 2006). 사실상, 대부분 사회는 힘의 영역이 있다. 사회적 기술을 가진 학생들은 친구를 형성하고 유지하는 사회적 구성 요소가 있고, 그들은 교사와 부모를 기분 좋게 한다(Haager & Vaughn, 1997).

아동들은 또래와 성인에게 자신 있게 대처하는 사회적, 그리고 상호작용 기술을 잘 개발하여야 한다.

© Susie Fitzhugh

사회적 활약 무대에서의 어려움은 자폐증, 아스퍼거증후군, 비언어적 장애를 가진 학생들의 특성이기도 하다(7장, "주의력결핍 과잉행동장애와 관련 장애"를 보라).

사회적 관계에 문제를 보이는 학생들은 다른 사람에 대한 민감성이 부족하고, 사회적 상황에 대한 빈약한 인지와 사회적 거절로 고통을 받을지도 모른다. 그들은 충동성, 좌절에 대한 빈약한 인내, 일상적인 사회적 상호작용과 상황을 다루는 문제와 같은 광범위한 영역에서 빈약한 사회적 특징이 나타난다(Sridhar & Vaughn, 2001; Wong & Donahue, 2002; Bryan, 1997).

사회적 문제를 가진다는 것은 아동들을 모든 면에서 불리하게 만드는 것이다. 학교나 다른 환경에서 학생들이 또래와 성인들에게 대처하려는 사회적, 그리고 상호작용 기술이 잘 개발되어야 한다. 비록 학생들이 사회적으로 늘 수용되길 바라지만, 그들은 종종 어떻게 적절한 사회적 행동으로 참여하는지에 대하여 잘 몰라 당황한다. 교육자들은 학생들이 사회적 상황에 적절히 반응하는 능력을 학습하도록 도와주어야 한다. 사회적 어려움을 가진 학생들의 특징은 **학생 이야기 6.2**, "Bill: 사회 문제를 가진 한 학생"에 잘 기술되어 있다.

## 6.3 정서 문제

정서 문제는 종종 기초 학습을 습득하는 데 방해가 된다. 학생들이 정서 문제로 힘

## 학생 이야기 6.2

### Bill: 사회 문제를 가진 한 학생

Bill은 학교에 있는 어떤 사회 집단에도 속해 있지 않은 것처럼 생각되어 늘 고립감을 느꼈다. 어느 날, 한 집단의 학생들이 어떤 것을 계획하기 위해 함께 무리지어 모여 있었다. 그들은 Bill에게 그가 원한다면 자신들과 함께 다닐 수 있다고 말하였다. Bill은 그 집단에서 함께하자는 요청을 받은 것에 기뻐했다. 그 집단은 학교에 폭탄 위협을 하려는 음모를 계획하고 있었다. 그들은 Bill에게 다음 날 폭탄 위협을 함께하자고 권유했다. 그들은 Bill에게 한 가지 일만 들키지 않게 해 준다면 자신들의 집단에 영구히 참여하는 것을 허락하겠다고 약속했다. 다음 날 아침, Bill은 학교에 폭탄 테러를 하겠다고 협박하는 전화를 걸었다. 경찰은 이 사건을 조사하였고, Bill은 체포되었는데 법정에서 정학처분을 받았다. Bill이 어떤 일이 일어났는지 경찰서에서 설명하려고 했을 때, 경찰은 이 사건에 관한 어떤 일에도 가담하지 않았다고 분명히 말했던 다른 학생에게 질문하였다.

**심화질문** 여러분은 Bill에게 선고된 정학 이외에 어떤 중재를 실시할 수 있다고 생각합니까?

겨워할 때 기초 학습 과제에 집중하는 것은 매우 힘든 일이다. 이런 학생들에게는 기초 학습 과제를 성공적으로 완성하는 데 방해되는 다른 문제들이 나타날지도 모른다.

### 학습 곤란과 정서 문제와의 관계

전형적으로 발달하는 학생들의 정서 발달은 학습 문제를 가진 학생들의 정서 발달과는 매우 다르다. 성공적인 학습자들은 자신의 가치에 대하여 중요하다는 기본적인 감정을 개발하면서 많은 유쾌한 경험들은 가지며, 그들은 다른 사람을 기쁘게 하는 것을 즐거워 할 뿐 아니라 자기만족을 위한 수백 가지의 기회를 놓치지 않는다. 학생들은 무엇인가를 성취하면 인정과 격려라는 부모의 반응으로 자극되기 때문에 부모-아동 관계는 서로 상호 간에 만족스럽다. 성취에 대한 학생 자신의 느낌의 결과와 그들에게 주어지는 이런 인정에 대한 지각은 자신의 가치에 대한 감각과 자랑스러운 정체성에 대한 감각을 발전시킨다. 성공적인 학습자는 그들의 부모와 건강한 동일시가 확립되며, 그들의 삶에서 또 다른 핵심적 역할을 맡게 되어 자기 가치에 대한 느낌을 확립하고 좌절을 이겨내며 다른 사람에 대한 자신감이 생기게 된다(Lavoie, 2007; Silver, 2006).

반대로, 학습 문제를 호소하는 학생들의 정서 발달은 서로 다르게 나타난다. 만약에 중추신경계가 손상되었고 정상적인 방법으로 성장되지 않았다면, 운동과 지각 발달의 손상으로 자기 자신에게 만족하지 못한다. 과제를 숙달하려는 시도에 실패했다면 성취에 대한 감정보다는 좌절의 감정이 유발된다. 자아 존중감을 확립하고 자기 경멸에 대한 태도를 형성되지 않도록 방해하는 대신에, 이런 것들이 자부심으로 연결되는 부모의 일반적인 반응을 자극하는 데 실패하도록 방해한다. 그러므로 부모는 거부하거나 과잉보호로 이어지는 근심, 그리고 낙담, 반발을 나타낼지도 모른다.

많은 학습장애 학생들과 많은 경도장애 학생들이 이런 발달적 시나리오로 정서 문제를 나타내는 것은 그리 놀랄 만한 일이 아니다. 이런 학생들은 그들의 정서 문제가 **내면화**(internalizing)하거나 **외면화**(externalizing)하는 양쪽 모두에 영향을 미칠지도 모른다. 내면화된 반응은 의도적으로 학습을 거부하고, 압력에 대한 저항하며, 의존 관계에 대한 집착하고, 빠른 낙담과 성공에 대한 두려움, 슬픔, 그리고 사적인 세계로 철수하는 형태로 나타난다. 외면화된 반응은 적개심, 무의식적 행동, 극단적인 분노, 다른 아동과의 싸움, 교사에 대한 반항의 형태로 나타난다.

환경은 학생들이 성공할 수 있는 장소이어야 한다. 성공을 보증하기 위하여 환경을 재구조화하는 과제는 매우 중요하다. 정서 문제를 가진 학생들도 많은 강점과 흥미를 가지고 있기 때문에, 교사와 가족은 학생들의 강점 영역과 그들에게 활용할 수 있는 영역을 파악하고 있어야 한다. 교사는 학생들의 성취를 위하여 인지시키는 것에서 부적절한 감정을 감소시키고 근심을 줄이면서 학생들 자신에게 확신을 증가시켜 주어야 한다.

심각한 정서 혹은 행동 문제를 보이는 학생들이 늘 학습장애를 중복으로 가지고 있는 것은 아니다(Kauffman & Landrum, 2009). 만약에 이런 문제들이 그들의 향후 학습과 생활 행동에 심하게 방해가 될 경우, 심리상담가 혹은 정신과의사와의 상담이 필요하다(Silver, 2006).

## 정서 문제에 대한 특성

여기서는 정서 문제에 대한 몇 가지 특성에 대하여 살펴보기로 한다.

**우울** 정서 문제가 있는 많은 학생들은 우울함이나 늘 불행하다는 감정이 스며드는 것 때문에 힘들어한다. 우울함은 학교 요구에 대한 스트레스 혹은 좌절, 친구나 사회적 상호작용의 부족에 대한 반응이거나, 혹은 생화학적인 원인으로 일어날 수도 있다. 우울에 대한 징후에는 (1) 에너지의 손실, (2) 친구들에 대한 흥미 상실, (3) 집중의 어려움, (4) 무력하다는 감정을 포함하는데, 이는 종종 자포자기의 말들을 통해 나타나기도 한다(Silver, 2006; Rutter, 2003; Gorman, 1999).

**회복력 부족** 자기-가치에 대한 사람들의 감정은 계속되는 실패로 위협당할지 모르지만, 인생에 있어 어려움에 직면하고 있는 모든 사람들이 낮은 자아 존중감을 가진 것이 아니라는 발표는 매우 흥미롭다. 몇몇 사람들은 놀라울 정도의 회복력을 보이며 자기-자신감과 자기-가치를 유지한다(Goldstein & Brooks, 2005; Brooks & Goldstein, 2002; Freiberg, 1993; Keogh, 2000). 그들의 회복력은 내부와 외부의 요인들이 혼합되어 출현하는 것으로 보인다(Sorensen, Forbes, Bernstein, Weiler, Mitchell, & Waber, 2003). 회복력은 "완화하는 과정"으로 설명되면서, 이는 위험이 없어지지 않거나 어떤 사람이 직면하게 되는 다양한 상황을 효과적으로 다루기 위해 개개인을 도와주는 것이다(Brook & Goldstein, 2004). 사람들이 유지하려고 노력하는 것들은 무엇이고, 학교는 회복력을 형성하는 데 어떻게 도울 수 있을까? 자기-가치는 기술과 과제를 숙달하고 또래로부터의 존중을 인식하는 자신감이라는 감정을 통하여 얻어지게 된다. 기초 학습에 대한 성취보다 다른 영역에서 자신감을 얻는다고 확신하는 학생들은 학교에서의 실패에 대해 좀 덜 망연자실해 하는 것 같다. 이런 학생들이 자기-가치에 대한 그들의 감각을 유지하는 것은 기초 학습 이외의 분야에 특별한 자신감을 소유하고 있다는 것을 알고 있는 교사, 부모, 가족, 친구로부터의 지원 체계가 있기 때문이다. 이런 지원 체계는 학생들에게 기초 학습 이외의 재능, 기술, 그리고 능력에 대한 시야를 확대시키고 수행 목표보다 학습 목표를 강조하여 실패하는 경험을 최소한으로 줄여줌으로써 자기-가치를 깨닫게 한다. 예를 들어, 교사는 학생들의 최종 답(수행 목표)이 정확하지 않을지라도 정확한 방법(학습 목표)으로 과제를 수행한 것에 대하여 인정하는 것이다.

수년 동안 거절당하고 비웃음을 당함에도 불구하고 자기-가치에 대하여 확신하면서 탁월한 성취를 달성하는 사람을 지켜보는 것은 매우 흥미진진하다. 예를 들어, 유명한 시인인 Gertrude Stein은 출판이 수락되기 전까지 약 20년 동안 편집장에게 시를 보내었고, Vincent van Gogh는 그의 전 생애에서 오로지 단 한 작품만을 팔았고, Frank Lloyd Wright는 대부분의 그의 삶 동안에 건축가로서 거부당했던 사람이었다. 이와 같이 학습장애를 가진 많은 사람들은 그들 자신에게 강한 확신을 가졌기 때문에 실패와 좌절을 극복하여 왔다. 학습장애를 가진 성인들이 성공한 이야기는 특별히 감동적이고, 그들의 회복력은 성공으로 더욱 더 명백해진다(Hart, 2009; Gerber & Brown, 1997; Gerber & Reiff, 1991; Smith, 1991).

학생들이 자기-가치에 대한 확신을 수립하는 데는 학생들의 강점을 강조하는 것이 중요하다.

**불안** 학습장애와 관련 경도장애를 가진 학생들은 그들 또래보다 훨씬 더 많은 불안 징후를 나타낸다. 학생들에게 학교의 요구와 억압, 그리고 부담이 많은 시험은 불안과 공포를 증가시킨다. 학생들은 이런 상황을 설명할 때, 긴장된 압력으로 이런 기간 동안 희망이 없고 경직되고 공포를 느낀다고 말한다. 불안은 학생들이 수업을 놓치거나 무시되는 혼란스러움으로 일어날지도 모른다. 학생이 불안해하면 교사나 가족은 이를 이해해야만 한다(Gorman, 1999). 어떤 학생은 부담이 많은 시험을 치를 때 자신의 마지막 이름을 정확하게 적지 못할 것 같은 심한 불안을 나타내기도 한다. 몇 가지의 시험보기 전략에 관한 정보는 9장, "학습장애 청소년과 성인, 그리고 관련 경도장애 청소년과 성인"에 제시한다.

## 6.4 행동 문제

학습장애와 관련 경도장애를 가진 학생들은 종종 행동 문제가 중복적으로 나타나기도 한다. 이러한 행동 문제는 교수 계획에서 고려되어야만 한다(Buck, Polloway, Kirkpatrick, Patton, & McConnell, 2000; Scott, 2003). 학생들은 학습하려고 노력하면서 무의식적인 행동을 보이고, 공부하는 것을 거절하며 심하게 좌절할지도 모른다. 그들은 어려운 기초 학습 기술에 집중할 수 없고, 부적절한 행동으로 주의를 모으려고 할지도 모른다.

## 정학

몇몇 학생들은 또래들에게 인정받으려는 행동을 하거나, 행동의 결과를 생각하지 않고 충동적으로 행동을 하기도 한다. 또한 그들은 쉽게 어떤 문제에 휘말리기도 한다. 그래서 장애 학생들이 장애가 없는 학생들보다 정학률이 높은 것이다. 학습장애 학생과 주의력결핍장애 학생들에 대한 연구는 이런 학생들이 정학 위험에 처할 확률이 더 높다고 밝힌다. 기초 학습 과제가 매우 어려울 때, 이런 학생들은 파괴적인 행동을 보이기도 한다(Johns & Carr, 2007; Krezmien, Leone, & Achilles, 2006).

어떤 학생이 정학이나 퇴학된다면 IEP(개별화 교육 계획) 팀은 **징후 결정**(manifestation determination)을 내려야 한다. 이는 IEP 팀이 학생에게 보이는 곤란한 행동에 어떤 영역의 장애가 원인으로 작용했는지 파악해야 한다는 것을 의미한다. 만약에 문제 행동의 원인이 장애 때문이라면, 학생에게 내려진 정학 혹은 퇴학이 철회될 수 있다.

많은 수의 학생이 10일 이상 학교에서 정학당하거나, 약물이나 공격성 때문에 대안적 교육 환경에 잠시 동안 옮겨지고 있다. 미국교육부(2009)는 2003년에서 2004년 동안 학령기의 학습장애 9,218명을 포함하여 15,275명의 학생들이 공격성 혹은 약물 때문에 잠시 동안 대안적 교육 환경으로 옮겨졌다고 보고하였다. 동일한 시기에 학령기 동안 10일 이상 학교를 정학당한 학생은 72,074명이고, 이들 학생 중 35,464명은 학습장애였다.

학습장애 청소년의 3분의 1이 어느 시점부터 학교에서 정학 혹은 퇴학당하고 있다. 어떤 학교 구역에서는 장애를 가진 학생들이 장애가 없는 학생들보다 두세번은 더 징계를 받을 가능성이 많은 것으로 나타났다(National Center for Learning Disabilities, 2009).

불행하게도, 정학을 받았던 학생들은 그렇지 않았던 학생들보다 기초 학습의 성취가 좀 더 낮다. 즉, 정학은 학생들을 학교 체계에 참여하지 못하게 하여 학교에서 낙제할 가능성을 증가시킨다. 또한 정학은 학생들이 그 상황을 회피하는 것을 용인하며 학생들에게 적절한 행동적 기술을 가르치지는 않는다. 교육가로서의 책임은 학생들이 학교를 다니면서 모든 활동에 참여하게 하는 것이다.

## 기능적 행동사정과 긍정적 행동지원

장애인교육개선법-2004(IDEA-2004)는 아동의 행동이 자신의 학습과 다른 사람의 학습을 방해한다면, IEP 팀은 아동의 행동을 분석하여 전략과 지원을 계획해야 한다고 규정한다. 또한 장애를 가지고 있지 않은 아동이 자신의 학습과 다른 사람의 학습을 방해해도 IEP 팀은 **기능적 행동사정**(functional behavioral assessment)으로 아동의 행동을 평가하고 아동의 곤란한 행동을 변화시키는 **긍정적 행동지원**(positive behavioral supports)을 계획하여야 한다(Center for Effective Collaboration and Practice, 1998; Smith, 2000; Sugai & Homer, 1999; U.S. Department of Education, 2000a). (**http://cecp.air.org**에 있는 효과적인 협력과 실제를 위한 센터 웹사이트, **http://www.pbis.org**에 있는 긍정적 행동중재와 지원 웹사이트, **http://www.fape.org**에 있는 교육을 위한 가족과 지지자 연합 웹사이트, **http://www.behavioradvisor.com**에 있는 Mac 박사의 놀라운 행동 관리 조언 웹사이트를 참고하라.)

**기능적 행동사정(FBA)** 기능적 행동사정(FBA)은 아동의 행동을 일으키는 원인 혹은 선행 사건에 대한 결정을 포함한다. 기능적 행동사정이라는 개념은 그리 새롭지 않다. 이는 선행, 행동, 결과로 구성된 *ABC*라고 하는 행동 분석 절차를 적용하는 것을 기초로 한다(**그림 6.1**).

**그림 6.2**는 세 개의 행동 사건을 나타낸 것이다.

기능적 행동사정은 행동에 관계되는 많은 요인들을 살펴볼 것을 요구한다. 몇 가지 행동 관계는 다음과 같다.

- 교사가 Charlie에게 읽으라고 지시할 때마다(선행 사건), 그는 교실에 있는 다른 친구들을 때리면서 방해하기 시작한다.
- Jerry에게 과제를 하라고 했을 때 Jerry는 욕설과 부적절한 언어를 사용한다.
- Sylvia는 수업에서 칠판에 있는 내용을 자신의 공책에 옮겨 적는 것을 거부한다. 지속적인 관찰에 의하면 Sylvia는 시각적 문제 때문에 칠판에 적힌 내용을

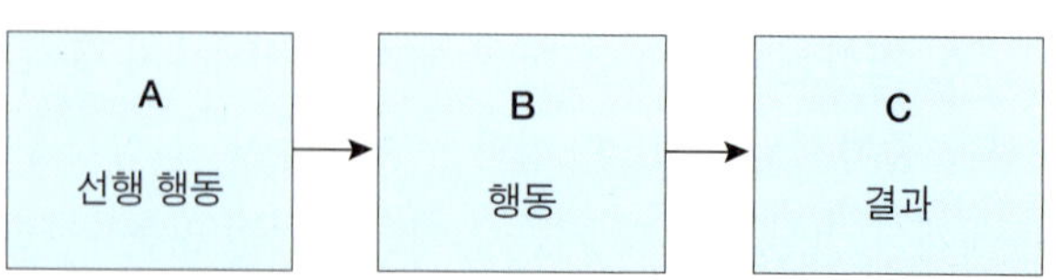


**그림 6.1** 기능적 사정: ABC 행동

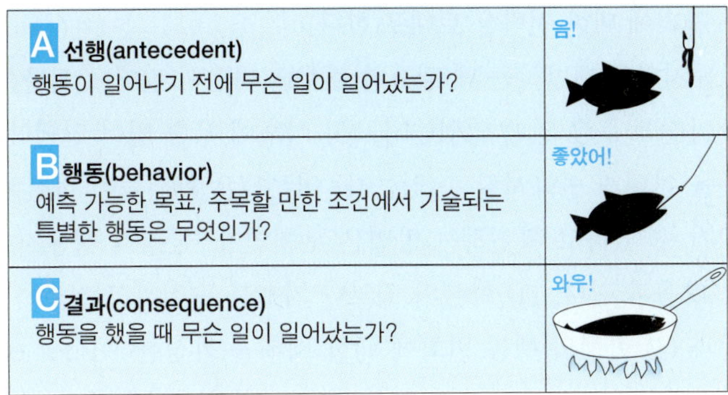


그림 6.2 ABC의 예: 선행 사건, 행동, 사후 결과

볼 수 없다는 것을 알게 되었다. 그녀는 칠판의 내용을 볼 수 없다는 것을 인정하는 대신에 오히려 칠판의 내용을 옮겨 적는 것을 거부하였다.

- 문화적 요인은 기능적 사정의 한 영역으로서 고려되어야만 한다. 예를 들어, Jone라는 교사가 학생들에게 말할 때 학생들에게 자신의 눈을 보면서 눈을 맞추라고 요구한다. 그러나 이런 행동은 어떤 학생의 문화에서는 경멸한다는 신호일 수도 있다.

기능적 사정의 과정에서 얻어지는 다섯 가지의 중요한 결과는 다음과 같다(O'Neil, Horner, Albin, Storey, Sprague, & Newton, 1997; Fox & Gable, 2004).

1. 문제 행동을 분명하게 기술하라.
2. 사건, 시간, 상황에 따라 문제 행동을 일으키거나 그렇지 않을 때를 예측한다.
3. 결과에 의해 행동이 유지되도록 한다.
4. 요약된 진술 혹은 가설을 개발하여 문제 행동, 행동을 일으키는 상황, 행동을 유지하는 것에 대하여 기술한다.
5. 직접 관찰하여 수집된 자료는 요약된 진술을 지지한다.

**긍정적 행동지원(PBS)** 긍정적 행동지원은 학생의 문제 행동을 변화시키고, 긍정적인 행동을 증가시키고, 바람직하지 못한 행동을 바꾸는 전략이다. 예를 들어, Charlie에게 읽는 과제를 미리 연습시켜 준비한 후에 큰 소리로 읽으라고 하는 것이다. 이 지원은 Charlie의 반응을 좀 더 적절하게 수정하는 데 도움이 되었다. 또한 Jerry에게는 적절한 언어를 사용하여 반응하는 방법을 알려 준다. 이러한 행동

지원은 행동 관리에 대한 전략을 토대로 한다.

긍정적 행동지원을 개발하는 데 필요한 질문은 다음과 같다. (1) 무슨 일이 일어났는가? (2) 이전에 무슨 일이 있었는가? (3) 이후에 무슨 일이 일어나겠는가? (4) 학생의 반응을 어떻게 변화시킬 수 있는가? 어른들은 학생들이 적절한 행동을 하도록 격려시킬 수 있다고 확신하는 방법은 무엇인가? 긍정적 행동지원의 개발을 위한 단계는 다음과 같다. (1) 학생의 정보나 자료를 수집하고 검토하며, (2) 기능적 행동사정과 (3) 학생의 행동 변화에 대한 계획을 작성한다(Buck et al., 2000). 긍정적 행동지원은 **http://www.pbis.org/main.htm**에서 찾아볼 수 있다.

IDEA-2004는 어떤 아동의 행동이 당사자의 학습 혹은 다른 아동의 학습을 방해한다면, IEP는 긍정적 행동중재와 지원을 포함하여 행동을 설명하는 전략을 계획해야 한다고 규정한다. 일반적인 용어로서 긍정적 행동지원은 긍정적 행동중재가 문화적으로 적절히 적용되고, 사회적으로도 중요한 행동 변화를 성취시키는 체계이다(Center for Effective Collaboration and Practice, 1998; U.S. Department of Education, 2002).

긍정적 행동중재를 실행하는 전략은 다음과 같다.

- 바람직한 대체 행동을 학생에게 가르처라. 예를 들어, 어떤 학생이 수학책을 던졌다면, 그 학생이 성공적으로 수학숙제를 완성하게 대체 수학숙제를 제공할 수 있다.
- 대체 행동의 효과를 증가시키도록 환경을 수정하라. 예를 들어, 어떤 학생이 수학수업에서 책을 던졌다는 결과를 수용하지만, 그 학생이 다른 환경에서는 수학숙제를 완성할 것이라는 기대는 여전히 지속될 것이다.
- 그 과정 동안, 학생에게 적절한 행동을 가르쳐야 하고, 학생이 이런 행동에 긍정적으로 참여해야 한다는 것을 알게 해야 한다.

긍정적 행동중재와 지원(PBIS)은 미국교육부가 재정을 지원하는 국가 전체의 프로젝트로서, 긍정적 행동중재와 지원 특수교육센터 사무국이 학교 전체의 체계를 수립하는 데 있어 적절한 행동에 대한 긍정적 인식을 근거로 한다. 이 프로젝트의 현행 최신 정보는 **http://www.pbis.org/main.htm**에서 찾아 볼 수 있다.

**학교차원 긍정적 행동지원(SWPBS)** 모든 나라는 학교에서 학생을 위한 긍정적 학습 분위기를 구성할 것을 장려한다. **학교차원 긍정적 행동지원**(SWPBS)은 개개 학생들은 물론 전체 학교를 위탁하려는 주도적인 접근이다. 이는 행동 문제를 예방하고 학생들의 긍정적 행동을 인식하게 하는 것에 초점을 둔다. 이러한 접근에는 학교 전체의 자료가 수집되고, 학교 전체의 프로그램에 효과적인 결정과 계획을 마련하고, 학생들에게 학교에서 기대되는 행동을 가르쳐 이러한 기대에 만족하는 것을 알게 하고, 계속되는 지원은 학생의 요구를 충족시킬 수 있도록 수립한다(Flannery, Sugai, & Anderson, 2009).

## 행동의 특별한 기능

행동은 의사소통하는 것이고, 교육가로서 직업은 학생들이 말하는 것이 무엇인지 알아내는 것이다. 교사들은 학생의 행동에 대한 기능을 인식하여 학생들의 요구를 만족시키는 선행 행동 혹은 결과 행동 모두를 변화시킬 수 있다. 기능 중심 중재는 중요한 영속적인 변화를 이끌어 낸다(Lane, Weisenbach, Little, Phillips, & Wehby, 2006; Liaupsin, Umbreit, Ferro, Uso, & Upreti, 2006). 행동의 기능을 평가하기 위해서는 일반교사와 특수교사의 협력적인 작업이 중요하다. 때때로 교사들은 어떤 상황에 너무 가까이 있어 그 행동이 무엇을 전달하려 하는지 알지 못하기 때문에 행동에 대한 기능을 발견하는 것은 교사들에게 어려운 작업이다. 그러나 어떤 사람은 그 행동의 기능을 좀 더 분명히 알 수도 있다.

일반교사는 어떤 학생이 특별한 행동을 얼마나 많이 하는지, 하루 중 언제 더 많이 하는지, 그리고 어떤 특정 기초 학습 활동 동안 그 행동이 일어나는지와 같이 필요한 자료를 모을 시간이 없을 수도 있다. 특수교사가 특별한 행동을 보이는 학생의 수업을 관찰하여 자료를 수집하는 시간을 가진다면, 적절한 행동중재를 결정하는 것으로 팀을 지원할 수 있을 것이다.

행동에 대한 주요한 목적은 다음과 같이 기술할 수 있다.

**행동의 목적 1: 접근** 주의, 권력, 그리고 지배를 획득하는 특별한 행동에 참여하는 몇 가지 예는 다음과 같다.

**예** 1: Jerry는 교사로부터 관심을 받는 것을 좋아하는데, 그는 허락 없이 그의 자리에서 벗어나면 관심을 받을 수 있다는 것을 알게 되었다. Jerry는 매번 그의 자리를 벗어났고, 교사는 그에게 앉으라고 말하였다(이는 교사가 Jerry의 부적절한 행동에 관심을 두는 것이다). 교사는 결과를 변화시키려는 관심이 Jerry의 요구를 충족시킬 수 있다. 교사는 Jerry가 그의 자리에 앉아 있을 때 Jerry에게 관심을 보인다면, 교사는 관심으로 그의 요구를 만족시킨 것이다.

**예 2**: Sammy는 권력으로 지배하길 원하였고, 그는 그 일환으로 다른 학생들을 괴롭혀 권력과 지배를 과시했다. 학교에서 Sammy의 괴롭힘은 증가하였고, 교사는 괴롭히는 행동을 관찰하고 평가하였는데 Sammy가 학생들로부터 권력과 지배를 얻기 위하여 그런 행동을 한다는 것을 알게 된다. 따라서 교사는 Sammy가 괴롭히는 것과 같은 부적절한 행동보다는 적절한 행동으로 권력과 지배를 얻도록 선행 행동을 변화시키기로 했다. 교사는 과제에서 선택하도록 계획할 수 있다. 예를 들어, Sammy는 파란색 펜, 혹은 빨간색 펜으로 숙제를 하도록 하거나 10개의 수학문제를 선택할 수 있고, 혹은 다른 학생이 Sammy가 공부하는 것을 도와줄 수 있는 기회를 제공할 수 있다.

**행동의 목적 2: 도피/회피** 과제를 피하려는 특별한 행동은 주로 학생들이 그 과제에 당황하거나 실패하는 것을 두려워하기 때문에 일어난다.

학생들은 과제가 그들에게 너무 어렵거나 너무 많다고 생각되기 때문에 문제 행동을 보일 수도 있다. 학생들이 과제를 피하려고 노력하는 것이 보일 때 교사들은 다음과 같은 질문을 해 보라.

1. **이 과제가 학생에게 적절한가?** 학생들이 친구들 앞에서 당황스러워하지는 않는가? 대부분의 학생들은 자신이 과제를 완성할 수 없다는 사실을 친구들이 아는 것을 원하지 않기 때문에 오히려 당황하고 과제를 회피하는 부적절한 행동을 보일 수도 있다.
2. **학생이 숙제를 읽을 수 있는가?** 학생들이 숙제에서 활용되는 어휘를 이해하는가? 교사는 어휘를 검토하여 진보적 측면의 과제를 살펴보아야 하고 학생들이 이런 어휘를 이해하는지 알고 있어야 한다.
3. **한 번에 하기에 너무 많은 양이 아닌가?** 종종 학생들은 한 페이지에 너무 많은 단어들이 제시되거나 한 페이지에 너무 많은 수학문제가 제시되었을 때 그 과제를 보고 압도당한다.
4. **과제에 대한 학생의 정서적 감정은 어떠한가?** 어떤 학생은 이전의 역사 수업에서 부정적인 경험을 가지고 있어 역사에 관련된 어떤 과제도 회피하려 할지도 모른다.
5. **학생을 압도할 만한 문제지는 아닌가?** 너무 많이 서로 다른 지시로 묶여 있거나 읽기에 어려운 유형의 문제집인가?
6. **학생들이 과제에 대한 지시를 이해하는가?** 과제는 학생들이 잘 배울 수 있는 방법으로 설명되어 있는가? 만약에 어떤 학생이 시각적 기억은 뛰어나지만

청각적 정보를 처리하고 들은 것을 기억하는 것이 힘들다면, 그 학생은 청각적 정보만을 제공하는 수업에서는 좌절할 것이다.

7. **도피/회피의 경우에는 교사가 선행 행동을 변화시킬 수 있는데, 특히 과제의 유형을 변화시켜 학생들이 그 과제를 완성할 수 있도록 한다.** 예를 들어, Maria는 작문을 어려워하고, 쓰기 작업도 어렵기 때문에 잡지에 쓰는 것을 거부한다. 교사는 녹음기로 잡지에 대하여 가르치면서 그녀에게 녹음하는 것을 허락하였고, 나중에는 Maria가 정보를 옮겨 적을 수 있게 되었다.

**행동의 목적 3: 감각 자극** 몇몇 학생은 감각 자극이 너무 많거나 혹은 감각 자극이 충분하지 않아서 문제 행동을 일으키기도 한다.

**예:** 너무나 많은 소음이 있거나, 아동들이 움직이길 요구하거나, 아동들이 무언가를 입으로 빨기를 원하거나, 혹은 아동들이 지나치게 민감하거나, 특정 옷의 직물에 매우 민감하기도 한다. 접촉하게 되는 과정이 서로 다름은 서투름과 어색함의 원인이 될 것이다.

## 6.5 사회적 능력을 개선하기 위한 전략

사회적 능력이 있는 학생들은 일상생활과 관찰을 통하여 어려움 없이 사회적 기술을 배운다. 그러나 사회적 문제를 가진 학생들은 사회적 세상, 미묘한 차이, 무언의 언어에 관하여 학습하는 데 의식적인 노력과 특별한 가르침을 요구한다. 이런 학생들에게는 기초 학습의 과제(읽기, 쓰기, 철자법, 셈하기, 그리고 시험에 통과하기)를 수행하도록 가르치는 것과 마찬가지로 다른 사람과 어떻게 관계를 형성하는지에 대한 사회적 능력들을 가르쳐야 할 것이다.

### 자기-인식 개선하기

스크랩북은 학생들 자신에 관한 정보를 모두 보관하는 데 도움이 된다. 학생들은 서로 다른 단계의 성장에 대한 사진, 그들 가족과 애완동물의 사진, 그들이 좋아하고 싫어하는 목록, 그들의 과거에 관한 일, 여행에 대한 기록, 그들이 승리해서 받은 상 등등을 수집할 것이다. 사회적 문제를 가진 중학생의 어떤 집단은 "나에 관하여"라는 주제 아래 파워포인트를 활용하여 발표하는 것을 좋아했다.

## 비언어적 의사소통 개선하기

언어는 의사소통의 중요한 수단이다. 또한 사람들은 몸짓, 자세, 혹은 얼굴 표현과 같이 "무언의 언어"의 방법으로 의사소통을 한다. 사회적 문제를 가진 학생들은 이런 무언의 언어에 의해 전달되는 의사소통의 정보를 해석하는 데 도움이 필요하다. 여기서 도울 수 있는 몇 가지의 목록을 다음과 같이 제시한다.

1. **얼굴 그림.** 얼굴 그림을 수집하여 학생들에게 어떤 얼굴이 행복한 감정, 혹은 슬픈 감정을 전달하고 있는지 찾아내도록 한다. 또 다른 감정으로 분노, 놀람, 고통스러움, 그리고 사랑함이 표현된 얼굴 그림도 보여 주라.
2. **몸짓.** 안녕이라는 손 흔듦, 손가락 흔들기, 어깨를 으쓱거리기, 돌아 나가기, 손가락이나 발을 가볍게 두드리기, 팔을 쭉 뻗기와 같은 다양한 몸짓에 대한 의미를 학생들과 함께 토론해 보라.
3. **비디오, CD 그리고 이야기 상황.** 몸짓, 공간, 그리고 시간과 같이 사회적 의미가 있는 사진, 짧은 비디오, 혹은 이야기 상황을 학생들에게 보여 주고 의사소통으로 정서적 내용을 파악하도록 도와주라.
4. **목소리가 의미하는 것.** 단어 이외에 말하는 사람의 기분을 나타내는 목소리를 테이프로 학생들에게 들려주어, 학생들이 인간의 목소리에 포함된 의미를 파악하는 것을 학습하도록 도와주라.

## 사회적 기술을 위한 인지 학습 전략

사회적 문제를 가진 학생들은 종종 사회적 상황에 충동적으로 반응한다. 그들은 요구되는 것이 무엇인지 고려하지 않고, 가능한 상황에서 생각하지 않고, 행동의 다양한 과정에 대한 결과에 관하여 생각하지 않고 무작정 행동한다. 자기-말 표현 전략과 자기-평가 전략과 같은 교수를 통하여 학생들은 즉각적으로 생각 없이 반응하는 행동에서 자신을 통제하는 것을 배울 수 있다. 또한 학생들은 "내가 하려고 생각하는 것이 무엇이지?"와 같이 그들 스스로에게 질문하는 것을 배울 수 있다. 즉, 그들은 반응하기 전에 멈추고 생각하는 것을 배운다. 교사들은 "내가 마주치는 이 문제는 다른 문제와 유사할까?" 혹은 "세 가지의 가능한 상황은 무엇일까?"와 같이 큰 소리로 말하면서 사회적 학습 전략에 대한 시범을 보여 줄 수 있다. 이런 과정을 통해 학생들은 자기-말 표현 혹은 소리 내어 사고하기와 같은 기술을 연습한다.

인지 학습 전략 교수는 사회적 기술을 습득하려는 학생들을 도와주는 데 효과적이다(Deshler, Ellis, & Lenz, 1996; Lenz & Deshler, 2003). 사회적 전략 교수는 사회적 상황에서 반응하는 유형들을 바꿀 수 있다. 학생들은 사회적 문제에 대하여 새로운 인지 반응을 개발하는 것을 배웠을 때 비로소 사회적 상황의 결과에 관한 생각을 시작한다. 인지 학습 전략인 (1) 반응하기 전에 멈추고 생각하는 것, (2) 사회적 반응을 말로 표현하고 시연하는 것, (3) 그들의 행동에 대한 효과를 시각화하고 상상하는 것, (4) 사회적 행동을 사전에 계획하는 것을 학생들에게 가르칠 수 있다. **일반교육에 포함된 학생 이야기 6.1**, "사회적 기술"에 몇 가지 사회적 기술 전략을 제시한다.

## 일반교육에 포함된 학생 이야기 6.1

### 사회적 기술

- 이야기에서 행동 판단하기. 사회적 판단이 포함된 불완전한 이야기를 읽거나 말하라. 학생들에게 그 이야기를 끝을 예상하게 하거나 완성하게 해 보라. 사회적 상황에 대한 짧은 비디오는 비디오에 나오는 사람들의 활동을 비평적으로 토론할 기회를 제공한다. 예를 들어, 어떤 학생이 아는 사람과 대화를 하려고 할 때 거친 행동에 대한 결과, 어떤 학생이 그녀의 엄마 친구가 그녀의 새로운 옷을 예쁘다고 말했을 때 짓는 얼굴 표정의 결과, 파티에서 어떤 학생이 누군가를 때린 결과에 대하여 토론한다.
- 사진으로 사회적 상황을 이해하기. 일련의 사진들에 사회적 상황을 포함시켜 하나의 이야기로 정리하여 말할 수 있다. 학생들은 그 사진들을 배열하고 이야기를 만들어낸다. 희극, 준비된 책, 기초 독본, 그리고 잡지 광고들은 이런 활동을 위하여 좋은 자료가 된다. 이런 시리즈에 사진이 포함될 수도 있다.
- 새롭게 획득된 사회적 행동 일반화하기. 학생들은 사회적으로 적절한 행동을 학습한 후에, 그들은 포함 학교, 가정 환경, 운동장, 그리고 다른 사회적 상황의 다양한 환경에서 이러한 행동을 일반화하는 학습을 해야만 한다. 특수교사와 일반교사 사이의 협력은 포함교실에서 일반화하는 계획에 반드시 필요하다.
- 대화 기술 학습하기. 학생들은 다른 사람과 대화하는 방법을 학습해야만 한다. 그들은 확장된 인사말로 연장하는 방법, 자신을 소개하는 방법, 말하는 주제를 발견하는 방법, 적극적으로 경청하고, 질문에 답하고 질문하는 방법, 작별인사를 하는 방법을 학습해야 한다.
- 친구 사귀기 기술. 학생들은 친구들을 만드는 방법, 칭찬을 하는 방법, 집단 활동에서 연합하는 방법, 감사를 받는 방법을 학습해야 한다.
- 게임하기 기술. 사회적 기술은 다른 사람과의 게임 활동으로 학생들을 가르칠 수 있다. 이런 교수에는 게임을 하는 동안 사회적 모델, 행동 연습, 행동적 전이가 포함된다.

## 6.6 정서 문제를 가진 학생들을 위한 전략

학생의 성취는 정서적 태도를 배우고 강화하여 능력을 향상시킬 수 있다. 성공적인 경험은 자기-가치, 자기-확신, 그리고 자기-존중의 감정을 형성시킨다. 또한 상호 강화 순환의 시작은 효과적인 대처의 시작이다(Silver, 2006). **교수 정보 6.1**, "자기-존중을 향상하기 위한 전략"은 자기-존중을 형성하는 방법들이다.

### 교수 정보 6.1

#### 자기-존중을 향상하기 위한 전략

- 학생들과 함께 라포를 형성하라. 교사들은 익숙하고 세심한 치료교육을 통해 치료의 유형을 제공할 수 있다. 교사는 학생들이 자신감을 가질 수 있도록 노력하고 학생들에게 진솔한 관심을 보여 주라.
- 학생들이 성공할 수 있는 과제를 학생들에게 제공하라.
- 학생들에게 성공할 수 있도록 하는 긍정적인 강화와 반응을 제공하라.
- 학생의 흥미와 취미 영역을 파악하고 이러한 영역을 수업에 반영하여 계획하도록 노력하라.
- 학생의 성공에 열광하는 것을 보여 주라.
- 재미있고 즐겁게 학습하도록 하라.
- 학생들이 차트 혹은 그래프를 사용하여 학습하는 시각적인 방법을 마련하라.
- 학생들이 주인공이 있는 책을 통하여 그들 자신과 그들의 문제를 이해하고, 비슷한 문제를 해결하는 방법을 학습하도록 도와주는 기술인 독서 요법을 사용하라. 학생들은 자신을 주인공과 동일시하고 주인공이 문제를 해결해 나가는 것처럼 그들 자신의 문제를 해결하는 데 도움을 받는다. 학생들에게 학습 문제를 설명해 주도록 고안된 책은 유용하다.
- 학생들이 순환되게 앉히고 학생들을 순환 활동 시간에 참여시켜 그들의 감정을 공유하고, 듣는 것을 학습하고 다른 사람을 관찰하도록 촉진하라. 이 프로그램은 경청하고, 감정에 집중하고, 서로에 대하여 인지하도록 촉진하는 활동으로 좀 더 많은 이해를 촉진한다. 매직 서클 주제의 예로는 "내가 …했을 때 그것은 내게는 좋은 느낌이었어….", "내가 잘 하는 어떤 것 …", 그리고 "너를 …하기 위하여 내가 할 수 있는 것은 무엇일까?"를 포함한다.
- 정서적 관계를 촉진하기 위한 치료 기법으로 예술, 춤, 음악, 그리고 다른 창조적인 매체를 활용하라.

## 6.7 행동 문제를 가진 학생들을 위한 전략

학습장애와 관련 경도장애를 가진 많은 학생들은 그들의 문제와 당황스러운 작업에 직면하였을 때 파괴적이거나 반사회적으로 맞서는 행동을 보인다. 여기서는 행동 문제를 가진 학생들을 위한 다양한 교수 전략을 살펴본다. **일반교육에 포함된 학생 이야기 6.2**, "행동 문제"는 일반학급의 수업에서 행동 문제를 가진 학생들에게 도움이 되는 몇 가지 전략들이다.

### 일반교육에 포함된 학생 이야기 6.2

#### 행동 문제

- 좌석을 배치하라. 학생들을 최소한 외부로부터 주의를 산만하게 하는 장소, 그리고 학생이 주의를 집중하였을 때 즉시 확인할 수 있는 곳에 앉혀라. 학생을 창문이나 문으로부터 멀리 떨어지게 앉혀라.
- 다양한 활동을 계획하라. 학생들이 정기적으로 교실 주변을 일어서서 이동할 수 있도록 교실 일과를 수정하라. 학생들에게 인쇄물을 나누어 주고 책을 제거하라.
- 체계적인 일과를 제공하라. 일과를 계획하여 매일 그것을 지키도록 한다. 만약에 어떤 예외적인 일이 일어날 것이라면, 무슨 일이 일어날 것인지 그리고 그 일은 언제 일어날 것인지에 대하여 설명하여 학생들을 준비시킨다.
- 매일의 과제 공책을 마련하라. 과제 공책은 학생들에게 시간을 조직하도록 도와주며, 무엇을 해야 하는지 알게 하고, 성취되어야 할 것을 명시해 준다.
- 여러분이 어떤 활동을 시작하기 전에 학생의 관심을 여러분에게로 모아라. 학생의 주의를 얻기 위하여 손 신호나 눈 맞춤과 같은 집중시킬 수 있는 신호를 사용하라.
- 지시는 명백하고 간결하게 하여라. 지시는 매일 교수에서 일관되게 한다. 복잡한 지시를 간단하게 하고 중복적 지시를 피하라. 긍정적인 방법으로 지시를 진술하라. 예로 "나는 네가 수학을 시작하길 바란다."와 같이 긍정적이고 짧은 지시를 한다.
- 실행할 수 있는 양으로 과제를 나누어라. 문제집 혹은 과제 종이가 어지럽게 놓여 혼란스러우면, 그것들을 작은 부분으로 나누어 적절하게 묶어 두어라. 이는 좀 더 적은 자료가 될 것이고, 그 자료는 좀 더 잘 조직화되어 있을 것이다.
- 필요하다면 여분의 시간을 제공하라. 몇몇 학생들은 과제하는 속도가 느리기 때문에 과제를 완성하는 데 여분의 시간을 요청한다. 학생들에게 어떻게 시간을 관리하는지 제시하여 가르쳐라.
- 가능한 즉시 완성된 과제에 피드백을 제공하라.
- 가정에서 적절한 공부 공간을 마련할 수 있도록 부모나 가족에게 제안한다.
- 학습하는 데 보조 도구를 사용하도록 하라. 많은 학생들은 컴퓨터, 계산기, 그리고 그 외의 다른 보조 기기를 사용하는 것을 좋아한다.
- 아동들이 잘 하는 것과 흥미를 촉진하는 것을 발견하라.

## 효과적인 행동중재 계획 개발

이 장의 앞부분에서 행동중재 계획을 수립하는 기능적 행동사정의 실시에 대하여 설명하였다. 가끔, 교사가 기능적 사정을 철저히 해야 한다고 하면서 "모든 것을 하나의 크기에 맞추는" 행동중재 계획을 세우곤 한다. 행동중재 계획은 학생들의 개인적 요구를 중심으로 세워져야 한다. **학생 이야기 6.3**, "Jerod를 위한 행동중재 계획"은 행동에 대한 사정이 행동중재 계획의 개발에 어떻게 사용될 수 있는지에 대하여 보여 주는 예이다.

## 긍정적인 교실 환경 만들기

학생들은 학교에서 그들을 참가시키려는 요청에 의해 위협을 느끼거나 심지어는 패배감을 느낄지도 모른다. 교사들이 학생들에게 성공을 위한 바람직한 구조를 제공하였을 때 그들의 능력과 성취가 높아진다(Johns, 2004). 긍정적인 교실 환경은 긍정적인 행동중재 계획을 세우는 과정에서 매우 중요하다. **교수 정보 6.2**, "긍정적 환경을 만들기 위한 전략"은 이런 목표를 성취하기 위한 방법이다.

**실수 없는 학습 기술** 실수 없는 학습 기술은 학생들에게 잘 하는 영역을 촉진하여 성공하는 기회를 제공하는 것이다. 실수 없는 학습이라는 결과를 가져올 수 있는 두 가지 전략은 **점감법**(fading)과 **역방향 추론**(backward chaining)이다.

점감법 전략은 학생들이 과제를 처음 시작할 때에는 최대의 단서를 제공하고, 그 단서들은 학생들이 과제를 혼자서 할 수 있을 때까지 점점 줄여가면서 제공하는 것이다(Johns, 2004). 예를 들어 학생이 필기체 쓰기를 배우고 있다면, 교사는 쓸 문자의 예시를 제공할 수 있고 학생들은 그 문자를 단순히 복사할 수 있다. 그때 교사들은 학생들에게 문자를 쓰도록 촉구한다. 학생들이 이 단계의 쓰기를 잘 하였을 때, 교사들은 점선으로 된 예시를 준비하여 학생들이 점선 위를 따라 쓰도록 한다. 학생이 잘 하였을 때 교사는 칭찬으로 학생을 강화한다. 마지막 단계는 학생들 스스로 쓰기를 한다. 점감법의 예시를 살펴보았듯이 교실 규칙에 중학교, 그리고 고등학교 학생의 협력을 증가시키는 것은 중요하다. 학생들이 어떤 수업에서 다른 수업으로 이동하였을 때, 가끔 서로 다른 교사의 규칙을 따르는 것을 어려워한다. 예를 들자면 어떤 교사는 학생들이 말하기 전에 그들의 손을 들기를 바라고, 또 다른 교사는 그런 행동을 바라지 않는 경우이다. 중학교와 고등학교 교사들은 교실에서 가장 눈에 잘 띄는 곳에 규칙을 붙여 제시하는 것이 좋다. 이는 학생들에

## 학생 이야기 6.3

### Jerod를 위한 행동중재 계획

Jerod는 수학과제를 완성하는 것을 어려워하는 학습장애를 가진 5학년 학생이다. 교사가 그에게 수학에서 완성할 문제지를 제시(선행)하였을 때, 그는 매 시간 그 종이를 찢어 마루에 던졌고(행동), 교사는 교무실로 Jerod를 보냈다(결과). 그런 행동의 역할은 회피이다. Jerod는 실질적으로 수학문제지를 싫어한다는 의사소통으로 행동을 보였고, 그가 수학과제 종이를 찢는다면 교무실로 보내질 것이라는 것을 배우게 된다. 기능적 사정으로 Jerod가 5학년 수준의 수학문제를 해결하는 기술은 있었지만 시지각의 어려움을 가진 그에게는 문제지가 어려웠다는 사실을 알게 되었다. 그는 많은 수학문제가 있는 종이에 쉽게 압도되었다. 그러나 Jerod는 컴퓨터 기술을 잘 다루었고 슈퍼맨에 관한 책을 읽기를 좋아했다.

#### Jerod를 위한 행동중재 계획

행동중재 계획이 세워졌다. 바람직한 대안적 행동으로 5학년 수준의 쓰기 수학숙제를 완성하는 것이다. 그를 위한 목표는 20개의 수학 계산 문제를 95% 이상 정확하게 완성하는 것이다. 이 목표는 다음과 같은 기준으로 나누어졌다.

1. Jerod는 95% 이상 정확하게 5개의 수학 계산 문제를 완성할 것이다.
2. Jerod는 95% 이상 정확하게 10개의 수학 계산 문제를 완성할 것이다.
3. Jerod는 95% 이상 정확하게 15개의 수학 계산 문제를 완성할 것이다.
4. Jerod는 95% 이상 정확하게 20개의 수학 계산 문제를 완성할 것이다.

계획의 일부로 교사는 Jerod에게 한 번에 5개의 수학문제를 제시하는 것으로 합의한다. 각각의 수학문제는 읽기 쉽도록 크게 인쇄될 것이다. Jerod가 5문제를 완성하였다고 말하면 5분 동안 슈퍼맨에 대한 책을 읽을 수 있도록 할 것이다. 또한 자기-관리 체계는 Jerod가 매일 얼마나 많은 수학문제를 완성하였는지를 보여 주기 위해 엑셀 프로그램을 사용하여 컴퓨터로 그래프를 작성하도록 허락되었다. Jerod는 성공적으로 5개의 수학문제를 풀었을 때, 교사는 새로운 문제를 추가할 것이고 점진적으로 10개의 수학문제를 풀 수 있도록 할 것이다.

이러한 행동중재 계획에서, 강화를 위하여 프리맥의 원리(당신이 처음으로 이것을 할 때 저것을 할 수 있다는 원리로, 즉 좋아하지 않는 활동을 한 후 좋아하는 활동이 뒤따르는 것)를 사용하고, Jerod의 작업이 성공하였을 때 강화된다. 자기-관리는 Jerod의 강점인 컴퓨터를 사용하여 자신의 진보 그래프를 작성하는 체계이다.

Jerod가 과제를 하는 것을 거절하고 마루에 과제를 던지면 Jerod가 슈퍼맨에 관한 책을 읽을 권리를 잃게 될 것이고 교무실에는 보내지 않을 것이다.

**심화질문** 어떤 행동중재 계획을 세울 때 자기-관리 체계가 중요한 이유는 무엇이라고 생각합니까?

만약에 이 계획을 실시한 3주 후에도 Jerod에게 긍정적 결과를 이끌어 내지 못한다면, 당신은 무엇을 하겠습니까?

게 우수한 시각적 촉구로서 그 역할을 담당한다. 학교에서 학년이 시작되는 첫 2주 동안 교사들은 학생들이 교실에서 지켜야 할 규칙을 검토하도록 한다. 학생들이 규칙에 잘 따랐을 때, 교사들은 그들에게 규칙에 잘 따라 준 것에 대한 감사를

## 교수 정보 6.2

### 긍정적 환경을 만들기 위한 전략

1. **긍정적이고 평화로운 행동 모델.** 교사는 학생들을 위하여 말하고 행동하는 긍정적 역할 모델이다. 최소한 교사의 70% 요인이 학생들에게 긍정적이어야 한다(John & Carr, 2009). 학생들을 그들의 친구들 앞에서 질책하는 것은 학생들을 존중하지 않는 것으로 주의해야 한다. 칭찬은 특별히 요구되는 행동에서 이루어져야 한다. 예를 들어 "손을 들어 주어 감사해요.", "나는 네가 조용히 줄에서 기다려 주는 것을 좋아한다.", "강당에서 걸어줘서 감사해요."라고 말하는 것이다. 학생이 무엇인가를 잘못했다면, 교사는 학생들을 질책하기보다는 그 기술을 재교육하는 기회로 활용해야 한다.
2. **교실에서의 일과, 구조, 그리고 조직을 제공하라.** 학생들은 그들이 무슨 일을 할 것인지, 그리고 그것들을 언제 할 것인지에 관한 일과와 구조를 요구한다. 교사는 쓰기나 그림 일정으로 학생들이 무슨 일을 해야 하고 언제 해야 하는지를 알아보기 쉽게 작성하여 보기 쉬운 곳에 붙여 제공한다. 만약에 그날의 일정이 변화할 예정이면 교사는 학생들이 변화된 계획에 준비하여 적응하였을 때 그들에게 상을 준다. 교사들은 조직적 기술에 문제를 가진 학생들에게 좀 더 조직화시키는 것으로 그들을 도울 수 있다. 이런 일에 적절한 좌우명은 "모든 것을 위한 장소 그리고 그 장소 안에 있는 모든 것"이다. 좀 더 많이 물품이 있어야 할 장소를 표시할 수 있고, 이는 학생에게는 좀 더 좋을 것이다. 동시에 학생들에게 오랫동안 인생에서 유용했던 기술들을 가르친다.
3. **교실에서 분명한 목표를 수립하라.** 교실 행동을 위한 목표를 가르치는 것은 견고하고 공정하며 일관되게 한다. 규칙과 기대는 짧고 간단하게 유지시키고, 그것들은 관찰할 수 있는 행동을 중심으로 이루어져야 한다. 예를 들어, "말하기 전에 손을 들어라.", "자신의 목표를 스스로 지켜라.", "복도를 조용히 걸어라." 등이 있다. 학생들이 기억할 수 있는 규칙을 제시하라. 그림 단서들은 읽기 어려워하는 학생을 위하여 효과적이다. 시각적 단서 옆에 나란히 간단한 그림으로 복도 규칙을 써서 붙여라. 학생들에게 규칙의 의미와 예시를 제공하여 가르치는 데 시간을 사용하라. 규칙을 잘 지킨 학생들에게 강화를 제공하라. 교실 행동을 위한 목표는 그들이 규칙을 잘 지켰을 때의 보상과 규칙을 잘 지키지 못했을 때 결과가 뒤따르지 않는다면 의미가 없게 될 것이다.
4. **배려하고 성공적인 환경 만들기.** 학생들이 학습 기술(다음에서 설명됨)을 실수 없이 활용하여 성공하도록 하라. 교육자로서 우리의 일은 학생들을 성실하게 돌보는 것과 그들이 성공할 수 있도록 격려하는 사람임을 보여 주는 것이다. 목표를 높게 수립하고 그들이 이용할 수 있는 많은 강점을 가졌다는 것을 그들에게 보여 주어야 한다. 교사들은 학생들을 지원하고, 그들의 삶에 관하여 배우는 것은 중요하며, 학생들과의 관계를 형성하는 방법을 개발해야 한다. 관계를 형성하는 최초의 단계에서 교사들은 학생들과 상호작용을 하는 방법에 긍정적이거나 부정적인 관계를 촉진하는 요인으로 작용한다(Mihalas, Morse, Allsop, & McHatton, 2009).
5. **학급에 있는 학생들의 다양한 문화와 배경을 이해하고 존중하라.** 교사는 학생들이 그들의

(계속됨)

문화적 배경으로 자부심을 향상시킬 수 있도록 도와라. 학생의 배경, 이웃, 그리고 삶의 경험을 중심으로 다양한 수업을 구성하라(Johns, Crowley, & Guetzole, 2002).

6. **가능한 물리적으로 매력적이고 아름답게 교실을 꾸며라.** 교실은 학생들이 원하는 장소로 매력적이어야 한다. 사실적이거나 비록 식물과 같이 작은 것으로도 교실을 아름답게 보이도록 만들 수 있다. 흔들의자는 학생들이 읽는 동안 움직이는 기회를 제공한다. 안락의자가 있는 읽기 영역은 학생들을 읽기에 좀 더 참여시킬 수 있을지도 모른다. 교실의 조명은 약한 밝기로 조정한다.

잊지 않고 표현한다. 처음의 2주가 지난 후에는, 교사들은 학생들에게 언어적 촉구를 줄이면서 정하여진 규칙을 위반했을 때는 간단히 주의를 주며, 학생들에게 정해진 규칙을 지키는 것에 대한 중요성을 상기시켜 준다. 교사들은 규칙에 따른 학생들에게 다시 감사함을 표현하고, 개인적 기록에 간단하게 기입해 둔다. 학교에서 학년의 첫 한 달을 보낸 후에 교사는 정해진 규칙을 게시판에서 떼어 내고 더 이상 언어적으로도 상기시키지 않는다. 그러나 교사는 그 규칙을 잘 지킨 학생에게 긍정적인 강화를 지속하지만, 학생들은 학교에서 학년의 첫 한 달 동안 규칙을 잘 지켰던 것만큼 규칙이 잘 지켜지지는 않을 것이다.

**역방향 추론**은 교사가 추론을 수행한 것으로부터 거꾸로 된 순서로 추론하는 것이다. 마지막 단계는 처음에 수립되고, 다음으로 마지막 단계의 전단계를 배우면서 마지막 단계와 연결된다(Martin & Pear, 2003; Johns, 2004). 역방향 추론의 예는 학생들에게 신발 끈을 묶는 것을 가르치는 것으로 제시할 수 있다. 교사는 인사하는 것을 뺀 모든 단계를 생각한다. 학생들은 실행하고, 실행한 것에 대하여 칭찬을 받는다. 또 다른 예를 살펴보기로 하자. 어느 날 교사는 두 명의 어린 학생들이 함께 협력하여 놀지 못하는 것을 보게 되었다. 교사는 그들이 공을 앞뒤로 던질 수 있었으면 좋겠다고 생각했다. 교사는 두 학생과 함께 게임을 하기로 결정하였다. 교사는 학생들에게 공을 앞뒤로 던졌고, 결코 학생들이 서로에게 던질 것을 기대하지 않았다. 교사는 그들이 함께 공을 가지고 놀이를 하는 것을 칭찬하였다. 교사는 추론의 마지막 부분인 두 학생이 함께 노는 것을 제외하고 모든 단계를 실행하였다. 학생들은 공을 가지고 노는 데 익숙해지면, 그 다음으로 교사는 각각의 학생에게 공을 던지고 그들은 교사에게 공을 다시 던지게 하였다. 그리고 나서 교사는 학생 중 한 명에게 공을 던지면서, 그 학생 중 한 명이 다른 학생에게 공을 던지기를 기대하였고, 다른 학생이 공을 잡았다. 그래서 교사는 학생 모두에게 칭찬을 하였다. 다음 단계에서 교사는 학생 중 한 명에게 공을 던졌고, 그 학생이 공을 잡아 다음 학생에게 공을 던졌고, 그러고 나서 교사에게 공을 던졌다. 다음 단계는 교사가 다른 학생에게 공을 던질 것이라고 생각되는 학생에게 공을 던져 게임을 시작하였고 그들은 공을 앞뒤로 던졌고, 교사는 함께 놀이를 하는 학생들을 칭찬하였다. 마지막으로 교사는 그 게임에서 완전히 빠져나왔고 그 학생들은 앞뒤로 공을 던지면 함께 놀았다.

## 사용자들이 편리하도록 기초 학습 과제 재구조화하기

다음과 같은 방법들은 학생들을 좀 덜 억압하고 좀 더 재미있게 기초 학습 과제를 할 수 있도록 재구조화한 것이다.

1. **학생들에게 권리와 조절을 부여하고 과제를 선택하도록 구성하라.** 예를 들어 학생들에게 과제를 어디에서 할지 혹은 어떤 색깔의 펜을 사용할지에 관하여 선택하도록 허락하라. 두 개, 혹은 좀 더 많이 서로 다른 과제를 구조화하고 학생들에게 그들이 원하는 과제를 선택하도록 허락하라. 많은 연구들은 학생들이 교육과정을 선택하도록 하는 것은 과제 행동과 과제 완성에서 좋은 결과를 보여 준다고 밝히고 있다(Strout, 2005; Jolivette, Peck-Stichter, Scott, Ridgley, & Siblinsky, 2002). 또한 선호하지 않는 과제보다 선호하는 과제가 주어졌을 때, 학생들은 좀 더 약속을 잘 지켰다는 사실도 밝혔다(Cole, Davenport, Bambara, & Ager, 1997). 학생의 기초 학습 선택에 대한 연구와 기초 학습 수행에 대한 그들의 영향에 관한 연구는 중요한 인지 혹은 행동 문제를 가진 학생들이 일반교육 학생과 함께하는 경험보다 학생의 선택이 좀 더 도움이 되었다고 밝혔다. 일반교육에 포함된 학생들이 선택하는데 매우 심각한 영향을 미치는 요인은 과제의 특성, 학생의 배경, 과제 수행 동안의 피드백이 있다(Von Mizener & Williams, 2009).
2. **반응 카드를 사용하라.** 반응 카드는 학생들에게 반응하는 기회를 증가시키도록 지원하고 기초 학습의 참여를 높힐 수 있다. 예를 들어, 교사는 집단을 가르칠 때 종종 질문을 한다. 답을 알고 있는 학생들은 손을 들고, 반면에 답을 모르는 학생들은 손을 내리고 보고 있으면서 교사들이 그들을 호명하지 않길 바란다. 이 방법을 대신하여 교사들은 다양한 반응 카드 전략을 활용할 수 있다. 예를 들어, 교사들은 작고 흰 매끄러운 칠판과 색인 카드, 혹은 학생들이 각자 사용할 수 있는 작은 칠판을 활용할 수 있다. 교사가 질문을 하였을 때 모든 학생들은 그들이 확신하는 답을 자신의 작은 칠판에 쓴다. 교

사들은 충분히 기다린 후 학생들에게 그들이 쓴 답이 적혀 있는 작은 칠판을 들어서 보여 줄 것을 요청한다. 새로운 자료를 가르칠 때에 1분 동안 4개에서 6개의 반응을 이끌어 낸다면 학생들은 80%의 정확성으로 반응할 것이다. 반응을 증가시키는 것은 기초 학습의 극복과 교실 행동에 긍정적인 효과를 가져온다(Lambert, Cartledge, Heward, & Lo, 2006; Council for Exceptional Children, 1987; Sutherland, Alder, & Gunter, 2003).

3. **문제지를 위해 이동하는 과제를 활용하라.** 100개의 문제가 있는 문제집을 학생들에게 주는 대신에 문제집을 작게 나누어 교실 곳곳에 놓아둔다. 학생들은 교실 곳곳에 있는 질문에 답을 적은 종이를 클립보드로 붙여 놓는다. 이 활동은 작게 과제를 나누고 학생들이 과제를 수행할 때 이동하도록 허락하는 것으로 도움을 준다.

## 자기-관리 전략

조기 연령의 학생들에게 자신의 행동을 관리하도록 가르쳐라. 학생들이 독립적으로 자습과제를 하는 동안 실시하는 자기-평가는 기본적인 수학 기술인 계산에서 정확성을 높일 수 있다(Hodge, Riccomini, Buford, & Herbst, 2006). 학생들이 **자기-관리**를 학습하는 것은 독립성을 길러 주고 무기력함을 없애 준다. 다음과 같은 단계는 자기-관리를 하려는 학생들에게 도움이 된다(Little, 2000).

- 학생들이 감독하거나 평가하려는 행동을 확인하라.
- 학생들이 그들 자신의 수행을 판단하려는 목표를 분명히 진술하라.
- 학생들이 긍정적 행동을 정의하고, 어떻게 감독하고 어떻게 상을 줄 것인지에 관한 내용이 포함된 자기-감독을 위한 계약서를 활용하라.
- 학생들이 완성한 형식의 정확성을 평가하는 목록을 무작위로 만들어라.
- 특별한 상과 교정하는 피드백을 제공하라.

또 다른 효과적인 자기-관리 전략은 **목표 설정**이다. 다음에 제시된 내용은 이런 전략을 가르치는 단계이다.

1. 우선, 교사는 짧은 기간 동안 그들 자신을 위하여 목표를 작성하는 시범을 보여라. 학생의 수준에 따라, 교사는 반나절 동안의 목표를 세우도록 한다.
2. 그러고 나서 교사들은 반나절의 목표를 작성하는 학생들을 도와준다. 계획된 시간의 마지막에 교사와 학생은 세워진 목표가 달성되었는지 평가한다.

학생이 목표를 세우는 데 익숙해지면, 교사는 학생들에게 하루의 목표를 작성하도록 한다.

3. 마지막에는 학생들이 한 주의 목표를 작성하고 매일 그들의 진보를 감독한다.

## 수동공격적 행동을 위한 긍정적 전략

몇몇 학생들은 **수동공격적 행동**(passive aggressive behavior)을 나타낸다. 예를 들어, 수동공격적 행동은 어떤 것을 할 때 거절하는 것으로 나타나기도 한다. 이들은 그들에게 기대되는 것을 하지 않는 것으로 어른들을 화나게 한다. 수동공격적 행동이란 무엇일까? Long과 Long(2002)은 수동공격적 행동을 보이는 학생들이 다음과 같은 행동을 보인다고 설명한다.

- 수동적이고 공격적인 행동이 동시에 결합하여 다른 사람에게 순응하거나 자극하는 행동이 모두 나타난다.
- 이런 행동은 대인관계에서 공격보다 좀 더 파괴적으로 나타난다.
- 수동공격적 행동은 위장되어 교묘하게 나타나고, 평생 따라다닐지도 모른다.
- 분노는 간접적으로 표현되기도 한다.

어떤 학생이 특정 기초 학습 과제가 너무 어렵다고 생각하거나, 그가 해야 할 과제를 하지 않으려고 마음먹었다면 교사들은 매우 화를 내는 반응을 보일 것이다. 심지어 학생이 공공연하게 해야 할 행동을 하지 않으며 학생의 행동이 성인에게만 공공연하게 공격적이기도 한다. 다음에 제시된 전략은 수동공격적 행동을 다루려는 교사가 사전 대책을 강구할 때 도움이 된다.

1. **학생이 수동공격적 행동을 나타낸다는 것을 인식하게 하라.** 예를 들어, Randy는 무엇을 해야 하는지 이해하지 못한 척하거나, 혹은 지시를 듣지 못한 척한다. 이런 경우 교사는 학생이 무엇을 해야 하는지 이해하도록 지시를 할 때 매우 분명하게 해야 한다. 지시와 함께 시각적 단서를 제공하는 것도 도움이 된다.
2. **"간청하는" 행동을 피하라.** 예를 들어, 학생이 과제를 책상에 앉아서 하지 않는다고 하자. 교사는 학생이 과제를 책상에 앉아서 하도록 알려 준다. 그런데 학생은 그 과제를 하지 않으려고 교사를 어떻게 하면 화나게 할 수 있을까 살필 수 있다. 두 번 이상 분명한 지시를 더 하지 마라. 학생이 지시한 것을 했을 때, 교사는 학생의 노력에 대하여 반드시 칭찬해야 한다.

3. **화나는 보편적인 감정을 인정하라.** Long과 Long(2002)은 다음과 같은 단계를 제안한다. (1) 학생이 여러분을 화나게 했지만 학생에게 수동공격적으로 여러분의 화남을 표현하지 마라. (2) 여러분 자신이 학생들이 볼 수 있게 화를 멈추고 스스로를 진정시키기 위해 15까지의 수를 세어라. 학생들이 해야 할 과제를 하지 않는다면, 결국 여러분은 그들이 과제를 하도록 할 수 없다는 것을 기억해야 한다. (3) 학생들이 과제를 수행할 가능성을 증가시킬 수 있는 몇 가지 특별한 일과를 계획하라. 다음에 제시된 중재는 화나는 감정을 다루는 데 도움이 된다.
   - **"나" 전달법을 활용하라.** 예를 들어, 교사가 "나는 지금 너의 행동으로 매우 곤란해졌다. 나는 몇 분 동안 기다리겠다. 지금 당장은 아니지만 우리는 이 상황에 대하여 의견을 나눌 필요가 있다."라고 말하는 것이다.
   - **학생에게 과제를 시작하도록 요청한다.** 교사가 학생에게 모든 과제를 하라고 말하면 학생이 수동공격적 행동을 하여 제압할 것이고, 십중팔구 그 과제는 완성하지 못할 것이다. 그 대신에 학생에게 과제를 시작하도록 요청하는 것이 좋다.
   - **선택이 포함된 과제를 제시하여 능력과 조절을 발휘하도록 하라.** 두 개의 과제를 제시하여 학생이 그 중 하나를 선택하도록 요청하라. 혹은 학생이 어떤 과제를 언제, 어디에서 할 것인지 선택할 수 있도록 한다.
   - **행동 추진력을 활용하라.** 어려운 과제를 제시하기 전에, 교사는 학생이 쉽게 할 수 있는 과제를 제시한다(교사는 학생이 성공적으로 과제를 할 것이라는 사실을 알고 있다). 학생이 과제를 완성하면 교사는 학생에게 과제의 완성에 대하여 칭찬한다. 그 다음에 교사는 학생들이 쉽게 할 수 있는 또 다른 과제를 제시한다. 학생들이 그 과제를 완성하였을 때, 교사는 강화물을 제공한다. 그러고 나서 교사는 좀 더 어려운 과제를 제시한다. 학생은 간단한 과제를 성공적으로 할 수 있는 능력이 있다는 것을 알고 있기 때문에 어려운 과제도 할 수 있다는 자신감을 가지게 될 것이다.

## 6.8 행동 관리 전략

행동 문제를 가진 학생들은 행동 관리 전략으로 도움을 받을 수 있다. 많은 교사들은 직관적으로 많은 행동 관리 절차를 활용하겠지만, 행동 관리의 정밀한 응용은 그 절차가 체계적이어서 변화된 행동을 관찰하고 측정할 수 있다. 여기서는 몇 가지 행동 관리 전략에 대하여 살펴보기로 한다.

## 행동 계약법

행동 계약은 학생과 교사 사이에 동의된 문서를 의미한다. 행동 계약서의 예는 **그림 6.3**에 제시되어 있다. 학생들이 원하지 않는 어떤 일을 해야 할 때 강화되도록 하는 바람직한 생각이 **행동 계약법**(contingency contracting)의 특성이다. 이 방법은 할머니가 "만약에 네가 야채를 다 먹는다면 후식을 먹을 수 있다."는 약속을 진술한 것과 같다 하여 "할머니의 규칙"이라고도 부른다. 예를 들어, 야구를 좋아하는 Dave는 철자 과제를 마친 후에 놀이를 하도록 허락하는 것이다. 이러한 절차의 또 다른 명칭은 **프리맥 원리**(Premack Principle)인데, 이는 좋아하지 않는 활동이 좋아하는 활동으로 보상된 약속을 제공하는 것을 기본으로 한다. 예를 들자면, 어떤 학생이 수학문제를 푸는 것을 싫어하지만 색칠책에 색칠하는 것을 좋아한다고 하자. 그렇다면 그 학생이 5개의 수학문제를 완성한다면, 그에게 1~2분 동안 색을 칠할 수 있는 기회를 주겠다는 약속을 하는 것이다. 아이패드로 그림 그리기나 노래 듣기를 좋아하는 학생들에게는 그들이 한 세트의 수학문제를 풀었을 때 5분 정도 아이패드로 그림을 그리거나 음악을 들을 수 있도록 약속한다.

## 타임-아웃

- **타임-아웃**은 파괴적인 학생을 교수 활동에서 제외시켜 짧은 시간 동안 지정된 고립 장소에 있게 하는 절차이다. 격리는 그리 효과적인 방법은 아니지만 학생을 집단에서 꼭 제외할 필요가 있을 때 실행된다. 타임-아웃은 아동이 파괴적인 행동을 관리하는 강력한 기술이 될 수 있지만, 이는 신중히 사용하여야만 한다. 몇몇 상황에서 타임-아웃은 파괴적인 행동을 줄이는 데 성공할 가능성을 증가시킬 것이다(Johns & Carr, 2009; Alberto & Troutman, 2003).
- 타임-아웃은 어린 아동에게 요구되는 최소한의 시간인 1분에서 5분까지 짧게 실시한다. 경험에서 비롯된 일반적인 법칙에 의하면 아동의 나이에서 매년 1분을 넘지 않게 타임-아웃 시간을 계획한다.
- 타임-아웃 동안, 교사와 다른 아동들은 타임-아웃된 학생을 무시해야 한다.
- 타임-아웃에서 돌아온 학생을 진행하고 있는 활동에 즉시 참여하도록 적극

# 계약서

이 계약은 ____(학생)____ 과 ____(교사)____ 사이의 약속이다.

학생은 ____(완성 날짜)____까지 ____________할 것이다.

만약 위에 작성된 작업을 약속 기한까지 완성하였다면,

____(교사)____ 는 ____(완성 날짜)____까지 ________

________________________________________

________________________________________

________________________________ 할 것이다.

____________________ ____________

(학생 서명) (날짜)

____________________ ____________

(교사 서명) (날짜)

그림 6.3 행동 계약서

적으로 지원한다(Groteluschen, Borkowski, & Hale, 1990; McGrady, Lerner, & Boscardin, 2001).

- 타임-아웃은 교사가 아동이 적절한 행동에 참여할 때 강화한다면 더 효과적이다. 예를 들어, 어떤 교사가 어떤 학생이 친구들이 싫어하는 행동을 하거나 친구들에게 부정적인 말을 하는 것과 같이 부적절한 행동을 나타내기 때문에

타임-아웃을 사용하기로 결정했다고 하자. 그렇다면 이 경우 타임-아웃은 학생이 친구들과 함께 활동을 공유하거나 적절하게 참여하고 친구들과의 대화에 공손하였을 때 교사가 그 학생을 강화하지 않는다면 적절한 행동을 증가시키는 데 효과가 없을 것이다(Johns & Carr, 2009).

- 학생을 분리된 방으로 이동시키는 격리가 포함된 타임-아웃은 매우 신중하고 철저히 검토된 타임-아웃의 방법으로 마지막에 사용되어야 한다. 대부분의 지역에서 타임-아웃을 사용할 때 지켜야만 하는 방법과 규칙이 증가되고 있다. 학급에서 격리가 포함된 타임-아웃의 모든 유형은 적용하기 전에 학교 이사회의 정책은 물론 이에 대한 법과 규칙을 검토하여 확인하라.

## 인지행동수정

**인지행동수정**은 학습하는 데 활용되는 자기-교수 접근법이다. 학생들은 (1) 자신에게 크게 말하기, (2) 그들이 해야 할 것에 대하여 자신에게 교수를 제공하기, (3) 성취를 위하여 구두로 스스로에게 보상하기를 통하여 자신을 동기화하는 방법을 배워야 한다(Meichenbaum, 1977). 인지행동수정은 학생들이 그들 자신의 행동을 조절하는 방법으로 제시되는 기술을 강조한다(Robinson, 2007; Fitzpatrick & Knowlton, 2009).

자기-교수 인지행동수정 프로그램에는 다음과 같은 단계가 포함된다.

1. 우선, 교사는 학생들이 관찰하는 동안 큰 소리로 학생들에게 말하면서 과제를 수행하는 시범을 보인다.
2. 그러고 나서 학생들은 교사의 안내에 따라 그들 자신에게 말하면서 동일한 과제를 수행한다.
3. 학생들이 과제를 진행하는 동안 그들 자신에게 속삭이면서 조용히 말한다.
4. 학생들은 과제를 수행하는 동안 내적(개인) 언어를 사용한다.
5. 마지막으로, 학생들은 그들이 어떻게 했는지 자신에게 말하면서 그들의 수행에 대하여 자기-평가를 한다. 예를 들어, "나는 잘 했어." 혹은 "다음에 나는 천천히 할 거야."같이 말한다.

인지행동수정은 체중 감소 프로그램을 시도하려는 어른들에게 종종 사용된다. 학습 문제를 가진 학생들은 학습, 학교 과제, 그리고 숙제와 같은 모든 유형의 절차에서 사용할 수 있다. 인지행동수정의 목표는 인간의 행동을 변화시키는 것뿐만 아니라 그들의 행동을 인지하여 사고하는 것을 행동과 연계시키는 데 둔다.

## 강화 사용하기

**강화 이론**은 **행동 관리**를 위한 주요한 도구로서 제공된다. 강화를 사용하는 것은 학생에게 적절한 행동과 행동을 관리하는 것을 가르치기 위한 중요한 전략이다. **강화물**은 행동이 증가하거나 변화할 때 사용한다. 학생이 원하는 강화물을 확인하여, 교사는 학생에게 바라는 행동을 촉진하려는 보상체계를 구조화할 수 있다. 긍정적이고 즉각적인 강화물은 바라는 행동을 촉진하는 데 가장 효과적이다. 별표, 스티커, 건포도, 토큰, 점수, 칭찬, 반짝이는 빛, 혹은 그 대답을 아는 것에 대한 단순한 만족이 일반적인 강화에 포함된다.

강화물의 예는 다음과 같다.

- Annette는 다섯 페이지를 읽은 후에 장난감으로 바꿀 수 있는 두 개의 토큰을 받았다.
- Serena에게 읽는 것을 가르치는 동안 바라는 행동은 문자가 있는 자극 카드와 동등한 소리로 말하는 것이다. 매번의 Serena의 정확한 반응에 한 조각의 저당의 시리얼, 점수, 칭찬 혹은 관심과 같은 즉각적인 긍정적 강화를 제공한다.

강화물을 성공적으로 사용하려면 교사들은 다음과 같이 해야 한다.

1. 특별한 과제를 수행하도록 학생들을 동기화하고 촉진할 가능성이 있는 강화를 확인하라.
2. 강화로 유발되는 학생의 반응과 행동을 확인하라. 확인된 반응과 행동은 분명히 정의되어야 한다.
3. 학생들이 원하는 행동에 대하여 강화를 받는 환경을 마련하라. 보상체계는 강화물이 원하는 행동에 대하여 미리 결정된 계획아래 제공되기 위해서 다양해야 한다.
4. 최종적으로, 학생들은 강화 가치를 정정하여 수립하고 독립적으로 교수적 결정을 내린다. 학생들이 반응 체계에 정정이 포함되는 것은 자연스럽게 강화를 유발하는 체계로 이동시키는 데 도움이 된다.

**교수 정보 6.3**, "강화물 찾기"에서는 적절한 강화물을 발견하는 아이디어를 제공해 준다.

## 교수 정보 6.3

### 강화물 찾기

행동 관리의 성공은 목표 행동을 증가시키는 적절한 강화를 발견하는 것에 의존한다. 어떤 학생에게는 바람직하게 보이는 것이 다른 사람에게는 좀 덜 흥미를 가지게 할 수 있다. 성공적인 강화물을 찾으려면 학생이 자유 시간에 하려고 선택하는 것이 무엇인지 관찰하고 학생과 그들의 부모로부터 정보를 요청한다. 강화물은 음식물 혹은 장난감과 같은 외부의 것으로 비본질적인 것이 되기도 한다. 고학년의 학생에게는 아이패드로 음악을 들을 시간을 주거나, 10대에게는 적절한 잡지를 볼 수 있는 시간을 부여하거나 친구들과 대화를 나눌 수 있는 시간을 주는 것과 같이 강화는 본질적인 것으로, 이런 강화는 과제를 마친 것에 대한 만족과 같은 내부적인 것이다. 강화는 교사 혹은 부모로부터 칭찬을 받거나 인정을 받은 것과 같은 사회적인 것일 수도 있다. 교사로부터의 개인적 기록은 고학년 학생에게는 매우 강화되어 긍정적인 관계를 형성하는 것을 지원할 수 있다. 나중에 강화물로 바꿀 수 있는 토큰을 사용할 수도 있고 혹은 특권의 형태를 가질 수도 있다. 모든 사람에게 좋은 강화물은 그 사람을 위해 유용하고 간단한 것이어야 한다. 몇 가지의 강화물의 예는 다음과 같다.

- ✔ 음식물: 먹을 수 있는 씨앗, 저당 시리얼, 팝콘, 건포도, 그리고 과일, 혹은 과일 막대. 음식물을 강화물로서 사용한다면, 그 양은 최소량을 지켜야만 할 것이다. 음식물을 사용하기 전에 고려하여야 할 것은 아동들이 특별한 음식물에 알러지가 있는지를 확인하기 위해 가족에게 정보를 구하는 것은 필수적이다. 음식의 활용은 곧 사라질 수 있으므로 항상 칭찬과 같은 긍정적인 언어 강화와 함께 짝지어 사용하도록 한다. 저칼로리와 건강한 음식물로 학생들을 강화하는 것이 좋다.
- ✔ 놀이 자료: 야구카드, 장난감 동물, 장난감 자동차, 구슬, 줄넘기, 그네, 크레파스, 색칠책, 찰흙, 인형, 한 세트의 장난감, 공, 퍼즐, 만화책, 고무풍선, 게임, 요요는 어린 학생들에게 적절하다. 고학년의 학생은 압박공, 손으로 감을 수 있는 것, 야구공, 혹은 농구공 카드를 좋아한다.
- ✔ 토큰: 칠판이나 학생의 공책, 금과 은으로 된 별, 병 안에 구슬, 고리 위의 플라스틱 칩, 포카칩, 티켓, 빨래 줄의 표시가 있다. 고학년의 학생들은 특별한 시간에 그리기를 위한 복권티켓을 버는 것을 좋아한다.
- ✔ 활동과 특권: 컴퓨터 시간 가지기, 보여 주거나 말하기로 발표하기, 처음으로 하기, 심부름하기, 자유시간 가지기, 청소 도와주기, 주말에 집에서 기르는 애완동물을 교실로 데려오기, 노래 인도하기, 비디오 보기, 음악 듣기, 예술 활동하기. 고학년 학생들은 좀 더 일찍 점심시간을 가지거나 집으로 가는 것을 좋아한다. 계획은 이런 특권을 위해 빨리 수립되어야 한다. 학교에서 핸드폰을 허락한다면 학생들은 5분 동안 문자메시지를 할 수 있는 특권을 얻기를 원할 것이다.

## 가정-학교 협력

가정-학교 협력 프로그램은 학교와 가정의 노력이 결합되어 학생의 행동을 개선시키는 데 목적이 있다. 행동 목표는 학생을 위하여 수립되고, 교사는 매일 학생이 그 목표를 달성하도록 알려 준다. 교사는 이러한 행동 관리 안내물을 가정에 보내고, 부모는 교사의 알림을 잘 알았다는 확인 사인을 한다. 이는 학생이 학교에서 보이는 긍정적인 행동을 가정에서도 강화하는 것이다. 교사가 부모와 긍정적인 관계를 형성하는 것은 학생의 숙제를 도와주어야 할 때, 학생을 매일 정각에 학교에 보내는 것과 같은 부모의 노력을 인정하는 것으로 중요하다. 부모는 그들의 노력에 강화될 필요가 있고 "당신의 지원에 정말 감사해요."라고 인정받아야 한다. 다음은 어떤 저자의 실제 경험에 대한 예이다.

고등학교 1학년인 Michael은 심각한 행동장애를 가진 학생을 위한 대안학교에서 전학해 왔다. 편부모인 그의 어머니는 4명의 가족을 지원하기 위해 두 개의 직장에서 일을 하였다. Michael의 적절한 행동에 대하여 인식하고 그가 성공할 수 있는 많은 기회를 통하여 Michael은 완벽한 출석과 기초 학습은 물론 정서적으로 성공한 모범학생이 되었다. 저자인 그 학교 교장선생님은 그의 엄마를 자주 불러 Michael이 어떻게 하는지 자랑하였다. 저자는 그의 어머니로부터 받은 모든 협력에 감사함을 강조하였다. Michael의 어머니가 회의에 참석했을 때, 저자는 그녀가 관리하였던 모든 것에 얼마나 감동하였는지 말하였다. 저자는 그의 어머니와 긍정적인 관계를 형성하였다.

Michael이 원적 고등학교로 돌아와서 체계적으로 통합되었던 것은 매우 잘된 일이었다. Michael은 학습도움실의 특수교사로부터의 상담지원과 함께 학교에서의 모든 시간을 일반학급으로 되돌아오게 할 IEP를 위한 시간이 다가왔다. Michael은 몇 주 동안 잘 하였으나, 그 후 점점 제멋대로 행동하기 시작했고 결국 행동 문제가 증가되어 나타났고, 원적 학교는 그를 대안적 학교에 되돌려 보내기를 원하였기 때문에 새로운 IEP를 요청했다. 좀 더 추가된 조사에서 학교는 Michael에게 긍정적인 결정을 내렸으나, 그 누구도 Michael의 어머니와 긍정적인 관계를 형성하지 않았던 것으로 나타났다. 그 누구도 Michael이 잘 하였을 때 그의 어머니를 부르지 않았다. 긍정적인 지원을 위한 그녀의 요구는 충족되지 않았기 때문에 그녀는 그의 새로운 장소를 방해하기 시작했고, 그가 대안적 학교에 되돌아 갈 것을 원하였다. 학교의 도움 상담가와 도움실 특수교사가 어머니를 지원하려고 그녀를 자주 만났던 것은 매우 중요한 일이었다. 그것이 이 문제를 결정할 필요가 있었던 전부였다.

**그림 6.4**는 가정-학교 행동 관리 서류의 예이다.

학생: ____________________ 교사: ____________________

시작 주: ____________________

만족한 수행에는 (S)를 사용하라.
불만족한 수행에는 (U)를 사용하라.
적용되지 않은 항목에는 (N)을 사용하라.

| | 월 | 화 | 수 | 목 | 금 |
|---|---|---|---|---|---|
| 1. 숙제 제출 | | | | | |
| 2. 3분 안에 과제 시작 | | | | | |
| 3. 지시 따르기 | | | | | |
| 4. 학급과 학교 규칙 따르기 | | | | | |
| 5. 교사에게 주의 할애하기 | | | | | |
| 6. 손들고 말하기 | | | | | |
| 7. 기타 | | | | | |

적용 표에 80% 이상이 체크된다면 학생은 20분 동안의 컴퓨터를 할 수 있는 시간이 주어진다.

교사의 머리글자: ____________________

**의견과 사인**

| | **교사** | **부모** |
|---|---|---|
| 월요일 | ____________________ | ____________________ |
| 화요일 | ____________________ | ____________________ |
| 수요일 | ____________________ | ____________________ |
| 목요일 | ____________________ | ____________________ |
| 금요일 | ____________________ | ____________________ |

- 부모는 매일 차트에 사인한다.
- 아동은 매일 집에 차트를 가져간다.
- 아동은 매일 학교로 차트를 가져온다.
- 아동은 매일 보상을 받는다.

**그림 6.4** 가정-학교 행동 관리 서류

# 내가 알고 있는 한 아동…

## Mario: 행동 문제를 가진 학생

Mario는 제퍼슨학교로 전학한 5학년 학생으로 담임은 Holden 선생님이다. 그는 전에 있었던 학교의 특수교사로부터 어떤 정보도 받지 못하였다. 학급에서의 첫 주 동안, Mario는 교실에 있는 다른 학생들에게 오줌을 쌌다. 또한 그는 점심시간 후에 밖에서 그의 바지를 대변으로 더럽히는 사건을 만들었다. 그는 교실의 빛이 너무 밝다고 교사에게 불평하였다. Holden 선생님은 Mario의 이전 학교에서 어떤 배경 정보도 받지 않았는지 교장선생님께 알아보기 위해 교장실에 갔었다. 그 때, 교장선생님은 사례 연구 평가가 진행되고 있었지만 Mario가 전학가는 바람에 완성되지 않았다고 알려 주었다. 그의 이전 학교는, Mario는 누군가가 그에게 다가오거나 불결해지면 매우 흥분한다고 기록하고 있었다. 이전 학교는 Mario가 아스퍼거증후군과 주의력결핍 과잉행동장애가 있다는 정신의학적 진단을 받았다고 했다.

새 학교의 Holden 선생님은 사례 연구 평가를 시작하기로 결정했다. 부모 면접에서 Mario의 어머니는 그가 두 명의 자녀 중 한 명이고 아버지는 그에 대하여 잘 모른다고 하였다. Mario의 어머니는 집과 학교에서 Mario가 어떻게 지내는지 매우 관심이 많았다. Mario는 어머니의 지시에 따르지 않았고, 더럽다는 생각과 그의 팔이 떨어져 나갈 것이라는 생각에 사로잡혀 있었다. 그는 슈퍼맨에게 특별한 관심이 있었고 가능하면 거의 대부분의 시간에 이런 비디오를 보는 것을 좋아했다.

사례 연구 평가를 기다리는 동안, Holden 선생님은 Mario와 함께 작업을 계속했다. 최소한 다섯 가지의 경우에, 어떤 학생이 우연히 그를 건들었을 때, 그는 3분 동안 소리쳤다. Mario는 모든 과목에서의 숙제를 약 20% 정도만 하여 과제를 거의 완성하지 않고 있었다. Mario는 읽는 것을 좋아했지만 수학을 싫어했고, 어떤 수학과제도 거부했다. 그의 이전 학교에서의 성취 시험 점수는 읽기 인식과 이해에서 5학년 정도의 과제를 할 수 있는 것으로 나타났다.

그 다음 3주 동안에, Mario는 그의 바지를 5번 이상 대변으로 더럽혔다. 매번 그는 흥분하여 화장실로 갔고, 교장선생님이 그의 어머니를 불러 그에게 갈 때까지 화장실에서 나오지 않았다. Holden 선생님은 낙담하였고 곤혹스러웠다. 그녀는 IEP 모임에서 적격성에 대한 판단을 기다렸고, 그녀는 Mario에게 무엇이든 도움이 되는 것을 얻을 수 있길 원하였다.

### 질문

1. 만약에 당신이 Holden 선생님이었다면, 사례 연구 평가를 하는 동안 Mario를 도우려고 무엇을 했을 것이라고 생각합니까?
2. Mario가 Holden 선생님에게 행동으로 의사소통한 것은 무엇이라고 생각합니까?
3. Holden 선생님은 교실에서 Mario의 강점을 어떻게 두드러지게 할 수 있다고 생각합니까?

## 요약

1. 학습장애와 관련 경도장애 학생의 문제에 대한 포괄적인 이해는 학생의 사회, 정서, 그리고 행동 면에 대한 영향을 고려할 것을 요구한다.
2. 사회 문제는 다른 사람과의 상호관계, 친구를 만들고 유지하는 것, 일상 생활에서 사회적 요구를 충족시키는 것을 어렵게 한다.

3. 정서 문제에는 자신에 관한 감정이 포함된다. 예를 들어, 학생은 매우 만성적으로 슬프거나 우울함을 느끼고, 혹은 생활과 학습하는 능력에 대한 개인의 태도를 방해하는 낮은 자아 개념을 가진다.
4. 행동 문제는 공격적이고, 반사회적이고, 이와 유사한 행동에 의해 분명히 나타나는 문제를 의미한다.
5. 사회 문제를 가지는 학생들은 친구를 형성하도록 그들을 도와주는 전략이 필요하고, 다른 사람과 어떻게 상호작용하는지에 대한 방법을 가르칠 필요가 있다.
6. 정서 문제를 가진 학생들을 위한 교수적 전략은 자기 존중과 자아 개념을 강화하는 것이다.
7. 행동 문제를 보이는 학생들은 그들이 올바르게 한 행동에 대하여 빈번한 긍정적 강화를 제공해야 한다. 교사는 기초 학습 활동을 재구성하여 학생들을 성공적으로 이끌어 내고 행동 문제를 감소시키도록 한다. 기능적 행동사정과 긍정적 행동지원은 이러한 학생들을 위하여 필요할 것이다.
8. 행동 관리 기술은 학생들의 행동을 관리하는 데 있어서 학생들을 도와주기 위한 방법이다.

## 교육정보 비디오 사례 활동

**6장을 읽은 후에** Education CourseMate 웹사이트에 들어가 "학급 관리: 행동 문제를 보이는 학생 다루기(Classroom Management: Handling Students With Behavior Problems)"라는 제목의 교육정보 비디오 사례(Teachsource Video Case)를 보길 바란다. 이 비디오 사례에서는 학교 교사 팀이 Peter의 문제를 좀 더 이해하려고 노력하는 것을 알 수 있다.

### 질문

1. 모든 교실에서 Peter의 행동에 선행하는 것이 무엇이라고 생각합니까?
2. 행동이 의사소통을 하기 위한 한 방법이라면 Peter는 그의 행동으로 의사소통을 하려고 노력하였다고 생각합니까?
3. Peter에게 활용할 수 있는 몇 가지의 긍정적 행동지원은 무엇입니까?

## 토론과 심화질문

1. "학생을 가장 무능하게 만는 유형의 문제"인 사회적 기술이 왜 문제라고 생각

합니까? 사회적 문제의 일반적인 척도는 무엇입니까?

2. 기능적 행동사정과 긍정적 행동지원에 대하여 기술해 봅시다.
3. 강화란 무엇입니까? 효과적인 강화는 어떻게 확인할 수 있습니까? 청소년에게 적절한 강화의 유형은 무엇입니까?
4. 행동 문제를 감소시키는 데 중요한 기초 학습 전략은 무엇입니까?
5. "회복력"에 대하여 토론해 봅시다. 학습하기 어려워하는 개인에게 회복력의 질이 중요한 이유는 무엇입니까?

## 핵심 용어

가정-학교 협력 … 227
강화물 … 225
강화 이론 … 225
긍정적 행동지원 … 205
기능적 행동사정 … 204
내면화 … 200
목표 설정 … 219
사회적 기술 … 196
수동공격적 행동 … 220
역방향 추론 … 214
외면화 … 200
인지행동수정 … 224
자기-관리 … 219
점감법 … 214
징후 결정 … 203
타임-아웃 … 222
프리맥 원리 … 222
학교차원 긍정적 행동지원 … 206
행동 계약법 … 222
행동 관리 … 225
행동 추진력 … 221

# 7장

# 주의력결핍 과잉행동장애와 관련 장애

“성공은 최종적인 것이 아니며, 실패가 치명적인 것도 아니다. 중요한 것은 용기를 지속하는 것이다.”

—SIR WINSTON CHURCHILL

Elizabeth Crews

이 장의 차례



이 장에서는 종종 학습장애를 일으키는 **주의력결핍 과잉행동장애**와 **자폐성 범주 장애**라는 두 가지 조건과 관련 경도장애에 대하여 살펴본다.

## 7.1 주의력결핍 과잉행동장애(ADHD)

주의력결핍 과잉행동장애(ADHD)는 학습장애 학생들에게 일반적으로 수반된다. (수반된다는 용어는 다른 조건과 함께 일어날 수 있는 조건을 의미한다.) 많은 연구들은 25%에서 40% 사이의 학습장애 학생들이 ADHD를 수반하고 30%에서 65% 사이의 ADHD 학생들이 학습장애를 수반한다고 보고한다(Goldstein, 2007; Centers for Disease Control and Prevention, 2005; Silver, 2006; Fletcher, Aram, Shaywitz, & Shaywitz, 2000). (**http://www.chadd.org**에 있는 Children and Adults With Attention Deficit Hyperactivity Disorder라는 웹사이트를 참고하라.)

**주의력결핍 과잉행동장애(ADHD)**는 학교나 사회 환경에서 행동을 통제하기 어렵게 하는 뇌의 문제 때문에 일어난다. 이는 아동기에 나타나는 가장 일반적이고 만성적인 상태 중 하나이고 4~12% 사이의 모든 학령기 아동들에게 영향을 미친다. 여아보다는 남아가 약 3배 더 많이 ADHD로 진단된다(American Academy of Pediatrics, 2001).

두 개의 서로 다른 용어는 다음과 같은 환경에서 언급되어 사용된다. (1) 주의력결핍 과잉행동장애(ADHD)는 의사나 심리학자가 사용하는 정신장애의 진단과 통계 편람, 개정판(DSM-IV-TR)에서 사용되는 전문용어이다(American Psychiatric Association, 2000). (2) **주의력결핍장애(ADD)**는 미국교육부와 많은 학교에서 사용한다. 두 용어는 동일한 장애이다. 여기에서는 문헌에서 좀 더 자주 사용되는 ADHD라는 용어를 사용할 것이다. 의사와 심리학자들은 점점 더 자주 ADHD 아동을 확인하고 있다.

ADHD 아동의 부모와 그들을 도와주는 전문가에게 추가적인 정보를 제공할 수 있는 몇 개의 활동적인 지원 단체는 다음과 같다.

- CHADD, Children and Adults With Attention Deficit Disorder: **http://www.chadd.org**
- National Resource Center on ADHD, A Program of CHADD: **http://www.help4adhd.org**
- ADDA, Attention Deficit Disorder Association: **http://www.add.org**
- AD-IN, Attention Deficit Infomation Network, Inc.: **http://www.addinfonetwork.com**

## 7.2 ADHD의 특징

ADHD는 (1) 부주의, (2) 충동성, (3) 과잉행동이 나타나는 만성적인 신경학적 증후군이다. **부주의**는 아동이 과제에 집중할 수 없음을 의미한다. **충동성**은 행동의 결과를 생각하지 않고 빠르게 반응하려는 경향을 의미한다. **과잉행동**은 아동이 어떤 시도 혹은 다른 것에 대한 관심을 급히 주려고 과장되게 움직이는 행동을 말한다. ADHD를 가진 많은 아동들은 모든 영역에서 문제를 보이지만 몇몇 아동은 이런 행동에서 하나 혹은 두 영역에서만 보이는 경우도 있다(Silver, 2006; Elison, 2006).

ADHD 아동은 과제에 주의집중하여 과제를 완성하기 어렵다. ADHD 아동들의 거의 반은 학습장애를 수반한다. ADHD 아동들은 쉽게 주의가 산만해지고, 하나의 생각으로 성급해지거나 또 다른 것에 흥미를 돌리기 쉬우며, 정확성이 부족하고 조심성 없이 과제를 수행한다. ADHD 아동들은 듣지 않거나 말하는 것이 무엇인지 들으려 하지 않는 인상을 준다. ADHD 아동들은 주의 문제, 충동적 행동, 그리고 과잉행동의 문제를 보인다. ADHD 아동들은 종종 연령에 맞지 않은 행동을 보이기도 한다(Barkley, 2005; Accardo, Blondis, Whitman, & Stein, 2000; Haber, 2000; Lerner, Lowenthal, & Lerner, 1995; Rappley, 2004; Silver, 2004, 2006). 또한 ADHD 아동들은 종종 기초 학습 성취에 결함을 보이기도 한다(Scheffler, Brown, Fulton, Hinshaw et al., 2009). ADHD 유아의 사례는 **학생 이야기 7.1**에 제시한다.

## 학생 이야기 7.1

### ADHD 아동, Ryan

Ryan의 부모는 선생님으로부터 전화를 받는 것을 두려워했다. 그는 6살이 되었지만 그는 이미 학습에 문제를 보이기 시작했다. Ryan이 세 살이었을 때 보육원 선생님은 Ryan의 밀어 붙이는 행동이 친구들과의 놀이에 방해되고 있다고 부모에게 알려 주었다. 보육원 선생님은 Ryan을 자제심이 부족한 아동으로 기술하였다. Ryan이 4살이었을 때, 취학 전 선생님은 다른 아동들이 Ryan의 공격적인 행동에 관하여 불만을 호소하고 있다고 말하였다. Ryan이 5살 때, 유치원 선생님은 선반 위에 장난감을 발로 차고 달리며 다른 아동들을 방해하는 거친 소년이라고 기술하였다. Ryan의 친구들은 Ryan이 매우 공격적이기 때문에 그와 함께 놀기를 원하지 않았다.

지금 Ryan의 1학년 선생님은 그를 토네이도에 비유한다. Ryan이 교실로 들어가면 평화롭고 조용한 교실이 아수라장이 된다. Ryan의 부모들은 Ryan이 갑자기 떼를 쓰기 때문에 그를 어딘가에 데려가는 것을 꺼려하였다. 그는 친구들의 생일파티에 전혀 초대받지 못했고, 친구도 없었다. 결국 Ryan의 부모는 도움을 받기 위해 소아신경과 의사를 찾아갔고, Ryan은 ADHD로 진단되었다.

**심화질문** Ryan의 행동에서 보이는 몇 가지 특징은 무엇이라고 생각합니까?

## ADHD의 증상

ADHD의 진단을 내리기 위한 증상에는 다음과 같은 세 가지의 기준이 충족되어야 한다(American Psychiatric Association, 2000).

1. **심각성.** 이 증상은 유사한 발달 단계에 있는 다른 아동들보다 전형적으로 좀 더 자주, 그리고 심하게 나타나야 한다.
2. **조기 시작.** 증상의 최소한 몇 가지는 아동의 나이가 7세가 되기 전에 나타나야 한다.
3. **지속 기간.** 아동의 증상은 진단까지 최소한 6개월 동안 지속되어야 한다.

## 서로 다른 연령에서의 ADHD의 증상

생애의 서로 다른 연령에 따라 ADHD의 증상들은 서로 다르다. 유아, 초등학교 연령 아동, 청소년, 그리고 성인들은 행동에서 일련의 서로 다른 행동들을 보이는 경향이 있다.

- ADHD를 가진 **유아**는 뛰거나 오르기와 같은 지나친 대근육 활동을 한다. 그들은 "쉴 새 없이 움직이고", "모터처럼 달린다."고 기술되는 것처럼 가만히 앉아 있기 어려워한다. 그들은 심하게 움직이면서 잠시도 가만히 앉아 있지 않는다. 과잉행동은 계획성이 없고 빈약하게 조직화되는 경향이 있기 때문에 일반적으로 나타나는 과도한 활동과 이런 장애의 구별은 움직이는 행동의 질에서 찾아야 한다. 예를 들어, ADHD인 4살 된 Jerry는 다른 아동의 장난감을 빼앗고, Jerry에게 장난감을 주지 않은 아동을 때렸다.
- ADHD를 가진 **초등학교 연령의 아동**은 매우 불안해하고 예민하다. 그들은 교실에서 수다스럽고 친구, 형제, 동료들과 끊임없이 싸운다. 예를 들어, 8살 된 Sarah는 수업 중에 늘 손을 들지 않고 불쑥 답을 말하거나 답을 알게 될 때까지 기다리지 못한다.
- ADHD를 가진 아동들이 **청소년**이 되면 과잉활동은 줄어들지만 행동적 문제, 낮은 자존감, 부주의, 혹은 심지어는 우울과 같은 다른 증상들이 나타난다. 예를 들어, 13살 된 Lorraine는 친구들이 그녀에게 너무 참견투로 말하는 그녀의 상상조차도 믿는 낮은 자존감을 보인다.
- ADHD를 가진 **성인**은 조직화 문제, 사회적 관계의 어려움, 그리고 직업 문제를 가진다. 예를 들어, 27세의 Joshua은 업무를 완성하지 못해 직장을 잃게

되었다.

ADHD는 가정 생활, 교육, 행동, 사회생활을 방해하면서 모든 환경, 모든 인종과 언어에 속한 아동들에게 영향을 미친다. ADHD 아동은 가정에서 일상생활과 부모의 기대에 부응하기 어렵다. 그들은 잠을 자려 하지 않고, 먹으려 하지 않으며, 놀이를 하는 동안 장난감을 부수곤 한다. 학교에서 그들은 수업과제를 완성하기 힘겨워하고 종종 부주의 때문에 의미로운 정보를 놓치곤 한다. 그들은 차례를 지키지 않고 소리치고, 마침내 그들의 행동에 문제가 있다는 것을 알게 된다. 그들의 사회적 상호작용은 충동성, 과잉행동, 그리고 부주의에 의해 손상되어 친구를 형성하고 유지하는 능력을 방해한다(Lavoie, 2006). 성별에서는 남아가 여아보다 ADHD로 더 많이 진단된다. 그러나 어떤 연구에서는 남아와 여아의 출현율이 동일하지만 남아에게서 좀 더 확인될 뿐이라고 보고하였다. 이러한 성별 차이는 남아가 실질적으로 공격적인 행동을 나타내는 경향이 더 많기 때문이다(Shaywitz, Fletcher, & Shaywitz, 1995).

## 사정

사정은 지원과 치료의 적격성에 대한 결정을 내리기 전에 꼭 필요한 단계이다. ADHD의 진단은 늘 행동 관찰을 토대로 이루어진다. 이러한 행동을 위한 준거는 정신장애의 진단과 통계 편람, 네 번째 개정판(DSM-IV-TR)에 기술되어 있다(American Psychiatric Association, 2000).

## ADHD의 유형

미국정신의학협회는 모든 정신장애의 진단 기준을 제공하는 정신장애의 진단과 통계 편람, 네 번째 판(DSM-IV)이라는 제목으로 된 참조 편람을 마련하였고, DSM-IV는 의학전문가, 심리학자 등 많은 전문가들에 의해 폭넓게 사용되고 있다. DSM-IV는 주의력결핍 과잉행동장애(ADHD)라는 용어를 사용하고 ADHD의 세 유형을 분류한다.

1. **ADHD-IA: 주로 부주의.** ADHD-IA 형은 주로 주의에 문제를 가진 아동들을 말한다.
2. **ADHD-HI: 주로 과잉행동과 충동성.** ADHD-HI 형은 과잉행동과 충동성을 나타내지만 주의 문제는 분명히 나타나지 않는 아동을 말한다.

3. **ADHD-C: ADHD-IA와 ADHD-HI 혼합형.** ADHD-C 형은 주의 문제와 과잉행동 및 충동성의 징후를 모두 가진 아동을 말한다. ADHD 아동의 약 50%가 혼합형에 속한다(Lahey, Pelham, Loney, Lee & Willcutt, 2005).

각 유형에 속한 아동은 **표 7.1**에 제시한 특별한 증상 중 최소한 6개 이상의 증상이 나타나야 한다. 미국소아과협회(2001)도 유사한 일련의 사정 지침을 마련하였다. 이러한 지침들에 관해서는 이 장의 나중에서 논의할 것이다. 과잉행동장애를

**표 7.1** DSM-IV에 있는 ADHD의 유형에 대한 준거

**ADHD-IA 형: 부주의 증상**

- 세부적인 것에 주의를 기울이지 못하고 부주의한 실수를 한다.
- 주의를 지속하기 어렵다.
- 경청하지 않는 것처럼 보인다.
- 과제를 따라하지도 완성하지도 못한다.
- 과제와 활동을 조직하는 것을 어려워한다.
- 지속적인 노력이 요구되는 과제를 피하거나 싫어한다.
- 과제에 필요한 것들을 잃어버린다.
- 외부 자극에 의해 쉽게 산만해진다.
- 매일의 활동을 자주 잊어버린다.

**ADHD-HI 형: 과잉행동과 충동성의 증상**

과잉행동

- 손과 발을 가만두지 못하고 앉아서도 몸부림친다.
- 교실이나 또 다른 장소에서 자리를 이탈한다.
- 지나치게 뛰거나 기어오른다.
- 여가 활동에 침착하게 참여하거나 놀지 못한다.
- 매우 수다스럽다.
- "자동차에 쫓기는" 것처럼 행동하고 진득하게 앉아 있지 못한다.

충동성

- 질문이 끝나기도 전에 불쑥 답을 말한다.
- 차례를 기다리는 게임이나 활동에서 자기 차례를 기다리기 어렵다.
- 다른 사람을 방해하거나 간섭한다.

ADHD-C: 혼합형

- IA와 HI의 모든 증상

출처: From *Diagnostic and statistical manual of mental disorders, fourth edition, text revision*. Copyright 2000 by the American Psychiatric Association. 허락하에 재인용함.

## 학생 이야기 7.2

### 과잉행동이 보이지 않는 부주의 아동

Mary Thompson은 ADHD-IA로 확인된 아동의 엄마이다. 주의력결핍 과잉행동장애에 대한 DSM-IV 범주는 부주의다. 그녀의 딸인 Samantha는 태어난 날부터 거의 울지 않았고, 오후 내내 징얼징얼 거리는 것처럼 보였다. Samantha는 취학 전까지 순조로웠다. 그녀는 매우 사랑스럽고 우호적이었다. Mary는 Samantha가 너무 조용하고 자극을 받고 있지 않는 것처럼 보여 걱정이 되기 시작했다. Samantha는 17개월까지 걸으려고 노력하지도 않았다. Samantha가 초등학교에 들어갈 때까지 ADHD-IA증상이 발견되지 않았지만 많은 문제를 일으켰다. 그녀의 행동은 분명히 부적절하지는 않았지만 그렇다고 방심할 수는 없었다. 처음으로 Samantha의 담임선생님은 Samantha가 목표나 또 다른 중요한 정보를 잃어버리기도 한다는 것을 알게 되었다. Samantha는 완성하지 못한 과제를 제출하기 시작했고 준비물이나 과제를 둔 곳을 잊어버리곤 했다. 또한 그녀는 점점 더 시간관리를 잘하지 못하고 중요한 단서를 알기 어려워하여 학습과 자신감에 영향을 미치고 있었다. 그녀의 일상 문제에 관한 걱정은 학교에서 점점 더 커졌으며, Samantha가 2학년이 되었을 때 그녀는 학교가기를 싫어했고, 종종 엄마 곁을 떠나는 것을 거절했다. Samantha의 부모는 정신과 의사를 찾아갔다. 정신과 의사는 Samantha의 문제가 불안장애로 발전할 수 있다고 말하였다. 그 의사의 진단은 ADHD-IA(주로 부주의 유형)였다. 그 의사는 우명하고 조용하지만, 유머가 있으며 말을 분명히 하는 사람이었다.

Samantha의 방에는 옷이 많았고, CD가 케이스 밖으로 나와 있고, 잡지가 흩어져 있고, 미용용품이 여기저기 널려 있다. Samantha가 읽기는 쉽게 하였는데, 이는 그녀의 강점 중 하나였다. 그녀는 부족한 조직화 기술과 빈약한 자기 동기를 보였다.

Samantha의 엄마는 그녀가 대부분의 사람들이 과잉행동 아동을 부르는 ADHD라고 결론지었다. 그러나 ADHD-IA아동들은 부주의하지만 과잉행동을 보이지는 않는다.

**출처:** 이 자료는 Mary Robertson, R. N., 2007, *Attention!* February 26, 27–35에 실려 있는 "Lost in the shuffle: The inattentive child without hyperactivity"에서 인용하였다.

**심화질문** ADHD-IA아동인 Samantha의 특징은 무엇이라고 생각합니까?

보이지 않는 부주의한 아동의 예는 **학생 이야기 7.2**, "과잉행동이 보이지 않는 부주의 아동"에 있다.

### 평가 척도

**평가 척도**는 ADHD 학생들의 사정측정에 자주 사용되고 있고 교사나 부모에 의해 관찰된 행동에 대한 기록을 기초로 실시한다(Barkley, 2005). **표 7.2**에 제시된 목록들은 평가 척도로 가장 자주 사용된다.

**그림 7.1**은 교사가 사용할 수 있는 평가 척도 중 하나를 제시한 것이다. 24점 평

**표 7.2** ADHD 사정을 위한 평가 척도

| 평가 척도 | 출판사 |
|---|---|
| 주의력결핍장애 평가 척도<br>(Attention Deficit Disorder Evaluation Scale) | Hawthorne Educational Services |
| 영유아 행동 평가 척도<br>(Behavior Assessment System for Children, BASC) | American Guidance Services |
| 2~3세 연령의 아동 행동 평가 척도<br>(Child Behavior Checklist for Ages 2–3) | University of Vermont, Department of Psychiatry |
| 4~16세 연령의 아동 행동 평가 척도<br>(Child Behavior Checklist for Ages 4–16) | University of Vermont, Department of Psychiatry |
| 콘너 평가 척도(Conners Rating Scales) | Multi-Health Services |

| | 빈곤함<br>1 | 2 | 3 | 4 | 양호함<br>5 | |
|---|---|---|---|---|---|---|
| **듣기 이해** | | | | | | |
| 1. 구어 지시 따르기 능력 | | | | | | 1 |
| 2. 학급회의의 이해 | | | | | | 2 |
| 3. 듣기 정보 저장 능력 | | | | | | 3 |
| 4. 단어 의미의 이해 | | | | | | 4 |
| **말하기** | | | | | | |
| 5. 완전하고 정확한 표현 | | | | | | 5 |
| 6. 어휘 능력 | | | | | | 6 |
| 7. 단어 기억 능력 | | | | | | 7 |
| 8. 관련 표현 능력 | | | | | | 8 |
| 9. 형성 개념 능력 | | | | | | 9 |
| **적응** | | | | | | |
| 10. 민첩성 | | | | | | 10 |
| 11. 공간 적응 | | | | | | 11 |
| 12. 관계 판단 | | | | | | 12 |
| 13. 지시 듣기 | | | | | | 13 |
| **행동** | | | | | | |
| 14. 협력 | | | | | | 14 |
| 15. 주의 | | | | | | 15 |
| 16. 조직 능력 | | | | | | 16 |
| 17. 새로운 상황에 대처 능력 | | | | | | 17 |
| 18. 사회적 수용 | | | | | | 18 |
| 19. 책임감 수용 | | | | | | 19 |
| 20. 숙제 완성 | | | | | | 20 |
| 21. 재치성 | | | | | | 21 |
| **운동** | | | | | | |
| 22. 일반 협응 | | | | | | 22 |
| 23. 균형 | | | | | | 23 |
| 24. 조작 능력 | | | | | | 24 |

**그림 7.1** 행동 평가 척도

가 척도는 학급에서 학습장애 학생들을 확인하려는 교사들을 돕기 위해 개발되었다. 교사는 듣기 이해부터 운동 기술까지 24개의 행동을 5점 척도(1점은 빈약한 행동, 5점은 좋은 행동, 그리고 3점은 평균적 행동을 의미한다)로 평가한다. 최고 점수는 120(5×24)이다. 한 연구에서 정상아로 분류하는 아동의 점수는 81이고 학습장애 아동으로 분류되는 아동의 점수는 61이라고 제시했다(Myklebust & Boshes, 1969).

## 특별지원을 위한 ADHD 아동의 적격성

ADHD는 장애인교육개선법-2004(IDEA-2004)에 장애의 특별한 범주로 분류되어 있지 않다. 그러나 미국교육법을 통과한 몇몇의 중요한 법은 현재의 장애 범주아래 특수교육 지원을 위한 적격성에 ADHD를 허용한다.

| | |
|---|---|
| 1991 | 일반 혹은 특수교육 안에 주의력결핍장애 아동의 요구에 대한 정책 설명 |
| 1999 | 1997의 장애아동교육법을 위한 법규(IDEA-1997) |
| 2004 | 2004의 장애인교육개선법 |

## ADHD 아동을 위한 법의 영향

다음에 제시된 법에서는 ADHD 학생을 위한 법적 보호를 규정한다.

1. **특수교육 지원.** ADHD 아동은 IDEA-2004에 포함된 "기타 다른 건강장애"의 범주에 속해 있어 특수교육 지원에 적격하다. 이 법은 교육적 환경과 관련하여 제한된 집중으로 환경적 자극에 예민함이 고조되는 ADHD 아동을 "기타 다른 건강장애"로 기술한다(U.S. Department of Education, 1999).

   ADHD 아동은 특수교육에서 존재하는 범주, 즉 건강장애, 학습장애, 정서장애에 속하는 것으로 되어 있어 특수교육 지원에 적격하다.

2. **재활법 504조의 지원.** ADHD 아동이 특수교육 지원에서는 적격하지 않은 아동이라 하더라도 1973년 재활법 504조에서는 지원에 적격한 대상이다. 재활법 504조는 연방 기금을 받는 모든 기관들은 장애인을 위하여 적절한 편의를 제공하도록 명시하고 있다.

   재활법 504조는 아동들에게 학습과 같이 "주요한 일상 활동을 상당히 어렵게 만드는 신체적 혹은 지적 손상"이 발견되면, 학교는 아동의 교육적 요구에 대한 개별화된 결정을 해야 하고 적절한 지원은 일반학급에서 제공해야 한다고 규정한다(재활법 504조).

## ADHD로 분류되는 아동 수의 증가

ADHD는 학령기 학생 수 중 7.8%를 차지하는 것으로 추정된다(Scheffler et al., 2009; Center for Disease Control and Prevention, 2005). IDEA(2004)에서는 ADHD를 기타 건강장애(OHI)의 범주에 포함한다. 기타 건강장애로 확인된 아동 수는 ADHD가 이 범주에 포함되면서 매우 많이 증가하였다. ADHD 아동의 요구를 설명하는 1991 정책설명에 대한 책자가 발행되고 1997 장애인교육법을 위한 법규의 해설은 좀 더 많은 ADHD 아동을 확인하게 하였다. 기타 건강장애의 범주에 분류된 학생 수는 **그림 7.2**에서 보여 주는 것처럼 1991년, 53,165명에서 2008년,

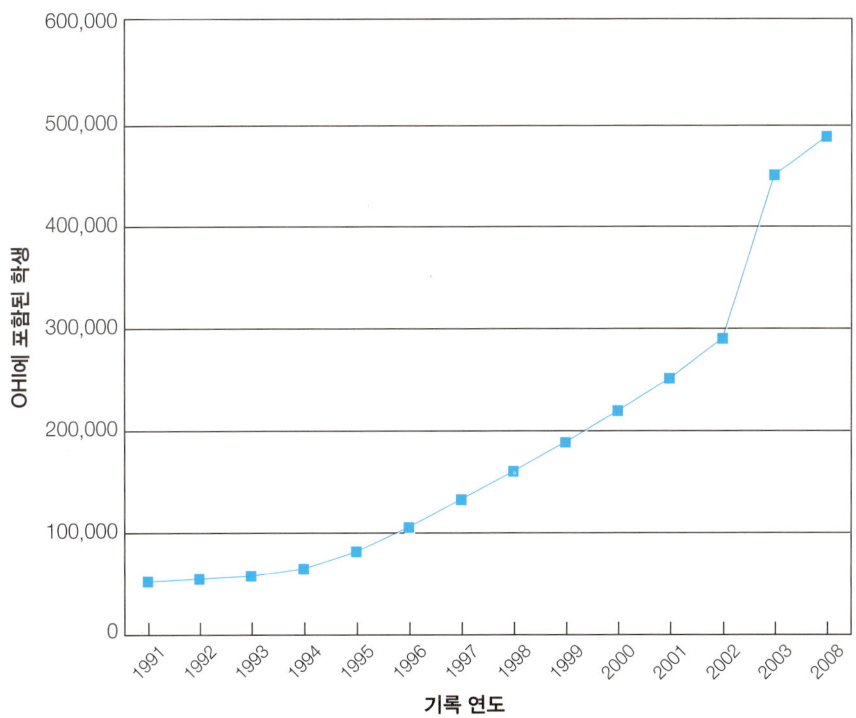


**그림 7.2** "기타 건강장애" 범주의 증가

출처: From the United States Department of Education. 1991–2008. To assure the free, appropriate public education of all Children with Disabilities. Annual Reports to Congress on the Implementation of the Individuals with Disabilities Act. Washington, DC: U.S. Government Printing Office.

**표 7.3** 6~21세 기타 건강장애 학생을 위한 교육적 환경

| | |
|---|---|
| 일반학급(일반학급 외 21% 이하) | 54% |
| 학습도움실(일반학급 외 21~60%) | 29% |
| 분리학급(일반학급 외 60% 이상) | 14% |
| 기타 환경 | 3% |

출처: U.S. Department of Education(2008). To Assure the free Appropriate Public Education of all Children with Disabilities. Twenty-eight Annual Report to Congress on the Implementation of the Individuals with disabilities Education Act. Washington, DC.

489,806명으로 증가하였다. 기타 건강장애에 속한 아동의 증가는 ADHD 아동이 포함되었기 때문일 것이다.

## ADHD 학생을 위한 교육적 환경

대부분의 ADHD 학생은 일반학급에 포함된다. 기타 건강장애(OHI)의 범주에 속한 약 83%의 학생은 최소한의 시간에만 일반학급에 포함된다. OHI 범주에 속한 학생들은 **표 7.3**에 제시된 것과 같은 교육적 환경에 속해 있다.

## 반응 대 중재와 ADHD 학생의 적격성

2장, "사정과 IEP 절차"에서 반응 대 중재(RTI)라는 새로운 절차에 대하여 기술하였다. IDEA-2004와 IDEA-2004를 위한 법규는 학교가 ADHD 학생이 특수교육에 적격한지에 대하여 결정하는 데 RTI 절차를 사용할 수 있다고 규정한다. RIT는 학교에서 실패할 우려가 있는 모든 학생에게 중재를 제공하려는 절차이다(Hallahan et al., 2007; Zirkel, 2007; Learning Disabilities Association of America, 2006).

학교는 ADHD로 의심되는 학생이 특수교육에 적격한지를 결정하는 과정에서 RTI를 사용할 수 있다. RTI 절차에서 ADHD로 의심되는 아동들은 다양한 단계에서 일반교육에 포함되어 중재를 받게 된다. RTI에 긍정적으로 반응하지 않는 학생은 평가에서 특수교육 지원에 적격하다는 결과가 내려질 것이다(RTI에 관한 더 많은 정보는 2장, "사정과 IEP 절차"를 참고하라).

## 7.3 ADHD의 치료

### 미국소아과협회의 치료 지침

미국소아과협회(2001)는 소아과 의사들에게 ADHD 아동의 치료 지침들을 다음과 같이 수립하여 제시하였다.

- 주치의는 만성적인 상태인 ADHD를 확인할 수 있는 관리프로그램을 수립해야 한다.
- 치료하는 의사, 부모, 그리고 아동은 학교 교사들과 협력하여 지도관리상 극복해야 할 적절한 목표를 구체화해야 한다.
- 의사는 ADHD 아동에게 목표 결과를 적절하게 개선하기 위한 각성제 약물과 행동치료를 추천해야 한다.
- ADHD 아동을 위하여 선택된 관리가 목표 결과를 충족시키지 못하였을 때, 의사는 최초의 진단을 검토하고, 모든 적절한 치료를 활용하고, 치료 계획과 공존 상태의 존재에 충실해야 한다.
- 의사는 ADHD 아동을 위하여 체계적인 후속 조치를 제공해야 한다. 관찰은 부모, 교사 그리고 아동에게서 수집한 정보와 함께 목표 결과와 역효과를 관리해야 한다.

ADHD 아동의 치료를 위한 몇 가지 다른 유형에 대하여 계속하여 기술한다.

### 다양한 치료

**다양한 치료 계획**은 ADHD 아동을 치료하기 위하여 몇 가지 접근을 결합시킨다. 다양한 치료에는 (1) 효과적인 교육적 교수, (2) 행동 관리 전략, (3) 가족과 아동 상담, (4) 가정 관리, (5) 약물 치료가 포함된다. 학생의 개선은 치료의 모든 요소가 나타나서 서로 관련되어 작용될 때 가장 효과적이다(Silver, 2006; Accardo, Blondis, Whitman, & Stein, 2002).

### 약물 치료

약물 치료는 ADHD 아동의 주의를 개선하고 과잉행동을 통제하려고 처방된다. 사실상, 약물 치료는 모든 ADHD의 56% 아동에게 처방된다(Scheffler et al., 2009). 이상적인 약물 치료는 불면증, 식욕상실, 혹은 다른 심각한 중독적인 증상과 같은 부작용이 나타나지 않고 과잉행동을 조절하고 주의 시간을 증가시키며, 충동적이고 공격적인 행동을 감소시킨다. 아동을 위한 이상적인 약물 치료를 찾는 것은 그리 쉬운 일이 아니며 의사, 교사, 그리고 가족 구성원들간의 긴밀한 협력이 요구된다(Silver, 2006; Accardo & Blondis, 2000; Powers, 2000).

**정신각성제 약물 치료** **정신각성제 약물 치료**는 ADHD에 처방되는 약물 치료로 넓게 사용되고 있고 대부분의 아동에게 매우 효과적이다. ADHD의 약물 중 75%에서 85%는 정신각성제를 사용한다. 정신각성제 약물 치료에 사용되는 약물 종류는 리탈린(Ritalin), 덱세드린(Dexedrine), 애더럴(Adderall), 콘서타(Concerta), 그리고 바이반스(Vyvance)가 있다(Silver, 2006; Accardo & Blondis, 2000; Rappley, 2004). **표 7.4**는 이러한 정신각성제를 좀 더 상세히 제시해 둔 목록이다.

정신각성제의 유효성은 과잉행동을 감소시키는 정신각성제인 벤제드린(Benzedrine)이 과잉행동과 문제 행동을 감소시켜 좀 더 긴 주의집중에 효과를 보이며 집중하는 능력이 개선되었다고 50년 전에 처음으로 보고되었다(Bradley, 1937).

ADHD에 대한 연구는 정신각성제 약물 치료가 중추 신경계의 각성 혹은 경계를 증가시켜 ADHD 아동의 뇌에 영향을 미친다고 보고한다(Hervey, Epstein, Curry, Tonev, et al., 2006; Accardo & Blondis, 2000; Barkley, 2005). 이런 아동들은 충분

**표 7.4** ADHD의 치료를 위하여 사용되는 정신각성제 약물 치료

| 상표명 | 일반명 | 효과 지속 시간 |
|---|---|---|
| 리탈린(Ritalin) | 염산메틸페니데이트(methylphenidate) | 짧다(3~5시간) |
| 덱세드린(Dexedrine) | 덱스트로암페타아민(dextroamphetamine) | 짧다(3~5시간) |
| 애더럴(Adderall) | 덱스트로암페타아민과 암페타인(amphetamine)의 복합체 | 길다(8시간) |
| 콘서타(Concerta) | 리탈린 유형의 포함 | 길다(8시간) |
| 포카린(Focalin) | 일반 명칭 | 짧다(4시간) |
| 바이반스(Vyvance) | 리스덱삼페타민(Lisdexamfetamine) | 길다(8시간) |

한 **신경전달물질**—하나의 세포에서 틈새를 지나 또 다른 세포, 혹은 연접으로 정보를 전달—을 생산하지 못하기 때문에 화학적인 신경전달물질의 생산을 자극하는 데 작용하는 정신각성제는 뇌간에서 주의를 다루는 뇌의 일부까지 정보를 보내도록 한다. 정신각성제 약물 치료는 아동의 주의 시간을 늘리고 충동성을 조절하며, 주의를 산만하게 할 가능성과 운동 활동을 감소시키고 시각-운동 협응을 개선시킨다(Barkley, 2005; Power, 2000; Rappley, 2004). ADHD를 위하여 가장 자주 처방되는 정신각성제는 리탈린, 덱세드린, 콘서타, 애더럴, 그리고 바이반스이다. 리탈린, 덱세드린, 그리고 포카린은 3시간에서 5시간으로 그 지속 시간이 짧다. 결론적으로 잠시 동안의 학교생활을 제외하고 이런 약물 치료는 아침 복용량의 효과가 시간이 지나면서 점점 약해질 것이다. 정신각성제인 애더럴, 콘서타, 그리고 바이반스는 매일의 투약량이 있고 그 효과는 8시간 혹은 그 이상, 길게 지속된다.

각성제 약물 치료의 부작용은 불면증과 식욕상실을 포함하지만 이러한 효과는 항상 일시적이고 내성되면서 줄어든다(Barkley, 2005). 몇몇의 아동들은 리탈린복용에 좀 더 심각한 부작용으로 틱 혹은 뚜렛증후군을 일으킬 수도 있다. 이런 부작용 중 하나가 일어난다면 약물을 바꾸어야만 한다.

가끔 반향적인 효과는 정신각성제를 사용하는 아동에게서 나타난다. 아동의 행동은 흥분제의 복용량으로 오후 늦게 혹은 저녁에 심각하게 악화될 수 있다. 약물의 효과가 사라지면 아동들은 일시적으로 좀 더 충동적이고 주의가 산만해질 가능성이 높아지며, 전에 관찰되었던 것보다 좀 더 많은 과잉행동을 보인다(Barkley, 2005). 이런 경우 오후 늦게 소량의 복용량을 더 투여할 필요가 있다.

**스트라테라(Strattera)** ADHD의 치료를 위한 정신각성제가 아닌 새로운 약물 치료는 스트라테라이다. 스트라테라는 정신각성제 약물 치료가 아니기 때문에 ADHD 아동에게 사용되는 대부분의 다른 약물처럼 동일한 제한을 받는 것은 아니다. 스트라테라는 하루에 한 번 투약한다(Silver, 2006; Kratochvil et al., 2002; Rosenthal, 2003).

**기타 약물 치료** 이미 앞에서 기술한 것처럼 ADHD 아동의 약 75%에서 85% 정도가 정신각성제 약물 치료로 개선을 보인다는 것을 알 수 있었다. 정신각성제 약물 치료로 개선되지 않는 아동은 다른 약물 치료를 실시한다. 또 다른 약물은 웰부트린(Wellbutrin), 카테프레스(Catepres), 테넥스(Tenex), 그리고 스트라테라가 있다(Silver, 2006).

ADHD를 위한 정신각성제의 사용은 부모, 교사 그리고 의사에 의한 객관적 검사와 주관적 평가를 근거로 하여 처방되며 주의력, 과잉행동, 충동성, 학교에서의 수행, 사회화가 빠르게 개선된다. 또한 정신각성제 약물 치료는 자아 존중과 자아상을 개선하려는 ADHD 아동을 도와주고, ADHD 아동이 그들 자신과 그들의 생활을 통제하면서 좋은 감정을 표현할 수 있게 한다(Silver, 2006; Power, 2000).

### 정신각성제 약물 치료의 신경화학

여기서는 ADHD 아동에게 종종 처방되는 정신각성제 약물 치료에 대한 신경화학적 측면에 대하여 알아보기로 한다. ADHD 아동은 하나의 뇌세포에서 또 다른 뇌세포로 정보를 보내는 데 필요한 신경화학물질이 충분하지 않다. 신경전달물질인 도파민과 노르에피네프린의 생산이 결핍되어 자극이 감소하고 주의에 대한 기본적인 신경 중추의 회로에 중요한 장애가 발생하는 결과를 보인다.

뇌는 **뉴런**이라고 불리는 무수히 많은 신경세포로 형성된 복잡한 정보망이다. 정보는 뇌에서 신경전달물질에 의해 세포에서 세포로 전달하게 하는 신경자극으로 이동된다. 자극은 전달하는 뉴런에서 전달받는 뉴런으로 세포체를 따라 이동한다. 연접(synapse)이라는 작은 틈새는 전달하는 뉴런과 전달받는 뉴런 간의 사이이다. 자극은 전달하는 세포와 전달받는 세포 사이의 연접에 있는 작은 소낭에서 화학물질—신경전달물질—이 방출되는 것으로 전달하는 세포에서 일어난다. 신경전달물질체계에 대한 그림은 **그림 7.3**에 있다.

ADHD 아동은 뇌세포에서 신경전달물질의 활동이 불충분하다. 정신각성제 약물 치료는 부주의, 충동성, 그리고 과잉행동과 같은 ADHD와 관련된 행동이 감소되는 화학물질의 생산을 증가시킨다. 또한 약물 치료는 신경전달물질의 활동을 통해서 아동의 주의, 동기, 운동 반응, 활동 단계, 불안, 책임감을 개선한다(Silver, 2006; Lerner et al., 1995; Power, 2000; Rappley, 2004).

## 7.4 ADHD 학생을 가르치는 방법

ADHD 학생에게 적절한 지원을 할때 ADHD의 주요한 3개의 특징인 (1) 부주의, (2) 충동성, (3) 과잉행동을 고려해야 할 필요가 있다. ADHD의 대부분의 학생은 일반학급에 포함되어 있기 때문에, 이러한 방법에 친숙한 특수교사와 일반교사 모두에게 중요하다(Silver, 2006; Barkley, 2005; Lerner, Lowenthal, & Lerner, 1995).

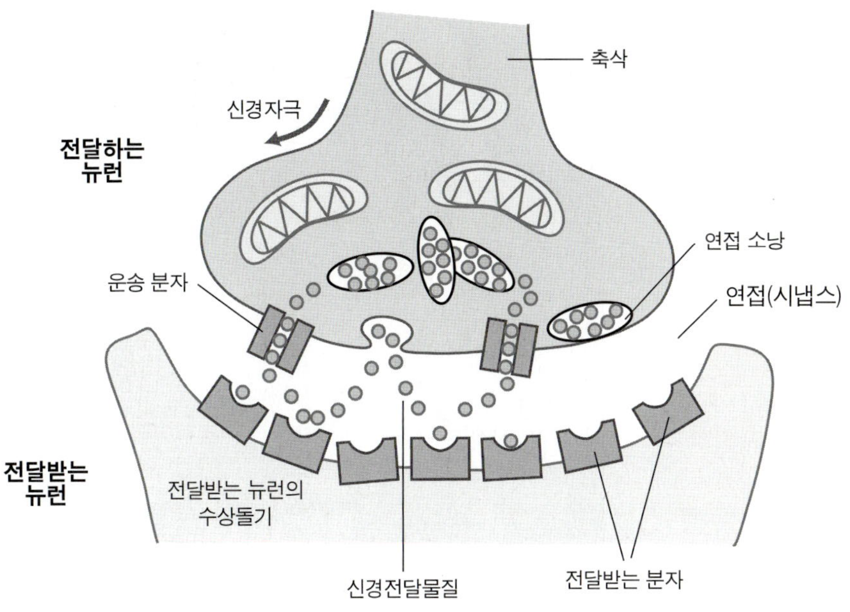


그림 7.3 신경전달물질 체계

출처: Adapted from *The Dana Sourcebook of brain science: Resources for secondary and postsecondary teachers and students*, 2003. New York: Dana Press, p. 138.

## 주의력 증가

부주의는 ADHD 아동에게 나타나는 중요한 증상이다. 학생들이 주의를 기울이지만 잘못된 자극에 주의를 할애한다. 예를 들어, 이런 학생들은 외부에서 일어나는 것과 교실에서 일어나는 소음, 혹은 심지어 그들 자신의 사고에도 주의를 기울인다. 몇 가지 뚜렷하게 주의에 관련된 측면은 다음과 같다.

1. **주의 기울이기.** 첫 단계인 주의 기울이기는 학생들에게 주의를 집중하게 한 즉시 수업에 흥미를 느끼게 한다.
2. **주의집중하기.** 다음 단계인 주의집중하기는 문제를 주의 깊게 검토하는 데 경계와 노력을 요구하고 풀어야 할 문제에 흥미를 갖도록 한다. ADHD 학생은 주의를 집중하고, 천천히, 좀 더 신중히 그리고 깊게 생각하고, 답을 하기 전에 자신의 답을 다시 한 번 검토하는 것을 학습해야 한다.
3. **주의 유지하기.** 마지막 단계인 집중된 주의를 유지하는 것은 학생들이 오랜 시간 동안 과제에 집중하도록 하는 것이다. 오랜 시간 동안 과제에 집중하여 참여하는 능력은 필요한 정보를 수용하고 특정 기초 학습 활동을 완성하려

체스 책을 읽고 있는 어린 소년

Florian Franke/Alamy

는 학생들에게는 반드시 필요하다. 이런 학생들이 읽기와 같은 많은 기초 학습 기술을 배우는 것에 매우 열심히 공부해야 하고, 기초 학습 기술을 학습하는 데는 몇날며칠 혹은 몇 주, 심지어는 몇 달이 걸릴 수도 있다. **교수 정보 7.1**, "주의력 증가시키기"는 학생들의 주의력을 증가시키는 데 도움이 되는 방법들이다.

## 충동성 관리

충동적인 학생은 신체적 그리고/혹은 언어적[14]으로 행동한다. 가끔, 그들은 손을

14) [역자 주] 신체적 그리고 언어적인 행동을 한꺼번에, 신체적 행동으로, 언어적 행동으로의 세 가지 행동 유형을 의미한다.

## 교수 정보 7.1

### 주의력 증가시키기

- ✔ 학생들을 교실 앞쪽에 앉히기.
- ✔ 학생들을 창문과 복도와 같이 시끄럽거나 산만한 곳에서 멀리 떨어진 곳에 앉히기.
- ✔ 학생들을 행동 문제가 보이는 학생들과 떨어뜨려 앉히기.
- ✔ 학생들을 좋은 행동을 하는 학생들 옆에 앉히기.
- ✔ 단순하고 관리할 수 있는 일과를 유지하기.
- ✔ 학생들에게 "이것은 중요해요."와 같이 핵심 언어와 구절을 사용하여 주의를 집중시키기.
- ✔ 시각적 보조 도구 사용하기: 핵심 사항 쓰기.
- ✔ 과제에 대한 새로움을 증가시키기.

들지 않거나 알기도 전에 답을 외칠 것이다. 특히 충동적인 학생들의 문제는 수업 활동이 구조화되지 않는 활동에서 구조화된 활동으로 이동되는 전이시간이다. 쉬는 시간이나 체육 시간과 같은 자극적인 활동 후에 충동적 학생들은 진정되기 어렵다. **교수 정보 7.2**, "충동성 관리하기"는 충동성을 관리하기 위한 방법들을 제시한 것이다.

## 교수 정보 7.2

### 충동성 관리하기

- ✔ **교육과정 수정하기.** 교육과정에서의 작은 변화는 도움이 될 수 있다. ADHD 학생들은 그들의 주의를 집중하고 그들이 쉽게 할 수 있는 활동을 완성하도록 동기화시킬 수 있는 활동적인 교육과정과 같은 자극이 필요하다.
- ✔ **학생들이 기다리는 것을 배우도록 도와주기.** 학생들이 기다리는 동안 사용되는 몇 가지의 대체 언어와 운동 반응을 제시해 주도록 한다. 학생들이 교사의 도움을 기다리는 동안 과제의 일부를 어떻게 쉽게 계속하는지, 혹은 대체 과제를 어떻게 하는지를 가르치도록 한다.
- ✔ **학생들이 시간을 관리하도록 도와주기.** 간단한 숙제와 과제를 주도록 하고 많은 양의 공부가 포함되는 것을 줄이도록 한다. 서서 돌아다니는 학생들에게 앉아서 기다리는 동안 할 수 있는 대체 활동을 제공한다.

**교수 정보 7.3**

### 과잉행동 관리하기

- ✔ **학생들이 돌아다닐 수 있도록 허락하기.** 학생들이 교실을 돌아다닐 수 있는 기회 를 준다. 예를 들자면, 학생들이 교실의 지정된 영역에 그들의 완성된 종이를 가져다 놓도록 요청한다.
- ✔ **순회하는 과제를 활용하기.** 학생들이 그들의 책상에서 과제지를 완성하는 대신에 과제지를 완성할 수 있는 영역을 4~5개의 영역으로 나누어 정해두라. 과제지를 교실 주변의 여러 곳에 붙여두라. 학생들에게 클립보드를 주고 붙여진 과제지에 답을 적을 수 있게 하여 교실 주변을 움직일 수 있도록 구성한다.
- ✔ **학생들이 그들의 자리에서 움직이도록 허락하기.** 예를 들어, 그들은 과제를 완성한 후에 도표를 벽에 붙일 수 있도록 한다.
- ✔ **통과를 제공하라.** 예를 들자면, 학생들이 음료수를 마시거나 연필을 깎거나 작업 장소나 컴퓨터로 갈 수 있도록 허락해라.
- ✔ **컴퓨터를 사용해라.** 예를 들자면, 학생들이 쓰기, 계획하기, 게임하면서 노는 것과 같은 많은 과제를 컴퓨터로 할 수 있게 해라.

## 과잉행동의 감소

과잉행동을 보이는 학생들은 수업하는 교사에게 문제가 된다. 이러한 학생들은 오랜 시간 의자에 앉아 있을 수 없고, 매 수업 시간마다 연필을 깎기 위해 12번이나 일어설 것이다. 그들은 움직임이 많고 활동적이다. 이런 학생들은 조용히 앉아 있을 수 없기 때문에 앞뒤로 왔다갔다하면서 보조를 맞추어야 한다. **교수 정보 7.3**, "과잉행동 관리하기"는 교실에서 과잉행동을 관리하는 방법을 제시한 것이다.

## 일반학급에서 지원하기

교사들은 일반학급에서 ADHD 학생들의 행동을 조절할 수 있다. **일반교육에 포함된 학생 이야기 7.1**, "ADHD 학생"은 ADHD 학생을 지원하는 몇 개의 목표 행동 목록이다.

## 일반교육에 포함된 학생 이야기 7.1

### ADHD 학생

#### 주의산만 제한하기

- 학생들을 선생님 가까이에 앉힌다.
- 학생들을 시끄러운 장소를 피해 앉힌다.
- 학생들을 좋은 행동을 하는 학생 가까이에 앉히고 문제 행동을 보이는 학생으로부터는 멀리 앉힌다.
- 간단하고 분명한 하루 일과를 유지하도록 한다.

#### 주의력 증가시키기

- 과제를 적게 나누어 짧게 제시한다.
- 숙제를 적게 내어 준다.
- 연습은 나누어서 한다(예: 많은 짧은 영역들로).
- 좀 더 재미있는 과제를 만든다(예: 부모와 함께하기, 재미있는 영역, 집단).
- 과제에 대한 새로움을 증가시킨다.

#### 조직 개선하기

- 교실 규칙이나 교사 기대를 분명히 제시한다.
- 교실에서 물품을 제자리에 놓을 수 있는 시간을 계획한다.
- 각각의 과제를 위한 매체 목록을 제공한다.
- 학생들이 학교를 떠나기 전에 숙제를 검사하도록 하고 숙제 알림장을 활용한다.
- 각각의 과목을 위하여 서로 다른 색깔의 폴더를 활용한다.

#### 듣기 기술 개선하기

- 간단하고 짧은 수업을 하도록 한다.
- 학생들은 큰 소리로 수업을 반복하게 하고 그러고 나서 스스로 할 수 있도록 한다.
- "이것은 중요해요." 혹은 "잘 들어 보세요."와 같은 핵심어로 학생들의 주의를 모으도록 한다.
- 시각적 도구, 그림, 도표, 슬라이드를 활용하고, 핵심어는 칠판에 쓰도록 한다.

#### 학생들의 시간 관리 돕기

- 특별한 일과를 계획하고 이를 지키도록 한다.
- 학생들이 과제를 조직화하는 것을 도울 수 있는 목록을 만든다.
- 활동을 위해 특별히 배당된 시간에 행동계약을 활용한다.

#### 움직일 수 있는 기회 제공하기

- 학생들이 수업 시간에 움직일 수 있도록 허락한다(예: 연필 깎기, 종이 얻기, 매체 얻기).
- 대안 활동(예: 서기, 앉기, 움직이기).
- 서서 혹은 그들의 책상 기대어서 과제를 하도록 허락한다.
- 교실에 작업 영역을 만든다.
- 컴퓨터를 활용한다(예: 아동들이 과제 시간 동안 컴퓨터로 갈 수 있도록 허락한다).

## 7.5 자폐성 범주 장애

자폐성 범주 장애(ASD)는 뇌의 문제로 일어나는 발달적 장애 집단이다. 과학자들은 이런 장애의 원인이 무엇인지 아직 정확하게 알지 못한다. **자폐성 범주 장애**(autism spectrum disorder, **ASD**)는 증상이 시작될 때 다르고, 장애 정도는 매우 가벼운 것에서 심각한 것까지 심각성의 수준이 서로 다른 폭넓은 범위와 더불어 몇몇 유형의 상태를 포함한다. 가벼운 수준에서는 단지 자폐성에 대한 소수의 특징이 나타나거나 그 특징들이 매우 가볍게 나타난다. 2007년에 질병 통제 및 예방센터(CDC)는 자폐성 범주 장애의 출현율을 150대 1로 예측하였다. 2009년 질병 통제 및 예방센터에서 수행된 새로운 연구는 총 인구의 약 1%인 110대 1로 자폐성 범주 장애의 출현율이 높아지고 있다고 밝혔다. 이런 결과에 대하여 CDC는 좀 더 많은 아동들이 자폐성 범주 장애에 포함된다는 것은 분명하지 않으며, 오히려 이런 장애를 발견하는 우리의 능력이 변화한 것이라고 보고했다.

자폐증은 1990년에 IDEA의 연방법에서 장애 범주로 분리하면서 처음으로 확인되었다. 1990년 이전의 IDEA는 자폐증을 기타 건강장애에 포함시켰고 그 전에는 정서장애의 범주에 속해 있었다. 또한 자폐증은 미국정신과협회(2000)의 정신장애의 발달과 통계 편람, 네 번째 개정판(DSM-IV-TR)에서도 확인되었다.

ASD로 진단하는 것은 혈액검사와 같은 의학적 검사로 확인되지 않기 때문에 어려울 수 있다. 일반적으로 ASD는 아동의 행동과 발달을 통해서 진단되어 왔다. 또한 자폐증 범주 장애를 치료할 수 있는 약물은 없다. 여아보다 남아가 4배 많게 ASD로 확인되고 있다. 치료는 가능한 일찍, 최소한 3살에는 시작되어야 한다고 권고한다(Eunice Kennedy Shriver National Institute of Child Health and Human Development, 2008; Centers for Disease Control and Prevention, 2009).

## 자폐증 범주 장애의 유형

질병 통제 및 예방을 위한 센터는 자폐증 범주 장애를 세 가지 유형으로 분류하였다(2009).

1. **자폐성 장애**(혹은 "전통적"으로 자폐증이라고 불렀음). 전통적으로 자폐증 장애 아동은 중요한 언어 장애를 보인다. 언어 곤란은 아동기의 처음 3년 동안 나타난다. 전통적인 자폐성 장애 아동의 중요한 어려움은 의사소통의 문제인데, 이런 아동 중 몇몇은 말하는 것을 배울 수 없다. 또한 중요한 언어 장애는 전통적인 자폐증 장애 아동들에게 늘 사회적 문제와 의사소통 문제를 수반하게 하며, 그들은 독특한 행동과 흥미를 보이기도 한다. 전통적 자폐증 장애의 또 다른 특징은 반복적인 활동과 판에 박힌 움직임, 환경적 변화 혹은 매일의 일과 변화에 대한 저항, 그리고 감각적 경험에 일반적인 반응을 보이는 것이다.
2. **구체화되지 않은 발달장애**(PDD-NOS)("비정형적인 자폐증"이라고 불리는

아동은 PDD-NOS로 진단된다)는 자폐증 장애와 유사한 특징을 보이지만 그들은 전통적인 자폐증 장애만큼 그 증후가 심각하지 않다. 그들의 증상은 오로지 사회적 그리고 의사소통에 문제를 보인다.

3. **아스퍼거증후군**(AS)(또는 "고기능 ASD"라고도 불렸다). 아스퍼거증후군(AS)은 사회적 기술과 다른 사람과 상호작용하는 데 곤란해 하는 문제로 특징지어지는 신경발달적 장애이다. AS 학생은 전형적으로 언어 혹은 지적 장애 문제를 가지지 않는다. 그들은 사회적 상호작용, 감각통합 처리과정, 실용적인 언어, 그리고 운동 기술이 곤란하다. AS 학생들은 나이에 맞게 혹은 높은 수준의 기초학습, 의사소통 그리고 언어적 기술을 가지지만 그들은 사회적 관계에 어려움을 가진다. AS의 상태는 미연방특수교육법, IDEA-2004의 범주에서 분류되는 자폐증의 전체적 범주 안에 포함된다. 또한 AS의 상태는 미국정신과협회(2000)에 의한 정신장애 진단과 통계 편람, 네 번째 개정판(DSM-IV-TR)에 제시되어 있다.

**아스퍼거증후군** 최근까지 **아스퍼거증후군**에 대한 특별한 상태가 뚜렷하게 잘 알려져 있지 않지만 지금은 AS 장애가 비교적 일반적인 장애로 언급된다. AS는 1944년, 빈의 의사인 Hans Asperger(1944)에 의해 처음으로 알려지면서 정신과 단체에서 주목을 받기 시작했다.

Asperger 박사는 특이한 사회적 고립을 나타내는 아동 집단에 대한 논문을 발표하였다. 그러나 AS는 미국정신과협회의 DSM-IV에 포함되어 50년이 지나도록 널리 알려지지 않았다(American Psychiatric Association, 1994). 미국정신과협회(2010)는 아스퍼거증후군의 상태를 다시 분류하여 자폐증의 가벼운 유형으로 자폐증의 범주에 포함하여 제시하였다. 이러한 변화는 2012년, 정신장애의 진단 및 통계 편람, 다섯 번째 판(DSM-5)에 제시되었다. 현재 AS는 잘 알려져 있고, 이런 상태에 분류되는 아동의 수는 급격히 증가하고 있다(Goldstein, 2007; Kantrowitz & Scelfo, 2006; Baker & Welkowitz, 2005).

아스퍼거증후군 아동들은 사회적 상호작용이 매우 힘들다. 아스퍼거증후군은 변화를 수용하기 힘들어하고, 사고가 유연하지 않으며, 모든 것을 흡수하고, 제한된 영역에 흥미를 가지는 것이 특징이다. 아스퍼거증후군 아동은 항상 기계적인 기억 기술이 매우 좋고(예: 반복적 사실, 수치, 날짜, 시간), 수학과 과학이 매우 우수하다. 아스퍼거증후군에는 특징적인 증상이 있고, 아직 진단되지 않은 아동은 종종 이런 증상들이 다소 영향을 미치며 많은 다른 행동들이 이상하게 나타날 수도 있다(Baker & Welkowitz, 2005). 아스퍼거증후군 아동들은 눈 맞춤, 다른 것에 대한 접촉, 몸짓, 자세와 같이 사회적 행동에 대한 규칙을 이해하는 것이 어렵다. 그들은 종종 정서적으로 약하여 스트레스가 나타나기도 하는데 그 결과, 빈약한 자존감, 빈약한 자아개념, 그리고 우울과 같은 문제를 흔히 보인다. 아스퍼거증후군 아동은 사회적 수용에 어려움을 보이는 특징을 가질 수 있다(Baker & Welkowitz, 2005).

- 다른 사람과의 상호작용에서 빈번한 실수
- 다른 사람들을 알아보거나 공감하는 능력 부족
- 빈약한 놀이 기술
- 다른 사람과의 빈번한 충돌
- 괴롭힘을 받거나 왕따의 대상

아스퍼거증후군 아동들은 일반적으로 일반학급에서 수업을 받지만 종종 그들의 기초 학습을 성취하는 데 방해되는 빈약한 조직적 기술, 빈약한 문제 해결 기술, 빈약한 운동 기술 때문에 기초 학습의 습득에 어려움을 겪게 된다. 아스퍼거증후군 아동들이 일반학급에서 성공하려면 특수교사나 이러한 장애에 친숙한 사람으로부터의 관련된 지원이 필요하다. 그들은 사회적 기술을 발달시키는데, 기초학습을 계획하고 프로그램화하는데, 그들의 감각 문제의 지원을 위한 도움이 필요하다. 직접 교수는 사회적 기술을 위하여 중요하다. 적절한 지원과 교수는 대부분의 아스퍼거증후군 아동들이 학교에서 성공하도록 도와준다. 많은 아스퍼거증후군 학생들은 대학에 진학할 수 있고 다양하게 성공적인 직업생활을 즐길 수 있다(Goldstein, Naglieri, & Ozonoff, 2008; Baker & Welkowitz, 2005; Myles, Cook, Miller, Rinner, & Robins, 2000). **학생 이야기 7.3**은 아스퍼거증후를 가지고 성공적인 삶을 살아간 Temple Grandin의 이야기이다.

종종, 아스퍼거증후군 학생들은 특별한 주제에 강한 관심을 가지고 그런 주제에 관한 폭넓은 지식을 습득한다. 예를 들어, 어떤 아스퍼거증후군 학생은 시카고레스토랑에 대한 폭넓은 지식을 습득한다. 그는 도시 혹은 근교의 어떤 장소에 있는 레스토랑의 이름, 그것의 위치, 요리법의 유형, 레스토랑의 가격대를 말할 수 있다. 그는 시카고레스토랑에 대한 마이크로소프트 목록을 만들어 지식에 활용하였다. 또 다른 학생의 전문지식은 지리학에 있었다. 그 학생은 학급친구들에게 어떤 나라의 수도, 혹은 그 주의 주요한 강에 대하여 설명할 수 있다.

모든 아스퍼거증후군 학생들은 서로 다르고 하나의 중재가 모든 학생에게 효과

## 학생 이야기 7.3

### Temple Grandin

Temple Grandin 박사는 자폐증, 즉 아스퍼거증후군을 가진 성인 중 가장 훌륭하고 잘 알려진 사람이다. 그녀는 자폐증을 가지고 살아가면서 그녀가 직면했던 많은 문제와 어려움에 대하여 폭넓게 기술하였다. 또한 그녀는 문제를 가지고 살아가는 방법을 어떻게 배웠는지, 그리고 "신경학적" 세상에서 어떻게 성공할 수 있었는지에 관하여 기술했다. Temple Grandin은 콜로라도주립대학에서 축산학과 가축을 관리하는 교수로 재직하였다. 그녀의 책인 『동물들과의 대화(*Animals in Translation*)』는 베스트셀러가 되었다. 그녀는 자폐증과 소, 모두를 관리하는 세상에 대하여 말한다.

Temple Grandin은 소리에 민감성과 소리 감각을 자극하는 것에 대한 어려움을 상세하게 기술한다. 그래서 그녀는 시각적 사고와 영상에 의존했다고 한다. 그녀는 자신의 행동이 주춤거리며 뿌리치는 야생마와 같았다고 설명한다. 그녀는 자폐증 아동과 야생마의 반응은 비슷하다고 믿었다. Grandin에 의하면 야생동물을 길들이는 과정은 자폐증 아동의 반응을 관리하는 것과 많이 유사하다고 한다(Grandin, 2008). Temple Grandin에 관한 좀 더 많은 정보는 웹사이트 **http://www.autism.org/temple/visual.html**에서 찾아볼 수 있다.

**심화질문** Temple Grandin은 왜 자폐증 범주 장애와 야생마가 비슷하다고 생각했습니까?

적이지 않을 수도 있다(Goldstein, et al., 2008; Safran, 2002; Baker & Welkowitz, 2005). **교수 정보 7.4**, "아스퍼거증후군 학생 지원하기"는 학교 환경에서 아스퍼거증후군 학생과 함께 공부하는 몇몇 방법을 제공한다. **그림 7.4**는 사회적 이야기에 대한 예이다.

아스퍼거증후군을 위하여 도움이 되는 웹사이트는 **http://www.aspergerssyndrome.org**에 있는 OASIS, 온라인 아스퍼거증후군 정보와 지원에 있다.

아스퍼거증후군을 위하여 도움이 되는 웹사이트는 다음과 같다.

- 온라인 아스퍼거증후군 정보와 지원(OASIS), **http://www.aspergerssyndrome.org.** 이 웹사이트는 아스퍼거증후군에 관한 일반적인 정보를 제공한다.
- 미국 아스퍼거증후군 연합, **http://www.asperger.org.**
- 아스퍼거증후군 사람을 위한 온라인 출처와 커뮤니티, **http://www.wrongplanet.net.** 이 웹사이트는 종종 "아스퍼거"라고 불리는 아스퍼거증후군 청년들을 위한 정보를 제공한다.

## 교수 정보 7.4

### 아스퍼거증후군 학생 지원하기

- **사회적 이야기 활용하기.** 사회적 지식을 증가하기 위한 전략은 사회적 이야기를 활용하는 것이다. (**http://www.thegraycenter.org**의 사회적 학습과 이해를 위한 그레이센터 웹사이트를 참고하라.) 이러한 이야기는 종종 해결이 어려운 사회적 상황에서 학생들이 "어떻게 그리고 무엇을" 해야 하는지에 관하여 토의하는 방법을 제공해 준다. 동반자전략은 "연속 만화 상황"이다. 학생들은 사회적 상황을 응용하는 연속 만화를 읽고 토론한다. 아스퍼거증후군 어린 아동에게 보이는 초조함이라는 제목의 사회적 이야기 연속 만화의 예는 **그림 7.4**에 있다.
- **사회적 관계성에 대한 "무엇"과 "어떻게"를 직접 교수로 제공하라.** 직접 교수는 사회적 상황에서의 특별한 반응을 가르치는 데 중요하다. 예를 들어, Barbara에게 그녀가 도움을 원하지 않을 때, "아니요, 감사합니다." 혹은 "나는 지금 이대로 좋습니다."와 같이 정중히 거절하는 방법을 가르친다.
- **친구의 순환.** "친구의 순환" 전략은 성인이 아스퍼거증후군 아동과 친구 사이의 상호작용을 촉진하는 것이다. 교사가 아스퍼거증후군의 특징에 관하여 말할지도 모른다(부모의 동의를 얻어). 그때 친구들은 아동의 사회적 집단에 포함되는 방법으로 참여한다.
- **감각통합.** 감각통합은 신경계가 감각 정보를 통합하는 데 중시되는 과정으로 언급된다. 학교에 있는 직업 치료사가 감각통합 장애 학생을 도와주는 데 관련된 전문가이다(감각통합에 관한 부가적인 정보는 8장, "장애 유아"를 참고하라).

## 비언어성 학습장애: 관련 상태

**비언어성 학습장애(NVLD)**는 많은 심리학자, 의사, 그리고 연구자들의 관심영역이다. NVLD 아동은 기초 학습 영역의 기능은 좋지만 사회적 영역에서 문제를 보인다. NVLD는 특수교육법(IDEA-2004)에 분류되어 있지 않지만 신경심리학의 영역에서는 장애로 알려져 있다. NVLD는 뇌의 우반구에 장애를 포함하는 신경 발달적 문제가 있다.

NVLD 아동은 비언어적 의사소통에 포함된 미묘한 단서를 이해하기 어려워하고 사회적 상호작용에서 중요한 역할을 담당하는 것을 어려워한다. 예를 들어, 이러한 아동들은 어떤 사람이 슬프거나, 행복하거나 화를 내기 시작하는 얼굴 표현을 읽을 수 없다. 그들은 우정을 어떻게 형성하는지, 또는 인간적 공간에 대한 개념을 어떻게 아는지 그 방법을 알지 못한다. 이러한 사회적 단서는 일반적으로는 관찰과 생활을 통해서 직관적으로 파악되지만 NVLD 아동은 직접 교수와 명백한 교수를 통해 이런 사회적 기술을 가르쳐야 한다(Rourke, 1995; Thompson, 1997).

그림 7.4 사회적 이야기 연속 만화 "초조함"

어떤 어머니는 시공간적 상상에 심각한 어려움을 가진 그녀의 딸이 친구의 집으로 가는 길을 찾을 수 없는 것은 물론 학교에서는 그녀의 교실이 어디에 있는지 시각화할 수도 없었다고 기술하였다. 그러나 그녀는 단어를 기억하고 언어적 명명을 잊어버리지 않고 기억할 수 있었다(Martin, 2004).

NVLD 학생들은 종종 언어적 지능이 높고, 쉽게 말하는 등 높은 수준의 언어능력을 가진다. 그들은 초등학교 연령의 읽기와 해독은 잘하지만 비언어적 학습 문제는 자주 놓친다. NVLD 아동은 종종 빈약한 시공간적 능력, 빈약한 비언어적 문제 해결 능력, 낮은 산수 기술을 보인다. NVLD 문제는 나중의 초등학교 연령, 청년기, 그리고 성인기에 좀 더 분명히 나타난다(Dimitrovsky, Spector, Levy-Shiff, & Vakil, 1998; Rourke, 1995; Thompson, 1997).

종종 NVLD 사람들은 새로운 상황에 적응하기 어려워한다. 그들의 높은 언어적 지능과 인지와 표현 언어 측정에서의 높은 점수에도 불구하고 부정확한 비언어적 신호와 단서를 읽거나 비언어적 의사소통의 단서가 포함되어 있는 사회적 능력이 부족하다. 그들이 환경에서 섬세한 단서를 알아차리지 못한다면 그들이 무엇인가 없어졌다는 것을 알지 못하고, 다른 사람의 얼굴 표현을 읽을 수도 없다(Dimitrovsky et al., 1998; Thompson, 1997; Tsatsanis, Furst, & Rourke, 1997).

NVLD 성인들은 종종 직장에서 심각한 어려움을 보인다. 그들의 문제는 빈약한 자아개념, 정신적 건강 문제, 사회적 관계에서 어려움, 간결하거나 퉁명스러운 반응 유형을 포함한다. 변화는 이러한 사람들이 새로운 임무와 과제를 익히는 데 어려움이 반복되기 때문에 힘들어진다. 그들은 문제에 대한 특성과 중대함을 반영할 수 없어 그들의 성공은 물론 실패를 그들 자신 대신에 다른 사람 때문이라고 생각하는 경향이 있다. 그들의 모방체계는 종종 정서적 혹은 동기적 문제로서 잘못 해석된다(Price, 1997; Rourke, 1995; Thompson, 1997; Tsatsanis et al., 1997). NVLD를 위해 유용한 웹사이트는 학습장애 온라인, **http://www.nldline.com**에 있다.

아스퍼거증후군의 대부분의 특징은 NVLD와 유사하게 나타난다. 그러나 Roman(1998)은 그들은 서로 다른 장애라고 주장한다. 아스퍼거증후군은 자폐증 범주의 일부이지만 NVLD는 IDEA-2004 혹은 DSM-IV-TR에 분류되어 있지 않다. 몇몇 부모들은 그들의 아동들은 모든 진단적 명칭을 가질 수 있으며, 진단은 검사자의 성향이 반영되는 몇 가지 범주에서 나타난다고 보고한다.

# 내가 알고 있는 한 아동…

## Tony: ADHD를 가진 학생

Tony는 충동성과 과잉행동을 나타내는 주의력결핍 과잉행동장애(ADHD)를 가진 학생이다. 그는 현재 5학년으로 일반학급에 출석한다. Tony는 공부하는 것처럼 보이지 않지만 컴퓨터프로그램으로 공부하려고 노력한다. Tony는 담임선생님께 컴퓨터프로그램이 부정확하게 설치되었다고 말하였지만 담임선생님은 그에게 컴퓨터는 잘 작동되고 있으니 과제로 돌아가도록 말하였다. Tony는 극심한 좌절과 흥분을 느끼고 그의 발로 바닥을 시끄럽고 빠르게 두드린다. Tony는 그가 폭발하기 전에 교실에서 나가야만 한다고 느꼈다. 그는 담임선생님께 "화장실에 보내 주실 수 있나요?"라고 물었다. 그의 담임선생님은 "안돼요, Tony, 공부로 돌아가세요."라고 말했다. Tony는 자리에서 일어나 교실 주변을 걷기 시작했고, 자신에게 불평불만하기 시작했다. 선생님의 목소리와 교실에 있는 다른 학생의 웃음 소리는 귀를 먹먹하게 했다. 그는 그것들을 차단하기 위해 교실 밖으로 나가야 한다고 느꼈다. Tony는 그의 머리를 벽에 부딪치기 시작했다. 담임선생님은 누군가가 교장에게 빨리 가서 알리도록 요청했다.

### 질문

1. 담임선생님은 과잉행동과 충동성을 가진 ADHD 학생의 문제의 유형을 예측했습니까?
2. 담임선생님은 Tony가 교실을 나갈 수 있도록 허락해야 합니까?
3. 이것이 Tony를 위한 최선의 교육적 환경입니까?

## 요약

1. 주의력결핍 과잉행동장애와 학습장애는 중복적으로 일어난다.
2. 주의력결핍 과잉행동장애(ADHD)라는 용어는 미국정신과협회에 의해 정의되었고 의사나 정신과 의사에 의해 사용된다.
3. ADHD의 특징은 연령에 의해 변한다. 어린 아동, 초등학교 연령 아동, 청년기, 성인 모두 서로 다른 ADHD의 특징을 보인다.
4. ADHD의 진단을 위한 증상은 (1) 심각성, (2) 조기 시작, (3) 기간의 기준을 충족해야 한다.
5. 정신장애의 진단과 통계 편람, 네 번째 개정판(DSM-IV-TR)은 ADHD의 세 가지 유형, (1) 부주의, (2) 과잉행동과 충동성, (3) (1)과 (2)의 복합으로 분류한다.
6. 특수교육지원에 적격한지에 관한 ADHD 아동에 관한 법은 (1) 일반교육 그리고/혹은 특수교육에서 주의력결핍장애 아동의 요구를 설명하려는 정책에 대한 1991 설명, (2) IDEA-1997에서의 1999 규칙, (3) 장애인교육개선법-2004이다.
7. ADHD로 분류된 아동의 수는 증가하고 있다.

8. 중재는 ADHD 아동의 치료에 있어서 중요한 부분이다. 정신자극 약물 치료는 ADHD에게 폭넓게 사용되고 있는 효과적인 방법이다. 또한 다른 약물 치료와 대안적 치료가 ADHD 아동을 위하여 사용된다.
9. ADHD 학생을 위한 교수 방법은 특수교사와 일반교사에 의해 활용된다. 이러한 교수적 방법은 (1) 주의력 증가, (2) 충동성 관리, (3) 과잉행동 감소라는 전략이 포함된다.
10. 자폐성 범주 장애는 전통적 자폐증 장애, 명확하게 기술되어 있지 않지만 만연하고 있는 발달적 장애, 혹은 아스퍼거증후군을 포함하는 집단이다. 자폐성 범주 장애의 출현은 점점 증가하고 있다.

## 교육정보 비디오 사례 활동

**7장을 읽은 후에** Education CourseMate 웹사이트에 들어가 "높은 발생률의 장애에 포함된 학생: 성공을 위한 전략(Including Students With High-Incidence Disabilities: Strategies for Success)"이라는 제목의 교육정보 비디오 사례(Teachsource Video Case)를 보길 바란다. Martha Cleveland 선생님이 주의력결핍 과잉행동장애, 비언어적 학습장애, 아스퍼거증후군과 같은 높은 출현율을 보이는 장애 학생의 요구에 대하여 논의한다. 그녀는 초등학교 교실에서 특별한 전략이 이런 학생의 학습적 요구를 충족시킬 것을 요구한다. 여러분은 이 비디오를 본 후 다음 질문에 대하여 토론해 보라.

### 질문

1. 학생들의 사고를 조직하는 데 도움을 주기 위해 그래픽 조직자를 어떻게 활용할 수 있습니까?
2. 아동들을 그래픽 조직자로 발달시키기 위해 컴퓨터 기술을 어떻게 활용할 수 있습니까?
3. 이 비디오는 이런 아동들이 실행기능에 문제를 가진다고 언급합니다. 실행기능이란 무엇입니까?

## 토론과 심화질문

1. 오늘날 많은 아동들은 ADHD로 진단되고 있습니다. 서로 다른 발달적 단계에서 ADHD 아동의 특징을 기술해 봅시다.

2. 학교에서 ADHD 아동을 지원하는 몇 가지 환경은 무엇입니까? 대부분의 ADHD 학생을 위한 교육적 환경은 무엇입니까?
3. 많은 ADHD 아동들은 그들의 치료 중 일부로서 약물 치료를 받습니다. ADHD 아동이 받는 약물 치료의 종류에 대하여 토의해 봅시다.
4. 2개의 관련된 신경발달적 상태를 토의해 봅시다.

## 핵심 용어

과잉행동 … 236
뉴런 … 248
다양한 치료계획 … 245
부주의 … 236
비언어성 학습장애(NVLD) … 258
신경전달물질 … 247
아스퍼거증후군(AS) … 255
자폐성 범주 장애(ASD) … 253
정신각성제 약물 치료 … 246
주의력결핍 과잉행동장애(ADHD) … 235
주의력결핍장애(ADD) … 235
충동성 … 236
평가 척도 … 240

# 8장

# 장애 유아

“우리가 모든 아이들을 가르치는 방법을 배울 수 있다면 모든 아이들은 배울 수 있을 것이다.”

—SISTER JOANNE MARIE KLIEBHAN

James Carroll

## 이 장의 차례



이 장에서 우리는 특별한 요구를 가진 유아를 위한 프로그램과 중재를 검토한다. 오늘날, 장애 유아를 위한 지원은 조기 중재 지원이라는 국가와 각 주의 정책 때문에 가능하게 되었다. 학교와 기관은 유아를 위한 조기 중재 프로그램을 확장시켰다. 초 · 중등학교의 교사가 아동의 조기 발달과 학교 경험의 특성에 관하여 이해하고, 조기 중재가 나중의 학습과 연결된다는 것을 아는 것은 매우 중요하다.

## 8.1 조기 연령의 중요성

모든 아동에게 조기 연령은 매우 중요하지만 특별한 요구를 가진 아동에게 이 연령대는 특별히 더 중요하다. 조기 교육가들이 오랫동안 관찰하여 확인한 몇 가지 훈육에 대한 연구는 조기 연령에서 이루어지는 학습이 평생의 기초를 수립하는 데 매우 중요하다는 것을 확인한다. 이렇게 중요한 연령 동안 아동들은 지적으로, 그리고 정서적으로 발달하는데, 아동들이 그 기회를 놓치게 된다면 소중한 학습 시간을 영원히 잃어버리게 되는 것이다.

아동들은 6세가 되어 공식적으로 학교에 입학할 때까지 학습을 시작하지 않는다. 유아들은 생애 첫 6년 동안 빨리 배운다. 사실상, 그들은 태어나는 순간부터 지속적이고 집중적인 학습에 참여한다. 그들은 학령기 연령이 될 때까지 많은 기술들을 습득해야 할 것이다. 부모와 가족들은 취학 전까지 적극적으로 학습을 촉진해야 한다. 반면에, 그들의 지적능력은 이런 주요한 연령 동안 최상으로 성장하지 못한다. 어떤 아동이 친구들보다 늦게 학교에 들어간다면, 아동은 친구들의 학습을 따라잡을 수 없고, 학습을 유지할 수 없으며, 학교가 그들을 도와주려는 모든 노력의 혜택을 받을 수 없을 것이다. 유아들이 학습하기 어려워하는 단서를 조기에 확인한다면 유아들은 중요한 조기 중재 지원을 받을 수 있다(Allen, Cowdery, 2009; Bowe, 2007: Lerner, Lowenthal, & Egan, 2003).

### 조기 중재의 혜택

아마도 오늘날 교육에서 가장 좋은 성공 이야기는 환경적 그리고 장애를 유발시키는 또 다른 조건 때문에 장애의 위험이 있는 아동 혹은 장애 유아를 위한 특별한 프로그램에 대한 기록이다. 아동 발달에서 형식적 단계와 가족생활은 조기 연령 동안 일어난다. 이러한 조기 연령은 아동의 성장과 발달에 중요한 차이가 만들어 낸다. 아동들의 문제를 일찍 알게 된다면 학교에서 실패하거나 문제가 확대될 가능성을 예방하거나 감소시킬 수 있을 것이다(Wolery & Bailey, 2004).

조기 아동 특수교육 프로그램은 (1) 출생에서 5세까지, 특별한 요구를 가지거나 학교에서 어려움을 호소할 것으로 보이는 유아를 발견하고, (2) 이러한 아동들을 위한 조기 중재를 고안하여 제공한다. 많은 연구들은 조기 중재가 장애 아동과 그들의 가족과 사회를 위하여 도움이 된다고 밝히고 있다(Guralnick, 1997, 2005; Wolery & Bailey, 2004).

- **조기 중재는 장애 아동을 돕는다.** 조기 중재는 인지와 사회적 발달을 촉진시키고 행동적인 문제를 감소시킨다. 또한 조기 중재는 많은 조건들을 완화시키고, 다른 많은 어려움들을 극복시키고, 몇몇 문제들은 아동들이 좀 더 좋은 삶을 살아갈 수 있도록 관리된다. 또한 조기 중재로 근본적인 어려움을 악화시키는 이차 문제의 출현을 피할 수 있다.
- **조기 중재는 특별한 요구를 가진 유아의 부모들에게 도움이 된다.** 가족 중심 중재 접근은 가족 체계의 일부이다. 부모와 가족 구성원들이 담당하는 중재 과정의 필수적인 역할은 아동을 가르치는 과정과 아동과 성인과의 상호작용을 개선하는 것이다.
- **조기 중재는 사회에 도움이 된다.** 조기 중재 프로그램은 특수교육 지원을 요구하는 아동의 수를 감소시켜 공동체에 지원되는 많은 재정을 절약할 수 있다. 또한 유아에게 긍정적으로 작용하도록 가족에게 권리를 부여하고 가족의 능력을 강화할 수 있다.

요약하면, 조기 중재는 다음과 같은 것들을 수행한다(Wolery & Bailey, 2004; Guralnick, 1997, 2005; Lerner et al., 2003; Schweinhart, Barnes, & Weikart, 1993).

- 모든 발달 영역(지적, 신체적, 인지, 언어, 심리사회적, 자립)에서 중요한 발달을 촉진한다.

장애 위험이 있는 아동들은 조기 중재와 가족지원을 제공하였을 때 극적으로 개선된다.

- 2차 장애를 억제하거나 예방한다.
- 가족 스트레스가 줄어든다.
- 의존 상태와 제도화가 줄어든다.
- 학교 연령에서 특수교육 지원을 위한 요구가 줄어든다.
- 국가와 사회의 중요한 건강보호비용과 교육비용이 절약된다.

## 유아의 문화 다양성에 대한 고려

특별한 요구를 가진 유아 프로그램에 참석하는 많은 아동과 가족은 다양한 언어와 문화적 배경을 가진다. 문화적 차이는 부모와 아동과의 상호작용, 가족의 가치, 장애에 대한 가족의 인식, 그리고 도움을 찾으려는 태도에서 발생한다. 대부분의 문화에서 가족들은 항상 독립, 자립 그리고 개인적 성취와 같은 질을 중시한다. 예를 들어, 대부분의 문화는 조기에 자조 급식 기술을 촉진하지만 몇몇 문화에서는 아동들이 3세가 될 때까지 돌보는 사람이 음식을 먹여 준다. 아메리카 원주민과 같은 몇몇 문화는 경쟁적인 개인적 성취보다는 집단과 공동체에 도움이 되는 자질을 중시한다. 어떤 문화에서는 가족 중에 장애를 가진 아동이 있는 것을 부끄러워하고 그들을 무시한다. 또 다른 문화에서는 아동들이 조용하기를 바라며 언어나 의사소통을 전혀 하지 않는다. 첫 언어가 영어가 아닌 아동들은 영어 단어 혹은 소리(발음)를 아는 것이 어려울 수 있다.

문화적 다양성에 대한 민감성은 유아를 가르치는 교사나 그들의 가족에게 매우 중요하다. 교사들은 예의바르고 분명한 방법으로 가족 구성원과 의사소통해야 한다. 교사들은 몇몇 가족들이 학교로부터의 제안을 거부할 수도 있다는 것을 이해해야 한다. 교사들은 다양한 문화와 언어의 아동들이 소집단 토론에서 그림, 협력, 혹은 수행으로 그들의 지식을 설명하도록 촉진한다(Lerner et al., 2003).

미국교육법(2008)은 장애 유아의 인종/민족성에 대한 자료를 제공한다. **표 8.1**은 특별 지원을 받는 장애 유아의 백분율이다. 인종/민족 집단에서 장애 유아의 백분율은 총인구에서 백분율과 유사하다.

## 위험한 상태에 있는 유아

**위험한 상태**에 놓인 유아는 빈약한 발달을 보이고 학습에 실패할 수 있다. 비록 위험한 상태에 있는 아동들은 특별지원을 위한 법에 적격하지 않지만 조기 중재가 지원된다. 그러나 이런 아동들은 장애 아동이 될 위험성이 높다. 각 주는 위험한

**표 8.1** 인종/민족 집단에서 지원을 받는 취학 전 장애 아동 백분율

| 인종/민족 | 취학 전 장애 아동의 백분율 |
| --- | --- |
| 미국계 인디언/알래스카 원주민 | 8.6% |
| 아시안/태평양 섬 사람들 | 3.8% |
| 흑인(라틴 아메리카계가 아닌) | 5.9% |
| 라틴 아메리카계 | 4.4% |
| 백인(라틴 아메리카계가 아닌) | 6.5% |

출처: U.S.Department of Education.(2008). Twenty-eighth Annual Report to Congress on the Implementation of the Individuals with Disabilities Education Act, 2008. Washington, DC: Government Printing Office. Westat.

상태에 있는 아동을 지원하려는 선택권을 가지지만 그들은 이런 집단을 위한 지원을 요청하지 않는다.

위험한 상태에 있는 유아에게 영향을 미치는 요인들은 가난, 붕괴된 가족, 혹은 학대하는 부모이다. 또 다른 위험 요인들은 출생 전 약물, 알코올, 흡연, 니코틴, 비합법적인 약물 사용에 노출되는 것이다(Gargiulo & Kilgo, 2005; Keogh, 2000; U.S. Department of Education, 2000b). 많은 연구들은 조기 중재와 가족과 함께하는 훈련을 적용시켰을 때 위험한 상태에 있는 아동들은 극적으로 개선되었다고 보고한다. 예를 들어 저체중 영유아의 가정을 방문하여 부모를 훈련하고, 부모 집단의 모임, 아동발달 센터에 참석, 소아과의 정기검사, 그리고 공동체의 위탁 지원과 같은 포괄적인 조기 중재를 받았을 때 인지와 행동적 기능이 더 많이 습득되었다(Lambie, 2006; Gopnick, Meltzoff, & Kuhl, 1999; Keogh, 2000). **http://www.childrenatrisk.org**를 참고하라.

영유아의 환경이 뇌의 조기발달에 중요한 효과를 보인다는 것은 과학적인 증거를 통해서 증명되었다(Dehanene, 2009; Gopnick et al., 1999; Huttenlocher, 1991). 생애 첫달과 첫해 동안, 연접(synapses) 혹은 뇌의 뉴런 사이의 상호접속 연결은 놀랄 만한 속도로 성장한다. 뇌의 크기는 급속하게 커지며 좀 더 능률적이 된다. 인생의 조기 연령 동안, 환경적 영향과 아동의 경험은 뇌의 발달에 중요한 역할을 담당하고 지능과 학습하는 능력에 영향을 미친다. 조기 뇌의 발달에 관한 연구는 다음과 같은 결과를 보여 준다.

- 환경은 다수의 뇌세포, 뇌세포 사이의 연결과 뇌세포가 연결되는 방법에 영향을 미친다. 뇌의 발달은 우리가 생각했던 것보다 환경적 영향에 좀 더 많이 노

## 일반교육에 포함된 학생 이야기 8.1

### 특별한 요구를 가진 유아

- 조기 아동기의 일반교사와 특수교사는 취학 전 학급의 모든 아동을 위하여 교육과정을 계획하는 데 협력해야 한다.
- 특별한 요구를 가진 유아와 특별한 요구가 없는 유아는 일반교육 교육과정을 공유한다.
- 적응은 다양한 학습 유형과 능력을 가진 유아에게 요구된다.
- 아동이 시작한 활동과 교사가 시작한 활동 모두가 활용된다.
- 놀이 경험은 모든 아동의 활동 참여와 상호작용을 촉진한다.
- 활동은 아동의 각 발달 단계에 적절해야 한다.
- 활동은 모든 아동의 사회적 관계를 육성한다.
- 활동은 아동들 간의 의사소통을 촉진한다.
- 모든 아동의 문화와 언어적 다양성을 고려해야 한다.

출되어 있다.

- 1세 전의 뇌 발달은 과거에 알았던 것보다 좀 더 빠르고 집중적이다.
- 뇌 발달에 있어서 조기 발달의 영향은 오랜 기간 영구적이다.
- 조기 연령의 스트레스는 뇌의 기능에 부정적인 영향을 미친다.

## 8.2 일반교육에서 유아를 위한 전략

특별한 요구를 가진 유아를 위하여 가장 흔한 교육적 배치는 취학 전 일반학급이다 (U.S. Department of Education, 2008). 이는 조기 아동기를 담당하는 교사는 유아와 장애 유아와 그리고 특별한 요구를 가진 유아 모두를 발달시키는 교육 계획을 수립해야 한다는 것을 의미한다. **일반교육에 포함된 학생 이야기 8.1**, "특별한 요구를 가진 유아"는 모든 유아의 요구를 충족시키기 위한 몇 가지의 제안을 제시한다.

## 8.3 유치원에서 조기 중재 지원을 받은 아동을 위한 전이 방법은?

조기 중재 지원을 받은 아동의 전이가 매우 성공적이다. **그림 8.1**은 유치원에서 아

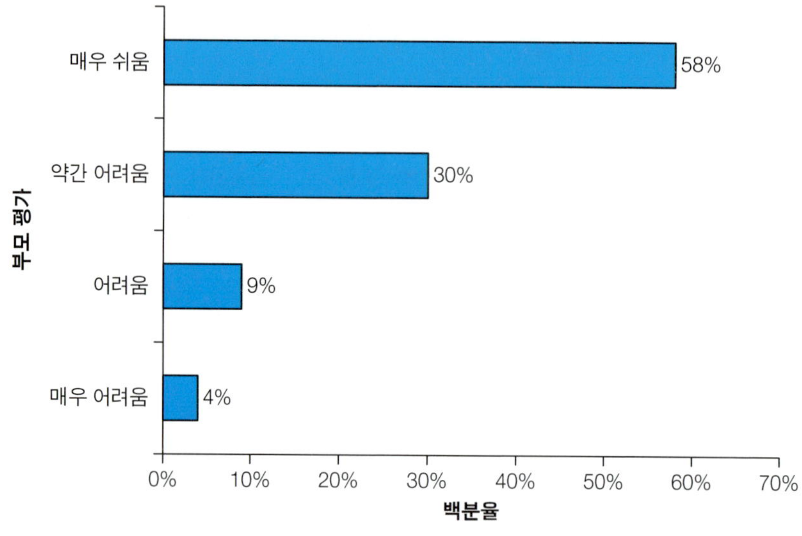


**그림 8.1** 유치원에서 전이에 대한 부모의 평가

출처: U.S. Department of Education. (2008). Twenty-eighth Annual Report to Congress on the Implementation of the Individuals with Disabilities Education Act, 2008. Washington, DC: Westat.

동의 전이가 어떻게 되었는지를 보여 주고 있다(Department of Education, 2008).

## 8.4 법과 장애 유아

특수교육법인 장애인교육개선법(IDEA-2004)은 장애 유아를 두 개의 서로 다른 연령집단, (1) 취학 전, 3세에서 5세까지, (2) 영유아, 출생에서 3세까지로 구분하고 이들을 위하여 제공되는 지원을 규정한다. 법의 규정은 적격성이라는 용어로 두 연령의 각 집단을 위한 지원이 서로 다르고 지원하는 주 기관에 책임이 있다고 제시한다. 영유아를 위하여 가족을 지원하는 것은 매우 중요하다. 취학 전 아동에게 가장 중요한 지원은 적절한 중재를 실시하는 것이다. **표 8.2**는 두 연령 집단의 아동을 위한 조기 교육법의 규정을 비교한 것이다.

### 취학 전 아동: 3세에서 5세까지

취학 전 장애 아동은 3세에서 5세까지 성장한 아동들을 위해 만들어진 법적 보호와 완전한 권리를 보장받는 데 적격한 대상이다. 이러한 법의 규정은 IDEA-2004

**표 8.2** 취학 전 아동과 영유아를 위한 법률 비교

| | 취학 전 아동 | 영유아 |
|---|---|---|
| 연령 | 3세에서 5세까지 | 출생에서 3세까지 |
| 적격성 | 장애 범주 혹은 발달 지연 | 발달 지연 |
| 계획 | IFSP 혹은 IEP(개별화 교육 계획) | IFSP(개별화 가족지원 계획) |
| 법 | 법의 영역 B, 위임자 | 법의 영역 C, 자유 재량 |
| 지원기관 | 주 교육 기관 | 정부에 의해 약속된 기관 |
| 전이 | 일반학급 혹은 특수학급 | 취학 전 특수교육 프로그램 혹은 특수교육이 지원되는 취학 전 일반학교 |
| 주요 방향 | 아동과 발달적 학습 | 가족, 그리고 가족과 유아 상호작용 |
| 교직원 | 조기 아동기 특수교사 | 지원 협력자 |

의 영역 B에 구체화되어 있다. 취학 전 아동은 다음의 영역에서 하나 혹은 그 이상의 발달적 지연을 보인다. (1) 신체 발달, (2) 인지 발달, (3) 의사소통 발달, (4) 사회, 혹은 정서 발달, (5) 적응 발달. 다음에 제시된 사항은 취학 전 장애 아동을 위한 법의 규정을 요약한 것이다.

- 각 주는 관련된 지원과 함께 적절한 공립교육을 무료로 제공하고, 이는 3세에서 5세까지의 장애 아동 모두에게 적격하다.
- 각 주는 발달적 지연과 같이 비범주적으로, 혹은 학습장애와 같이 장애 범주로 취학 전 아동의 분류를 선택할 수 있다. 어떤 주는 발달적 지연이라는 용어의 적용을 3세에서 9세까지의 아동 범위로 결정하기도 한다.
- 3세에서 5세까지 아동을 위한 연구팀은 IEP 혹은 **개별화 가족지원 계획**(IFSP) 모두를 활용한다. IFSP는 아동뿐만 아니라 가족을 포함한 계획이다. 활용된 계획은 과정, 기밀성, 그리고 최소한 제한된 환경에 아동을 배치하기 때문에 확실해야 한다.
- 3세에서 5세까지 취학 전 학교 연령을 위한 지원기관은 주의 교육기관이 된다. 법은 지역 교육기관 혹은 다른 계약 지원 기관에서 취학 전 아동을 지원하기 위하여 IDEA-2004의 영역 B를 시행하는 책임을 각 주의 교육기관에 부여한다.

## 영유아: 출생에서 2세까지

출생에서 2세까지의 장애영유아를 위한 정책은 IDEA-2004의 영역 C에 규정되어 있다. 장애영유아를 위한 지원을 명령하지는 않지만, 영역 C는 각 주에게 보조금에 대한 재정적 지원을 승인한다. 가족 체계는 아동의 발달에 중요한 역할을 담당한다. 따라서 아동을 위해서는 물론 가족을 위한 지원이 포함된 IFSP(개별화 가족 지원 계획)를 활용해야 한다.

장애영유아의 수는 영유아(출생에서 3세까지)의 총인구에서 2.3%나 차지하면서 급증하고 있고, 그들의 가족은 지원을 받고 있다(U.S. Department of Education, 2008). 최근 의학적 기술의 발전으로 미숙아와 중대한 건강 문제를 가진 아동들이 살아남으면서, 그 아동들은 위험한 상태에 놓이게 될 가능성이 높다. 또한 신생아들은 다른 유형의 문제도 보일 것이다. 예를 들어, 375,000명의 아기가 약물에 노출되어 있고 2,000명의 아기가 에이즈에 감염된 채 매년 태어난다. 이렇게 위태로운 유아들은 항상 의학 전문가가 준비할 수 없는 지원을 요구한다. 유아 전문가와 신생아 지원 협력자(혹은 보호관리자)는 신생아를 위한 집중적인 보호팀과 아동보호센터의 다학문팀의 핵심 구성원이다(Lerner, Lowenthal, & Egan, 2003; U.S. Department of Education, 2008).

## 특수교육 지원을 받는 취학 전 아동의 수

특수교육 지원을 받는 취학 전 아동의 수는 증가하고 있다. 현재 모든 취학 전 장애 아동(3세에서 5세까지)의 약 5.9%는 학교에서 특수교육 지원을 받고 있다(U.S. Department of Education, 2008).

3세에서 5세까지의 아동에게 가장 자주 확인되는 문제는 (1) 말하기 혹은 언어장애, (2) 발달적 지연, (3) 정신지체, (4) 자폐증, (5) 학습장애, (6) 건강장애, (7) 기타이다. "기타" 범주는 정서장애, 중복장애, 청각장애, 정형외과적 손상, 시각장애, 농-맹, 그리고 외상성 뇌손상이 포함된다(U.S. Department of Education, 2008). **표 8.3**은 취학 전 장애 아동(3세에서 5세까지)에게서 보이는 주요 문제에 대한 백분율이다.

## 교육적 환경

**교육적 환경**이라는 용어는 장애 유아를 위한 교육적 환경을 의미한다. 미국교육법

**표 8.3** 3세에서 5세까지 취학 전 연령의 아동에게서 보이는 주요 문제

| 주요 문제 | 취학 전 장애 아동의 백분율 |
|---|---|
| 말하기 혹은 언어장애 | 47% |
| 발달 지연 | 37% |
| 자폐증 | 4% |
| 정신지체 | 3% |
| 기타 건강장애 | 2% |
| 학습장애 | 2% |
| 기타 | 5% |

(2008)은 취학 전 장애 아동은 서로 다른 많은 교육적 환경에 배치되어 지원받고 있다고 보고하고 있다. **그림 8.2**에서 보여 주는 것과 같이 교육적 환경에는 (1) 조기 아동기 일반학급, 33.1%, (2) 조기 아동기 특수교육 학급, 32.6%, (3) 조기 아동기 분리 일반학급/조기 아동기 특수학급, 16.7%, (4) 기숙제 시설, 0.1%, (5) 분리학교, 2.8%, (6) 가정 밖에서 순회 지원, 10.4%, (7) 가정 수업, 3.2%, (8) 역 주류화, 1.2%가 포함되어 있다.

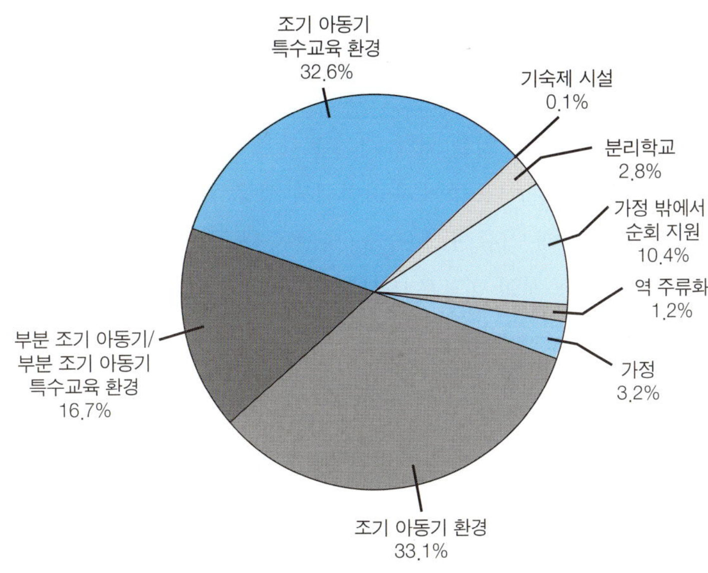


**그림 8.2** 취학 전 아동(3~5세)의 교육적 환경

출처: U.S. Department of Education, (2008). 28th Annual Report to Congress on the Implementation of the Individuals with Disabilities Act. Washington, DC: Westat.

## 8.5 헤드스타트: 법과 프로그램

헤드스타트는 경제기회국 안에 있으며 린든 존슨 대통령의 행정부아래 1964년에 처음으로 시작되었고, 지금은 아동과 가족을 위한 행정으로 관리되고 있다. **헤드스타트**(Head Start)는 국가적 수입을 4, 5세 아동의 취학 전 교육을 위하여 제공하고 학교에 대한 준비가 되어 있지 않고 학습하려는 동기도 없는 저소득층 가정의 아동에게 조기 교육적 경험을 제공하는 데 사용하는 것을 목적으로 한다. 헤드스타트는 조기 아동기 교육의 역사에서 영향력이 가장 크고 중대한 미연방 사회적 실천 중 하나이다. 1972년에 헤드스타트 법률은 헤드스타트에 의한 경제적 지원을 받으려면 전체 입학생의 10%가 장애 아동이어야 한다고 규정을 수정하였다. 헤드스타트는 10% 정도의 다음과 같은 범주의 장애가 포함될 것을 규정한다(Allen & Cowdery, 2009).

- 정신지체
- 농 혹은 심각한 청각장애
- 심각한 특별장애
- 신체 정형외과적 장애
- 만성적인 건강장애
- 학습장애

2007년, 2007의 학교 준비법을 위해 개선된 헤드스타트는 의회를 통과했다. 이 법률의 목표는 좀 더 많은 아동들이 유치원에서 성공하도록 돕는 것이다. 이 법은 각 주의 조기 학습 기준과 더불어 헤드스타트의 수행 기준을 조절했다.

헤드스타트는 조기 중재의 효과를 조사하여 뜻밖의 기회를 만들었다. 몇몇 장기 연구는 위험에 놓인 아동에게 환경적인 조기 중재가 놀라운 효과를 보였다고 밝혔다. 15년 후에 헤드스타트에 참여했던 아동에게 몇몇 평가를 실시하였다(Lazar & Darlington, 1982). 이 연구는 헤드스타트의 경험이 있었던 820명의 사람들을 헤드스타트에 대한 경험이 없는 사람들과 비교 조사하였다. 그 결과, 헤드스타트 프로그램은 매우 성공적이었다는 것이 증명되었다. 헤드스타트 참여자는 특수교육 학급에 배치될 가능성과 학년에 머물러 있거나 반복할 가능성이 줄어들었고, 지능검사에서 늘 높은 점수를 획득했고, 18세에 고등학교를 마칠 가능성이 좀 더 높은 것으로 나타났다. 또한 이 연구는 조기 중재가 학교 실패를 예방하고 치료 프로그램의 요구도 감소시킨다고 밝혔다(Head Start Bureau, 1993). 헤드스타트는 부가적인 교육으로 건강 지원, 부모 개입, 사회적 지원을 제공한다(Administration for Children and Families, 2001).

**헤드스타트 연구** 다른 조기 중재 연구와 함께 헤드스타트 연구는 조기 중재에 대한 이점을 밝혔다. 비용-이점에 대한 분석에서는 흥미롭게도 사회가 돈을 돌려받는 것으로 나타났다. 학교교육을 전부 마칠 수 있도록 조기 중재를 받은 학생은 유리하게 고용—세금 수급자보다는 세금 납세자—될 가능성과 사회에 기여하는 시민이 될 가능성이 더 많은 것으로 나타났다. "조기 아동기 교육에 투자된 모든 비용은 치료와 교정 비용에서 4~17달러 정도를 절약할 수 있었다. 이렇게 좋은 결과는 투자를 돌려받는 것이다."(Bolton, P., 2007, p. 2).

**조기 헤드스타트** 조기 헤드스타트의 목적은 저소득 계층의 여성과 그들의 어린 유아를 지원하는 것이다. 첫 프로그램은 1995년에 시작되었다. 이 프로그램은 좋은 건강 습관과 긍정적 부모-아동 상호작용을 촉진하는 데 초점을 맞추어 임산부 여성, 영유아, 신생아에게 지원을 제공한다. 조기 헤드스타트 프로그램은 아동과 가족을 위하여 유연한 전이를 제공한다(Allen & Cowdery, 2009).

## 8.6 유아의 발달적 문제 징후

**발달적 징후**는 유아의 문제에 대한 조기 신호이다. 문제의 신호는 아동의 운동 발달, 청각처리과정, 시각처리과정, 말하기와 언어 발달, 주의력 장애로 관찰된다. 종종, 이런 아동들은 몇몇 발달영역에서는 우수하지만 반면에 다른 발달에서 중요한 지연이나 어려움이 보일 수 있다.

어떤 아동이 5세 혹은 6세가 되었을 때, 혹은 학교에 입학할 때 학습이 갑자기 일어나는 것은 아니다. 취학 전 연령 동안, 아동들은 학습에 진지하게 그리고 적극적으로 참여한다. 아동들은 조기 연령기 동안 예비 기초 학습 기술을 숙달하고, 많은 지식과 정보를 획득하고, 기초 학습 과목을 학습하기 위하여 필요한 능력을 갖추어야 한다(Kirk, 1987). 그리고 아동들은 취학 전 학령기에 시각과 청각 기술을 획득하고, 주의 능력을 확장하고, 기억과 사고 기술을 넓히고, 이해하는 것과 언어 사용을 학습한다. 그러나 조기 중재는 취학 전 아동들에게 보일 수 있는 이런 잠재적 문제를 감소시키고 극복할 수 있도록 도와준다(Lerner et al., 2003). 취학 전 아동에게서 보이는 몇 가지 조기 경고 신호는 다음과 같다.

- 다른 아동에 비해 늦은 말하기
- 발음 문제
- 늦은 어휘 성장, 종종 정확한 표현 찾지 못함
- 운율 가진 언어 곤란
- 수, 알파벳, 요일에 대한 학습 곤란
- 매우 불안해하고 쉽게 산만해짐
- 또래와의 상호작용 곤란
- 지시에 따르는 능력이 열약함

몇 가지 유용한 조기 아동기 웹사이트는 다음과 같다.

첫 신호: **http://www.firstsigns.org**
조기 아동기를 위한 분야: **http://www.dec-sped.org**
장애 아동을 위한 전국 보급 센터: **http://www.nichcy.org**
위스콘신대학의 가족 마을: **http://www.familyvillage.wisc.edu**
LD 온라인: **http://www.ldonline.org**

장애에 대한 발달적 지표로는 대근육운동 기술, 소근육운동 기술, 청각처리과정, 시각처리과정, 의사소통과 언어 기술, 혹은 주의에 어려움을 보이는 것이다.

- **대근육운동 기술.** 몇몇 학습장애를 보이는 아동에게 나타나는 일반적인 전조는 아동들이 팔, 다리, 몸통, 손과 발과 같은 큰 근육을 움직여 사용하는 데 요구되는 대근육운동 기술에서 서투름이 나타나는 것이다. 대근육운동의 문제를 가진 유아는 걷기, 뛰기, 달리기, 줄넘기, 던지기, 그리고 잡기 기술이 서툴다.
- **소근육운동 기술.** 소근육운동에는 눈과 손의 협응과 두 손의 협응은 물론 손가락과 손목을 움직이는 데 중요한 작은 근육이 포함된다. 소근육 기술에 문제를 가진 아동은 혼자서 옷을 갈아입기, 먹기, 단추나 지퍼를 사용하기, 연필과 크레파스 사용하기를 학습하는 데 늦는 경향이 있다. 소근육운동 발달의 문제는 아동들이 퍼즐 하기, 개발된 게임으로 놀이하기, 예술프로젝트 완성하기, 가위를 사용하여 자르는 활동 등을 어려워한다. 초등학교 연령 후반에

는 소근육운동의 곤란으로 인하여 손으로 쓰기의 발달이 늦어지면서, 어려움이 분명히 나타난다.

- **청각처리과정.** 학습장애라고 생각되는 중요한 전조는 청각처리과정이다. 들은 것을 이해하는 능력은 학습을 위한 중요한 경로이다. 아동들이 읽기 학습을 곤란해 한다면 청각처리과정의 능력에 문제가 있다는 조기 신호이다. 이런 아동은 들을 수 있지만 들은 것을 처리하는 것에 어려움을 보인다.
- **시각처리과정.** 시각처리과정의 능력은 학교학습, 특히 읽기에서 중요한 역할을 담당한다. 시각처리과정이 곤란한 아동은 사물을 볼 수는 있지만 문자와 단어, 시각 기억, 혹은 시각 폐쇄 때문에 시각적 구별에 문제를 나타낸다.
- **의사소통과 언어 기술.** 말하기를 획득하고 이해하고 언어를 사용하는 어려움은 가장 일반적인 증상이다. 사람의 생각을 전달하는 데 언어를 사용하는 능력은 학습의 중심이다. 의사소통장애나 언어장애를 가진 아동은 다른 사람의 언어(듣기)를 이해하는 데, 수업에 반응하는 데, 의사소통을 시작하는 데, 설명하는 데, 대화에 참여하는 데, 다른 사람과 의사소통하는 데 어려움을 가진다. 말하기와 언어 습득의 지연에 대한 설명을 11장, "말하기 언어 곤란"에 기술한다.
- **주의 문제.** 몇몇 유아는 주의 문제에 관련된 행동을 보이고 과잉행동, 부주의와 충동성의 문제도 보인다. 이런 취학 전 아동은 학교교육의 요구를 충족하려는 그들의 능력을 조절하거나 관리할 수 없다. 그들은 마치 모터처럼 움직이고, 과도하게 달리거나 뛰어오르며, 가만히 있지 못하고 안절부절못하여 몸부림치며, 시끄러운 소리를 내면서 행동한다. 과제에 집중하는 데 어려운 부주의 문제를 가진 유아는 쉽게 산만해지고, 한 활동에서 다른 활동으로 자주 이동하여 결국 그들이 시작한 것을 끝내지 못한다. 그들은 충동적이고, 직면한 사건에 그들의 반응을 억제할 수 없고, 활동하기 전에 결과 행동을 고려하지 못한다. 그들은 선생님의 질문이 끝나기 전에 대답을 불쑥 말하는 경향이 있다. 또한 이런 어린 아동들은 친구들과 무엇인가를 공유하고 번갈아하는 것이 어렵다(Warner-Rogers, Taylor, Taylor, & Sandberg, 2000). (7장, "주의력결핍 과잉행동장애와 관련 장애"를 참고하라.)

## 8.7 운동 발달과 학습

부모, 교사, 심리학자, 그리고 기타 전문가들은 어린 유아들이 종종 손으로 조작하는 데 민첩함이 서투르고 부족하다고 설명한다. 부모들은 자녀들이 식기도구로 사용하여 먹는 것, 옷을 입는 것, 외투 단추 끼우는 것, 공 잡기 혹은 자전거 타기와 같은 운동 기술을 습득하기 어려워한다고 말한다.

오래전부터 철학자와 교육가들은 운동 발달과 학습 사이의 관계는 밀접하다고 강조해 왔다. 플라톤은 최고의 철학자로 육성시키는 교육의 첫 단계를 체육으로 시작하였다. 아리스토텔레스는 사람의 정신은 육체와 정신 모두에 의해 특징지어진다고 강조했다. 스피노자는 "많은 일을 하도록 신체를 단련시켜라. 이는 당신의 정신을 완벽하게, 그리고 사고로 지적 수준이 일어나도록 도울 것이다."라고 말하였다. 피아제(1952)는 조기 감각운동 학습은 나중에 좀 더 복잡한 지적 발달과 인지적 발달에 기초를 형성한다고 강조했다. 또한 특수교육의 역사를 통하여 되풀이 되는 주제도 운동 발달에 대한 관심으로 나타난다(Francks et al., 2003; Itard, 1962; Montessori, 1912; Sequin, 1970).

정신장애의 진단과 통계 편람(DSM-IV)은 운동 기술의 심한 문제를 발달적 협응장애(DCD)로 분류한다(American Psychiatric Association, 2004). 발달적 협응장애를 위한 DSM-IV의 기준에는 (1) 중요한 발달 영역의 지연, (2) 사물을 떨어뜨리기, (3) 서투름, (4) 운동에서 빈약한 수행, (5) 빈약한 습자가 포함된다(Fox & Gable, 2004). 특수교육법(IDEA-2004)은 모든 장애 아동을 위한 체육 교육의 필요성을 강조한다. 아동의 IEP는 체육 교육 혹은 작업 교육(OT)에 적응과 관련된 지원을 선정하여 활용할 수 있다.

**작업 치료사(OT)**는 다양한 운동 장애를 치료하는 건강 전문가이다. 조기 아동기 특수교육 프로그램에서 운동 활동은 전형적인 교육과정의 일부이다. **학생 이야기 8.1**, "운동 협응 문제"는 운동 협응 곤란을 가진 학생의 이야기이다.

### 운동 발달의 중요성

조기 아동기의 일반교육은 발달적 측면에서 운동 성장을 관찰한다. 운동 활동은 취학 전 아동을 위하여 일반적으로 일반교육 교육과정에 포함되어 있다. 운동 협응, 균형, 리듬, 혹은 신체상의 결함을 가진 취학 전 장애 아동을 위한 중재 전략

## 학생 이야기 8.1

### 운동 협응 문제

6살이 된 Tony는 수학에서 실패하고, 미숙한 운동 발달과 자신의 신체에 대한 빈약한 인지가 보인다.

Tony는 학교에서 열약한 수행, 특히 읽기와 산수에서 열약한 수행을 보인다고 평가되었다. 개인 지능검사에서 인지 기술은 평균 이상이었고, 시각과 청각을 위한 검진 검사도 정상이었다. 그의 구어기술은 나이에 비해 좋았다. 처음에는 Tony의 태도가 인내심이 너무 좋아서 군인처럼 바르다고 생각하였다. 그러나 운동 검사에서 언뜻 보기에는 바르게 보이는 태도가 실제로는 경직된 것으로 확인되었다. 그에게 요구된 움직임을 신체 위치에서 정확하게 알 수 없었고 균형을 자주 잃었다. 그는 선을 따라 걸을 수 없었고 균형을 잃어 자주 떨어졌다. 그는 큰 공을 잡을 수 없었고 아무리 노력해도 균형을 자주 잃어버렸다. 또한 그는 몇 번이나 수영수업을 했지만 수영을 할 수 없었다. 그는 자전거를 탈 수 없었고, 어떤 공놀이에도 참석할 수 없었다. 빈약한 운동 기술에 대한 증거는 많은 기초 학습 활동에서도 나타났다. 예를 들어, 그의 쓰기는 거의 읽기 힘들 정도였다. Tony의 아버지는 운동경기를 잘 하였고, 고등학교와 대학에서는 몇 가지 운동에서 우승을 했던 경험이 있었기에 쉽게 운동기술을 배울 수 없는 그의 아들과 함께 운동하는 것을 견디기 어려워했다. 사실, 운동에서 Tony의 참담한 실패 때문에 그의 아버지는 아들을 "진정한 소년"이 아니라고 평가자에게 말했다.

**심화질문** Tony의 주요한 문제는 무엇이라고 생각합니까?

에는 운동 기술, 공간 지각, 그리고 운동 계획이 포함된다(Cook, Klein, & Tessier, 2008; Lerner et al., 2003).

유아에게 제시된 운동 활동은 의외로 많은 개선을 이끌 수 있다. 운동 활동은 아동들이 학습을 좀 더 즐거워하고, 좀 더 자신감을 가지며, 좀 더 활용적이고, 사회적 상호작용을 촉진할 수 있다. 예를 들자면 운동 교육과정에서 아동에게 장애물을 통과하여 아래, 위, 사이 그리고 주변으로 가도록 지시하였을 때, 아동은 중요한 인지와 언어 기술을 배우게 된다.

### 운동 발달에서의 핵심 개념

움직임과 운동 경험은 인간 발달을 위해 중요하다. 많은 장애 아동에게서 보이는 운동 협응의 어려움은 심각한 문제이다. 몇몇 아동들은 아주 어린 아동에게서 보이는 전형적인 운동 행동을 하기도 한다. 이런 운동 행동의 예는 과도한 움직임(오른팔로 움직임을 수행할 때 왼쪽 팔이 무심결에 헛 움직임을 수행함), 대근육 운동에서 빈약한 협응, 소근육 운동 협응에 곤란, 빈약한 신체상, 빈약한 방향성을 나타내는 것이다. 이런 아동들은 체육수업에서 쉽게 발견되는데, 연령에 비해 신체적 교육 활동에서 매우 빈약한 수행정도를 나타낸다. 그들은 사물이 가득 찬 교실에서 자주 의자에서 떨어지거나, 연필이나 책을 떨어뜨리고, 어설프게 다른 사람들을 방해한다.

**대근육 운동 기술**은 목, 몸통, 팔, 그리고 다리의 대근육을 포함한다. 대근육 운동 발달은 자세의 조정, 걷기, 뛰기, 잡기, 그리고 뛰뛰기를 포함한다. 대근육 운동 발달을 위하여 자극을 제공할 때 아동들이 장애물로부터 자유롭고 안전한 환경이 갖춰져야 하고, 부모와 교사의 더 많은 격려가 필요하다.

**소근육 운동 기술**은 작은 근육을 포함한다. 소근육 운동 협응은 손과 손가락의 협응과 혀와 언어 근육의 민첩성을 포함한다. 아동들은 음식에 들어 있는 콩 혹은 덩어리와 같은 작은 사물 집기, 가위로 자르기, 크레파스와 연필 잡기, 스푼과 포크를 사용하기와 같은 활동으로 소근육 운동 기술을 발달시킨다. 그들은 블록을 쌓고, 작은 장난감을 조작하고, 줄 구슬과 단추를 끼우기, 구르기, 그리고 두드리기 등과 같은 활동의 기회를 충분히 가져야 한다(Cook et al., 2008).

정규적인 놀이 활동은 아동들에게 많은 운동 활동의 기회를 제공한다. 아동의 근육은 운동장에서 펴고, 잡고, 뛰고, 구부리거나 뻗어 움직인다. 아동은 전형적인 놀이 환경에서 장난감을 가지고 놀고, 찰흙을 사용하고 색칠을 하는 것으로 운동 기술을 발달시킨다. 게임은 자존감과 사회적 관계를 형성하여 또래를 수용하도록

아동들은 정규적 놀이활동으로 운동학습을 위한 많은 기회를 가질 수 있다.

© Stefanie Felix

하는 데 도움이 된다. 운동 활동－자전거를 타고, 게임을 하고 춤을 추는 것과 같은－은 다양한 발달 수준의 출현에 대한 신호이다. 적절한 진보로 이러한 활동을 성취하는 데 능력이 없다는 것은 연속된 실패를 가속시킬 가능성이 커지는 것이다(Squire & Bricker, 2007).

때때로 아동들은 신체 교육 프로그램, 즉 장애 아동의 요구를 충족할 수 있도록 수정되어 특별하게 고안된 신체 교육 프로그램을 적용한 운동 기술 수업을 받는다. 아동들이 즐기는 운동, 레크리에이션, 여가활동에 대한 동일한 신체적, 정서적 그리고 사회적 혜택을 받도록 장애 아동을 도와주는 포함환경은 중요하다. 운동 게임은 유아들을 일반교실 환경에 적응시키는 데 도움을 줄 수 있다. 예를 들어, 아동의 주의집중 시간은 주의를 기울여야 하는 능력이 증가되어야 하는 게임과 신체적 활동을 통하여 연장될 수 있다. 문자를 학습시키는 게임으로는 줄로 만들어진 대문자를 운동장에 설치하여 학생들이 문자의 모양 위를 달리거나 걷도록 하는 신체활동을 하면 된다. 몸 전체가 포함된 활동은 과잉행동 아동의 주의에 초점을 맞추어 지원해야 한다(Cratty, 1988, 2004).

## 지각운동 발달

지각운동 학습과 학습장애 사이의 관계는 학습장애 분야의 선구자인 Newell Kephart에 의해 공식화되었다(1963, 1967, 1971). 아동들은 지각운동 학습을 통해서 운동행동과 지각(시각, 청각, 촉각, 그리고 운동 감각)을 통합한다. 정상적인 지각운동 발달을 가진 아동들은 기초 학습 과제에 직면하게 되는 6세까지 단어의 개념이 견고하고 확실하게 형성되면서 지각운동의 세계가 확립된다.

반면에 지각운동 발달이 곤란한 아동들은 견고하지도 확실하지도 않은 지각운동 세계와 씨름해야만 한다. 이런 아동들이 상징적 매체를 다룰 때에는 사물과 상황에 대하여 정확하게 관찰해야 한다. 지각운동 문제를 가진 아동들은 견고한 지각운동 세계를 형성할 수 없기 때문에 상징적 매체에 직면하였을 때 혼돈스러울 것이다. 예를 들어 어떤 아동이 정사각형에 대한 운동 경험이 충분하지 못하였을 때에는 정사각형에 대한 이해와 지각을 할 수 없을 수도 있다. 또 다른 아동은 자신의 시각적 관찰만으로는 사물을 구별할 수 없어서 자신이 본 것이 진짜인지 확인하기 위해 사물을 만져보아야만 한다.

## 감각통합

감각통합(SI)은 운동 발달에 또 다른 접근을 제공한다. 감각통합 이론은 작업치료에서 시작되었고 신경학적 과정과 운동 행동 사이의 관계를 기본으로 한다(Ayres, 1994; Kranowitz, 2006; Goldey, 1998; Williamson & Anzalone, 1997).

출처: PEANUTS, © Charles Schulz; United Feature Syndicate, Inc.의 허락하에 재인용함.

작업치료는 뇌 생리학과 기능 사이의 관계를 훈련시킨다. 특별한 신체 치료와 훈련은 환자의 운동과 감각통합의 기능을 변경하여 고안되었다. 작업치료는 자신의 신체와 신체의 움직임에 대하여 인식하는 것을 방해하는 감각통합의 기능이 손상된 아동에게 감각통합의 치료 방법으로 사용된다. 감각통합의 방법은 조기 아동기 특수교육 프로그램에서 자주 사용된다.

(1) 촉각 기관, (2) 전정 기관, (3) 고유 수용 기관이라는 세 가지 기관이 감각통합에 포함된다(Kranowitz, 2006; Silver, 2006; Clark, Mailloux, & Parham, 1989).

**촉각 기관** 촉각 기관은 피부 표면에서의 접촉과 자극에 대한 감각을 말한다. 몇몇 아동들은 촉각 기관에 문제가 있어, 다른 사람이 그들을 만질 때 불편해한다. 촉각 방어적인 유아들은 잡거나 만져지는 것을 싫어한다. 나이 든 아동들은 셔츠의 안에 있는 상표와 양말의 이음새가 신경 쓰여 옷이 불편하다고 불평한다. 이러한 아동들은 줄을 서는 동안에도 작은 충돌로 공격하거나 싸움을 할 것이다. 이런 아동들은 좀 더 촉각 접촉을 견디어 내는 학습을 할 필요가 있다.

감각통합은 피부를 만지고 문지르기, 로션을 바르기, 피부에 가볍게 닿는 것과 같은 촉각 방어를 위한 방법으로 작업 치료사에 의해 사용될 것이다.

**전정 기관** 전정 기관은 내이에 포함되어 있고 움직임을 감지할 수 있게 한다. 전정 기관은 아동들에게 머리가 어디에 있는지, 그리고 중력을 어떻게 다루는지에 관하여 알려 준다. 전정 기관이 손상된 아동들은 쉽게 넘어지고 머리의 위치, 혹은 다른 신체의 움직임에 자신의 신체를 어떻게 적용시켜야 하는지 알지 못한다.

전정 기관을 위한 치료는 신체를 준비하고 균형을 잡는 훈련으로 작업치료사에 의해 실시된다. 전정 기관을 자극하기 위해 의자를 회전시켜 흔들고 큰 공 위에 앉아서 중심 잡기와 같은 활동이 포함된다.

**고유 수용 기관** 고유 수용 기관은 근육으로부터 혹은 신체 그 자체에서의 자극에 관련된다. 이러한 기관의 손상은 어떤 신체의 움직임에 대한 의도적인 수행에 어려움이 있는 실행증이 나타난다. 실행증 문제를 가진 아동들은 벽에 부딪히지 않고 신체를 어떻게 움직이는지 계획할 수 없고, 단추 끼우기, 묶기, 건너뛰기, 혹은 쓰기와 같은 직접적인 움직임을 할 수 없다.

## 8.8 지각 발달

지각은 감각 정보를 인지하고 해석하는 과정이다. 감각 자극에 대하여 주어진 의미는 지적능력이다. 예를 들어, 정사각형은 4개의 분리된 선이 아니라 전체 형상으로 인지하여야 한다. 지각은 배워야 하는 기술이기 때문에 가르치는 과정으로 아동의 지각적 능력에 직접적 효과가 나타날 수 있다.

지각에 대한 (1) 지각처리과정 개념, (2) 지각 기관의 과부하, (3) 청지각, (4) 시지각, (5) 촉지각과 운동지각과 같은 설명은 학습장애의 이해를 도와준다.

### 지각처리과정 개념

지각처리과정 개념은 아동들이 서로 다른 방법으로 배운다는 것을 전제로 한다. 몇몇 아동들은 듣는 것(청각)에 의해, 또 다른 몇몇 아동들은 보는 것(시각)에 의해, 혹은 만져보는 것(촉각)과 활동을 수행하는 것(운동지각)에 의해 가장 잘 배운다. 또한 성인들은 개인적인 학습 유형을 가지고 있다. 어떤 사람은 설명을 듣는 것으로, 다른 사람은 읽거나 혹은 보는 것으로 무엇인가를 배운다. 또 다른 사람들은 어떤 것을 써내려가면서, 혹은 그들 스스로 활동을 진행해가면서 가장 잘 배운다. 학습장애를 가진 몇몇 학생들은 하나의 지각을 사용하는 데 많은 능력을 가지거나 아니면 또 다른 학습 유형을 보이기도 한다. **학생 이야기 8.2**, "청지각과 시지각의 곤란"은 두 명의 어린이가 보이는 지각적 곤란을 비교하여 기술한 것이다.

뇌의 기능에 대한 연구는 뇌 영상 기술을 사용하여(예를 들어 fMRI와 같은) 뇌의 서로 다른 영역에 있는 서로 다른 지각적 체계를 보여 준다. 민감한 교사는 기초 학습 기술을 가르치는 데 있어서 아동의 학습 유형과 지각적 강점과 약점에 관한 정보를 활용한다. 예를 들어 단어의 소리에 대한 청지각에 어려움(혹은 발음의 인지 결함)이 많은 아동들은 발음을 배우기 어렵다. 물론, 아동이 읽기 유창성을 획득하려면 단어를 해독하는 것을 배워야 할 것이다. 그러나 교사가 아동의 청각적 곤란을 알게 된다면 그 아동의 곤란한 영역을 가르치는 데 주의하여 도와야 한다.

### 지각 기관의 과부하

몇몇 아동들은 하나의 수용기관에서 정보를 수용하고 있으면 동시에 또 다른 수용기관으로 들어오는 정보를 수용하는 데는 방해받는다. 이런 아동들은 동시에 몇몇

## 학생 이야기 8.2

### 청지각과 시지각의 곤란

**Sandra: 청지각의 곤란**

8살 된 Sandra는 청각적 학습이 포함된 많은 과제를 실패했다. 그녀는 동요를 배울 수 없고 전화에서 들리는 메시지를 들을 수 없고, 말하여진 수업을 잊어버리고, 아주 작은 차이를 가지고 말한 두 개의 단어에서 하나의 음소(cat-cap)가 다르다는 것을 구별할 수 없었다. 그녀는 단어의 소리 수만큼 가볍게 두드릴 수 없으며, 발음 수업을 싫어하였다. Sandra는 읽기에 실패했지만 읽기 준비성 검사는 시각적 학습이 요구된 수행기술로 검사되었기 때문에 쉽게 통과했다. 처음에, Sandra는 산수적 사실을 기억할 수 없었지만 1학년 2학기 동안 산수적 성취는 갑자기 급성장하였다. 그녀는 머릿속에 교실 시계를 넣어 두고 수학적 문제를 풀었다고 말하였다. 산수 과제를 수행하는 데 시계 위에 표시된 순간을 보는 것과 같이 Sandra는 시각적 과제는 잘 하였지만 청각적 처리과정, 특히 단어의 소리를 인지하는 것은 열약하였다.

**John: 시지각의 곤란**

반면에 8살인 John은 청각적 처리과정이 요구되는 과제는 그의 연령보다 몇 년 위의 것을 수행하였다. 그는 연속되는 알파벳을 말하는 것을 쉽게 배웠다. 또한 그는 시와 동요를 배웠고 일련의 아라비아 숫자와 전화번호, 언어적 교수를 기억할 수 있었다. 그리고 그는 단어 안에서 재빨리 음소와 소리를 찾아내는 것을 배웠다. 그러나 John은 시각적 과제는 어려워하였다. John은 함께 퍼즐을 하거나 도안에서 형태를 기억하고, 블록을 나열하고, 보았던 사물을 일련의 순서에 따라 기억해내고, 인쇄된 단어들을 회상하는 것을 어려워 했다.

**심화질문** 여러분은 Sandra와 John의 강점과 약점을 어떻게 비교할 수 있다고 생각합니까?

수용기관으로부터 정보를 받아들이고 통합하는 것에 낮은 수용능력을 가지고 있는 것이다. 이는 좀 더 많은 전기적 에너지를 관리하지 못하였을 때 전기가 꺼지는 과부화 회로에 비유할 수 있다. 증상으로는 충돌, 빈약한 기억, 과제를 수행하는 것에 대한 거부, 울화적 기질, 혹은 비극적인 반응이 나타난다.

아동들이 이러한 증후를 나타낸다면, 교사는 다중감각 기술을 활용하는 것은 물론 교수 방법을 변화하는 것에도 신중을 기해야 할 것이다. 어떤 교사는 학습장애인 2학년 여학생에게 청각과 시각적 수업을 동시에 가르쳤을 때 진보되지 않았다고 보고하였다. 그 교사는 그 여학생에게 말하는 청각적 수용을 줄이고 대신에 시각적 그림과 예를 통하여 읽기와 산수를 가르쳤다. 현재, 그 여학생은 읽기와 산수, 모두를 이해할 수 있고 많은 진전을 보이고 있다.

종종, 아동들은 과부화를 피하고 자신의 행동을 적용하여 스스로 배운다. 한 남학생은 대화에 참여할 때 상대 아동의 얼굴을 보는 것을 회피하였다. 그에게 왜 그런 행동을 하는지 질문하였을 때, 그는 화자의 말을 듣는 동안 화자의 얼굴을 보고 있으면 무엇을 말하는지 이해할 수 없다고 설명하였다. 결과적으로 시각적 자극이 청각적 정보를 이해하려는 그의 능력을 방해하였던 것이다.

## 청지각

듣는 것이 무엇인지 알고 해석하는 능력인 청지각은 학습을 위하여 매우 중요한 통로이다. 많은 연구에 의하면 빈약한 독자는 청각적, 언어적, 그리고 음운론적 곤란을 가진다고 밝힌다(Lyon, 1998; Stahl & Murray, 1994). 이러한 아동들은 듣기 혹은 청각적 예민함에 문제를 보이지 않는다. 오히려, 그들은 청지각에서 어려움을 보인다. 일반적으로 청지각 능력은 조기 연령 동안 발달하기 때문에 기초 학습을 담당하는 교사들은 모든 학생들이 이런 기술을 습득하면서 실수한다고 생각한다. 청각에 속하는 하위 기술들은 (1) 음운론적 인식, (2) 청각적 기술, (3) 청각적 기억, (4) 청각적 배열, (5) 청각적 혼합이다. (시각과 청각처리과정의 손상은 **http://www.ldonline.org/article/6390**이라는 학습장애 사이트를 참고하라.)

**음운론적 인식** 읽기 학습을 위하여 필요한 능력은 단어 안에 있는 개개의 소리로 구성된 단어를 인지하는 능력이다. 이러한 능력을 **음운론적 인식**이라고 한다. 예를 들어 어떤 아동이 *cat*이라는 말을 들었을 때 귀는 한 파동의 소리로 듣는다. 그러나 음운론의 인식을 습득하는 아동들은 *cat*이라는 언어가 /c/a/t/라는 세 개의 소리(음운)으로 되어 있다는 것을 알고 있다. 음운론의 인식이 부족한 아동은 *cat*이 세 개의 분리된 소리로 되어 있다는 사실을 알지 못한다.

읽기 학습을 어려워하는 아동들은 종종 언어가 어떻게 함께 표현되는지 완전하게 알지 못한다. 그들은 단어의 소리를 인지하거나 분리할 수 없고, 한 단어에 포함된 소리의 개수를 알지 못한다. 예를 들어 그들은 *kite*라는 소리를 들었을 때, 그들은 세 개의 소리로 구분하지 못한다. 또한 이런 아동들은 단어에서 비슷한 점을 인지할 수 없다. 그들은 압운 단어(예: *right*, *fight*, *night*)와 두운 단어(예: *cat*, *cap*)를 인지하기 어렵다. 그 결과 이러한 아동들은 발음을 학습하고 단어를 해석하는 데 요구되는 알파벳의 원리를 이해하거나 사용할 수 없다.

음운론적 인식 능력에 대한 기술은 취학 전 연령 동안 형성된다. 음운론적 능력을 획득하지 못한 아동들을 위하여 읽기를 가르치고 훈련을 제공하기 전에 이러한 능력을 평가하는 것은 매우 중요하다. 다행히도, 많은 연구들은 유아들이 읽기 성취에 긍정적인 효과를 가지고 있는 특별한 교수를 통하여 음운론적 인식을 발달시

**표 8.4** 운동과 지각 발달의 사정을 위한 검사

| 운동 발달 사정을 위한 검사 |
|---|
| 브로닉스-에세르츠키 운동기능발달 검사-2: http://ags.pearsonassessments.com<br>피버디 발달운동 검사-2: http://www.wpspublish.com |
| **지각 발달 사정을 위한 검사** |
| 디트로이트의 초등학교 학습 태도 검사-2: http://www.proedinc.com<br>디트로이트의 학습 태도 검사-4(거울 문자, 단어 순서): http://www.proedinc.com<br>일리노이 심리언어능력 검사(ITPA-3); 청각의 순차적 기억, 소리혼합과 청각 폐쇄: http://www.proedinc.com<br>벤더-게슈탈트 시각 운동 검사: http://www.wpspublish.com<br>시각-운동 통합 발달 검사: http://www.wpspublish.com<br>시지각 발달 검사: http://www.wpspublish.com |

킬 수 있다고 밝히고 있다(Jennings, Caldwell, & Lerner, 2010; Ball & Blachman, 1991; Lerner, 1990; Liberman & Liberman, 1990; Stahl & Murray, 1994). 또한 읽기에 관계된 음운론적 인식은 구어와 읽기에 관한 장에서 살펴볼 수 있다. 음운론적 인식에 대한 비공식적 검사는 11장, "말하기 언어 곤란"에 제시되었다. **표 8.4**는 운동과 지각에 대한 몇 가지 형식적 검사의 목록이다.

## 시지각

**시지각**은 눈을 통해 받은 감각 자료를 분류, 조직, 해석하는 것은 물론 학교 학습, 특히 읽기에서 중요한 역할을 담당한다. 학생들은 숫자, 기하학적인 도안, 그림은 물론 글자와 단어에 대한 시각적 구별을 요구하는 과제를 어려워한다. **그림 8.3**에 시지각 과제의 몇 가지 예를 제시한다.

**시지각과 반전** 사물에 대한 지각 세계와 글자나 단어에 대한 지각 세계에는 중요한 차이가 있다. 읽기 전 단계의 발달 동안에 아동들은 한 사물에 동일한 이름을 붙이거나 일어난 위치, 얼굴 방향, 대수롭지 않은 더하기와 빼기의 수정과는 상관없음을 의미하는 지각적 일반화를 형성한다. 예를 들어, 의자는 왼쪽, 혹은 오른쪽에 놓여 있든지, 뒤이거나 앞이거나, 뒤집혀 있든 겉을 위로 하였든 의자인 것이다. 겉천을 갈았든지, 쿠션이 있든지, 심지어 다리가 없어도 상관없이 의자는 의자라고 부른다. 아동들은 개에 대해서도 동일한 일반화를 형성한다. 개의 위치, 크

**전체 혹은 부분 지각: 시각 폐쇄**

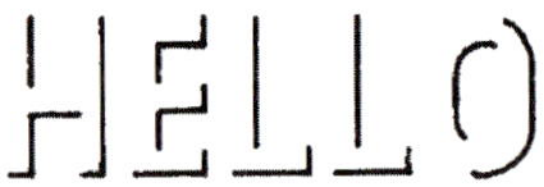

HELLO

어떤 사람이 부분만 보았다면 여기에는 글자가 없고 오로지 직선과 곡선이 있을 뿐이다. 전체적으로 봐야만 글자가 인지된다.

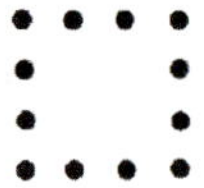

정사각형을 인지하려면 전체로서 형태를 봐야만 한다.

**시각 – 운동 지각**

다음의 패턴을 동일하게 그려보라.

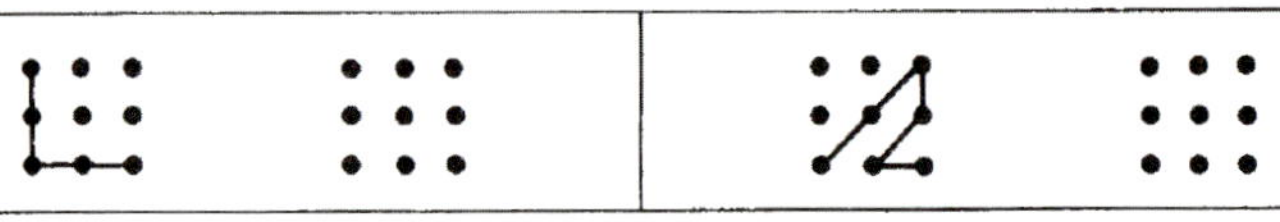

이 과제는 시각-운동과제이다. 아동은 시각적 양상으로 정보를 수용한 후 운동 움직임으로 전환한다.

**그림 – 기반 지각**

럭비 공을 찾아보라.

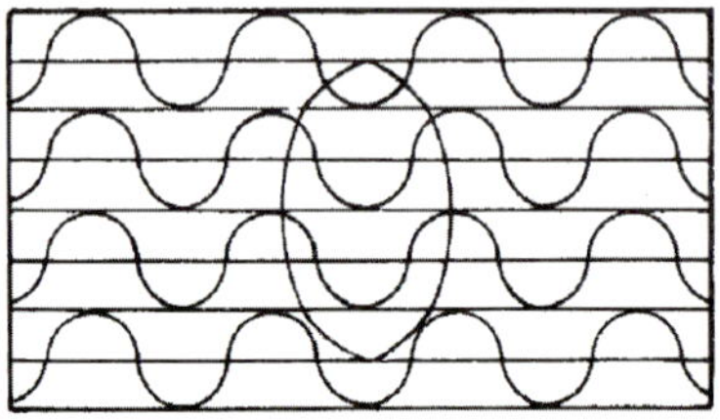

이 과제는 아동에게 배경자극에서 전경을 시각적으로 인지하도록 요구한다.

**시각 형태 지각: 지각적 항상성**

처음의 그림과 같은 형태를 찾아보라.

아동은 위치가 변하였을 때도 모양을 찾아내어 시각 형태의 항상성을 유지하여야 한다.

**시각적 구별: 문자**

처음과 같은 형태를 찾아보라.

| D | F | D | M | P | L |
|---|---|---|---|---|---|

아동은 문자의 모양을 시각적으로 구별하여 동일한 것을 찾아내야 한다.

**시각 변별: 단어**

처음과 같은 형태를 찾아보라.

| horse | house | hose | horse | enough |
|---|---|---|---|---|

아동은 단어를 시각적으로 구별하여 동일한 것을 찾아내야 한다.

그림 8.3 시지각 과제의 예

기, 색, 혹은 털의 양과 상관없이 개는 개라고 부른다.

그러나 아동들이 문자와 단어를 사용하기 시작하면 더 이상 이런 지각적 일반화가 사실적이지 않다는 것을 알게 된다. 왼쪽에서 오른쪽에, 혹은 위에서 아래에 붙어 있는 원의 배치는 b에서 d, 혹은 p, 혹은 q로 문자의 명칭이 바뀐다. 추가되는 작은 선은 c를 e로 바꾼다. 단어의 방향은 was에서 saw로, no에서 on으로, top에서 pot로 바꿀 수 있다.

몇몇 학생들은 조기 지각 일반화에서 필수적인 수정을 하는 데 실패한다. 이런 혼란의 사태는 수업에서 일어났다. 이런 유형의 어려움을 가진 어떤 학생은 피켓 글자를 보고 훈련이 취소되었는데 교사들이 왜 피켓을 치고 있는지 물었다. 그 신호는 *ON STRIKE*(훈련 중)라는 글자였지만 그 학생은 *NO STRIKE*(훈련 중 아님)로 읽었던 것이다. 또 다른 예는 어떤 학생이 크리스마스카드를 만들 때 글자를 거꾸로 반전시킨 것이다. 그 학생은 *NOEL* 대신에 *LEON*으로 글자를 적었다.

## 촉지각과 운동지각

촉각과 운동 체계는 정보를 수용하는 데 두 개의 지각 기관을 가진다. '촉각의(haptic)'라는 용어는 종종 두 기관을 언급하는 것으로 사용된다.

**촉지각** 촉지각은 손가락과 피부 표면을 경유하여 접촉되는 감각을 통해 획득된다. 접촉되는 사물을 알게 하는 능력, 즉 등이나 팔에 쓰여진 숫자를 확인하고, 부드럽고 거친 표면을 구별하고, 접촉되는 손가락을 맞추는 것은 촉지각의 예이다.

**운동지각** 운동지각은 신체 움직임과 근육의 느낌을 통하여 획득된다. 위치에 대한 인식은 신체의 서로 다른 부분에서 이루어지는데 근육의 수축에 대한 신체 느낌, 긴장, 이완은 운동지각의 예이다.

촉각과 운동 기관은 사물의 질, 신체의 움직임, 그리고 그들의 상호관계에 관한 정보를 알려 주는 중요한 출처이다. 일상생활에서 대부분의 행동은 물론 대부분 학교 과제는 모든 접촉과 신체의 움직임을 요구한다. 촉지각과 운동지각은 학습에서 중요한 역할을 담당한다.

학습하는 활동과 매체는 구체화되고 사실적이어야 하고 유아의 생활과 관련이 있어야 한다.

© Elizabeth Crews/Stock, Boston

## 8.9 사정

오늘날 사정에서 중요한 경향은 오로지 형식적 표준화된 검사나 검사 절차에 의존하는 대신에 비형식적, 기능적 사정을 활용한다는 것이다. 자연스러운 환경에서 아동을 사정하고 관찰하는 것은 좀 더 신뢰를 가지게 한다.

### 조기 발견과 사정의 단계

취학 전 장애 아동의 발견과 사정의 단계는 (1) 아동 발견, (2) 선발, (3) 진단, (4) 평가로 분리되어 있고, 이들은 서로 관련이 있다. **그림 8.4**에 사정의 단계를 제시해 둔다(Lerner et al., 2003). 다양한 검사와 사정 절차를 사용할 수 있다.

**아동 발견** 첫 단계인 **아동 발견**은 공동체에서 장애 유아를 발견하는 것을 의미한다. 주안점은 초기 접촉을 시도하고 지원에 대한 공적 인식을 증가시키는 것이다. 취학 전 아동이 항상 공립학교 기관에 포함되어 있는 것은 아니기 때문에 공동체는 그들을 발견하려고 노력해야만 한다. 공동체는 라디오 알림, 포스터, 주간 보호센터나 도서관에 알림 표시, 유아의 가족이 주의를 기울일 만한 지역 뉴스 기사

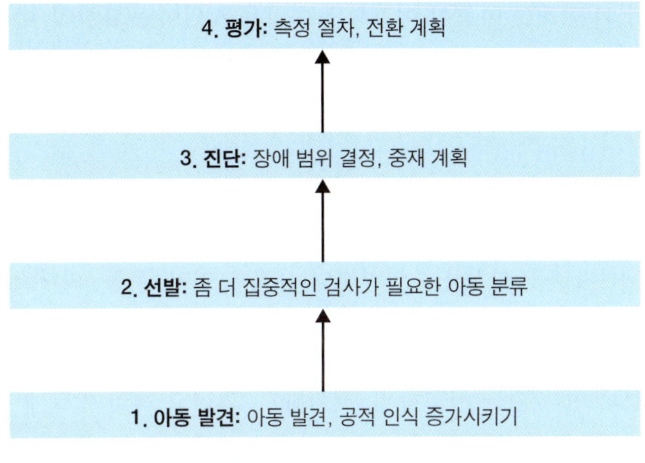


그림 8.4 장애 유아를 위한 사정 과정의 단계

와 같은 방법을 개발해야 한다.

**선발** 두 번째 단계인 **선발**은 좀 더 집중적인 검사가 필요한 아동을 분류하려는 시도이다. 선발은 특별한 지원을 필요로 하는 아동들을 찾아낸다. 종종 학교 구역은 무상의 평가 지원을 장애 아동이 없을 것으로 예측되는 가족을 포함하여 3세에서 5세까지의 아동을 가진 모든 가족에게 실시한다. 선발은 아동의 시각, 청각, 말하기, 언어, 운동 기술, 자립 기술, 사회-정서적 성숙, 인지발달에 대하여 간단하고 저비용의 사정으로 이루어진다.

학교 기관이 유치원에 입학하는 모든 아동의 부모에게 실시되는 면접과 질문을 개발하는 것은 중요하다. 질문은 학습 곤란을 가질 수 있는 아동들을 예방하기 위해 고안된다. 2장, "사정과 IEP 절차"에 있는 **표 2.3**은 면접에서 사용될 수 있는 몇 가지 질문을 제시하고 있다.

**진단** 세 번째 단계인 진단은 **발달적 지연**의 범위를 결정하고 중재 프로그램을 마련하는 것이다. 이 단계에서는 아동이 특별한 교육 지원을 요구하는지에 관하여 결정하기 위해 형식적 그리고 실제적 측정을 통한 종합적인 평가가 실시된다. 여러 전문분야로 구성된 팀은 문제의 특징, 심각성, 그리고 아동에게 필요한 중재와 교육적 환경을 결정한다.

**평가** 네 번째 단계인 평가는 측정하는 절차에 집중하여, 어떤 아동이 특수교육 프로그램에 남아 있어야 할지, 아니면 전환 계획을 세워야 할지에 관하여 판단한다. 사정에서 이 단계는 아동이 여전히 특수교육 지원이 필요한지, 아동이 배워야 할 기술들이 아직 부족한지, 새로운 배치에 요구되는 것은 무엇인지에 관한 결정을 한다.

## 사정 영역

아동의 발달적 지연을 평가하는 일반적인 사정은 인지, 운동, 의사소통, 지각, 사회성, 그리고 적응 발달의 영역이다(Gargiulo & Kilgo, 2005; Lerner et al., 2003).

- **인지 발달.** 이 평가는 사고하기, 계획하기, 그리고 개념 발달에 대한 아동의 능력을 사정한다. 인지 과제의 예로는 색깔 분류하기, 신체의 영역 이름 말하기, 기계적으로 수 세기(10까지 혹은 그 이상), 일대일 대응 이해하기("나에게 3개의 블록을 보여 주세요."), 장소 개념 설명하기(위, 아래, 모퉁이, 사이, 중간), 제시된 개념 확인하기(둥글다, 좀 더 크다), 글자 이름 말하기, 색, 크기 그리고 모양에 의한 작은 조각 분류하기가 있다.
- **운동 발달.** 운동 발달에 대한 사정은 전반적인 신체 발달, 대근육 운동기술, 소근육 운동 발달이 있다. 과제의 예로서, 공이나 콩 주머니 잡기, 도약하기, 뛰기, 건너뛰기, 고안된 4개 블록 쌓기, 손가락 접촉하기(한 손의 손가락 각각을 동일한 손의 엄지손가락으로 연속하여 접촉한 후, 다른 손에도 그 과제를 반복하는 검사자의 시범을 따라하기), 가위로 다양한 모양 자르기, 모양과 문자 옮겨 적기, 자신의 이름 쓰기가 있다. 아동의 시각과 청각의 예민성 또한 종종 평가된다. 운동과 지각발달을 위한 검사 목록은 **표 8.4**에 제시해 두었다.
- **의사소통 발달.** 이 평가는 말하기와 언어 기술, 그리고 언어를 이해하고 활용하는 능력을 포함한다. 평가자들은 아동에게 어떤 단어를 말하게 하여 명확한 표현이었는지를 평가할 것이다. 그들은 평가자에 의해 말하여진 수와 문자를 반복하기, 그림을 묘사하기, 문제 해결 질문에 답하기, 자신의 성과 이름, 성별, 연령, 주소, 전화번호를 말하도록 요청받는다. 청각 검사—예, 아동들이 일련의 박수 유형을 따라 하기—또한 포함될 것이다.
- **사회성과 정서 발달.** 아동의 사회성과 효과적인 상호작용은 평가자에 의해 만들어진 관찰 기록으로 평가된다. 전형적인 관찰은 아동들이 성인과 다른 아동과의 관계를 잘 형성하는지에 대하여 이루어진다.
- **적응 발달.** 이 평가는 아동의 자립 기술에 대하여 실시한다. 혼자서 하는 배변 기술, 옷입기, 식사, 그리고 부모로부터 자립한 능력과 같은 영역이 포함된다.

## 8.10 조기 아동기 프로그램과 실제

### 추천된 실제: 조기 아동부

주요한 조기 아동기 특수교육을 위한 전문가 조직인 조기 아동부(DEC)는 특수아동 위원회의 구성 중 하나이다. 웹사이트는 http://www.dec-sped.org이다. DEC가 조기 아동기 특수교육을 위하여 추천한 실제는 다음과 같다.

- **자연스러운 환경에 포함되어야 하는 모든 아동의 권리.** 이는 가르치는 것은 자연스러운 환경에서 매일 일과의 내용으로 이루어져야 한다는 것을 의미한다.
- **개별화의 중요성.** 가르치는 것에는 각 아동의 개별적 요구가 충족되어야 한다.
- **사정 절차는 비형식적 그리고 자연스러운 환경에서 실시해야 한다.** 표준화된 사정 검사의 활용은 강조하지 않을 것이다.
- **사정과 교육과정은 통합되어야 한다.** 검사하는 것과 가르치는 것은 독립되지 않고 통합되어야 할 것이다.
- **아동-시작 활동을 촉진한다.** 가르치는 것에 대한 아동-중심 접근은 특별한 요구를 가진 유아를 촉진한다.
- **자립 기능을 배우는 데 관계된 활동을 활용하라.** 활동-중심 교수에서 교사는 아동의 흥미, 동기, 활동의 선택를 발견하여 아동이 이끄는 곳으로 따른다.

### 컴퓨터 공학 활용

학습장애 유아와 관련된 경도장애 유아에게 컴퓨터는 탐험, 놀이, 그리고 학습에 대한 많은 기회를 제공한다. 컴퓨터는 그들의 전반적인 발달에 대한 필수적인 부분으로 경험한다. 컴퓨터는 특별한 요구를 가진 아동들에게 자립과 통제에 대한 감각적 능력을 향상시켜 기적을 이루게 하는 유일한 도구이다. 컴퓨터의 가치는 어떤 다른 아동들보다 장애 유아에게 좀 더 크다고 할 수 있다. 컴퓨터는 일반적인 사람들이 놀라운 일을 가능하게 하는 것으로 널리 알려져 있지만 특별한 요구를 지닌 아동들에게는 컴퓨터가 그 이상의 것을 할 수 있게 한다. 사람들이 일상적으로 하는 것을 특별하게 사용한다.

컴퓨터는 유아들에게 자립, 자아 기술, 운동 통제, 시각과 청각적 개념, 언어 기술, 인지 기술을 발달하도록 돕는다. 컴퓨터를 사용하는 장애 유아는 그들의 환경을 통제하고 결정을 내릴 수 있다. 심지어 사회적 기술은 협력적 컴퓨터 활동을 통해서 촉진될 수 있다. 컴퓨터 활동은 IEP와 IFSP를 충족하려는 가족과 교사를 도울 수 있다(Bowe, 2007; Lewis, Church, & Tsantis, 2006). 컴퓨터는 색을 창조적으로 표현하고, 크고 작음과 같은 차이점을 구별하며, 위와 아래와 같은 개념을 설명하고, 모양과 문자의 인지, 수 세기, 짝을 짓고 배열하도록 도와준다.

적응할 수 있는 주변 장치는 특히 유아에게 유용하다. 음성합성기는 아동들에게 컴퓨터를 통하여 말할 수 있게 해 준다. 컴퓨터의 전원 스위치를 켜면 아동들이 키보드 없이 컴퓨터를 활용할 수 있다. 머펫 학습 키, 파워 패드(Power Pad),[15] 인텔리키(Intellikey)[16]와 같은 대안적 키보드는 특히 유아에게 유용하다. 터치윈도우에서는 아동이 스크린에 직접 접촉하여 컴퓨터를 조작한다. 가장 중요한 사실은 장애 유아는 컴퓨터 사용하기를 좋아한다는 것이다. 학습하는 방법에 있어서 즐겁게 동기부여를 시킬 수 있다.

## 8.11 조기 중재 전략

여기에서는 장애 유아를 가르치기 위한 대표적인 활동들에 대하여 기술하고자 한다. 이러한 활동에는 (1) 운동 발달 활동, (2) 청각처리과정, (3) 시각처리과정, (4) 촉각과 운동처리과정이 포함된다.

### 운동 발달 활동

운동 발달 활동은 조기 아동기 교육과정의 영역에서 특히 유용하다. 운동 발달을 위한 교수 전략은 (1) 대근육 활동, (2) 소근육 활동, (3) 신체 인식 활동이라는 세 가지 영역을 목표로 한다.

**대근육 운동 활동** 대근육 운동 활동은 신체의 다양한 영역을 움직이는 능력을

15) [역자 주] 어린 영유아나 중증장애 학생을 위한 입력 기기로 보완대체의사소통의 보드 기능도 겸하고 있다.

16) [역자 주] 대체 키보드 중 가장 잘 알려진 입력 기기

© Elizabeth Crews

운동 활동은 유아의 운동 기술을 발달시키도록 도와준다. 평균대는 조기 아동기 프로그램에서 일반적으로 사용된다.

포함한다. 이러한 활동의 목적은 신체의 움직임을 좀 더 유연하고 효과적으로 발달시키고 공간적 조직과 신체 인식에 대한 아동의 감각을 향상시키는 것이다. 대근육 활동은 (1) 걷기 활동, (2) 던지기와 잡기 활동, (3) 기타 대근육 활동으로 구성된다. **교수 정보 8.1**, "대근육 운동 발달을 위한 활동"의 목록은 대근육 운동 기술을 형성하기 위한 활동을 제시한 것이다.

**소근육 운동 활동** 소근육 운동 활동은 작은 근육을 포함하는데, 예를 들어, 손과 손가락의 협응을 들 수 있다. **교수 정보 8.2**, "소근육 운동 발달을 위한 활동"의 목록은 소근육 운동 기술을 형성하기 위한 활동을 제시한 것이다.

## 교수 정보 8.1

### 대근육 운동 발달을 위한 활동

#### 걷기 활동

1. **앞으로, 뒤로, 그리고 옆으로 걷기.** 아동들이 마루에 표시된 직선 혹은 곡선의 길 위를 목표로 하여 걷는다. 길은 넓거나 좁을 수도 있고, 점점 더 좁아지는 길은 좀 더 어려운 과제가 될 것이다. 세로로 연결된 걷기(발뒤꿈치를 세우고)에 요구되는 하나의 선은 폭넓은 공간을 걷는 것보다 더 어렵다. 신발과 양말을 벗고 걷는 것은 신발을 신고 걷는 것보다 좀 더 어렵다. 학생들은 뒤로, 그리고 옆으로 동일한 코스를 걷는다. 변화를 주어 아동들이 서로 다른 위치에 팔을 놓고, 길을 따라 용기에 볼을 떨어뜨리거나 교실의 다양한 영역에 눈을 맞추면서 걷는다.
2. **징검다리.** 징검다리를 위하여 마루에 사물을 놓고 색, 혹은 R과 L 문자로 오른쪽 발과 왼쪽 발의 위치를 구분하여 표시한다. 학생들은 각각의 징검다리 위에 정확하게 발을 놓으면서 코스를 따라 간다.
3. **선 따라 걷기.** 마루 위에 색으로 선을 그려라. 선은 곡선이 될 수도 있고, 각이 있는 선, 나선이 될 수도 있다. 마루 위에 밧줄을 놓고 학생들이 밧줄을 따라 걷는다. 변형으로는 운동장에 수평의 사다리를 놓는다. 학생들은 사다리의 발판 사이를 앞뒤로 걷기도 하고 두 발을 모아 뛸 수도 있다.

#### 던지기와 잡기 활동

1. **던지기.** 풍선, 젖은 스폰지, 빈백, 실공, 그리고 다양한 크기의 고무 공은 목표 사물에, 교사에게, 혹은 다른 사람에게 던지는 데 사용될 수 있다.
2. **잡기.** 잡기는 던지기보다 더 어려운 기술이다. 학생은 교사나 다른 학생과 함께 사전에 언급된 사물을 잡는 연습을 할 수 있다.
3. **볼 게임.** 다양한 유형의 볼 게임은 운동협응을 발전시키는 데 도움이 된다. 예를 들어 풍선 배구, 혹은 공굴리기 게임, 땅에 공 튀기기, 벽에 공 던지기가 포함된다. 아동들이 고무 공을 던지고 잡는 것을 너무 어려워한다면 헝겊 공을 사용할 수 있다. 헝겊 공은 천이나 버리는 나일론 양말로 만든다.

## 교수 정보 8.2

### 소근육 운동 발달을 위한 활동

#### 소근육 운동 활동

1. **따라 그리기.** 학생들은 선, 그림, 도안, 문자, 투사된 종이 위에 수, 혹은 형판을 따라 그린다.

(계속됨)

방향 화살, 색 신호 그리고 수를 사용하여 아동이 그림을 따라 그릴 수 있도록 도와준다.

2. **물 조절.** 아동들은 특별한 방법으로 물주전자로 측정하여 양동이에 물을 길어 붓는다. 작은 양이거나 세밀한 측정은 좀 더 어려운 과제이다. 물에 색을 입히면 좀 더 흥미로운 활동이 된다.
3. **가위로 자르기.** 아동의 발달적 수준에 적절한 자르기 활동을 선택한다. 가장 쉬운 활동은 종이의 가장자리 근처에 표시된 선 따라 직선으로 자르는 것이다. 좀 더 어려운 활동은 종이의 중심을 가로지르는 직선을 따라 자르는 것이다. 한 장의 표지를 종이에 덧붙여 가위질하는 데 안내하여 도울 수 있다.
4. **형판과 모형.** 아동은 기하학 모양의 바깥 선을 그린다. 모형은 표지, 나무, 플라스틱, 스펀지 용기로 만들 수 있다. 두 가지 유형의 모형은 (1) 고체 모양, (2) 자를 수 있는 모양 틀이 있다.
5. **끈으로 묶기.** 한 장의 표지에 구멍을 뚫거나 페그보드[17]는 이러한 활동을 위해 사용할 수 있다. 도안 혹은 그림을 보드에 만들고 나서 학생들은 구두 끈, 실, 혹은 끈을 구멍에 통과시키거나 바느질하는 것으로 유형을 묶어간다.
6. **종이와 연필 활동.** 색칠하는 책, 준비 책. 점대점 책, 유치원 책은 빈번하게 소근육과 눈과 손 발달을 연습시키는 종이와 연필 활동으로 제공된다.
7. **빨래집게로 집기.** 빨래집게로 선 혹은 상자를 집을 수 있다. 아동들은 정하여진 시간 내에 빨래집게로 사물을 집어 수를 세는 활동을 해 낼 수 있다.
8. **도안 옮겨 그리기.** 아동들은 기하학적인 도안을 보고 종이에 옮겨 그릴 수 있다.

### 신체 인식 활동

이런 활동의 목적은 아동들에게 신체 영역의 위치에 대한 상상과 기능이 적절하게 발달하도록 도와주는 것이다.

1. **신체 영역을 가리키기.** 아동들은 신체의 다양한 영역, 코, 오른쪽 팔꿈치, 왼쪽 발목 등등을 가리킬 수 있다. 이런 활동은 눈을 감았을 때 더욱 어렵다. 또한 아동들을 마루에 눕게 하여 신체의 다양한 영역을 만지도록 한다. 이런 활동은 리듬적 유형, 예를 들어 메트론을 활용하여 실시한다면 더욱 어려울 것이다. 변화를 준다면 표지에 로봇을 만들어 놓고 옷의 단추를 채우는 것을 함께 할 수 있고 위치를 다양하게 움직일 수 있다. 아동들은 로봇의 팔을 움직이면서 그들 자신의 신체를 움직여 위치를 확인한다.
2. **"시몬이 말한다."**[18] 이 게임은 눈을 뜨거나 감아서 할 수 있는 놀이이다.
3. **실물크기 그리기.** 아동을 한 장의 큰 종이에 눕히고, 교사는 아동의 신체 선을 따라 그린다. 그 다음 아동들은 옷을 그려 색칠하고 얼굴과 몸을 상세히 그려 채워 넣는다.
4. **게임.** "루비 루", "호키-포키", "여러분은 소녀를 본 적이 있나요?"와 같은 게임은 오른쪽과 왼쪽, 신체상의 개념을 발달시키는 데 도움을 준다.

(계속됨)

17) [역자 주] 구멍난 보드의 상품명

18) [역자 주] 학생들에게 "시몬이 말한다"라고 말하면서 지시가 주어지고, 학생들은 주어진 지시에 따르는 놀이이다. (예: 지시—"시몬이 말한다. 너희의 발을 만져라.")

5. **지시 따르기.** 아동들에게 오른쪽 귀에 왼손을 놓고, 왼쪽 어깨에 오른손을 얹도록 지시한다. 또는 왼손 위에 오른손을 놓고, 두 박자의 스텝으로 걷고 왼쪽으로 돌라고 지시한다.
6. **어렵게 꼬기.** 마루 위에 색깔원의 줄, 방수포, 혹은 플라스틱 종이를 만들거나 통상적인 게임을 활용한다. 학생들이 초록색 원 안에 왼쪽 발, 빨간색 원 안에 오른발을 넣도록 하는 등의 지시 카드를 만들어라.

## 청각처리과정

대부분의 학습장애 유아와 관련 경도장애 유아들은 청각처리과정 기술을 획득하는 데 특별한 연습이 필요하다. **교수 정보 8.3**, "청각처리과정 활동"은 음운론적 인식, 소리 듣기, 청각 변별, 청각 기억을 위한 전략을 제시한 것이다.

## 교수 정보 8.3

### 청각처리과정 활동

#### 소리 듣기

1. **소리 듣기.** 아동들은 눈을 감고 환경의 소리를 듣는다. 예를 들면, 자동차 소리, 비행기 소리, 동물 소리, 그리고 기타 외부 소리, 옆방의 소리, 기차 소리, 그리고 벨 소리를 녹음해 두었다가 학생들에게 들려주고 그 소리를 구별해 보도록 한다.
2. **교사에 의해 만들어진 소리.** 아동들은 눈을 감고 교사들이 만들어 내는 소리를 구별한다. 이런 소리의 예는 연필을 떨어뜨리는 소리, 종이를 찢는 소리, 스테이플러를 사용하는 소리, 공을 튀기는 소리, 연필을 깎는 소리, 유리잔을 톡톡치는 소리, 창문을 여는 소리, 전등을 찰칵하고 켜는 소리, 책을 통해 나는 나뭇잎 소리, 가위질하는 소리, 서랍을 여는 소리, 돈을 세는 소리, 칠판에 쓰는 소리가 있다.
3. **흔드는 소리.** 돌, 콩, 분필, 소금, 모래, 혹은 쌀과 같은 작은 사물을 뚜껑이 있는 용기에 넣어둔다. 아동들에게 용기를 흔들어 들려주면서 안에 있는 내용물이 무엇인지 분류하도록 한다.
4. **소리 유형 듣기.** 아동들은 눈을 감고 교사를 마주보고 앉는다. 손뼉을 치고, 드럼을 치고, 공을 튀긴다. 느리게, 혹은 빠르게 하여 리듬적 유형을 만들 수 있다. 아동들에게 얼마만큼 크게 할 수 있는지 질문할 수 있고, 그 유형을 따라하게 할 수도 있다. 변형으로는 컵, 책을 사용하여 두드리는 소리의 유형을 낼 수 있다.

#### 청각 구별

1. **가까이서 혹은 멀리서.** 아동들은 눈을 감고 교실에서 나는 소리가 무엇인지, 그리고 가까이서 들리는지 멀리서 들리는지 판단한다.

(계속됨)

2. 시끄러운지 혹은 조용한지. 아동들은 교사들이 만드는 소리가 시끄러운 소리인지 조용한 소리인지를 판단하고 구별하는 것을 배운다.
3. 소리 찾기. 한 아동이 음악상자 혹은 똑딱이 시계를 숨기면 다른 아동은 소리가 나는 위치로 가서 숨겨진 물건을 찾는다.

**청각 기억**

1. 이렇게 해봐라. 아동 앞에 5~6개 정도의 사물을 놓고, 학생들이 일련의 지시에 따르도록 한다. 예를 들어, "Jean의 무릎 위에 녹색 콩을 놓고, John의 의자 밑에 노란 꽃을 놓고, Joe의 책상 안에 오렌지 공을 넣어라." 이런 활동은 학생들의 청각 기억을 개선시킬 수 있다.
2. 지시 따르기. 학생들이 수행할 간단한 과제를 제시하라. 예, "종이 위에 크고 빨간색 정사각형을 그리고, 정사각형 아래에 작은 녹색 원을 넣어라. 그리고 원의 중간에서 정사각형의 오른손 구석 위까지 검은색 선을 그려라." 이런 활동은 듣기 영역에서 이어폰을 사용하여 들을 수 있게 테이프에 녹음해 둔다.
3. 동요. 아동들은 동요와 시를 배우고 손가락을 활용하는 게임 놀이를 한다.
4. 달나라 가기. "할머니의 여행가방" 혹은 "뉴욕으로 가자!"의 게임을 새롭게 구성한다. "나는 우주복을 입고 달나라에 간다."라고 말한다. 학생들은 이 진술을 반복하면서 "헬멧"과 같이 하 나의 항목을 추가해 간다. 그림은 청각 기억을 도와주는 데 사용될 수 있을 것이다.

## 시각처리과정

시지각에 대한 능력은 기초 학습을 위하여 필요하다. 글자와 숫자를 읽을 수 있는 아동, 기하학적인 도형을 보고 그대로 그릴 수 있는 아동, 인쇄된 단어를 조합할 수 있는 아동은 1학년 읽기를 잘 하는 경향이 있다. **교수 정보 8.4**, "시각처리과정 활동"은 몇 가지 시각처리과정 활동을 제시한 것이다.

## 교수 정보 8.4

### 시각처리과정 활동

**시지각**

1. 패그보드 도안. 색깔 패그를 활용하는 것으로, 학생들은 교사가 그렸거나 인쇄된 시각적 유형을 패그보드에 색칠하여 시각적 기하학 유형으로 재현한다.
2. 블록. 아동들은 조각나무 블록을 사용하여 재현한다. 아동들은 기하학적 모양을 조합하는 하나의 색깔 혹은 서로 다른 색깔의 나무, 혹은 플라스틱 블록을 사용하여 모형을 모방하여 만든다.

(계속됨)

3. **퍼즐.** 아동들은 퍼즐을 맞춘다. 사람, 동물, 형태, 같은 것, 혹은 문자를 아동들이 맞 출 수 있도록 오려 놓는다.
4. **분류.** 아동들은 모양, 크기, 그리고 색에 따라 사물을 모으고 분류한다. 이 사물들을 상자나 용기에 담을 수 있다. 그것들은 작은 조각, 동전, 단추, 콩 등이 될 수 있다.
5. **기하학적 모형 조립하기.** 카드에 모양을 만들고, 아동들이 이런 모양들을 조립할 수 있는 게임을 한다. 뚜껑이 있는 서로 다른 크기의 병을 모아서 뚜껑을 섞어두고, 아동들에게 병에 뚜껑을 맞추어 덮도록 한다. 샌드페이퍼로 매끄럽게 하여 펠트로 덮고, 자기 접착 커버, 혹은 점무늬를 그려서 꾸민 카드 세트로 도미노 유형의 게임을 만들어, 아동들에게 서로 카드를 맞추어 보도록 한다.
6. **놀이 카드.** 놀이 카드 한 벌은 짝, 그림, 수를 맞추는 매체로 활용하여 가르치는 데 우수하다.
7. **글자와 수.** 시지각과 문자의 구별은 읽기 준비 기술에 중요하다. 게임은 짝을 이루어 종류별로, 그리고 모양의 이름을 말하는 기회를 제공하는 것은 문자와 수에 적용할 수 있다. 빙고 카드는 글자를 만들 수 있다. 글자가 불려지면 학생들은 글자를 찾아 덮는다.

### 시각 기억

1. **없어진 사물 분류하기.** 모아진 사물을 보여 준다. 사물 중 하나를 숨기거나 없앤다. 아동들에게 다시 모아진 사물을 보여 주고 없어진 사물을 찾아내도록 한다.
2. **기억의 순서.** 일련의 모양, 도안, 혹은 사물을 짧은 시간 동안 보여 준다. 아동들은 기억과 동일한 순서로, 또 다른 일련의 이런 도안을 배열한다. 놀이 카드, 색칠된 블록, 도안이 있는 블록, 마작타일이 이런 활동을 위해 사용될 수 있는 매체이다. 짧은 시간에 장난감, 수, 글자, 단어를 보여 주고 아동들에게 그것들을 기억해 내도록 한다.
3. **그림 이야기.** 플란넬 보드에 그려진 활동 그림으로 이야기를 구성하여 말한다. 그림을 없앤 후 아동들이 그림에 대한 시각적 기억에 의존하여 이야기를 말하도록 한다.

## 촉각과 운동처리과정

**교수 정보 8.5**, "촉각과 운동처리과정 활동"은 촉각과 운동처리과정의 능력을 향상하는 활동이다.

## 교수 정보 8.5

### 촉각과 운동처리과정 활동

1. **다양한 직물의 느낌.** 아동들에게 부드러운 나무, 금속, 사포, 펠트, 솜, 스폰지, 젖은 표면, 음식과 같은 다양한 직물을 느낄 수 있도록 한다. 작은 나무의 조각에 서로 다른 매체로 붙인다. 아동들은 보지 않고 판을 만지면서 다양한 표면을 구별하여 분류하는 것을 배운다.

(계속됨)

2. **모양 느끼기.** 기하학적 유형으로 오린 다양한 직물이나 보드에 글자를 오려 놓는다. 아동들은 그것들을 만져 구별하고, 짝을 맞추고, 모양을 구별한다. 또한 이 모양을 플라스틱, 나무, 판지, 찰흙으로 만들 수 있다.
3. **무게 느끼기.** 작은 판지의 양념 용기에 콩, 쌀과 같이 서로 다른 종류의 사물로 가득 채워라. 아동들이 흔들어서 무게를 맞추거나 무게를 느껴보도록 한다.

# 내가 알고 있는 한 아동…

## Lorinda: 발달 지연을 가진 취학 전 아동

Lorinda는 지역 학교 구역의 취학 전 평가 프로그램에서 좀 더 집중적인 사정과 중재가 필요한 고 위험 아동으로 확인되었다. 그녀는 표현 언어 기술과 사회적 측정을 요구하는 검사에서 빈약한 수행정도를 보였다. 취학 전 평가 결과에서 Lorinda의 연령은 3년 9개월이었다.

학교는 Lorinda의 어머니와의 면접을 통해 좀 더 부가적인 정보를 얻을 수 있었다. Lorinda는 6주나 일찍 태어났고, 그녀는 출생할 때 4파운드 좀 넘는 체중이었고 숨을 쉬는 것을 힘들어 했다고 한다. 그녀는 생후 2년 동안 감기로 자주 힘들어 했고, 2세에서 3세 사이에는 최소한 8번이나 심하게 귀가 감염되어 있었다. 운동 발달은 정상인 것처럼 보였는데, 그녀는 다른 형제처럼 동일 연령에 앉고, 걷고, 그리고 기기가 가능했다. 그러나 그녀의 언어 발달은 형제들보다 늦었다. 비록 그녀가 언어를 이해하는 것처럼 보였지만 그녀가 알고 싶은 것을 언어로 표현할 수 없었다. 그녀는 2살이 될 때까지 어떤 단어도 사용하지 않았고, 심지어는 "나는 피자를 원해." 혹은 "그는 컵을 깼어."와 같은 매우 짧은 문장만 사용했다. 그녀는 종종 잘못된 언어를 사용하거나, 그녀가 원하는 것을 간단히 손가락으로 지적했다. 그녀는 필요로 하는 것을 전하지 못하여 일어나는 울화 기질을 보였다.

그녀의 어머니는 그녀를 다른 아동에 비해 "과잉행동"이 많은 아동으로 표현했다. 그녀는 집이 떠나갈 듯이 울고, 유아용 침대를 부수고, 모든 장난감을 분해했다. 그녀는 텔레비전을 볼 때를 제외하고는 절대 앉아 있지 않았고, 모든 활동은 늘 단 몇 분 동안만 지속되었다. Lorinda가 3살이 되었을 때, 그녀의 어머니는 학교의 소규모의 놀이 활동에 그녀를 등록하였지만 며칠 후에 관리자가 그녀의 심한 과잉행동 때문에 참여할 수 없다고 말하였다. 그녀는 아무런 자극도 없는데 다른 아동의 장난감을 빼앗고 친구들을 때리고 할퀴었던 것이다.

Lorinda의 어머니는 Lorinda가 다르다는 것을 알고 있었지만, 모든 사람들은 Lorinda의 파괴적인 행동이 많아져도 걱정하지 말라고만 하였다. 그녀의 어머니는 특별한 취학 전 프로그램에 딸을 데려다 주고는 안심하였다고 말했다. 결국, 누군가 Lorinda의 문제를 알게 되었고 그녀를 도와주었다. Lorinda가 학교에 있는 시간은 Lorinda가 태어난 이래 처음으로 그녀의 어머니에게 휴식을 주었고, 그녀의 어머니는 가정에서의 행동 관리도 학교에서 도움받기를 기다렸다.

### 질문

1. Lorinda의 문제는 어떻게 확인했습니까?
2. Lorinda의 강점은 무엇입니까?
3. Lorinda의 약점은 무엇입니까?
4. 여러분은 Lorinda가 어떤 교육적 환경에서 지원을 받아야 한다고 생각합니까?

## 요약

1. 조기 아동기는 아동의 발달에 있어 매우 중요한 시기이다. 장애 유아를 위한 조기발견과 중재는 나중의 실패를 예방하고 감소시킨다는 2개의 성공적인 의미가 있다.
2. 장애인교육개선법-2004(IDEA-2004)는 취학 전 아동(3세에서 6세)과 유아와 신생아(출생에서 3세)라는 두 개의 연령 집단으로 구분한다.
3. 문제에 대한 발달적 징후는 취학 전 아동에서 발견되는 장애에 대한 조기 단서이다.
4. 대부분의 유아는 운동 기술이 서툴다. 운동 학습은 발달적 기술이고, 유아를 위한 일반교육 환경에서 핵심 교육과정 활동으로 고려된다.
5. 지각은 장애 유아를 위한 중요한 영역이다. 심사숙고는 청각처리과정과 시각처리과정에서 이루어져야 할 것이다.
6. 사정 과정은 (1) 아동 발견, (2) 선발, (3) 진단, (4) 평가라는 단계를 포함한다.
7. 조기 중재 전략은 운동 발달, 청각처리과정, 시각처리과정, 촉각과 운동처리과정으로 설명한다.
8. 컴퓨터 사용은 학습장애 유아를 위하여 도움이 된다.

## 교육정보 비디오 사례 활동

**8장을 읽은 후에** Education CourseMate 웹사이트에 들어가 "가정-학교 의사소통; 부모-교사 위원회"라는 제목의 교육정보 비디오 사례(Teachsource Video Case)를 보길 바란다. 이 비디오에서, 유치원 교사는 어머니와 함께 위원회를 개최한다. 교사는 아동이 한 해를 어떻게 진행하였는지 보여 주는 아동의 실질적 사례를 활용한다. 교사는 학급의 모든 아동이 서로 다르고, 서로 다른 강점을 가지고 있다고 설명한다.

### 질문

1. 유치원 교사는 부모-교사 위원회에서 아동의 활동을 어떻게 활용했습니까?
2. 교사는 어머니의 관심에 어떻게 반응했습니까?
3. 교사는 부모-교사 위원회에서 긍정적인 기록을 어떻게 제시했습니까?

## 토론과 심화질문

1. 왜 조기 연령이 중요합니까? 몇 가지 조기 중재의 혜택은 무엇입니까?
2. 유아에게서 발견되는 장애에 대한 발달적 징후는 무엇입니까? 특별한 요구를 가진 유아를 도울 수 있는 조기 중재 실제는 어떻게 할 수 있습니까?
3. 장애인교육개선법-2004(IDEA-2004)에 포함된 두 개의 조기 아동기 연령 집단을 적어 봅시다. 이 두 집단을 위한 법의 효과를 비교하고 차이를 적어 봅시다.
4. 장애 유아를 위한 몇몇 교육적 환경은 무엇입니까?

## 핵심 용어

감각통합 … 284
개별화 가족지원 계획(IFSP) … 273
교육적 환경 … 274
발달적 지연 … 293
발달적 징후 … 277
선발 … 293
시지각 … 289
아동 발견 … 292
운동 지각 … 291
위험한 상태 … 269
음운론적 인식 … 288
작업 치료사(OT) … 280
지각 … 286
지각운동 학습 … 283
지각처리과정 개념 … 286
촉지각 … 291
헤드스타트 … 276

# 9장

# 학습장애 청소년과 성인, 그리고 관련 경도장애 청소년과 성인

“당신이 허기진 남자에게 생선을 준다면 당신은 하루 동안 그를 먹일 수 있다. 그러나 당신이 그 남자에게 생선을 어떻게 낚는지 가르쳐 준다면 당신은 평생 동안 그를 먹일 수 있다. 당신이 학습장애 학생에게 어떤 사실을 가르친다면 당신은 그 순간 그 학생을 도울 수 있다. 그러나 당신이 그 학생에게 어떻게 배우는지를 가르친다면 당신은 평생 동안 그 학생을 도울 것이다.”

—DESHLER, ELLIS, AND LENZ(1996)

Mary Kate Denny/PhotoEdit

## 이 장의 차례

대부분의 사람들에게 학습장애는 청소년기와 성인까지 지속되는 평생 동안의 문제이다. 이 장에서는 (1) 학습장애 청소년과 관련 경도장애 청소년, (2) 중학교와 고등학교에서의 특별한 문제, (3) 학습장애 청소년과 관련 경도장애 청소년을 가르치는 방법, (4) 학습 전략 교수, (5) 중등학교 이후 프로그램, (6) 성인기에 대하여 살펴본다.

## 9.1 학습장애 청소년과 관련 경도장애 청소년

청소년기는 불안과 적응 곤란의 단계로 잘 표현된다. 중학교 혹은 고등학교 청소년들의 특징인 신체적, 지적, 그리고 정서적 적응은 청소년기 생활의 많은 면에 영향을 미친다. 게다가 학교생활과 사회생활에서 직면하는 어려움은 학습장애 10대들과 관련 경도장애 10대들이 일반적인 문제와 청소년기의 적응 문제와 함께 대처해야 한다. 학습 곤란으로 인한 많은 특징과 사춘기가 중복되기 때문에 특별한 행동이 학습장애로부터 시작되었는지 아니면 정상적인 사춘기 발달로부터 시작되었는지 확실히 파악하는 것은 어렵다. 대부분의 경우, 이런 문제는 두 경우 모두에서 시작되고, 게다가 학생의 학습, 사회, 그리고 행동적 문제와 복잡하게 얽혀 있는 경우가 많다.

### 청소년기의 특징

청소년기에는 (1) 자유와 자립 대 안전과 의존, (2) 급격한 신체 변화, (3) 성적 특질 발달, (4) 친구 고민, (5) 불법 약물, (6) 자의식에 관한 감정과 충돌한다. 대부분의 청소년기 특징은 학습 과정에 영향을 미칠 수 있다(Snowman & Biehler, 2006).

**자유와 자립 대 안전과 의존** 청소년들은 자립하여 가족에서 분리되길 바라지만, 동시에 가족 관계를 유지할 필요성도 있다고 생각한다. Erikson(1968)의 심리적 발달 유형에 의하면 청소년기는 자유와 자립에 대한 갈망과 안전과 의존에 대한 갈망 사이에서 일어나는 충돌을 해결해야 한다고 강조한다.

**급격한 신체 변화** 청소년기는 심리적 성장과 얼굴 및 신체와 같은 외모에서 급격한 변화가 일어나기 시작하는 시기이다. 청소년기는 새로운 자아상을 발달시켜야 하고, 새로운 심리적 그리고 생물학적 움직임은 물론 서로 다른 신체적 외모에 대처하는 것을 배워야 한다.

**성적 특질 발달** 청소년기 동안 적응하는 것을 배워야만 하는 또 다른 변화는 발달되는 성적 특질이다. 청소년기의 성적 중요성은 시간, 에너지, 불안이라는 개념으로서 매우 많은 노력이 필요할 것이다.

**친구 고민** 청소년기는 친구에 대한 고민과 그 가치에 대하여 많은 고민을 한다. 친구들에 대한 가치가 부모의 생각과 다를 때 가족 대결이나 충돌의 결과를 가져올 수도 있다.

**불법 약물** 오늘날의 사회는 학생들이 약물을 쉽게 이용할 수 있고, 약물에 의해 고조되는 느낌을 알게 되면서 약물 복용의 유혹에 넘어가기도 한다.

**자의식** 10대들은 그들이 어떻게 보이는지, 그리고 집단에서 그들이 어떻게 비교되는지에 대하여 매우 의식하는 경향이 있다. 이러한 자의식은 열등감에 대한 감정을 이끌어 내어 자퇴를 유도할 수 있다.

## 학습장애를 가진 청소년의 특징

청소년기의 문제는 학습장애 청소년과 관련 경도장애 청소년의 학습 곤란을 더 악화시킨다. **학생 이야기 9.1**, "학습장애를 가진 청소년, Tim"에서 예시하고 있는 바와 같이 청소년들은 학습 곤란의 대처에 압도당하는 느낌을 받는데, 이런 어려움은 일반적 청소년기 발달에서 나타난다.

학습장애를 가진 청소년과 관련 경도장애를 가진 청소년의 특징을 아는 것은 중요하고, 또한 청소년의 생활과 학습 환경에 대한 요구를 아는 것도 중요하다(Lenz & Deshler, 2003). 학습 문제를 가진 학생의 특징은 다양하다. 대부분의 청소년들은 이 책에서 기술된 특징이 나타나지 않을 수도 있고, 심지어 몇몇 영역에서는 우수한 장점을 보일 수도 있다. 그러나 한 사람이 기초 학습 곤란, 청소년기의 특징, 학습장애의 특징, 관련 경도장애와 중복되었다면 여러 해 동안 더 많은 노력을 해야 한다는 것은 그리 놀랄 만한 일도 아니다. 다음에 제시된 특징은 학습장애 청소년에 대하여 알 수 있는 몇 가지 특징이지만, 분명한 것은 이것이 전부가 아니라는 것이다.

- **문화적 그리고 언어적 다양성.** 학습 곤란은 청소년의 문화와 언어적 배경과 관련될 수 있다. 가족의 문화는 학교, 기초 학습 수행, 읽기, 공부, 시험을 보

## 학생 이야기 9.1

### 학습장애를 가진 청소년, Tim

Tim은 학습장애를 가진 14살의 워싱톤고등학교 1학년 학생이다. 그의 첫 학기 성적으로 그가 두려워하는 것이 무엇인지 확인되었다. 그는 영어, 대수학, 역사 과목에서 실패했다. 그는 일반과학에서는 D, 체육과 기계 제도에서는 C의 성적을 받았다.

Tim은 과제, 표준 작업량, 과목에서 요구하는 것들에 대처할 수 없다는 사실을 알게 되었다. 심지어 최악의 상태는 그가 교재를 읽을 수 없고, 수업에서 진행되는 모든 내용을 이해할 수 없다는 것이었다. 또한 Tim은 쓰기 시험에서 낮은 점수를 획득하였다. 그는 좌절을 느꼈고 도움이 필요하다는 것을 알았다.

Tim이 초등학교 학생이었을 때 그는 학습장애 학습도움실 선생님에게 간헐적인 도움을 받았다. 작년, 8학년이었던 Tim은 일반교육의 교과 영역 수업에 배치되었고 그는 학습도움실 지원 없이 직접 특수교육 지원을 받았다. 특수교육 선생님은 그의 8학년 담임선생님, 과목 담당선생님과 비공식적으로 Tim의 기초 학습 진보와 계획된 프로그램에 대하여 논의하였다. Tim은 이렇게 계획된 프로그램에 자주 포함되었다. 그는 8학년을 성공적으로 보냈고, 모든 과목에서 평균 이상의 성적을 받았고, 이를 위해 그는 열심히 공부해야만 했다.

여름이 지나면서, Tim은 급격히 신체가 성장하여 전부 새로운 옷을 사야 했다. 그의 목소리도 변하였고, 일주일에 한 번 윗입술 위에서 자라나는 수염을 면도해야만 했다. Tim은 고등학교에서 새로운 친구를 사귀었고 8학년의 친구들과도 관계를 유지하였다. 그러나 그는 성적에 관해서는 그 어떤 말도 하지 않았다. 결국, 그는 성적 때문에 친구들과의 만남을 그만두었다.

이 시점에서, Tim은 어떻게 해야 할지 몰랐다. 학교 상담교사는 Tim과 그의 부모와 함께 협의회를 가졌고, 그들은 그가 검사에서 능력을 보인 영역을 알려 주었고 좀 더 열심히 노력해야 한다고 말하였다. 그의 부모들은 실망해서 화가 났다. Tim은 낙담하였고 우울해 했다. 그 학년에서 그는 대부분의 과목에서 낙제했다는 소식이 그의 부모에게 전달되었다. 분명한 것은, 도움 없이는 Tim은 또 다른 과목에서 낙제할 위험에 놓여 있다는 것이다.

**심화질문** Tim은 고등학교에서 어떻게 도움을 받을 수 있다고 생각합니까?

는 것에 여러 모로 관여되어 학생의 태도를 형성시킨다. 몇몇 가족들은 그들의 실패와 장애를 알지 못하고, 그들을 위하여 도움을 요청하지 않는다. 몇몇 문화에서는 청소년들에게 대부분의 가족에 대한 책임을 부여하여 학교과제를 위한 시간을 적게 주곤 한다. 몇몇 문화는 주류의 미국 문화만큼 시간을 지향하지 않고, 약속된 시간을 중요하게 여기지 않거나 특정한 시간에 일을 그만두어 버린다. 대부분의 수업은 경쟁에 중점을 두지만 청소년기 문화는 개인적 성취보다는 집단과 협력을 중요하게 여긴다.

영어학습자(ELL)는 모국어가 영어가 아닌 청소년들로 영어습득이 부족하여 많은 기초 학습 과목에 어려움을 보인다. 게다가 학교에서 실시되는 시험은

ELL 학생들에게 특히 문제가 된다. 중등학교 교사들이 문화적 언어적 차이에 대한 양상과 이러한 청년들이 직면하게 되는 장애물을 이해하는 것은 매우 중요하다(Klingner, Artiles, & Barletta, 2006). 교사가 문화와 언어적으로 차이가 있는 특별한 아동들을 도와주기 위해 고안된 웹사이트는 IRIS센터, **http://iris.peabody.vanderbilt.edu/CLDE/chalcycle.htm**에 있다.

- **소극적 학습.** 학습장애 청소년과 관련 경도장애 청소년들은 소극적인 학습자일 경우가 많다. 대부분의 실패로 인한 경험은 그들에게 학습된 불행이라는 태도를 형성시킨다. 그래서 그들은 적극적 학습자보다는 소극적 학습자가 되는 것이다. 소극적 학습자는 문제를 해결하려는 노력 대신에 교사들이 그들을 가르치고 해야 할 것을 말할 때까지 기다리는 경향이 있다. 기초 학습 과제에서는 그들이 이미 알고 있는 것에 새로운 정보를 연결시키는 것을 실패하고, 그들만의 사고로 설명하지 못한다(Deshler, Ellis, & Lenz, 1996; Lenz & Deshler, 2003). 게다가 반복되는 실패를 경험한 청소년들은 행동으로 옮기거나 행동적 반응의 또 다른 유형으로 설명하기 시작할 것이다.
- **빈약한 자아 개념.** 빈약한 자아 개념과 낮은 자존감은 실패와 좌절의 결과이다. 이런 학생들은 학습과 성취에서 그들의 능력을 발휘하려는 자신감을 획득할 기회가 없다. 또한 종종 정서 문제는 그들에게 성공적인 경험이 부족하다는 것에서 비롯된다. 그래서 그들은 낮은 자존감과 자신감의 결여를 나타내는 것이다(Deshler et al., 1996; Lenz & Deshler, 2003; Silver, 2006).
- **사회와 행동 문제.** 이렇게 중요한 청소년기 동안 우정과 친구에 대한 호감은 매우 중요한데, 이는 사회적 기술에 어려움을 겪는 것은 학습장애 청소년과 관련 경도장애 청소년에게 또 다른 장애를 만들어 내는 요인이다. 사회성의 부족은 친구를 형성하고 유지하는 것을 어렵게 한다. 사실상 사회와 행동 문제는 기초 학습의 문제보다 좀 더 심각하다. 실패, 낮은 자존감, 빈약한 동기, 부적절한 친구 수용, 파괴적이고 부적응적 행동은 그들에게 많은 손실을 초래한다. 불균형적으로 높은 비율로 급증하는 청소년 범죄에서 학습장애를 가진 청소년들이 확인되고 있고, 학습장애는 급증하는 청소년 범죄에서 발견되는 두 번째의 일반적인 장애이다(Cortiella, 2009).

사회적 상호작용과 비언어적 의사소통의 곤란은 비언어적 학습장애와 아스퍼거증후군을 가진 청소년들의 특징이다(Baker & Welkowitz, 2005; Thompson, 1997).(7장, "주의력결핍 과잉행동장애와 관련 장애"를 참고하기 바란다). 이런 사회적 상황에 대한 두 개의 웹사이트는 NLDA 비언어성학습장애협회(비언어성학습장애) **http://www.NLDline.org**와 자폐 아스퍼거증후군 **http://www.asperger.org**이다.

- **주의집중의 어려움.** 학습장애 청소년과 관련 경도장애 청소년은 중등학교의 요구를 충족시키는 주의집중 능력을 가지고 있지 않다. 고등학교는 학생들에게 인지능력을 유지하게 하는 요구를 증가시키고 장시간 동안의 주의집중을 요구한다. 중등교육과정에서의 요구는 교사, 교수적 매체, 친구들에 의해 제공되는 다양한 정보들에 관여하는 청소년의 능력에 부담을 가중시킬 수 있다. 장시간 동안의 주의집중은 공부와 수업에 필수적이고, 주의집중 곤란은 진보를 심각하게 방해할 수 있다(Barkley, 2005; Lerner, Lowenthal, & Lerner, 1995).

  Levine(1988, p. 15)는 14살 때 집중력 문제가 얼마나 많은 일에 관계 되었는지에 대하여 다음과 같이 기술하였다. "나의 머리가 좋았다는 것은 당연하다. 이는 텔레비전 세트가 좋다는 것과 같다. 유일하게 하나 다른 것은 채널 선택자가 없다는 것이다. 여러분이 알고 있는 것처럼, 모든 프로그램은 한꺼번에 나의 머리에 들어와 유지된다." 이런 학생들은 주의집중을 유지하기 어렵고, 초점을 맞추기도 어렵다. 주의력결핍 과잉행동장애 아동과 성인의 웹사이트인 **http://www.chadd.org**와 ADD/ADHD, **http://www.adders.org**에서 주의력결핍 과잉행동장애에 관한 정보를 제공하고 있다.

- **동기 부족.** 학습장애 학생들과 관련 경도장애 학생들은 중등학교에 들어가면서 많은 실패를 경험한다. 실패 원인의 대부분으로 그들은 지적능력을 의심한다. 그들은 복원력이 부족하여 성취를 위한 그들의 노력을 믿는 것은 부질없는 일이라고 생각한다. 이러한 마음 자세는 지속성을 낮추기 때문에 그들은 무엇을 할 때 어려워지면 즉시 포기하는 경향을 보인다(Lavoie, 2007; Brooks & Goldstein, 2002).

  **귀인 이론**에 의하면 이러한 청소년들은 성공했을 때조차 성취에 대한 책임이 그들에게 있다고 믿지 않는 경향이 있다고 설명한다. 대신에 그들의 성공은 행운, 교사가 무엇인가를 하였다든지, 혹은 해결하기 쉬운 과제였다든지와 같이 외부의 어떤 힘의 작용으로 생각한다(Yasutake & Bryan, 1995). 따라서 성공도 많은 자신감을 부여하지 못하는 것은 물론 자신감의 수준을 향상시키지도 못한다. 전문가들도 이런 학생들을 학습에 필요한 노력에 동기화시키는 것은 어려운 일이다. 그러나 무엇을 가르치는가에 관한 최선의 결정과 어떻게 가르칠 것인가에 대한 가장 기술적인 응용은 학생들이 배우는 데 동

청소년기의 문제는 학습 장애에 의해 악화된다.

© Elizabeth Crews

기화하여 그들 자신의 노력으로 성공했다고 귀인할 수 있어야만 성공적이라고 할 수 있다(Lenz & Deshler, 2003; Zigmond, 1997, 2007). (동기화에 대한 좀 더 많은 설명은 6장, "사회, 정서 그리고 행동 문제"를 참고하라).

## 9.2 중등학교 단계에서의 특별한 문제(중학교와 고등학교)

좀 더 많은 장애 학생들이 초등학교 단계보다 중등학교 단계(중학교와 고등학교)에서 발견된다. 미국교육부(2009)는 학습장애는 1998년과 2002년 사이에 12세에서 17세까지 연령의 학생에 대한 백분율이 증가하였고, 반면에 다른 연령집단에 속한 백분율은 감소하였다고 보고하였다. 1995년에서 2004년까지 특정 학습장애로 특수교육과 관련된 지원을 받은 12세에서 17세까지 연령의 학생들에 대한 백분율은 6.1%에서 6.8%로 증가하였다. 이런 청소년들의 특별한 문제는 포함학급에 배치, 수행 기준의 성취, 중등학교 학생의 고부담시험, 중등학교 교사의 교과 영역에 적응시키는 것이다.

### 학습장애 청소년들과 관련 경도장애 청소년들의 문제

모든 면에서 중등학교의 요구와 초등학교의 요구는 상당히 다르다. 학생들은 학생

**표 9.1** 학습장애 청소년과 관련 경도장애 청소년들이 직면하는 문제

- 읽기, 철자법, 그리고 수학과 같은 기초 학습 기술에서 심한 결함
- 과학, 사회, 건강과 같은 교과내용영역 과정에서 일반화된 실패와 평균 이하의 수행
- 수업 잘 듣기, 기록하기, 그리고 시험을 위해 공부하고 시험 보기와 같은 공부 관련 기술의 부족
- 소극적인 기초 학습 참여와 전반적으로 학습에 영향을 미치는 동기 부족
- 부적절한 대인관계 기술
- 실행기능과 자기 결정에 대한 어려움

중심적인 초등학교 환경에서 교과내용 전달 중심의 학교 환경으로 이동한다. 종종, 학습장애를 가진 중등학교 학생 혹은 관련 경도장애를 가진 중등학교 학생은 중등학교 기초 학습의 목표를 충족하기 위한 필수적인 기술이 부족하다. 가르치는 교과내용영역에 사용되는 방법이 특히 청소년들의 학습에 대한 강점과 흥미에 맞지 않는다면 졸업장을 획득할 가능성에 점점 더 문제가 많아진다(Deshler et al., 2001; Wagner, Cameto, & Newman, 2003).

청소년들은 가벼운 것에서 심한 것까지 수많은 문제를 가지는데, 이것들은 중등학교 교육과정의 수많은 과목을 숙달하는 데 방해가 된다. 또한 이러한 학생들은 기초 학습의 문제와 함께 인지 기술, 사회적 기술, 정서적 안정이 어렵다. 초등학교에서 특수교육을 지원받았던 많은 청소년들은 중학교와 고등학교에 들어가서도 지속적인 도움이 필요하다. 몇몇 경우에는 문제에 대한 미묘한 특성과 중등학교 교육과정의 요구가 증가되기 때문에 청소년들의 문제들은 중등학교에 들어갈 때까지 확인되지 않을 수도 있다.

학습장애를 가진 3명의 유아 중 한 명은 고등학교 과정의 일반학교 교육영역에서 실패하는 것으로 나타난다(Cowan, 2006; Getzel & Thoma, 2006; Blackorby & Wagner, 1997; Reith & Posgrove, 1996). **표 9.1**은 장애 청소년들이 직면하게 되는 문제들을 요약해 둔 것이다.

## 중학교와 고등학교의 교육적 환경

포함 운동은 중학교와 고등학교에서 증가하여 좀 더 많은 학습장애 청소년과 관련 경도장애 청소년은 일반교육의 교수를 위한 교과내용영역의 수업에 배치된다. **표 9.2**는 12세에서 18세 연령까지 특수교육과 관련된 지원을 받는 학생들을 위한

**표 9.2** 2004년 가을, 서로 다른 교육적 환경에서 특수교육과 관련된 지원을 받는 12세에서 18세까지 장애를 가진 중등학교 학생의 백분율

| 2004년 가을, 서로 다른 교육적 환경에서 특수교육과 관련된 지원을 받는 12세에서 18세까지 장애를 가진 중등학교 학생의 백분율 | |
|---|---|
| 학교생활 중 21% 이하 일반학급 외 | 44.3% |
| 학교생활 중 21~60% 일반학급 외 | 31.5% |
| 학교생활 중 60% 이상 일반학급 외 | 19.4% |

출처: From Twenth-Eighth Annual Report to Congress on the Implementation of the Individuals With Disabilities Education Act, IDEA 2004, by U.S. Department of Education, 2009. Washington, DC: U.S. Government Printing Office.

교육적 환경을 보여 준다. 11세 이전의 교육적 환경을 비교해 보면 모든 시간 동안 일반교육 교과내용영역의 수업에 배치된 청소년의 백분율은 46%(19%에서)로 증가하였다. 학습도움실에 배치된 청소년들은 39%(58%에서)로 감소했다. 학습도움실의 학생들은 일반교육 수업에서 학교생활의 일부를 보내기 때문에 학습장애 학생의 약 85%는 매일의 최소한 부분만 일반교육의 교과내용영역에 포함된다. 학습장애를 가진 중등학교 학생의 약 14%는 특수학급에 포함되어 있고, 약 1%가 다른 환경에 포함된다(U.S. Department of Education, 2009).

## 중등학교에서의 포함

비록 중등학교 학습장애 학생의 85%는 일반학교, 즉 하루 중 최소한의 시간 동안만 교과내용영역에 포함되어 있는데, 이는 중등학교의 경우가 초등학교보다 포함에 대한 정책을 발전시키는 것이 느리게 진행되어 왔다는 것을 나타낸다. 중등학교에서 포함 프로그램을 제공하는 데 다음과 같은 몇 가지 장애물이 있다. (1) 복잡한 교과내용영역의 교육과정, (2) 학생의 기술 수준과 교실 요구 사이의 큰 차이, (3) 교과내용영역의 중등학교 교사는 학습장애 학생의 요구를 충족시키기 위한 훈련이 되어 있지 않음, (4) 기준 중심, 고부담시험보기 운동(Beckman, 2001; Cole & McLeskey, 1997; Deshler, 2003; Friend & Cook, 2003; Lenz & Deshler, 2003; Orkwis, 2003). **일반교육에 포함된 학생 이야기 9.1**, "중등 학급"은 일반교육 학습에 포함된 학생을 위한 전략 목록이다.

## 일반교육에 포함된 학생 이야기 9.1

### 중등 학급

- 교과내용영역 담당교사와 특수교사 간의 협력을 수립한다. 두 명 혹은 그 이상의 전문가들은 교수 계획과 전달 교수를 함께한다.
- 협력적 팀을 활용하라. **협력적 팀**은 서로 다른 영역의 전문 지식을 가진 교사들이 학생의 진보를 방해하는 문제를 독창적으로 해결할 수 있게 함께 일해야 한다. 협력적 팀의 구성원은 지원과 상호 이익 관계와 그들의 자료를 공유한다.
- 협력교수 모델을 활용하라. 교과내용영역 담당교사와 특수교사는 연합하여 교실에서 학생들을 가르친다. 성공적인 협력을 위한 중요한 요소는 다음과 같다.
  a. 각 교사의 장점과 선호를 결정하기
  b. 신뢰와 존중을 발전시키기
  c. 강력한 행정적 지원 받기
  d. 적절한 의사소통과 시간 제공하기
- 서로 다른 교수를 제공하라. 개인적 교수는 이 교실에서 장애를 가지지 않는 학생이든 특별한 요구를 가진 학생이든 모든 학생에게 제공된다. Beckman(2001)은 서로 다른 교수를 위한 원리를 다음과 같이 제시한다.
  a. 교과내용영역 담당교사와 특수교사는 책임을 공유한다.
  b. 교과내용영역 담당교사와 특수교사는 학생의 IEP에 친숙해야 할 것이다.
  c. 교과내용영역 담당교사와 특수교사는 학생의 강점과 약점에 대하여 알고 있어야 한다.
  d. 충분한 협력 계획 시간은 하루 일과 중에 계획되어야 할 것이다.
  e. 학생 기대치는 분류에 의해서가 아니라 학생의 능력에 따라 설정되어야 한다.

## 중등학교 교사를 위한 효과적인 포함 실제

중등학교에서 포함 작업은 교과내용영역으로 전문화된 **교과내용영역 담당교사**와 특수교사 간의 협력을 수립하는 것이 필요하다. 특수교사는 교과내용영역 담당교사들이 학교생활 동안 많은 학생들을 다루며 매 시간마다 압박감을 느끼며 그들에게 직면되는 많은 요구들이 무엇인지 파악해야 한다고 말한다. 특수교사가 개개 학생들의 특별한 요구를 이해하고, 차별화된 교수, 그리고 합리적인 조절을 담임교사와 함께 작업하는 것은 매우 도움이 될 것이다. 특수교사는 일반교사와 함께 특수학급에서 협력하여 가르칠 수 있다. 일반교육의 계획과 전달 교수에서 함께 작업하는 두 명 혹은 그 이상의 전문가로 구성된 협력은 장애를 가진 많은 청소년들을 일반교육에 포함시킬 것이다(Friend & Cook, 2003; Gately & Gately, 2001; McLeskey, Hoppery, Williamson, & Rentz, 2004; Murawski & Dieker, 2004). 중등학교에서 성공적인 포함의 예는 **학생 이야기 9.2**, "Michael—한 사람의 강점을 믿어

## 학생 이야기 9.2

### Michael–한 사람의 강점을 믿어라

포함은 Michael을 위하여 잘 운영되었다. Michael의 학습장애는 1학년 때 학교에서 발견되었다. 그는 1학년 선생님이 학생들에게 칠판에 적힌 단어를 옮겨 적도록 요청하였을 때 그는 이 단순한 과제도 할 수 없었다는 것을 분명하게 기억한다. 그는 단어를 알 수 없었고, 심한 읽기 문제를 가지고 있었다. 그러나 Michael은 그의 강점을 믿는 것을 배웠다고 말했다. 그는 친구가 많았고 사회적 기술이 뛰어났다. 또한 그는 운동을 잘 하였다. 그의 학습장애–빈약한 읽기 기술–는 고등학교에 들어가기 전에 확인되었기 때문에 그가 중등학교에 들어갔을 때 그는 일반교육의 포함학급에 배치되었다. 그의 읽기 결함은 고등학교까지 지속되었지만 그는 강점을 발휘할 수 있었다. 고등학교 때, Michael은 그의 학급에서 회장으로 선출되었고 미식축구팀에서 유능한 선수가 되었다. 또한 그는 토론을 잘하였기 때문에 늘 토론팀의 중요한 구성원이었다. 학교의 지원 체계는 그의 읽기 문제를 위하여 요구되는 도움을 그에게 제공했기에 그의 읽기 수행은 천천히 개선되었다. Michael은 주립대학에 입학하였고, 그는 미식축구팀과 토론팀을 만들었다. 학습장애에 대하여 곰곰이 생각하던 Michael은 "자신의 강점을 알고 믿었던" 것이 가장 중요했다고 강조하였다.

**출처:** From *Learning disabilities: Life Stories*, by P. Rodis, A. Garrod, & M. Boscardin, Copyright 2001 by Pearson Education. 출판사의 허락하에 재인용함.

**심화질문** Michael은 자신의 강점을 어떻게 사용했다고 생각합니까?

라"에 제시되어 있다.

## 수행 기준과 고부담시험

책임은 교육의 표어이다. 기준 중심 척도는 **수행 기준**으로 잘 알려져 있는데, 이는 국가, 주, 그리고 지역 자료에서 오는 기초 학습의 수준을 관리하면서 오늘날 중등학교에 영향력 있는 힘을 발휘한다. 중등학교는 모든 학생이 만족할 수 있는 기준으로 교과내용영역(영어, 수학, 과학)에서 수행 기준을 설정한다. 또한 주는 수행 기준과 학생들이 일련의 기초 학습 기준에 충족되는지를 결정하는 사정 검사를 개발한다. 주 전체에 걸친 사정 검사는 모든 학생들에게 실시된다. 이렇게 주 전체에 걸친 사정 검사는 매우 많은 중요한 결정을 시험결과에 근거하여 이루어지는데, 이를 **고부담시험**이라 한다. 이 사정으로 학생, 교사, 행정관 그리고 학교에 상과 징계가 내려진다.

학생들은 관리자와 입법자 사이에서 평가를 올리려는 주와 지역 시험에서 그들의 수행에 책임을 가진다. 시험은 학생들이 졸업, 혹은 다음 학년으로 올라가는 것과 같이 높은 부담을 안고 실시될 때 낙제 비율이 증가될 수 있다. 대부분의 교육가들은 이런 사정 평가에 통과하지 못하는 많은 수의 학생들을 걱정한다. 그들은 자주 학교에서 낙제하고 결과적으로 이런 학생들은 고용과 중등학교 이후 교육에 대한 전망이 낮다(Thurlow, 2000; Ysseldyke, 2001).

과거, 장애 학생들은 주 전체와 지역 전체에 걸친 사정에서 제외되었다. 이런 모든 사항은 IDEA-1997에서 변화되었다. 현행법인 장애인교육개선법-2004(IDEA-2004)와 낙제아동방지법(NCLB-2001)은 장애 학생을 주 전체와 지역 전체의 사정에 포함시키고, 그 결과를 해당기관에 보고하도록 규정한다.

또한 IDEA-2004는 각 주가 장애 학생을 위한 대안적 사정 지침과 **조절**에 대한 정책을 개발하도록 규정한다. 이 법에는 주 전체와 지역 전체의 사정에 장애 학생을 포함하는 몇몇 필요 조건을 규정하여 제시한다. 개개 아동의 IEP는 학생들을 어떻게 성공하게 할 것인가와 학생들이 사정에 요구되는 조절은 무엇인지에 관하여 자세히 설명하는 계획을 포함해야 한다(Thurlow, 2000; Individuals With Disabilities Education Improvement Act, 2004).

기준 중심의 시험을 위한 목표는 모든 학생들에게 필요한 전문적 지식과 오늘날의 글로벌 경제와 미래에 참여하는 데 필요한 기술들을 가르치고 배우는 것을 개선하는 것이다. 우리는 이런 목표에 대한 견해도 잊어버린 채, 사정은 단지 그 상황의 일부분으로 간주해 버린다. 가장 중요한 것은 모든 학생에게 학습하는 기회를 제공하는 것이다. 학생들에게 배우는 데 적절한 기회를 제공해야 함에도 불구하고 오로지 더 높은 기준으로 학생들을 잡아두는 교육적 체계에서의 전반적인 불공평은 이런 학생들을 더욱 더 괴롭힐 것이다(Kauffman & Wiley, 2004; Lenz & Deshler, 2003; Thurlow, 2000; Ysseldyke, 2001).

게다가 이런 수행 기준을 충족시키기 위해서는 학습장애 청소년들의 문제가 고등학교에서 일련의 교육과정적 요구에 대한 복잡성에 의해 확대될 것이다. 고등학교에서 학생들은 좀 더 크고, 좀 더 냉정한 학교 환경에서 경쟁한다(McIntosh, Flannery, Sugai, Braun, & Cochrane, 2008). 학습장애 청소년과 관련 경도장애 청소년들이 일반교육, 즉 하루 중 4시간 동안 교과내용영역의 수업을 받을 때 다른 학생들처럼 만족스럽게 동등한 요구를 충족하길 기대한다. 많은 청소년들은 만족할 수 없는 읽기 실력을 향상시키는 것이 중요한 목표이다. 그들은 학습 문제가 있음에도 불구하고, 그들은 많은 정보를 학습하고, 통합하고, 관리하고, 표현하는 것을 목표로 한다(Deshler et al., 1996, 2001; Kauffman & Wiley, 2004).

장애 학생들은 고부담시험의 조절에 적격한 대상자이다. 교육적 시험 지원

## 교수 정보 9.1

### 학습장애를 위한 시험보기 전략

- 충분히 잠을 자고 차분함을 유지하도록 노력한다.
- 전체 시험지를 훑어보고 꼼꼼히 지시문을 읽도록 한다.
- 각각의 질문을 신중하게 읽고 핵심 언어와 절을 기록한다.
- 각각 질문을 모든 방법을 통해서 읽는다. 질문이 아닌 것은 읽지 않는다.
- 만약에 질문이 확실하지 않다면 질문을 다시 읽고 하나 혹은 두 개의 답을 제거하도록 노력한다.
- 시험을 보는 데 배당된 시간을 배분하고 질문에 갇힌 채 시간을 낭비하지 않도록 한다.
- 정식으로 허락된 휴식을 취한다. 또한 정기적으로 비교적 짧은 시간 멈추어 조금의 휴식을 가지고, 눈을 감고 심호흡을 한다.
- 지문을 파악하는 데 도움이 되는 여분의 종이를 준비한다.
- 시험을 끝까지 볼 수 있는 시간을 허락하고 어떤 질문도 놓치지 않게 검토하도록 한다.

(ETS)은 조절해야 하는 것들에 대한 정보를 제공한다. ETS를 위한 웹사이트는 **http://www.ets.org/disability**이다. **교수 정보 9.1**, "학습장애를 위한 시험보기 전략"은 시험을 보기 위하여 도움이 되는 몇몇 방법을 제시한 것이다.

### 중등학교의 교과내용영역 교사

대부분의 중등학교의 교과내용영역 담당교사는 장애 학생을 위한 준비를 하지 않는다. 그들의 준비는 수학, 프랑스어, 물리 혹은 영문학과 같은 교과내용을 전문화하는 것이고, 그들은 NCLB법 아래 "높은 질적 교사"를 중시한다. 그러므로 고등학교에서 특수교사를 위한 중요한 협력적 역할은 교과내용영역 담당교사들이 장애 학생의 요구에 민감성을 발달시키도록 도와주고, 그들에게 이런 학생들을 가르치기 위한 전략을 제공하면서 그들과 함께 가르치는 것이다. 협력은 교과내용영역 담당교사에게 특별한 아동의 문제에 대한 특성을 이해시키고 그 학생을 위하여 요구되는 조절은 어떻게 해야 하는지를 알려 도와주는 것이다. 예를 들어, 학생들이 심한 읽기장애가 있다면 수업을 해독하고 교재를 디지털화하는 것으로 도움을 준다. 맹이나 난독증에게는 교재를 녹음하여 사용하기 쉬운 오디오 테이프와 CD책이 제공된다. 사실상, 맹과 난독증을 위하여 녹음된 교재를 사용하는 사람들의 약 75%는 학습장애인이다. (더 많은 정보는 **http://www.rfbd.org**에 있는 맹과 난독증을 위한 녹음을 살펴보도록 한다.) 출판되는 많은 책은 디지털로 번역되어 활용되고, 이런 번역은 총체적 디자인으로 부가적인 지원을 요구하는 학생들에게 제공된다. 심한 쓰기 문제를 가진 학생들에게는 시험에서 구어로 대답하거나 대답을 녹음하고, 혹은 다른 누군가에게 대답을 구술할 수 있도록 허락된다. 매우 늦게 정보를 처리하는 학생에게는 여분의 시간을 허락할 수 있다.

## 9.3 중등학교 학생을 위한 전환 법률

**전환**은 학생들이 성인 역할을 하게 될 것이라는 가정 하에 주요한 행동으로 상태를 변화시키는 것을 의미한다. 이러한 새로운 역할은 직업, 진학, 가정 관리, 만족스러운 인간 경험과 사회적 관계가 포함된다. 많은 연구들은 청소년이 부적절한 **전환 계획**을 받으면 직업을 찾는 데 도움이 되지 않는다고 밝힌다(Brown, 2000). 청소년들이 자신의 직업을 찾는 것은 가장 좋은 일이지만 이런 일에 학교나 성인 기관의 도움은 매우 적다. 비교적 소수의 학습장애와 관련 경도장애 청소년들이 대학에 진학한다. 전국 종단적 전환연구2는 단지 33%의 학습장애 학생들이 고등학교 졸업 후 2년 안에 중등학교 이후의 학교에 입학한다고 밝혔다. 4년제 대학에 진학하는 이들은 겨우 10%에 불과했다(Corteilla, 2009). 또한 청소년들에게는 자신의 결정과 자신의 삶에 대한 책임을 위해 자기주장에 대한 훈련이 필요하다.

장애인교육개선법-2004(IDEA-2004)는 전환에 관한 요구를 규정한다. 전환은 학생이 16살이 되었을 때 가장 효과적이므로 전환에 대한 첫 IEP는 그 이전에 시작되어야 하고, 매년 갱신하여야 한다. IDEA-2004는 전환에 대한 내용을 다음과 같이 규정하여 제시한다.

1. 가장 적절하고 중요한 중등학교 이후의 목표는 훈련, 교육, 직업, 그리고 적절한 장소, 삶의 기술에 관련된 전환에 대한 사정을 연령에 맞추어 실시하는 것을 기본으로 한다.
2. 전환 지원(공부 과정 포함)은 이러한 목표에 도달시키는 데 학생을 지원할 필요가 있다.
3. 주법에 학생들이 중요한 연령에 도달하기 전 1년보다 늦지 않게 시작해야 하는 것은 학생의 권리를 공식화했다는 진술이 있더라도 학생들은 중요한 연령이 되었을 때 전환되어야 한다는 것이다.

전환은 중등학교 이후의 교육, 직업교육, 취업(지원된 취업 포함), 지속되는 성인 교육, 성인 지원, 자립생활, 공동체 참여와 같이 기초 학습의 기능을 향상시키고 학교에서 학교 이후의 활동에 이동하도록 촉진시키는 데 중점을 둔다(IDEA-2004).

법은 개개 학생의 요구를 토대로 한 일련의 활동으로서, 중등학교 이후에 학생들을 준비하도록 계획하는 것을 전환이라고 한다. 학생은 자립생활뿐만 아니라 취업 혹은 중등학교 교육 이후의 교육을 준비하기 위하여 중등학교를 졸업해야 하고, 법은 개별화 전환교육(ITP)이 장애 학생을 위한 IEP의 일부로서 16세에 작성하도록 규정한다. 대부분의 학교 지구는 전환 목표와 이런 목표를 충족시키는 활동을 학생의 IEP에 결합하여 사용한다. 몇몇 학교는 분리된 ITP를 개발하기도 한다. 특수교사는 ITP를 개발할 의무가 있다.

## 전환 계획의 내용

전환 계획(IEP/ITP)은 다음의 내용을 포함해야 한다(Mazzotti et al., 2009; Hartmanm 2009; Ankeny, Wilkins, & Spain, 2009; Brown, 2000; NICHCY, 1999).

1. **기초 학습 성취와 기능 수행의 현행 수준.** 전환 계획에는 전환팀이 어디에서 시작해야 할지 알기 위해 학생의 성취에 대한 현행 수준이 진술되어야 한다.
2. **흥미와 적성.** 전환 계획에는 학생의 흥미, 적성, 잠재력, 미래의 꿈이 진술되어 있어야 한다.
3. **학교 졸업 후 목표.** 전환 계획은 범위를 한정해야 하고, 공동체 생활, 취업, 중등학교 이후의 교육과 훈련을 위해 학생, 부모, 전환팀에 의해 확인된 학교 졸업 후의 목표로 계획되어야 한다.
4. **전환 활동.** 전환 계획에는 직업과 직업 교육, 일 경험, 그리고 공동체 중심 교수와 같은 영역에서 특별한 전환 활동이 포함되어야 한다.
5. **책임자 지명.** 전환 계획에는 학생의 고등학교 졸업 후에 지속적으로 전환을 책임질 사람 혹은 기관이 지명되어야 한다.
6. **평가.** 전환 계획은 평가와 개정이 이루어져야 한다.

**교수 정보 9.2**, "중등학교 장애 학생을 위한 전환 계획 개발을 위한 지침"은 중등학교 학생을 위한 전환 계획을 준비하는 안내이다.

## 교수 정보 9.2

### 중등학교 장애 학생을 위한 전환 계획 개발 지침

- 개별화 전환 계획(ITP)을 개발하기 위하여 개개 학생을 위한 개별화 전환팀을 구성하라. 이 계획의 목표를 충족시킬 수 있는 자료를 수집하라. 학생들이 고등학교 프로그램에 있을 때 학생들을 위한 지원을 제공할 수 있을 모든 기관을 포함하라.
- 사업과 산업 대표와 협력하고 전환 계획의 목표를 충족시킬 수 있는 학생과 관계를 형성하라.
- 전환교육과정을 개발하라. 전환하는 동안 학생들을 도와주는 의사소통 기술, 자존감 개발, 결정 내리기 기술, 경력 개발, 공동체 생활 기술, 그리고 시간 관리 기술을 포함하라.
- 자기 주장 기술을 가르쳐라. 학생들은 교실과 직업 모두에서 조절을 위해 요청되는 지원이 규정된 법을 이해하도록 도와라. 청소년들은 그들의 미래에 관한 결정을 내리는 데 이러한 정보를 활용할 수 있다. 학생들이 그들 스스로를 위하여 주장하도록 가르쳐라. 대부분 그들의 상호활동은 조절과 지원을 위하여 구조적인 요구를 요청한다. 학생들은 고등학교에서, 중등교육 이후의 학교에서 교사와 함께, 그리고 경영자와 함께 상호작용한다. 그들은 다른 기관에서도 지원을 받을 필요가 있을 것이다. 그들 스스로를 위하여 말하고, 그들의 행동과 상호행동의 결과에 인내하는 것을 배움으로써 학생들은 성인기에 필요한 기술들을 학습한다.
- 기초 학습 기술에 대한 적격성을 수립하라. 학생들은 읽기, 쓰기, 수학, 그리고 컴퓨터 사용에 대한 능력을 갖추도록 한다.
- 공부기술을 가르쳐라. 청소년들은 시험 준비, 시험보기 전략, 그리고 학습 전략의 도움이 필요하다.
- 학생들은 조절과 수정을 적절하게 효과적으로 활용하도록 가르쳐라.
- 사회적 기술과 대인관계 의사소통 기술을 가르쳐라.
- 학생들이 중등학교 기관에 있을 때 그들의 능력과 그들의 특별한 요구, 그들의 장애가 미래의 공부와 직업에 어떻게 영향을 미칠 것인가에 대하여 설명할 수 있도록 하여 그들 자신을 위해 주장하도록 가르쳐라.

## 전환 계획 개발

학습장애 청소년을 위한 전환 계획 목표는 다음과 같은 몇 가지 방법을 따른다.

- **경쟁적인 취업.** 학습장애 학생의 약 57%는 고등학교 졸업 후에 경쟁적으로 취업하기 위한 계획을 세운다(Wagner et al., 2003). 직업 교육은 이러한 학생들이 직업을 탐구하고 다양한 영역에서 최소한의 기본 지식을 획득하도록 도와주는 전환팀의 필수적인 부분이다. 부모와 교육자들은 학생들의 취업에 대한 흥미 영역과 잠재능력 분야를 확인하여 학생들을 도와주고, 학생들이 입

학 수준 요구를 어떻게 충족할 수 있는지를 결정하는 데 함께 작업해야만 한다. 학생들은 협동학습 계획으로 참여한 직업에서 다양한 경험을 하여 혜택을 받을 것이다(Brown, 2000; Gerber & Brown, 1997).

- **직업 훈련과 견습 프로그램.** 몇몇 학생들은 직업적 훈련 학교에 들어가거나 견습 프로그램에 들어가서 고등학교 이후의 직업을 위해 준비한다.
- **중등학교 이후 교육과 대학 출석.** 과거, 많은 학습장애 학생들은 중등학교 이후의 교육에 대한 선택을 생각하지 않았다. 전국 종단적 전환연구2에 의하면 22%의 학생들이 직업과 몇몇 유형의 중등학교 이후의 교육에 참여하고 있다고 보고한다(Cortiella, 2009). 그러나 이런 목표를 충족시키려면 대학에 대한 정보를 상세히 제시하고 상당한 격려가 포함된 전환 계획이 필요하다.
- **지원된 취업.** 몇몇 전환 프로그램은 학교 공부에서 지원된 취업까지 연결다리를 제공한다. 이런 유형의 프로그램에서는 전환 교육가가 특수교육 학생을 고용하려는 경영자를 찾아야 한다. 또한 전환 교육가는 직업 코치가 불가피한 힘든 현장에서 학생을 감독하고 도와주기 위해 취업 장소에서 함께 일하기도 한다.
- 전국 종단적 전환연구는 학생들이 그들 자신에게 좀 더 영향력 있고 학교 이후 목표를 파악할 수 있는 기술에 좀 더 밀접하게 연결하기 위하여 전환을 계획하는 활동을 권유한다(Cortiella, 2009).

## 9.4 학습장애 청소년과 관련 경도장애 청소년을 가르치는 방법

몇몇 서로 다른 교수적 접근과 교육과정 모형은 중등학교에서 학습장애 학생과 관련 경도장애 학생에게 사용된다(Cole & McLeskey, 1997; Sitlington, 1996; Swanson & Hoskyn, 2001).

### 효과적인 중등학교 프로그램의 특징

Zigmond(2007, 2003, 1997)는 학습장애 학생을 위한 효과적인 중등학교 프로그램의 필수적인 특징으로 다음과 같은 요소를 제안한다.

- **읽기와 수학에서의 집중적인 교수.** 많은 학습장애 학생들은 읽기, 쓰기 그리

고 수학에서 나타나는 빈약한 기술 때문에 일반교육의 과정에서 좋지 않은 성적을 받는다. 이러한 학생들은 읽기, 쓰기, 어휘 발달, 그리고 수학에서 기초적인 교수를 요구한다(Fuchs & Fuchs, 2001a).

- **생존 기술에 대한 교수.** 고등학교에서 성공적인 기능을 위해 필요한 몇몇 기능적 기술 혹은 생존 기술에는 (1) 학생들이 학교에서 어려워하는 것에서 벗어나게 도와주는 전략, (2) 교사들이 학생들을 고려하여 긍정적인 관점에서 만든 행동적 유형을 학생들이 습득하도록 도와주는 기술, (3) 조직화된 시간, 교재에 대한 접근, 강의와 교재에 기록하기, 조직화된 정보, 시험을 위한 공부, 시험보기 위한 공부와 시험보기 전략이 포함된다.

## 중등학교에서 학습장애 청소년과 경도장애 청소년을 지원하는 교육과정 모형

교육과정 모형은 고등학교의 최고학년과 중간학년에 속한 학습장애 청소년들에게 사용된다(Cole & McLeskey, 1997; Deshler et al., 1996; Lenz & Deshler, 2003, Sitlington, 1996). 이런 것에는 (1) 기본 기초 학습 기술 교수, (2) 또래 교수, (3) 기능적 기술 혹은 생존 기술 교수, (4) 일-공부 프로그램이 있다.

**기본 기초 학습 기술 교수** 기초 기술을 가르치는 목적은 학생의 기초 학습 결함을 개선하려는 것이다. 800만 이상의 중학교와 고등학교 학생들이 혼자서 노력하는 것으로 추정된다(Joseph & Schisler, 2009; Grigg, Daane, Jin, & Campbell, 2003). **기본 기초 학습 기술 교수**는 특히 읽기와 수학에서 직접 교수를 통하여 학생의 능력을 개선하는 데 중점을 둔다. 학생들은 그들의 성취, 혹은 교수적 수준에 가까운 단계에서 수업을 받는다. 예를 들어, 16세의 학생이 5학년 정도의 읽기 수준에 있다면 그 학생을 위한 읽기 교수는 5학년 수준에서 계획된다(Fuchs & Fuchs, 2001b). 청소년들에게 목표된 중재와 청소년들에게 도움이 되는 이해 전략뿐만 아니라 단어 공부, 단어 의미와 단어 개념의 개발에 초점을 맞춘 이런 중재는 너무 늦지 않게 실시되어야 한다. 독자들이 노력할 때 적절한 교수가 제공된다면 단어 해독에 대한 그들의 능력은 개선될 수 있다. 반복되는 읽기와 같은 중재는 청소년 독자들에게 효과적인 전략이라고 익히 증명되어 왔다(Malmgren & Trezek, 2009).

**또래 교수** **또래 교수**의 목적은 특별한 기초 학습 과목에서 학생을 돕고 학생들의 일반교육 과정에서 성공적인 성취를 할 수 있게 하는 것이다. 예를 들어, Alex

가 미국 역사 수업을 어려워하여 결국 낙제했다면, 그의 교수는 특별히 그가 공부하는 역사 자료에 초점을 맞출 것이다. 이런 교수는 학생의 개인적 요구를 기본으로 하고, 일반교육과정의 내용은 학생의 기술을 강화하는 데 중요시될 것이다. 예를 들어, Alex가 심각한 시각 기억의 문제를 가지고 있다면, Alex에게는 그의 시각 기억 기술 결함을 보완하는 방법으로 역사를 가르칠 것이고, 동시에 미국 역사 내용은 Alex의 시각 기억 기술을 형성하는 데 중요할 것이다. 목표는 일반교육 교육과정에서 성공하도록 Alex를 돕는 것이다. 특수교육 자료 교사는 학생들이 어려워하는 모든 기초 학습 과목에 대한 요구를 알아야 한다.

**기능적 기술 혹은 생존 기술 교수** 기능적 기술에 대한 교수 유형의 목적은 학생들이 사회에서 필요한 기능을 갖추도록 하는 것이다. 생존 기술은 청소년들이 학교 밖의 세상으로 나아갈 수 있도록 하는 것이다. 교육과정은 소비자 정보, 신청서를 작성하여 완성하기, 직업을 찾아 지원하기, 은행과 돈을 관리하는 기술, 금리와 할부 구매를 이해하기, 생활 관리 기술, 용모를 단정히 관리하는 기술, 컴퓨터 사용 기술과 같은 과목을 포함한다. 기초 학습 내용은 학생들의 경력과 생활 요구를 준비시킨다. 예를 들어, 읽기를 통한 지시, 구인 광고, 혹은 운전 수업 안내와 같이 연관된 영역에 관하여 지도하는 것이다. 자기 동일성을 위한 안내와 상담 및 활동을 계획하는 것 또한 교육과정의 일부분이다.

**일-공부 프로그램** **일-공부 프로그램**의 목적은 청소년들에게 실질적인 직업 경험뿐만 아니라 직업과 경력에 관계된 기술을 제공하는 것이다. 전형적인 일-공부 프로그램은 학생들을 직장에 하루 중 반, 그리고 나머지 반은 학교에서 보내는 것이다. 학교에 있는 동안 그들은 그들의 직업을 호환할 수 있는 자료로 공부한다. 이들 학생들은 일반교육 과정에서 몇 시간을 보내고 나머지 시간은 특수교사와 함께 공부한다. 일-공부 접근은 고등학교 환경에서 동기화되지 않은 학생들에게 특히 성공적이다. 특수교사는 요구되는 직업 기술과 직장에서 학생들을 감독하는 통합 교육의 협력자로서 지원한다.

## 컴퓨터 공학 지원과 교수

일반적인 컴퓨터 애플리케이션을 사용하는 능력은 반드시 필요하다. 읽기, 쓰기 철자에 어려움을 가진 학생들은 종종 컴퓨터를 잘 사용한다. 컴퓨터의 경험은 학생들이 많은 종류의 직업에서 필요한 필수 과학적 기술을 발달하도록 도와준다.

ⓒ Bob Daemmrich/The Image Works

고등학교 교육과정에서 직업 기술을 가르치는 데 일-공부와 직업 프로그램을 결합할 수 있다.

학습장애 청소년과 관련 경도장애 청소년들은 이메일, 문서 처리, 그래픽 조직자, 컴퓨터용 회계처리 프로그램, 그리고 프리젠테이션 소프트웨어(예: 파워포인트)와 같은 기본적인 컴퓨터 기술을 배울 것이다(Belson, 2003; Raskind, 1998a). **학생 이야기 9.3**, "Richard－컴퓨터가 어떻게 나의 인생을 변화시켰나"는 컴퓨터가 자신의 인생을 변화시켰다고 믿는 학습장애인의 이야기이다.

## 학생 이야기 9.3

### Richard–컴퓨터가 어떻게 나의 인생을 변화시켰나

컴퓨터는 난독증과 난서증이 있는 나를 변화시켰다. 컴퓨터는 나에게 쓰기와 조직적 문제를 보완(약간은 지나친 수정이 이루어지기도 했을 것이다)하게 해 주었기 때문에 사람들이 나의 손글씨를 보는 몇몇 시간을 제외하고 난독증과 난서증은 나의 일상에서 명백하게 나타나지 않게 되었다. 또한 나는 세상에 있는 모든 사람들에게 이에 관하여 말할 수 있는 실질적인 경력을 쌓았다는 것은 매우 행운이었다. 나는 이 편리한 도구가 나에게 이런 발표를 할 수 있는 기회를 제공하였다고 말하고 싶다.

**출처:** From "Tools and dyslexia," by Richard Wanderman, 2003, *Perspectives*, *29*(4), 5–9.

**심화질문** 컴퓨터는 Richard의 인생을 어떤 방법으로 변화시켰다고 생각합니까?

## 학습장애 고등학생에게 발생하는 일

Cortiella(2009)는 학습장애 고등학생들이 학교를 떠나는 유형에 대한 자료를 발표하였다. 이 보고는 2007년의 자료로 다음과 같다.

- 졸업장을 획득한 졸업 61%
- 수료증 획득 14%
- 낙제 24%

또한, 미국교육부(2002)는 몇 가지 다른 유형의 졸업장과 자격증을 제시하고 학교는 다음과 같은 것을 제공할 수 있다고 제시한다.

1. **표준 졸업장.** 학생들은 시험에서 적절한 수행을 포함하여 모든 일반교육 학생과 동일한 기준을 충족하여야 한다.
2. **졸업장을 위한 다양한 기준이 적용된 표준 졸업장.** 학생들은 IEP 목표를 완성하는 것과 같은 다른 기준을 충족하여 졸업장을 획득할 수 있다.
3. **출석, 수료, 혹은 성취의 기준.** IEP를 가진 학생은 다른 방법의 기준을 충족하도록 허용될 수 있다.
4. **특수교육 증명.** 오로지 IEP를 가진 학생에게만 유용하다.

학습장애 학생들이 고등학교에서의 낙제율은 학교가 실시한 적절한 지원이 실패했다는 것을 나타낸다. 그러나 실질적으로 이런 낙제율은 고부담시험의 결과로 급증되었다. 많은 연구들은 낙제한 학습장애 학생과 졸업한 학습장애 학생은 취업과 학교 이후 적응이 서로 매우 다르다고 밝힌다(Thurlow, 2000; Ysseldyke, 2001). 학교에 머무른 학생과 졸업률은 학교를 떠난 사람보다 훨씬 더 많다. 불행하게도 학습장애 학생과 관련 경도장애 학생은 학교에서 낙제하여 불확실하고 냉혹한 미래에 직면한다. 그러나 몇몇 사람은 학교를 떠난 이후에 고등학교 수료증―고등학교와 동등한 학위인 고졸 학력 인증서(GED)―을 받기도 한다.

많은 학습장애 학생과 관련 경도장애 학생들은 초등학교와 중등학교에서 특수교육을 받은 후에 학교 공부를 더 잘 하여 고등학교를 졸업하고 대학에 가기도 한다. **학생 이야기 9.4**, "Dawn과 미국에 대하여 가르치기"는 학습장애 학생의 성공 이야기이다.

## 학생 이야기 9.4

### Dawn과 미국을 위한 교육(TFA)

Dawn은 학습장애를 가진 학생으로 특히 읽기, 주의집중, 조직화된 논쟁에 어려움을 보인다. 그녀는 초등학교와 중등학교에서 열심히 공부했고 그녀의 학습장애에 적합한 우수한 교수를 받았다. Dawn은 대학에 갈 수 있었고 대학 공부도 잘 따라갔다. 대학 2학년 때, 그녀는 TFA 프로그램에 대하여 가르친다는 것을 들었다. 특수교육 대상자가 존재해야 특수교육 교사가 존재한다는 생각은 그녀의 심금을 울렸다. Dawn은 TFA 프로그램에서 가르칠 것을 수락했다. 그녀는 특수교육 대상 학생들을 가르칠 때 그들에게 "여러분은 성취할 수 있습니다. 여러분은 다른 방법으로 공부를 하겠지만 여러분은 성취할 수 있습니다. 나는 노력하는 방법을 알고 있습니다."라고 말했다(Montes, 2007).

**심화질문** Down의 학습장애가 TFA 프로그램에서 그녀에게 어떻게 장애 학생을 가르칠 수 있게 만들었다고 생각합니까?

## 9.5 학습 전략 교수

**학습 전략 교수**는 학습장애 청소년들이 자신의 학습을 조절하도록 도와주는 실현 가능하고 유망한 방법을 제공한다. 이런 교수에 대한 초점은 특별한 교육과정을 포함하여 가르치는 것보다는 오히려 학생에게 어떻게 학습하는가에 대하여 가르치는 것이다. 효과적인 학습 전략 교수는 학생들에게 학습하도록 도와주고 그들에게 중요한 기초 학습의 과제를 성취하도록 하고, 문제를 해결하도록 하고, 독립적으로 과제를 완성하는 절차를 사용하게 한다. 학습 전략을 숙달하면서 학생들은 학습장애를 극복하고 완화시킬 수 있다. 사실상, 교사는 학생들이 학습하는 방법을 배우도록 돕는다(Deshler et al., 1996, 2001; Lenz & Deshler, 2003).

학습 전략은 어떤 사람이 어떻게 생각하는지와 과제를 수행하는 데 계획하고, 자극하고 평가할 때의 활동과 그것의 결과를 포함하는 과제에 대한 개인적 방법이다. 학생이 전략에 참여하는 계획, 수행, 평가를 안내하는 것은 인지적(사고처리과정), 그리고 행동적(명백한 행동) 요소 모두를 포함한다(Lenz, Ellis & Scanlon, 1996).

학습 전략 연구에서는 학습장애 청소년들이 비능률적인 학습자라고 밝힌다. 이런 청소년들은 학습하는 능력이 부족하기보다는 오히려 비능률적 방법으로 학습한다는 것이다. 예를 들어, Maria의 기억은 역사 수업에서 사실을 기억하기에 충분하지만, 그녀는 이런 사실을 기억하는 데 적절한 학습 유형을 사용하여 노력해야 한다. 과학을 어려워하는 Sam을 위한 학습 전략 교수는 학습하는 데 자료를 조직화하기 위한 몇몇 기술들을 가르치기보다는 오히려 주제에 대한 개념을 가르치는 것이다. 또한 이 방법의 주안점은 학생들을 변화하는 세계에 적응시키고 대처하는 방법을 가르치는 데 있다. 즉, 핵심주안점은 학습하는 방법인 것이다. 이 장의 시작에 인용된 "당신이 허기진 남자에게 생선을 준다면 당신은 하루 동안 그를 먹일 수 있다. 그러나 당신이 그 남자에게 생선을 어떻게 낚는지 가르쳐 준다면 당신은 평생 동안 그를 먹일 수 있다. 당신이 학습장애 학생에게 어떤 사실을 가르친다면 당신은 그 순간 그 학생을 도울 수 있다. 그러나 당신이 그 학생에게 어떻게 배우는지를 가르친다면 당신은 평생 동안 그 학생을 도운 것이다."라는 첫문장은 학습 교수 전략의 목표를 구체화한 것이다(Deshler, Ellis, & Lenz, 1996).

학습 전략에서 교수는 특히 3학년 이상의 읽기, 집중적인 학습 과제뿐만 아니라 상징 다루기와 지적능력이 평균 이상을 가진 학습장애 청소년들에게 특히 효과적이다(Deshler et al., 1996, 2001; Lenz & Deshler, 2003). 학습 전략은 사회와 행동에 대한 학습뿐만 아니라 중등학교 교육과정의 모든 기초 학습 영역에 적용될 수 있다.

고부담시험에서는 시험을 어떻게 치르는지에 관한 전략을 학생에게 가르치는 것이 중요하다. 잘 연구된 전략 중 하나는 PIRATES이다(Hughes, 1996). 이 전략에서 학생들에게 가르치게 되는 기억술은 다음과 같다.

P—성공을 준비하라
I—교수를 점검하라
R—읽기, 기억하기, 삭제하기
A—대답하기, 혹은 포기하기
T—되돌아가기
E—판단하기—가치롭다고 생각하고 평가되는 기술을 학생들에게 가르쳐라. E에서 학생들은 ACE를 배운다(Hughes, 1996; Holzer, Madaus, Bray, & Kehle, 2009)
S—조사하기
  A—대답에서 절대적인 단어 피하기
  C—오랫동안 가장 상세한 결정 선택하기
  E—유사하거나 어리석은 선택을 판단하기

## 학습 전략을 가르치기 위한 지침

학습 전략 교수에서 가장 홍미로운 것은 상당량의 연구가 이루어지고 있다는 것이다(Schumaker & Deshler, 2009; Deshler et al., 1996; Lenz & Deshler, 2003; Slavin, 2006). **교수 정보 9.3**, "학습 전략 가르치기"에서는 실질적으로 학습 전략 교수를 가

## 교수 정보 9.3

### 학습 전략 가르치기

- **배경 지식 활용하기.** 학생들은 교수의 주제 혹은 읽기 선택에 관하여 얻을 수 있는 정보와 경험이 되는 그들의 **배경 지식**이 활성화되었을 때, 혹은 교사들이 적절한 배경 지식을 이끌어 내고, 형성하고, 배경 지식에 집중했을 때 교수로부터 좀 더 많은 것들을 획득한다. 배경 지식은 새로운 자료를 학습하는 학생의 능력에 대한 가장 강력한 전조가 된다. 좀 더 많은 학생들이 주제에 대하여 알고, 교재의 주제들을 더 잘 이해하고 배운다.
- **진보 평가.** 성공적인 학습자는 그들 자신의 진보를 평가한다. 그들은 어떻게 할 것인가에 대한 생각을 한다. 예를 들어, 그들이 읽기에서 교재의 특징에 대한 지식과 학습을 평가하는 적절한 전략을 활용하는 것이다.
- **일반화 가르치기.** 성공적인 학습자는 새로운 상황에서 기술과 지식을 특별한 교재에 적용하여 활용한다. 특정기술을 활용하는 상황에서는 직접 교수를 학생들에게 제공하고, 그들의 수행에 대한 평가는 그들의 일반화를 개선할 수 있을 것이다.
- **능동적인 학습자로 만들어라.** 학습에 능동적으로 참여하는 학생들은 수동적인 역할을 하는 학생보다 좀 더 성공적이다. 효과적인 학습자는 질문을 만들어 내고, 요약하고, 수업의 방향을 결정하는 데 도움이 된다.
- **자아-개념 향상.** 성공적인 학습과 학생의 자아-개념, 그리고 긍정적인 태도 사이에는 강력한 상호관계가 있다. 높은 수준의 성취를 획득한 학생은 높은 자아-개념을 가지는 경향이 있지만, 낮은 성취자는 빈약한 자아-개념을 가진다. 학습의 성공은 자아-개념을 향상시킨다.
- **기억 전략 사용하기.** 성공적인 학습자는 효과적인 기억 전략을 활용한다. 기억은 배경 지식과 관련되어 있다. 좀 더 많이 아는 사람들은 좀 더 많이 기억할 수 있다. 단기 기억은 그 능력이 제한적이다. 학습된 것의 대부분이 재빨리 활용되지 않거나 사전에 학습한 것과 연결되지 않으면 금방 잊어버리게 된다.
- **상호적인 학습 활용하기.** 학생들에게 다른 학생과의 상호활동의 기회를 제공하는 것은 매우 중요하다. 협력학습과 또래학습은 대인관계를 개선할 뿐만 아니라 성취와 동기를 향상시킨다. 한 학생이 다른 학생을 가르칠 때, 학생 모두의 성취는 개선될 수 있다.
- **질문 개발하기.** 질문은 이해를 돕는다. 학생들은 그들 자신의 질문을 만들어 낼 때 좀 더 효과적으로 학습한다. 더 많은 질문을 하는 학생들이 적게 질문을 하는 학생들보다 이해력이 높다. 교사들이 학생들에게 반응하고 탐구를 촉진하는 시간을 좀 더 많이 제공하였을 때 학생들은 질문에 대하여 좀 더 깊이 생각하고, 심사숙고한 다음에 대답을 한다.

르치기 위한 몇 가지 실제적인 지침을 제공한다.

## 전략 중재 모형

교수 전략의 모형으로 가장 널리 사용된 것 중 하나인 **전략 중재 모형**(strategies intervention model, **SIM**)은 캔자스 학습연구센터의 Deshler와 그의 동료들(2001)이 학습장애 청소년들에게 수년 동안의 프로그램을 적용한 연구에서 개발되었다. SIM은 학습장애 청소년들에게 학습 전략을 가르치기 위해 완벽히 개발된 절차를 인지시키는 것이다(Deshler et al., 1996; Ellis, Deshler, Lenz, Schumaker, & Clark, 1991; Lenz & Deshler, 2003; Lenz et al., 1996; Oas, Schumaker, & Deshler, 1995). 이 실제와 유용한 모델은 고등학교 교육과정의 요구에도 대처하려는 다음과 같은 두 개의 측면을 가진다. (1) 교사는 교육과정에서 학생의 요구를 파악해야만 한다. (2) 교사는 특별한 학습 전략이 학교 요구에 잘 부합되게 해야 한다.

## 교수 학습 전략을 위한 단계

SIM모형은 일련의 8개의 교수적 단계가 있다(Schumaker & Deshler, 2009; Clark, 2000; Deshler et al., 1996; Lenz & Deshler, 2003). 통합된 일련의 분명한 행동과 인지적 행동은 학생들이 문제를 해결하거나 과제를 완성할 수 있도록 도와준다. **표 9.3**은 학습 전략을 가르치기 위한 단계를 요약한 것이다. 다음에 제시된 단계는 학습 전략을 가르치기 위한 과정을 특별한 상황에 적용한 것이다.

**단계 1: Elena Martinez(교사)는 Andrew Fleming(학생)에게 그의 현재 학습 습관을 파악하기 위한 예비 검사를 실시한다. 그녀는 그로부터 학습하겠다는 약속을 받는다.** Andrew는 학습 전략 목표가 요구되는 과제를 수행하도록 요청되었다. 예를 들어, 자기 질문 전략을 위하여 Martinez 선생님은 Andrew에게 이해 질문을 읽고 답을 하도록 요구하였다. Martinez 선생님과 Andrew는 그의 수행에 대한 결과에 대하여 논의하고 그녀는 학습 전략을 획득하기 위한 그의 요구를 알고 그에게 도움을 준다. Andrew는 그 혜택을 알고, 새로운 전략을 학습하는 것에 즉시 동의한다.

**단계 2: Martinez 선생님은 새로운 학습 전략을 기술한다.** 다음은 Martinez 선생님이 Andrew에게 학습 전략을 수행하는 데 포함된 단계와 행동을 다음과 같이 설명한다. "Andrew! 처음으로 너는 문단을 읽을 거야. 그러고 나서 너는 읽는 것을 멈추고 너 자신에게 몇 가지 질문을 할 거야. 네가 생각하는 질문에 네가 대답하거나

**표 9.3** 학습 전략을 가르치는 단계

| | |
|---|---|
| **단계 1. 교사는 학생에게 사전 시험을 치르고 약속 받기** | |
| 과정 1. 오리엔테이션과 사전 시험 | 과정 2. 인식과 약속 |
| **단계 2. 교사는 학습 전략 기술하기** | |
| 과정 1. 오리엔테이션과 개요 | 과정 2. 전략을 설명하고 기억하기 위한 체계 |
| **단계 3. 교사는 전략을 계획하기** | |
| 과정 1. 오리엔테이션<br>과정 3. 학생 참가 | 과정 2. 설명 |
| **단계 4. 학생이 전략을 구어로 연습하기** | |
| 과정 1. 구어로 상세히 말하기 | 과정 2. 구어 연습 |
| **단계 5. 학생은 통제된 연습과 보상 받기** | |
| 과정 1. 오리엔테이션과 개요<br>과정 3. 독립된 연습 | 과정 2. 안내된 연습 |
| **단계 6. 학생은 발전된 연습과 보상 받기** | |
| 과정 1. 오리엔테이션과 개요<br>과정 3. 독립된 연습 | 과정 2. 안내된 연습 |
| **단계 7. 교사는 학생에게 사후 시험과 약속 받기** | |
| 과정 1. 확인과 축하 | 과정 2. 일반화에 대한 예상과 약속 |
| **단계 8. 학생은 학습 전략 일반화하기** | |
| 과정 1. 오리엔테이션<br>과정 3. 적용 | 과정 2. 촉진<br>과정 4. 유지 |

출처: Adapted from "An instructional model for teaching learning strategies" by E. Ellis, D. Deshler, B. Lenz, J. Schumaker, & F. Clark, 1991, *Focus on Exceptional Children*, *23*(6), 11. Denver의 Love 출판사의 허락하에 재인용함.

읽었던 문단에서 대답을 찾을 수도 있어. 네가 생각할 수 있는 모든 질문에 대답한 후에 너는 다음 문단을 읽게 될 거야." 또한 그녀는 Andrew에게 그 전략이 이용될 상황을 설명한다.

**단계 3: Martinez 선생님은 새로운 학습 전략을 계획한다.** 그녀는 2단계에서 기술된 모든 단계를 입증한다. Martinez 선생님이 생각한 바를 말하여 실행하는 동안

Andrew는 전체적 과정을 지켜볼 수 있다. 그 다음에 이어지는 계획은 Martinez 선생님이 적절한 질문을 하여 Andrew를 포함시키는 것이다.

**단계 4: Andrew는 학습 전략의 단계를 구두로 연습한다.** Andrew는 Martinez 선생님의 격려 없이 100%의 목표에 도달할 때까지 큰 소리로 말하면서 단계를 연습한다. Andrew는 자기교수 절차를 통해 단계에 친숙해진다.

**단계 5: Andrew는 자료를 조절하면서 연습하고 보상을 받는다.** Martinez 선생님은 새로운 학습 전략을 연습하는 Andrew를 위하여 자료를 제공한다. 세심히 선택된 연습 자료에 의해 그녀가 간섭하는 문제들을 최소화시킬 수 있다. 예를 들어, 읽기 자료에서 자신에게 질문하는 전략을 연습하는 데 그녀는 매우 어려운 어휘로 난항에 빠지지 않고 목표 전략을 연습하려는 Andrew를 위하여 충분히 쉬운 자료를 선택하는 것이다.

**단계 6: Andrew는 교실 자료로 연습하고 보상을 받는다.** 어느날 Andrew가 통제된 자료를 사용한 전략으로 자신감을 얻게 되면, Martinez 선생님은 그의 일반학급에서 사용되는 자료를 전략에 적용한다. 이 단계는 학습 전략의 응용과 일반화로 발전시키는 단계이다. 학습도움실에서 성공적으로 전략을 활용한 후에 Andrew는 일반적인 학습 상황에서 기술을 일반화하는 것을 배워야만 한다.

**단계 7: Martinez 선생님은 Andrew의 진보 정도를 결정하는 사후 시험을 치르고 일반화에 대한 약속을 받는다.** 교수가 Andrew를 목표 영역에서 교육적 요구에 충분히 대처하도록 발전시켰다면 성공한 것이다.

**단계 8: Andrew는 학습 전략을 일반화한다.** 효과적인 전략 교수의 실질적인 평가는 학생이 현실 세상에서 획득된 전략을 일반화하고 새로운 환경과 상황에서 획득된 전략을 계속하여 사용하는 것이다. Martinez 선생님은 Andrew가 다른 환경에서 전략을 수행하는 것을 관찰하고, 필요한 단계를 검토하고, 전략에 대한 적절한 적용의 단서를 제공하고, 전략의 사용을 촉진하는 것으로 일반화를 지원한다.

요약해 보면, 학습 전략 접근의 목표는 장애 청소년을 참여시켜 적극적이고 독립적인 학습자로 가르치는 것이다. 많은 연구들은 학습 전략 교수가 학생들이 "배우는 방법을 학습하기" 때문에 효과적이라고 밝히고 있다. 전략 중재 모형에 관한 추가적인 정보는 학습연구센터에 연결해 보라(University of Kansas, 3061 Dole Human Development Center, Lawrence, KS 66045; 전화 (785)864-4780; 웹사이트

http://www.ku-crl.org).

## 9.6 중등학교 이후의 프로그램

중등학교 이후의 교육은 학습장애인과 관련 경도장애인을 위한 새로운 기초 학습의 영역이다. 중등학교 이후의 교육은 지역사회 대학, 직업교육 훈련, 학위를 필요로 하지 않는 중등학교 이후 프로그램, 그리고 4년제 대학이 있다(Cook & Rumrill, 2006; Cowan, 2006).

### 대학 프로그램

불과 몇 년 전만 해도 대학에 입학하는 것은 대부분의 학습장애 성인과 관련 경도장애 성인에게 해당되지 않는 문제였다. 그러나 오늘날 대학교육에 대한 기대는 전망이 밝아지면서 학습장애나 관련 경도장애를 가진 젊은이들을 위한 입학 기회를 많은 대학에서 마련하고 있다. 많은 학습장애인과 관련 경도장애인은 대학에 입학하여 장래를 생각할 수 있고, 그들의 미래를 위하여 좀 더 나은 준비를 할 수 있다(Cook & Rumrill, 2006; Vogel, 1998; Vogel & Adelman, 2000). 지역사회 대학은 종종 젊은이를 위한 좋은 선택이 될 수 있다. 그들은 고등학교와 대학의 틈새를 연결하는 특별한 프로그램과 지원을 받을 수 있다. **학생 이야기 9.5**, "학습장애를 가진 대학생, Darlene"은 학습장애를 가진 대학생의 이야기이다.

### 대학 프로그램에서 장애 학생을 위한 법률

장애인교육개선법-2004(IDEA-2004)의 보장은 학생이 고등학교를 졸업하거나 혹은 학생이 최대 22살이 되었을 때 끝난다. 따라서 또 다른 2개의 법이 장애를 가진 성인에 대한 보호를 담당하는데, 그 법은 (1) **미국장애인법(ADAA)**과 (2) **재활법 504조**이다. 미국장애인법은 1990년 처음으로 통과했던 연방법이고 비차별적 대우로 장애인의 권리를 보장하기 위해 2008년에 승인되었다. ADAA는 고용, 교통, 공공시설, 주와 지역의 고용, 그리고 전기통신의 특별한 분야에서 시민권리를 보장한다. 또한 교육환경에서 장애인의 권리를 보장받을 수 있다. 이 법은 자격시험에서 장애인을 위한 조절을 제공하는 데 활용되어 왔다.

## 학생 이야기 9.5

### 학습장애를 가진 대학생, Darlene

Darlene은 세 명의 형제 중 막내였다. 그녀의 언니와 오빠는 적은 노력으로 학교에서 좋은 성적을 받는 모범적인 학생이었다. 그러나 Darlene은 학교생활이 어려웠다. 처음에 그녀의 부모들을 "왜 너는 너의 언니, 오빠처럼 A성적을 받아오지 않는 거니?" 라고 말하였다. 마침내, 그녀가 6학년이 되었을 때 그녀의 부모님은 Darlene이 학습장애를 가지고 있다는 것을 알게 되었다. 그녀는 중학교에서 지원을 받았고 그녀의 성적은 개선되었다. 그녀의 고등학교시절에는 Darlene, 그녀의 부모, 그리고 전환팀이 대학진학을 위한 전환 계획을 개발하였다. 그녀는 예술 영역에서 뛰어난 재능이 있어 예술을 전공하고 싶어 했다. 그녀는 고등학교 상담교사와 함께 공부했고, 좋은 예술 교육과정과 학습장애 프로그램이 지원되는 대학을 선택하였다. Darlene은 대학 입학 시험을 위하여 특별 조절을 요청하였고, 그녀는 선택한 대학에 입학하였다. 대학에서 그녀는 그녀의 과정을 계획하면서 학습장애를 지원하는 직원과 함께 공부를 진행하였다. 그녀는 그녀의 과정에서 어떤 특별한 조절이 필요할 때, 그녀는 법아래 그녀 자신의 권리를 주장할 수 있다는 것을 알았다. 그녀는 매 학기마다 4개의 과정을 이수할 수 있음에도 불구하고 3개의 과정을 이수하여, 4년에 졸업하는 대신 5년에 졸업하기로 결정하였다. Darlene은 지금 대학의 최고 학년이 되었고 그녀는 졸업을 기대하고 있다. 세심한 계획과 준비로 그녀의 대학 교육은 도전이었지만 행복한 경험이었다.

**심화질문** Darlene이 대학에서 교육 받을 동안 도움을 요청하였을 때 어떤 조절이 이루어졌다고 생각합니까?

1973년에 마련된 재활법 504조는 중등교육 이후와 대학 프로그램의 확산에 크게 공헌하였다. 1973의 재활법은 다음과 같이 기술한다.

> 장애를 가진 자로서 … 오로지 그들의 장애 때문에 참여로부터 제외되고, 혜택이 제한되거나, 연방 재정 지원을 받는 어떤 프로그램이나 활동에서 차별화된 대상이 되어서는 안 된다…(794조항, 1973의 재활법)

게다가 판례법은 학교와 교육적 시설에 대한 조건을 504조에 관련된 해석으로 분명히 한다. 대부분의 대학이 조금이라도 연방 재정 지원을 받기 때문에, 그들은 재활법 504조 규정의 대상이 된다(Weber, 2006; Rothstein, 1998).

학습장애 학생들과 관련 경도장애 학생들은 ADAA와 재활법 504조 모두에서 장애로서 인정된다. 이 법률은 점차적으로 교육적 기관에서 실행되고 있고, 그로 인하여 학습장애 성인과 관련 경도장애 성인이 대학과 중등교육 이후의 학교에 입학하는 수가 꾸준히 증가하고 있으며, 그들은 이들 법에 의해서 다양한 지원을 받을 자격을 가지게 되었다(Weber, 2006).

## 일반교육에 포함된 학생 이야기 9.2

### 대학 프로그램에서 제안된 조절

- 어떤 프로그램을 완성하는 데 허락된 시간을 연장하기
- 교수 방법 적용하기
- 요구된 과정을 대안적 과정으로 대체하기
- 외국어 요구를 위한 과정을 수정하거나 대체하기
- 공부하는 데 한 번에 모든 시간을 사용하기보다는 쪼개어진 부분 시간을 허용하기
- 장애 영역에 영향을 받지 않도록 성취를 측정하는 시험 절차 수정하기
- 학생의 교재로 오디오테이프나 CD를 제공하기
- 강의에서 학생에게 도움이 되는 기록자 제공하기
- 학생에게 상담지원이나 또 다른 필요한 지원을 제공하기
- 학생을 위한 조절 계획을 개발하기
- 학생을 위한 IEP를 개발하기
- 읽기, 수학, 그리고 언어 영역에서 기본적 기술을 위한 교수를 제공하기

## 대학 프로그램의 조절

재활법 504조와 ADAA(미국장애인법)의 규정을 준수한다는 것은 대학의 변경을 허락하고 합리적인 조절을 형성하도록 하는 것이다. **일반교육에 포함된 학생 이야기 9.2**, "대학 프로그램에서 제안된 조절"은 대학 프로그램에서 몇몇의 일반적 조절 목록을 제시한 것이다(Bursuck, Rose, Cowen, & Yahaya, 1989; Vogel, 1998).

**학습장애인을 위한 대학입학 시험** 특별한 조절은 대학입학시험을 치르는 학습장애 학생들에게 이루어진다. 학습능력적성검사(SAT)를 위한 조절에 대한 정보는 대학입학자격시험 웹사이트인 **http://www.collegeboard.org**와 GRE나 GMAT에 대한 정보는 교육시험지원(ETS)에서 얻을 수 있다(Rosedale Road, Princeton, NJ, 08541; 전화 609-921-9000; 팩스 609-734-5410; 웹사이트 **http://www.ets.org**). 미국대학시험(ACT)의 특별한 조절에 대한 정보는 ACT 사정특별시험지침(ACT Universal Testing Special Testing: 61, P.O.Box 4028, Iowa City, IA, 52243-4028; 전화 319-337-1332; 팩스 319-337-1285; 웹사이트 **http://www.act.org**에서 이용할 수 있다)에 제공되어 있다. 대학 프로그램을 위한 자료는 학습장애 학생과 주의력결핍장애 학생을 위한 K와 W의 안내에서 찾을 수 있다(Kravetz & Wax, 2003). **교수 정보 9.4**, "학습장애 대학생을 돕기 위한 지침"은 학습장애 대학생을 돕는 방법을 제공한 것이다.

## 교수 정보 9.4

### 학습장애 대학생을 돕기 위한 지침

1. 수업이 시작되기 전 4주에서 6주 동안 개요를 활용할 수 있도록 만들고, 가능한 그 과정을 가지기로 생각하고 있는 학습장애 학생들과 개요를 토의할 수 있도록 한다.
2. 부담이 되는 주제에 대하여 검토하고 개관하여 강의와 토의를 시작하라.
3. 강의 자료의 개요는 칠판과 OHP를 활용하고, 적힌 것을 읽거나 사전에 준비된 슬라이드를 활용하기.
4. 강조되는 핵심 개념, 잘 사용하지 않는 전문용어, 외국어는 칠판과 OHP를 활용하라(읽기 쉽도록 하고, 특히 쓰여진 것을 읽어야 할 필요가 있을 때 주의하라).
5. 중요한 점, 주요한 생각, 그리고 강의에서 구두로 말하여지는 핵심 개념을 강조하라.
6. 구두뿐만 아니라 쓰기에서, 그리고 더 많은 설명을 위해 유용한 과제를 제시하라.
7. 학생의 참여, 질문 기간, 그리고 토론을 위한 기회를 제공하라.
8. 강의와 읽기에 관한 과제와 질문에 대한 개인적 논의를 위한 시간을 제공하라.
9. 교재, 공부 질문을 위한 공부 지침을 제공하고 자료에 익숙해지고 시험을 준비하는 데 도와주어야 하는 영역을 검토하라.
10. 쓰기 형태 대신에 구어 발표 혹은 테이프 기록 과제를 허용하라.
11. 평가절차를 수정하라. 예를 들어, 시간에 구애받지 않는 시험, 필기시험 대신 구어, 테이프, 타이핑하는 시험을 허용하라. 과정이 숙달되었다는 것을 설명할 수 있는 대안적 방법을 허용하고, 매우 빈약한 쓰기를 가진 학생을 위하여 적절히 연습시키고, 선이 그어진 종이를 제공하라. 컴퓨터 채점 답안지에 대체되는 것을 제공하라.
12. CD 혹은 녹음된 교재를 제공하여 학생을 지원하라. RFB&D(맹과 난독증을 위해 녹음하기)에 연락하라; 전화 800-221-4792; 웹사이트 **http://www.rfbd.org.**

## 전문적 자격증과 학습장애

법, 의학, 검안과 같은 전문직에 종사하려는 사람은 자격증 시험을 통과해야 한다. 미국장애인법에는 학습장애인이 이런 시험을 치를 때 조절을 제공받게 되어 있다. 빈번하게 요청되는 조절은 시험의 시간을 더 부여하는 것이다. 많은 연구들은 연장된 시간은 학습장애를 가진 사람들에게 도움이 된다고 밝히고 있다(Weaver, 2000). 불행하게도 전문직에 종사하려는 학습장애인은 조절을 위한 기회가 너무 많이 제한되어 있다(Hagin & Simon, 2000).

장애물은 이런 젊은이들이 졸업 가능성이 가장 높기 때문에 더 잔혹한 것이다. 그들은 지적이고 동기화되고 인내가 있는 사람으로 가족과 교사에 의해 제공되는 지원과 조절 제공은 그들이 학습장애를 가졌음에도 불구하고 고등 교육에서, 그리고 그들의 전문적 교육에서 성공할 수 있게 한다. 전문적으로 엄격한 사회에서 기회를 제공하는 것은 그들에게 상당한 공헌이 될 것이다(Hagin & Simon, 2000).

### 학위가 없는 중등학교 이후의 프로그램

학습장애를 가진 몇몇 젊은이들은 대학프로그램에 적격하지 않을 수도 있다. 그래서 그들은 자립을 배울 수 있는 기회를 제공하고, 사회적 경험, 재정 계획, 컴퓨터기술, 생활 경험, 직업 체험과 같은 실질적인 활동으로 구성된 중등학교 이후의 전환적 프로그램에서 더 도움을 받을 수 있다. 소수의 대학은 이런 학생을 위하여 다양한 프로그램을 개발하고 있다. 그 중 하나는 PACE 프로그램인데, 이는 일리노이 주의 스코키에에 있는 국립루이스대학에서 실시하고 있다. 또 다른 하나는 Threshold 프로그램으로, 이는 매사추세츠 주의 캠브리지에 있는 레슬리대학에서 실시하고 있다. 두 프로그램 모두 학생들에게 기숙사 생활과 같은 경험을 제공하는 2년제 프로그램이다. 학생들은 소비자 수학, 문제 해결, 건강 및 건강 관리, 인간 발달, 음악과 예술 감상, 사회적 전략, 단호한 태도 훈련, 자립 생활, 그리고 컴퓨터 공학에 대한 수업을 받는다. 그들은 또한 직업 감독의 지원을 받는 2년의 프로그램을 통하여 직장에서 일하는 경험도 한다. Threshold 프로그램은 과거 12년 동안 이런 프로그램을 실시한 것을 토대로 종단적 연구를 하였는데, 이 프로그램에 참여했던 사람 중 69%가 아파트에서 독립적인 생활을 하였고, 82%는 취업했다는 것을 알게 되었다(Yuan & Reisman, 2000). PACE 프로그램을 마친 사람들에 대한 연구에서는 82%가 취업되었고, 이는 다른 학습장애 성인의 취업보다는 좀 더 높은 것으로 나타났다고 밝혔다(Harth & Burns, 2004). PACE 프로그램의 웹사이트는 **http://www.nl.edu/academics/pace**이다.

또 다른 중등학교 이후의 프로그램은 Elmhurst 생활기술아카데미(ELSA)로 일리노이 주의 엘름허스트에 있는 엘름허스트대학(**http://public.elmhurst.edu**)에서 실시되고 있는 것과 몇몇 지역 주립대학의 대학생활경험(CLE)이 있다(**http://www.cleinc.net**).

## 9.7 학습장애 성인과 관련 경도장애 성인

학습장애는 개인이 학교를 떠날 때까지 나타나지 않을 수도 있다. 그러나 대부분의 어려움은 그들의 삶 전체에 걸쳐 지속된다. 학습장애 성인과 관련 경도장애 성인은 성인 세상에 성공적으로 전환하기 위한 지원과 도움이 필요하다. 텔레비전에서 보여지고 신문에 기사화되고, 잡지의 논문으로 발표되는 학습장애에 관한 공공의 인식프로그램을 통하여 많은 성인들은 그들의 문제가 학습장애와 관련되어 있음을 알게 된다. 예를 들어, 뉴스위크에 실린 하나의 논문은 일반 대중에게 학습장애에 관한 정보를 알려 주었다(Wingert & Kantrovitz, 1997).

학습장애를 가진 성인이 생활에서 좋아하는 것은 무엇일까? 이런 성인들이 세상에서 그들에게 적합한 자리를 찾는 것은 어려울지도 모른다. 그들은 직업을 찾기가 어려운 것은 물론 유지하기도 어렵고, 만족하는 사회생활을 개발하기도 어려우며, 심지어는 개개인의 일상생활에 대처하는 것조차도 어려울 수 있다. 학습장애를 가진 많은 성인들은 피하고, 숨고, 그들의 문제를 감추는 데 놀라울 정도의 전략을 개발한다. 이런 상황은 **학생 이야기 9.6**, "학습장애를 가진 성인, Frank"에 기술되어 있다.

학습장애를 가진 성인에 대한 조사에서 그들의 주요한 요구는 다음과 같은 영

## 학생 이야기 9.6

### 학습장애를 가진 성인, Frank

Frank는 학습장애를 가진 36살의 남자이다. 그는 평균 지능을 가졌지만 읽기에 많은 어려움을 보인다. Frank는 대학의 학습장애 클리닉에서 도움을 받는다. 그는 페인트공으로 고용되었고, 아내와 두 자녀를 부양하며, 읽기 기술이 요구되는 많은 일상 상황에 대처하는 법을 배우고 있다. 비록 그는 페인트 깡통의 색깔 라벨을 읽을 수 없고, 거리와 길의 신호를 판독하지 못하여 거리와 주소를 찾지 못하고, 혹은 그가 작업할 집의 위치를 찾는 데 지도를 활용하지도 못하지만 Frank는 읽기장애를 보완하여 관리하는 방법을 알고 있다. 그는 페인트 깡통의 색 코드를 시각적으로 기억한다. 그는 거리 이름을 읽을 수 없기 때문에 특정 영역에서만 일을 할 수 있도록 제한하려고 노력했다. 그가 친숙하지 않은 장소로 보내졌을 때에는 감독관이나 동료가 따라가 함께 일을 하도록 요청하거나 행선지에 도착하여 그 지역의 거주자에게 도움을 요청하였다. 그는 현재 일어나는 사건들은 텔레비전을 통하여 알았고 그의 아내가 그의 편지를 읽고 답해 주었다. 그러나 Frank는 결국 읽는 것을 배우지 않는 한 발전할 가능성이 없다는 것을 알았다. 게다가 그의 자녀들은 그가 가지고 있지 않았던 읽기 기술을 급속하게 획득하고 있었다. 그의 장애는 끊임없이 그를 괴롭혔고, 결국 그를 도와줄 곳을 찾기에 이르렀다. 그렇게 몇 년 후, 실패와 좌절을 반복하면서 Frank는 그의 문제가 학습장애라는 것을 알게 되었다. 그리고 그는 읽기라는 만만치 않은 과제에 다시 한 번 시도하는 데 용기를 내었다.

**심화질문** Frank는 도움을 받기 위해 무엇을 했다고 생각합니까?

역에서 나타난다고 지적했다. (1) 사회적 관계와 기술, (2) 경력 상담, (3) 자존감과 자신감 개발, (4) 의존감 극복, (5) 생존 기술, (6) 직업 훈련, (7) 직업 알선과 유지, (8) 읽기, 철자법, 개인적 재정 관리, 그리고 조직화된 기술. 이런 성인들이 직업을 잃었을 때 그들은 무엇이 잘못되었는지 확실히 알지 못한다(Gerber & Brown, 1997).

학습장애를 가진 성인에 관한 독특성은 무엇일까? 그것들은 늘 자기 동일시와 자기 의뢰이다. 성공하려면 그들이 진단과 치료교육과정 모두에 즉시 포함되어야만 한다. 그들은 생활에서 요구되는 것을 아는 기술을 학습하는 데 높게 동기화된 것처럼 보인다. 그들은 시험결과가 의미하는 것과 치료교육 프로그램의 목표와 목적을 알기를 원한다. 치료교육 프로그램은 그들에게 성공할 수 있다는 약속이다. 학습장애 성인은 법에 보장된 그들의 권리에 관하여 배울 것이다(Latham & Latham, 1997).

## 성인을 위한 읽고 쓰기 능력 조직

종종 성인들은 읽기를 학습하는 교수를 찾는 데 자극받는다. 이 문제는 학습장애인이 학교를 떠난 후에 나타나는데 극소수의 교육적 선택이 종종 그들에게 주어진다. 몇몇 읽고 쓰기 능력 프로그램은 성인을 위하여 고안되었고, 이에는 다음과 같은 것들이 있다.

- **미국의 읽고 쓰기 능력 자원봉사자.** 미국의 읽고 쓰기 능력 자원봉사자(LVA)는 성인에게 읽기, 쓰기, 그리고 영어 말하기 기술을 가르치는 자원봉사자로 구성된 가정 교사 연결망으로 전국적인 비영리 조직이다(LVA는 1320 Jamesville Ave., Syracuse, NY 13210으로 연락하면 된다; 전화; 800-448-8878; 웹사이트 **http://www.literacyvolunteers.org**; **http://www.proliteracy.org**).
- **Laubach 프로그램.** 이 사적인 조직의 목적은 전 세계적으로 읽고 쓰기 능력을 가르치는 것이다(주소 Laubach Literacy Action, P.O. Box 131, 1320 Jamesville Ave., Syracuse, NY 13210; 전화 800-528-2224; 웹사이트 **http://www.laubach.org**).
- **성인 기본 교육(ABE)과 일반교육 등급(GED).** 이러한 정부 지원 프로그램은 성인을 위한 교육을 제공한다. GED 시험에 통과한 사람은 고등학교를 졸업한 것과 같은 동일한 학력 인증서를 받는다.

## 내가 알고 있는 한 아동…

### Ellie: 사회적 상호작용에 어려움을 가진 학생

Ellie는 9학년, 14세이다. 그녀는 다른 도시에서 이 지역사회로 막 이사해 왔다. Ellie의 어머니는 이전 학교에서 Ellie가 학습장애 진단을 받았다고 말했다. Ellie는 조용했고, 소극적이었으며 많은 새로운 친구들을 형성하려 하지 않았다. 그녀는 종종 혼자서 교실 뒤편에 앉아 있고, 봉사자에게 대답도 하지 않았고, 학급 토의에도 참여하지 않았다. 독립적인 작업을 그녀에게 요구했을 때에도 최선을 다하지 않았고, 어떤 파트너와도, 혹은 협력적인 활동에도 적극적으로 참여하지 않았다. Ellie는 읽기에 연결되는 집단을 회피하였고 조용히 그림을 그리거나 휴게실, 사물함, 사무실에 갈 핑계를 만들어 요청하였다. 교사들은 모든 정보를 수집하고 그들의 관찰에서 Ellie는 해당 학년 수준으로 읽고 쓰기가 가능하다는 것을 알게 되었다.

Ellie의 영어 선생님인 Salinas는 집단 활동에 그녀가 참여하지 않는 것은 그녀의 친구들을 화나게 했기 때문이라고 걱정을 했다. 몇몇 학생들은 Ellie와 함께 집단 활동을 하기를 원하지 않았다. 그들은 그 이유로 "그녀가 도와주는 것을 원하지 않고, 우리를 녹초로 만들어요. 그녀는 우리가 거기에 있다는 것조차 모르는 것처럼 보여요"라고 말하였다. 또한 반학기 수행과 또래 집단의 상호활동이 요구되는 과제 때문에 영어수업에서 기초 학습적으로 Ellie의 성적에 영향을 미쳤다. 머지않아 작은 집단 문학 토론활동과 또래 편집/작문 지원 그룹이 발표될 것이다.

**출처:** The Iris Center, **http://iris.peabody.vanderbilt.edu**.

#### 질문

1. Ellie가 수업에 함께 참여하도록 도울 수 있는 전략으로 무엇이 있었습니까?
2. 교사는 Ellie가 다른 친구들과 함께 공부하도록 어떻게 격려해야 했습니까?

## 요약

1. 학습장애 청소년들과 관련 경도장애 청소년들은 그들의 장애와 관련된 문제뿐만 아니라 사춘기가 원인이 되는 생활의 극적인 변화에 대처해야만 한다.
2. 많은 학습장애 청소년들과 관련 경도장애 청소년들은 좀 더 빠른 나이에 일반학급에 포함되어 있다. 몇 가지 특별한 문제는 고등학교에서 일어난다. 수행기준은 고등학교 졸업을 위한 압박이 된다.
3. 성인 생활에 대한 학교로부터의 전환은 모든 청소년들에게 매우 복잡하다. 학습장애 청소년과 관련 경도장애 청소년은 이런 도전적인 전환을 성공적으로 만들기 위해 추가적인 지원과 도움이 필요하다. 전환이 지역사회에서의 성인 역할을 위한 것이라면 학생의 원래 행동에서 상태를 변화시키는 것을 의미한다. 장애 학생은 16세가 되었을 때 전환 계획을 작성해야만 한다.
4. 고등학교에서 성공을 위한 중요한 특징은 읽기, 수학에서 집중적인 교수, 생존기술에 대한 명백한 교수, 졸업을 위해 요구되는 고등학교의 모든 과목이 포함

된다. 중등학교에서 학습장애를 위한 교육과정 유형은 기초 기술 교수, 또래 교수, 기능 기술 교수 그리고 일-공부 프로그램이 있다.

5. 학습 전략 교수는 학습장애 청소년들이 어떻게 배워야 하는지, 어떻게 활동해야 하는지, 어떻게 하면 능률적인 학습자가 되는지를 학습하도록 도와준다. 학습 전략 접근은 학생들에게 무엇을 배우는가보다는 어떻게 배워야 하는지에 관하여 가르친다. 학생들은 학습 전략을 중등학교 교육과정의 모든 영역에 적용할 수 있다.
6. 학습장애를 가진 젊은이를 위한 중등학교 이후와 대학 프로그램은 발달하였고, 학습장애 대학생과 관련 경도장애 대학생을 위한 특별한 지원을 개발하는 대학 수는 점점 더 증가하고 있다. 미국장애인법과 재활법 504조는 장애를 가진 대학생을 위한 다양한 보장을 제공한다.
7. 학습장애 성인과 관련 경도장애 성인의 대부분은 전 생애에 걸쳐 장애가 계속된다.

## 교육정보 비디오 사례 활동

**9장을 읽은 후에** Education CourseMate 웹사이트에 들어가 "청소년 학습자 동기화시키기: 현실 생활을 토대로 한 교육과정"이라는 제목의 교육정보 비디오 사례(Teachsource Video Case)를 보길 바란다. 6학년 선생님이 교실에서 가게를 활용하여 분수, 소수, 백분율, 세금, 할인에 대한 수학 교육과정을 가르친다. 이 선생님은 실생활에서 수학적 개념이 형성되는 가게와 같은 곳에서 공부하는 것이 좀 더 적절하다는 것을 알게 된다. 여러분은 이 비디오를 본 후에 다음과 같은 질문으로 토론해 보라.

### 질문

1. 수학 교육과정을 위하여 가게에서 개념을 형성하는 것이 어떻게 좀 더 적절했습니까?
2. 이 비디오에서 보여 주는 것은 이 장에서 언급한 교수 전략 중 무엇입니까?
3. 학생이 배우면서 가지는 책임성은 무엇입니까?

## 토론과 심화질문

1. 학습장애 청소년과 관련 경도장애 청소년의 세 가지 특징을 기술하고 이런 특

징들이 고등학교 성취에 어떤 영향을 미칠 것인가에 대하여 토론해 봅시다.

2. 중등학교 수준에서 일어나는 특별한 문제는 초등학교 수준에서 일어나는 문제와 무엇이 다릅니까?
3. 학습장애를 가진 중등학교 학생과 관련 경도장애를 가진 중등학교 학생은 일반교육의 교과내용영역 수업을 받습니다. 교과내용영역 담당교사와 특수교육교사는 어떻게 함께 가르칠 수 있습니까?
4. 장애를 가진 중등학교 학생을 위한 전환 계획은 무엇입니까? 이런 전환 계획에서 가능한 몇 가지 목표는 무엇입니까?
5. 몇 가지 다른 교육과정 유형은 학습장애 청소년을 가르칠 때 활용됩니다. 이런 방법 중에서 세 가지를 기술해 봅시다.
6. 학습장애 청소년을 위하여 학습 전략 교수를 사용하는 목적은 무엇입니까? 학습 전략 교수의 8단계를 각각 기술해 봅시다.
7. 재활법 504조는 장애 대학생의 교육에 어떤 영향을 미칩니까? 대학생을 위한 세 가지의 조절을 기술해 봅시다.

## 핵심 용어

# 10장

# 학습장애와 관련 경도장애에 대한 의료적 측면

“교사들은 매일 인간의 뇌를 변화시키려 노력한다. 그들이 학습하는 방법에 대하여 좀 더 안다는 것은 그들이 좀 더 성공적일 수 있다는 것이다.”

—DAVID SOUSA

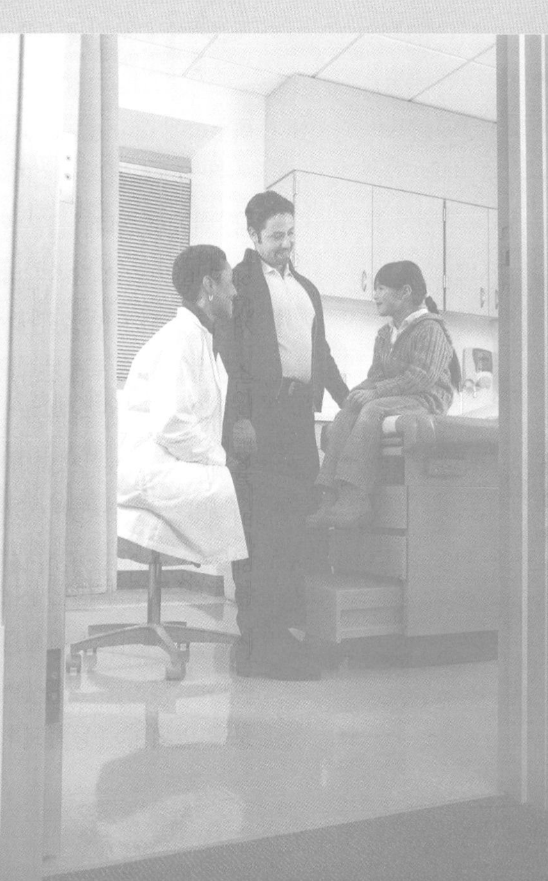

Thomas Barwick/Digital Vision/Getty Images

## 이 장의 차례



이 장에서는 학습장애와 관련 경도장애의 의료적 측면을 검토한다. 우리는 (1) 교육자를 위한 의료적 정보의 가치, (2) 신경과학과 뇌에 대한 연구, (3) 신경심리학, (4) 신경학상의 검토, (5) 학습장애와 경도장애를 포함한 의료적 특수성에 대하여 논의할 것이다.

의료적 직업은 학습장애와 관련 경도장애의 분야에서 오랫동안 꼭 필요한 협력자였다. 의료적 과학자들은 학습장애의 분야에서 조기 발달에 중심이 되는 기본적 뇌 연구를 수행한다. 신경과학의 현행 연구는 학습에 대한 뇌 기능이 어떻게 이루어지는지, 그리고 학습에 대한 신경학적 기초를 제공하면서 매우 놀라운 결과를 보여 준다.

아동들을 치료하는 의사들이 종종 학습 문제를 가진 아동들과 처음으로 만나는 전문가이다. 소아과 의사들은 종종 아동의 사정, 진단, 그리고 치료과정에 포함되어 있고, 심지어 그들은 학생의 **개별화 교육 계획**(IEP)에 도움이 되기도 한다. 또한 소아 신경과 의사와 발달 소아과 의사를 포함하여 의사들은 오랜 기간 동안 학습장애 아동과 관련 경도장애 아동을 관찰해 왔다.

## 10.1 교육자를 위한 의료 정보의 가치

하나의 학문이 고립되어 많은 결과물들을 산출해 낼 수 없다. 오늘날 소아과 의사들의 훈련 프로그램은 아동건강에 대한 여러 전문분야에 걸친 특성을 알고 학습장애와 관련 경도장애에 연관된 교육적 개념과 절차를 포함한다. 다음과 같은 이유는 이 분야와 관련된 의료적 측면에 대하여 배우려는 교사들의 요구에 상응된다.

- **학습은 뇌에서 일어난다.** 교사는 뇌와 척수로 구성된 유기적인 체계인 **중추신경계**에 대한 기본적 정보를 요구한다. 모든 학습은 중추신경계의 주요한 부분인 뇌에서 일어나는 신경학적 처리과정으로 일어난다. 중추신경계의 기능장애는 학습의 처리과정에 심각한 손상을 가져올 수 있다. 우리는 신체에서 일어나는 것에서 행동과 학습을 인위적으로 분리할 수 없다. 한 아동을 가르치는 과정에서 교사는 아동의 뇌를 변화시키려고 노력해야 한다(Dehaene, 2009; Sousa, 2001).
- **의사들은 학습장애 아동과 관련 경도장애 아동을 치료하는 데 적극적으로 참여한다.** 의료 전문가들은 종종 학습장애 아동과 관련 경도장애 아동의 사정과 치료에 참여한다. 그러므로 교사들은 그들의 학생에 관한 의료적 기록을 이해하고 해석하고 의사와 부모와 함께 결과들을 의논하기 위해서는 의료 과학에 대한 어휘와 개념을 이해하고 있어야만 한다. 약물이 처방되었을 때, 종종 교사는 부모와 의사로부터 약물에 대한 아동의 반응에 대하여 정보를 제공하도록 요청 받기도 한다(Silver, 2010, 2006).
- **의료 기술의 발전은 학습장애 아동과 관련 경도장애 아동들에게 영향을 미친다.** 현재 의료 절차는 수년 전에는 살릴 수 없었던 많은 아동들의 생명을 구하고 있지만, 가끔 이런 치료는 학습장애를 일으키는 원인이 되기도 한다. 예를 들어, 아동기의 백혈병 치료는 주의, 집중, 기억, 순서, 학교 과제에 대한 이해에 문제를 일으킬 수도 있다. 또 다른 예로는 저체중으로 태어난 아기들의 생존율을 증가시킨 신생아학의 발달을 들 수 있다. 이런 유아들 중 몇몇은 나중에 학습장애에 직면하게 될 수도 있다(Cheung & Cohn, 2005).
- **현행 뇌 연구에 대한 관심.** 박식한 교육자들은 뇌와 학습에 관한 최근 정보를 요구한다. 인간의 뇌와 학습에 대한 의문을 해결하려고 시도하는 과학적 연구들은 그 자체로 매력적이다. 뇌에 관한 지식은 급진적으로 증가하였고 학

습장애에 대한 의문점들이 해결될 것이라는 기대도 점점 더 커지고 있다. 최근 뇌 과학의 발전은 뇌를 연구하고 학습에서의 뇌 역할에 대한 새로운 기술을 가지게 한다(Dehaene, 2009; Sousa, 2001).

## 10.2 신경과학과 뇌 연구

**신경과학**은 뇌와 중추신경계의 구조와 기능을 조사하는 학문 분야이다. 여기서는 신경과학의 두 가지 측면, (1) 뇌의 구조와 기능, (2) 최근 뇌 연구에 대하여 간단히 살펴볼 것이다.

### 뇌: 구조와 기능

학습을 포함하는 모든 인간의 행동은 뇌에 의해서 조정된다. 학습 과정은 가장 중요한 뇌의 활동 중 하나이다. 신경학적 관점에서 기초 학습과 읽기 곤란은 인간 신체의 가장 복잡한 조직에서 미세한 기능장애 때문에 나타난다(Dehaene, 2009; Sousa, 2001). **그림 10.1**은 뇌의 주요한 4개 엽을 보여 준다.

**대뇌반구** 인간의 뇌는 일반적인 정밀 검사에서 그 구조와 물질대사가 거의 동일하게 나타나는 우반구와 좌반구라는 두 개의 반구로 구성되어 있다. 각 **대뇌반구**는 **그림 10.1**에서 보여 주는 것처럼 (1) 전두엽, (2) 측두엽, (3) 후두엽, (4) 두정엽이 있다. 각 반구의 운동 영역은 신체의 반대편의 근육 활동을 통제한다. 또한 오른손과 발의 움직임은 좌반구의 운동영역에서 발생된다. 두 눈과 두 귀는 각각의

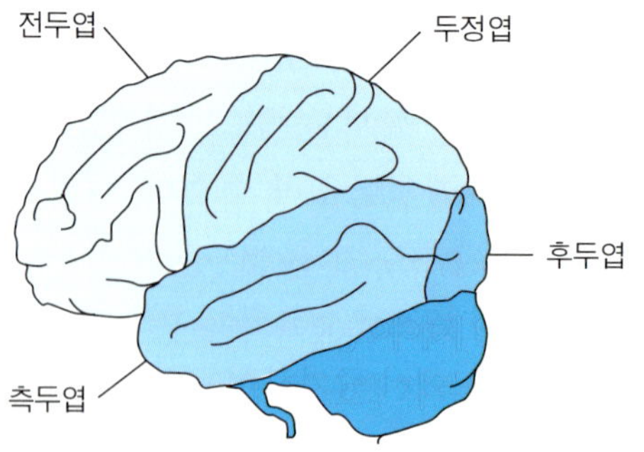


**그림 10.1** 뇌

반구에서 나타난다(Kibby & Hynd, 2001).

**우뇌, 좌뇌: 기능적 차이** 뇌의 두 반구는 구조적으로 거의 동일하지만 기능적으로 서로 다르고 이런 차이는 매우 이른 생애 초기에 나타난다.

좌반구는 언어 활동에 반응하고 통제한다. 오른손잡이, 왼손잡이, 양손잡이, 어느 쪽이든 관계없이 90% 이상의 성인은 좌반구에서 언어기능을 담당한다. 언어는 오른손잡이의 98%, 왼손잡이의 71%가 좌반구에서 일어난다(Hiscock & Kinsbourne, 1987).

우반구는 비언어적 자극을 다룬다. 공간 지각, 수학, 음악, 방향 정위, 시간 순서, 그리고 신체 지각은 우반구에서 담당한다.

또한 시각과 청각 신경 자극은 두 대뇌반구에서 동시에 전달된다 하더라도 좌반구는 단어, 상징, 구두적 사고와 같은 언어적 자극에 반응한다. 결과적으로 좌반구에 손상을 입은 뇌졸중환자는 종종 언어 장애와 신체의 오른쪽 반에서 운동기능의 손상으로 힘들어한다.

뇌의 이런 이중성은 몇몇 사람들이 "좌뇌 방식"으로 환경에 접근하는 경향이 있는 반면에 또 다른 사람들은 "우뇌 방식"을 사용한다는 견해를 이끌어 낸다. 좌뇌에 집중된 사람들은 언어와 구어기술에 강점을 가지지만 우뇌에 집중된 사람들은 공간, 예술, 수학적 기술에 강점을 보인다. 뇌 기능에 대한 이러한 차이는 그 개념이 차별화된 학습을 위하여 요구되는 차이성에 대한 몇몇 통찰을 제공하기 때문에 더 많은 논의를 정당화한다.

**대뇌 우세성** 의사이면서 읽기와 언어 장애에 대한 초기 연구자인 Samuel Orton은 문자와 단어의 역전(거울상지각장애 혹은 왜곡된 상징)이 언어 영역인 좌반구에서 대뇌 우세성의 확립에 실패한 징후로 나타난다는 이론을 발표했다(Orton, 1937). Orton의 조기 이론을 지지하는 현재의 결과들은 좌반구가 언어기능에 특성화되어 있고 우반구가 비언어적 기능을 통제한다고 밝히고 있다. 그러나 뇌의 두 반구는 독립적으로 작동하지 않으며 연관된 많은 요소와 기능을 가진다. 학습처리과정은 두 반구와 그들의 관련 기능에 의존한다. 어느 쪽이든 반구의 비능률적인 기능은 개인의 전체적인 효율성을 감소시키고 그들의 습득과 언어의 사용에 영향을 미친다(Dehaene, 2009; Shaywitz, 2003; Shaywitz, Shaywitz, Pugh et al., 2002; Kibby & Hynd, 2001).

**편측성** **편측성**에 대한 논쟁은 학습장애와 신체의 오른쪽 혹은 왼쪽 중 어느 쪽을 잘 사용하는지에 대한 경향, 혹은 손, 발, 눈, 혹은 귀에서 오른쪽과 왼쪽 중 어느 쪽을 더 선호하느냐와의 관계에서 일어나는 쟁점적인 이론의 주제이다. 일관된 **편측성**이라는 용어는 신체의 한쪽 면으로 모든 기능을 수행하는 경향을 언급한다. 혼재된 **편측성**은 손, 발, 눈, 그리고 귀의 사용에서 오른쪽과 왼쪽의 수행을 혼합하는 경향을 말한다. 학생의 편측성은 공 던지기, 막대 차기, 관을 통해 보기, 시계 소리 듣기와 같이 간단한 행동을 관찰하는 것으로 검사하거나 신경심리학을 활용한 좀 더 정교한 방법으로 검사할 수 있다. 읽기 능력과 편측성 사이의 관계에 관한 연구 결과는 일관된 편측성과 혼재된 편측성이 함께 섞여 나타난다(Biegler, 1987; Obrzut & Boliek, 1991).

## 최근 뇌 연구

뇌 연구와 행동과 학습에 대한 뇌와의 관계에 관한 연구는 천천히 축적되었는데, 이는 얼마간 뇌의 구조와 기능을 연구하면서 몇몇 기술들이 인용되었기 때문이다. 오늘날, 신경과학자들이 뇌와 학습, 그리고 학습 문제에 대한 관계를 좀 더 이해하려는 기회를 만들어 기술적 발전을 꾀했기 때문에 뇌의 구조와 기능에 관한 그들의 연구는 광범위하게 확장될 수 있었다.

대부분의 뇌 연구는 읽기를 학습하는 데 방해가 되는 당혹스러운 학습장애의 유형인 **난독증**(dyslexia)을 가진 사람에 대한 연구를 포함한다(난독증에 대한 더 많은 정보는 12장, "읽기 곤란"을 참고하라). 난독증을 가진 사람들은 읽기에 심한 어려움을 호소한다. 난독증은 지적인 문제에서 나타나는 것이 아니라 뇌의 구조와 기능에 관련되어 나타난다. 난독증에 대한 더 많은 정보는 국제난독증협회의 웹사이트, **http://www.interdys.org**에서 찾을 수 있다.

읽기 활동은 온전하고 잘 기능화된 뇌와 중추신경계를 요구하는 인간의 과제 중 매우 복잡하게 나타난다. 현대 뇌 영상 방법은 독자들이 인쇄된 단어를 해독할 때 활성화되는 뇌의 영역을 보여 준다. 최근 뇌 영상 연구는 난독증을 가진 사람들의 뇌 기증으로 중요한 차이를 발견하고 있다(Dehaene, 2009). **학생 이야기 10.1**, " 난독증을 가진 사람들의 회상"은 난독증을 가진 사람들의 심각한 문제를 보여 준다.

약 1세기 동안 과학자들은 난독증이 신경학적 이유로 나타나며 읽기 기술을 획득하는 데 어려움은 뇌기능의 신경학적 차이에서 발생한다고 예상했었다. 뇌와 읽기와의 관계에 대한 지식이 발달하면서 마침내 난독증을 가진 사람과 읽기에 어떤 문제도 가지지 않은 사람과의 뇌의 구조와 기능은 서로 다르다는 근거를 확신하게

## 학생 이야기 10.1

### 난독증을 가진 사람들의 회상

다음은 난독증을 가진 사람들이 심한 읽기 문제로 학교에서 직면했던 좌절과 인생의 문제에 부딪혔을 때 개발하였던 장점에 대한 이야기이다.

- Charles Schwab은 성공적이고 혁신적인 주식 중개 회사의 창설자로 난독증과의 투쟁에서 다른 능력을 개발하게 되었다고 말하였다. "나는 생각을 순차적으로 하는 사람들보다 상상을 더 많이 하고, 어떤 상황이 진행되는 것을 예측할 수 있고, 사업상 문제에 대한 해결안을 생각하는 능력이 좀 더 많다고 생각한다."

**출처:** From "Slow Words, Quick Images–Dyslexia as an Advantage in Tomorrow's Workplace," by T. West, in *Learning disabilities and employment*, p. 349, by P. Gerber & D. Brown (Eds.) 1997, Austin, TX: Pro–Ed.

- Tom Cruise는 성공적인 영화배우로서 다음과 같이 회상한다. "내가 7살 쯤이었을 때, 나는 난독증이라는 진단을 받았다. 나는 읽는 것에 집중하려고 노력했고, 마지막 장까지 읽으려고 노력했으나 읽은 내용의 대부분을 기억할 수 없었다. 나는 점점 눈앞이 깜깜해졌고, 불안해하고, 신경과민으로 모든 것이 지겨워졌으며, 좌절하면서 바보가 되어 갔다. 나는 공부를 할 때면 내 다리가 아팠다. 나는 학교에서 주어진 모든 역할을 잘 하였지만 늘 하나의 비밀을 가지고 있는 것처럼 느껴졌다."

**출처:** From "My Struggle to read," by Tom Cruise, *People*, July 21. 2003, 60–64.

- 난독증에 대한 명칭. 두 학생은 난독증이라는 명칭을 가짐으로써 받았던 결과에 대하여 말한다.
- Mary는 그녀가 난독증이라는 사실을 알았을 때 무서웠다고 말하였다. 그러나 그녀는 진단과 명칭은 그녀에게 도움을 주었다고 밝힌다. 그녀는 지금 자신의 능력을 구체적으로 평가할 수 있고, 그녀가 학습곤란을 가진 이유와 구체적 영역을 알 수 있다. 또한 명칭은 그녀의 부모에게도 긍정적인 영향을 미쳤는데, 이는 그들에게 그녀가 학교에서 잘 따라갈 수 있도록 노력하는 방법을 알도록 촉구할 수 있었다.
- Jackie는 그녀에게 난독증이라는 명칭이 주어졌을 때 "내가 이상한 사람이 아니라는 사실에 편안함과 어떤 확신을 느꼈다."고 말하였다. 그녀는 "학습장애라는 명칭은 녹음기의 표면에 늘 붙어 있는 상표와 마찬가지로 하나의 이름이다. 명칭은 나의 일부분이다. 나의 이름처럼, 나의 미소처럼, 사랑스러운 라일락처럼 나에게 많은 것 중 하나일 뿐이다."라고 말하였다.

**출처:** From H. McGrady, J. Lerner, & M. Boscardin, "The Educational Lives of Students With Learning Disabilities," in P. Rodis, A. Garrand, & M. Boscardin, *Learning disabilities and life stories*, pp. 177–193. Copyright 2001 by Pearson Education. 출판사의 허락하에 재인용함.

**심화질문** 난독증을 가진 사람들이 학교에 대한 기억은 어떠했다고 생각합니까? Mary와 Jackie는 "난독증"이라는 명칭이 부여되었을 때 어떤 반응을 보였습니까?

되었다(Dehaene, 2009; Lyon et al., 2001; Shaywitz, 2003; Zeffrino & Eden, 2000).

난독증에 대한 의구심을 조사하는 일련의 연구들은 비교적 짧은 기간 동안 일어났다. 이런 연구에는 (1) 사후 해부학적 연구, (2) 유전 연구, (3) 컴퓨터 단층촬영(CT), (4) 양전자 방사 단층촬영(PET), (5) 기능적 자기공명영상(fMRI)이 포함된다. 이런 연구의 각각은 뇌와 읽기의 수수께끼 같은 조각들을 맞춰주고 있다.

**사후 해부학적 연구** 난독증을 가진 사람들의 **사후 해부학적 연구**—부검 연구—들은 난독증을 가진 사람들의 뇌 구조와 난독증이 없는 사람의 뇌 구조가 서로 다르다는 확실한 증거를 보여 준다. 이런 부검 연구는 사망한 난독증을 가진 사람들의 뇌 조직을 분석하여 이루어졌다. 이런 사람들 중 몇몇은 갑자기 사망한 젊은 사람도 있고, 종종 오토바이 사고로 사망한 젊은 사람도 있다. 난독증을 가진 사람들이 사망할 때 그들의 뇌를 연구의 발전을 위해 보스턴의 베스 이스라엘 병원에 있는 하버드 의학대학 신경학과의 난독증 연구센터에 기증하기도 한다. 8명—6명 남자, 2명 여자—의 뇌 조직을 연구했다. 사후 해부학적 뇌 연구는 이런 사람들의 뇌 구조가 놀랍게도 일치되는 이상이 있다는 것을 발견하였다. 이 이상은 측두엽의 가장 위쪽에 있는 평면측두엽으로 알려진 뇌의 영역에서 발견된다. 좌반구에서 이 영역은 언어를 통제하는 중심이 된다. 난독증에 대한 사후 연구 사례에서, 좌반구의 이 영역(예: 언어 영역)은 난독증이 아닌 사람들보다 크기가 더 작고 뇌 세포가 더 적었다. 그러나 우반구의 동일한 영역에서는 난독증이 없는 사람들보다 그 크기가 더 크고 뇌 세포도 더 많이 포함되고 있었다(Galaburda, LoTurco, Ramus, Fitch, & Rosen, 2006; Galaburda, 1990; Powers, 2000).

**유전 연구** 유전 연구에 대한 지식과 **난독증의 유전** 가능성에 대한 연구는 지난 수년간 현저하게 증가하였다(Fisher & DeFries, 2002; Snowling, Gallagher, & Frith, 2003; Pennington, 1995). 유전 연구의 두 가지 유형은 (1) 가족 연구와 (2) 쌍둥이 연구이다.

- **가족 연구.** 가족 연구는 난독증이 가족력이 있다는 것을 보여 준 스칸디나비아에서 계획된 연구에서 시작되었다(Hallgren, 1950). 그 이후, 좀 더 광범위한 가족 연구에서 심한 읽기장애 성향은 가족 유전의 가능성이 있고 유전성으로 나타난다는 확실한 증거를 계속하여 보여 주었다(Snowling et al., 2003; Pennington, 1995).
- **쌍둥이 연구.** 쌍둥이 연구 조사는 유전성이 난독증에 좀 더 중요한 역할을 담당한다는 더 많은 증거를 제공한다. 조사는 쌍둥이가 읽기장애에서 유사한 특징을 보이며 심지어 그들은 따로 떨어져 살았을 때에도 유사한 특징을 보인다고 밝혔다(DeFries et al., 1997).

**컴퓨터 단층촬영** **컴퓨터 단층촬영(CT)**은 뇌의 3차면 영상을 형성하는 컴퓨터 장치로 된 일련의 X선이다. 연구자들이 이런 기술을 활용하여 처음으로 뇌의 구조를 볼 수 있게 되었다.

**양전자 방사 단층촬영** **양전자 방사 단층촬영(PET)**은 연구에서 뇌를 측정하도록 발전시킨 첫 기술이었다. PET는 뇌 영역의 혈류를 통해 주사된 방사능 화합물의 활용으로 피의 흐름을 판단한다(Hauser et al., 1993). PET 기술을 통하여 뇌에 관하여 많은 것을 배울 수 있다. 그러나 이 기술은 신체의 조직을 침범하는 절차와 복잡한 시설을 요구하기 때문에 사용하기 어렵다.

## 기능적 자기공명영상(fMRI)의 발전

읽기 과정에 대한 뇌 연구의 굉장한 혁신은 **기능적 자기공명영상(fMRI)**의 기술 발달과 함께 1990년경에 일어났다. 이 기구는 다음과 같은 몇 가지 점에서 장점을 가지고 있다. (1) 신경과학자들은 사람이 읽는 동안 인간 뇌의 영역을 관찰할 수 있다. (2) 이 기구는 신체의 조직을 침범하지 않는다. (3) 이 기구는 비교적으로 아동에게 사용하기 쉬운 절차이다. fMRI는 뇌의 어느 영역에서 가장 많은 피를 받는

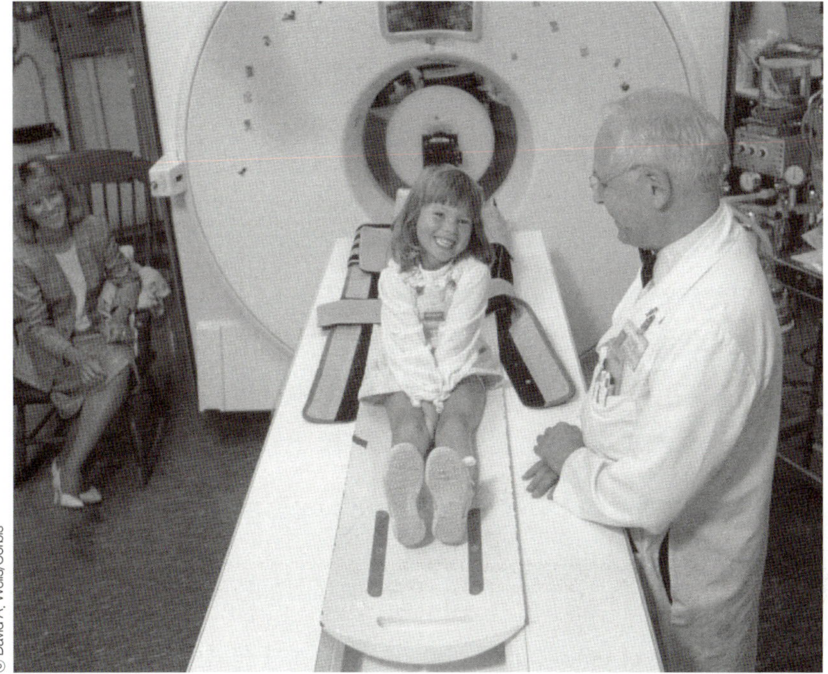



신경과학자는 아동들이 읽는 동안 그들의 뇌 작동을 연구하기 위하여 기능적 자기공명영상(fMRI)을 활용한다.

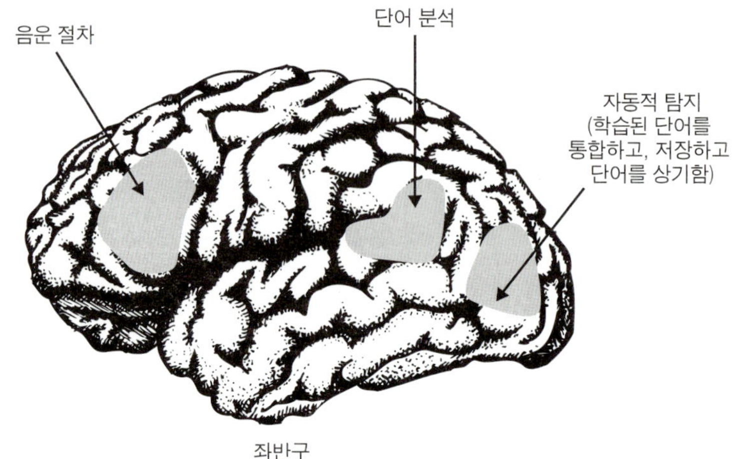


**그림 10.2** fMRI 영상은 사람의 활동에 관여하는 뇌에서의 활성화 유형을 보여 준다. 이 그림은 몇몇 읽기 활동에서의 활성화 위치를 보여 주는 것이다.

지, 그리고 어떤 때에 가장 활동적인지를 보여 준다. 읽기 과제를 하는 동안 인간의 뇌에 얼마나 많은 정보를 제공하는지에 관한 연구가 fMRI를 활용하여 예일대학에서 수행되었다(Dehaene, 2009; Gorman, 2003; Shaywitz, 2003; Shaywitz et al., 2004). **그림 10.2**는 읽기 활동을 하는 동안 사용되는 뇌의 좌반구의 3영역을 보여 준다(Gorman, 2003; Kotulak, 2004; Shaywitz, 2003; Shaywitz & Shaywitz, 1999). fMRI에 관한 더 많은 정보는 **http://www.fmri.org**에서 찾아볼 수 있다.

1. 전두엽(뇌회 앞 좌측 안쪽)은 음운 절차 영역이다. 이 영역의 뇌를 브로카 영역이라고 부르며, 소리에 문자를 연결하고, 단어 소리를 말하는 능력과 연결시켜 사용한다.
2. 두정엽(좌측 두정 관자놀이 영역)은 단어를 분석한다. 이 영역의 뇌는 베르니케 영역이라고 부르며, 단어를 분석하는 영역이다.
3. 후두엽(좌측 후두 관자놀이 영역)은 자동적으로 탐지한다. 이 영역의 뇌는 학습된 단어를 통합하고 저장하여 단어를 상기한다.

이런 모든 영역은 마치 "오케스트라의 각 영역이 교향곡을 연주하는" 것처럼 읽는 동안 동시에 작동된다(Shaywitz, 2003).

fMRI 연구들은 초보 독자들과 읽기장애 아동, 혹은 난독증이 음운 소리에 집중하여 음운 소리를 말하려고 노력할 때 사용되는 음운 절차 영역인 뇌의 앞부분에

심한 손상을 보인다고 밝혔다. 또한 그들은 단어를 해독하려고 노력하는 뇌의 단어 분석 영역에도 심한 손상이 있었다. 독자가 좀 더 숙달되면 그들은 뇌의 자동적 영역이 활동적이게 되고, 그들은 보는 것만으로 친숙한 단어를 인지한다. 그리고 fMRI 연구는 심지어 읽기 기술을 획득한 이후도 보여 주는데, 난독증을 가진 사람들의 읽기 영역을 평가하면 뇌의 뒷부분(예: 뇌의 자동적인 탐지 영역)에 어려움이 지속되고 있었고, 음운 산출 영역과 뇌의 앞부분에서 심한 손상이 보였다고 밝혔다. Hence는 이런 사람들이 읽기가 좀 더 느리고, 읽기에 더 많은 시간을 요구하는 이유를 신경학적으로 설명한다(Shaywitz, 2003).

몇몇 fMRI 연구는 난독증을 가진 아동들에게 기초 학습적 중재를 한 결과 뇌의 변화가 일어났다고 보고했다(Aylward et al., 2003; Shaywitz, 2003). fMRI 연구 중 하나는 예일대학에서 수행했는데, 이 연구는 아동들에게 집중적인 읽기 교수가 주어지고, 음운론에 기초한 읽기 교수를 사용한 후에 뇌의 영역이 변화되었다는 것을 발견하였다. 이런 연구는 빈약한 독자의 뇌는 단지 처음에 뇌의 두 영역이 활동되어 자극되지만 읽기 교수가 수년 동안 실시된 후에는 뇌의 저장 영역에 단어들이 저장되면서 그들의 읽기 능력은 향상되었고, 마치 우수한 독자처럼 뇌가 활동적이었다고 밝히고 있다(Shaywitz et al., 2004). Simos와 그의 동료들(2007)에 의한 또 다른 연구도 집중적인 읽기 교수 후에 뇌의 활동에서 일어나는 변화를 발견하였다.

fMRI를 활용한 연구는 중국어 쓰기 체계를 활용하는 중국 아동들에게도 수행되었다. fMRI를 활용한 서구의 연구와 유사하게 중국어 연구 또한 정상적인 독자와 난독증을 가진 독자의 뇌영상에서 차이를 보였다. 그러나 중국어의 상징적 쓰기 체계는 서구의 알파벳 쓰기 체계와는 다른 뇌 영역을 요구하고 있었다. 서구의 알파벳 쓰기 체계는 말하는 단어의 음운론적 인식에 대한 능력을 요구한다. 반면에 중국의 쓰기 체계는 그림과 시각적 상징에 대한 능력을 요구한다. 중국어 난독증 아동에 대한 fMRI 연구에서는 좌측 중앙 전두회에 손상이 발견되었는데, 이 영역은 좌측 뇌 앞에 위치하고 있으며 의미하는 상징을 알아내는 뇌의 영역이라고 밝혔다. 연구자들은 중국어 쓰기 체계를 활용하는 난독증 아동들은 시각적 모양, 소리, 시각적 특징의 의미가 연결되는 교수가 필요하다고 제안한다(McGough, 2004).

또한 fMRI 연구는 뇌의 특정 영역이 특정 활동을 특성화한다고 설명한다(Carr, 2006). 사람들이 fMRI로 연구하는 동안 과학자들은 시각 영역, 청각 영역, 기억 체계, 그리고 뇌의 다른 영역을 자극할 수 있었다. fMRI를 사용한 이런 연구들은 학습과 학습장애의 심리처리과정, 인지처리과정 이론에 신뢰를 부여한다(Dehaene, 2009; Carr, 2006; Sousa, 2001).

## 10.3 신경심리학

우리는 지금부터 뇌 기능과 행동 사이의 관계를 연구하는 신경심리학으로 알려진 심리학의 한 영역을 살펴볼 것이다. **신경심리학**은 심리학과 신경학을 결합한 심리학의 한 영역이다. 신경심리학자들은 개인의 중추신경계의 발달과 온전함, 그리고 뇌의 기능과 행동 사이의 관계를 평가한다. 신경심리학의 많은 연구들은 뇌 손상을 가진 성인들의 행동을 적용하여 왔다. 그러나 이런 특성화된 분야에서의 최근 작업은 학습장애 영역의 연구와 응용을 관리하는 것이다(Kolb & Wishaw, 2009; Fennel, 1995; Kibby & Hynd, 2001; Swanson, 1996).

신경심리학적 검토는 특별히 정상적인 기초 학습 처리과정을 형성하는 데 어려움을 가진 아동에게 영향을 미치는 미묘하고 명백한 신경학적 문제를 확인하였다. 지적, 주의력, 기억, 언어, 감각운동, 실행 기능 그리고 사회, 정서와 같은 광범위한 몇 가지의 기능을 신경심리학적 검토로 설명한다(Fennel, 1995). 또한 신경심리학적 평가는 반구의 차이를 분석한다. 다시 설명하자면, 뇌의 좌반구와 우반구 사이의 기능적 차이를 분석하는 것이다(Kibby & Hynd, 2001).

신경심리학적 검사는 아동(9세에서 14세까지)을 위한 Halstead-Reitan 신경심리학적 검사,[19] 아동(5세에서 8세까지)을 위한 Reitan-Indiana 신경심리학 검사가 있다(Reitan 신경학 도서관, **http://www.cps.nova.edu**). 이런 검사를 주관하는 사람은 신경심리학적으로 훈련을 받아야 한다. 정보처리기능을 위한 검사는 Swanson 인지-처리과정 검사가 있다(Pro-Ed, **http://www.proedinc.com**).

## 10.4 신경학적 검사

신경학적 검사에는 가족 주치의, 소아과 의사, 발달소아과 의사, 소아과 신경학자,

19) [역자 주] 검사 내용으로 촉각인지, 리듬, 손가락 운동, 언어지각, 시각지각, 실어증, 감각지각 등의 검사가 이루어짐

혹은 아동 정신과 의사와 같이 몇몇 의료 전문가가 포함된다(전문가의 역할은 이 장의 후반부에서 상세히 설명한다). 아동과 청소년에 대한 신경학적 검토에는 (1) 전통적인 신경학적 사정, (2) 시각-운동, 소근육 운동, 대근육 운동 활동에서 협응 곤란과 같은 최소한 혹은 미세한 일탈이 보이는 **가벼운 신경학적 징후**라는 두 가지 뚜렷한 구성 요소가 있다.

신경학적 검사를 세심하게 실행하고 현명하게 해석하는 것은 학습장애 아동과 또 다른 신경학적 손상을 가진 사람들의 기능적 상태를 이해하는 데 기여할 수 있다. 그러나 부모와 학교는 신경학적 검사의 결과에 관하여 비현실적인 기대를 가지지 않는다. 이는 종종 전통적인 신경학적 검사는 학습하는 데 무능력한 환자에게서 어떤 명백한 이상을 발견하는 데 실패하기도 했기 때문이다(Accardo & Blondis, 2000; Levine, 1994; Rapkin, 1995). 신경학적 발견들을 해석하는 데는 다음과 같은 여러 가지의 어려움이 뒤따른다.

1. 폭넓은 범위를 가지는 미세한 신경학적 기능장애의 신호는 훌륭하게 학습을 하는 학생들 사이에서 일어난다.
2. 학생의 신경학적 체계는 아직 성숙되지 않아서 지속적으로 변화하기 때문에, 종종 중추신경계의 발달적 지연과 기능장애 사이를 구별하는 데 어려움이 있다.
3. 가벼운 흔적에 대한 많은 검사는 신경학적이라기보다는 심리학적 혹은 행동적인 검사이다.

건강한 신경학적 기능에 대한 궁극적인 검사는 학습을 능률적으로 하는 것이다. 학습하는 유일한 인간의 능력은 뇌와 신경계의 복잡한 조직에서 발생한다. 이 영역을 제시하는 간단한 개요는 (1) 전통적인 신경학적 사정, (2) 가벼운 신경학적 징후를 위한 검사로 구분하여 설명한다.

## 전통적인 신경학적 사정

전통적인 신경학적 사정에서 의사는 처음으로 면밀하고 상세한 의료적 역사를 획득한다. 이 정보에는 가족의 역사(유전적 특성에 대한 단서), 어머니의 임신에 대한 구체적 내용, 출생 과정, 그리고 신생아 발달, 아동의 발달력이 포함된다. 의사는 아동이 가졌던 모든 질병, 손상, 그리고 감염에 관한 정보를 수집한다. 발달력은 운동 행동(아동의 기기 연령, 서기 연령, 걷기 연령)과 언어 기술에 관한 정보를

ⓒ Robin Nelson/Photo Edit, Inc.

전통적인 신경학적 검사에 있어서 첫 단계는 의사를 위하여 상세한 의료적 역사를 획득하는 것이다.

포함한다. 부가적인 정보는 아동의 청력, 시력, 급식, 수면, 배변 훈련, 그리고 사회와 학교 경험에 관하여 수집한다(Accardo & Blondis, 2000; Rapkin, 1995).

두개신경에 대한 검사는 얼굴 표정, 씹기, 삼키기, 그리고 말하는 능력뿐만 아니라 시력, 청력, 미각, 그리고 전정 기능(균형 감각)에 관련된 정보를 제공한다. 다양한 두개신경의 기능은 어떤 자극, 다양한 조직의 조건, 그리고 어떤 과제를 수행하는 능력에 대한 아동의 반응을 주시하여 평가한다.

또한 전통적인 신경학적 검사는 운동 기능에 대한 통제를 평가한다. 아동의 반사를 검사하고, 신경은 인지 혹은 촉각적 자극에 대한 검사를 통하여 평가된다.

다른 특별한 의료 절차는 뇌파의 활동을 측정하는 EEG, 두개골 X선, 뇌의 혈관, 생화학적인 연구, 내분비학적 연구, 혹은 유전적 검사 등이 요청된다.

## 가벼운 신경학적 징후를 위한 검사

가벼운 신경학적 징후는 전통적인 검사를 뛰어넘는 신경학적 검사를 통해 발견된다. 앞에서 설명했듯이 종종 학습장애를 가진 사람과 관련 경도장애를 가진 사람들에게서 발견되는 신경학적 이상은 큰 차이를 보이지 않지만 미세하고, 미묘하고, 그리고 사소한 징후들이다. 이런 가벼운 징후들은 경도 협응 곤란, 아주 작은 떨림, 운동 지각, 시각 운동 결함, 언어 발달에서 결함 혹은 비정상적인 지연, 읽기와 수학적 기술의 곤란으로 나타난다.

신경학자들은 중추신경계 기능장애의 가벼운 징후를 발견할 수 있는 수많은 검사를 사용한다(Accardo & Blondis, 2000; Silver, 2006). 이런 검사 중 몇몇 운동 기능에 대한 공식적 검사는 교사가 사용한다. 가벼운 신경학적 징후를 발견하는 데 사용한 대부분의 검사는 심리학적 사정 절차에서 도용하거나 적용되어 왔다. 의사에 의해 사용되는 몇 가지 운동 검사는 교사에 의해 공식적으로 사용될 수 있는데, 이런 검사에는 (1) 시지각 운동 검사, (2) 대근육 운동 검사, (3) 소근육 운동 검사가 포함된다.

**시지각 운동 검사** 많은 수의 시지각 운동 검사는 다양한 기하학적인 도형을 동일하게 그리도록 하여 환자의 능력을 평가한다. 아동들은 아래에 제시된 연령에서 **그림 10.3**에서 보여 주는 도형을 보고 동일하게 그릴 수 있다.

| 그림 | 나이 |
|---|---|
| 원 | 3 |
| 십자가 | 4 |
| 정사각형 | 5 |
| 삼각형 | 6~7 |
| 마름모 | 7 |

**그림 10.3** 기하학적인 모양

또 다르게 일반적으로 사용되는 시지각 운동 검사는 Bender-Gestalt 검사로서 환자는 9개의 기하학적인 도형을 동일하게 그리도록 요구되며, Goodenough-Harris 그리기 검사는 환자에게 사람 모습의 사진을 그리도록 요구된다. Goodenough-Harris는 신체의 구체적 부분을 다시 그리게 한다.

**대근육 운동 검사** 대근육 운동 검사는 자세를 취하는 기술, 움직임, 그리고 균형을 평가한다. 또한 아동의 걷는 걸음걸이도 관찰한다. 아동들은 제시된 연령에서 다음과 같은 과제를 정상적으로 수행할 수 있다.

| 과제 | 나이 |
|---|---|
| **한발 뛰기.** 아동이 오른쪽 발로 뛰기와 왼쪽 발로 뛰기를 교대로 실시한다. | 5 |
| **한발 서기.** 아동에게 한 발(처음에 오른쪽, 그 다음에 왼쪽) 서서 균형을 유지하도록 한다. | 6 |
| **발을 일렬로 하여 걷기(앞발의 뒷꿈치).** 아동에게 한쪽 발가락 끝 앞에 직접 다른 한 발의 뒤꿈치에 일렬로 놓아 걷기를 실시한다. | 9 |

또한 운동의 실행에 있어서 중심선을 교차하는 두 개의 검사는 다음과 같다.

**코와 왼쪽 귀를 만지고 난 후 코와 오른쪽 귀를 만져라.** 관찰자가 안내하는 운동 움직임에 대한 자동적인 인계를 재빨리 기록한다.

**손-코 검사.** 아동은 손가락으로 그들의 코와 검사자의 손가락을 반복적으로 만지는 것을 실행한다. 번갈아 하는 움직임에서의 능력을 관찰한다.

**소근육 운동 검사** 손가락 실인 검사는 촉각적 감각을 사용하는 아동의 능력을 평가하는데, 종종 눈을 감고 검사자에 의해 만져지는 손가락을 맞추도록 한다. 정상적인 연령에서 다음과 같은 각각의 과제를 수행할 수 있다.

| 과제 | 나이 |
|---|---|
| 엄지손가락 인지 | 4 |
| 집게손가락 인지 | 5~6 |

촉지각에 대한 또 다른 검사는 만지는 사물에 대한 인지, 검사자가 아동의 신체에서 두 개의 부위(예를 들어, 얼굴과 손)에 만졌을 때 2개 동시에 이루어진 접촉 인지, 만지는 글자와 숫자에 대한 인지, 손바닥에 그려지는 글자와 숫자에 대한 인지, 그리고 혀의 움직임 능력(수직으로, 그리고 수평으로)이 있다.

손가락의 민첩성 검사는 아동이 각각의 손가락으로 엄지손가락을 차례로 만질 것을 요구하는 것이다. 각손을 분리하여 검사를 실시한다.

## 10.5 학습장애와 관련 경도장애에 관련된 의료 전문 분야

많은 의료 전문가들은 학습장애 아동과 관련 경도장애 아동에 대한 진단과 치료를 위한 책임이 있다. 우리는 이러한 의료 전문 분야 중 몇몇을 검토할 것이다. 검토할 분야로는 (1) 소아과 의사와 가족 주치의, (2) 신경학, (3) 안과학, (4) 이과학, (5) 정신의학이다.

## 소아과 의사와 가족 주치의

소아과 의사와 가족 주치의는 아동과 청소년들의 신체적 건강 이외에 정신적 건강을 포함한 전체적 관리와 언어발달, 학교 적응, 그리고 기초 학업 학습도 추가적으로 관리하도록 그들의 역할이 확장되어 있다. 소아과 의사가 학습장애와 관련 경도장애를 발견하는 경우가 점점 더 증가하고 있다. **발달과 행동 소아과 의사**는 특히 유전학, 신경학, 그리고 정신의학의 영역에 대한 의료적 지식과 함께 아동 발달에 대한 전문적 기술을 가진 소아과 의사 영역 안에 생긴 최근의 준전문 분야이다 (Accardo & Blondis, 2000).

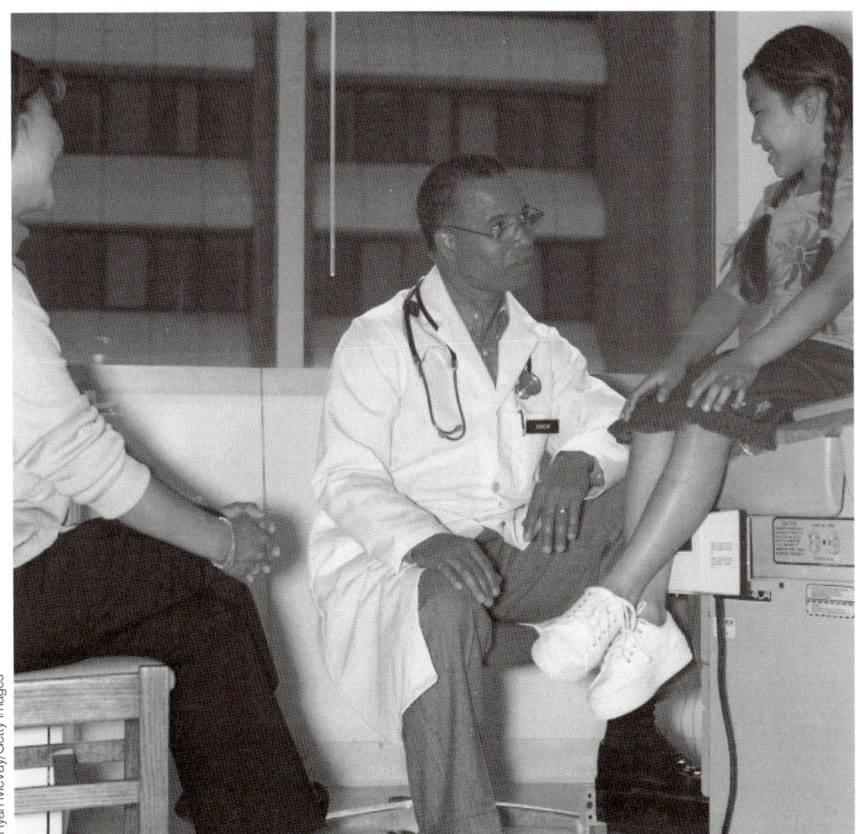



많은 의료 전문가들은 학습장애 학생과 관련 경도장애 학생의 진단과 치료에 책임이 있다.

## 신경학

**신경학**은 신경계의 구조, 기능, 그리고 이상에 대하여 연구하는 의학의 한 분야이다. 신경과 의사는 중추신경계의 발달과 기능에 전문화된 의사이다. 아동과 청소년을 다루는 소아과의 신경학은 신경학 안에 준전문 분야이다. 이런 전문가들은 학습장애 아동과 학습장애 청소년, 그리고 관련 경도장애 아동과 경도장애 청소년을 진단하고 치료하기 위한 경험, 훈련, 전문적 지식을 가지고 있다.

## 안과학

아동들이 학교에서 어려움을 보일 때, 특히 그 문제가 빈약한 읽기를 포함한다면 부모들은 종종 눈에 대한 전문가와 만난다. 눈 관리를 다루는 2명의 전문가는 안과학자와 검안사이다. **안과학자**들은 굴절의 오차는 물론 눈의 조직적 건강에 관여하는 의료적 눈 전문가이다. 검안사는 눈의 옳은 사용뿐만 아니라 시력을 평가하고 교정하는 데 관여한다.

## 이과학

**이과학**(otology)은 청력과 청각기관의 손상에 관여된 의학의 한 분야이다. 소리를 듣고 말하는 능력은 언어를 학습하는 데 결정적인 요인이다. 청각기관 손상에 대한 진단과 치료에 대하여 책임을 지는 의료적 전문가는 이과전문의이다. 청력을 다루는 비의료적 전문가는 청각학자이다. 아동들이 일반적으로 잘 걸리는 귀의 병은 중이에 염증이 나타나는 중이염이다. 이런 병은 언어발달을 방해하는 경도 혹은 변동성 청력 손실의 원인이 될 수 있다.

## 정신의학

학습장애 아동과 관련 경도장애 아동은 종종 유기적인 요인, 정서적 요소, 그리고 정신적 건강 사이에 복잡한 관계를 검토하는 소아 **정신과 의사**를 찾아가곤 한다. 소아 정신과 의사는 학습장애 아동의 진단과 치료에 중요한 역할을 담당한다(Silver, 2006).

일반교사와 특수교사는 그들의 학생에 관하여 중요한 의료 정보를 아는 것이 필요하다. **교수 정보 10.1**, "일반학급에서 학생을 위한 의료 정보를 활용하기"는 의료적 문제에 관한 몇 가지 정보를 제시한 것이다.

## 교수 정보 10.1

### 일반학급에서 학생을 위한 의료 정보 활용하기

- 학생의 학습에 영향을 미칠지도 모르는 의료 조건에 대하여 알기
- 약물이 학급학생에게 투약되는지와 이런 약물이 가지는 효과에 대하여 알기
- 필요하다면 아동의 소아과 의사와 부모, 혹은 가족에게 반응을 알려 주기
- 뇌와 학습에 대한 현행의 연구에 관한 정보, 특히 fMRI(기능적 자기공명영상) 연구에서 밝혀진 뇌의 읽기 영역에 대하여 알기
- 특수교사와 일반교사가 함께 학생의 의료 상황에 대한 영향에 대하여 논의하기

## 내가 알고 있는 한 아동…

### Robert: ADHD를 가진 아동

Robert는 일반학급 3학년 학생이다. 그의 선생님인 Zee는 Robert가 학습장애와 ADHD(주의력결핍 과잉행동장애-HI 혹은 주로 과잉성과 충동적 행동)를 중복으로 가지고 있는 아동이라고 확인한 것을 IEP에 기록하였다. Robert는 현재 2학년 수준의 읽기 능력을 가진다. 부모-교사 협의회의 마지막 주에 Robert의 어머니는 Zee 선생님에게 Robert의 소아과 의사가 Robert의 ADHD를 치료하기 위해 리탈린의 복용량을 늘렸다고 말했다. Robert는 학교 가기 전 매일 아침에 이 약을 복용한다. Zee 선생님은 Robert의 행동을 개선하였고 그의 읽기 수행은 학교에서 아침 시간 동안에 증가되었다. 그러나 Zee 선생님은 학교의 오후 생활, 즉 점심 시간 이후에 Robert의 과잉행동과 충동적 행동은 상당히 증가하여 그가 힘들어한다는 것을 알게 되었다.

#### 질문

1. 여러분은 Robert가 학교에서 아침과 오후 사이의 행동에 왜 상당한 차이를 보였다고 생각합니까?
2. 아침과 오후 동안 Robert의 행동 사이의 차이에 대한 Zee 선생님의 관찰을 어떻게 생각합니까?

## 요약

1. 학습장애와 관련 경도장애에 관한 의료 정보는 학습이 뇌에서 일어나기 때문에, 그리고 학생의 학습에 영향을 미치는 중추신경계에서 일어나기 때문에 교사에게 가치로운 것이다. 의사는 종종 학습장애 학생과 관련 경도장애 학생에 대한 사정과 치료에 참여한다.
2. 신경과학은 뇌의 구조와 기능을 연구하는 다양한 전문 분야로 구성된다. 기능적 자기공명영상(fMRI) 기술은 중요한 연구 정보를 산출한다.

3. 뇌는 두 개의 반구—오른쪽과 왼쪽—가 있다. 학습하는 과정에서 두 개의 모든 반구와 그들의 상호관계에 의존하지만 각 반구는 학습의 서로 다른 유형을 통제한다. 반구의 우위성, 편측성에 관한 이론과 반구의 차이는 학습장애와 관련 경도장애에 적용된다. 최근 뇌 연구는 난독증이 신경학적 근거를 가지고 있다는 증거를 제시한다. 가족과 쌍둥이 연구에서 심한 읽기장애를 가지는 경향은 유전적이라고 제안했다.
4. 신경심리학은 뇌 기능과 행동 사이의 관계를 연구하는 신경학과 심리학을 합친 것이다. 신경심리학자들은 학습장애의 분야에 대한 그들의 지식을 적용하기 시작하였다.
5. 신경학적 검사는 가족 주치의, 소아과 의사, 신경과 의사, 혹은 정신과 의사와 같은 몇몇 의료적 전문가에 의해 실시될 수 있다. (1) 표준 신경학적 사정과 (2) 가벼운 징후를 위한 검사라는 두 방법으로 미세한 신경학적 징후를 발견할 수 있다.
6. 전형적으로 심한 학습장애 학생과 관련 경도장애 학생을 위한 의학 전문가에는 소아과 의사, 가족 주치의, 발달 소아과 의사, 소아 신경과 의사, 그리고 소아 정신과 의사가 포함된다.

## 교육정보 비디오 사례 활동

**10장을 읽은 후에** Education CourseMate 웹사이트에 들어가 "초인지: 전략적 학습자가 되려는 학생 지원하기"라는 제목의 교육정보 비디오 사례(Teachsource Video Case)를 보길 바란다. 이 비디오에서 교사인 Julie Craven은 어려운 교재의 의미를 알아내는 데 도움이 되는 초인지 기술을 개발하여 학생을 지원한다. 교사는 사고에 관하여 생각하는 초인지 의미를 설명한다.

### 질문

1. 뇌의 어느 반구에서 단어 학습과 읽기를 수행합니까?
2. 어휘를 학습하는 것은 뇌에서 일어납니다. 새로운 어휘 단어를 익히는 뇌의 영역에 강점이 될 수 있는 활동은 무엇입니까?

## 토론과 심화질문

1. 교사가 뇌의 기능과 기능장애에 관한 정보를 수집하는 이유는 무엇입니까?

2. 뇌와 난독증에 관한 몇 가지의 최근 신경과학적 발견은 무엇입니까?
3. 어떤 의학 전문가가 학습장애와 관련 경도장애에 관련되어 있습니까? 그들이 담당하는 역할은 무엇입니까?

## 핵심 용어

제IV부 이론에서 교수 전략까지

# 11장

# 말하기 언어 곤란

“언어는 우리가 생각하는 방법을 구체화하고, 우리가 생각하는 것이 무엇인지 결정한다.”

—BENJAMIN LEE WHORF

Elizabeth Crews

## 이 장의 차례

제4부는 학습장애 아동과 청소년, 그리고 관련 경도장애 아동과 청소년들의 (1) 말하기 언어(11장), (2) 읽기(12장), (3) 쓰기언어(13장), (4) 수학(14장)에 대하여 살펴본다. 각 장은 이론과 교수 전략이라는 주요한 두 개의 영역으로 구성된다. "이론" 영역에서는 그 장의 학습 영역에 기초가 되는 개념을 기술하고, "교수 전략"에서는 학습하는 기술을 개선하기 위한 방법을 제시한다.

언어에 대한 세 개의 장은 통합된 부분으로 구성한다. 각 장은 언어의 서로 다른 유형에 초점을 두어 말하기 언어(11장), 읽기(12장), 쓰기(13장)로 구성된다. 그것들의 유기적 통일성은 통합된 언어 체계에 근거를 둔 것에서 비롯된다.

이 장은 말하기 언어를 강조하는데, 여기에는 듣기와 말하기가 포함된다. "이론" 영역에서, 우리는 (1) 통합된 언어 체계, (2) 의사소통 과정으로서의 언어, (3) 아동의 언어 습득 방법, (4) 언어 체계의 구성 요소, (5) 언어 문제의 유형, (6) 영어 언어 학습자, (7) 조기 읽기 쓰기 능력과 구어, (8) 구어 사정하기를 살펴본다.

## 이 론 Theories

언어는 과거 2000년 동안 발명된 모든 신체적 도구에서 가장 중요하다고 할 수 있는 인간의 위대한 업적 중 하나로 인정된다. 언어의 습득은 인간 존재에서만 이루어지는 유일한 것이다. 비록 다른 동물들도 의사소통 체계를 가지지만 인간만이 말하기와 같은 의사소통으로 가장 높게 발달된 체계를 습득한다. 언어는 몇 가지의 가장 인간적인 기능을 실행한다. 이는 다른 인간 존재와 의사소통하는 것과 사회화하는 것에 대하여 의미를 부여하고, 한 세대에서 다른 세대로 문화를 전수할 수 있도록 하는 것, 그리고 사고를 전달하는 것이다.

언어 학습을 이해하는 것은 학습장애와 관련 경도장애를 이해하는 데 중요하다. 우리는 언어가 발달하고 사고하며 인간관계에 필수적이라는 것을 알지만 언어의 많은 측면은 아직 수수께끼로 남아 있다. 아동들은 어떻게 언어를 습득할까? 언어, 읽기, 그리고 인지와 사회적 학습 사이의 연결은 어떻게 하는 것일까? 언어 손상이 학습에 미치는 영향은 무엇일까? 언어 연구자들은 이런 복잡한 문제를 계속하여 연구하고 있다(Stone & Carlisle, 2006; Stillman & Scott, 2006).

## 11.1 말하기 언어, 읽기 그리고 쓰기: 통합된 언어 체계

언어는 (1) 말하기 언어(듣기와 말하기), (2) 읽기, (3) 쓰기로 되어 있다. 언어의 이런 유형은 통합된 언어 체계를 근거로 하여 연결되어 있다. 말하기 언어, 읽기, 그리고 쓰기의 상호관계는 언어 체계의 핵을 형성하도록 지원한다. 아동이 하나의 형태의 언어로 능력과 지식을 획득하여 언어 핵을 근거로 한 지식과 경험을 형성하는데, 이는 또 다른 유형의 언어를 학습하도록 이동한다. 구어를 통한 언어 체계에 관하여 배우는 아동은 읽기, 쓰기를 위한 기초 지식을 제공받는 것이고, 쓰기를 통하여 언어에 관하여 배우는 아동은 읽기와 말하기 언어가 개선된다. 게다가 아동들이 한 유형의 언어에 어려움이 존재하면 종종 그 언어 결함을 근거로 하여 다른 언어 유형에도 어려움이 나타난다. 예를 들어, 3세에 언어 지연을 보인 아동은 8세에 읽기장애를 가질 수도 있고, 14세에 쓰기장애를 가질 수도 있다(Mather & Goldstein, 2008; Tomblin, 2006; Lyytinen, Ekland, & Lyytinen, 2005).

듣기와 말하기의 조기 경험은 읽기와 쓰기를 위한 기반을 제공한다. 구어에 대한 경험을 통하여 아동들은 언어에 대한 언어학적 구조를 배우고, 그들의 어휘(의미론적 지식)를 확장하고, 문장의 서로 다른 유형(구문론적 지식)에 친숙하게 된다. 예를 들어, 이야기, 노래, 그리고 리듬 듣기와 책에서 반복되는 후렴을 인식하는 구어 경험이 포함된다. 문장의 순서와 복수 구성에 대한 지식은 읽기와 쓰기에 계속하여 이어진다(Jennngs, Caldwell, & Lerner, 2010; Adams, Foorman, & Lundberg, 1998).

언어의 소리에 친숙하게 되면서 아동은 읽기를 위한 언어 기초가 발달된다. 열약한 독자는 언어의 소리에 대한 인식이 부족하기 때문에 읽기에서 단어 인지 기술을 위한 기초를 형성하는 음운론적 인식이라는 특별한 연습이 필요할 것이다(Adams et al., 1998; Blachman, Tagel, & Ball, 2004; Moats, 2000).

요약해 보면, 언어는 통합된 체계이고 학습에 대한 많은 영역은 언어의 신비스로운 면에서 비롯된다. 아동이 성숙해 가면서 언어는 사고하는 과정의 발달과 추상적인 개념을 이해하는 능력에서 그 중요성이 점점 더 증가된다. 단어는 사물, 사물의 집단, 그리고 사고를 위한 상징이 된다. 언어는 눈에 보이지 않는 사물, 과거, 그리고 미래에 대하여 말하는 인간의 존재를 용납한다.

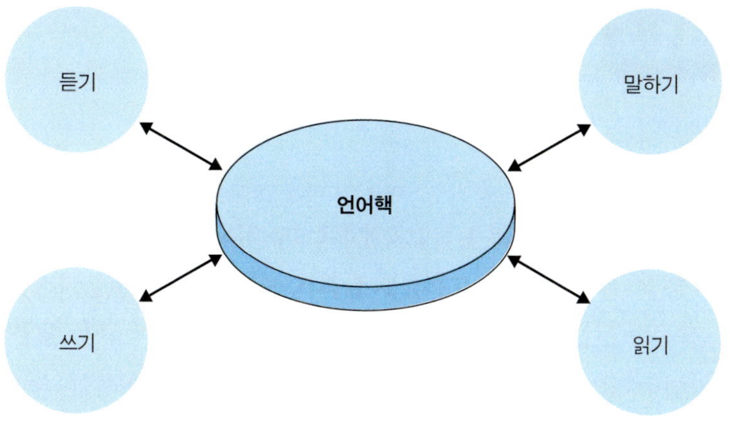


**그림 11.1** 언어 형태와 통합된 언어 핵

## 언어 체계의 형태

언어 체계는 듣기, 말하기, 읽기, 그리고 쓰기의 언어 형태를 포함한다. 언어 기술의 습득은 (1) 듣기, (2) 말하기, (3) 읽기, (4) 쓰기와 같이 발달의 일반적인 순서에 따라 진행된다. **그림 11.1**에서 보여 주는 것처럼 서로 다른 4개의 언어 형태가 통합되는 언어 핵을 기본으로 하고 있다는 것을 알 수 있다. 또한 언어 핵을 기본으로 한 언어의 강점으로 각각의 유형을 경험하는 것은 다른 언어의 형태에 대한 개인적 능력을 개선시킬 수 있는 것이다.

역사적으로, 문명이 발전하면서 듣기와 말하기의 구어 체계는 읽기와 쓰기를 위한 작문 체계가 창조되기 전 수천, 수백 년 동안 개발되었다. 사실상, 역사적 용어로서 언어의 작문 형태는 비교적 최근의 일이다. 심지어 오늘날에도 세계의 많은 사회에서는 오로지 말하기 언어만을 가지고 있고 쓰기언어는 거의 사용하지 않는다.

듣기와 말하기에 대한 구어 기술은 처음으로 발달되기 때문에, 이들을 **1차 언어 체계**라고 한다. 읽기와 쓰기는 어떤 상징을 하나의 상징으로 다루어야 하기 때문에 **2차 언어 체계**라고 한다. 말하여지는 단어가 어떤 사고에 대한 하나의 상징이고 집중된 경험임에 비하여 쓰여진 단어는 말하여진 단어에 대한 하나의 상징이다. Helen Keller의 1차 언어 체계는 그녀가 처음으로 배웠던 손가락 철자법이었고, 점자는 그녀에게 2차 언어 체계였다. **학생 이야기 11.1**, "언어와 학습"은 언어 학습에 대한 Helen Keller의 첫 경험을 설명해 주고 있다.

언어 체계의 4개의 형태 중 2개는 입력, 혹은 수용 언어 형태로서 분류되고, 다른

## 학생 이야기 11.1

### Helen Keller: 언어와 학습

언어를 사고의 의존 상태로 여기는 가장 극적인 실례중 하나는 사물이 나타내는 상징적 이름이 있다는 것을 알게 된 Helen Keller의 경험이다. 이런 발견에 대한 효과는 그녀가 7살이 되었을 때, 고집 세고, 자제심이 부족하고, 동물 같은 아동에서 생각하는 아동, 언어를 지향하는 인간 존재적 아동으로서 그녀의 행동들을 변화시킨 것으로 나타났다.

그녀의 선생님인 Anne Sullivan은 그 일에 대하여 다음과 같이 기술하였다(Keller, 1961).

> 내가 펌프로 물을 끌어 올리는 동안 헬렌에게 수도꼭지 밑으로 그녀의 컵을 놓도록 하였다. 차가운 물이 수도꼭지 밖으로 세차게 흘러나와 그녀의 컵이 물로 가득 채워졌을 때 나는 "w-a-t-e-r"이라는 철자를 컵을 잡지 않고 있는 헬렌의 손에 썼다. 그 단어는 그녀의 손에 쏟아지는 차가운 물에 대한 감각에 매우 가까이 다가가 그녀를 깜짝 놀라게 하는 것처럼 보였다. 그녀는 손에서 컵을 떨어뜨리고는 꼼짝 못하고 서 있었다. 새로운 빛이 그녀의 얼굴에 비춰지고 있었다. 그녀는 몇 번이고 "water"를 철자로 되뇌었다. 그러고 나서, 그녀는 땅에 엎드려 그것의 이름을 물었고, 펌프, 격자 구조의 정자를 가리켰고, 그리고는 갑자기 돌아서서 나의 이름을 물었다. 집으로 돌아가는 길 내내 그녀는 매우 흥분했고, 그녀가 만지는 모든 사물에 대한 이름을 배웠다. 그래서 겨우 몇 시간 만에 30개의 단어를 그녀의 어휘록에 추가하였다. (pp. 273-274)

또한 Helen Keller는 언어에 대한 그녀의 인식에서 일어나는 변화에 대하여 다음과 같이 기술하였다.

> 한 손에 차가운 물이 쏟아지는 동안 다른 한 손에서는 water 단어의 철자가, 처음에는 천천히, 그리고 빠르게 쓰여졌다. 나는 그녀의 손가락 움직임에 주의를 고정한 채 가만히 서 있었다.
>
> 갑자기 나는 잊고 있었던 사고로 돌아오는 것에 대한 흥분과 같은 어렴풋한 감정을 느꼈고, 다소 언어에 대한 신비가 나에게 드러나고 있었다. 나는 나의 손에 쏟아지는 차가운 어떤 것이 놀랍게도 "w-a-t-e-r"라는 의미가 있다는 것을 그때 알았다. 그것은 생활 단어로 나의 정신을 일깨웠고, 빛, 희망, 즐거움을 주었고, 자유롭게 해 주었다. 나는 배우겠다는 열망에 집을 떠났다. 모든 것에는 이름을 가지고 있었고, 각각의 이름은 새로운 사고를 탄생하게 하였다(p. 34).

Helen keller는 한 단어가 사물을 의미하는 데 사용될 수 있다는 것과 사건, 생각을 지시하고, 그리고 그녀에 관한 세상에 대하여 의미하는 것을 배웠다. 언어는 그녀에게 사용할 수 있는 도구가 되었다.

**심화질문** Helen에게 사물이 의미하는 단어를 학습하는 것에 대한 중요성은 무엇이라고 생각합니까?

2개는 출력, 혹은 표현 언어 형태로 분류된다. 듣기와 읽기는 입력 혹은 수용 기술인데 중추신경계로 정보를 제공한다. 말하기와 쓰기는 출력 혹은 표현 기술로 사고를 뇌에서 조직하고 외부로 보낸다.

가르치는 데 입력 경험과 풍부한 정보의 양은 효과적으로 수행될 수 있는 출력 기술 전에 필요하다. 이런 원리는 "출력하기 전에 입력"으로 간단히 진술할 수 있

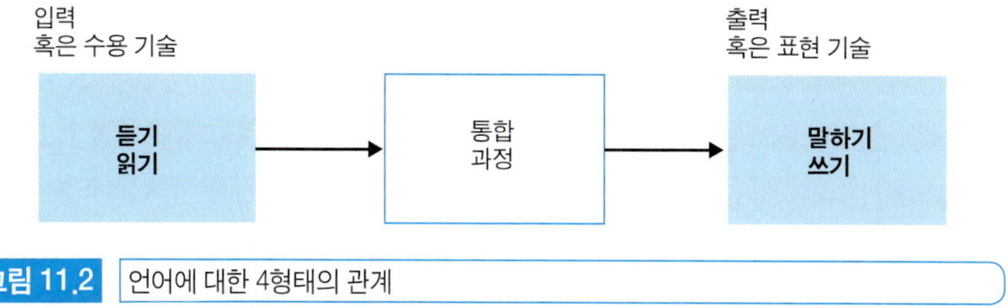


**그림 11.2** 언어에 대한 4형태의 관계

다. 학생들이 토의, 그래픽 조직자, 현장 체험, 혹은 읽기와 같은 적절한 입력 경험을 하기 전에 작문할 주제와 구두 보고와 같이 출력을 산출하도록 결정하지 말아야 한다. 적절한 입력 경험은 출력에 대한 생산성을 끌어 올릴 수 있을 것이다. 입력과 출력 사이의 장치를 통합하는 것은 뇌, 혹은 중추신경계에서 담당한다. **그림 11.2**는 4개의 언어 형태의 관계를 보여 준 것이다.

## 의사소통 과정으로서 언어

언어는 다른 사람과 함께 의사소통을 하는 사람들에게 방법을 제공한다. 또한 몸짓, 신체 언어를 사용하기, 기호 언어를 사용하는 것은 또 다른 의사소통 방법이다. 의사소통은 메시지를 보내고(표현 언어) 메시지를 받는(수용 언어) 두 명의 구성자 사이의 처리이다. **그림 11.3**은 사람 A가 생각을 사람 B에 전달하는데, 사람 A는 생각을 언어적 상징으로 전환해야만 한다. 사람 A는 소리 상징(말하기)과 시각적 도안 상징(쓰기) 중 어느 쪽을 선택하든 메시지로 부호화(전환)한다. 사람 B는 메시지를 받고 난 후 생각에서 상징으로 돌려 해독한다. 사람 B는 소리 상징(듣기)과 시각적 도안 상징(읽기) 중 어느 쪽을 선택하든 메시지를 해독한다.

고장은 이 과정의 어디에서든 일어날 수 있다. 예를 들어, 의사소통 과정에서 표현 영역의 손상은 사고를 형성하는데, 말하는 것과 쓰기언어 상징을 부호화하는데, 사전에 말하고 쓰기의 순서를 기억하는 데서 일어날 수 있다. 의사소통 과정에서 수용 영역의 손상은 어떤 사고가 감각 영상을 전달하려는 능력에 영향을 미치는 것으로, 눈과 귀를 통한 상징의 수신과 지각에서, 뇌에서 이러한 자극들을 통합하는 데서, 회상하거나 기억하는 데서 일어날 수 있다. 의사소통의 과정을 이해하는 것은 언어 장애를 가진 학생의 의사소통 문제를 다루는 교사들에게 도움이 된다.

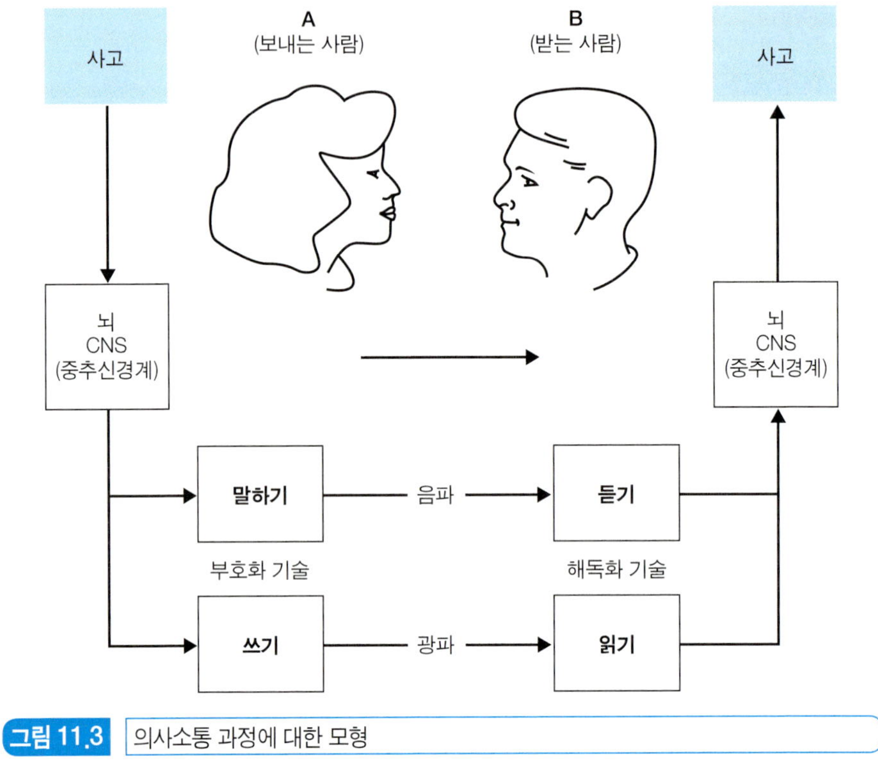


**그림 11.3** 의사소통 과정에 대한 모형

## 11.2 일반학급에서 언어 가르치기

일반학급에 있는 많은 아동들은 말하기 언어에 문제를 가지고 있다. 학습장애 학생과 관련 경도장애 학생은 종종 언어 곤란을 중복적으로 나타낸다. 일반교사와 특수교사는 일반학급에서 이런 학생들을 지원할 수 있다. **일반교육에 포함된 학생 이야기 11.1**, "언어 가르치기"는 언어로 학생을 도와주는 몇 가지 방법을 제공한 것이다.

### 아동들은 어떻게 언어를 습득할까?

대부분의 아동들은 취학 연령에 이르기 전에 언어를 습득한다. 그들은 의미 있는 방법으로 다른 사람의 언어를 이해하고 반응한다. 그러나 8% 이상의 아동들은 언어 발달에 일탈과 지연을 나타내며, 언어 체계를 자기 것으로 만들기 위해 더 많은 시간과 교육을 요구한다(Tallal, 2000; Tallal, Miller, Jenkins, & Merzenich, 1997).

## 일반교육에 포함된 학생 이야기 11.1

### 언어 가르치기

- 학생들이 수업에서 언어 말하기를 활용하도록 촉진하라. 학생들에게 관점에 대한 그들 자신의 생각을 말하고 설명하는 기회를 많이 제공하라.
- 학생들이 말하고 싶어 하는 흥미 있는 영역을 발견하라. 흥미 있는 주제로 집단에서 토의하도록 격려하라.
- 학생들은 활동의 각 단계를 친구들에게 설명할 수 있다. 학생들이 무엇을 어떻게 하는지, 그리고 무엇을 어떻게 만드는지 설명하게 하라.
- 학생들은 그들이 좋아하는 것에 관하여 말하는 것에 매우 좋아한다. 학생들에게 그들 자신과 그들의 흥밋거리에 관하여 말할 기회를 제공하라.
- 공부하는 과목과 관련된 어휘를 가르쳐라. 교과내용영역에서 단어가 의미하는 것에 관하여 학생들에게 말하도록 하라.
- 좋은 언어 시범자를 제공하라. 교사는 흥미로운 주제에 관하여 주고받는 토론으로 촉진하라.
- 역할 놀이나 이야기 연출을 활용하라. 종종 교육과정의 영역에서 역할 놀이와 이야기 연출을 제공하라. 예를 들어 몇 가지 주제에 관하여 말하는 역사에서 인물 특징은 무엇인가?
- 학생들이 영화, 텔레비전의 오락물, 책, 운동, 음악, 혹은 취미와 같은 그들의 관심에 관하여 말하도록 촉진하라.

아동이 언어를 어떻게 학습하는지에 관한 몇몇 서로 다른 관점은 (1) 모방과 강화, (2) 선천적인 요인, (3) 사회적 요인이 있다.

- **모방과 강화.** 이는 언어 학습에 대한 행동주의적 관점으로 유아들이 그들의 환경에서 들리는 소리를 모방하려고 노력하는 것은 그들 스스로 언어 사용을 강화하는 것을 의미한다. 아동들은 성인들이 자신들의 언어 사용에 대하여 주의를 기울여 주고 칭찬으로 반응하였을 때 언어를 배우기 시작한다. **학생 이야기 11.2**, "Peter의 첫 단어"는 Peter가 첫 단어를 어떻게 배웠는지에 대하여 기술한 것이다.
- **선천적인 요인.** 언어 학습에 관한 선천적인 관점은 인간의 언어를 학습할 수 없는 몇몇 중요한 언어의 측면은 매우 복잡하지만 뇌에서 선천적으로 나타나고, 아동들은 언어를 학습하고 사용하는 데 생물학적으로 처리한다는 것이다. 모든 문화에서, 아동들은 동일한 연령과 발달적 단계에서 그들의 모국어를 습득하고 수행하는 능력을 가진다. 선천적인 관점에서 언어를 학습하는 것은 아동이 일련의 문장을 배우지 않고 오히려 총체적 언어 체계를 자기 것으로 만드는 것이라고 주장한다(Tomasello, 2003; Chomsky, 1965). 가르친다는 용어에서 선천적인 관점은 아동의 언어가 자연적으로 발달한다는 것과 아

## 학생 이야기 11.2

### Peter의 첫 단어

Peter의 어머니는 약 22개월 된 아들이 아직까지 단어를 말하지 못하는 것을 걱정했다.

추수감사절 저녁 식사 동안, Peter는 약 25명의 가족 모임에서 높은 의자에 앉아 있었다. Peter가 원하는 것을 달라는 몸짓을 하면 그의 어머니는 단어를 말하게 하였고, Peter는 그 소리를 따라하려고 노력했다. Peter가 그 소리를 말하려고 시도했을 때, 모든 25명의 사람들이 서서 일제히 "up"[20]이라고 말하면서 그의 발성을 촉진하였다. Peter는 주위를 쳐다보면서 집중되는 그 반응을 즐거워하였다. 그는 "up"이라는 소리를 반복해서 말했고, 가족들의 동일한 반응에 매번 신났다. 추수감사절 음식이 끝난 무렵, Peter는 "up"이라는 첫 단어를 배웠다.

**심화질문** Peter가 첫 단어를 배우는 데 도움이 된 긍정적인 강화는 무엇이라고 생각합니까?

동에게 언어적 환경으로 자극을 제공한다면 성장한다는 것이다.

- **사회적 요인.** 아동들이 언어를 습득하는 방법에 대한 또 다른 견해는 좀 더 뛰어난 언어 사용자와 함께 대인적 관계안에서 사회적 상호작용을 통하여 이루어진다는 것이다. 아동과 부모 사이, 그리고 아동과 다른 사람 사이의 상호 간의 상호작용은 언어를 학습하는 데 가장 중요하다. 언어 습득은 아동에게 도움이 되는 인간관계를 통해 언어의 능동적인 처리자가 될 수 있는 자연적 환경에서 촉진된다(Vygotsky, 1962/1934).

가르친다는 관점에서 언어 학습에 포함된 사회적 요인은 아동과 성인이 상호 간의 관계와 의사소통 처리과정에서 서로 영향을 받으며 발달된다고 강조한다. 가르친다는 것은 유아가 성인들에게 주의를 집중하도록 역할 중재와 학습 기회를 형성해 주는 것이다. 예를 들어 18개월 된 Sarah가 비행기(plane)라는 단어와 모두 없어졌다(all gone)라는 구절을 알았다. Sarah는 엄마와 함께 부엌의 식탁에 앉아 있는 동안 비행기가 집 위로 지나갔다. 그녀의 엄마는 대화를 시작하면서 비행기가 위로 지나갈 때 질문하듯이 강조하자 Sarah는 "비행기"라고 말하였다. 비행기 소리가 사라졌을 때, 그녀의 엄마는 대화를 지속하면서 "무슨 일이 있었니?"라고 질문했고, Sarah는 "모두 없어졌다"는 과장된 손짓과 함께 "비행기가 모두 없어졌다(Plane all gone)"라고 대답하였다. 엄마의 안내는 Sarah로 하여금 첫 문장을 만들게 한 것이다.

20) [역자 주] Peter가 처음 소리 낸 단어로 원본 그대로 기술함.

## 11.3 언어 체계의 구성 요소

기본적인 언어학적 개념과 용어에는 **언어의 구성 요소**를 포함한다. 그것들은 (1) 음운론, (2) 형태론, (3) 구문론, (4) 의미론, (5) 화용론이다. 여기서, 우리는 이런 언어의 구성 요소 각각에 대하여 살펴보고 그것들이 언어학습과 언어 곤란에 어떻게 영향을 미치는지에 대하여 알아볼 것이다.

### 음운론

**음운론**은 언어에서 말하여지는 소리를 의미한다. 언어 체계에서 소리의 가장 작은 단위는 **음소**이다. 서로 다른 언어와 지방 사투리는 서로 다른 음소를 사용한다. 단어 *cat*는 *k-a-t*라는 3개의 음소를 포함한다. 음소 인지는 구어와 읽기에서 매우 중요하다. **발음**은 쓰여진 단어에서 음운 요소를 인지하여 분석하고 합성하여 말하는 것이다. 몇몇 아동들은 빈약한 음운적 인식, 혹은 빈약한 음소 소리의 인지 때문에 발음을 학습하는 것이 어렵다.

### 형태론

**형태론**은 언어에서 의미하는 단위를 의미한다. 의미하는 데 가장 작은 단위는 **형태소**이다. 서로 다른 언어는 서로 다른 형태론적 유형을 통해 의미하는 것을 변화시켜 말한다. 예를 들어, **표준 영어**에서 단어 소년(boy)은 하나의 형태소이고 의미하는 것은 하나이고, 단어 소년들(boys)은 두 개의 형태소이고 의미하는 것은 두 개(소년 *boy*, 복수형 *s*가 더해짐)이다. 아동들은 표준 영어의 형태론적 구조를 자기 것으로 만들지 못하곤 한다. 예를 들어 스페인어를 모국어로 사용하는 학생들은 "여기에 3명의 소년이 있습니다.(There are three boy.)"라고 말하곤 한다.

형태론적 규칙에 대한 예외를 인지하지 못하는 아동들은 지나치게 일반화할지도 모른다. 예를 들어, 그들은 *fight*와 *go*에 대한 과거시제를 *fighted*와 *goed*로 만들어 내기도 한다. 전형적으로 취학 전과 일학년 아동들은 형태론의 규칙이 확립되면서 터무니없는 단어에도 그들의 형태론적 규칙을 적용하곤 한다. 예를 들어, 연구자인 Berko(1958)는 각각의 아동들에게 새 같은 생물이 그려진 그림을 보여 주었을 때, 그들은 "이것은 한 마리의 우그이다.(This is a wug.)"라고 말했다. 그 다음, 이런 생물이 2개 그려진 그림을 보여 주면서 아동들에게 "거기에는 두 개의

_______.(There are two _______.)"라는 문장을 완성하도록 요청했다. 아동들은 복수형을 위한 형태론적 규칙의 적용으로 일반적인 음소 /z/를 더하여 *wugs*라고 대답한다.

## 구문론

구문론은 단어를 문자의 형태로 함께 연결하는 방법인 언어의 문법적 체계이다. 서로 다른 언어는 서로 다른 구문론 혹은 문법적 체계를 가진다. 영어는 몇몇 다른 언어와는 달리 단어의 순서가 의미하는 것을 전달하는 데 매우 중요하다. 예를 들어, "John pushes a car.(존은 자동차를 밀었다.)"는 "A car pushes John.(자동차에 존이 치였다.)"과 의미하는 바가 다르다. 구문론에 언어 손상을 가진 아동은 문장에서 어떻게 단어의 순서를 배열하는지를 배울 수 없다. 더구나 영어는 여전히 동일한 주어를 유지하면서 새로운 의미를 만들어 내려고 단어의 순서를 바꾸어 놓을 수 있다. "Mother is working.(엄마는 일을 합니다.)"라는 문장은 "Is Mother working?(엄마가 일을 합니까?)"으로 만들어 바꿀 수 있다. 구문적 언어 곤란을 가진 아동은 이런 문장 전환이 어려울 수도 있다. 예를 들어, 언어 장애 아동에게 "Is the boy running?(그 소년은 달리고 있나요?)"이라는 의문문의 형태를 따라하도록 요청하면 "The boy is running.(그 소년은 달리고 있어요.)"이라는 평서문의 형태로 따라하는 것이다.

"Mother bakes cookies.(엄마가 쿠키를 굽는다.)"와 같은 능동태 문장은 "The cookies are baked by Mother.(쿠키는 엄마에 의해 구어진다.)"라는 수동태 문장보다 이해하기 쉽다. 언어 장애 아동들은 수동태 문장을 이해하지 못할 수도 있다. 예를 들어, 1학년 학생에게 두 개의 그림, 즉 하나는 고양이가 개를 쫓고 있는 그림이고, 다른 하나는 개가 고양이를 쫓고 있는 그림을 보여 주고 "고양이가 개에게 쫓기고 있다.(The cat is chased by the dog.)"라고 말하고, 이 지시어와 같은 장면이 있는 그림을 선택하라고 요청되었을 때 많은 아동들이 수동태 문장을 이해하지 못하기 때문에 그림을 잘못 선택한다.

## 의미론

의미론은 언어에서 어휘 체계 혹은 단어 의미를 말한다. 부족한 어휘 이해를 사용하는 학생들과 의미로운 조합에 일련의 단어들을 연결시키는 것을 어려워하는 학생들은 의미론에 언어 장애를 가진 것이다. 의미론, 형태론 그리고 구문론의 구성 요소가 정상적으로 취학 연령 동안 견고하게 확립되는 동안 어휘의 발달(의미론 구성 요소)은 전 생애 동안 계속된다.

의미론의 장애를 가진 학생은 특정 개념을 이해할 수 있지만 그것을 표현하는 적절한 언어를 가지고 있지 않을 수가 있다. 예를 들어, 언어 문제를 가진 어떤 소년이 쌍둥이라고 말해야 하는데 "똑 같은 얼굴을 가진 두 명의 소녀"라고 말하는 것이다. 그는 의사소통을 하려는 방법에서 **쌍둥**이라는 단어를 알지 못했던 것이다.

### 화용론

**화용론**은 언어의 사회적 측면을 의미하는데, 화자가 그들의 환경에서 언어를 어떻게 사용하는가를 의미한다. 화용론은 화자와 청자 간의 관계, 어떤 주제에 대하여 청자의 지식 정도에 대한 화자의 평가, 행동, 대화를 교대로 하기, 주제에 머무르기, 적절한 질문하기, 대화에서의 개인적 관계, 눈 맞춤과 같은 요인들을 고려한다. 몇몇 학생들은 언어의 사회적 사용을 좀 더 어려워하고, 그들이 의사소통을 시도하는 데 비효율적이다. 그들은 대화에서 그들 자신의 생각으로 끼어들기 위해 좀 더 자주 화자를 방해한다(Bryan, Wong, & Donahue, 2003).

언어 체계의 또 다른 요소는 억양, 혹은 음의 높이(운율), 음의 강세, 음소의 연접(휴지)을 포함하여 말하는 언어의 소리 유형이 있다. 언어의 각각 억양 체계는 서로 다르다.

유아들의 억양 유형은, 3개월 된 중국 아기의 옹알이와 동일 연령의 네덜란드 아기, 미국 아기의 옹알이에서는 구별할 수 없다. 그러나 6개월이 되면 옹알이의 억양은 유아의 직접적인 환경, 즉 어떤 아기의 옹알이가 중국, 네덜란드, 혹은 미국의 각각의 환경에서 나타나면, 그 환경에서 갖는 언어의 억양과 유사하게 나타난다. 6개월 된 아기의 "모국어"는 아기의 옹알이를 녹음한 테이프에서 확인할 수 있다. 아기의 옹알이는 모국어의 억양 유형과 음소로 구성된다.

## 11.4 언어 문제의 유형

많은 학습장애 아동과 관련 경도장애 아동들은 말하기와 언어 곤란을 가진다. 그들은 집중적으로 언어 사용을 요구하는 상호작용과 대화와 같은 상황에 잘 대응하지 못하고, 대화를 지속하는 기술 또한 부족하다. 모든 취학 전 아동(3세에서 5세까지)의 약 절반 정도는 말하기 혹은 언어 손상으로 분류되어 특수교육 지원을 받는다(U.S. Department of Education, 2008). 또한 말하기와 언어 장애는 일반적으로 나이 든 장애 학생에게 중복적으로 일어난다. 학습장애 청소년과 성인에게는 종종 빈약한 구어 언어와 의사소통 기술이 지속적으로 나타난다(Vogel & Reder, 1998).

여기서는 (1) 언어 장애 대 말하기 장애, (2) 지연된 말하기, (3) 음운론적 인식의 문제, (4) 일시적인 음향처리, (5) 신속히 자동화하여 명명하기와 단어 찾기, (6) 언어 장애에 대하여 살펴본다. 전국 장애 아동을 위한 보급센터(The National Dissemination Center for Children with Disabilities)는 웹사이트에서 말하는 언어 문제를 기술하고 있는데, 이는 **http://www.nichcy.org**에서 찾을 수 있다.

## 언어 장애 대 말하기 장애

언어 장애는 말하기 장애와는 다르다. **말하기 장애**는 (1) 분명한 발음 곤란(예: *r* 소리를 낼 수 없는 아동은 wabbit—*rabbit*의 *r*을 *w*라고 함—라고 말한다), (2) 목소리 장애(예: 쉰 목소리), 혹은 (3) 유창성 곤란(예: 말더듬기)과 같이 소리를 내는 데 이상을 나타내는 것을 의미한다. **언어 장애**는 훨씬 더 광범위하고 의사소통의 전체 범위를 포함한다. 언어 장애의 유형은 언어 장애의 부분에서 설명한다.

## 지연된 말하기

**언어 지연**이 있는 아동들은 전혀 말을 하지 못할 수도 있고, 정상적으로 발달해야 하는 언어 연령에서 거의 언어 사용을 못할 수도 있다. 예를 들어, 4살 된 아동이 언어 지연을 가지고 있다면 말하는 학습이 아직 수행되지 못한 것이다. 약 8%의 아동은 말하기와 언어 발달에 실패하거나 기대되는 연령에 근접하지 못한다(Tallal, 2000; Tallal et al., 1997). 말하기 지연에 대한 예로는 **학생 이야기 11.3**, "언어 지연이 있는 아동, Marsha"와 이 장의 제일 마지막에 있는 "내가 알고 있는 한 아동"에 제시해 둔다.

**중이염**은 아동들이 언어를 학습하는 데 심각한 손상을 초래할 수 있는 비교적 일반적인 아동기의 질병이다. 중이염은 중이의 감염을 포함하는데 이는 일시적인 청력 손실의 원인이 될 수 있다. 일시적인 청력 손실이거나 그 정도가 가볍다 할지라도 유아가 언어를 학습하려는 중요한 단계에 중이염에 걸렸다면 언어 지연을 가져오게 할 수 있을 것이다.

## 학생 이야기 11.3

### 언어 지연이 있는 아동, Marsha

Marsha는 4살이고 언어 지연을 보이고 있다.

Marsha의 조기 발달은 전형적인 운동 발달을 보였다. 그녀는 11개월이 되었을 때 걸었고, 조금 빠르게 세발자전거 타는 법을 배웠으며, 인형, 블록, 그리고 퍼즐을 가지고 노는 것을 즐겼다. 그러나 Marsha의 언어 발달은 매우 느렸다. 그녀는 3살이 될 때까지 단 하나의 단어도 사용하지 않았다. 지금 그녀의 말하기는 한두 단어의 문구로 구성된다. Marsha는 다른 사람의 말은 이해하며, 그녀는 그녀에게 주어진 지시에 잘 따를 수 있어, 그녀의 수용 언어–다른 사람의 언어를 이해하는–는 좋은 편이다. 부모들은 그녀를 학교의 조기 특수아동 프로그램에 입학시켰다. 말하기/언어 치료사인 취학 전 선생님과 그녀의 부모는 자연 묘사의 언어 교육이라고 하는 기술을 사용하여 협력하였다. Marsha가 "가자(Go)"라고 말하면서 문을 가리키면, 선생님은 "지금 밖으로 나가자고?(Go out now?)"라고 질문하는 것으로 그녀의 언어를 확장했다. 그러면 Marsha는 "지금 밖으로 나가자.(Go out now.)"라고 말하면서 확장된 문구를 반복한다.

**심화질문** Marsha가 가지고 있었던 언어 문제는 어떤 유형입니까? Marsha의 강점은 무엇이라고 생각합니까?

### 빈약한 음운론적 인식

음운론적 인식은 말하여지는 언어에서 음소(언어의 소리)에 집중하여 음소를 다루는 아동의 능력을 말한다. 이미 앞에서 음소는 언어의 추상적인 단위이고 말하여지는 언어를 구성하는 가장 작은 단위라고 설명하였다. 언어의 음소 소리에 관하여 학습하는 것은 언어를 이해하고 사용하는 것을 학습하는 것과는 다르다. 읽기를 학습하는 데 어려움을 가진 많은 아동들은 언어와 단어의 음소 소리에 민감하지 않다(Blachman, Tangel, & Ball, 2004; Mann & Foy, 2003; Lyon, Shaywitz, & Shaywitz, 2003). **표 11.1**은 몇 가지 일반적인 단어에서 음소의 수를 나타낸 것이다.

성공적으로 시작하는 독자는 단어 *cat*이 *bat*과 각각 다른 하나의 음소 소리를 가지고 있다는 것을 아는 것과 같이 단어에서 음소 소리를 인식한다. 빈약한 음운론적 능력을 가진 아동들은 *mop*과 같은 한 단어의 소리 수와 일치하게 가볍게 툭툭 치는 박자를 실행할 수 없다. 아동들이 음운론적 체계의 인식이 이루어지면 철자로 된 글자가 말하여지는 소리로 표현되는 전체 철자 체계를 습득할 수 있다. 많은 연구들은 영어, 스웨덴어, 스페인어, 프랑스어, 이탈리아어, 포르투갈어와 같은 철자 언어에서 음운론적 인식과 열약한 읽기가 서로 연계되어 있다고 밝힌다(Lundberg, 2002). (중국어와 같은 몇몇 쓰기언어는 소리가 아닌 생각을 반영하는

**표 11.1** 몇몇 일반적인 단어에서 음소의 수

| 단어 | 음소의 수 |
|---|---|
| Oh | 하나 |
| Go | 둘 |
| Check | 셋 |
| Stop | 넷 |
| Checkers | 다섯 |
| Shaque | 셋 |

특징으로 그려진 그림이다.)

전국읽기위원회(National Reading Panel)는 전국아동건강과 인간발달 연구소에 의해 설립된 연구 단체로, 이 단체는 아동들에게 읽기를 가르치는 효율성에 대하여 조사 중심 지식의 상태를 평가한다. 전국읽기위원회 보고서를 위한 웹사이트는 **http://www.nationalreadingpanel.org**이다.

100,000개가 넘는 조사 중심 연구를 통한 철저한 검토 후에 전국읽기위원회(2000)는 음운론적 인식에 관하여 다음과 같은 결론에 도달하였다. 음운론적 인식은

- 읽는 것을 가르칠 수 있도록 도와줄 수 있다.
- 유치원이나 일학년에서 효과적이다.
- 나이 든 학생, 모든 사회경제적 상태(SES) 집단, 이중 언어를 구사하는 학생들을 도와줄 수 있다.
- 많은 서로 다른 방법을 활용하여 성공적으로 가르칠 수 있다.
- 평균 교수 시간은 항상 25분을 사용한다.
- 학급 선생님이 가르칠 수 있다.
- 인쇄된 글자와 함께 사용될 수 있다.

**표 11.2**는 교사들이 교수에 사용할 수 있는 몇 가지 음운론적 인식과제에 대한 예이다(Adams et al., 1998; Blachman et al., 2004; Coyne, Kame'enui, & Simmons, 2001). 음운론적 인식에 대한 비공식적인 검사는 **표 11.3**에 제시한다. 음운론적 인식에 대한 공식적인 검사는 **표 11.4**("구어 사정하기" 영역)에 있다.

**표 11.2** 음운론적 인식 과제

| 과제* | 활동 |
|---|---|
| 1. 음소 구분 | 단어 *ship*의 음소는 몇 개인가? |
| 2. 음소 분리 | *paste*의 첫소리를 말해 보라. |
| 3. 음소 혼합 | *s/k/u/l*은 어떤 단어인가? |
| 4. 음소 일치 | *bike*, *boy*, *bell*에서 같은 소리를 말해 보라. |
| 5. 음소 분류 | *bus*, *bun*, *rat*에서 같은 소리가 하나도 없는 단어는 무엇인가? |
| 6. 운율 가짐 | a fly kissing a *tie*[21]를 본 적이 있는가? |
| 7. 음소 삭제 | *s* 없이 *smile*을 말해 보라. |

*쉬운 것에서 어려운 것으로 목록화했다.

## 일시적인 음향처리

**일시적인 음향처리**로 몇몇 아동들이 말하기와 언어를 발달시키지 못하고 기대되는 연령에 근접하지 못하는 이유를 설명할 수 있다. 몇몇 아동은 말하기에서 빠른 음향의 변화를 구별하여 재빨리 소리로 처리하기가 어렵다. 정상적 언어 과정 동안, 말하기 소리는 이런 아동들이 인지하고 파악하기에는 너무도 빠르게 지나가 버린다. Paula Tallal과 그의 동료들에 의해 수년 동안 실시된 일련의 연구들은 말하기와 언어에서 지연을 보이는 아동들은 음향적으로 다양한 신호와 일련의 기억들을 일시적으로 재빠르게 통합시키는 것에 어려움을 가질 수가 있다고 보고하였다. 이런 결함은 밀리세컨드[22]의 시간 범위에서 중추청각처리에 영향을 미칠 수 있다(Hall et al., 2002; Tallal, 2000; Tallal, Miller, et al., 1997).

언어 지연을 가진 아동들의 일시적인 음향처리 곤란에 대한 연구는 Fast ForWord 프로그램이라고 불리는 컴퓨터 프로그램을 개발하게 되었다. 이 프로그램은 말하는 소리를 지연하여 길어지게 한 후 점점 빠르게 하여 말하기의 음향을 바꾸는 것인데, 말하는 소리를 점점 느리게, 그리고 점점 시끄럽게 만드는 말하기 구성 요소를 활용하여 신속히 변화시키는 것을 강조한다. Fast ForWord의 목적은 아동들이 음향적으로 바뀌는 말소리를 이해하고 인지하도록 돕는 것이다. 아동들은 컴퓨터에서 나오는 소리들을 따라서 말하도록 요청되는 특별히 고안된 컴퓨터

21) [역자 주] 운율은 음성적 형식, 음의 강약, 장단, 고저 또는 동음이나 유음의 반복으로 이루어진다. 과제 6의 예시는 영어에서 나타나는 운율 과제로 번역하지 않았다.

22) [역자 주] 시간의 단위로 1/1000초를 의미하며, 물리나 공학에서 msec 또는 ms라고 쓴다.

**표 11.3 음운론적 인식에 대한 비공식적 검사**

아동이 과제를 이해하기 위하여 2개의 예를 제시하라. 예를 들어, 처음에 단어 *cowboy*를 말하고, 그 후에 아동에게 그 단어를 따라서 말해 보도록 한다. 그 다음에 검사자는 그 아동에게 *boy*는 말하지 말고, 그 단어를 다시 말하도록 한다.

단어 *steamboat*를 위와 동일한 방법으로 수행해라. 아동에게 "*steam*은 말하지 말고 그 단어를 다시 말해 보라"라고 말한다. 아동이 위의 두 개의 예시에 정확하게 대답을 한다면, 아래에 제시된 검사를 실시하라.

| 항목 | 질문 | 정확한 반응 |
|---|---|---|
| 1. *sunshine* 말하기. | *shine*은 말하지 말고 지금 그 단어를 다시 말해 봅시다. | *sun* |
| 2. *picnic* 말하기. | *pic*은 말하지 말고 지금 그 단어를 다시 말해 봅시다. | *nic* |
| 3. *cucumber* 말하기. | *cu*는 말하지 말고 지금 그 단어를 다시 말해 봅시다. | *cumber* |
| 4. *coat* 말하기. | */k/*는 말하지 말고 지금 그 단어를 다시 말해 봅시다. | *oat* |
| 5. *meat* 말하기. | */m/*는 말하지 말고 지금 그 단어를 다시 말해 봅시다. | *eat* |
| 6. *take* 말하기. | */t/*는 말하지 말고 지금 그 단어를 다시 말해 봅시다. | *ake* |
| 7. *game* 말하기. | */m/*는 말하지 말고 지금 그 단어를 다시 말해 봅시다. | *gay* |
| 8. *wrote* 말하기. | */t/*는 말하지 말고 지금 그 단어를 다시 말해 봅시다. | *row* |
| 9. *please* 말하기. | */z/*는 말하지 말고 지금 그 단어를 다시 말해 봅시다. | *plea* |
| 10. *clap* 말하기. | */k/*는 말하지 말고 지금 그 단어를 다시 말해 봅시다. | *lap* |
| 11. *play* 말하기. | */p/*는 말하지 말고 지금 그 단어를 다시 말해 봅시다. | *lay* |
| 12. *stale* 말하기. | */t/*는 말하지 말고 지금 그 단어를 다시 말해 봅시다. | *sale* |
| 13. *smack* 말하기. | */m/*는 말하지 말고 지금 그 단어를 다시 말해 봅시다. | *sack* |

점수 매기기: 바르게 대답한 항목에 1점을 준다.

| 점수 | 예상 수준 |
|---|---|
| 1~3 | 유치원 |
| 4~9 | 1학년 |
| 10~11 | 2학년 |
| 12~13 | 3학년 |

출처: From *Helping children overcome learning difficulties*, by J. Rosner, 1979. New York: Walker & Company. Copyright 1979 by Jerome Rosner. Walker & Company의 허락하에 재인용함.

게임에 참여한다. 이런 컴퓨터 게임을 위한 교수는 아동들에게 다양한 소리 단서를 구별하도록 요구한다. 아동들의 수행이 개선되는 동안 이런 소리 단서가 계속되면서 점점 더 짧아지고 공간적으로 좀 더 근접해진다. 이 프로그램을 사용한 연구자들은 아동들의 구어 언어 기술이 개선된다고 보고한다. Fast ForWord 프로그램은 아동의 연령 5세에서 12세까지 사용한다(Merzenich, Jenkins, & Tallal, 1996; Scientific Learning, 1995; Tallal, Allard, Miller, & Curtis, 1997; Tallal, Miller, et al., 1997; Tallal, Miller & Merzenich, 1996). 과학적 학습(Scientific Learning)을 위한 웹사이트는 **http://www.scientificlearning.com**이다.

## 신속히 자동화하여 명명하기(RAN)와 단어 찾기

언어 지연을 가진 몇몇 아동들은 **신속히 자동화하여 명명하기(RAN)**와 **단어 찾기**가 어렵다. 이런 아동들은 사물의 이름을 재빨리, 그리고 자동적으로 말할 수 없고 정확한 단어를 기억하는 것도 느리다. 예를 들어, 아동들에게 그림을 보여 주고 그림에 그려진 사물의 이름을 말하는 과제를 주었을 때, 이런 아동들은 그림에 그려진 사물의 이름을 신속하게 말할 수 없다. 단어를 찾고 이름을 말하는 것에서의 느림은 나중에 읽기장애와 학습장애를 일으키는 전조가 되는 증상이다. 명명하기의 늦음은 기억의 구조적 문제에 의해 유발되는 것으로 생각되는데, 이는 언어 정보에 접속을 어렵게 한다(DeJong & Vrielink, 2004; Catts, 1993; German, 2001).

명명하기와 늦은 단어 산출의 문제는 아동은 물론 학습장애 청소년과 성인, 그리고 관련 경도장애 청소년과 성인에게도 많은 영향을 미친다. 단어 찾기 문제는 평생 동안 읽기, 학습, 표현 언어의 사용에 있어서 어려움의 원인이 될 수 있다.

단어 찾기 문제를 설명하는 자료는 다양하다. 1998년 Meyer와 그의 동료들에 의해 발표된 연구는 단어 찾기에 문제를 가진 아동들을 가르치는 데 중요한 교수 방법을 발표했다. 성인을 위한 단어 찾기 전략은 Diane German(2001)에 의해 쓰여진 『입에서만 뱅뱅 돌 뿐 생각이 나지 않아(*It's On the Tip of My Tongue*)』라는 책에서 발견할 수 있다. 단어 찾기 중재 프로그램(German, 1993)은 아동을 위한 단어 찾기 교수 프로그램이다. 추가적인 정보는 단어 찾기 웹사이트, **http://www.wordfinding.com**에 있다(**표 11.4** 참고).

## 언어 장애

언어 장애는 가끔 후천적 실어증 혹은 발달적 실어증이라고 불리기도 한다. 후천적 실어증이라는 용어는 쇼크, 질병, 혹은 사고로 인한 뇌 손상 때문에 말하기 능력을 잃어버린 것으로 분류되는 성인들에게 사용된다. 반대로 **발달적 실어증**이라는 용어는 구어를 습득하는 데 심한 어려움을 가진 아동들을 기술하는 데 사용된다(Kuder, 2003). 이런 아동들은 (1) 수용 언어 장애, 혹은 (2) 표현 언어 장애를 가질 수 있다.

**수용 언어 장애**는 언어를 이해하는 것을 어려워한다. 수용 언어는 표현 언어의 발달을 위한 필요조건이다. 수용 언어 문제를 가진 아동은 *sit*, *chair*, *eat*, 그리고 *candy*와 같은 단일 단어를 이해할 수 있지만, "너는 사탕을 먹은 후에 의자에 앉아라.(Sit on the chair after you eat the candy.)"와 같이 단어들을 사용하여 만들어진 문장을 이해하는 것은 어려워한다. 몇몇 아동들은 어떤 문맥에서는 단어를 이해하지만 또 다른 문맥에서는 동일한 단어를 이해하지 못한다. 한 아동이 단어 *run*은 이동방법으로는 이해되지만, 수도꼭지, 여자의 스타킹, 혹은 강에 언급되어 사용되었을 때는 그 의미를 이해하지 못할 수도 있다.

**표현 언어 장애**는 말하는 언어를 표현하는 데 어려움이 있다. 표현 언어 장애를 가진 아동은 그들이 원하는 것을 알리는 데 손가락으로 가리키거나 몸짓에 의존한다. 이런 아동들은 다른 사람에 의해 표현되는 말이나 언어를 이해할 수 있고, 말하는 것을 방해하는 근육 마비도 없으며, 비언어적 과제를 잘 한다.

몇몇 임상적 증상은 표현 언어와 관련되어 있다. 그 중 하나는 **명칭 실어증**으로, 이는 단어 찾기 문제 혹은 단어를 기억하고 표현하는 데 결함이 있다. 실어증을 가진 아동들은 기억할 수 없는 모든 사물을 *thing*(것)과 같은 단어로 대체하고, 주변에 있는 대상으로 돌려 말하는 것처럼 다른 표현을 사용하려고 시도할 수 있다. 예를 들어, 10살 된 소녀가 점심에 먹으려는 음식을 주문하면서 토마토를 말하고 싶을 때 "감자튀김과 잘 어울리는 둥글고 빨간 것"이라고 에두른 표현을 사용하는 것이다.

## 11.5 영어 언어 학습자(ELL)

영어 언어 학습자(ELL)는 영어가 그들의 제1언어가 아닌 학생들을 의미한다. ELL 학생은 영어에 능숙하지 않고, 그들의 모국어를 사용한다. 그들은 전체적으로 영어로 가르치는 수업에서 많은 어려움을 호소한다. 오늘날과 같은 다양한 사회에서는 많은 수의 학생들이 영어 이외에 다른 언어로 말하는 가정에서 학교에 입학한다. 사실상, ELL 학생은 학교 연령 인구에서 가장 빠르게 증가하는 집단 중 하나이다(Samson & Lesaux, 2009; National Clearinghouse for English Language Acquistion and Language Instruction Education Programs, 2006). ELL 학생은 350개가 넘는 서로 다른 언어로 말하지만 그 중에서도 스페인어를 모국어로 사용하는 ELL 학생은 약 77%로 300만 명의 학생이 있다(Samson & Lesaux, 2009).

사실 이중 언어 사용자로 언급되는 아동들은 그들의 모국어와 제2의 언어 두 개 모두의 언어를 잘 사용하기도 한다. 실질적으로 많은 연구들은 이중 언어 능력이 더 높은 수준의 인지적 습득에 관계되어 있다고 밝힌다. 이중 언어 습득은 둘 다의 언어를 기초로 하여 형성되는 과정이다. 언어의 이중성은 이중 언어를 구사하는 아동들의 언어 숙달 혹은 인지발달을 전혀 방해하지 않는다(Miller, Heilmann, & Nockerts, 2006; Cummins, 1989; Hakuta, 1990; Jiménez, 2002).

그러나 많은 영어학습자의 문제는 영어 숙달에 제한을 보이며 영어를 이해하고 사용하는 데 어려움을 가진다는 것이다. 몇몇 ELL 학생들은 단지 그들의 모국어를 말하고, 또 다른 아동들은 영어와 모국어를 모두 사용하지만 여전히 영어를 어렵게 생각한다. 아동의 모국어는 영어 기술을 형성하는 데 기초가 된다. 모국어를 효율적으로 사용하는 학생들은 영어를 적절하게 사용하고 습득하는 것처럼 보이지만, 모국어에 문제를 가진 학생들은 제2의 언어인 영어에서도 문제를 경험한다(Miller et al., 2006; Lundberg, 2002). 많은 연구들은 대부분의 학생들이 6개월 안에 회화체 영어를 습득할 수 있지만, 영어로 기초 학습적 발달에 복잡한 요구를 제공하는 언어적 숙달은 이루어지지 않을 수가 있다고 밝혔다. 이러한 숙달 수준에 도달하려면 2년에서 혹은 그 이상 걸리기도 한다(Cummins, 1989; Jiménez, 2002; Ortiz, 1997).

영어 언어 학습자 중 몇몇 학생은 학습장애 혹은 관련 경도장애를 가지고 있다. 영어 언어 학습자 중 몇몇의 학생은 영어 학습은 물론 자신의 장애에 대해서도 대처해야만 한다. 학생들이 모국어에서 언어 손상을 보인다면, 그 언어 문제는 제2의 언어에도 영향을 미칠 것이다(Samson & Lesaux, 2009; Miller et al., 2006; Artiles, Rueda, Salazar, & Higareda, 2005).

교사들은 특히 영어 언어 학습자의 요구에 민감하여야 하고 영어가 요구되는 시간을 위하여 실력이 향상되어야 한다는 것도 알아야 한다. 교사들은 전반적인 특수교육과 제한된 영어 습득을 가진 학생들 모두에게 필요한 능력을 갖추어야 한다. **교수 정보 11.1**, "영어 언어 학습자를 지원하기 위한 효과적인 실제"는 학습장애를 가진 영어 언어 학습자를 위한 몇 가지 지원 방법을 제공한 것이다.

## 교수 정보 11.1

### 영어 언어 학습자를 지원하기 위한 효과적인 실제

- ✔ 문화적 그리고 개인적 다양성에 대하여 민감하라.
- ✔ 영어 언어 능력을 발달시키려면 영어 언어 읽기를 가르쳐라.
- ✔ 영어학습자를 위한 사정 도구, 추천된 실제, 만족스러운 조절에 익숙해져라.
- ✔ 학생들이 한 언어에서 다른 한 언어로 옮겨가며 배우는 것에 도움을 제공하라.
- ✔ 학습하면서 움직일 수 있고, 제한된 단어로 변화를 구성하고, 너무 길지 않는 문장을 사용하여 개념을 형성하고, 복잡한 생각과 느낌을 표현하는 기회를 많이 제공하라.
- ✔ 가정과 학교의 협력을 촉진하라.
- ✔ 일반교육과 특수교육의 교사 사이에 의사소통을 장려하라.

**출처:** Jiménez 2002; Ortiz, 1997.

## 제2언어 학습하기

제2언어 학습을 위한 *ESL*, 이중 언어, 보호막 영어, 몰입 교수에 대하여 살펴본다.

- **제2언어 영어(ESL) 방법**은 서로 다른 언어 배경으로부터 온 학생들에게 제공되는 수업에서 활용된다. 학생들은 선택된 제2언어 유형의 구어 반복을 조심스럽게 통제하는 것으로 학습한다.
- **이중 언어 교수**는 특정 언어 배경에 있는 학생 모두에게 활용된다. 학생은 학교의 어떤 영역에서는 그들의 모국어를 사용하고, 학교생활의 또 다른 어떤 영역에서는 제2언어(영어)를 사용한다. 교수는 두 가지 언어로 제공한다. 기초 학업 과목은 종종 모국어로 가르치고, 영어는 구어 연습을 받는다. 이중 언어 프로그램의 목적은 모국어를 통해 학교 학습을 증강시키면서 제2언어를 점점 추가하는 것이다. 이 교수의 기본 철학은 학생들의 자국 문화의 중요성을 존중하며 미국 사회의 언어를 알게 하는 것이다.
- **보호막 영어**(sheltered English)는 전형적인 교과내용영역 과목을 위해 사용되는 영어로 작성된 인쇄 자료를 활용하는 교수를 통해 영어를 좀 더 빠르게 배워야 하는 학생들에게 영어를 숙달시키려는 교육방법이다. 이런 접근의 본의는 말하여지는 언어는 순간적이고 일관성이 없다는 것에 있다. 문자로 쓰여진 교재는 안정적이지만 학습자들에게는 숙달하기 어렵다. 문자로 쓰여진 교재는 학생들이 반복해서 읽을 수 있고 학습하는 것을 다시 고려할 수 있다.

모국어가 스페인어인 아동들을 위하여 읽기와 사회와 같은 과목에서는 영어로 작성된 자료를 활용하여 과목을 가르치고 하루 중 일정 시간은 모국어인 스페인어를 사용하게 한다. 영어로 작성된 재미있는 이야기를 활용한 읽기는 영어 언어 능력을 향상시키는 데 도움이 된다(Gersten, Brengelman, & Jiménez, 1994).

- **몰입 교수**는 학생들을 제2언어에 몰입시키거나 집중적으로 노출시키는 방법이다. 사실상 제2언어를 학습하는 사람들을 위하여 형식적 교수는 없으며 기본적으로 만들어진 것이다. 사람은 지배적인 언어 사회의 주류화에서 매일을 살아가면서 반복되는 노출의 유형을 통해 배운다. 몰입은 캐나다에서 취학아동을 위한 교수적 방법으로, 프랑스어로 말하는 몰입 학교에 입학한 아동은 영어로 말하기 대신에 프랑스어를 배우는 것을 중요시한다(Fortin & Crago, 1999).

### 불균형 비례성

영어 언어 학습자의 불균형적 표현은 교육적 공평성에 대한 토론으로 오랫동안 관심이 집중되어 있었다. 이 논쟁은 문화적, 그리고 언어적으로 다양한 학생들이 불공평하게 특수교육에 포함되었다는 것에서 시작된다. 연구자들은 이런 학생들이 장애를 가진 학생들로 분류되며, 종종 학습장애 분류에도 속해 있다고 밝혔다(Artiles, Rueda, Salazar, et al., 2005; De Valenzuela, Copeland, Huaqing, & Park, 2006). 모든 학생을 위하여 정당하고 적절한 사회의 형태는 ELL 학생에 대한 불공평함을 바로 잡아 줄 수 있는 교육체계를 마련하는 것이다.

## 11.6 조기 읽기 쓰기 능력과 구어

**조기 읽기 쓰기 능력**은 아동이 조기에 단어, 언어, 책, 시, 그리고 이야기에 대한 종합적인 세계에 입문하는 것을 말한다. 유아에게 풍부한 읽고 쓰는 환경을 제공해야 하는 중요성과 인쇄물, 단어 언어의 소리를 인식하도록 아동을 도와주는 것은 언어의 세계에서 가장 중요한 일이다. 조기 읽기 쓰기 능력에 대한 기본 철학은 이야기와 책에 대한 즐거운 경험을 제공하여 유아를 촉진하고, 조기 쓰기를 촉진하는 것이다〔National Early Literacy panel (Strickland & Shanaham, 2004)〕.

조기 읽기 쓰기 능력은 아동들이 언어 세계에 입문하는 것을 의미한다.

© Robert Berner/Photo Edit Inc.

학습장애 아동과 관련 경도장애 아동에게 풍부한 읽고 쓰는 환경을 제공하는 것은 특히 중요하다. 이른 연령부터 그들은 이야기를 듣고, 이야기를 말하고, 심지어 잡지와 이야기를 작성할 것이다. 이야기 읽기는 구어 경험을 형성하도록 도와준다. 새로운 내용이 많이 없는 책은 한 유형을 가지거나 후렴이 사용되기도 하는데, 아동들이 이런 후렴을 반복하도록 격려해야 한다. 또한 중요하고 좋아하는 이야기는 반복해서 다시 읽고, 아동들이 책을 읽는 동안 동시에 그 내용을 CD나 테이프로 들을 수 있다. **교수 정보 11.2**, "조기 읽기 쓰기 능력을 촉진하는 활동"은 조기 읽기 쓰기 능력을 증진시켜 줄 수 있는 방법이다.

## 교수 정보 11.2

### 조기 읽기 쓰기 능력을 촉진하는 활동

✔ **아동들을 구어 언어활동에서 촉진하라.** 아동에게 말하도록 하여 구어를 사용하는 많은 기회를 제공하라.

✔ **아동에게 읽고 쓰기 환경을 제공하라.** 많은 책, 이야기, 그리고 시를 제공하여 읽게 하고 읽은 내용에 대하여 토론하라.

✔ **인쇄물에 대한 개념을 소개하라.** 인쇄물은 의미를 가지고 있다는 것과 좌에서 우로, 위에서 아래로 읽는 방법을 알려 줘라. 단어는 빈칸으로 나누어진다는 것을 보여 줘라.

✔ **단어와 소리 게임을 활용하라.** 아동들이 소리로 구성된 단어를 인식할 수 있는 게임을 활용하라. 운율 게임, 동요, 그리고 시를 가르쳐라.

✔ **철자 지식을 형성하라.** 아동들이 철자 문자를 인지하도록 돕고 그들에게 배운 글자를 쓰도록 촉진하라.

✔ **아동들이 문자와 소리의 대응을 인지하도록 만들어라.** 아동들이 소리와 문자 사이의 관계를 알도록 도와라.

✔ **조기에 쓰기를 장려하라.** 쓰기를 위하여 활용 가능한 매체를 갖추어라. 아동들이 낙서하기, 글자 쓰기, 혹은 그림 그리기를 해도 좋다.

✔ **아동들이 어휘 읽기를 시작하도록 지원하라.** 아동들이 처음 본 단어에 집중하는 활동을 계획하라. 예를 들어, 그들의 좋아하는 사물의 단어를 수집하라.

**출처:** National Research Council, 1998; Jennings et al., 2006.

## 11.7 구어 사정

구어를 사정하는 목적은 아동들이 언어 능력을 획득하고, 언어 문제를 설명하고, 그리고 아동들이 기능적으로 언어를 어떻게 잘 사용하는지를 결정하는 것이다. 사정 정보에는 가르치는 계획도 안내될 것이다. 사정은 듣기와 말하기라는 구어의 두 가지 면을 고려한다. 언어 사정 측정에는 (1) 비공식적 측정, (2) 공식적 검사가 있다.

### 비공식적 측정

종종 가장 가치로운 정보는 아동이 수업 혹은 여가 환경과 같은 현실 환경에서 기능적으로 언어를 활용하는 것을 관찰하여 획득한다. 평가 척도가 사정에서 사용될 때 어떤 정보(항상 부모)는 아동의 언어 발달과 사용에 관한 정보를 제공한다. 비

표 11.4 구어 검사

| 검사 | 검사 연령 혹은 학년 | 출판사 |
|---|---|---|
| **일반적인 구어 검사** | | |
| • Clinical Evaluation of Language Fundamentals-Revised(CELF-R) | 유치원에서 12학년까지 | Harcourt Brace http://www.harcourt.com |
| • Detroit Tests of Learning Aptitude-4(DTLA-4) | 6~7세 | Pro Ed. http://www.proedinc.com |
| • Oral and Written Language Scales (OWLS) | 3~21세 | AGS http://www.pearsonassessments.com |
| • Test of Adolescent Language-3 (TOAL-3) | 12~18세 | Pro Ed. http://www.proedinc.com |
| • Test of Language Development-3: Intermediate(TOLD-3: Intermediate) | 8.5~12.1세 | Pro Ed. http://www.proedinc.com |
| • Test of Language Development-3: Primary(TOLD-3: Primary) | 8~11세 | Pro Ed. http://www.proedinc.com |
| **듣기 검사** | | |
| • Listening Comprehension Scales-Oral, Written, and Language Scales (OWLS) | 5~21세 | AGS http://www.pearsonassessments.com |
| • Peabody Picture Vocabulary Test-III | 2~18세 | AGS http://www.pearsonassessments.com |
| • Test de Vocabulario en Images. Peabody (Spanish version of the Peabody Picture Vocabulary Test-III) | 2.5~18세 | AGS http://www.pearsonassessments.com |
| **음운론적 인식 검사** | | |
| • Comprehensive Test of Phonological Processing | 5~21.11세 | Pro Ed. http://www.proedinc.com |
| • Lindamood Auditory Conceptualization Test | 취학 전~성인 | Riverside http://www.riverpub.com |
| • Phonological Awareness Test | 5~9세 | Riverside http://www.riverpub.com |
| • Test of Phonological Awareness | 유치원~2학년 | Pro Ed. http://www.proedinc.com |
| **단어 찾기 검사** | | |
| • Test of Word Finding-2 | 6.5~13세 | Pro Ed. http://www.proedinc.com |
| • Test of Adolescent and Adult Word Finding | 12~80세 | Riverside http://www.riverpub.com |

공식적 사정 측정은 표준화되어 있지 않지만 아동의 언어 능력에 관하여 가치로운 정보를 제공한다.

듣기에 대한 비공식적 측정은 교사들이 큰 소리로 읽어 주는 이야기를 이해하는 아동의 능력을 사정하는 것으로 획득할 수 있다. 듣기 검사는 종종 비공식적 읽기 목록(IRI)을 사용한다(12장, "읽기 곤란"을 참고하라). 절차는 교사들이 어려운 수준을 평가하는 이야기를 큰 소리로 읽어 준다. 그런 다음 아동이 자료를 잘 이해했는가를 확인하는 이해 질문으로 평가한다(Jennings et al., 2010; Spinelli, 2002).

### 공식적 검사

공식적 검사는 구어 언어 발달에 관한 정보를 수집하는 표준화된 도구이다. 공식적인 검사 결과는 아동의 개별화 교육 계획(IEP)에 종종 포함된다. **표 11.4** 목록은 공식적 언어 검사의 몇 가지 예를 목록화하여 제시한 것이다.

## 교수 전략 Teaching Strategies

여기서는 듣기와 말하기를 위한 교수 전략에 초점을 맞추어 살펴볼 것이다. 구어는 구어 이해하기(듣기)와 구어 산출하기(말하기)라는 두 개의 대비적인 측면으로 구분할 수 있다.

## 11.8 듣기

듣기는 종종 언어 학습의 요소로 등한시 하는 경향이 있다. 사람들은 전형적으로 특별한 교수 없이 듣기 능력을 획득한다고 생각한다. 그러나 많은 사람들이 스스로 듣는 기능적 기술을 획득하지 못하는 경우도 있다. 이런 어려움을 가진 사람들의 반 이상은 외관상으로 언어 손상의 원인이 되는 듣기 예민함에 결함이 없고, 기관 병리에 이상이 없는데도 알아듣지 못하여 청력 전문가를 찾아가기도 한다. 여기서는 (1) 의미를 이해하며 듣기, (2) 언어 소리에 대한 음운론적 인식, (3) 단어 이해와 어휘 듣기 형성, (4) 문장 이해, (5) 듣기 이해, (6) 비평적인 듣기, (7) 이야기 듣기의 몇 가지 전략을 제시한다.

## 의미를 이해하며 듣기

듣기는 훈련을 통하여 개선될 수 있는 기본적인 기술이다. 빈약한 듣기는 학생들이 듣기에 귀를 기울이지 않는데 익숙한 만큼 지속되는 소리에 노출되어 있다는 것으로 설명할 수 있다. 듣기에 주의를 기울이지 않는 학생들에게는 듣기에 귀를 기울이는 방법을 가르쳐야 한다.

청력에서 서로 다른 음소를 구별하여 듣는 것은 음운론적 과정으로 이해가 포함되지 않는다. 어떤 사람은 청각의 예민함으로 외국어를 들을 수 있을지 모르지만 그것이 무슨 내용인지는 이해할 수 없을 것이다. 이런 듣기는 단순히 소리를 듣는 청력과는 다르게 적절한 의미를 선택하고 그들의 관계에서 사고를 조직하는 것을 요구한다. 또한 듣기는 평가, 수락, 혹은 거절, 내면화, 그리고 동시에 표현된 사고에 대한 이해가 필요하다. 듣기는 모든 언어의 성장에 기본이고, 듣기 기술에 결함을 가진 아동들은 모든 의사소통 기술에 어려움을 보일 것이다.

듣기와 읽기에는 중요한 차이점이 있다. 독자는 자료를 다시 읽을 수 있고 공부할 수 있지만 청자는 자료를 오로지 한 번만 들을 수 있어 듣고 나면 그 자료는 사라져 버린다(물론 녹음장치를 사용하면 이런 차이점은 수정된다). 독자는 그들의 목적과 자료의 난이도에 따라 느리게 혹은 빠르게 진행 속도를 조절할 수 있지만 듣기에 대한 청자의 속도는 화자에 의해 결정된다. 청자는 화자의 목소리, 몸짓, 외모, 그리고 강조점으로 부가적인 단서를 가질 수 있지만 독자는 인쇄된 페이지에서 제공되는 정보 이외에 단서를 얻을 수 없다. 또한 읽기에서 제공되는 것보다는 청자와 화자의 조합은 반응, 질문, 쌍방향의 토론으로 더 많이 이해할 수 있는 기회를 제공한다.

교사가 학생들에게 듣기를 요청할 때, 그들은 단순히 말하여지는 단어를 듣고 인지하는 것을 바라지 않는다. 듣기를 지도받는 학생들은 전달되는 의사소통의 메시지를 이해하고 싶어 한다.

아래에 제시된 듣기 기술에 대한 교수 전략은 계속하여 설명할 것이다.

- 언어 소리에 대한 음운론적 인식
- 단어 이해와 어휘 듣기 형성
- 문장 이해
- 듣기 이해
- 비평적 듣기
- 이야기 듣기

## 언어 소리에 대한 음운론적 인식

읽기를 배우기 위한 전조는 언어의 소리인 음소를 인지하는 것이다. 읽기를 시작하는 단계에서 성공은 언어의 음소 소리를 개별적으로 듣고, 그들이 듣는 단어에 구성된 개별적인 음소를 인지하는 것이다. 음소 인지에 대한 능력은 발음을 학습하려는 아동들을 준비시킬 수 있다.

**1. 의미 없는 소리.** 아동들이 "Baa, Baa, Purple Sheep(매~, 매~, 보라색 양)" 혹은 "Twinkle, Twinkle, Little Car(반짝, 반짝, 작은 자동차)"와 같이 친숙한 이야기의 제목 혹은 시에서 작은 변화를 듣고 발견한다.

**2. 음절 박수.** 아동들이 이름과 단어에서 음절마다 박수를 치도록 한다. 예를 들어, "Jenn-if-er"(박수 3번) 혹은 "Zip-pi-ty-doo-dah"(박수 5번)와 같이 음절의 수에 맞게 박수를 친다.

**3. 물건 찾기: 첫 음소.** 진짜 사물 혹은 사물의 사진을 활용한다. 아동들이 사물의 이름을 말하고 동일한 소리로 시작되는 사진 혹은 사물을 찾도록 한다. 예를 들어, 첫 자음 *m*을 찾기 위해 *milk*, *money*, *moon*, *man*, *monkey*를 제시한다.

**4. 한 개 소리 빼기.** 아동들이 첫 소리를 빼고 이름이나 단어를 말하게 한다. 예를 들어, "______enjamin"이라고 말하는 것이다. 물론 이름이나 단어를 말할 때는 아동들이 단어나 이름 전체를 정확히 알고 있어야 한다.

**5. 돌림 말: 게임과 연결하기.** 돌림 말은 단어의 소리가 따로 분리되어 말하여지기 때문에 아동들이 재미있어 한다. 아동들은 소리로 섞인 단어를 추측해야만 한다. 예를 들어, 돌림 음소로 "ch-ee-z", "p-e-n", "f-u-n", 혹은 "What is your n-¯a-m?" 등을 사용할 수 있다. 아동들은 소리를 결합하여 단어를 확인한다.

**6. 동요.** 아동들에게 동요 혹은 『닥터 수스 책(*Dr. Seuss book*)』[23)]을 읽게 한다. 그림을 보여 주고 운율적 요소를 강조한다. 아동들은 동요의 반복을 즐거워한다. 가끔 운율적 요소를 단어에서 없애고 아동들이 그 단어를 말하도록 해 본다. 예로는 "Jack과 Jill이 ________을 올라갔다.(Jack and Jill went up the ________.)"를 제시해 보자.

23) [역자 주] 이 책은 단어의 반복과 운율성을 포함하고 있어 미국에서 단어를 인지하고 읽기를 시작하려는 아동에게 자주 사용되는 책으로, 이 책의 저자 Dr. Seuss는 유명한 어린이 동화책 작가이다.

**그림 11.4** 언어 소리를 분할하기 위한 엘코닌 카드

**7. 시각적 단서를 분절된 말소리에 활용하기.** 아동들이 말하여지는 단어의 소리를 인지하도록 도와주기 위해 단어를 표현하는 그림이 그려진 카드를 사용한다. 그림 아래 단어가 가진 음소의 수로 나누어진 사각형을 그려 놓는다. 아동들은 천천히 단어를 말하면서 음절로 나누어진 각각의 소리를 각각의 사각형 안에 적는다. **그림 11.4**는 *sun*이라는 단어를 위한 엘코닌 카드이다. **엘코닌 카드**(Elkonin card)를 사용하면서 단추나 동전을 이용하여 음절수를 세게 하는 수 세기 학습도 병행할 수 있다. 각각 카드에는 단어를 표현하는 그림을 제시한다. 소리와 글자의 수가 동일한 단어를 활용한다(예: *cap*, *run*, *lamp*). 아동들이 소리를 셀 수 있도록 단어를 천천히 말하여 각각의 소리를 셀 수 있도록 한다. 어떤 카드에는 그림과 단어가 함께 있기도 하고 혹은 어떤 카드에는 그림만 제시될 수도 있다(Blachman, 1997; Blachman et al., 2004; Elkonin, 1973).

**8. 운율 수수께끼와 게임.** 교사는 *head*의 운율과 *feet*의 운율을 가진 한 무리의 단어를 선택한다. 그 다음 교사는 *head*와 *feet*의 두 개의 단어 중 동일한 운율을 가진 단어를 제시된 단어에서 선택하는 수수께끼를 진행한다. 그러면 아동들은 그 수수께끼에 답하려고 *head* 그리고 *feet*와 동일한 운율을 가진 그들 신체의 일부 중 하나를 가리킬 것이다. 예를 들어, "When you are hungry, you want to _____.(네가 배가 고플 때, 너는 _____을 원한다.)"를 제시한다고 하자. 아동들은 *eat*가 *feet*와

운율이 같기 때문에 자신의 발을 가리킬 것이다. *hand* 혹은 *knee* 운율, 혹은 *arm* 혹은 *leg* 운율과 동일한 단어를 제시하여 신체의 다른 부분을 가리키도록 반복한다(Jennings, Caldwell, & Lerner, 2010).

아동들이 또 다른 운율 수수께끼를 만들도록 촉진한다. 교사는 예로 "I rhyme with look. You read me. What am I?(나는 표정으로 운율을 보여 줄 거야. 너희들이 알아맞혀 보아라. 나는 무엇일까?)"라고 말하면서 운율 수수께끼 시범을 보여 준다.

또한 아동들은 *ball*, *sit*, *wall*, 혹은 *hit*, *pie*, *tie*와 같은 연속되는 3개 단어를 듣고 운율이 같은 두 개의 단어를 말한다.

**9. 소리 없애기.** 이 활동에서는 아동들은 한 단어를 분리하거나, 하나의 소리를 없애고 단어를 발음하는 것을 배운다. 예를 들어, "*playground*를 발음해 보라. *play*를 빼고 발음해 보라."라고 지시하여 음절을 없애는 것이다. 음소를 없애는 것은 더 어려운데, 그 예로는 "*ball*을 발음해 보라. *b*를 없애고 발음해 보라.", "*stack*을 발음해 보라. *t*를 없애고 발음해 보라."라고 제시하는 것이다.

**10. 첫소리.** *astronaut*, *mountain*, *bicycle*이라는 세 개의 단어를 제시한다. 그리고 학생에게 *milk*의 첫소리와 동일하게 시작되는 단어를 선택하도록 한다. 아동들에게 *Tom*의 첫소리와 동일하게 시작되는 단어 3개를 생각하게 한다. 그러고 나서 *Tom*의 첫소리처럼 시작되는 단어 사진을 찾거나 *T* 소리로 시작되는 단어 사진을 찾아보도록 한다. 또는 그들에게는 서로 다른 3개의 사물 그림을 보여 주고(예: a pear-한 개의 배, a table-한 개의 책상, a car-한 대의 자동차), 학생들이 *Tom*의 첫소리처럼 시작되는 사물의 이름을 가진 그림을 선택하도록 한다.

**11. 음절 수에 맞게 두드리기.** 아동의 이름을 활용하여 운율과 강세가 있는 음절마다 북을 두드리게 한다. 예를 들어, *Marilyn McPhergeson*과 같은 이름은 다음과 같이 박자에 맞춰 두드릴 수 있다.

| 북두드리기: | LOUD-soft-soft | soft-LOUD-soft-soft |
|---|---|---|
| | (강-약-약) | (약-강-약-약) |
| | 1 2 3 | 4 1 2 3 |

**12. 연속 자음 빙고.** 연속-자음[24] 빙고 카드와 자음이중자[25] 카드를 만들어라. 단

24) [역자 주] 연속-자음(consonant-blends)은 두 개의 자음을 빠르게 이어서 각각 소리 낼 수 있는 자음군으로 그 예로는 br, cr, sk, sp 등이 있다.

25) [역자 주] 자음이중자(consonant digraphs)는 두 개의 자음이 만나 각각 원래 가지고 있던 소리는 사라지고 새로운 소리를 만드는 것으로 그 예로는 ch, sh, th, wh 등을 들 수 있다.

어 카드를 섞어서 덮어 놓고 아동들에게 단어를 골라 읽도록 한다.

**13. 대체.** 아동들이 또 다른 새로운 단어를 만들기 위해 시작되는 하나의 소리를 대체하도록 한다. 예를 들어, "단어 *book*의 첫소리에 단어 *hand*의 첫소리로 대체하여 코트를 걸어놓을 수 있는 사물의 단어를 만들어라."라는 지시에 아동들은 *hook*이라는 단어를 정답으로 말하는 것이다.

## 단어 이해와 어휘 듣기 형성

아동들은 행동, 질, 그리고 좀 더 추상적인 개념의 단어를 이해해야 한다. 문장 안에서 나타내는 구조 혹은 단어 기능(예: 전치사와 관사)을 가르치는 것보다 주요한 사전적인 의미(예: 명사, 동사, 형용사, 부사)를 전달하는 단어를 가르치는 것이 더 쉽다.

**1. 사물의 이름.** 학생들이 사물의 이름을 알 수 있도록 돕기 위해서는 공, 연필, 혹은 인형과 같이 실제 사물들을 활용하는 것이 좋다. 종종 여러분은 사물을 상징화한 단어의 의미를 이해하는 데 심한 손상이 있는 학생들을 도와주기 위해 과장과 몸짓을 추가할 수 있다.

**2. 동사 의미.** 사물의 명사 개념보다 동사의 개념을 가르치는 것은 좀 더 어렵다. 여러분은 뛰다, 앉다, 걷다와 같은 동사는 활동을 직접 하여 보여 주는 것으로 설명할 수 있다.

**3. 그림.** 그림은 가르치는 어휘를 보강하고 재검토하는 데 중요하다.

**4. 속성에 대한 개념.** 사물의 속성을 기술하는 언어는 속성을 증명해 줄 수 있는 대조적인 일련의 경험을 제공하여 가르칠 수 있다. 예를 들면 거친–부드러운, 예쁜–추한, 작은–큰, 그리고 뜨거운–차가운과 같이 반대되는 속성을 가진 사물을 직접 조작해 보는 것이다. 구체적인 사물과 그림 모두 사물의 속성을 가르치는 데 중요한 도구이다.

**5. 사물의 분류.** 사물에 대한 광범위한 분류는 단어로 만들어져 표현된다. 예를 들어, 음식이라는 단어는 어떤 음식의 단 하나의 유형을 언급하지 않는다. 그러므로 학생들은 "음식"에 해당되는 사물을 선택하게 하여 가르칠 수 있고 "음식이 아닌" 것에 해당하는 사물을 없애도록 하여 가르칠 수 있다.

## 문장 이해

하나의 단어보다 문장을 이해하는 것이 훨씬 더 어렵다. 언어 장애를 가진 몇몇 학생들은 문장을 이해하는 데 구조화된 연습이 필요하다.

**1. 지시.** 학생들에게 이해시키고자 하는 문장을 간단한 지시문으로 제공한다. 예를 들어, "나에게 파란색 트럭을 주세요." 혹은 "책상 위에 책을 놓으세요."와 같이 지시하는 말로 표현하는 것이다.

**2. 그림 찾기.** 몇 가지 그림을 준비한다. 그림들 중 하나를 표현하는 문장으로 진술하고, 학생들은 진술된 문장의 그림을 선택하도록 한다. 그림의 진술을 길게 하여 좀 더 어렵게 연습시킬 수 있다.

**3. 기능 단어.** 기능 혹은 조직 단어는 문장과 문법적 의미사이의 구조적 관계를 형성한다. 기능 단어에는 명사 한정사, 조동사 형태, 종속 접속사, 전치사, 연결하거나 질문하는 단어들이 포함된다. 이런 단어들은 독립적으로 가르칠 수 없고 문장 혹은 절 안에서 가르쳐야만 한다. 예를 들어, 의미를 전달하는 전체 문장으로 상자 안, 혹은 의자 아래에 사물을 놓게 하면서 위, 너머, 아래, 뒤, 앞, 밑, 안과 같은 언어를 가르치는 것이다.

**4. 수수께끼.** 학생들은 교사가 말하는 문장을 듣고 알맞은 단어를 말한다. 예를 들어, 학생들에게 썰매(sled)라는 단어에 관하여 다음과 같이 질문한다. "나는 눈덮인 언덕에서 내려오는 데 사용하는 것을 일컫는 한 단어를 생각한다."

## 듣기 이해

듣기 이해는 읽기 이해와 비슷하지만 그 방법은 읽기 언어에 의한 것이라기보다는 듣기에 의하여 수용되는 것이다.

**1. 지시 따르기.** 학생들이 어떤 것을 만들라는 일련의 지시를 따른다. 자료를 준비하고 학생들은 순서대로 지시를 따르도록 한다.

**2. 사건의 순서 이해하기.** 학생들은 우선 어떤 이야기를 듣고 서로 다른 일련의 사건이 그려진 그림을 보고 그것들이 일어난 순서로 나열해 본다. 연속 만화와 같은 그림 시리즈는 이야기의 사건을 설명하는 데 도움이 될 수 있다. 그림들을 섞어 놓고 학생들에게 적절한 시간 순서로 그림을 배열하도록 한다.

**3. 구체적 내용 듣기.** 교사는 이야기를 큰 소리로 읽은 다음, 그 이야기에 관한 구

체적 질문을 한다. 누가, 무엇을, 언제, 어디에 그리고 어떻게라고 물어보는 질문 구절을 사용한다. 또한 교사들은 학생들에게 새로운 애완동물을 어떻게 돌봐 주어야 하는가와 같은 주제에 대한 교수적 안내를 크게 읽어 주고 나서 학생들에게 해야 할 모든 일에 대하여 질문한다.

**4. 주요한 사고 획득하기.** 교사는 짧지만 친숙한 이야기를 큰 소리로 읽어 준 다음, 학생들에게 그 이야기에 좋은 제목을 붙여 보라고 한다. 또한 교사는 이야기를 큰 소리로 읽어 준 다음, 학생들에게 그 중에서 세 가지의 핵심 사고를 선택하도록 요청한다.

**5. 추론해 보기와 결론 내리기.** 교사는 학생들이 알지 못하는 이야기의 일부를 읽어 주다가 흥미진진한 부분에서 멈추고, 학생들에게 그 다음 이야기에서 어떤 일이 일어났을 것 같은지 예측하도록 한다.

## 비평적 듣기

훌륭한 듣기는 단지 말하는 것이 무엇인지 이해하는 것은 물론 말하여지는 것에 대하여 비평적으로 듣고 판단하여 평가하는 것을 의미한다.

**1. 논리적 모순 알아내기.** 이야기에 적절하지 않은 단어 혹은 문구가 포함된 짧은 이야기를 들려준다. 학생들이 그 이야기에서 재미있거나 어리석은 것에 대하여 발견하도록 한다. 예로 "한낮에 모든 밤, 비가 내렸다." 혹은 "태양은 밤 동안 밝게 빛났다."와 같은 짧은 문장을 제시하는 것이다.

**2. 광고 듣기.** 학생들에게 광고를 들려주고 광고인이 청자로 하여금 그 상품을 사도록 하려는 노력을 어떻게 하였는지 물어본다. 청소년들은 광고 내용을 간파하는 것을 좋아한다.

## 이야기 듣기

이야기를 읽어 주는 것은 구어 경험을 형성하는 데 유용한 전략이다. 언어 문제를 가진 아동을 소집단으로 구성하여 이야기를 읽어주는 것은 그들에게 언어를 습득시키고, 문법을 이해하게 하고 이야기 구조를 배울 수 있도록 도와준다(Jennings et al., 2010). 읽기 이야기의 집단은 5명에서 6명의 아동을 한 집단으로 구성하여 자주(최소한 하루에 한 번) 이야기 듣기를 실시한다. 아동들의 개인적 언어 습득 수준에 적절한 질문을 하여 모든 아동들을 포함시킨다. 예측할 수 있는 책(하나의 형식, 후렴, 혹은 순서)을 선택하여 큰 소리로 읽고, 예측할 수 있는 요소를 반복하도록 아동들을 촉진한다. 잘 설명된 책(많은 설명들이 본문에 밀접하게 연결되어 있는)을 선택하여 큰 소리로 읽는다. 이야기를 통하여 아동들이 생각할 수 있는 질문들을 한다. 아동들이 좋아하는 이야기를 반복해서 읽게 하고, 그들이 책을 읽는 동안 CD 혹은 테이프를 들려주어도 된다.

## 11.9 말하기

말하기에서는 (1) 구어 발달의 단계, (2) 자연 언어 자극을 위한 활동, (3) 말하기 언어를 가르치는 활동, (4) 청소년의 구어를 개선하기 위한 여러 가지 활동에 대하여 살펴볼 것이다.

### 구어 발달의 단계

아동의 구어 발달에 대한 일반적인 개관은 언어 일탈을 검토하려는 관점을 제공한다. 목소리 기관을 사용하는 아동의 첫 시도는 출생시의 울음이다. 출생시의 울음에서 언어의 완전 습득까지 짧은 시간 동안 아동들은 몇 가지 단계를 거치면서 발달한다. 1세에서 6세까지의 아동을 위한 말하기와 언어에 대한 좀 더 상세한 정보는 이 교재를 위한 웹사이트에 접속하여 찾아볼 것을 권한다.

**옹알이** 인생의 첫 9개월 동안의 발성을 옹알이라고 한다. 이 단계 동안 아동들은 많은 소리를 내는데, 이런 소리에는 그들의 모국어는 물론 다른 나라의 언어들도 발견된다. 유아는 그들이 내는 소리를 듣고 기뻐하고, 혀, 후두, 그리고 다른 음성 기관을 사용하는 기회를 만들어 소리를 내고 다른 사람이 구어적으로 반응하는 기회도 제공한다. 농아들도 옹알이를 시작하지만 그들은 자신이 내는 소리를 듣는 것에 만족스러운 경험이 없어 곧 멈추어 버린다. 언어 장애를 가진 아동의 부모들은 종종 그들의 아동이 옹알이, 목 울림소리, 혹은 비눗방울 불기와 같은 활동에 참여하지 않았다고 말한다. 이런 아동들은 언어 습득을 위한 일반적인 경험을 가지도록 도와줄 수 있는 구어 놀이에 참여시켜 언어습득을 촉진해야 한다.

**자곤** 약 9개월쯤이면 옹알이는 줄어들고 자곤이 시작된다. 아동들은 그들이 듣는 언어가 활용된 음소를 유지한다. 그들의 음성은 그들 주변의 다른 사람이 말하는 구어 유형의 운율과 리듬이 반영된다. 그들의 억양 유형은 성인의 억양과 비슷하지만 아동들은 아직 이 단계에서는 언어를 사용하지 못하는데, 자곤은 그들이 마치 말하는 것처럼 보인다. 언어 장애를 가진 것으로 진단된 아동의 부모들은 종종 그들의 자녀가 이 발달의 단계를 거치지 않았다고 말한다.

중국 아동은 20개월이면 중국의 억양 유형을 완성하는 것으로 관찰되어 왔는데, 영어 말하기를 습득한 성인이 20개월 안에 중국의 억양 유형을 완성하는 것은 어려운 일이다. Yi는 10개월 때 중국에서 입양된 아기였다. 그녀의 양부모는 그녀가 언어 놀이에 대한 반응을 나타내지 않고 자곤이 보이지도 않았기 때문에 언어 장애의 가능성에 대하여 걱정하게 되었다. 그 문제는 가족이 중국 식당에서 점심을 먹었을 때 행복하게도 해결되었다. Yi는 중국어를 말하는 사람의 말을 듣고 자발적으로 중국어 소리와 억양 유형이 포함된 자곤으로 말하기 시작하였다.

**하나의 단어** *mama*(엄마)와 *dada*(아빠)와 같은 하나의 단어는 일반적으로 12개월에서 18개월 사이에 발달된다. 모방 능력은 이 단계에서 더욱 분명히 나타나며, 아동들은 다른 사람들이 말하거나 그들 자신이 내는 소리나 단어를 잘 흉내낼 것이다. 종종 언어 장애를 가진 아동들이 언어 모방과 반복 활동을 나타내지 않는다고 보고되고 있다.

**두, 세 단어 문장** 아기 먹다(Baby eat), 아빠 집(Daddy home), 코트 벗다(Coat off)와 같이 두 단어 그리고 세 단어 문장은 하나의 단어를 사용한 다음에 나타나는 단계이다. 아동은 언어를 사용하기 시작하면서 그들의 말하기는 현저하게 빠른 속도로 발달된다.

유아는 18개월 사이에 두 단어로 말하기 시작하고, 3세에는 많은 아동들이 실질적으로 영어 문법을 배우고 모든 문장의 유형을 만들어 낼 수 있다. 3세에 아동의 구어 발달은 갑자기 나타나며, 아동은 확장된 언어로 복잡한 문장 구조를 적절하게 사용한다. 이런 단계 동안, 보고들은 부분적으로 매우 급속하게 발달되기 때문에, 그리고 부분적으로 관찰자 때문에 우리는 언어 습득에 근간이 되는 체계를 이해하지 못하고 불투명해진다. 아동들은 학교에 입학하게 되는 6살이면 그들의 모국어 문법을 매우 정교하게 사용한다.

## 언어 습득의 문제

대부분의 아동들은 직접 교수를 요구하지 않고 비교적 자연스럽고 쉬운 방법으로 말하기를 습득한다. 그러나 학습장애와 관련 경도장애를 가진 많은 아동들은 언어 습득의 전형적인 발달 단계를 거치면서 진행되지 않고 하나 혹은 몇 가지 언어적 특징에서 어려움을 보인다. 몇몇 아동은 서로 다르게 적절한 소리로 발음하는 언어의 음운론을 어려워한다. 또 다른 몇몇 아동들은 단어를 기억하거나 형태론적 규칙을 구조화하는 것을 어려워한다. 몇몇 아동은 문법 혹은 구문, 그리고 구성된 문장에 단어를 넣는 것을 어려워하기도 한다.

## 자연 언어 자극을 위한 활동

교사, 부모, 그리고 가족 구성원은 학교와 집에서 아동의 매일 생활을 통해 자연 언어 자극을 제공하는 기회를 많이 가지도록 도와 줄 수 있다(Lerner, Lowenthal, & Egan, 2003).

1. **확장.** 이것은 아동의 언어를 확대시키고 향상시키는 방법이다. 다음에 제시된 대화는 어른이 아동의 제한된 말하기를 확장시킨 예이다.
아동: "과자"
교사 혹은 부모: "과자? 나는 과자가 먹고 싶어요. 그래, 여기 있다!"

2. **평행 말하기.** 이 방법은 아동들이 말하는 것을 듣지 않을 때에도 어른이 언어 자극을 제공하는 것으로 아동의 언어 발달에 도움을 주려고 노력하는 것이다. 아동이 놀 때 교사 혹은 부모들은 아동이 생각하는 것을 추측하고 활동을 묘사하는 짧은 구절을 제공하여 아동들이 나중에 인용하는 데 떠올릴 수 있는 단어나 문장이 되도록 한다. 예를 들어, 만약에 아동이 블록으로 마룻바닥을 치고 있다면, 교사가 "블록이 있네. 내가 마룻바닥을 치면 소리가 난다. 큰 소리. 쾅, 쾅, 쾅, 쾅. 블록, 내 블록. 블록을 두드려라."라고 말하는 것이다.

3. **혼자 말하기.** 이 방법은 교사가 직접적으로 포함되지 않은 활동에 참여하여 언어로 시범을 보이는 것이다. 교사는 그들 자신의 일을 아동과 가장 가까운 곳에서 완성하면서 아동이 들을 수 있도록 의미로운 언어 자극을 활용하는 기회를 마련할 수 있다. 예를 들어, 교사가 몇 장의 종이를 자르면서 "나는 종이를 잘라야지. 종이를 자르자. 나는 가위가 필요해. 나의 가위. 열려라, 가위야 잘라라. 열려라, 잘라라. 나는 자를 수 있어, 자르자, 자르자."라고 말하는 것이다.

## 말하기 언어를 가르치는 활동

말하기 언어 기술을 가르치기 위한 활동은 (1) 말하기 어휘 확립하기, (2) 문장 구성하기, (3) 말하기 언어 기술 연습하기가 있다.

**말하기 어휘 확립하기** 언어 장애를 가진 몇몇 아동들은 매우 제한된 어휘를 가지며 단어의 의미에 대한 감각이 매우 특별하고, 좁고, 축약적이다. 일반적으로 사람들은 그들의 생애 동안 말하는 어휘보다는 듣는 어휘가 더 많다. 유아들은 어휘를 말할 수 있고 사용하게 되기 전에 단어를 이해하는 데 오랜 시간을 할애한다. 언어 장애를 가진 아동들이 단어를 들을 때는 그 단어를 인지할 수 있지만 곧바로 이런 단어들을 사용하지는 못한다. 뇌손상인 성인들은 뇌에서 언어 영역의 손상으로 쉽게 단어를 기억하는 능력을 잃기도 한다. 앞에서도 언급하였지만 명칭실어증은 사물의 이름을 기억하지 못하는 것을 말한다. 아동들은 기억해 낼 수 없는 단어들을 물건, 거시기, 혹은 그것, 몸짓, 손짓과 같이 다른 지시 언어로 대체할 것이다. 다음에 제시되는 활동은 아동들이 단어를 사용하고 말하는 어휘를 활용하기 쉽게 도와줄 것이다.

1. **이름 말하기.** 아동들에게 교실 안과 밖에 있는 일반적인 사물(의자, 문, 책상, 나무, 돌)의 이름을 말하게 한다. 상자 혹은 주머니에 사물을 모아 놓아라. 사물을 하나씩 꺼내면서 아동들에게 이름을 말하게 하라. 아동들은 색깔, 동물, 모양 등등의 이름을 말하게 하라. 사물이 찍힌 사진을 수집하여 책자로 만들어 두면 우수한 교수 매체로 제공될 것이다. 그림은 판지를 보강할 수 있는 등판이나 접착 투명지로 커버를 입혀 좀 더 내구력 있고 닦아낼 수 있도록 만든다.

2. **백화점.** 백화점 놀이(철물점, 슈퍼마켓, 식당, 신발 가게 등)는 아동들에게 명명 단어를 사용할 기회를 제공한다. 한 아동은 소비자의 역할을 하고 다른 한 아동은 판매원의 역할을 담당한다. 판매원은 주문하는 물품의 사진을 수집하여 소비자가 사려는 물품의 이름을 말하게 한다.

3. **빠르게 이름 말하기.** 1분 정도의 제한된 시간을 학생에게 주고 교실 안에 있는 모든 사물의 이름을 말하게 한다. 사물의 이름으로 말한 단어의 수를 기록하여 개선 정도를 검토한다. 학생들에게 사진에 찍힌 사물의 이름을 최대한 빠르게 말하게 해도 된다. 또 다른 변형으로 운동, 야외, 애완동물 등에 관계된 이름을 빠르게 말할 수 있도록 한다.

4. **빠진 단어.** 학생들이 끝내는 단어를 말하게 하는 수수께끼를 내라. 예를 들자

Nick White/Royalty-Free/Getty Images

말하기 언어에 문제를 보이는 아동에게는 말하기 언어에서 그들의 능력을 형성시킬 수 있는 중재가 필요하다.

면, "우편물을 전달해 주는 사람은 누구입니까?(우편배달부). 나는 ______을 튀긴다(공)."와 같은 수수께끼를 낸다. 아동들에게 이야기를 읽어 주다가 빠진 단어가 있는 어떤 곳에서 멈추어라. 아동들에게 빠진 단어를 넣도록 해라. 사진을 활용하여 사물을 기억해 내어 이름을 말하도록 돕는다.

**5. 단어 합성.** 몇몇 단어들은 묶음으로 배우는 것이 좋을 수 있다. 묶음의 한 구성으로 단어를 말할 때 아동들은 또 다른 두 번째 구성의 단어를 기억하는 데 도움이 될 것이다. 예를 들어 종이-연필, 소년-소녀, 모자-코트, 고양이-강아지 등이 있다. 한 주의 요일, 일 년의 달과 같은 일련의 묶음은 이런 방식으로 배울 수 있다.

**6. 어려운 단어.** 어려운 단어에 집중하게 하라. 한 단어를 강조할 때 그 단어에 대한 수업을 즉시 제공할 수 있어야 하고 나중에 그 단어를 사용하도록 하는 연습이

계획되어야 할 것이다.

**문장 구성하기** 몇몇 학생들은 단 하나의 단어 혹은 짧은 구문을 사용할 수 있지만 구문론적인 단위나 문장을 만들어 내지 못할 수도 있다. 아동들이 언어를 습득할 때 새로운 문장을 만들어 문장 유형을 자신의 것으로 만드는 것을 배워야만 한다. 몇몇 언어학자들은 아동들이 문장을 만들어 내는 기계가 되어야 한다고 강조한다. 이러한 상태를 달성하려면 아동들은 언어를 이해하는 능력, 단어 배열을 기억하고, 문법에 대한 복잡한 규칙을 구성하는 것을 포함하여 많은 기술들이 필요하다.

**1. 많은 종류의 문장으로 경험을 제공하기.** 기본적인 간단한 문장으로 시작하고 아동들이 집중적으로 변형할 수 있도록 돕는다. 예를 들어, 다음에 제시된 2개의 기본 문장은 다양한 방법으로 조합될 수 있다.

기본 문장: "아이들이 게임을 하면서 놀고 있다."
기본 문장: "아이들이 피곤해하고 있다."
조합 문장: "피곤해하는 아이들이 게임을 하면서 놀고 있다."
"게임을 하면서 놀고 있는 아이들이 피곤해하고 있다."

문장 유형의 변형 또한 연습할 수 있다.

| 평서문 | 의문문 |
|---|---|
| 아이들이 게임을 하며 놀고 있다. | 아이들이 게임을 하고 놀고 있습니까? |
| 게임은 아이들에 의해 진행되었다. | 아이들이 게임을 진행하고 있습니까? |

**2. 구성 단어 설명하기.** 앞에서 언급한 것처럼 문장에서 부분들의 관계를 보여 주는 위(on), 안(in), 아래(under), 그리고 누구(who)와 같은 단어들은 문장 안에서 가장 잘 가르칠 수 있다. 많은 관찰에서 많은 아동들이 이런 단어의 의미에 대한 개념형성을 어려워한다는 것을 보여 준다. 만약에 여러분이 학생들에게 의자나 책상 안에(in), 위에(on), 혹은 아래에(under) 블록을 넣도록 요청한다면 학생들이 이런 개념들을 이해하도록 도울 수 있다. 아직(yet), 그러나(but), 결코(never), 어디에(which)와 같은 단어는 종종 분류해 둘 필요가 있다. 단지 핵심 단어 혹은 수업 단어와 함께 문장을 제시하고, 그 다음 학생들에게 구성 단어를 추가하도록 요청한다. 그 예시는 다음과 같다.

"잭-갔다-학교-늦게(Jack-went-school-late)."
"잭은 학교에 갔지만 그는 늦었다.(Jack went to school, but he was late.)"

**3. 문장을 만드는 대체 단어.** 학생들이 핵심 문장에 있는 단 하나의 단어를 대체하는 것으로 새로운 문장을 만들게 한다. 예시는 다음과 같다.

> "나는 나의 코트를 벗었다. 나는 나의 장화를 벗었다.(I took my coat off. I took my boots off.)"
> "아동이 읽고 있다. 아동이 달리고 있다. 아동이 뛰고 있다.(The child is reading. The child is running. The child is jumping.)"

**4. 탐정 게임 놀이.** 학생들이 질문하는 것을 학습하도록 도와주기 위해 사물을 숨겨 놓고 학생들이 숨겨진 사물을 찾을 때까지 사물이 숨겨진 위치에 관계된 질문을 하도록 한다.

**말하기 언어 기술 연습하기** 말하기 언어에 결함을 가진 학생들에게는 단어를 활용하고 문장을 만드는 많은 기회와 연습이 필요하다. 다음과 같은 활동은 학생들이 말하기 기술을 연습하는 데 도움이 된다.

**1. 말하기 언어 활동을 활용하기.** 대화, 토론, 라디오 혹은 텔레비전 방송, 발표회 개최, 인형극, 연극 놀이, 전화하기, 집단 낭독, 보고하기, 면접하기, 이야기 말하기, 수수께끼, 농담하기, 독후감, 역할 놀이와 같은 대부분의 활동들은 말하기 언어 연습에 활용될 수 있다.

**2. 사물 토론하기.** 학생들이 사물의 색, 크기, 모양, 구성, 그리고 주요한 영역에 대한 속성에 관하여 말하고 다른 사물과 비교하도록 도와준다.

**3. 분류 사용하기.** 장난감, 옷, 동물, 탈 것, 가구 혹은 과일과 같은 분류를 가르치도록 사물을 모아둘 수 있는 상자에 품목들을 넣어 두어라. 학생들이 분류된 상자에 들어 갈 수 있는 것을 찾아 그것이 무엇인지 말하게 한다. 분류된 것에 이름을 붙이고 학생들이 품목을 발견하여 이름을 말하거나 분류 상자 안에 들어갈 상품과 들어갈 수 없는 상품을 선택하도록 하는 등 다양한 활동을 할 수 있다.

**4. 이야기 끝내기.** 이야기를 시작하고 학생들에게 이야기를 끝내도록 한다. 예를 들어 "베티는 낯선 도시에 그녀의 이모를 만나러 갔습니다. 비행기가 착륙했고, 베티는 공항____에서 그녀의 이모를 만날 수 없었습니다.(Betty went to visit her aunt in a strange city. When the plane landed, Betty could not see her aunt at the airport____.)"

## 청소년의 구어를 개선하기 위한 활동

언어에 대한 직접 교수는 청소년의 의사소통 기술 개선에 도움이 된다. 때때로 중학교와 고등학교의 학생들은 처음으로 적절한 구어 기술을 가지는 것으로 나타나는데, 이는 그동안 그들의 실질적인 요구가 간과되었다는 것을 의미한다. 더구나 중등학교 교육과정은 구어보다는 쓰기언어에 대한 수행을 좀 더 강조하고 있어서 그들의 결함을 일찍 발견하지 못하는 경우도 있다. 그러나 관찰에서 많은 중등학교 학생의 말하기 언어가 빈약한 것으로 발견된다. 이런 문제를 해결하기 위한 대부분의 방법으로는 청소년을 위한 조기 교육을 권유하고 있고, 다음에 제시된 방법들 또한 유용할 것으로 생각된다.

**1. 전략 학습하기.** 학습 전략에 대한 교수는 특히 청소년들에게 유용하다. 청소년들은 그들이 도달하려고 애쓰는 목표를 설정하고 이런 목표에 도달하기 위한 학습 전략을 선택해야 한다. 자기 감독, 구어 반복, 그리고 오류 분석은 읽기에 도움이 되는 전략의 방법이고 이런 전략들은 말하기 언어를 제공하는 데 중요하다.

**2. 어휘 형성하기.** 청소년들은 분류되고 조직된 단어에 의해 그들의 구어 어휘를 확장할 수 있다. 예를 들어, 그들은 어떤 주제에 단어의 목록과 계층을 형성할 수 있다. 예시로는 우주탐험에 대한 주제를 위하여 그들은 우주선, 우주 발명품, 우주에서 일어난 첫 사건 등등으로 분류된 단어를 사용할 것이다. 이런 활동에는 몇몇 접근 방법이 있다. 교사는 분류할 언어를 제공할 수 있고, 학생들이 단어들을 제공할 수 있거나 교사들은 부분적인 분류 체계를 제공할 수 있고, 학생들이 부분적인 분류 체계를 완성할 수 있다.

**3. 상호 간의 질문하기.** 상호 간의 교수에 대한 변형이다. 교사들이 질문을 하는 대신 학생들이 질문한다. 이 방법은 질문하는 기술의 발달을 촉진한다.

**4. 문장 결합하기.** 두 개의 짧은 문장을 말하고 학생들이 두 개의 문장을 하나의 문장으로 결합할 수 있는 모든 방법을 생각하도록 한다.

**5. 집단 토론 검토하기.** 학생들이 주어진 주제 아래 짧은 토론을 하도록 한다. 토론 후에, 그 토론의 효과성에 대하여 분석하도록 한다. 그들이 주어진 주제로 토론했는지, 그들이 다른 사람이 말하는 것을 허용했는지, 그들은 사람들이 바르게 대화하도록 지도했는지, 지목되었을 때 그들이 잘 따랐는지에 대하여 분석한다.

**6. 게임을 어떻게 하는지 설명하기.** 학습장애를 가진 많은 학생들은 이런 활동에서 설명하기 어려워하기 때문에 연습이 필요하다. 이런 연습에는 학생들이 다른

사람에게 게임을 어떻게 하는지, 어떤 것을 만드는지, 혹은 어떤 것을 할 것인지 설명하도록 구성할 수 있다. 이 설명은 또래 친구 혹은 유아에게 할 수 있다. 학생들은 처음에는 설명을 연습하기 위해 구어 반복을 촉진하고, 그 후에 듣는 사람들이 이해했는지에 대하여 민감하도록 노력하고 질문에 대답할 수 있어야 한다. 설명을 위한 주제의 예로는 비디오 게임의 규칙, 단단하게 삶아진 계란의 껍질을 벗기고 요리하는 방법, 체커나 빙고 게임을 하는 방법 등이 있다.

## 11.10 구어를 위한 사정과 교수적 컴퓨터 공학

컴퓨터 공학은 구어 기술을 가르치는 데 도움이 될 수 있다. 여기서 소수의 선택된 컴퓨터 소프트웨어 프로그램들을 제시하였다. 교실에서 이런 것들을 사용하기 전에 컴퓨터 지도에 어떻게 잘 연결할 수 있는가에 대하여 결정하려면 학생들을 위한 국립교육공학기준(National Education Technology Standards for Students)에서 검토해 보길 바란다. 이런 기준은 국제 교육공학 단체(International Society for Technology in Education)에서 개발하였고 좀 더 자세한 내용은 **http://www.iste.org**에서 찾을 수 있다.

- **에어로빅스**(Earobics). 이 교육 소프트웨어 프로그램은 청각과 음운 인지 기술을 가르친다. CD-ROM과 구어 기술을 가르치는 6개의 상호적인 게임을 활용한다. 출판사: Cognitive Concepts, Inc., **http://www.cogcon.com.**
- **패스트 포워드**(Fast ForWord). 이 소프트웨어 프로그램은 말하기의 음향효과를 변경하여, 소리를 느리게 한 후 점점 속도를 올리면서 아동이 단어를 인지하도록 돕는 것이다. 출판사: Scientific Learning Corporation, **http://www.scientificlearning.com.**
- **뛰어난 학습 체계**(Laureate Learning System). 언어 장애를 가진 아동과 다른 장애를 가진 아동들에게 구어 기술을 가르치는 일련의 소프트웨어 프로그램이다. 학생들이 인과관계, 말하는 순서, 초기 어휘, 구문, 인지 개념, 청각처리과정 그리고 읽기로 훈련한다. 출판사: Laureate Learning Systems, **http://www.laureatelearning.com.**
- **렉시아 소프트웨어**(Lexia Software). 다감각 접근을 활용하는 발음 중심 상호적인 읽기이다. 출판사: Lexia, **http://www.lexialearning.com.**

# 내가 알고 있는 한 아동…

## Noah: 언어 지체를 가진 아동

Noah의 부모들이 Noah가 학교에서 일으키는 문제에 관하여 알게 되었을 때는 유치원 시절로, Noah는 5살 6개월이었다. 유치원 선생님은 Noah가 학급에서 다른 아동들과 잘 지내지 못하는 것처럼 보인다고 말했다. 그는 친구가 없었고, 그의 학급 동료들에게 맹렬히 달려들어 때리곤 하였고, 대화 시간이나 이야기 시간에는 파괴적이다. 그는 부모들에게 발표하기 위하여 준비하는 인형극과 같은 학급 활동에 참여하는 것을 거절했다. 유치원 선생님은 Noah가 원하는 것을 알지 못한 상황에서 종종 화를 내곤 하였다.

그의 엄마인 G는 Noah가 학교를 가기 싫어하여 교실로 데리고 가는 것이 어렵다고 말하였다. 자료에 의하면 그는 6주 빨리 태어났고, 몸무게는 1.94kg이었고, 짧은 기간 동안 인큐베이터에 있었다고 기록되어 있었다. 그는 산통이 심했던 아이였고 돌보기가 어려웠다. 그의 운동 발달은 평균이었고, 그는 8개월에 기어다녔고, 12개월에 걸었다. 그러나 언어 발달은 느렸다. 그는 24개월에 첫 단어를 말하였고, 4살이 될 때까지 문장을 말하지 못했다. 그는 다른 사람과 의사소통을 하지 못했기 때문에 종종 그가 바라는 것을 알리기 위해 손가락으로 가리키는 것과 끙끙거리는 것에 의존하였고, 다른 사람들이 그가 원하는 것을 이해하지 못했을 때에는 자주 역정을 내었다. Noah는 두 명의 누나와 잘 지내지 못한다. 두 명의 누나는 모두 말을 잘하였고, Noah에게 말할 기회를 주지 않았다. Noah에게 질문을 하면 Noah가 대답하기 전에 두 누나가 대답해 버렸다. G는 의사가 Noah가 어릴 때 청력 손실을 의심했었다고 말했다. 그녀는 또한 Noah가 영유아기 때 감기에 많이 걸렸고, 의사들은 중이에 물이 차는 중이염에 걸렸다고 말했다고 한다. 의사들은 Noah가 4살 때, 그의 귀에 관을 꽂아 청력검사를 하였는데 그 결과는 정상으로 나타났다.

언어 교사는 학급에서의 Noah를 관찰했고, 그는 거의 대부분의 시간을 혼자 놀고 있다고 보고하였다. 이야기를 말하는 시간이나 보고 말하기 시간에 Noah는 교실을 돌아다녔다. 다른 아이들이 장난감을 가지고 놀고 있을 때, 종종 Noah는 그 장난감을 빼앗아 갔다. 만약에 다른 아동이 쉽사리 장난감을 포기하지 않으면 Noah는 그 아동이 장난감을 포기할 때까지 때렸다. Noah는 거의 듣지 않았고 학급의 어떤 아이들과도 말하지 않았다. 그는 하나의 활동에 매우 빠르게 싫증을 내고 다른 활동으로 이동하였다.

다학문적 평가에서 언어 교사는 Noah의 청력을 검사하였는데, 그의 청력은 정상이었다. 학교 심리학자는 취학 전 웩슬러 지능 검사-개정판으로 Noah의 지적능력을 검사하였다. 모든 척도의 IQ 점수는 정상적 범위(전체IQ 101)에 있었고, 수행 IQ 점수(119)는 언어 IQ 점수(84)보다 상당히 높았다. IEP 팀은 Noah가 언어 지체를 가진 것으로 분류하였다.

사례 협의회 팀은 Noah를 발달 유치원과 학교의 언어 치료사로부터 언어 치료를 받을 것과 가정과 발달 유치원에서 언어 활동을 발달시키는 데 Noah의 부모와 유치원 교사의 협력이 필요하다고 권고하였다.

### 질문

1. Noah가 왜 역정을 냈습니까?
2. Noah의 강점은 무엇입니까?
3. Noah의 약점은 무엇입니까?

## 요약

1. 아마도 언어는 인간을 존재시키는 데 가장 중요한 도구이다. 언어는 모든 유형의 학습과 긴밀하게 관계되어 있고, 언어 장애가 치료되지 않으면 개인의 학습 능력은 떨어질 것이다.

2. 언어는 학습에서 중요한 역할을 담당한다. 언어는 우리의 생각을 표현하고 과거와 미래에 볼 수 없는 것들을 말하게 한다.
3. 언어는 언어 핵을 중심으로 하여 듣기, 말하기, 읽기, 쓰기의 요소를 포함한다. 구어 언어는 1차 언어 체계이고 듣기와 말하기로 구성된다. 쓰기언어는 2차 언어 체계로서 읽기와 쓰기로 구성된다.
4. 언어는 의사소통의 과정이다. 듣기와 읽기는 수용 언어 형태이다. 말하기와 쓰기는 표현 언어 형태이다. 문제는 의사소통 과정의 어디에서든 일어날 수 있다.
5. 언어 습득에 포함되는 요소는 모방과 강화, 선천적인 요인 그리고 사회적 요인이 있다.
6. 언어 체계의 구성 요소에는 음운론, 형태론, 구문론, 의미론, 화용론이 포함된다.
7. 언어 문제의 유형에는 지체된 말하기, 음운적 인지 부족, 측두엽 혹은 청각적인 처리과정의 문제, 수용 언어 장애, 그리고 표현 언어 장애가 있다.
8. 영어 언어 학습자는 모국어가 영어가 아니고 제한된 영어 숙달이 나타나는 학생들이다. 몇몇 아동들은 영어 언어 학습자이면서 학습장애 혹은 관련 경도장애 모두 가지고 있기도 한다.
9. 조기 읽기 쓰기 능력은 아동을 단어, 언어, 이야기, 그리고 책의 세계로 조기 입문시키는 것을 의미한다.
10. "교수 전략" 영역에서는 듣기와 말하기 기술을 가르치기 위한 활동을 제시한다.

## 교육정보 비디오 사례 활동

**11장을 읽은 후에** Education CourseMate 웹사이트에 들어가 "문화적으로 반응하는 교수: 초등학교 학생을 위한 다문화 수업(Culturally Responsive Teaching: A Multicultural Lesson for Elementary Students)"이라는 제목의 교육정보 비디오 사례(Teachsource Video Case)를 보길 바란다. 이 비디오에서 교사는 그들의 다양한 문화적 배경에 관하여 말하기로 수업을 한다. 그들은 어느 나라에서 왔고, 그들 문화의 음식, 그리고 그들의 나라에서 말하는 언어에 관하여 소개한다. 다문화적 토론은 미국에 오게 된 것에 대한 쓰기 수업으로 연결되었다.

### 질문

1. 수업에서 아동의 다문화적 배경에 관한 토론은 언어 기술을 가르치는 데 어떻게 활용되었습니까?

2. 학생들은 다양한 문화에 관하여 어떤 주제를 가지고 말할 수 있습니까?

## 토론과 심화질문

1. 의사소통의 과정을 기술해 봅시다. 학생들이 의사소통에서 부딪칠 수 있는 문제의 유형에 대하여 토론해 봅시다.
2. 언어의 구성 내용은 무엇입니까? 각각의 예를 제시해 봅시다. 학습장애 혹은 관련 경도장애를 가진 학생들이 언어의 각각 구성 내용에서 부딪치는 문제의 유형은 무엇입니까?
3. 영어 언어 학습자에 속한 학생들이 직면하는 몇 가지의 문제를 기술해 봅시다. 영어 언어 학습자에게 도움이 되는 몇 가지 실제를 기술해 봅시다.
4. 조기 읽기 쓰기 능력이라는 용어는 어떤 의미를 가지고 있습니까? 조기 읽기 쓰기 능력을 향상시키는 몇 가지 방법을 기술해 봅시다.
5. 음운론적 인식이란 무엇입니까? 음운론적 인식에 대한 기술을 발달시키는 것이 어린 아동에게 중요한 이유는 무엇입니까?

## 핵심 용어

구문론 … 378
단어 찾기 … 385
말하기 장애 … 380
명칭 실어증 … 386
몰입 교수 … 389
발달적 실어증 … 385
발음 … 377
보호막 영어 … 388
수용 언어 장애 … 386
신속히 자동화하여 명명하기(RAN) … 385
언어 장애 … 380
언어 지연 … 380
언어의 구성 요소 … 377
엘코닌 카드 … 396
음소 … 377
음운론 … 377
의미론 … 378
이중 언어 교수 … 388
일시적인 음향처리 … 383
제2언어 영어(ESL) 방법 … 388
조기 읽기 쓰기 능력 … 389
중이염 … 380
표준 영어 … 377
표현 언어 장애 … 386
형태론 … 377
형태소 … 377
화용론 … 379
1차 언어 체계 … 371
2차 언어 체계 … 371

# 12장

# 읽기 곤란

❝나는 나의 책들에서 일종의 마법 같은 것을 믿지 않는다. 그러나 나는 좋은 책을 읽을 때 신비스럽게 일어나는 어떤 것을 믿는다.❞

—J. K. ROWLING, AUTHOR OF THE HARRY POTTER BOOKS

Robin Sachs/Photo Edit, Inc.

## 이 장의 차례

이 장에서는 통합된 언어 체계에 대한 3개의 장 중 두 번째인 읽기에 초점을 맞추고 있다. 읽기는 언어 체계의 총체를 이루는 부분이고 말하기 언어와 쓰기 모두에 밀접하게 연결되어 있다.

이 장의 첫 부분은 "이론" 영역으로 읽기에 관한 다음과 같은 몇 가지 주제를 논의한다. (1) 읽기장애의 중요성, (2) 난독증, (3) 읽기의 요소, (4) 음소 인지, (5) 발음과 단어 인지 기술, (6) 유창성, (7) 어휘, (8) 이해, (9) 읽기와 쓰기 연결, (10) 문학 중심 읽기 교수(총체적 언어), (11) 영어-언어 학습자(ELL)를 위한 읽기 교수, (12) 읽기 사정. "교수 전략" 영역에서는 읽기 교수를 위한 방법들을 검토한다.

# 이 론 Theories

## 12.1 읽기장애의 중요성

아동들이 읽기를 배우지 못한다면 그들은 인생에서 성공할 수 없을 것이다. 읽기 능력이 없다면 기초 학습과 직업적 성공을 위한 기회가 제한적일 것이다. 불행하게도 학습장애 학생과 관련 경도장애 학생의 80%가 읽기에서 어려움을 보인다(Lerner & Johns, 2009). 사실상, 책 읽기가 감소하고 있는데, 2002년의 조사에 의하면 단지 성인의 57%만이 책을 읽는 것으로 보고되었다(National Endowment for the Arts, 2004).

읽기 문제를 가진 아동을 조기에 확인하여 그들에게 적절한 조기 교육을 제공하는 것은 매우 중요하다. 국립학교 아동의 17.5% 이상－약 100만 명의 아동－이 학교에서 중요한 첫 3년 동안 읽기 문제에 부딪힌다(National Reading Panel, 2000). 3학년에서 읽기를 성공하지 못한 74% 이상의 아동들은 9학년[26)]이 되어도 여전히 읽기에 성공하지 못한다(National Institute for Child Health and Human Development, 1999). 청소년과 성인의 읽기 문제는 조기 연령에서 해결되지 않았던 읽기 어려움이 반영된 것이다. 기다리고 실패하는 방법(wait-and-fail method)은 어린 아동의 읽기 어려움을 설명하기에는 적절하지 않은 정책이지만, 대신에 그들이 나이가 들었을 때 읽기 어려움을 설명하도록 기다리는 정책으로 언급된

26) [역자 주] 한국의 경우 중학교 3학년에 해당한다.

다. 국립 아동 건강과 인간 발달 연구소에 의해 이루어진 연구들은 읽기장애에 관한 몇 가지 핵심 발견들에서 다음과 같은 결론을 내렸다(Dunn, 2010; Mazzocco & Meyers, 2003; Lyon, 2003).

- 읽기는 교육적 문제에 해당하는 것은 물론 주요한 국민 건강 문제로서 개인의 읽기 실패는 우리 사회에서 성공하는 데 많은 영향을 받는다.
- 읽기 실패에 대한 위험이 가장 많은 아동의 특성은 다음과 같다.
  - 그들은 음소적 인지(혹은 언어의 소리에 민감성)가 부족하다.
  - 그들은 알파벳의 문자와 친숙하지 않다.
  - 그들은 인쇄물의 의도를 잘 이해하지 못한다.
  - 그들은 종종 구어 언어와 언어적 기술이 부족하고 빈약한 어휘를 가진다.
- 아동들은 언어적, 그리고 문화적 배경과 영어 언어에 대한 그들의 제한된 표출 때문에 읽기 실패의 위험에 처할 수 있다.
- 읽기 실패에 처할 유아들을 조기에 확인하여 그들에게 시의적절한 중재를 지원하는 것은 가장 좋은 방법으로서 성공하기 위해 필수적 요소이다.

읽기는 모든 기초 학습 과목을 위한 기본적인 기술이기 때문에 학교에서의 실패는 부적절한 읽기 기술에서 초래될 수 있다. 오늘날, 학생들은 예전보다 더 의무적인 시험을 좀 더 많이 보고, 취업하기 위해 졸업장과 학위를 받아야 한다. 읽기장애를 극복하려는 빈약한 독자들에게는 지원서 작성과 자격증 시험은 물론 그 밖의 매우 어렵고 불가능한 장애물로 가득한 생활의 연속이다. 현대 사회는 고도의 기술과 자동화 때문에 고도로 훈련된 사람을 요구한다. 원격 통신, 이메일, 그리고 인터넷 모두는 사용자들이 컴퓨터 화면의 전자 정보를 읽을 수 있어야 한다.

읽기 기술의 발달은 모든 학교 중심의 학습에서 주요한 기초 학습을 기반으로 하여 지원한다. 모든 직업에서 근로자들은 일과 경력 때문에 여러 번 새로운 직장을 위한 준비로 재교육을 받는다. 유능한 읽기는 일자리를 유지하거나 다른 직업을 위한 재교육에 있어서 핵심 기술이다. 빈약한 읽기 기술은 직업생활에서 많은 문제를 일으키는 원인이 된다. 소수의 직업만이 미숙련, 혹은 반숙련의 근로자에게 적절한데, 이런 직장에 속한 사람들은 결국 만성적인 실업자가 되곤 한다. 학교를 중퇴한 젊은이들에게는 정기 급여가 지급되는 직장에서의 고용 기회가 적다. 학교를 중퇴한 사람들은 고등학교를 졸업한 사람들이 계속된 훈련으로 극소수의 고용 기회를 얻는 것보다 그 기회가 절반 이하로 매우 적다. 게다가 그들은 중등학교 이후 학교 혹은 대학에 입학한 사람들보다 그 자격이 현격하게 부족하

ⓒ LWA-JDC/Corbis

아동들은 책의 세상에 둘러싸여 있어야 하고 이야기 듣기, 책 읽기, 그리고 쓰기에 대한 많은 경험이 있어야 한다.

다(National Joint Committee and Learning Disabilities, 2008; Wagner, Marder, Blackorby, et al., 2003; Hennesy, Rosenberg, & Tramaglini, 2003; Gerber, 1997).

읽기는 결코 자연스러운 과정이 아니다. 걷기와 말하기 학습과 같은 다른 발달적 성취와 비교하였을 때 읽기 학습은 좀 더 세심한 교수가 필요하다. 또한 읽기 학습은 비교적 오랜 과정에 걸쳐 이루어진다. 그 과정은 몇 년이 걸리며 학습자는 오랜 시간 동안 노력해야만 한다. 더구나 단어를 인지하는 과정은 복잡하여 독자는 이런 과제를 성취하는 데 다양한 전략을 사용해야만 한다. 아동들은 처음으로 읽는 것을 배워야만 하고, 그런 과정을 거친 후에 그들은 배우려는 것을 읽을 수 있게 되는 것이다. 읽기에 관한 정보와 연구는 **http://www.readingrockets.org**라는 읽기 로켓(Reading Rockets) 웹사이트에서 찾을 수 있다.

## 12.2 일반학급을 위한 읽기 전략

많은 학습장애 아동과 관련 경도장애 아동들은 일반학급에서 수업을 받을 때 읽기 문제가 나타난다. 이 장에서는 일반학급의 학생을 위하여 많은 읽기 전략을 제시한다. **일반교육에 포함된 학생 이야기 12.1**, "읽기 전략"은 일반학급에서 읽기장애를 가진 학생들을 위한 전반적인 제안들이다.

## 일반교육에 포함된 학생 이야기 12.1

### 읽기 전략

**일반적 수정과 적응**

- 반복과 점검하는 양을 증가하라.
- 과제를 완성하기 위해 좀 더 많은 시간을 배정하라.
- 좀 더 많은 예시와 활동을 제공하라.
- 과제를 좀 더 천천히 소개하라.

**발음**

- 언어 놀이와 운율 게임을 하라.
- 단어를 형성하고 있는 음운적 요소를 분석하라.
- 단어에 친숙하도록 만들어라.

**유창성**

- 학생들이 목표 단어를 인지하도록 도와줘라.
- 학생들에게 반복해서 크게 읽을 수 있는 기회를 제공하라.
- 예측되는 책을 활용하라.
- 따라 읽기 방법을 활용하라.
- 아동들이 그들 자신의 언어로 읽도록 하는 언어 경험 방법을 활용하라.

**어휘**

- 과학 혹은 사회 과목의 교재로 단원을 읽기 전에 내용 어휘를 가르쳐라.
- 학생의 흥미 있는 영역(운동, 영화, 텔레비전 쇼, 현재 사건)에서 단어를 찾고, 공부하는 데 이런 단어들을 활용하라.
- 공부할 어휘의 단어망을 활용하라.

**읽기 이해**

- 학생들에게 이야기와 내용영역 읽기에 관한 배경 지식을 제공하라.
- 학생들에게 이야기에서 다음에 일어날 일에 관하여 예측하게 하라.
- 읽기 구절을 시각화하는 그래픽 조직화를 활용하라.
- 흥미를 촉진하도록 책에 관한 영화 혹은 비디오를 보여 주라.
- 학생들이 이야기에 나오는 구절을 행동으로 옮겨 보게 하라.

## 12.3 반응 대 중재(RTI)

반응 대 중재(RTI)는 일반교육에 있는 모든 학생을 위한 과정이다. RTI는 근거 중심 교수를 활용하고, 그 목적은 교수의 단계를 활용하여 읽기 문제를 해결하려는 것이다. (RTI에 대한 상세한 설명은 2장, “사정과 IEP 절차”를 참고하라.)

다음에서 많은 학생들이 직면하고 있는 심한 읽기 문제인 난독증에 대하여 설명할 것이다.

## 12.4 난독증

난독증은 수년 동안 교육과 의료 공동체를 곤혹스럽게 한 심각한 읽기장애로 보기 드문 유형이다. 또한 난독증은 몇몇 아동, 청소년, 그리고 성인에게 영향을 미치는 학습장애의 한 유형이다. 난독증을 가진 아동들은 문자와 단어를 인지하고 인쇄 매체에 있는 정보를 해독하는 것을 매우 어려워한다. 난독증을 가진 사람들의 지능은 정상 이상이고 수학 혹은 공간 기술에 뛰어난 능력을 보이기도 한다. **학생 이야기 12.1**, "난독증을 가진 사람"은 난독증을 가진 유명한 사람들이 읽기 문제가 그들의 삶에 어떻게 영향을 미쳤는가에 대하여 털어놓은 이야기이다.

난독증에 대한 정의는 서로 다르지만 일반적인 몇 가지 공통점이 있다(Rosen, 2010; Shaywitz, 2003).

1. 난독증은 생물학적 원인이 있고, 뇌의 신경중추 회로에서 분열이 일어나는 것이다.
2. 난독증 문제는 청소년과 성인기까지 지속된다.
3. 난독증은 지각, 인지, 그리고 언어 측면에 문제를 보인다.
4. 난독증이 있는 사람은 성장하면서 생활의 많은 영역에서 어려움이 나타난다.
5. 난독증을 가진 많은 사람들은 생활의 또 다른 면에서는 뛰어날 수 있다.

난독증을 가진 CEO들의 인생 이야기는 사업세계에서 놀라운 능력을 보여 준다(Morris, 2003). 난독증을 가진 사람들은 그들의 장애를 숨기는 교묘한 방법을 찾아내는 경향이 있다. 예를 들어, 홀아비가 된 신사는 메뉴판을 내려놓으면서 그의 친구에게 "우리 모두를 위해 네가 주문을 하는 것이 어떨까? 너의 선택은 늘 매우 맛있었어"라고 말하는 것으로 레스토랑에서 식사 주문의 문제를 일상적으로 돌려 처리하면서 사교모임을 가졌다. 이 남자는 그의 읽기와 쓰기 문제를 처리하는 전문가를 고용하였다. 그의 친구들은 그의 행동을 부유한 탓으로 생각했고, 결코 그가 읽기장애를 가졌다고는 예상하지 못했다.

난독증을 가진 사람들이 성공적인 어른이 되려면 복원력의 특성과 성공에 대한 강한 욕구를 가지고 있어야 한다. Bob이 이런 특성을 가졌던 예이다. Bob의 읽기 문제는 일학년 때부터 시작되었다. Bob이 12살이었을 때, 그의 부모는 그를 사립 기숙제 학교에 보냈고, 그곳에서 난독증이라는 진단을 받았다. 그는 읽기 실패에 대처하는 복원력을 개발하였고 법에 보장된 그의 권리를 어떻게 주장하는지 배웠

## 학생 이야기 12.1

### 난독증을 가진 사람

난독증으로 고통을 받은 사람들은 읽기를 요구하는 세상에서 난독증에 대처하려고 노력하였던 고통을 오랫동안 기억한다.

**Kevin McClatchy**는 피츠버그 파이어리츠(Pittsburgh Pirates) 야구팀의 CEO로 초등학교 시절에 난독증으로 확인되었다. 그는 읽기가 매우 부족하고 곤란했기 때문에 선생님이 큰 소리로 읽는데 그를 절대 호명하지 않았던 5학년을 기억한다. McClatchy는 야구에 강점이 있었고, 그 강점은 그의 성공할 수 있는 길을 열게 했다.

**Kevin McClatchy**, Keynote Speech at the Learning Disabilities Association Conference, Pittsburgh, PA, February 16, 2007.

나는 메인에서 여름방학을 보내는 동안 지역공동체의 저녁기도에서 짧은 성경 구절을 읽으라고 했던 8살 때에 고통과 굴욕을 느꼈고 정말 비참했던 것을 분명히 기억한다.

**Nelson Rockefeller**, 미국 전 부통령

**출처:** *TV Guide*, October 16, 1976.

나는 게으르지도 않고 어리석지도 않지만 난독증이었다. 나의 부모님들은 수학이 하위 3%내에 있다는 것 때문에 몇 주 동안 나를 가르쳤다. 나는 SAT에서 800점 만점의 수학에서 159점을 받았다. 나의 부모님은 내가 난독증이라는 것을 알지 못했다. 그들은 난독증이 있다는 것조차도 결코 알지 못했다. (S. Smith, 1991)

**Henry Winkler**, "The Fonz" in *Happy Days*와 성공적인 배우, 감독, 그리고 프로듀서

나는 학교 다닐 때 C나 D의 성적을 받았고, 가벼운 난독증이었다. 그러나 나는 매우 끈기가 있고 의욕적이다. 나는 대학에 지원했을 때 입학처 직원은 나에게 입학시키고 싶은 사람이 아니라고 말했다. 그래서 입학처 직원이 내가 여름학기에 입학하는 것을 허락해 준다고 말할 때까지 매일 12시간씩 그의 사무실 밖에 앉아 있었다. 등록금은 12,000달러였다. 나는 이미 나이트클럽에서 높은 월급을 받고 있었고 지갑에 늘 돈을 가지고 다녔고, 입학이 허락되었을 때 현금으로 12,000달러를 주었다. 나는 난독증이 있었던 것이 경쟁적인 이점이 되었던 것 같다. 난독증이 있는 사람들은 하나의 목표를 추구하기 위해 모든 면을 갖추어 놓는 것이 좋다. 야망은 99% 천재를 이긴다.

**Jay Leno**, 코메디언으로 늦은 밤(late-night) 토크쇼 진행자

**출처:** From Jay Leno interview in *Home Business Magazine*, 2001, as found at **http://www.schwablearning.org.**

**심화질문** 이런 사람 모두가 공통적으로 가지고 있는 특징은 무엇이라고 생각합니까?

다. 그의 빈약한 작업 기억은 자료를 읽는 속도를 매우 느리게 하기 때문에 제한된 시간 동안 시험을 완성할 수 없다는 것을 알았다. 이런 이유로 그는 연장된 시간으로 입학시험을 치를 수 있었고 주요 대학에서 공학학사를 취득하였으며, 법으로 보장된 조절할 수 있는 요구를 활용하였다. 그는 의과대학에 입학이 허가될 때까지 여러 번 MCAP시험을 봤다. 그는 어떤 강의에 실패하면 그 강의를 다시 들었다.

그는 의료 협회의 시험에 통과하기 전에 여러 번 실패했다. Bob은 시험시간이 연장되는 조절이 적용되었지만 그의 특수성 때문에 여러 번 그 시험에 실패했다. 현재 Bob은 뛰어난 의료 기술과 실력을 가진 의사로 성공하였다.

수년 동안 학자들은 난독증이 생물학적 원인을 가지고 있다고 강하게 확신하였지만 이런 신념을 지지할 과학적 증거가 부족하였다. 오늘날, 인지 신경과학 연구는 난독증의 뇌 구조에서의 변형, 뇌 기능의 차이, 유전적 요인이 원인이라는 강력한 증거를 제시하고 있다(Rosen, 2010; Pugh, 2010; Shaywitz, 2003; Gilger, 2010; Shaywitz & Shaywitz, 1998, 1999). 난독증을 연구하는 신기한 뇌 연구와 뇌 기능과 학습 사이에 연결을 결정하는 새로운 기술은 10장, "학습장애와 관련 경도장애에 대한 의료적 측면"에서 설명되었다. 신경과학자들은 난독증의 원인에 대한 연구를 계속하고 있고, 교사들은 이런 사람들에게 읽는 방법을 가르치는 교수를 제공해야 할 것이다.

지금부터는 모든 아동을 위하여 효과적인 읽기 교수의 요소들에 대하여 설명할 것이다.

## 12.5 읽기의 요소

미국 국회는 읽기 학자들의 협회인 국가읽기위원회(2000)가 읽기에서 학술문학의 증거 중심 사정과 읽기 교수를 위한 의미를 구축하도록 지정하였다. 10만 개가 넘는 읽기에 대한 연구 조사에서 밝혀진 사실들은 1966년 이후 수립되었고, 국가읽기위원회는 증거 중심 사정에 대한 연구 조사의 결론에서 엄격한 기준을 수립하였다. (그들의 연구 결과에 대한 좀 더 많은 정보는 국가읽기위원회 웹사이트, **http://www.nationalreadingpanel.org**를 이용하면 된다.)

국가읽기위원회(2000)의 결론은 능률적인 독자들이 되기 위해 필요한 구성 요소로 다음과 같은 핵심 읽기 구성 요소의 목록을 제시한다.

1. 음소 인지(11장, "말하기 언어 곤란"에서 설명했다.)
2. 발음(이 장에서 설명한다.)
3. 유창성(이 장에서 설명한다.)
4. 어휘(이 장에서 설명한다.)
5. 교재 이해(이 장에서 설명한다.)

이런 요소의 각각에 대해서는 다음 절에서 기술할 것이다.

## 12.6 음소 인지

**음소 인지**는 말하여지는 단어의 개별 소리에 집중하여 생각하고 활용하는 능력을 말한다. 아동들이 인쇄물을 읽는 것을 배우기 전에 단어에서 소리가 어떻게 나오는지에 대하여 인지해야 한다. 그들은 단어가 말하기 소리, 즉 음소로 형성되었다는 것을 이해해야만 한다. **음운론적 인지**라는 용어는 좀 더 광범위한데, 음소뿐만 아니라 단어, 음절, 그리고 운율과 같이 언어의 많은 부분을 분류하고 다루는 능력을 의미한다. 음소적 인지는 음운론적 인지의 일부이다. 음운론적 인지는 아동의 듣기와 언어의 소리를 활용하는 데 초점을 맞춘다. 웹사이트 http://www.nifl.gov의 읽기 쓰기 능력을 위한 국가협회에서 더 많은 정보를 발견할 수 있다. (음운론적 인지에 대한 더 많은 정보를 위하여 11장, "말하기 언어 곤란"을 참고하라.)

## 12.7 발음과 단어 인지 기술

읽기는 독자들이 단어를 인지하는 것을 요구한다. 일단 독자들이 단어 인지의 능력을 개발하면 교재에서 의미하는 것에 집중할 수 있다. 낮은 수준의 읽기 기술이 없으면 높은 인지 기술의 작용을 할 수 없다. 독자들이 단어를 인지하는 데 좀 더 많은 노력을 발휘한다면 이해를 위하여 처리하는 능력에 발휘할 능력은 거의 남아 있지 않을 것이다.

단어 인지 기술에 대한 조기 관심은 분명히 나중의 읽기 이해 기술을 예측할 수 있도록 하기 때문에 중요하다. 단어 인지를 비교적 늦게 시작한 아동들이 훌륭한 독자가 되기도 한다(National Reading Panel, 2000). 조기에 단어 인지 기술을 배우는 것은 학교 안팎에서 읽기 능력을 많이 향상시킬 수 있다. 광범위하고 다양한 자료를 읽는 것으로 학생의 어휘력과 책에 대한 학생의 흥미를 증가시키는 것은 물론 학생의 일반적 읽기 성장을 육성시킬 수 있는 기회가 된다(Moats, 2000; Henry, 2003; Lyon, 2003).

독자는 단어를 확인하는 데 몇 가지 **단어 인지 절차**를 활용하는데, 이는 (1) 발음 중심 언어 교수, (2) 보기 단어, (3) 내용 단서, (4) 구조적 분석이다. 이 장의 "교수 전략" 영역에서 각각의 단어 인지 기술에 대한 교수 방법을 제시한다.

## 발음 중심 언어 교수

**발음 중심 언어 교수**는 언어에서 인쇄된 문자(영어 알파벳 자모)와 소리(음소) 사이의 관계를 말한다. 가장 중요한 언어 인지 기술인 발음 중심 교수는 쓰기 문자에 언어 소리를 일치시키고 인지된 단어에 대한 지식을 적용하여 읽는 학습이 포함된다. 아동들은 인쇄된 언어를 **해독**하고 부호를 해체하는 과정으로 인쇄된 언어를 상징-소리 관계의 알파벳 원리에 따라 소리로 옮기는 것을 배워야만 한다.

읽기장애를 가진 아동들은 체계적인 발음 중심 언어 교수를 요구한다. 체계적인 발음 중심 언어 교수 프로그램은 명시적이고 체계적으로 가르치는 순차적인 일련의 발음 요소로 계획된다. 많은 연구들은 영어의 소리-상징 체계를 배운 아동들이 이런 기술을 습득하지 못한 아동들보다 잘 읽는다고 밝힌다(Chall, 1967, 1983; Lyon, 2003; Moats, 2000; National Reading Panel, 2000). 이미 설명했듯이 발음을 배우려면 음운론적 인식에 대한 능력이 있어야 하고 언어가 소리로 분절될 수 있다는 것을 인지하는 능력이 요구된다. (11장, "말하기 언어 곤란"을 참고하라.)

발음을 이해한다는 것은 단어를 빠르고 쉽게 인지할 수 있도록 부호를 해체하게 도와주는 것이다. 영어와 같이 알파벳으로 쓰여진 언어는 규칙 체계와 부호에서 문자와 소리 간의 일치를 알아야 한다. 어떤 아동이 이런 규칙을 배운다면 그 아동은 부호를 해체할 것이고, 그러고 나서 인쇄된 단어에 그럴듯한 발음을 입히는 지식을 적용할 수 있다(Adams, 1990; Moats, 2000).

읽기장애를 가진 아동들은 발음에 대한 직접 교수가 요구되고 인쇄된 문자와 명백한 소리 간의 관계를 형성하여 해독하는 것이 필요하다. **명백한 부호-중시 교수**는 아동들이 인쇄된 문자에서 소리와의 관계를 기억하고 인쇄된 단어의 의미를 전달하는 기초를 발달시키도록 도와준다. (발음 교수에 관해서는 이 장의 후반부에 있는 "교수 전략"을 참고하라.)

**발음 중심 언어 교수의 효과성에 대한 국가읽기위원회의 결론** 국가읽기위원회(2000)는 발음 중심 언어 교수의 효과성에 관하여 다음과 같이 결론을 내렸다.

1. 체계적인 발음 중심 언어교수는 체계적이지 않거나 발음 중심 교수가 아닌 다른 프로그램보다 아동의 읽기 성장에 좀 더 많이 기여한다.

2. 모든 체계적인 발음 중심 언어 교수 프로그램은 읽기 성취를 촉진하는 데 효과적이고, 다른 것과 비교하여 중요한 차이가 나타나지 않는다.
3. 체계적인 발음 중심 언어 교수는 또래 교수로, 소집단에서 혹은 학생들이 수업을 가르쳐 전달하는 것이 효과적이다.
4. 체계적인 발음 중심 언어 교수는 유치원 때 가르쳐야 효과적이다. 어린 학습자를 위하여 적절히 계획되어야 하고 문자와 음소 인지가 포함된 기초적인 지식과 함께 시작되어야 한다.
5. 발음 중심 언어 교수는 읽기에 어려움을 보일 수 있는 학생들을 예방하고, 읽기장애 학생의 읽기 어려움을 개선시키는 도움을 주는 데 효과적이다.
6. 체계적인 발음 중심 언어 교수는 사회 경제적 상태(SES)에 관계없이 학생들에게 도움이 된다.

## 발음 중심 언어 교수에 관한 교사 지식

저학년에서 직접적이고 체계적으로 발음 중심 언어를 배운 아동들은 이런 교수를 받지 않은 아동들보다 초등학교 연령에서 더 높은 읽기 성취 점수를 받는다(Chall, 1991; Lyon & Moats, 1997; Moats, 2000; National Reading Panel, 2000). 그러나 많은 교사들은 발음 중심 언어 교수나 발음의 일반화에 대한 견고한 기초지식이 부족하다(Horne, 1978; Lerner & List, 1970; Moats, 2000). 몇몇 교사들은 그들 자신이 발음 중심 언어 교수로 배웠다는 것을 기억하지 못하는 것은 물론 교사 연수를 통해 충분한 발음 중심 언어 교수도 받지 않는다. (이 책을 읽는 독자들은 이 책에 실린 웹사이트의 "발음 중심 언어 퀴즈와 평가"에 있는 파닉스 퀴즈를 보길 바란다. 발음 일반화에 대한 간단한 검토를 퀴즈로 제시하고 있다.)

## 발음 중심 언어 교수 방법

발음 중심 언어 교수에는 몇 가지 서로 다른 방법이 있다(Jennings, Caldwell, & Lerner, 2010). **표 12.1**은 발음 중심 언어 교수의 각각 방법에 대한 예시와 설명이다.

## 보기 단어

**보기 단어**는 망설임 없이, 그리고 구체적인 분석 없이 즉시 단어를 알아차리는 것

**표 12.1** 발음 중심 언어 교수 방법

| 발음 중심 언어 교수 방법 | 설명 | 예 |
|---|---|---|
| 종합적 발음 중심 언어 교수 방법 | 학생들에게 명시적으로 글자를 소리(혹은 음소)로 바꾼 후 인지할 수 있는 단어 형태의 소리로 결합한다. | 단어 *stop*을 보여 준다. 이 단어를 /*s*/*t*/*o*/*p*라는 소리로 해체하라. 그러고 나서 다시 단어로 소리를 결합한다. |
| 분석적 발음 중심 언어 교수 방법 | 학생들에게 글자-소리 관계를 분석하도록 가르치려면 고립된 소리로 발음하는 것을 피하여 단어를 배운다. | 전체 단어에 형성된 소리를 분석하라. |
| 유사 발음 중심 언어 교수 방법 | 친숙하지 않는 단어 운율 부분이 친숙한 단어 운율 부분과 동일한지 확인한다. | 알려 준 단어 *kick*<br>새로운 단어 *brick*<br>알려 준 단어 *sing*<br>새로운 단어 *ring* |
| 임베디드 발음 중심 언어 교수 방법 | 학생들에게 교재 읽기에서 임베디드(embedded) 발음 중심 언어 교수에 의해 발음 중심 언어 기술을 가르치는 것으로, 이 접근은 우연히 일어나는 학습에 의한 좀 더 간접적인 접근이다. | 발음 중심 언어 기술에 대한 교수는 부수적으로 이루어지며 교재를 읽는 동안 가르친다. |
| 철자 발음 중심 언어 교수 방법 | 학생들에게 철자 교수와 음소를 활용한 부분 단어로 발음 중심 언어 교수를 가르친다. | 학생들에게 음소적으로 철자 단어를 가르친다. |

출처: From *Teaching children to read: An evidence-based assessment of the scientific research literature on reading and its implications for reading instruction*, p. 8, Report of the National Reading Panel, 2000, Washington, DC: National Institute of Child Health and Human Development.

이다. 몇몇 다른 언어와는 달리 쓰기 영어는 음소-자모, 혹은 철자로 구성된다. 문자와 문자 소리 간에 해당하는 관계는 늘 예측할 수 없다. 예를 들어 문자 *a*는 *at*, *Jane*, *ball*, *father*, *was*, *saw*, *are*와 같이 전형적인 일학년의 각 단어에서 서로 다른 소리를 제공한다. 이런 복잡성에 대한 또 다른 예는 *aisle*, *aye*, *I*, *eye*, *ice*, *tie*, *high*, *buy*, *sky*, *rye*, *pine*, *type*와 같이 단어 안에서 다른 철자 유형인 긴 음소 *i* 이다. 영어 읽기를 학습하는 문제는 좀 더 복잡하고, 매우 자주 사용하는 일학년 책의 보기 단어에는 불규칙적인 철자 유형이 포함되어 있다. 이런 소수의 단어는 **표 12.2**의

표 12.2 1학년 보기 단어

| 영어 철자 | 발음 철자 |
|---|---|
| of | uv |
| laugh | laf |
| was | wuz |
| is | iz |
| come | kum |
| said | sed |
| what | wut |
| from | frum |
| one | wun |
| night | nite |
| know | noe |
| they | thai |

첫 칸에, 두 번째 칸은 독자들이 "철자들을 소리 낼 수" 있도록 음소-자모 관계에서 철자가 되는 방법을 제시한다. 이런 불규칙한 철자 유형 단어는 보기 단어로서 배워야만 한다(Jenning et al., 2010).

영어의 독립적인 쓰기 형태로 인한 불규칙 철자 유형 단어 문제는 다음과 같은 두 개의 방법으로 접근되어야 한다.

1. **자주 사용하는 단어를 선택하여 한 번에 적은 수의 단어를 소개한다.** 몇 개의 초보 단어는 규칙적인 철자로 되어 있지만 그 밖의 다른 단어들은 불규칙 단어로 되어 있다. 보기 단어는 철저히 검토하여, 내용, 의미, 그리고 언어를 시각적으로 배울 수 있도록 계획한다. 예를 들어, 초보 독자에게는 적은 수의 새로운 단어를 소개한다.

2. **소리-상징 철자 관계로 구성된 단어를 선택하여 기초 학습 단계를 단순화한다.** 이런 접근에서 학생들이 발음을 배우고 철자에 의존된 단어를 조심스럽게 선택하여 확장한다. 물론, 궁극적으로는 아동들이 많은 일반적인 영어 단어에서 불규칙적인 철자를 배워야만 한다. 읽기 위한 단어를 신중히 선택하여 학생들이 2학년 혹은 그 이후에도 철자를 잘 학습하도록 해야 할 것이다. 우리 모두는 영어의 불규칙 철자 단어에 직면할 수밖에 없다.

## 내용 단서

**내용 단서**는 단어가 나타나는 문장과 절의 의미, 혹은 내용을 통해 단어를 알게 하는 것이다. 언어는 하나의 출처에서 정보가 반복되고 또 다른 출처에서 정보를 지지하는 매우 쓸데없는 반복이 나타난다. 이런 언어의 쓸데없는 반복은 교재에서 잘 알려지지 않은 단어에 대한 단서가 되는데, 이는 독자들이 친숙하지 않은 단어를 추측하고 짐작하도록 한다.

교재에서 단어를 인지하게 하는 교수는 실제적인 읽기를 통해 가장 잘 할 수 있다. 읽기장애 학생들이 이야기와 책을 읽는 지속적인 연습으로 자연스럽게 내용의 단서를 활용하는 것을 배운다. 이 세상에서 기초 소리에 더해지는 문장의 의미는 단어를 인지하려는 독자들을 위하여 충분한 단서가 될 것이다.

## 구조적 분석

**구조적 분석**은 접두사, 접미사, 어근, 합성어, 음절과 같이 의미 있는 단어 단위의 분석을 통하여 단어를 인지하는 것이다. 구조적 요소는 합성어(*cowboy*), 축약(*can't*), 단어 끝 혹은 굴절접미사(*–s*, *–ed*, *–er*, *–est*, *–ing*), 언어 시작 혹은 접두사(*in–*, *pre–*, *un–*, *re–*, *ex–*), 어근(*replaying* 안의 *play*), 그리고 음절(예: 더 작은 단위로 다중 음절의 단어를 쪼개기)이 있다.

독자들은 한 단어의 구조적 요소를 인지할 것이다(예: *repetition*의 접두사 *re*, 그리고 접미사 *–tion*). 문장의 내용에서 결합되는 이런 단서는 단어를 인지하는 데 충분히 도움이 된다.

## 단어 인지 단서 결합하기

독자들에게 단어 인지 단서를 모두 사용하도록 격려해야 한다(발음 중심 언어 교수, 보기 단어, 내용 단서, 구조적 분석). 학생들이 잘 알지 못하는 단어에서 읽기를 멈출 때 이런 전략들이 필요할 것이다. 독자들은 늘 알지 못하는 단어를 인지할 때까지 몇 가지 단서를 함께 사용한다. 학습장애 학생과 관련 경도장애 학생들은 독립적으로 쉽게 성취하고 유창성을 획득하기 위해 이런 각각의 단어 인지 단서를 배우고 연습할 필요가 있다.

## 유창성

**읽기 유창성**은 빠르게, 어려움 없이, 그리고 자동적으로 교재를 읽는 능력이다(Hook & Jones, 2004; Meyer, 2002; National Reading Panel, 2000). 독자들은 단어 인지에서 읽기 이해까지 연결하여 유창성을 발달시켜야 한다(Jenkins, Fuch, Van den Broek, Espin, & Deno, 2003). 이 영역에서는 (1) 보기 어휘 형성하기, (2) 자동성, (3) 반복해서 읽기, (4) 읽기 유창성을 개선하려는 방법들에 대하여 설명한다. 이 장의 "교수 전략"에서는 유창성을 개선하기 위한 부가적인 전략을 제시하고 있다.

## 보기 어휘 형성하기

대부분의 독자들이 적절한 보기 어휘에 대한 과정을 거치지 않으면 읽기 문단에 있는 많은 단어들을 해독하지 못하여 유창하게 읽는 것을 어려워하게 된다. 그들의 구어 읽기 노력은 단어를 인지하는 데 집중하기 때문에, 구어 읽기에서 오랜 멈춤과 많은 반복, 그리고 단조로운 표현 특성이 나타난다. 유창한 읽기는 선택된 대부분의 단어가 보기 단어로서 인지되는 것을 요구한다. 너무 어려운(알아볼 수 없는) 단어가 포함된 읽기 자료는 독자들을 너무 힘들게 하고 좌절시킨다(Jennings, Caldwell, & Lerner, 2010; Jenkins et al., 2003).

**표 12.3**은 학생들이 3학년 말까지 알아야 하는 220개의 기초 보기 단어를 예시한 것이다. 이런 단어들은 난이도에 따라 모둠으로 묶어 나눌 수 있다. 보기 단어를 배우는 가장 자연스럽고 좋은 확실한 방법 중 하나는 실질적인 읽기 이야기를 활용하는 것이다. 보기 언어는 이런 이야기 내용에서 반복해서 나타날 것이다. 이와 같이 아동들에게 보기 단어를 확장시키는 자연스러운 방법은 언어 경험 이야기인데, 이 방법은 보기 단어를 많이 포함시킬 수 있다. 읽기장애를 가진 학생들에게 보기 어휘를 증강시키는 또 다른 방법으로 직접 교수를 들 수 있다. 보기 어휘를 가르치기 위한 몇몇 방법은 이 장의 "교수 전략"에서 제시한다.

## 자동성

**자동성**은 빠르게, 정확하게, 그리고 힘들지 않게 하나의 단어를 식별하는 것이다. 하나의 단어를 식별하는 속도와 정확성은 읽기 이해의 전조가 되는 핵심 기술이다. 단어를 인지하는 아동의 기술 범위는 매우 크다. 한 조사 연구는 1학년에서 아

**표 12.3** 220개의 기초 보기 단어

| 초보 입문 | 입문 | 1학년 | 2학년 | 3학년 |
|---|---|---|---|---|
| 1. the | 45. when | 89. many | 133. know | 177. don't |
| 2. of | 46. who | 90. before | 134. while | 178. does |
| 3. and | 47. will | 91. must | 135. last | 179. got |
| 4. to | 48. more | 92. through | 136. might | 180. united |
| 5. a | 49. no | 93. back | 137. us | 181. left |
| 6. in | 50. if | 94. years | 138. great | 182. number |
| 7. that | 51. out | 95. where | 139. old | 183. course |
| 8. is | 52. so | 96. much | 140. year | 184. war |
| 9. was | 53. said | 97. your | 141. off | 185. until |
| 10. he | 54. what | 98. may | 142. come | 186. always |
| 11. for | 55. up | 99. well | 143. since | 187. away |
| 12. it | 56. its | 100. down | 144. against | 188. something |
| 13. with | 57. about | 101. should | 145. go | 189. fact |
| 14. as | 58. into | 102. because | 146. came | 190. through |
| 15. his | 59. than | 103. each | 147. right | 191. water |
| 16. on | 60. them | 104. just | 148. used | 192. less |
| 17. be | 61. can | 105. those | 149. take | 193. public |
| 18. at | 62. only | 106. people | 150. three | 194. put |
| 19. by | 63. other | 107. Mr. | 151. states | 195. thing |
| 20. I | 64. new | 108. how | 152. himself | 196. almost |
| 21. this | 65. some | 109. too | 153. few | 197. hand |
| 22. had | 66. could | 110. little | 154. house | 198. enough |
| 23. not | 67. time | 111. state | 155. use | 199. far |
| 24. are | 68. these | 112. good | 156. during | 200. took |
| 25. but | 69. two | 113. very | 157. without | 201. head |
| 26. from | 70. may | 114. make | 158. again | 202. yet |
| 27. or | 71. then | 115. would | 159. place | 203. government |
| 28. have | 72. do | 116. still | 160. American | 204. system |
| 29. an | 73. first | 117. own | 161. around | 205. better |
| 30. they | 74. any | 118. see | 162. however | 206. set |
| 31. which | 75. my | 119. men | 163. home | 207. told |
| 32. one | 76. now | 120. work | 164. small | 208. nothing |
| 33. you | 77. such | 121. long | 165. found | 209. night |
| 34. were | 78. like | 122. get | 166. Mrs. | 210. end |
| 35. her | 79. our | 123. here | 167. thought | 211. why |
| 36. all | 80. over | 124. between | 168. went | 212. called |
| 37. she | 81. man | 125. both | 169. say | 213. didn't |
| 38. there | 82. me | 126. life | 170. part | 214. eyes |
| 39. would | 83. even | 127. being | 171. once | 215. find |
| 40. their | 84. most | 128. under | 172. general | 216. going |
| 41. we | 85. made | 129. never | 173. high | 217. look |
| 42. him | 86. after | 130. day | 174. upon | 218. asked |
| 43. been | 87. also | 131. same | 175. school | 219. later |
| 44. has | 88. did | 132. another | 176. every | 220. knew |

출처: From "The Dolch list reexamined," by D.D.Johnson, 1971, *The Reading Teacher*, *24*(5), 455–456. Dale D. Johnson과 International Reading Association의 허락하에 재인용함. 복제 불허.

동들이 인지하는 단어의 수는 15개에서 1,933개의 범위라고 보고하였다. 평균적으로 숙련된 독자들은 숙련이 덜된 독자들보다 많은 단어를 3번 더 읽는다(Compton & Appleton, 2004).

## 음절 인지

자동적인 단어 인지를 발달시키는 가장 강력한 도구는 6음절 형태의 시각적 유형을 학생들에게 가르치는 것으로, 6음절 형태는 **표 12.4**에 제시한 것과 같다.

## 반복 읽기

**반복 읽기**는 학생들이 여러 번 큰 소리로 읽어서 진행하는 교수 전략이다. 반복 읽기 방법은 간단하고 확실하여 연습과 반복을 강조한다. 반복 읽기는 유창성, 이해, 그리고 전반적인 읽기 성취를 개선한다(Jennings et al., 2010; National Reading Panel, 2000). 많은 연구들은 반복 읽기가 초등학교 학생과 중등학교 학생 모두의 읽기 유창성을 개선시킨다고 밝히고 있다(Vandenberg, Boon, Fore, & Bender,

**표 12.4** 6음절 형태

| 음절 형태 | 예 |
|---|---|
| **폐쇄**<br>(모음 폐쇄, 짧은 소리를 내는 자음) | *pot* |
| **개방**<br>(마지막 모음, 긴 소리를 내는 모음) | *go* |
| **묵음 *e***<br>(마지막 모음 *e*, 긴 소리를 내는 모음) | *cake* |
| **모음 결합**<br>(두 개의 모음이 함께 소리 남) | *coat* |
| **조절되는 *r***<br>(모음에 더해져 포함되는 *r*, 모음 소리의 변화) | *card* |
| **자음+*le***<br>(단어의 끝) | *ta/ble* |

출처: Adapted from "The importance of automaticity and fluency for efficient reading comprehension," by P. Hook & S. Jones, *Perspectives*, *28*(Winter 2002), 9–14.

2008; Nelson, Alber, & Gordy, 2004). 이 장에 있는 "교수 전략"에서 반복 읽기를 통한 읽기 유창성을 개선하는 전략을 기술한다.

## 읽기 유창성을 개선하기 위한 다른 방법

읽기 유창성은 학생들이 읽기 자료에 대한 어려움을 가지는 것보다는 쉽게 읽을 수 없어 문제가 되는 것이다. 학생들이 읽기 유창성을 획득하려면 읽기 기회를 많이 제공해야만 한다. 아동이 읽을 책과 문장은 너무 어렵지 않게, 그렇다고 너무 쉽지도 않게 적당한 수준이어야 한다. 다음에 제시된 전략들은 읽기 유창성을 개선하려는 부가적인 방법이다.

- **함께 읽기 방법.** 교사와 한 명의 학생이 구어로 함께 읽기를 진행한다.
- **짝지어 읽기.** 두 명의 학생이 짝지어 페이지를 번갈아 가면서 읽는다. 짝지어 읽기는 학생 모두에게 집중적인 읽기 연습을 제공한다.
- **돌림 읽기.** 처음에 교사가 구어 읽기로 시범을 보이며 진행하고, 그 다음에 학생들이 교사의 읽기를 모방하도록 하는 것이다.
- **다른 청중에게 큰 소리로 읽기.** 아동들은 할머니, 다른 가족 구성원, 혹은 심지어 강아지와 같은 청자에게 자발적으로 책을 큰 소리로 읽어 준다.

## 어휘

**어휘**는 읽기를 학습하는 데 중심적인 위치를 차지한다. 학생들에게 어휘는 읽기 성취에 매우 효과적이고, 읽기 이해와 깊이 관계된다(Jennings et al., 2010; National Reading Panel, 2000).

어휘 지식은 독자에게 단어를 알도록 하는 것은 물론 문맥에서 적절하게 응용하는데도 필요하다. 예를 들어, 두 소년이 과자를 만들려고 애쓰고 있었는데, 과자가 팬에 달라붙어 곤혹스러워 하고 있었다. 그들의 어휘 문제는 팬의 밑바닥을 말하는 바닥(bottom)이라는 단어의 의미를 생각하는 것이었다. 그들이 과자를 놓으라고 말했던 부분은 그들에게는 팬의 상단으로 보였던 것이다.

어휘를 가르치는 몇몇 중요한 측면은 다음과 같다.

- **구어 어휘와 읽기 어휘 사이의 차이점.** (1) 구어 어휘－아동들이 말하기와 듣기에서 단어 사용, (2) 읽기 어휘－독자가 인쇄물에서 인지하는 단어.

  아동들은 약 6,000 단어 정도로 예측되는 많은 구어 어휘를 사용하는 학교에 입학한다. 일반적인 고등학교의 고학년들은 약 45,000 단어를 안다(Stahl, 2004). 대부분의 이런 단어들은 학생의 읽기 어휘에서 나타난다.

- **간접 교수와 직접 교수.** 학생들은 간접적, 그리고 직접적으로 그들의 어휘 지식을 형성한다. **간접 교수**를 위한 방법은 구어 언어의 광범위한 사용과 학생들이 스스로 폭넓게 읽는 것이다. **직접 교수**에서는 단어를 단어 학습 전략을 사용하여 명백하게 가르치는 것이다.
- **단어 학습 단계.** 학생들이 점진적으로 단어를 학습하여 알아가는 것은 중요하다. 대부분의 단어는 의미를 파악하는 것을 습득하기 전에 문맥에서 제시하는 것이 좋다(McKenna, 2004).

국가읽기위원회(2000)는 어휘 교수에 관한 결과를 다음과 같이 요약하였다.

- 어휘를 교수한다는 것은 이해시키는 것이고, 그 방법은 독자의 연령과 능력에 따라 적절해야만 한다.
- 컴퓨터 프로그램은 어휘를 가르치기에 유용하다.
- 어휘는 이야기책을 읽는 것 혹은 다른 사람의 말을 듣는 것에서 우연히 학습할 수 있다.
- 교재를 읽기 전에 어휘를 가르치는 교수적 절차가 어휘 획득에 도움이 된다.

이 장의 "교수 전략" 영역에서 학생의 어휘를 개선하는 몇 가지 특별한 전략을 제시한다.

## 12.8 이해

읽기의 목적은 인쇄된 쪽에서 의미하는 것을 수렴하여 **이해**하는 것이다. 모든 읽기 교수는 읽기 이해를 발달시키기 위해 제공된다. 읽기 이해는 읽기장애 학생들에게 주요한 문제이다. 이해 기술은 단어 인지 기술을 배운 후에 자동적으로 발전되지 않는다. 대부분의 읽기장애들은 언젠가는 단어 인지 기술에 대한 기초를 배운다 할지라도 복잡한 진행이 요구되는 이해 과제에서는 많은 어려움이 지속된다. 이런 학생들은 교재를 이해하는 적극적인 독자가 되는 데 도움이 되는 전략을 배워야 한다. 여기에서는 (1) 읽기 이해에 대한 서로 다른 관점, (2) 읽기 이해를 촉진하는 전략, (3) 담화와 정보 자료에 대한 이해에 대하여 설명한다.

## 읽기 이해에 대한 서로 다른 관점

**읽기 이해**는 독자와 교재 사이에 의도적이고 신중한 상호작용을 요구하는 적극적인 과정이다. 독자들이 읽을 자료를 이해하려고 노력하여 교재에 나타난 정보와 그들이 소유하고 있는 지식 사이에 간격을 연결해야만 한다. 또한 읽기 이해는 사고를 포함한다. 독자의 배경 지식, 흥미, 그리고 읽기 상황 모두는 자료를 이해하는 데 영향을 미친다. 이미 잘 알려진 교재에 있는 새로운 정보에 대한 개인적 통합은 독특한 정보를 만들어 낼 것이다(Jennings et al., 2006; National Reading Panel, 2000).

## 자료에서 가져온 것에 의존한 독자의 읽기 이해

읽기 이해는 인쇄된 구절에 대한 독자의 반복은 물론 독자의 경험, 언어 지식, 그리고, 문장상의 구조에 대한 인지에 의존한다(Jennings et al., 2010). 다음과 같은 구절은 이해하려는 독자의 배경 지식이 중요하다는 것을 인정하게 된다.

출처: PEANUTS © Charles Schulz; United Feature Syndicate, Inc.의 허락하에 재인용함.

> 신문은 잡지보다 더 좋고, 해변은 거리보다 더 좋다. 처음에는 걷는 것보다 달리는 것이 더 좋다. 또한 몇 번이고 노력해야 할 것이다. 배우는 것은 약간의 기술만 있으면 쉽다. 심지어 유아들도 배우는 것을 즐긴다. 일단 성공하면 복잡성은 최소화된다. 새들은 너무 가까이서 거의 얻을 수 없다. 어떤 사람은 많은 방이 필요하다. 비는 매우 빠르게 스며든다. 너무 많은 사람들이 동일한 일을 하는 것은 문제의 원인이 될 수 있다. 만약에 복잡하지 않다면 매우 평화스러울 수 있다. 바위는 닻과 같은 역할을 할 것이다. 만약에 어떤 것이 엉성하여 무너진다면 여러분은 두 번째 기회를 얻지 못할 것이다(Bransford & Johnson, 1972, Aulls에서 인용, 1982, p. 52).

성숙한 독자로서 여러분은 이 구절의 모든 단어를 이해할 수도 있었겠지만, 만약에 이 구절을 이해하지 못했다면 그것에 관하여 설명할 수도 없을 것이다. 여러분에게 이런 구절이 어려운 이유는 인쇄된 교재에서 획득되어진 적절한 배경 지식을 가지고 있지 않았기 때문이다. 지금, 이 구절이 「연」에 관한 것이라고 여러분에게 말한다면 여러분의 배경 지식은 확장될 것이다. 만약에 여러분이 지금 그 단락을 다시 읽는다면, 여러분은 읽기 이해가 두드러지게 개선되었다는 것을 알게 될 것이다. 가르친다는 것에 함축된 의미는 독자들이 교재 내용과 관계있는 제한된 지식을 가졌다는 것으로 그저 다시 반복해서 읽는 것만으로는 이해를 증가시키지 못한다는 것이다. 대부분의 경우 학습장애 학생과 관련 경도장애 학생에게 필요한 것은 그들의 이해를 개선시킬 수 있는 좀 더 많은 배경 지식이다.

## 읽기 이해와 사고 과정

읽기와 사고의 관계는 오랜 시간 동안 주목되어 왔다. 1917년, Thorndike는 수학에서 사용했던 사고 과정과 읽기 과정을 비유했다.

> 구절을 이해하는 것은 수학에서 문제를 해결하는 것과 같다. 이는 상황에 대하여 옳은 요소를 선택하고 옳은 관계와 함께 그것들의 적용과, 또한 무게, 영향, 힘의 적당한 양, …적절한 지적 설정, 목적 혹은 요구 아래 구성된다(p. 329).

읽기는 문제 해결에 대한 사고로서, 혹은 그와 유사한 어떤 것으로 간주할 수 있다. 독자들은 문제를 해결하는 데 개념들을 사용해야만 하고, 가설을 발전시키고 검사하고, 이런 개념들을 수정해야만 한다. 또한 읽기 이해는 정보를 구하는 방법이고, 발견하는 기술을 요구하는 방법은 읽기에 대한 가르침으로 사용한다. 이런 관점에서 가르친다는 것은 학생들이 스스로에게 질문하고 읽기를 위한 목적을 세우도록 안내하는 것이다. 그러면 학생들은 주어진 문제를 해결하려고 읽을 것이다. 이 때문에 학생들은 처음으로 읽는 이야기에서 다음에 일어날 것에 대하여 추측할 수 있도록 발달하며, 그 이후에는 이런 예측에 대하여 적절한 결정을 내리면서 읽을 수 있게 된다(Stauffer, 1975). 이런 접근을 **직접 읽기-사고 활동(DRTA)**이라고 부르는데, 더 많은 설명은 이장의 "교수 전략" 영역에서 기술한다.

## 교재와의 적극적인 상호작용을 요구하는 읽기 이해

독자들은 교재 매체를 적극적으로 활용하여 상호작용해야만 한다. 그들은 인쇄된 교재의 새로운 정보를 기존의 지식에 적극적으로 연결시켜야 한다.

유능한 독자들은 일반적으로 구절의 모든 단어를 읽지 않고 의미를 결정하는 확실한 대표 단어만을 읽으면서 다른 단어들을 건너뛴다. 그들은 예상하지 못한 어떤 것에 대한 설명이 필요할 때만 되돌아가서 모든 단어를 읽는다. 유능한 독자가 교재와 상호작용한 예를 Adler의 설명으로 제시해 본다(1956).

> 사랑에 빠진 사람이 연애편지를 읽을 때 그들은 의미 있는 모든 것을 읽는다. 그들은 세 가지 방법으로 모든 단어를 읽는다. 첫 번째 방법은 부분적인 면에서 전체적으로 읽고, 전체적인 면에서 각 부분을 읽는다. 두 번째 방법은 전후 관계와 애매모호함, 암시와 결과에 대하여 민감하게 읽는다. 세 번째 방법은 단어의 색깔, 구의 순서, 그리고 문장의 길이에 대하여 읽는다. 그런 다음 전에도 후에도 읽지 않은 것처럼 읽는다(p. 4).

## 읽기 이해를 촉진하는 전략

읽기 이해에 대하여 연구한 국가읽기위원회(2000)는 읽기 이해를 개선하기 위한 과학적 근거 교수의 몇 가지 전략을 다음과 같이 제안한다.

1. **이해 관찰.** 학생들이 자료를 어떻게 이해해야 하는지에 관하여 배운다.
2. **협동 학습.** 학생들이 읽기 전략을 함께 배운다.
3. **이야기 지도를 포함한 그래픽과 의미론적 조직자 활용하기.** 학생들이 그들의 이해를 도와주는 자료를 그래픽으로 표현하여 구성한다.
4. **질문에 대답하기.** 학생들은 교사가 질문한 것에 대답하고 즉시 피드백을 받는다.
5. **질문 시간.** 학생들이 이야기의 다양한 면에 대하여 스스로에게 질문한다.

6. **이야기 구조.** 학생들은 자신들이 읽었던 이야기에 관한 질문에 대답하기 위하여 이야기 내용을 기억하는 데 도움되는 이야기 구조를 어떻게 사용해야 하는지에 대하여 배운다.
7. **요약.** 학생들은 사고를 통합하고 교재 정보로부터 일반화하는 것을 배운다.

종종 읽기장애를 가진 학생들은 서로 다른 이해 교수의 유형을 요구한다(Williams, 1998; Minskoff, 2005). 읽기 학습장애를 가진 학생들이 단어 인지 기술을 학습하는 데 명백히 구조화된 교수를 필요로 하는 것처럼, 그들은 읽기 이해 기술을 배우기 위해 명백하고 세심히 구조화된 교수를 필요로 한다. 부수적으로 강의 중심 교수는 전형적인 학습자에게 읽기 이해를 가르치는 데 성공적일지 모르지만 읽기장애를 가진 학생에게는 충분하지 않다. Joanna Williams(1998)는 12회 40분 수업으로 구성된 "주제 교수 프로그램"을 통해 읽기장애를 가진 학생들에게 읽기 이해를 가르쳤다. 각 수업은 단일 이야기로 구성되어 있고, 5개의 부분으로 나뉜다.

1. 읽기 전에 수업의 목적과 읽게 될 이야기의 주제에 대하여 토론하라.
2. 이야기를 읽어라.
3. 지도하는 데 조직화된 질문을 활용하여 중요한 이야기의 정보에 대하여 토론하라.
4. 이야기 주제에 대하여 확인하고 다양한 이야기와 상황에 관련된 일반적인 용어를 사용하여 진술하라.
5. 일반화된 주제를 실제 경험에 적용하여 연습하라.

## 읽기 전, 동안, 후의 이해 활동

읽기 이해는 읽기 전, 읽는 동안, 그리고 읽은 후에 가르칠 수 있는데, 이는 **교수 정보 12.1**, "읽기 이해를 촉진하는 전략"에 자세히 제시해 둔다.

이야기를 읽기 전에, 교사들은 읽기 선택에서 학생들에게 동기를 부여하고 흥미를 일으키며, 어휘를 검토하고 배경 정보를 형성하고 학생들에게 이야기에 관하여 예측하도록 한다. 읽기 동안, 교사들은 학생들이 그들 자신의 이해에 대하여 평가하도록 하는 것은 물론 이야기에 대하여 어렵거나 애매모호한 면, 어려운 단어와 사고를 대비하고, 문제와 해결에 관하여 말하고, 소리 내지 않고 읽기를 촉진하는 측면으로 학생들의 주의를 돌린다. 읽기 후의 이해 전략에는 독자들이 이야기를 요약하여 다시 말하기, 그들이 이야기에서 서로 다르게 좋아하는 것과 바라는 것

## 교수 정보 12.1

### 읽기 이해를 촉진하는 전략

| 읽기 전 | 읽는 동안 | 읽은 후 |
|---|---|---|
| 읽기 목적 확립 | 교재에서 어렵거나 애매모호한 곳에 주의를 돌리기 | 학생들에게 이야기를 다시 요약하여 이야기하도록 하기 |
| 어휘 검토하기 | 어려운 단어와 사고 설명하기 | 그래픽 조직자 만들기(예: 웹, 원인결과 차트, 개요) |
| 배경 지식 형성하기 | 학생들에게 문제와 해결을 확인하도록 요청하기 | 이야기의 사건 순서에 따라 사진을 첨부하기 |
| 이야기의 배경 지식과 정보 연결하기 | 소리 내지 않고 읽기를 촉진하기 | 배경 정보 연결하기 |
| 학생들에게 이야기의 내용을 예측하도록 촉진하기 | 학생들에게 읽는 동안 그들 자신의 이해 정도를 관찰하도록 촉진하기 | 다른 아동을 위한 질문을 만들어 내기 |
| 이야기를 확립하는 데 도움이 되는 지식이라면 작가에 대하여 토론하기 | 이야기에 작가의 정보를 추가하기 | 학생들이 이야기와 실질적 자료에 대한 그들 자신의 반응을 작문해 보기 |

에 관하여 말하기, 그래픽 조직자 만들기, 이야기의 사건 순서에 따라 사진을 첨부하기, 정보에 배경 지식을 연결하기, 이야기의 특성에 관하여 말하기가 포함된다 (Jennings et al., 2010).

### 담화와 정보 자료에 대한 이해

읽기 이해 자료에 대한 두 가지의 유형은 담화 자료와 정보 자료이다. 담화 자료는 늘 소설이다. 정보 자료는 주제에 관한 새로운 지식을 제공하는 산문적 자료이다.

**담화 자료** 담화는 인물, 줄거리, 그리고 일련의 사건들로 구성된다. 학생들이 담화 자료를 효과적으로 읽으려면 다음과 같은 것을 확인할 수 있어야만 한다.

- 주요 인물

- 환경, 시대, 그리고 장소
- 일련의 중요한 사건
- 주인공이 해결해야 하는 문제와 이런 문제의 해결 방법

가끔 담화는 영감을 준다. 독자는 그들의 일상생활의 범위에서 벗어나 세계의 다른 지역, 우주, 다른 시간대를 여행할 수 있다. 빈약한 독자는 종종 담화 자료에 부정적으로 반응하기 때문에 이야기 읽기를 촉진해야 할 것이다. 학생들의 반응을 알아보기 위해서 학생들에게 질문하는 것과 그들의 흥미를 충족시키는 담화 자료를 찾는 것도 중요하다. 서로 다른 다양한 담화 읽기 자료는 장르라고 부른다. 학생들이 유능한 독자가 되려면 사실적 소설(예: 동물 이야기책), 과학소설, 옛날이야기, 민간 설화, 믿기 어려운 이야기, 우화, 추리소설, 과거의 역사소설, 희곡, 담화, 서술시(이야기로 말하는 시)와 같은 다양한 담화 자료를 경험하도록 해야 한다.

## 정보 자료의 이해

**정보 자료**는 사회적 연구 혹은 과학적 내용에서 사용되는 교재와 같은 자료이다. 학생들은 학년이 올라가면서 읽기 과제가 극적으로 변화하는 것에 직면한다. 교과내용영역 교재에서 읽기 과제는 담화 이야기로 대신하기도 한다. 종종 학생들에게 어떤 지도나 도움 없이 혼자서 교재를 읽으라고 지시하기도 한다. 학생들은 한 단원을 읽고, 그 단원에 대한 작문을 완성하고, 그 단원을 토대로 하는 수업활동을 위하여 준비하고, 그 단원의 내용에 대한 시험을 치르게 된다. 학습장애 학생이나 관련 경도장애 학생들이 이런 과제를 완성하지 못하는 것은 그리 놀랄 만한 사실도 아니다. 담화 이야기에 제한된 읽기 능력을 가진 학생들은 정보를 제공하는 자료 읽기, 교재에서 요구하는 내용에 대한 경험이 부족할 것이다.

중등학교 수준의 교수는 읽기 숙달을 더 많이 요구하면서 교사 지시는 거의 제공하지 않는다. 학습장애 학생과 관련 경도장애 학생들을 위한 교과내용영역의 읽기는 다음과 같이 많은 문제를 가지고 있다.

**1. 정보를 얻기 위한 읽기를 심하게 강조한다.** 교과내용영역의 교수는 학생들의 읽기 숙달을 당연한 것으로 여긴다. 학생들은 일반교육의 내용에 대한 학습으로 한 주에 50쪽 넘게 읽고, 이해하고, 그리고 많은 양의 정보를 유지해야 한다. 더구나 학생들은 4개의 교과내용영역의 수업(예: 영어, 과학, 수학, 그리고 역사)을 받

아야 한다. 읽기장애를 가진 학생들에게 이런 읽기의 요구는 매우 위압적일 수 있다.

**2. 교과내용의 교재는 일반적으로 학생들이 사용하는 학년 이상의 수준으로 쓰여져 있다.** 이런 교재는 읽기장애를 가진 학생들이 이해하는 데 매우 어려울 수 있다. 예를 들어, 10학년[27] 학생이 실질적으로 5학년 읽기 수준에 있는데, 사회 과목의 교재가 11학년[28] 수준으로 쓰여져 있다면 학생의 읽기 수준과 교재의 읽기 수준 사이에는 무려 6년의 불일치가 생기는 것이다.

**3. 교과내용영역 교사는 종종 모든 학생들이 적절한 읽기 능력을 가졌다고 생각하여 읽기 기술을 가르치지 않는다.** 중등학교에서는 개요를 작성하고 공부하는 것과 같은 읽기 기술을 가르칠 시간이 거의 없다. 교사들은 읽기에 의미를 부여하고, 학생들이 부담스러워하는 정보에 다른 자료를 제공하여 연결시키고, 전체적으로 교재의 내용에 대한 방향을 파악하는 자료를 검토하여 학생들을 촉진시킨다. 또한 교사들은 교재를 읽기 전에 어렵거나 기술적 단어를 설명할 수 있고, 학생들이 읽으면서 이해하였는지를 평가하는 데 신경을 쏟을 수 있다.

이 장의 "교수 전략"은 학생들이 교과내용영역의 교재를 사용하였을 때 관련 정보를 제공하여 자료를 읽는 학생들을 도울 수 있는 몇 가지 방법들을 제시한다.

## 12.9 읽기와 쓰기의 연결

읽기와 쓰기 사이에는 긴밀한 관계가 존재한다. 학생들은 쓰기로 그들의 읽기 기술을 개선한다. 독자와 저자 모두는 의미를 구축한다. 독자는 저자의 교재로부터 의미를 구축하고, 저자는 그들이 작문하는 것으로 의미를 구성하거나 구축한다.

### 조기 읽기 쓰기 능력

유아들은 추상적인 언어 분절을 표현하는 알파벳 문자를 파악하기 시작한다. 읽기 쓰기 능력의 발달에 있어서 조기 단계에는 유아가 단어를 위한 문자쓰기를 시작한다. 예를 들어, 아동들은 *car*를 *KR*로, *turkey*를 *TRKE*로, 혹은 *pizza*를 *PTZU*

27) [역자 주] 한국의 고등학교 1학년에 해당한다.

28) [역자 주] 한국의 고등학교 2학년에 해당한다.

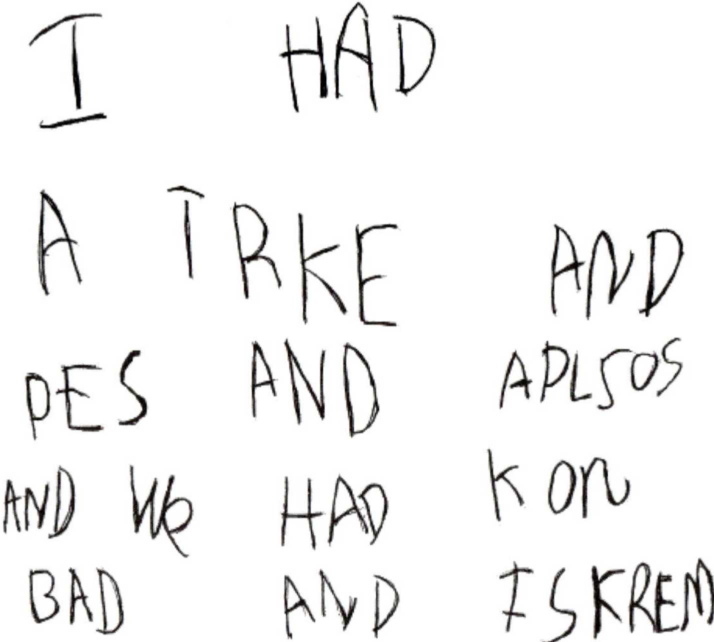


"I had a turkey and pies and applesauce, and we had corn bread and ice cream."
("나는 칠면조와 파이와 사과소스를 먹었고, 그리고 우리는 옥수수 빵과 아이스크림을 먹었다.")

**그림 12.1** 조기 철자 읽기의 예.
"너는 추수감사절에 무엇을 먹었니?"라는 질문에 대한 아동의 답

로 쓸 것이다. 아동들이 늘 문자를 쓰도록 촉진해야 한다. "개발된 철자"를 수용하는 것은 아동의 쓰기를 촉진할 것이다. **그림 12.1**은 유아가 철자 원리를 사용하여 작성한 것이다.

조기 읽기 쓰기 능력에 대한 강조는 가끔 아동들이 읽기를 배우기 전에 쓰기를 먼저 학습할 수 있다. **학생 이야기 12.2**, "읽기 전에 쓰기"는 읽기 전에 쓰기를 배운 유치원생의 이야기이다.

## 12.10 문학 중심 읽기 교수/총체적 언어 읽기 교수

읽기를 가르치는 방법에 관한 지속적인 문제는 발음 중심 언어 교수를 포함하여 총체적 언어 읽기 교수와 기술 중심 읽기 교수 사이에서 발생하는 논쟁이다. 총체

## 학생 이야기 12.2

### 읽기 전에 쓰기

다음의 예는 읽기를 배우기 전에 쓰기를 먼저 자신 있게 사용한 어떤 유치원생의 일화를 기술한 것이다. 어떤 고객의 집에 사업상의 전화가 걸려왔고, 그 전화를 고객의 5살 난 아동이 받았다. 전화를 걸어 온 사람의 말소리가 수화기 너머로 들렸는데, 그 내용은 다음과 같았다.

"여보세요. 나는 John과 통화하고 싶습니다…아, 그가 목욕중이신가 보네요? 그럼, 당신이 그에게 남길 전달사항을 적어 주시겠습니까?…좋습니다. 적어 주세요…뭐라고요? 당신에게는 종이가 없다구요. 좋아요. 나는 당신이 종이를 가져올 때까지 기다리겠습니다. 종이를 가져오셨나요? 좋습니다. 적어 주시겠습니까? 뭐라구요? 연필이 없다구요? 그럼, 제가 기다리죠. 괜찮습니다. 연필을 찾으셨나요. Eugene Lerner가 전화했었다고 적어 주세요. 철자는 E-U-G-E-N-E L-E-R-N-E-R입니다. 나의 전화번호는 708-555-1437입니다. 다 적으셨나요? 좋습니다. 이제 나에게 당신이 적은 나의 전달사항을 읽어 주시겠습니까? 뭐라구요? 당신은 썼지만 읽는 것은 배우지 못했다구요?"

**심화질문** 이 아동이 배웠던 조기 아동기 교육과정의 유형은 무엇이라고 생각합니까?

적 언어 읽기 교수에 대한 개념은 Kenneth Goodman(1967)에 의해 처음으로 소개되었다. 이러한 접근에 근거가 되는 철학은 아동들이 말하는 것을 배우는 동일한 방법으로 읽기를 배워야 한다는 것이었다. 아동들은 수많은 책을 읽고 이야기를 듣는 경험을 가지는 것을 포함하여 자연스러운 방법으로 읽는 것을 배울 수 있다. 총체적 언어 읽기 교수 접근은 1980년 후반과 1990년 동안 학교에서 인지도를 얻기 시작하면서 일어났고, 전 세계적으로 많은 학교에서 사용되었다. 총체적 언어 읽기 교수에 대한 인기는 현재의 기술과 발음을 강조하면서 쇠퇴하였지만, 여전히 총체적 언어 읽기 교수에 대한 많은 지지자들이 있다(Flurkey & Yu, 2003).

읽기를 가르치는 읽기 쓰기 중심의 접근은 읽기 교수를 위한 많은 수의 소리 원리를 촉진한다.

1. **다양한 언어 체계, 즉 구어, 읽기 그리고 쓰기 사이에는 긴밀한 상호관계성이 있다.** 읽기와 구어와 쓰기 사이의 연결은 긴밀해야 한다. 읽기와 구어에 집중적인 경험은 아동의 읽기를 개선할 것이다. 조기 읽기 쓰기 능력 교육과정은 구어와 쓰기를 연결하는 데 집중되어 있고, 아동들은 빠르면 심지어 유치원에서 읽기를 학습하기 전에 쓰기를 배우도록 장려되기도 한다.

2. **유아는 초기부터 언어와 책에 몰두해야 한다.** 아동들은 언어, 책, 그리고 이

"Today I cut my finger with scissors."
("오늘, 나는 가위에 나의 손가락이 베었다.")

**그림 12.2** 한 유치원생의 잡지

야기에 많이 노출될 필요가 있다. 활용되는 이야기에 대한 가치는 『마더 구스 책(*Mother Goose to Dr. Seuss*)』[29]이 우리 문화의 일부가 되었다는 것에서 찾아볼 수 있다. 책, 이야기, 그리고 시는 아동의 인생에서 없어서는 안 될 가장 중요한 것들이다. 아동들은 책과 이야기 듣는 것을 공유하는 것으로 많은 혜택을 받는다(Jennings et al., 2010). (11장, "말하기 언어 곤란"을 참고하라)

**3. 아동에게 쓰기에 대한 많은 경험을 제공해야 한다.** 아동들에게 풍부한 쓰기를 촉진하고 그들의 생각과 의견을 쓰기와 잡지를 통해 표현할 기회가 필요하다. **그림 12.2**는 5세 아동이 유치원에 입학하여 잡지에 쓴 것이다.

**4. 아동들은 혼자서 읽기 위한 시간이 필요하다.** 아동들은 교사의 관리 없이 즐겁게 읽기에 참여할 기회가 필요하다.

29) [역자 주] Dr. Seuss의 작품들은 미국 초등학교 저학년들이 줄거리가 있는 이야기를 통해 문장과 단어를 인지하도록 하는 총제적 언어 학습법이라는 이론에 바탕을 두어 만들어진 책들이다. 이 책들은 같은 발음으로 끝나 서로 운을 이루는 단어, 사람이나 사물의 특징을 나타내는 형용사 및 장소, 방법, 시간을 나타내는 표현이 많고, 발음하기 어려운 단어가 포함되어 있으며, 짧고 간결한 문장으로 쓰여져 있다.

## 12.11 영어-언어 학습자(ELL)와 읽기

영어-언어 학습자(ELL)는 영어를 아직 숙달하지 못한 학생들이다. 영어가 아닌 다른 언어로 말하는 가정에서 온 학생의 수는 증가하고 있다. 스페인어를 모국어로 사용하는 학생은 미국에 있는 ELL 학생 중 77%가 넘고 있고, 그 밖에도 350개가 넘는 언어가 미국에 있는 ELL 학생들에 의해 사용되고 있다(Samson & Lesaux, 2009; McCardle, 2005). 11장, "말하기 언어 곤란"에서 영어 언어 학습자에 대한 부가적인 정보를 제공하였다. 영어 언어 학습자인 많은 학생들은 영어 읽기 학습을 매우 어려워한다.

ELL 학생의 읽기 교수를 위한 다음과 같은 방법은 Hudson과 Smith(2001)에 의해 추천되었다.

- **읽기 유창성 형성하기.** 학생들은 예비 수업에서 영어로 된 친숙한 책을 구어로 두 번 정도 반복해서 읽는다.
- **실수를 기록 관리하는 것을 유지하라.** 교사는 학생들이 교재를 큰 소리로 읽는 동안 실수하는 것을 표시하고 사본을 만들어 둔다.
- **수업에서 쓰기와 결합하라.** 학생들은 읽었던 이야기를 써보도록 해라.
- **문장으로 이야기를 써서 오려두라.** 학생들이 문장을 새로 작성하여 여러 번 다시 읽는다.
- **새로운 이야기를 써보라.** 학생들이 새로운 책을 읽고 난 후 읽었던 것에 관한 새로운 이야기를 써 본다.

## 12.12 읽기 사정하기

교육과정의 다른 어떤 영역보다 읽기를 사정하기 위한 측정과 검사는 좀 더 많다. 읽기는 (1) 비공식적 읽기 목록과 분석표와 같은 비공식적 측정, 혹은 (2) 평가 검사, 진단 검사, 그리고 이해 검사와 같은 공식적 검사를 통해 사정할 수 있다.

### 비공식적 검사

읽기를 사정하려는 가장 단순한 방법 중 하나는 학생들이 큰 소리로 읽는 것을 비공식적으로 관찰하는 것이다. 이를 통해 교사는 학생의 일반적인 읽기 수준, 단어 인지 능력, 실수의 유형, 자료의 이해 정도를 손쉽게 간파할 수 있다. 이런 방법은 매우 실제적이며 정교한 검사만큼 유익하다.

**비공식 읽기 목록** 비공식 읽기 목록(IRI)은 빠르고 쉽게 실시할 수 있는데, 이것은 학생의 읽기 기술, 읽기 수준, 실수의 유형, 잘 모르는 단어, 관련된 행동적 특성에 도전하는 기술에 관련된 풍부한 정보를 제공한다(Jennings et al., 2010; Johnson, Kress, & Pikulski, 1987).

비공식적 읽기 목록은 일련의 학년 읽기 수준에서 약 100개의 단어를 선택하여 검사자에게 제공한다. 학생들이 몇몇 학년 수준의 읽기 목록을 큰 소리로 읽는 동안 체계적으로 실수를 기록한다. 만약에 학생들이 100단어에서 5개 이상 실수를 한다면 100단어에서 2개 이상 실수하지 않을 조금 더 쉬운 단어를 선택하여 제시한다. 이해 검사는 교사들이 선택한 단어 목록에서 학생들에게 4개에서 10개 단어의 의미를 질문한다. 다음과 같은 기준으로 비공식적 읽기 목록에서 읽기의 세 수준을 결정할 수 있다.

1. **독립적인 읽기 수준.** 학생들이 약 95%의 단어를 알고 있고, 이해 정도를 확인하기 위한 질문 중 약 90% 정도를 정확하게 대답할 수 있다. (이는 학생들이 장서를 읽거나 혼자서 읽기를 할 수 있는 수준을 의미한다.)
2. **교수적 읽기 수준.** 학생들이 선택된 단어의 약 90%를 알고, 이해 점수는 약 70%를 획득한다. (학생들이 직접 읽기 교수를 실시하는 교사에게 도움을 받는 수준이다.)
3. **힘든 읽기 수준.** 학생들이 제시된 단어 중 90% 이하를 알고, 이해 점수는 70% 이하를 획득한다. (학생들이 자료를 이해할 수 없다면, 그 수준은 너무 어려워서 교수에서 사용할 수 없을 것이다.)

교사에 의해 개발된 부가적인 비공식적 읽기 목록은 몇몇 표준화된 상업적인 목록으로 활용되는데, 그것들은 읽기 목록을 관리하기 편리한 방법들을 제공한다.

**IOTA 비공식적 단어 읽기 검사** IOTA 검사는 공유 재산인 단어 읽기 기술을 위한 비공식적인 검사이다. 이 의미는 이 검사는 더 이상 저작법이 적용되지 않는다는 것이다. 이 검사는 M. Monroe(1932)에 의해 처음으로 만들어졌다 (IOTA 비공식적 읽기 검사를 어떻게 관리하는지에 관한 정보는 학생 웹사이트를 참고하라.)

**읽기에 대한 포트폴리오 사정** 포트폴리오 사정은 전통적인 표준화된 읽기 사정 검사의 대안이다. 표준화된 읽기 검사의 문제는 학생들이 교실에서 실질적으로 무엇을 읽는지에 관하여 측정하지 않고, 사정을 읽기 교육과정에 밀접하게 연결하지 않는다는 것이다. 포트폴리오 사정의 제안자는 성취를 어떤 하나의 지표에만 의존하기에는 학습은 너무 복잡하고, 너무 불충분하다고 주장한다.

특히, 포트폴리오 사정은 학생의 읽기와 쓰기 과제의 샘플을 보관하는 것으로 구성된다. 학령기 동안 학생의 쓰기 샘플을 모아두는 것은 비교적 쉽다. 읽기를 위해서는 교사들의 기록을 보관하고, 이 기록에는 책을 읽는 동안의 교사 자신의 반응과 함께 학생의 반응이 포함된다. 기록은 모든 학생의 읽기 이해에 대한 성장을 제시해 준다. 언어 경험 이야기에 대한 예는 포트폴리오로 보관할 수 있다. 이런 유형의 다른 사정 방법은 학생("아이 관찰")에 대한 관찰, 대조표, 학생 면접, 학생 과제의 수집이 있다. 오랜 기간 동안 학생의 과제를 검토하는 것으로 교사, 부모, 그리고 학생 자신들이 진보를 평가할 수 있다(Jennings et al., 2010).

### 공식적 검사

공식적 읽기 검사는 설문지 조사 검사, 진단 검사 혹은 이해 검사로 분류된다. 설문지 조사 검사는 전반적인 읽기 성취 수준을 집단 검사로 실시한다. 일반적으로 이런 검사는 단어 인지와 읽기 이해와 같은 최소한 두 영역의 점수가 제공된다. 진단 검사는 읽기에 있어서 학생의 강점과 약점에 관하여 좀 더 상세한 정보를 제공하는 개인적 검사이다. 이해 검사는 읽기가 포함된 몇몇 기초 학습 영역을 측정하는 구성 요소가 포함된 검사이다. 폭넓게 사용되는 목록 몇 가지는 **표 12.5**에 제시하였는데, 이 표에 제시된 유형 각각은 공식적 읽기 검사로 사용된다.

## 교수 전략 Teaching Strategies

"교수 전략" 영역은 학습장애 학생과 관련 경도장애 학생들에게 읽기를 가르치는 접근, 방법, 자료이다. 여기에서는 (1) 단어 인지를 개선하는 전략, (2) 유창성을 개선하는 전략, (3) 읽기 이해를 개선하는 전략, (4) 다감각 방법, (5) 읽기의 즐거움과 감사, (6) 읽기 위한 지원과 교수공학에 대하여 살펴볼 것이다.

**표 12.5** 일반적으로 사용되는 공식적인 읽기 검사

| 검사 | 사정 학년 혹은 연령 |
|---|---|
| **설문지 조사** | |
| • Gates-MacGinitie 읽기 검사(4판), Riverside출판사 http://www.riverpub.com | 1~12학년 |
| • 메트로폴리탄 성취 검사, Harcourt http://www.harcourtassessment.com | 유치원~12학년 |
| • Wide-Range 성취 검사-4(WRAT-4), Ann Arbor http://www.annarbor.co.uk | 5세~성인 |
| **진단 검사** | |
| • 스탠포드 진단 읽기 검사(4판), Harcourt http://www.harcourtassessment.com | 1~12학년 |
| • 우드콕 읽기 숙달 검사-개정된 표준의 최신 정보(WRMT-R), AGS http://ags.pearsonassessments.com | 5세~성인 |
| **이해 검사** | |
| • Brigance 기초 기술 이해 목록-개정된 교육과정 제휴 http://www.curriculumassociates.com | 유치원~9학년 |
| • Kaufman 교육 성취 검사(KTEA-2), AGS http://ags.pearsontassessments.com | |
| • PIAT-R/NL 피바디 개인 성취 검사-개정된 표준의 최신정보, AGS http://ags.pearsonassessments.com | 유치원~12학년 |
| • 우드콕-존슨 성취 검사 III, Riverside출판사 http://www.riverpub.com | 취학 전~성인 |

## 12.13 단어 인지를 개선하는 전략

### 음운 인지 형성하기

읽기를 학습하는 아동들은 단어와 언어에서 소리가 처음으로 인지되어야 한다. 언어에서 음소, 혹은 소리를 인지하게 하도록 아동들을 가르치기 위한 전략으로는 (1) 단어에 포함된 소리를 학습하기, (2) 단어에서 소리와 상징을 구별하는 것을 학습하기, (3) 운율 단어를 인지하는 것을 학습하기가 있다. 이런 전략들은 11장, "말하기 언어 곤란"에 제시하였다.

## 기초 조기 읽기 쓰기 기술에 대한 동적 지표(DIBELS)

몇몇 학교는 K-2학년에 속한 유아의 조기 읽기 기술을 사정하기 위해 **DIBELS**라고 불리는 측정 도구를 사용한다. DIBELS는 기초 조기 읽기 쓰기 기술에 대한 동적 지표를 의미한다. DIBELS 측정은 음운론적 인지(초기의 소리 유창성과 음소적 구분의 유창성), 철자 원리(무의미 단어의 유창성), 그리고 구어 읽기 유창성을 평가하도록 고안되었다. DIBELS의 목적은 읽기를 학습하는 데 어려움을 나타내는 유아를 확인하기 위해 빈번하게 유아의 조기 읽기 기술을 관찰하고 적절한 중재를 제공하는 것이다. DIBELS에 관한 좀 더 많은 정보는 **http://dibels.uoregon.edu**에 있는 DIBELS 웹사이트에서 찾을 수 있다.

## 발음 중심 어학 교수 방법

발음 중심 어학 교수 방법과 발음 중심 어학 교수 책은 70년 넘게 시장을 점유하고 있다. 오늘날, 많은 발음 중심 어학 교수 프로그램은 반복하여 숙달시키는 복사, 혹은 CD, 녹화, 녹음테이프, 비디오테이프, 컴퓨터 소프트웨어 프로그램과 멀티미디어 꾸러미로 좀 더 좋게 구성되어 있다. 발음 중심 어학 접근에는 (1) 종합적, (2) 분석적이라는 두 가지 방법이 있다. 종합적 발음 중심 어학 교수는 처음에 독립적인 문자와 그에 대응하는 소리를 가르친다. 그 다음으로 학생들에게 전체 단어에서 개별적인 음소 요소를 분석하고 혼합하도록 가르친다. 분석적 발음 중심 어학 교수는 소리와 철자로 구성된 전체 단어를 학생에게 가르치고, 그 후에 학생들에게 단어를 형성하는 음소적 요소를 분석하도록 가르친다. 발음 중심 어학 교수 자료의 전형적인 연습은 **그림 12.3**에 제시한다.

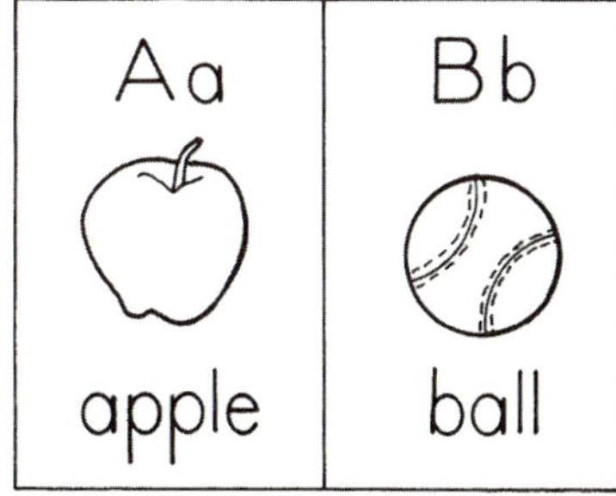

**그림 12.3** 발음 중심 어학 교수 연습의 예

**발음 교정 읽기 수업** 발음 교정 읽기 수업은 학생들이 읽는 자료를 일관된 발음 유형의 단어로 구성한다(Kirk, Kirk, & Minskoff, 1985). 아동들은 문단에 있는 단어들을 쉽게 읽는다. 이런 훈련의 1영역은 짧은 모음과 자음을 포함하는 가장 빈번한 소리를 제시하고, 2영역은 이전에 배웠던 소리가 결합된 단어로 구성한다. 3영역에서는 좀 덜 익숙한 소리가 포함된 단어를 제시한다. 이런 수업은 최소한의 변화, 하나의 상징에 대한 하나의 반응, 반복, 그리고 사회적 강화의 원리를 기본으로 한다. 이런 방법은 해독 기술에 대한 연습이 필요한 학생을 위하여 교수 영역에서 잠깐 동안 사용된다. **그림 12.4**는 발음 교정 읽기 수업의 예이다.

# Lesson 1-A

## a

| | | | | |
|---|---|---|---|---|
| at | sat | mat | hat | fat |
| am | ham | Sam | Pam | tam |
| sad | mad | had | lad | dad |
| wag | sag | tag | lag | hag |

| | | | |
|---|---|---|---|
| sat | sap | Sam | sad |
| map | mam | mad | mat |
| hag | ham | hat | had |
| cat | cap | cad | cam |

| | | | | |
|---|---|---|---|---|
| sat | am | sad | pat | mad |
| had | mat | tag | fat | ham |
| lag | ham | wag | hat | sap |
| sad | tap | cap | dad | at |

| | | | | | |
|---|---|---|---|---|---|
| map | hag | cat | sat | ham | tap |
| sap | map | hat | sad | tag | am |
| Pam | mat | had | tap | hat | dad |
| fat | mad | at | wag | cap | sag |

**그림 12.4** 발음 교정 읽기 수업의 예

출처: From Kirk, S. A., Kirk, W., & Minskoff, E. *Phonic Remedial Reading Lession*, 1985, Novato, CA: Academic Therapy Publications. © 1985, Academic Therapy Publications. 허락하에 재인용함.

**할인 가게** 읽기 게임과 자료의 유용성은 할인 가게에서 대강 훑어보는 것으로 발견할 수 있다. 이런 헐값 상품은 발음 중심 어학 게임, 철자 문자, 보기 단어 카드, 그리고 기타 읽기-관련된 자료가 된다. 교사들이 활동 영역에 배치될 수 있고, 혹은 읽기 수업을 강화하는 데 중요한 상품들을 모아 활용할 수 있다. 또한 할인 가게 상품들은 인터넷에서 구입할 수 있다. 할인 가게의 예로 동양무역의 웹사이트는 http://www.OrientalTrading.com이다.

## 12.14 유창성을 개선하는 전략

독자들은 정확하게 단어를 인지하는 것은 물론 빠르고 유창하게 단어를 읽어야 한다. 그렇지 않으면, 독자에게 읽기는 괴롭고 즐겁지 않게 되면서 그 의미를 잃어버린다. 유창성을 개선하려는 몇몇 전략들에는 (1) 반복 읽기, (2) 예측할 수 있는 책, (3) 신경학적 각인 방법이 있다.

### 반복 읽기

반복 읽기는 학생들이 읽기 유창성을 개선하려고 연습을 반복하게 하는 전략이다. 특히 문단에 있는 대부분의 단어를 정확하게 파악하는 데 느리고 더듬거리는 독자들에게 유용하지만 유창성이 발달되지는 않는다. 이 방법은 50에서 200 단어가 포함된 문단과 학생들이 인지하기 어려운 단어가 포함된다. 그래서 학생들에게 새로운 문단을 진행하기 전에 구어로 서너 번 읽힌다. 단어 정확률과 읽기 속도는 항상 학생들이 각각 읽기, 그리고 매일의 연습 후에 좋아진다(Jenning et al., 2010). 몇몇 학생들은 특히 컴퓨터 화면에서 구절을 보면서 읽는 것을 반복하는 활동을 즐거워한다. 자연스럽게 읽기(Read Naturally)는 유창성 발달을 중심으로 하는 상업적인 유창성과 훈련 프로그램이다. 웹사이트는 http://www.readnaturally.com이다.

### 예측할 수 있는 책

예측할 수 있는 책은 몇 번이고 반복되는 형태와 후렴구가 있다. 이런 책의 대부분은 민간 설화이거나 동화이다. 예를 들어, 『세 마리의 퉁퉁거리는 염소(*The Three*

*Billy Goats Gruff)*』에는 염소들이 다리를 건너면서 "나의 다리를 건너 여행을 즐겁게 하는 사람은 누구인가?"라는 질문이 반복된다. 또 다른 인기 있는 예측 가능한 책은『갈색 곰, 갈색 곰(*Brown Bear, Brown Bear*)』이다. 유아들은 이 책을 여러 번 읽어 단어를 예측하고 이야기 작가와 함께 후렴구를 말한다. 그들은 읽으면서 예측하는 것을 활용한다. 그들은 언어 지식과 말하여지는 것이 무엇인지에 대하여 예측하는 것을 발달시키기 시작한다. 이런 경험은 아동들이 이야기를 읽을 때 단어 인지를 지원하여 발달시키는 데 도움이 된다(Jennings et al., 2010).

### 신경학적 각인 방법

심한 읽기장애를 가진 학생들을 위하여 유창성을 개선하기 위한 또 다른 방법은 신경학적 각인 방법이다(Heckelman, 1969; Lanford, Slade, & Barnett, 1974). 학생과 교사가 함께 신속하게 제창 읽기를 실시하는 방법이다. 학생들은 교사 앞에 앉아 하나의 책을 함께 읽는다. 교사의 목소리는 꽤 가까운 거리에서 학생들의 귀에 직접 들어간다. 학생 혹은 교사는 단어를 손가락으로 가리키면서 읽는다. 때때로 교사의 목소리는 학생의 목소리보다 크고 빠를 수 있고, 어떤 때에는 교사가 학생보다 조금 느리게 읽기도 한다. 준비는 학생들이 읽기 자료를 보기 전까지 읽기 자료를 사용하지 않는 것이다. 목표는 학생들이 피곤하지 않게 주어진 시간 안에 가능한 많은 페이지를 단순히 읽는 것이다. 이 방법의 토대 이론은 독자 자신의 목소리 혹은 동일한 자료를 읽는 누군가의 목소리에 의한 청각적인 과정으로 피드백을 받으면서 읽기 과정을 강화한다는 것이다.

따라 읽기 방법도 유사한 과정이다. 이 방법에서는 아동이 교재를 읽으면서 이야기가 녹음된 CD 혹은 테이프를 함께 듣는다. 교실에서 헤드폰을 사용하면 다른 아동들을 방해하지 않고 녹음에 테이프를 활용할 수 있다. 이런 목적에 적절하게 만들어져 판매되는 이야기와 테이프는 시중에 많이 있다.

## 12.15 읽기 이해를 개선하는 전략

여기서는 읽기 이해를 개선하는 전략에 대하여 기술한다. 이해는 읽기 활동의 본질이다. 학생들은 교재를 이해해야 하고, 교재와 상호작용을 해야만 한다. 이 영역에서는 (1) 기초 독본 활용하기, (2) 배경 지식의 활성화, (3) 언어 경험 방법, (4)

K-W-L 방법, (5) 어휘와 개념의 의미 형성하기, (6) 읽기와 쓰기의 연결, (7) 읽기를 위한 인지 학습 전략, (8) 다감각 방법에 대하여 설명한다.

## 기초 독본 활용하기

기초 독본은 순차적이고 서로 관계가 있는 일련의 책이고, 지원되는 자료는 기능적 읽기 기술을 발달시키기 위한 기초적인 자료의 제공을 목적으로 한다. **기초 독본 시리즈**는 점차적으로 어려워지는 학년별 읽기로 구성되어 있고, 일반적으로 매우 간단한 준비로 시작되는데, 1학년 책에서 6학년 혹은 8학년 수준까지 진행된다. 이런 책들은 어휘, 이야기 내용, 기술이 발달적으로 점점 더 어려워진다. 교사의 지침과 활동적인 책과 같은 보조 자료들이 종종 이런 책에 부록으로 따라온다. 대부분의 읽기 시리즈는 읽기에 대한 교수가 한쪽으로 치우치지 않게 구성되어 있고, 신속성, 어휘, 단어 인지, 이해, 그리고 문학에 대한 즐거움을 가르치려는 많은 절차가 활용된다.

과거 40년 동안 읽기 교수를 위한 주요한 도구로서 기초 독본은 몇몇 교육가, 또 다른 기초 학습적 학문의 학자들, 유명한 출판부, 부모 집단, 정치적 전문가, 윤리학자, 그리고 최근에는 민족적 그리고 여성 단체를 포함한 다양한 집단으로부터 지속적인 비난의 대상이 되어 왔다. 비평가는 기초 독본의 언어, 음소적 표현, 이야기 내용, 수업 매력, 그림, 질, 그리고 인물들의 환경을 비웃고 풍자시로 비판한다. 이렇게 강력하고 심한 비평에도 불구하고 기초 독본은 전국적으로 초등학교 교실에서 읽기 교수를 위한 주요한 도구로 계속하여 사용되고 있다.

대부분의 기초 독본은 어떤 한 가지 교육 절차에 치우쳐 있지 않기 때문에 출판사들은 시대별 그리고 소비자 시장에 대한 요구에 적절하게 지속적으로 수정한다. 예를 들어, 지금은 좀 더 발음 중심 어학교수와 해독 활동이 기초 독본에 추가되고 있다. 최근 기초 독본에서 이루어진 수정은 저학년에서 좀 더 읽기 중심의 자료와 언어 활동을 포함한다. 또한 이런 수정은 이야기를 좀 더 길게 만들고, 좀 더 정교해지고 문화적으로 민족적으로 다양한 이야기를 추가한다. 특히 느린 독자만을 위한 일련의 독본도 있다.

## 배경 지식의 활성화

다음에 제시된 전략들은 학생들이 읽기를 이해하고 경험을 형성하기 위하여 요구되는 배경 지식에 집중되어 있다.

## 언어 경험 방법

**언어 경험 방법**은 듣기, 말하기, 읽기, 그리고 쓰기와 같은 언어의 서로 다른 형태를 연결하여 학생들의 지식과 언어 기초를 형성하는 것이다. 이런 방법은 그 소재로서 학생 자신의 경험과 언어를 사용한다. 이 방법은 교사들이 학생들에게 이야기를 받아쓰도록 하는 것에서 시작된다(혹은 혼자서 이야기 쓰기). 그래서 이런 이야기는 그들의 읽기 교수의 중심이 된다. 언어 경험 방법을 실시하는 동안 학생들은 다음과 같이 쓰기 자료를 개념화시킨다.

나는 생각한 것을 말할 수 있다.

나는 말한 것을 쓸 수 있다(혹은 누군가 나를 위하여 쓸 수 있다).

나는 쓴 것을 읽을 수 있다.

나는 다른 사람이 쓴 것을 읽을 수 있다.

이 방법에서는 어휘, 구문, 혹은 내용을 엄격하게 통제하여 미리 결정하지 않는다. 교사는 학생들이 읽기 기술을 구성하는 교재 혹은 이야기를 활용한다. 읽기에 대한 언어 경험 방법은 창조성의 요소뿐만 아니라 지속력과 직접성이라는 요소도 포함한다. 이 방법은 유아가 읽기를 시작하는 단계에서, 그리고 나이 든 학생의 교정 교수에서 모두 효과적이다. 학생들은 이 방법을 좋아하는데, 이는 그 강조점을 학생의 개인적 경험과 경험을 표현하는 자연스러운 언어를 성장시키는 읽기 자료에 두기 때문이다. **그림 12.5**는 언어 경험 이야기에 대한 예이다. (언어 경험은 13장, "쓰기언어 곤란"에 있는 쓰기 전략에서도 설명된다.)

## K-W-L 방법

K-W-L은 교과내용영역의 교재를 읽고 공부하는 방법이다(Ogle, 1986). 이 방법의 이름으로 사용된 알파벳은 다음과 같은 3단계의 수업에서 3개의 질문을 하는 것을 의미한다.

1. **내가 알고 있는 것**(What I know). 학생들은 주제에 포함된 모든 지식을 생각하고 진술한다. 학생 집단은 지식을 모을 수 있다.
2. **내가 알고 싶은 것**(What I want to find out). 개개 학생은 읽기로부터 알고 싶은(기대하는) 것을 생각하고 한 장의 종이에 작성한다. 그러고 나서 학생들은 이 질문에 대한 대답들을 비교해 볼 수 있다.

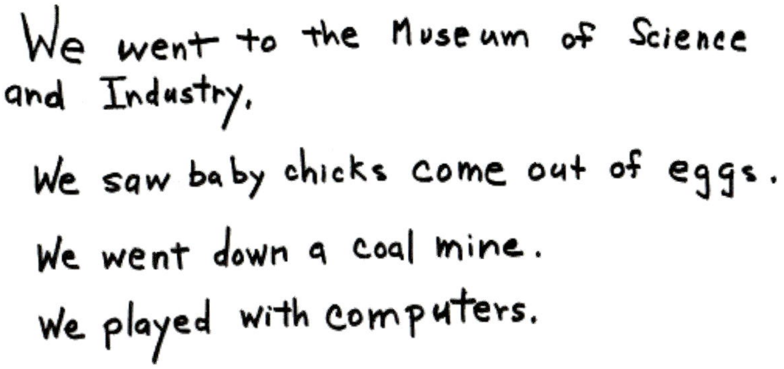

We went to the Museum of Science and Industry.
We saw baby chicks come out of eggs.
We went down a coal mine.
We played with computers.

(우리는 과학과 산업 박물관에 갔었다.
우리는 달걀에서 나오는 아기 병아리를 보았다.
우리는 탄광으로 내려갔다.
우리는 컴퓨터를 가지고 놀았다.)

**그림 12.5** 언어 경험 도표

3. **내가 배운 것**(What I learned). 학생들은 단원을 조용히 읽고, 그들이 읽은 것에서 배운 것을 작성한다. 이런 질문에 대답한 것은 집단에서 공유한다.

그림 12.6은 K-W-L전략 종이이다. 학생 집단은 주제에 관하여 그들이 이미 알고 있는 것(K), 그들이 알고 싶은 것(W)을 완성할 수 있고, 읽기를 마친 후에는 그들이 배운 것(L)을 적을 수 있다.

## 어휘와 개념의 의미 형성하기

능률적으로 읽으려면 독자들은 단어가 의미하는 지식과 단어를 기본으로 하는 개념에 대한 지식을 가져야 한다. 학생들이 좀 더 많이 읽는다면 좀 더 많은 단어의 의미와 언어를 습득할 것이다. 학생들이 어휘와 단어에 대한 이해를 형성할 수 있는 전략을 사용하는 것은 중요하다.

어휘에 대한 지식과 단어의 개념을 이해하는 능력은 읽기 성취와 밀접하게 연관되어 있다. 제한적 언어 지식은 읽기 이해를 심각하게 방해할 수 있다. 더구나 단어가 매우 추상적이면 그 개념들은 좀 더 파악하기 어렵다.

개념들은 일반적으로 생각, 추상 개념, 혹은 사물의 본질로서 설명된다. 예를 들어, 의자의 개념은 하나의 생각, 하나의 추상 개념, 혹은 구체적 경험의 상징이다. 어떤 사람의 경험은 특별한 흔들의자, 천 갈이를 한 의자, 혹은 유아용의 높은 의자라는 표현을 포함할 수 있지만, 의자의 개념은 "의자 성질"에 관한 속성을 상징화

| K | W | L |
|---|---|---|
| 내가 알고 있는 것 | 내가 알고 싶은 것 | 내가 배운 것 |

그림 12.6 K–W–L전략

출처: From "K–W–L: Teaching model that develops active reading of expository text," by D. M. Ogle, 1986, *The Reading Teacher*, *39*, 565. © 1986 by the International Reading Association. 허락하에 재인용함.

한 것이다. 의자라는 단어는 사람들에게 야외용 의자를 처음으로 보는 것과 같이 의자에 대한 새로운 경험을 추론하도록 허락한다. 의자 자체의 단어 혹은 개념은 경험적인 참고자료를 가지고 있지 않다.

좀 더 추상적인 수준의 단어는 집중적으로 구체물을 점점 더 제거한다. 의자라는 개념은 가구라는 좀 더 폭넓은 개념의 일부이다. 개념은 민주주의, 충성, 공정성, 자유와 같이 감각적 세상을 점점 더 없애면서 생각하게 된다.

더구나 학교 학습에서의 혼돈은 교재가 고원, 대륙의 분할, 인구 밀도, 오염, 중력의 법칙, 혹은 우주탐험과 같은 기술적 용어로 중요한 개념을 나타낸다는 사실과 관련되어 있다. 교과내용영역에서 읽기 문제는 종종 단어에 대한 어려움에 있는 것이 아니라 개념에 대한 표현의 압축과 간결함 때문에 일어난다.

언어는 개념 발달에 핵심적 역할을 담당하기 때문에, 언어 문제는 불완전한 개념적 능력과 제한된 어휘 발달때문에 일어날 가능성이 많다. 빈약하고, 부정확한 학생들이 읽기 문장을 이해하기는 어려울 것이다. **학생 이야기 12.3**, "개념에 대한 잘못된 이해"는 부정확한 개념 발달에 대한 결과를 보여 주고 있다.

**확장된 어휘** 다음의 활동들은 어휘를 확장하고 형성하기 위해 고안된 것이다.

**1. 다중 단어 의미 강조하기.** 단어의 다중 의미는 읽기에 혼란을 일으키게 한다. 예를 들어, 단어 *note*에는 많은 의미가 있다. 음악에서 *note*(음표)는 악보에서 어떤 위치를 나타내는 타원적 특징을 의미한다. 수학 혹은 경영에서 *note*(어음)는 지불하는 약속을 작성하는 것을 의미한다. 영어 혹은 공부방에서 *note*(필기)는 비형

## 학생 이야기 12.3

### 개념에 대한 잘못된 이해

- 몇몇 학생들은 대상에 대한 개념의 추상적인 어떤 속성을 혼돈한다. 예를 들어, Paula는 쟁반의 둥글다라는 원 개념을 이해할 수 없다. 쟁반은 "둥글다"라고 말하고, 쟁반의 가장자리를 따라 원을 그릴 것을 요청하면, Paula는 "저것은 둥글지 않아요, 그저 쟁반일 뿐이에요"라고 말하였다. 학생들은 이런 명칭을 가진 사물의 개념을 혼돈한다. Paula에게 달을 소와 같이 또 다른 명칭으로 부를 수 있다고 말하였을 때, 그녀는 "달은 우유를 주지 않기 때문에 그렇게 부를 수 없어요"라고 대답하였다.
- 다중 개념이 나타내는 상징을 잘못 이해하면 예상하지 못한 결과를 가져오게 된다. 아홉 살 된 Susie가 그녀의 부모에게 눈 검사를 받도록 하는 의료적 소견서를 가져가도록 했을 때 그녀는 울고 있었다. Susie가 슬퍼한 이유는 안경이 필요하다는 사실 때문이 아니라 간호사가 검사지의 빈칸에 성별표시인 F를 적는 것을 보았기 때문이었다. F라는 글자는 성적에 대한 개념을 나타낼 때에서 사용되는 상징으로 Susie는 성별표시를 실패한 것으로 생각하고 두려워했던 것이다.
- 학생들은 종종 개념을 모르면서 개념을 이해하려는 그들의 무능력함을 대처하려 한다. 그들이 알지 못하는 단어를 읽는 것에 실패하여 문단 전체의 의미를 변화시킬 수도 있다. 어떤 고등학교의 학생은 "청교도들은 화려한 옷을 입지 않았다"라는 문장에서 사람들이 벌거벗은 것으로 기술하였기 때문에 포르노 자료를 사용하는 것으로 생각했다. 그 소년은 화려하다라는 단어의 의미를 알지 못하였기 때문에 그는 그 문장에서 화려하다라는 단어를 간단히 삭제해 버렸던 것이다.
- 피자를 만들려고 Lisa와 Jaime는 전자렌지에 피자를 넣어 데운 후에 식당으로 가져오라고 말하였다. 그들은 그 지시에 따르려고 피자를 데운 후, 그들은 피자를 전자레인지에 넣은 채 플러그를 빼고 전자레인지를 식당으로 가져왔다.

**심화질문** 학생들이 읽기 어휘가 부족하면 읽기 이해에 어떤 영향을 미칠 수 있다고 생각합니까?

식적인 쓰기를 통한 의사소통을 의미한다. 사회교과에서 *note*(통고)는 두 나라의 대통령 사이의 공식발표를 의미한다. 과학에서 *note*(기록)는 실험의 결과를 의미한다. 영어 수업에서 문학의 선택은 사회에서 중요하고 위대하다고 *note*(기록)되었던 개인을 토의할 것이다. 어떤 수업에서 학생들에게 시험 날짜를 *note*(적기) 하도록 요청할 수 있다. 교사는 종이의 여백에 논평의 의미로 *note*(적기)를 할 수 있다. 영국에서는 종이 돈을 *bank note*(은행 지폐)라고 한다. 이렇게 한 단어에 있는 다양한 개념을 기억하여 파악할 수 없는 학생들은 교육과정의 많은 영역을 이해하는 데 어려움을 가질 수 있다. 사전 게임, 문장 완성 훈련, 그리고 학급 토의를 통하여 다중 단어 의미를 강조하는 것은 교사들이 학생들에게 한 단어의 서로 다른 의미에 대한 인지를 발달시키도록 도와주는 것으로 중요하다.

**2. 구체적인 경험 제공하기.** 읽기를 위하여 어휘를 형성하고 개념을 발달시키려면 단어에 따른 구체적인 경험이 필요하다. 첫 단계는 학생들에게 단어 혹은 개념에 대한 초보적인 경험을 제공한다. 다음 단계는 학생들의 경험에서 결론을 내릴 수 있도록 격려하고 지원한다. 교사들은 학생들을 좀 더 발전된 단계로 진보시키기 위하여 분류하고, 요약하고, 일반화하는 기술들을 가르칠 수 있다.

**3. 어휘의 근원 조사하기.** 어휘는 우리 인생의 모든 단계에서 획득할 수 있기 때문에 새로운 단어는 텔레비전, 운동, 신문, 광고, 과학 등에서 학생 경험으로 형성할 수 있다. 많은 학생들은 새로운 단어의 목록을 유지하고 단어 책을 개발하는 것을 즐긴다.

**4. 분류를 통한 어휘 확장하기.** 새로운 단어를 학습하는 또 다른 방법은 이미 알고 있는 단어에 새로운 단어를 연결하는 것이다. 대부분의 어휘는 이런 방법으로 시작되어 성장한다. 수직적 어휘 확장은 이미 알고 있는 단어들의 분류 아래에 끼어들면서 이루어진다. 예를 들어 학생들은 개라는 개념 아래 많은 종(콜리, 테리어, 코카스파니엘)이 있다는 것을 알게 된다. 수평적 어휘 성장은 풍요로움과 차이를 의미한다. 아동들은 처음에는 모든 동물들을 개라고 부를 것이다. 그러고 나서 고양이, 말, 그리고 다른 생명체를 구별하는 것을 배운다.

**단어 웹** **단어 웹**은 하나의 그래픽 조직 유형인데, 이는 어휘를 형성하도록 도와주고 정보를 좀 더 쉽게 이해하고 배울 수 있게 하는 전략이다. 단어 웹은 단어의 연결을 풍부하게 하고, 학생들에게 중요한 개념의 이해를 깊게 하도록 한다. **그림 12.7**은 아이스크림에 대한 단어 웹이다. 학생 집단은 "이것은 무엇일까?", "그것은 어떻게 생겼을까?", "몇 가지 예로 제시할 수 있는 것은 어떤 것일까?"라는 세 가지 질문에 답하도록 하는 단어 웹을 작성한다.

**빈칸 채우기** **빈칸 채우기**는 이해를 형성하고 언어 기술을 위해 유용한 기술이다. 완성시키려는 사람들의 충동을 활용하여 빠뜨린 요소를 채워 넣는 구조를 만들어 전체를 완성하게 하는 것이다. 빈칸 채우기는 다음의 단계를 활용하여 읽기 과정에 적용된다.

1. 읽기 자료에 대한 문단 선택하기.
2. 자료를 다시 쓰고 모든 *n*번째 단어를 삭제하기(예: 다섯 번째 단어 혹은 열 번째 단어). 빈칸에 제거된 단어를 다시 채워 넣기. 모든 빈칸은 그 길이가 동일해야 한다.

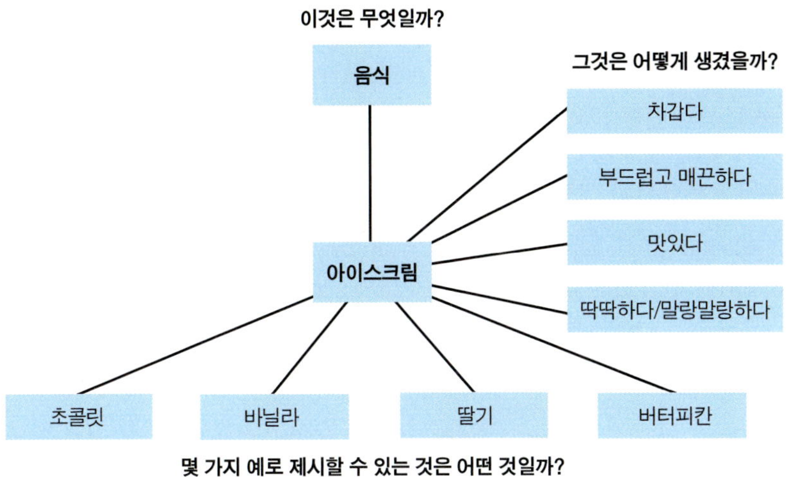


**그림 12.7** 단어 웹

출처: From Cook, D.M(Ed.). *Strategic learning in the content area*, 1989, Madison, WI: Department of Public Instruction. Wisconsin 주 교육부(125 South Webster Street, Madison, WI 53702, 800-243-8782)의 허락하에 재인용함.

많은 연구들은 그래픽 조직이 학습장애 학생과 관련 경도장애 학생들에게 읽기 자료를 이해시키고 그들의 이해를 개선시키는 데 도움을 준다고 밝히고 있다(Fisher et al., 1995; Sabbatino, 2004). 그래픽 조직의 대부분 유형으로 제작된 컴퓨터 프로그램은 Inspiration에 있다(Inspiration Software, http://www.inspiration.com).

3. 학생들이 생각한 단어를 써서 각각의 빈칸을 채워 빈칸을 없애도록 학생들에게 지시하기.

빈칸 채우기 검사가 전통적인 읽기 검사 혹은 다른 빈칸 채우기 검사보다 유익한 이유 중 한 가지는 단어를 무작위로 제거하기 때문에 어휘적인 단어와 구조적 단어가 모두 삭제된다는 것이다. 어휘적 단어는 기초적인 의미를 가지며 동사, 명사, 형용사, 그리고 부사와 매우 유사하다. 관계성은 관사, 전치사, 접속사, 조동사와 같은 구조적 단어이다. 독자들은 저장단어들을 그들의 언어 과정에 근거하여 단서로 제공한다.

빈칸 채우기는 다양한 목적을 위하여 수정하여 사용할 수 있다. 예를 들어, 어휘를 가르칠 때에는 오로지 어휘 수업에서의 단어만 제거된다. 사회 과목과 같은 내용영역에서는 기술적 단어가 제거될 수 있다. 혹은 교사들은 또 다른 선택 범주인 형용사, 부사 혹은 전치사와 같은 것을 제거할 수 있다. 쓰기에 어려움을 가지는 학생들을 위하여 빈칸 채우기 단어는 붙일 수 있는 인쇄 카드로 문단의 빈칸에 적절하게 채워 넣을 수 있다.

간단한 빈칸 채우기 연습은 다음과 같이 읽기 자료에서 매 열 번째 단어를 없애고 표준 길이의 선을 그려 넣어 재구조화한다. 학생들은 빠진 단어를 채워 넣는다.

"스위스의 농업"이라는 제목으로 된 다음의 문장에서 빠진 단어를 채워 넣으시오.

Switzerland is a country of very high, steep mountains ________ narrow valleys. In the valleys are the farms where ________ farmers raise much of the food they need for ________ and their animals. Because the valleys are tiny, the ________ are small. There is no room on them for ________ grassland that is needed for pasturing cows or goats ________ sheep during the summer.

답: *and*, *the*, *themselves*, *farms*, *the*, *or*

출처: From *High Roads*, by Paul Mckee, M. Lucile Harrison, Annie McCowen, & Elizabeth Lehr. Copyright 1962, renewed 1990 by Beverly Mckee Eaton, Paul E. Harrison, and Gloria Royer. Houghton Mifflin Company의 허락하에 재인용함. 복제 불허.

## 읽기와 쓰기의 연결

읽기와 쓰기의 연결은 다음과 같은 전략을 사용한다.

**대화 일지** 대화 일지는 읽기와 쓰기를 연결시키는 개별적인 방법이다. 이런 활동은 개개 학생들에게 공책을 나누어 주고 학생들이 공책에 사적인 전달 내용을 적는 것이다. 다양한 주제가 언급될 수 있는데, 교사들은 학생들이 어떤 이야기를 얼마나 좋아하는지를 질문할 수 있고, 학생들의 애완동물, 생일, 공휴일, 혹은 그들에게 일어난 일들에 관하여 질문할 수도 있을 것이다. 몇몇 교사들은 그림, 만화, 혹은 학생의 사진을 일지에 붙이고 학생들에게 의견을 묻기도 한다. 학생들이 일지에 어떤 것을 쓴 후에 교사에게 제출하면 교사는 그 일지에 대하여 반응할 수 있다. 이런 반응의 방법은 약간의 개인적 정보를 제공할 수도 있고, 좀 더 많은 정보를 위하여 질문할 수도 있고, 혹은 또 다른 주제로 시작할 수도 있다. 일반적으로 학생들이 일지에 익숙해지면, 그들은 좀 더 많이 쓸 것이고 일지를 통한 일반적 교환을 기대할 것이다.

**단어가 없는 자료 읽기** 이해를 향상시키기 위해 교사들은 글이 없는 만화책, 무성 영화, 사진 책과 같은 단어가 없는 자료를 사용할 수 있다. 학생들은 우선 그림으로 이야기의 내용을 이해한 후에 그림을 인쇄된 단어로 바꾼다. 일단 학생들은 자료를 이해하여야만 단어가 의미를 갖게 될 것이다. 학생들은 심지어 그들 자신의 대화를 쓸 수도 있다.

**문어체 대화** 학생들이 교사 혹은 친구들과 의사소통을 하기 위해 말하는 대신에 전달 내용을 써서 건네 줄 수 있다. 교사(혹은 친구)의 반응도 쓰는 것으로 할 수 있다(Jennings et al., 2010). 중학생들은 종종 그들의 친구들에게 무엇인가를 적은 쪽지를 보내기도 한다. 이런 활동은 위험을 무릅쓴 쪽지 교환을 정당화한다.

## 읽기를 위한 인지 학습 전략

학습 전략은 5장, "학습 이론과 교수 적용"과 9장, "학습장애 청소년과 성인, 그리고 관련 경도장애 청소년과 성인"에서 매우 상세하게 설명하였다. 읽기장애를 가진 학생의 주요한 읽기 이해 문제는 그들이 수동적이고 교사의 지시를 기다리는 경향이 있다는 것이다. 학생들은 읽기 자료와 효과적으로 어떻게 교류하는지 알지 못하거나 이미 알고 있는 정보와 어떻게 통합하는지 알지 못한다. 학생들은 종종 마지못해서 읽고 질문에 대답하는 것을 주저하기 때문에 교사들은 학생들이 기

ⓒ Photodisc/Getty Images

어린 아동들은 유아기부터 언어와 책에 몰입되어야 한다.

억해야 하는 것을 학생들 혼자서 생각하여 집중하도록 도와주어야 한다. 이러한 학생들은 그들의 읽기 이해 정도를 검토하지 않을지도 모른다. 또한 이런 학생들은 읽는 구절의 의미가 확실하지 않았을 때 되돌아가서 이해하려고 노력하지 않는다. 게다가 그들은 읽기를 계속하여 의미를 파악해야 한다는 것을 심지어 잊어버리기까지 한다. 종종 그들은 무엇이 잘못되었는지 알지 못한다.

읽기 이해에 어려움을 가진 학생들이 작가의 구절들을 재구조화하여 읽으려고 노력하는 데 적극적으로 참여시킬 수 있는 교수가 필요하다. 학생들이 이해하지 못했던 구절을 인지하여 "해결하는" 전략을 사용하는 학습으로 초인지능력을 개발할 필요가 있다. 읽기 이해를 개선하기 위한 학습 전략은 학생들을 적극적일 수 있게 도와주고, 그들 자신의 학습을 관리하는 학습자가 되도록 도와준다(Lenz & Deshler, 2003; Deshler et al., 2001).

## 다감각 방법

Orton-Gillingham 방법을 토대로 심한 읽기 문제를 가진 학습장애 학생들을 위하여 **다감각 방법**을 구성할 수 있다(Birsh, 2005). 프로그램에는 Orton-Gillingham 방법, READ 프로젝트, Wilson 읽기 방법, 알파벳 정음법, Herman 방법, 그리고 Spalding 방법이 있다(Birsh, 2005; Henry, 1998). 이런 다감각 프로그램은 국제 다감각 구조 언어협의회(International Multisensory Structured Language Council)라는 조직에 포함되어 있다(McIntyre & Pickering, 1995). 다감각 방법이 다음과 같은 유사한 특징을 가지고 있다(Oakland et al., 1998).

- 학습을 위하여 시각, 청각, 촉각, 그리고 운동감각의 통로와 연결하여 언어적 정보 파악을 돕는다.
- 알파벳 체계를 강조하는 매우 구조적 정음법 교수로 활용된다.
- 풍부한 훈련, 연습, 그리고 반복을 포함한다.
- 세심하게 계획된 일련의 수업으로 구성된다.
- 읽기와 철자법을 이끌어 내는 언어 규칙 체제에서 명백한 교수를 강조한다.

다감각 방법은 학습을 강화하기 위해 몇 가지 감각을 사용하는 것으로 **VAKT**는 시각, 청각, 운동감각, 그리고 촉각이라는 단어의 첫 글자로 만들어진 것이다. 이런 감각을 모두 자극하는 것은 학생들이 교사가 단어를 말하는 것을 듣고, 그들 자신에게 그 단어를 말하고, 그들 자신이 그 단어를 말하는 것을 듣고, 그들이 그 단어를 따라 써서 근육 운동을 느끼고, 그들의 손가락 끝의 표면에 촉각을 느끼며, 그들은 단어를 따라 쓰면서 손의 움직임을 볼 수 있고, 그들은 단어를 따라 쓰면서 그들 자신이 그 단어를 말하는 것을 듣는다. 몇 가지의 다감각 방법은 다음과 같다.

**Orton–Gillingham 방법** Orton–Gillingham 방법은 읽기장애에 대한 Orton 이론의 결과이다(Orton, 1937, 1976). 이 방법은 읽기 해독과 철자 교수를 위한 다감각, 체계적, 구조적 언어 절차에 중점을 둔 것이다. 초기 활동은 개별 문자 소리와 혼성을 학습하는 데 집중한다. 학생들은 하나의 문자와 그에 해당하는 소리를 학습하는 데 추적하는 기술을 사용한다. 이런 하나의 소리는 큰 단위로 합성된 후에 짧은 단어로 합성된다(Gillingham & Stillman, 1970; Orton, 1976).

동시에 철자법 과제들은 Orton–Gillingham 방법의 일부이다. 글자를 쓰는 동안, 학생들은 순서대로 글자의 소리와 이름을 모두 말한다. 이 방법은 발음을 강조하고 학습하는 공식적인 순서를 따른다. 독립적인 읽기는 중요한 발음 프로그램이 완성될 때까지 뒤로 미루어 둔다.

Orton–Gillingham 방법이 확장되어 적용된 예는 많다. READ 프로젝트는 미네소타 공립학교에서 Orton–Gillingham 방법을 적용한 것으로 읽기 성취가 상당히 향상되었다고 보고하였다(Enfield, 1988). Slingerland(1976)에 의해 개발된 Orton–Gillingham 방법의 변형은 확장된 일련의 자료들을 제공하는 것이었다. 또 다른 적용으로는 읽기를 위한 처방(Recipe for Reading)인데, 이것에는 21개의 보충적 독본이 있다(Traub & Bloom, 1978).

**Wilson 읽기 방법** Wilson 읽기 방법(Wilson, 1988)은 Orton–Gillingham 철학을 토대로 한 다감각적, 그리고 구조화된 언어 프로그램이다. 교사들이 직접적이고, 다감각적, 그리고 구조화된 언어 교육을 요구하는 학생들에게 단계적으로 가르치는 것이다. Wilson 읽기 방법의 대상은 혼자서 해독하거나 유창한 읽기에 어려움을 보이는 학생, 혹은 철자를 검토하거나 사전의 도움을 받아야 하는 철자 단어에 어려움을 가진 학생들이다. 이 프로그램은 학생들에게 영어 해독을 숙달시키고 부호화를 개선하도록 도와주는 일련의 12단계 프로그램으로 단어와 언어의 구조를 가르친다. 이 방법은 음운적 인지, 음운론, 그리고 전체적 단어 구조를 직접적으로 가르치고, 완성하는 데 약 1년에서 3년이 걸린다. 또한 Wilson 프로그램은 난독증을 보이는 성인에게 활용되기도 한다.

## 교수 정보 12.2

### 단어를 학습하기 위한 FERNALD 방법

**1단계**

학생이 학습해야 할 단어를 선택하는 것은 필수이다. 교사는 크레용으로 종이 위에 학생이 선택한 단어를 적는다. 학생은 촉각과 운동감각 모두를 활용하여 자신의 손가락으로 종이 위의 단어를 따라 쓴다. 학생들이 단어를 따라 쓰는 동안 교사는 학생들이 단어의 소리를 들을 수 있게(청각적 감각을 활용하기) 단어를 읽어 준다. 이런 과정은 학생들이 예시를 보지 않고 그 단어를 정확하게 쓸 수 있을 때까지 반복한다. 학생이 그 단어를 배우면 그 예시는 파일상자에 넣어둔다. 학생들이 그 단어들을 활용하여 충분히 이야기를 만들 수 있을 때까지 상자에 모아둔다. 그리고 그 이야기를 적어두면, 학생들은 자신의 이야기를 읽을 수 있다.

**2단계**

학생들에게 각 단어를 따라 쓰는 것이 더 이상 필요하지 않으면, 학생들은 교사들이 쓴 것을 보고 새로운 단어를 학습하고 그 단어를 혼자서 말하고 쓸 수 있도록 한다.

**3단계**

학생들은 새로운 단어를 보고, 새로운 단어를 쓰기 전에 혼자서 반복하며 학습한다. 이 단계에서 학생들은 책을 읽기 시작할 것이다.

**4단계**

학생들은 인쇄된 단어에서 그들의 유사성으로부터, 혹은 전에 배웠던 부분에서 새로운 단어를 인지할 수 있다. 이제 학생들은 읽기 기술을 통해 획득된 지식을 일반화할 수 있다.

**Fernald 방법** Grace Fernald(1943/1988)는 시각, 청각, 운동감각, 그리고 촉각을 활용하여 읽기 접근을 개발하였고, 전체 단어(단 하나의 소리가 아니라)를 가르친다는 점에서 다른 다감각 프로그램과는 차이가 있다. 학생들은 전체 단어를 추적하는 것으로 전체 단어를 기억하고 시각화하는 것을 강화한다. **교수 정보 12.2**, "단어를 학습하기 위한 Fernald 방법"은 Grace Fernald에 의해 사용된 방법이다. 이 방법은 모두 4단계로 구성되어 있지만, 이 방법의 독특성이 가장 분명하게 나타난 것은 단계 1이다. 또한 Fernald 방법은 철자법을 가르치는 데 효과적이다. (13장, "쓰기언어 곤란"을 참조하라.) 『기초 언어 기술을 위한 다감각 교수법: 활동 책』(Carreker & Birsh, 2004)은 다감각 교수법을 위한 활동의 방법을 제시한다.

## 12.16 읽기의 즐거움과 감사

좋은 책을 읽지 않은 사람은 책을 읽을 수 없는 사람보다 불리하다.

—Mark Twain

읽기 교수의 중요한 목표는 학생들에게 읽는 것에 대한 즐거움을 부여하는 것이다. 학생들은『마술 나무 집(*Magic Tree House*)』시리즈와 같은 책을 읽으면서 즐거워 한다. 또한 그들은 말, 동물, 운동에 관하여 묘사된 책을 좋아하며, 그런 종류의 책을 혼자 읽으면서 몰입한다. 해리 포터 시리즈는 학생들이 읽기 좋아하는 책의 대표적인 예이다.

불행하게도 엄격한 교육과정의 요구 때문에 종종 덜 숙련된 독자들은 그들 자신에게 너무 어려운 책이라는 것과 그들의 유창성을 확립하는 데 도움이 되기 어렵다는 것을 알게 된다. 결론적으로 빈약한 독자들은 그들의 읽기 수준에 따른 책과 이야기를 읽을 기회와 새롭게 획득된 기술을 연습할 기회를 충분히 가지지 못하게 된다. 모든 아동들에게는 그들의 성취 수준에 상관없이 가능한 많은 읽기 경험을 제공해야만 한다. 사실, 빈번한 읽기는 읽기 유창성과 읽기 기술을 개선하는 것은 물론이고 구어 능력과 사고 능력을 개선시킨다(Cunningham & Stanovich, 1998; Nelson et al., 2004).

교사에게 가장 큰 보람은 한 아동이 책에 몰두하고 읽기를 좋아하게 되는 것을 보는 것이다. 이런 경험은 2005년 7월 16일에 전 세계적으로 인기 있는 해리 포터 시리즈 7권이 판매되었을 때 모든 교사와 부모들이 아주 생생히 절실하게 느꼈다. 해리 포터 책을 사랑하는 독자들은 그 순간을 너무 기다렸고, 이 책이 발행된 첫날에 열렬한 해리 포터의 팬들에 의해 기록적인 판매부수인 800만 권이 팔렸다.

해리 포터 시리즈는 많은 다양한 독자층의 마음을 사로잡았다. 훌륭한 아동 독자, 노력중인 아동 독자, 어린 유아, 청소년, 그리고 성인, 다양한 문화에 있는 아동 독자들 모두는 영국에 있는 마법을 위한 기숙학교에서의 해리 포터와 그의 친구들, 그리고 그들의 모험에 대한 이야기에 사로잡히게 되었다. 우리가 목욕재계 후 이 책에 대하여 신중하게 살펴본다면 아동들이 왜 그 책을 싫어하지 않는지에 대한 많은 이유를 알 수 있다. 이 사건은 미국의 아동들에게는 친숙하지 않은 영국에 있는 기숙학교에서 일어난다. 이 책에는 많은 다른 언어와 이름들이 등장하고, 막 글을 읽기 시작한 독자도 이 책을 붙잡고 있어야만 한다는 사실을 금세 알게 된다는 것이다. 아동들은 이야기의 줄거리와 표현이 너무 재미있기 때문에 이런 낯선 곳을 상상하고 싶어서 어려운 단어를 읽으려고 노력한다. 해리 포터 책의 작가인 J. K. Rowling은 어린 독자들의 마음과 정신을 사로잡는 마법을 가졌다고 말할 수 있을 것이다. (작가의 웹사이트 **http://www.jkrowling.com**을 살펴보라.)

Madeline L'Engle의 『시간의 주름(*A Wrinkle in Time*)』, Kenneth Grahame의 『버드나무에 부는 바람(*The Wind in the Willows*)』, E.B. White의 『샬롯의 거미줄(*Charlotte's Web*)』, Laura Ingalls Wilder의 『초원의 집(*Little House on the Prairie*)』과 같은 많은 다른 책들도 오랫동안 아동의 마음을 사로잡았었다. 교사들은 종종 그 책들을 다시 읽으면서 그들이 좋아했던 기억을 회상하곤 한다. 교사들은 아동들이 읽기를 좋아하는 것을 보여 줄 때 그들 자신의 경험을 소중히 여기게 될 것이다.

## 12.17 읽기를 위한 지원과 교수공학

새로운 공학은 학습장애 학생과 관련 경도장애 학생의 의사소통 방법을 변화시켰다. 과거 5년 동안 사회적 네트워킹 웹사이트는 12세에서 17에 사이에 있는 백만의 어린 십대와 관계되는 틈새 활동으로 급상승하였다. 10대들은 페이스북, 마이스페이스, 그리고 유튜브와 같은 사회적 네트워킹 사이트로 온라인의 55% 이상을 사용한다(Roe, Stoodt-Hill, Burns, 2011; Lenhart & Madden, 2008).

또한 컴퓨터는 읽기에 어려움을 느끼는 학생들에게 많은 교수적 혜택을 제공한다. 컴퓨터 프로그램은 읽기에 어려움을 느끼는 학생들을 동기 유발시키고, 일대일 대응과 같이 기초를 배우기 위한 시간을 제공하고, 자동성을 발전시키는 데 도움이 되며, 읽기 구절에 관하여 생각할 시간을 제공한다. 컴퓨터 읽기 프로그램은 읽기 쓰기 능력, 시각 언어, 발음 기술, 어휘, 읽기 이해를 가르칠 수 있고, 읽기 속도를 개선시킬 수 있다(Belson, 2003).

- 리딩 블래스터(Reading Blaster)(Knowledge Adventure). 모든 기술과 훈련 소프트웨어 지원은 학생들에게 철자와 문자 소리와의 관계를 연습시킨다.
- 흥미진진한 책 시리즈(The Living Books Series)(The Learning Company). CD에 저장된 한 권의 책은 평범한 사람의 목소리로 아동들에게 책을 읽어 준다.
- 에어로빅스(Earobics)(Cognitive Concepts). 이 소프트웨어 지원은 일련의 활

동과 게임을 통하여 음소 인식을 가르치도록 고안되었다.

- 인스피레이션과 키즈피레이션(Inspiration and Kidspiration)(Inspiration Software). 이런 소프트웨어는 학생들에게 그들의 이야기와 단어에 관한 생각을 조직하도록 돕는 그래픽 조직자로서 제공된다. Inspiration 웹사이트는 **http://www.inspiration.com**이다.

## 읽기 자료 음성 변환 프로그램

몇 가지 컴퓨터 프로그램은 읽기 자료를 크게 읽어 주는 것으로 고안되었다. 이런 프로그램은 매우 열약한 독자와 시각장애인들을 위하여 고안되었다. 이런 프로그램의 몇몇은 다음에 제시된 목록과 같다.

- 맹인과 난독증을 위하여 녹음은(RFBD) **http://www.rfbd.org**에서 그들의 프로그램에 대한 정보를 제공한다. 여기에서는 난독증 혹은 맹인을 위하여 교재를 포함한 책을 제공한다. 자료는 다음과 같은 두 가지 형태로 지원된다. (1) *RFBD Classic Cassettes*는 카세트 플레이어를 통해 정보를 제공하도록 음성 녹음한 것이고, (2) *RFBD AudioPlus*는 CD 플레이어를 통해 정보를 제공하도록 디지털 녹음한 것이다.
- Kurzweil 교육 시스템은 교재를 소리 내어 읽어 주는 소프트웨어 프로그램이다. Kurzweil에 관한 정보는 **http://www.kurzweiledu.com**에서 살펴볼 수 있을 것이다. 이런 프로그램에서는 교재를 스캔할 수 있고, 선택할 수 있는 몇 가지 전자 목소리가 있다.
- 리딩플리즈(무료)와 리딩플리즈플러스(소프트웨어)는 전자책으로 읽는 것이다. 이들 웹사이트는 **http://www.readplease.com**이다. 이 프로그램은 사용자가 그들의 컴퓨터에서 내려 받을 수 있도록 몇 개의 언어로 지원한다.
- E-텍스트 리더에는 최근 비용 없이 내려 받을 수 있는 자료들을 제공하고 있다. 이 웹사이트는 **http://www.readingmadeeasy.com**이다. E-텍스트 리더는 전자로 혹은 스캔된 교재를 읽는 것이다. 이는 최고의 보조공학으로 읽기 자료를 음성으로 변환한 프로그램을 좀 더 발전시켜 판매한다.

## 녹음된 교재와 디지털 CD-ROM

장애를 가진 학생들에게 유용한 책을 녹음한 테이프나 디지털 CD-ROM으로 얻을

## 내가 알고 있는 한 아동…

### Pablo: 읽기 이해에 어려움을 보이는 아동

Pablo는 10세 3개월이 되었고 5학년이다. Pablo는 학습장애를 보이는 것으로 확인되었고, 그가 가진 심각한 읽기 어려움은 읽기 이해에서 나타났다. Pablo는 읽기에서 많은 어휘량, 평균 이상의 해독 기술과 유창성이라는 강점을 가지고 있었다. 그는 지난 3년 동안 특수교사인 Trout 선생님과 함께 공부하면서 이런 강점들을 형성하였다. Pablo는 읽는 것을 좋아했지만 그가 읽는 것이 어떤 내용인지 이해하는 것을 어려워 했다. Pablo의 이해 곤란은 읽기 이야기의 줄거리를 말하는 것에서 나타났다. Pablo는 어떤 이야기의 주요 내용을 분류하는 것을 어려워 했다. 학년 말이 다가왔을 때, Pablo의 담임선생님은 그의 읽기 이해가 전보다 부족하다는 것을 알게 되었다. 협의모임은 그의 담임선생님, 읽기 전문가, 그리고 특수교사인 Trout가 함께하였다. 그들은 Pablo의 읽기 강점, 읽기 곤란, 가능한 교수전략에 대하여 논의하였다.

**출처:** Adapted from The Iris Center for Faculty Enhancement: Comprehension. **http://iris.peabody.vanderbilt.edu.**

**질문**

1. 읽기에서 Pablo의 강점은 무엇입니까?
2. 읽기에서 Pablo의 어려움은 무엇입니까?
3. 팀은 그의 교재 이야기의 읽기를 개선하기 위하여 그래픽 조직을 활용하는 것을 권하였습니다. 이야기 줄거리를 위하여 활용되는 그래픽 조직은 어떻게 할 수 있습니까?

수 있는 여러 공급자들이 있다. 학습장애를 가진 것으로 분류된 학생들은 비용 없이 맹인들을 위하여 녹음된 책을 활용할 자격이 주어진다. 그리고 필요하다면 새로운 제목의 책을 녹음시킬 수 있다. 심각한 읽기 문제를 가진 학생들을 위하여 녹음된 교재는 정말 많은 도움이 되고, 녹음된 책을 활용하여 그들의 읽기 기술을 개선시키고 내용을 파악할 수 있도록 도와준다. 맹인과 난독증의 읽기를 위한 웹사이트는 http://www.rfbd.org이다.

## 요약

1. 읽기는 언어체제의 일부로서 구어와 쓰기와 같이 다른 언어의 형태와 밀접하게 연결되어 있다.
2. 읽기는 학습장애 학생과 관련 경도장애 학생에게 나타나는 중요한 기초 학습적 어려움이다. 읽기장애에 대한 결정적인 영향은 기초 학습 성취, 취업, 인생의 성공에 심각한 결과를 초래한다.
3. 대부분의 학습장애 학생과 관련 경도장애 학생들은 읽기 문제를 가진 채 일반학급에 속해 있다.

4. 난독증은 읽기 학습에서 심각한 어려움을 가진 학습장애이다. 난독증은 신경학적 기능장애와 관련된다.
5. 읽기의 주요 요소는 음운 인지, 발음, 단어 인지, 유창성, 어휘, 그리고 이해이다.
6. 읽기에서 유창성을 발전시키려면 단어 인지에 대한 기술이 필요하다. 단어 인지는 발음, 시각 단어, 내용 단서, 그리고 구조 분석으로 이루어진다.
7. 읽기 유창성은 재빠르게 단어를 인지하여 교재를 속도, 정확성, 적절한 표현으로 읽는 독자의 능력을 말한다.
8. 읽기의 목적은 읽기 자료의 적극적인 이해와 관계에 대한 이해이다.
9. 서술 교재는 이야기를 읽는 것이다. 정보를 제공하는 교재는 주제자료에 대하여 읽는 것이다.
10. 읽기 능력을 평가하는 방법은 많다. 비공식적 평가에는 비공식적 읽기 중재와 포트폴리오 사정이 포함된다. 공식적 검사는 설문 조사, 진단 검사, 그리고 이해 검사가 포함된다.
11. 이 장의 "교수 전략" 영역은 읽기장애를 가진 학생들에게 읽기를 가르치기 위한 전략을 제시한다. 교수 전략에는 단어 인지, 유창성, 읽기 이해를 개선하기 위한 방법들이 포함된다.
12. 지원과 교수공학은 읽기를 가르치는 데 중요하다.

## 교육정보 비디오 사례 활동

**12장을 읽은 후에** Education CourseMate 웹사이트에 들어가 "초등학교에서의 읽기 이해 전략: 질문하는 기술(Reading Comprehension Strategies for the Elementary School: Questioning Techniques)"이라는 제목의 교육정보 비디오 사례(Teachsource Video Case)를 보길 바란다. 이 비디오에서 Liz Page는 학생들이 읽기 자료를 이해하는 방법, 글 속에 숨어 있는 뜻을 알아내는 방법, 여러 수준에서 읽기 자료를 해석하는 방법을 가르친다. Liz Page는 해석 질문으로 집단 토론을 이끌어 낸다.

### 질문

1. 읽기 전략의 교사 모델은 어떻게 실행되었습니까?
2. 사실에 입각한 이해 질문과 해석 이해 질문의 차이는 어떻습니까?

## 토론과 심화질문

1. 읽기의 요소를 기술해 봅시다. 읽기를 학습하는 데 도움이 되는 각 요소는 무엇입니까?
2. 독자는 단어를 인지하는 다양한 방법을 활용합니다. 단어를 인지하는 서로 다른 방법을 기술해 봅시다. 여러분은 뛰어난 독자가 활용하는 방법은 무엇이라고 생각합니까?
3. 읽기 유창성에 대하여 기술해 봅시다. 유창성을 가르치는 것이 중요한 이유는 무엇입니까?
4. 읽기 이해는 무엇을 의미합니까? 읽기 이해를 촉진할 수 있는 몇 가지 전략을 제시해 봅시다. 학생들이 이런 전략에 어떻게 반응할지에 대하여 기술해 봅시다.
5. 읽기 성취를 평가하는 비공식적 방법과 공식적 방법 사이의 차이점은 무엇입니까?

## 핵심 용어

# 13장

# 쓰기언어 곤란

“당신이 이제까지 직면한 적이 없었던 가장 위협적인 것은 무엇인가?
—백지 한 장.”

—ERNEST HEMINGWAY

Bob Daemmrich Photography, Inc.

## 이 장의 차례



쓰기언어는 통합된 언어 체계의 세 번째 형태이다. 이 장의 "이론" 영역에서는 쓰기언어의 3영역인 (1) 작문, (2) 철자법, (3) 필기에 대하여 살펴본다. 그리고 이 장의 "교수 전략" 영역에서는 쓰기 곤란을 가진 학생들을 돕기 위한 (1) 작문, (2) 단어 처리, (3) 철자법, (4) 필기를 위한 특별한 교수 전략을 제시하였는데, 이 전략들은 그들의 쓰기언어 기술을 발달시킬 것이다.

# 이론 Theories

대부분의 사람들은 쓰기를 싫어하여 피하려 노력한다. 쓰기를 경시하는 태도의 예는 뉴욕 시의 어떤 택시 기사가 과거에 그의 모자로 보행자를 요령 있게 안내했던 이야기에서 알 수 있다. 그 당시 택시 기사가 왜 그렇게 조심했는지에 대한 이유를 승객에게 다음과 같이 설명하였다. "나는 늘 사고를 피하려고 애쓰는데, 그 이유는 어떤 사고가 일어나면 매번 그 사건에 대한 긴 보고서를 써야 하기 때문이죠."

단어는 인간존재를 위한 의사소통의 일차적인 수단이다. 단어를 활용하는 것은 원하는 것이 무엇인지, 원하지 않는 것이 무엇인지, 무슨 생각을 하는지, 그리고 어떻게 느끼는지에 대하여 다른 누군가에게 전달해 주는 방법이다. 단어가 말하여 질 때는 신속성, 직접성, 용이성과 같은 훌륭한 측면이 있다. 그러나 단어를 써야만 할 때는 부담스러울 수 있고, 매우느리고 어려운 과제가 될 수도 있다. 대부분의 학습장애 학생과 관련 경도장애 학생들은 쓰기를 어려워한다. 이런 학생들 중 몇몇은 말하기 언어의 어려움을 포함하여 기본적인 언어 문제를 가진다. 그러나 많은 학생들은 구어는 잘 함에도 불구하고 쓰기언어의 획득과 사용에 있어서 중요한 문제에 직면하곤 한다. 또한 쓰기언어의 곤란은 종종 성인이 되었을 때에도 그들의 삶에 불리한 영향을 미치는 원인이 된다(Lindstrom, 2007; Harris, Graham, & Mason, 2003; Lenz & Deshler, 2003; Adelman & Vogel, 2003; Vogel & Adelman, 2000).

쓰기는 언어 체계에서 가장 정교하고 복잡한 성취 부분이다. 비록 조기 읽기 쓰기 능력에 대한 접근은 아동들이 읽기를 배우기도 전에 쓰기를 조장함에도 불구하고 언어 발달의 순서에서 쓰기는 전형적으로 마지막에 배운다. 쓰기를 통해 듣기, 말하기, 그리고 읽기에서 배우고 경험했던 것들을 통합한다. 쓰기언어의 숙달은 많은 다른 능력뿐만 아니라 구어 기술에서 적합한 기초를 요구한다. 작가는 어떤 생각을 단어와 문장으로 만들어 내는 동안 그 생각을 명심해야만 하고, 쓰기 도구를 다루는 동안 각각의 문자와 단어를 정확한 그래픽 형태로 계획하는 데 숙련되어 있어야만 한다. 게다가 작가는 눈과 손의 복잡한 관계를 통합하기 위해 충분한 시각과 운동 기억을 보유하고 있어야만 한다.

"교육과정에서의 쓰기"에 대한 교수적 개념은 쓰기를 가르친다는 것에서 설득적인 힘이 실린다. 이는 쓰기언어가 교수의 중심이 된다는 것은 물론 쓰기가 교육과정의 모든 과목에서 가르쳐야 한다는 것을 의미한다. 이 장에서는 쓰기의 세 가지 구성 요소인 (1) 작문, (2) 철자법, (3) 필기에 대하여 설명한다.

## 13.1 작문

작가로서의 성공은 학생이 받는 작문 교수의 질에 달려 있다. 작문은 말하기 언어에서의 능력, 읽기 능력, 철자법에서의 기술, 판독할 수 있는 필기, 컴퓨터자판 기술, 쓰기 용법의 규칙에 대한 지식, 작문을 조직하고 계획하는 인지 전략 등과 같이 많은 관련된 능력들을 필요로 한다(Bashir & Singer, 2009).

대부분의 학습장애 학생들과 관련 경도장애 학생들은 작문에 관련된 능력들이 결정적으로 많이 부족하고, 따라서 매우 도발적인 쓰기로 의사소통을 하는 것을 발견하게 된다. 이런 학생들의 작문에는 종종 철자, 구두법, 대문자 쓰기, 필기, 그리고 문법에서 오류가 많다. 그들의 작문은 짧고, 빈약한 조직화와 사고의 발전이라는 면에서 부족함을 보이는 경향이 있다.

쓰기 의사소통에서 부족한 기술과 작문으로 생각을 공유하는 데 있어서의 어려움은 성인이 되어서도 지속될 수 있다(Harris et al., 2003; Lenz & Deshler, 2003). **학생 이야기 13.1**, "쓰기언어 문제"는 쓰기 곤란을 보이는 사람에 대한 하나의 사례를 제시하고 있다.

### 통합된 언어 체계에서의 작문 연결

언어 요소 사이의 연결은 서로 다른 언어의 형태를 연결시키고 기초 언어 체계를 강화시켜 준다. 광범위한 구어 경험은 읽기를 촉진한다. 즉, 읽기 교수는 쓰기의 수행을 개선한다. 또한 작문의 경험은 언어 지식과 말하기, 그리고 읽기에서의 기술을 개선한다. 이런 모든 언어 경험은 기초적인 언어 체계를 강화한다(Jennings, Caldwell, & Lerner, 2010).

말하기 언어, 읽기, 그리고 작문에서 사용되는 과정은 많은 부분에서 유사하게 나타난다. 읽기와 작문에서 사람들은 자료를 통하여 목표를 세우고 수정하고, 의미를 개선하고 재구성한다. 언어 체계들은 사람들이 읽거나 이후의 쓰기, 읽기 자료에 관한 사고방식을 형성하는 것에 관하여 기대하며, 그리고 그들은 기억하거나 전달하기를 바라는 정보를 관리한다(Mason, 2009; Harris et al., 2003).

이런 점 때문에 작문은 적극적인 과정이라 할 수 있다. 사실 작문의 물리적 측면

## 학생 이야기 13.1

### 쓰기언어 문제

쓰기언어 기술은 은행 강도를 성공적으로 실행하기 위해서도 요구되는 것처럼 오늘날 대부분의 직업에서 요구되고 있다. 다음과 같은 마이애미의 뉴스는 성공적인 의사소통을 위한 쓰기 기술의 중요성을 예시한다. 이는 절도 미수에 그친 사건으로, 강도가 은행 출납계 직원에게 다음과 같은 쪽지를 건넸다.

A GOT A BUM. I ALSO HAVE A CONTOUR. I'M GOING TO BLOW YOU SKY HEIGHT. I' M NO KILLEN. THIS IS A HELD UP.

은행 출납계 직원은 이 쪽지의 뜻을 이해하기 어려워서 강도에게 그 내용을 읽어 줄 것을 부탁했다. 강도가 은행 출납계 직원에게 단어의 뜻을 설명해 주고 있을 때 경찰이 도착하였고, 그는 체포되었다. 설상가상으로 그 강도가 쓴 쪽지의 철자법과 쓰기 오류를 단서로 하여 경찰은 그의 또 다른 은행 강도 혐의를 찾을 수 있었다(*Miami Herald*, 1980).

(번역: I got a bomb. I also have a control. I'm going to blow you sky high. I'm no killer. This is a holdup. ─ 나는 폭탄을 가지고 있다. 내가 터뜨릴 수 있다. 나는 너를 하늘 높이 날려 버릴 것이다. 나는 살인자가 아니다. 강도이다.)

**심화질문** 은행 강도의 쪽지를 분석해 봅시다. 은행 강도의 쪽지는 발음하기가 어렵다고 생각합니까, 아니면 보기 단어의 시각적 기억이 어렵다고 생각합니까? 왜 그렇게 생각합니까?

은 필자의 적극적인 개입에 달려 있다. 필자들은 펜이나 연필(컴퓨터 키보드를 사용하기도 함)을 잡고 그들의 생각을 기록한다. 사람들은 작문하는 동안 그들 자신의 배경 지식과 언어 기술을 통합하여 작문하기 이전에는 있지 않았던 무엇인가를 산출하기 위해 적극성을 발휘해야 한다. 수정 과정에서는 다시 생각하고 재구성하는 것이 요구된다. 또한 많은 양의 읽기는 작문 과정 동안 일어난다. 성인이 작문을 할 때는 실질적으로 작문의 절반 이상의 시간을 읽기에 할애한다. 훌륭한 필자는 작문을 완성하자마자 그 글을 다시 읽는다. 또한 그들은 작문한 글이 이전에 썼던 영역과 어떻게 관련되어 있는지 살펴보기 위하여 다시 읽는다. 필자가 작문 전체를 완성하였을 때, 그들은 즉시 다시 읽기 시작하고, 그런 다음에도 반복하여 다시 읽는다. 작문을 하는 동안 읽는 방법에는 집중적이고 많은 비판적인 분석이 포함된다(Mason, 2009; Berry, 2006; Graham & Harris, 2005; Graham, Harris, & Mason, 2005).

### 초기 문해와 작문

**초기 문해**란 어린 아동이 낱말, 언어 그리고 이야기의 세계에 들어가는 조기 입구를 의미한다. 초기 문해는 아동의 발달기 동안에 일어나는 다양한 언어 형태들의 상호관련성을 강조한다. 아동들은 언어, 읽기, 그리고 작문을 동시에 경험하면서 문해가 발달된다.

초기 문해에 대한 생각은 작문이 읽기보다 쉬울 수 있다는 생각에서 제안되었고 실질적으로 읽기보다 더 빨리 발달할 수 있다(Snow, Burns & Griffin, 1998). 작문은 필자가 전달하려는 내용에서 의미하는 것이 필자의 내부에서 비롯된 것이고, 따라서 작가가 사전에 미리 알고 있기 때문에 읽기보다는 작문이 좀 더 자기 자신의 과제가 된다. 이와는 반대로 읽기가 초보독자들에게 좀 더 어려운 이유는 누군가의 생각과 언어의 사용을 이해할 수 있어야만 하기 때문이다.

초기 문해 교육과정은 작문이 초등학교 연령에서도 유익하기 때문에 장려해야 한다고 강조한다(CIERA, 1998; Snow et al., 1998). 어린 아동은 작문할 때 즉시 쓰기언어의 기능과 형태를 탐구한다. 작문은 필기된 영어가 왼쪽에서 오른쪽으로 진행된다는 것을 이해하도록 아동들을 도와준다. 아직 쓰기 영어에 대한 규칙을 배우지 못한 대부분의 어린 아동들은 **그림 13.1**과 같이 오른쪽에서 왼쪽으로 쓰는데, 이는 영어의 필기 진행 과정과는 반대 방향의 쓰기이다.

어린 아동들에게는 작문에서 쓰기로 단순히 탐구하고 놀이를 하도록 장려하고, 반면에 적절한 형태 혹은 정확한 철자법의 규칙을 준수하도록 요구하지 않아야 한다. 어린 아동들에게는 그들 자신의 철자 규칙에 따르는 **개발된 철자법**을 사용하도록 촉진한다. 또한 초기 쓰기는 언어의 음운론적 특성에 대한 아동들의 인지를 증가시킨다. 아동들은 문서에 그들의 생각을 넣으려고 시도할 때 쓰기언어의 알파벳 특성에 관하여 탐구하고 배운다. 그들이 단어를 소리로 분절할 수 있다는 것을

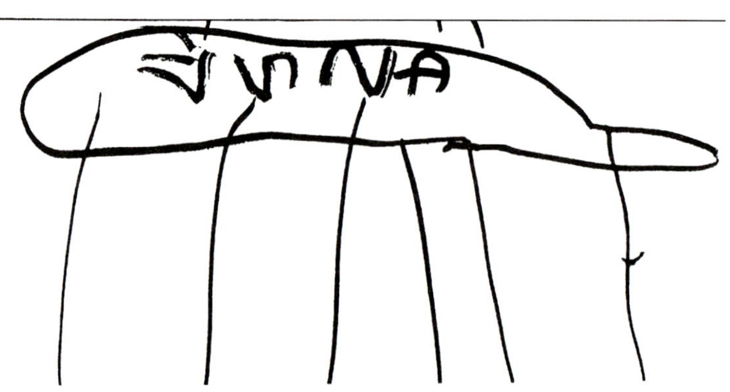

**그림 13.1** 아동들은 왼쪽에서 오른쪽으로 진행되는 쓰기를 배워야만 한다.

I LRDHRTO
RED
PNOCO

"I learned how to read Pinocchio"
("나는 피노키오를 어떻게 읽는지에 대하여 배웠다")

**그림 13.2** 유치원 초기 문해 학급에서 아동의 작문 예시

알기 시작한다면 읽기의 초기 단계에 대한 중요한 기술을 획득하게 되는 것이다. **그림 13.2**는 아동의 작문에 대한 예를 보여 주고 있다.

## 작문 과정

작문 지도에 대한 현행 이론들은 작문 결과 대신에 작문 과정을 강조하는 교수로 이동하여야 한다고 강력히 주장한다(Harris, Grahm, & Mason, 2008; Graves, 1994; Harris et al., 2003). 전통적 작문 결과는 작가에 의해 창조된 작문 과제(결과)를 강조하였다. 이와는 반대로 작문 과정은 필자가 작성된 문서를 발달시키는 데 활용되는 전체의 과정에 집중한다.

전통적인 **작문 결과** 접근에서는 작문 결과에 대한 교사의 평가 및 점수화가 완성에 대한 기대 척도이다. 학생들에게 정확하게 철자를 쓰고, 형용사를 사용하고, 핵심 문장을 작성할 것을 기대한다. 그들의 보고서는 단어 선택, 문법, 구성, 사고들로 점수화된다. 점수가 매겨진 보고서는 수정(종종 빨간펜으로)되어 학생들에

게 되돌려지고, 학생들은 이러한 점수 결과와 교사의 수정으로부터 그들의 작문을 배우고 개선하려고 노력한다. 좀 더 세심한 교사는 학생의 보고서에 좀 더 많은 수정으로 가득 메울 것이다. 너무나 빈번하게 작문 교수에 대한 작문 결과 접근을 적용한다면 사람들은 작문하는 것을 싫어하게 될 것이다.

**작문 과정** 접근은 작문하는 동안 사고하는 것을 강조한다는 점에서 작문 결과 접근과는 차이가 있다. 교사는 학생들이 과제에 대하여 생각하고 선택하고 조직하는 것을 생각하도록 도와줌으로써 작문 과정의 복잡성에 대한 이해를 촉진한다. 학생들이 자기 자신에게 다음과 같은 질문을 하도록 한다. 나의 작문 목적은 무엇일까? 나는 어떻게 단서를 찾을 수 있을까? 나는 아이디어를 어떻게 개발하고 조직할 수 있을까? 독자들이 나의 생각을 이해하려면 그 생각을 어떻게 설명할 수 있을까? 겨냥하는 독자는 누구인가?

작문은 그 과정을 강조하는 사고하기-학습하기 활동으로 학교 환경에서 가르쳐지는 기술로 배우게 된다. 인지과정으로서 작문은 사고의 전후 모두를 요구한다. 훌륭한 필자는 가만히 앉아서 텍스트를 만들어 내지 않는다. 오히려 그들은 작문 과정으로 **그림 13.3**에 제시한 것처럼 집필 전 생각 정리하기, 초안 작성, 교정, 그리고 청중과 공유하기 등과 같은 몇 가지 단계를 거치게 된다(Graham, Harris, McArthur, & Fink, 2002; Graves, 1994).

**단계 1: 집필 전 생각 정리** 첫 번째 단계는 필자가 아이디어를 수집하고 공식적으로 쓰기 전에 그것들을 다듬어 정리하는 단계이다. **집필 전 생각 정리**는 몇몇 관심과 사고를 통하여 말하는 것, 차이에 대한 몇 가지 기록을 적어두는 것, 그래픽 조직으로 개발하는 것, 주안점에 대한 목록과 같은 브레인스토밍의 형태를 수반한다. 이런 시간 동안, 필자는 대상이 되는 청중을 확인한다. 학생들이 직접 주제를 선택한다면 작문에 의지가 좀 더 발휘될 것이다. 그들은 아는 누군가, 특별한 사건, 혹은 그들 자신에 관하여 작문할 수 있다. 교사들은 학생들에게 특별하였던 사

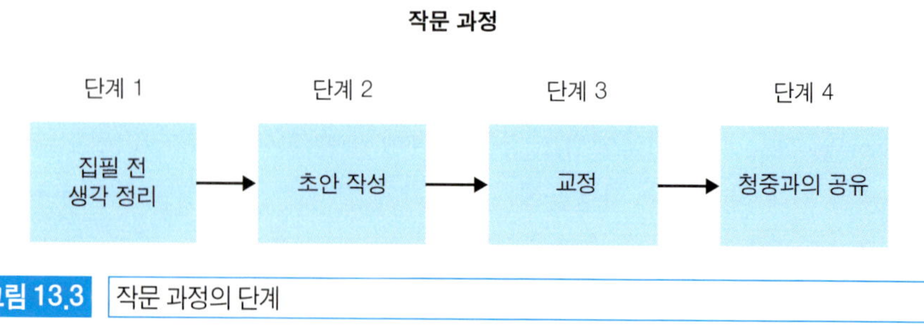


**그림 13.3** 작문 과정의 단계

람들의 목록을 만들도록 하거나 휴가 동안 해야 할 활동 목록을 만들게 하여 도움을 줄 수 있다.

**단계 2: 초안 작성** 작문 과정의 두 번째 단계는 필자가 종이에 아이디어를 기록하는 것이다. 이 단계는 대부분의 사람들이 “작문하는 것”이라고 생각하지만, 이 단계는 실질적으로 작문 과정에 한걸음을 더 내딛었을 뿐이다. **초안 작성**이라는 용어는 결국 쓸 것과 그것이 어떻게 변할 것인가에 대한 하나의 버전을 강조하여 나타내는 것으로 작문 대신에 사용되는 용어이다. 작문의 한 부분인 첫 초안은 독자들에게는 읽혀지지 않지만 필자는 읽는다. 필자는 단어, 문자, 절을 써 내려가면서 새로운 아이디어를 생각해 내거나, 혹은 이미 작성했던 아이디어를 바꾸기도 한다. 이 단계는 구성이 덜 되어 있고, 산문, 문법, 그리고 철자법에 대한 고려들이 부족한 채 아이디어들로 넘칠 것이다.

**단계 3: 교정** 집필 전 생각 정리와 초안 작성의 단계를 거친 후 필자는 **교정**과 편집으로 작문을 다듬는다. 내용, 아이디어를 표현하는 방법, 어휘, 문장의 구조, 그리고 일련의 아이디어와 같이 각각 서로 다른 유형의 변화가 이루어지면서 몇몇의 교정이 이루어질 것이다. 마지막 교정은 편집인데, 이 과정에서 문법, 구두점, 철자의 오류 등과 같은 검토가 이루어진다. 이 단계에서는 자기 자신의 작업에 대하여 매우 비판적인 관점이 필요하다.

작문을 어려워하는 학생들은 종종 교정하는 것을 내켜하지 않는다. 얼마 동안 초안을 작성하는 것에 집중적인 노력이 요구되었는데 또 다시 교정하는 것은 견디기 어려운 것처럼 보인다. 앞서 마련된 초안을 교정하는 데 컴퓨터나 소프트웨어 프로그램의 단어 처리를 활용하면 매우 수월할 것이다.

필자들이 교정하는 것을 배우도록 도와주려면 교사들은 이야기나 그들 자신의 작품을 교정하여 시범을 보일 수 있다. 그들은 학생들이 몇 가지 교사에 의해 수정된 작문의 교정본을 공유하면서 교정을 하도록 제안할 수 있다. 또한 학생들이 친구들의 초안 교정에 대한 의견을 제시할 수도 있다. 이런 과정에서의 긍정적인 경험은 매우 중요하다. 어떤 학생이 친구의 작문에 대한 교정 의견을 제시하기 전에, 반드시 그 친구의 작문에 대한 몇 가지의 좋은 특징을 우선 말해 주어야 한다는 것을 명심해야 한다.

**단계 4: 청중과의 공유** 이 단계는 전체 작문 과정의 의미와 가치를 부여하기 때문에 매우 중요하다. 또한 이 단계에서 학생들이 피드백을 받고, 청중들에게 반응

되는 필자로서 그들 스스로를 생각하게 하는 기회를 경험한다. 마지막 단계에서 필자는 자료가 의도한 대로, 그리고 자신의 생각이 독자들에게 잘 전달될 수 있게 청중을 고려한다. 교정의 양은 대상으로 하는 청중에게 달려 있다. 청중은 교사가 될 수도 있고, 학급의 친구들, 출판물로 만나게 되는 많은 독자들이 될 수도 있다 (Graham & Harris, 2005; Graham, Harris, McArthur, & Fink, 2002; Graves, 1994).

**청중과의 공유**에는 많은 다양한 방법이 있다. 작성된 문헌들을 제본하여 출판할 수도 있고, 학급에서 공유하거나 교실 도서관에 놓아 둘 수도 있다. 학생들은 그들의 작문을 발표하거나, 게시판에 전시하거나, 뉴스지에 싣거나, 혹은 손인형극을 보여 주는 것으로 공유할 수 있다.

## 작문 과정 지도를 위한 원리

다음에 제시된 원리들은 작문 과정을 위한 교수를 계획하는 데 적용된다(Harris et al., 2003).

**1. 집필 전 생각을 정리하는 단계는 작문 과정에서 많은 시간과 정보 수집, 그리고 집중이 요구된다.** 필자는 주제가 필요하다. 좋은 글감을 구성하고 아이디어를 자극하기 위해서는 풍부한 사전 경험이 요구된다. 교사들이 집필 전에 생각을 정리하여 구성하는 시간을 제공하지 않고 작문 과제를 제시하였을 때("봄을 주제로 하여 100단어로 이루어진 글 써오기"와 같은)는 좋은 작문 결과를 기대할 수 없을 것이다. 교사는 여행, 이야기, 토론, 그리고 구어 활동과 같은 활동들을 통하여 필수적인 정보를 수집하는 경험을 제공해야 한다. 작문을 위한 영감을 제공할 수 있는 것들에는 독서, 예술, 교과영역 활동, 영상, TV 시청, 신문, 여행과 현장 체험, 브레인스토밍, 그리고 인터넷 검색이 포함된다. 작문 단계에서는 집필 전 생각을 정리하는 단계에 가장 많은 시간을 할애해야 한다.

**2. 초안 작성의 단계는 학생들이 작문 단계에서 힘들게 집중하는 것으로부터 해방시킨다.** 학생들은 모든 필자들이 초안에서 철자와 문법적 오류가 있다는 것을 알게 될 것이다. 비록 이러한 오류는 궁극적으로 바로 잡게 되므로 즉시 수정할 필요는 없다. 대신에 학생들은 초안을 작성하는 동안 내용에 집중하고 나중에 편집을 통하여 교정하는 작업을 할 것이다.

**3. 교정하는 단계는 학생들이 그들의 작문을 편집하도록 도와준다.** 학생들은 작문의 초안 작성을 완성하였을 때 작문을 마쳤다고 생각한다. 그들이 작문을 완성

시키기 전에 교정하는 단계를 거쳐야만 한다는 것을 알게 되었을 때, 그들은 결과물 대신에 과정으로서 작문에 대한 생각을 시작한다. 교사들이 학생들에게 모든 작문은 편집이 필요하다는 것을 보여 주기 위해 자신의 초안 원고를 편집하여 초안의 결점을 제시할 수 있다. 학생들은 소집단으로 또 다른 작문 하나를 검토하고 편집할 수 있다.

**4. 학생의 작문에 대한 지나친 수정을 하지 않는다.** 학생들이 아이디어를 표현하려는 시도가 문법적으로, 철자법상으로, 구두점으로 가득 차 있는 채로 되돌려지거나 실수에 대한 심한 패널티로 빨간펜으로 수정되어 되돌려진다면 학생들의 노력은 좌절될 것이다. 학생들은 "F가 빨간펜으로 적혀 있으면 매우 최악으로 느껴진다."고 말하곤 한다.

학생들이 부적 강화를 받았을 때 그들은 곧 그 게임에서 이기려고 배우기 시작한다. 이런 과정에서 학생들은 철자법을 아는 단어로만 어휘를 쓰고, 간단한 문장을 고집하고, 복잡하고 창조적인 아이디어를 피하고, 짧은 작문만을 고집하기 때문에 그들의 작문은 매우 제한적이게 된다.

## 작문에 대한 학습 전략

자기-조절 전략 개발(self-regulated strategy development, SRSD)이라고 부르는 학습 전략은 작문을 가르치는 데 구조화된 접근을 명백히 제시한다(Graham & Harris, 2005; Graham, Harris, & Larsen, 2001; Harris et al., 2003). 작문에 어려움을 보이는 학생들은 작문 전략을 습득하려는 구조와 지도를 요구한다. SRSD의 목표는 다음과 같다. (1) 학생들이 작문 과정에 포함된 지식과 전략을 발전시키도록 도와준다. (2) 학생들이 작문을 검토하고 작성하는 데 필요한 능력을 지속적으로 발달시킨다. (3) 학생들을 필자로서 작문과 자신에 관하여 긍정적인 태도를 발달시키도록 격려한다.

작문에 대한 SRSD 방법의 6단계는 다음과 같다(Mason, 2009; Harris et al., 2003).

1. **배경 지식을 발달시켜라.** 집단에서 학생들은 주제에 관하여 알려진 것이 무엇인지 생각하고 다양한 자료를 통하여 부가적인 정보를 발견한다.
2. **토론하라.** 학생들은 친구들과, 그리고 선생님과 함께 그들이 학습한 것에 관하여 토론하라. 그러고 나서 그들이 사용하려고 계획한 특별한 작문 전략에

관하여 토론하라. 예를 들어, 그들은 의미적 맵에 대한 전략을 사용하는 것으로 결정내릴 수도 있다.

3. **시범을 보여라.** 학생들에게 작문 전략을 어떻게 사용하는지 시범을 보이고, 그들이 작문을 하면서 생각하는 바를 입 밖으로 소리 내어 말하게 한다.
4. **기억하라.** 학생들이 작문 전략의 일부를 검토하고 소리 내어 말하도록 한다.
5. **지원하라.** 학생들은 작문 전략을 사용하여 이야기를 작성하기 시작한다.
6. **독립적으로 수행하라.** 학생들은 작문 전략을 독립적으로 사용한다.

## 작문을 위한 전략

작문 과제를 힘들어하는 학생들을 위하여 교사들은 학생들이 작문 과제를 수행하도록 도와주는 적절한 방법을 제공해야 한다. 교사들은 학생들이 작문을 위한 단서를 발견하고, 문헌에 나타난 생각을 공유하고, 흥미와 기술적인 어휘를 발견하도록 지원한다. 다음과 같은 다양한 작문 전략을 활용할 수 있다. (1) 일기, (2) 작문 담론, (3) 작문 형식, (4) 그래픽 조직도, (5) 그림 그리기(Graham et al., 2001; Harris et al., 2003; Jennings et al., 2010).

**일기** 일기는 학생의 개인적인 사건과 경험들을 작문으로 기록한 것이다. 학생들은 생활에서 일어나는 다양한 사건과 경험에 관한 느낌을 매일매일 기록하는 것으로 작문을 연습한다. 각각의 학생은 줄이 그어져 있는 일기장이 필요하다. 학생들은 그들의 일기에 제목을 붙이기도 하고 커버나 앞장을 꾸미기도 한다. 일기로 개인적 생각들을 기록하기 위한 시간(일반적으로 한 주에 최소 몇 번)을 정해 놓기도 한다. 학생들이 일기를 쓸 때 한 장에서 한 쪽 면만 사용한다면 읽고 쓰기가 훨씬 쉬울 것이다.

학생들은 그들의 일기 전체에서 몇 개를 공유하겠다는 선택을 할 수도 있고, 반대로 그들은 그런 선택을 하지 않을 수도 있다. 만약에 한 학생이 교사가 일기 전체를 읽는 것을 원하지 않는다면 해당 페이지를 반으로 접어 놓는다. 그러면 교사는 접어진 페이지를 읽지 말아야 한다. 또한 교사는 문법적 오류 혹은 철자법의 오류를 수정하는 데 세심한 배려를 해야 하는데, 그 이유는 교사에 의한 수정이 실질적으로 학생의 자신감을 손상시키고 작문의 빈도를 감소시킬 수 있기 때문이다.

작문에 어려움을 느끼는 몇몇 학생들은 일기를 지속하려는 자신감이 부족하다. 교사들은 학생들에게 일기 작성에 대한 시범을 보임으로써 이런 문제를 극복시킬 수 있고, 일기의 주제를 생각할 수 없는 학생들에게 좋아하는 장소, 특별한 사람,

본래 작문은 적극적 과정이다. 사람들이 무엇인가 쓸 때에는 그들 자신의 배경 지식과 언어 기술을 통합하여 이전에는 존재하지 않았던 무엇인가를 산출하려고 적극적으로 작업에 임해야 한다.

좋아하는 이야기, 자신이 좋아하는 일과 싫어하는 일, 나를 화나게 만들었던 일, 내가 잘 할 수 있는 일과 같은 것을 제시하여 도와주어야 한다. 어떤 부모가 특별한 가족 여행을 위해 자녀를 학교에 보내지 않는 것에 대한 허락을 요청할 때, 교사는 그 학생에게 여행에 관한 일기를 쓰도록 요청할 수 있다. "작문을 위한 생각"에 대한 목록은 "생각"이라고 적힌 종이를 교실의 게시판에 붙여 놓을 수도 있고 학생의 일기장에 붙여 놓을 수도 있다. 일기 전체의 예시는 **그림 13.4**와 같다.

I am going To get elowns.
IT is fun. I get Mony.
I get a neckall etsh Week.
The enn

"I am going to get an allowance. It is fun. I get money.
I get a nickel each week. The end."
("나는 용돈을 벌고 있다. 그것은 재미있다. 나는 용돈을 번다.
나는 매주 5센트를 받는다. 끝.")

**그림 13.4** 일기 전체의 예시

Teacher

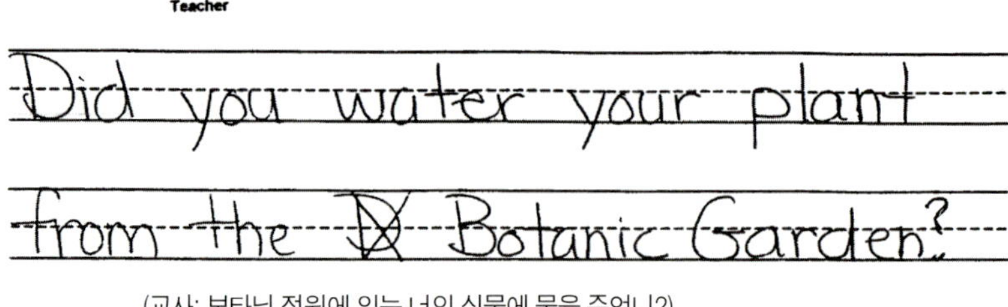


(교사: 보타닉 정원에 있는 너의 식물에 물을 주었니?)

Student

No I lost it on the bos.

(학생: 아니요. 깜빡했네요.)

그림 13.5 작문 담론의 예시

**작문 담론** 작문 담론 혹은 대화 일지는 교사와 학생 간에, 혹은 두 학생들 사이에 상호작용을 위하여 작성하는 것이다. 학생들은 교사에게 그들의 생각과 질문을 쓰고, 교사는 그에 대한 대답을 쓴다. 학생들은 하루 동안 일지를 쓰는 것을 계속하고 방과 후에 교사에게 그 일지를 제출한다. 교사는 학생의 생각에 대하여 답변을 적는다. 학생과 교사는 e-메일을 활용하여 서로 의사소통을 할 수 있다. 예를 들어 교사는 작문을 진행하는 방법을 학생에게 물을 수 있다. 혹은 교사는 안부를 묻거나 전달 사항을 적을 수도 있고, 학생은 이에 대답을 적을 수 있다. 또는 필자끼리 서로 다른 색깔의 펜이나 연필을 사용할 수도 있다(Jennings et al., 2010). **그림 13.5**는 작문 담론의 예시이다.

**작문 형식** 이 전략은 학생들이 작문 형식을 갖추게 되고 자신들이 선호하는 책을 사용하고, 그런 다음 그들은 자신의 형식으로 작문을 작성하는 것이다. 이 방법은 학생들에게 개별화된 반응을 작성하는 데 중요한 "구조"에 대한 안전성을 제공한다. 좋아하는 구조 중 하나로 『*Brown Bear, Brown Bear, What do you see?*(갈색 곰아, 갈색 곰아, 무엇을 보았니?)』가 있다(Martin, 1992). 이 책은 페이지마다 "Brown Bear, Brown Bear, What do you see? I see a blue bird looking at me.(갈색 곰아, 갈색 곰아, 무엇을 보았니? 나는 파랑색 새를 보았어요.)"라는 후렴을 포함한다. 학생들은 그들 자신의 후렴을 만들 수 있고, 그것을 설명할 수 있다. 몇몇 학생들이 작문을 끝냈을 때 책으로 제본하여 함께 볼 수 있도록 비치할 수 있고 다른 사람들이 볼 수 있도록 도서관 책장에 비치할 수도 있다.

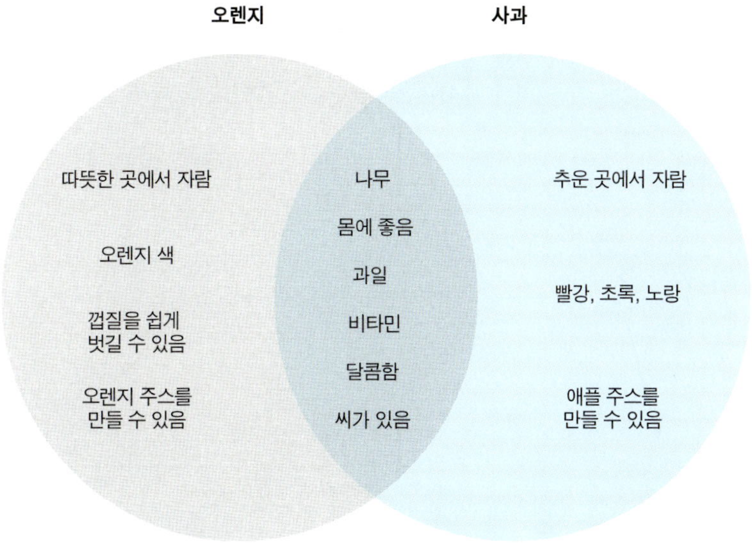

오렌지 사과

따뜻한 곳에서 자람
오렌지 색
껍질을 쉽게 벗길 수 있음
오렌지 주스를 만들 수 있음

나무
몸에 좋음
과일
비타민
달콤함
씨가 있음

추운 곳에서 자람
빨강, 초록, 노랑
애플 주스를 만들 수 있음

**그림 13.6** 오렌지와 사과에 대한 비교 벤다이어그램

**그래픽 조직도** 그래픽 조직도는 조직, 생각과 개념의 구조를 시각적으로 나타낸 것이다. 읽기 문맥에 대한 그래픽 조직도는 학생들이 읽기 자료를 이해할 수 있도록 도와준다. 많은 연구들은 학생들이 읽기 이해에서 그래픽 조직도를 활용하였을 때 읽기가 개선된다고 밝힌다. 작문에서도 그래픽 조직도는 학생들이 쓰기 과제를 준비하는 생각에 집중하여 조직할 수 있도록 도와준다(Lenz & Deshler, 2003; Sabbatino, 2004).

벤다이어그램은 두 개의 교차하는 원으로 나타내는 하나의 그래픽 조직도이다. 이 그래픽은 "비교와 대조"라는 작문 과제를 준비하는 데 도움이 된다. 예를 들어, 역사적 인물 두 사람을 비교한다면, 한 원 안에 한 사람을 기술하고, 두 번째 원에서는 또 다른 사람의 특징을 기술하여 서로 교차하는 영역에 기술되는 공통된 특징을 살펴보는 것이다. **그림 13.6**은 오렌지와 사과를 비교하는 벤다이어그램이다.

인스피레이션(Inspiration)은 학생들을 위하여 작문 프로젝트를 계획하고, 조직하고, 혹은 요약하는 그래픽 조직도를 개발하기 쉽도록 만들어 주는 소프트웨어 프로그램이다. 인스피레이션 소프트웨어를 위한 웹사이트는 **http://www.inspiration.com**이다. 사용자가 내려 받을 수 있고, 소프트웨어의 예시 안을 요청할 수도 있다. 학생들이 그래픽 조직도 프로그램을 사용하여 집필 전 생각을 정리하여 조직하기 시작한다면 작문 과제를 다루기가 좀 더 쉽다는 것을 알게 될 것이다. 키즈피레이션(Kidspiration)은 어린 아동을 위한 이런 소프트웨어의 한 버전이

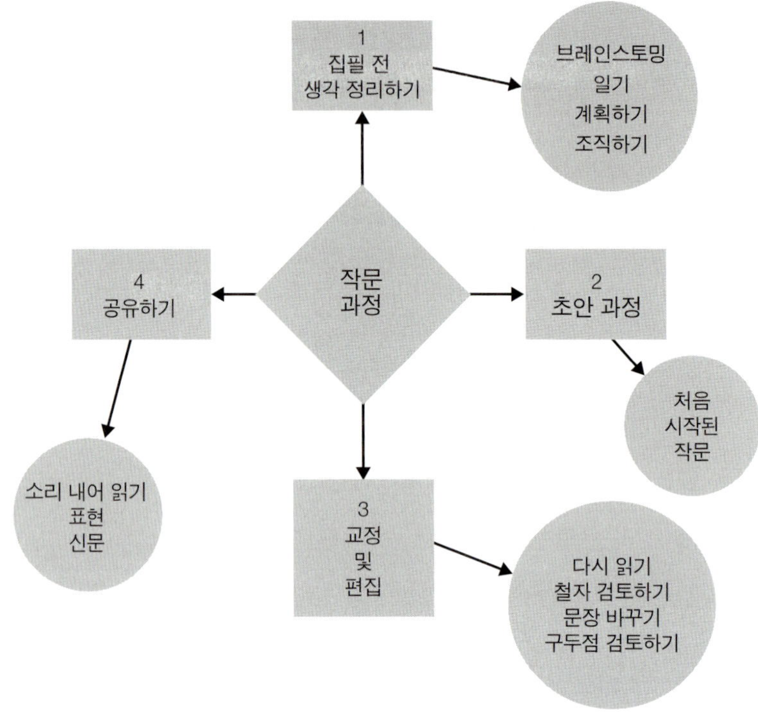


**그림 13.7** 쓰기 과정을 위한 그래픽 조직도

다. **그림 13.7**은 인스피레이션 소프트웨어를 사용하여 성취되는 작문 과정의 그래픽 조직도를 나타낸 것이다.

**그림 그리기** 작문에 어려움을 가진 아동들을 위한 중요한 의사소통 방법은 그림을 그리는 것이다. 학습장애 아동과 관련 경도장애 아동들은 종종 그림으로 그들의 생각을 표현하는 데 뛰어남을 보이는 경우가 있다. 학습에 대한 시각적 영역은 종종 강점으로 나타나서 촉진된다(Smith, 2001, 2005; West, 1997). **그림 13.8**은 어떤 아동이 자신의 엄마를 그림으로 표현한 것이다.

## 노력하는 필자를 위한 지원과 교수공학

공학은 노력하는 필자들에게 폭넓은 범위로 적용되어 지원한다(MacArthur, 2009; Roe, Stoodt-Hill, & Burns, 2011). 이 영역에서는 단어 처리, 전자 자판, 음성 단어-처리 프로그램, 단어-예측 프로그램, 음성-인식 프로그램, e-메일, 그리고 발표 소프트웨어에 대하여 살펴볼 것이다.

*"Mrs. Hammond! I'd know you anywhere from little Billy's portrait of you."*

"Hammond 부인! 나는 당신의 어린 빌리의 초상화가 어디에 있는지 알고 있지요."

**그림 13.8** 그림으로 생각을 표현하기

**컴퓨터와 단어 처리** **단어 처리**는 컴퓨터를 가장 폭넓게 적용하는 방법 중 하나이다. 이는 작문을 가르치고 언어 체계를 통합하는 데 우수한 방법이다. 이런 효과적인 도구는 작문에 어려움을 느끼는 많은 사람들에게 작문이 좀 덜 힘들 과제가 되도록 할 수 있다. 학생들은 컴퓨터로 필기에 대한 걱정을 하지 않으면서 쓸 수 있고, 작문 문서에 대한 혼란을 겪지 않으면서 교정할 수 있다. **그림 13.9**는 4학년 학생이 과학 프로젝트에서 그의 발명을 기술하기 위해 단어 처리 프로그램을 사용한 예이다.

**전자 자판** 알파스마트(Alphasmart), 다나(Dana), 그리고 네로(Nero)는 단어 처리에 사용되는 전자 자판이다. 이들은 컴퓨터 대신에 사용될 수 있는 것으로 가볍고 비교적 가격이 저렴하다(약 200~400달러). 파일은 디스크에 저장되는데 PC 혹은 메킨토시 컴퓨터에 옮겨 놓을 수 있다. 문서는 모든 프린터에서 알파스마트, 다나, 혹은 네로 자판에 접속하여 인쇄출력할 수 있다. 대부분의 수업에서 알파스마트 혹은 다나 자판을 학생들에게 제공한다. 알파스마트의 웹주소는 **http://www.**

# The Sanitary Sleeve

**I invented the sanitary sleeve so people could wipe their nose on their sleeve and not ruin their shirt. You make a sanitary sleeve by gluing Velcro on the sleeve of your shirt (glue the Velcro on the left sleeve if you are a lefty and on the right sleeve if you are a righty). You'll also need special Kleenex with Velcro on it. This is an invention that your Mom will like because your shirt will stay clean even when you have a cold.**

**청결한 소매**

나는 사람들이 소매로 코를 닦아도 셔츠가 더러워지지 않는 청결한 소매를 개발하였다. 여러분도 셔츠의 소매에 벨크로를 붙여 청결한 소매를 만들 수 있다(여러분이 왼손잡이이면 왼쪽 소매에, 오른손잡이이면 오른쪽 소매에 벨크로를 붙인다). 여러분은 소매에 붙여진 벨크로를 특별한 휴지로 사용할 것이다. 이것은 여러분의 엄마가 여러분이 감기에 걸렸을 때에도 여러분의 셔츠가 깨끗함을 유지하기 때문에 좋아할 발명품이다.

**그림 13.9** 청결한 소매

alphasmart.com이다.

**단어 처리의 장점** 현대적인 교실에서 작문의 도구로서 단어 처리를 사용하는 것은 다음과 같은 방법으로 작문 쓰기를 지원할 수 있다(Jennings et al., 2010).

- **동기 부여.** 학생들은 단어 처리가 정돈된 결과, 오류 없는 복사로 학생들의 능력을 증가시키기 때문에 작문에 대한 동기 부여가 일어난다. 이는 학생들이 서로 작문을 공유하고 다양한 형태로 구성하는 것을 촉진한다.
- **협력.** 화면의 가시성과 인쇄된 자료의 익명성 때문에 학생들은 교사와 친구들과 함께 작문 과정에서 협력하며 배울 수 있다.
- **교정의 용이성.** 컴퓨터의 편집 능력은 교정에 대한 신체적 부담, 정확함, 수정, 그리고 자료를 다시 작성하는 것을 좀 더 용이하도록 도와준다. 필자는 쉽게 추가하고, 수정하고, 삭제하고 교정할 수 있고, 화면이 필자가 전달하기 원하는 것을 정확하게 보여 줄 때까지 자유롭게 실행할 수 있다. 또한 필자가 요구한다면 좀 더 변화를 주어 출력된 복사본으로 작업을 할 수 있고, 그리고

나서 그런 변화들을 컴퓨터에 입력할 수 있다.

- **소-근육 운동 문제에 도움.** 타이핑은 특히 소-근육 운동에 문제를 가진 학생들에게는 손으로 쓰는 필기보다는 실질적으로 더 쉽게 작문을 정리할 수 있도록 한다. 또한 필자가 "인쇄"를 누르면 출력물을 얻을 수 있다. 단어 처리는 재복사하고 재타이핑하는 어려운 과제를 없애는 대신 학생들이 내용, 편집, 그리고 수정에 관하여 생각하는 작문 과정에 중요한 에너지를 사용하도록 장려한다.
- **특별한 기능.** 많은 단어-처리 소프트웨어 프로그램은 작문의 과정이 좀 더 쉬워지도록 철자를 검토하고, 기억한 정보에 대한 색인을 작성하며, 문법을 검토하고, 음성을 합성하는 특별한 기능을 가지고 있다.

**자판** 학생들이 작문을 위한 언어 프로세스를 사용하려면 타이핑 혹은 자판 기술을 배워야 한다. 자판은 이 장의 필기 교수에 대한 영역에서 설명한다.

**음성 단어-처리 프로그램** 음성 단어-처리 프로그램은 사용자들이 전자 문서로 들을 수 있도록 읽기 자료를 음성으로 변환한 프로그램이다. 이런 프로그램은 인쇄물을 읽기 어려워하는 사람들에게 유용하다. 몇몇 읽기 자료-음성 프로그램 목록은 **표 13.1**에 제시한다.

**단어-예측 프로그램** 단어-예측 프로그램은 빈약한 필자들을 위하여 매우 유용하다. 단어-예측 프로그램은 사용자들이 컴퓨터에 입력하려는 단어를 예측하는 단어 처리로 작업을 한다. 사용자가 단어의 문자를 하나 혹은 두 개를 치면 단어-예측 소프트웨어는 그 문자로 시작되는 단어의 목록을 제공한다. 사용자는 간단히 원하는 단어를 선택할 수 있다. 또한 단어-예측 소프트웨어는 다음 단어의 문자를 입력하기도 전에 문장에서 다음 단어를 예측할 수 있다. 예측은 구문, 철자 규칙, 단어 빈도, 반복성, 반복적 요소에 근거한다. 단어-예측 소프트웨어는 작문을 어려워하는 학습장애 학생과 관련 경도장애 학생에게 유용하다(MacArthur, 2009; Belson, 2003; Lewis, 1998; Raskind & Higgins, 1998a; Roe, Stoodt-Hill, & Burns, 2011). 인기 있는 단어-예측 프로그램은 Co: Writer이다(**표 13.1**).

**음성-인식 프로그램** 음성-인식 체계는 사람이 말하는 것으로 컴퓨터를 조작하여 받아쓰는 프로그램이다. 단어-처리와 결합하여 사용되는 이 프로그램은 사용자가 마이크로 말하고 컴퓨터가 받아쓰는 것으로, 말하여지는 단어는 컴퓨터 화면에 문장으로 전환된다. 컴퓨터는 사용자의 언어를 인식하는 것을 배운다. 이 시스

**표 13.1** 컴퓨터와 작문

| 컴퓨터 프로그램의 유형 | 상품명 | 회사와 웹 주소 |
|---|---|---|
| 음성 단어-처리 프로그램 | Write: OutLoud | Don Johnston, http://www.donjohnston.com |
| | Kurzweil 3000 | Kurzweil Education Systems, http://www.kurzweiledu.com |
| | WYNN 5.1 | Freedom Scientific, http://www.freedomscientific.com |
| | ReadPlease and ReadPlease Plus | ReadPlease Corporation, http://www.readplease.com |
| 단어-예측 프로그램 | Co: Writer | Don Johnston, http://www.donjohnston.com |
| 단어-처리 소프트웨어 | Microsoft Works | Microsoft, http://www.microsoft.com |
| | Microsoft Word | Microsoft, http://www.microsoft.com |
| | WordPerfect | Corel, http://www.wordperfect.com |
| | Type to Learn | Sunburst, http://www.sunburst.com |
| 음성-인식 프로그램 | Dragon NaturallySpeaking | Nuance, http://www.Nuance.com |

템을 많이 사용하면 시스템이 사용자의 구어를 좀 더 정확하게 인식하게 된다. 음성-인식 시스템은 작문 능력보다 구어 능력이 우수한 사람에게 특히 더 유용하다. 음성-인식 프로그램은 난독증이 있는 사람들에게 많은 도움이 된다(MacArthur, 2009; Belson, 2003; Raskind & Higgins, 1998). 음성-인식 프로그램에 대한 예는 **표 13.1**에 제시해 둔다.

**단어-처리 소프트웨어** 대부분의 우수한 단어-처리 프로그램은 모든 수준의 학생들에게 적용한다. **표 13.1**에 제시된 몇몇 프로그램은 학교에서 사용되고 있다.

**e-메일 작성** 작문을 장려하고 독자와 함께 메시지를 공유하기 위해 광범위하게 사용되는 재미있는 방법은 e-메일이다. 대부분의 학습은 인터넷으로 다른 학습과 연결되어 있고, 이는 아동들이 친구들에게 문서를 전달할 수 있는 기회를 제공한다. 많은 학습장애 학생과 관련 경도장애 학생들은 페이스북과 마이스페이스와 같은 웹사이트의 소셜 네트워크를 활용한다.

**발표 소프트웨어 활용** 발표 슬라이드를 개발(마이크로소프트의 파워포인트와 같은)하여 사용자에게 제공한 소프트웨어는 작문에 참여하는 학생들에게 뛰어난 방법으로 제공된다. 종종 작문에 어려움을 가진 학생들은 그들의 가장 심한 장애 영역을 활용해야 하는 기술인 작문에 어려움을 겪는다. 심한 쓰기 곤란을 가진 중등 학생들은 매우 빠르게 발표 소프트웨어를 습득한다.

예를 들자면, 학생들은 겨울방학 동안에 지냈던 것이나 최근에 생생한 경험들을 회상하면서 발표를 위한 파워포인트 슬라이드들을 제작할 수 있다. 발표는 색상, 다양한 글자체, 배경색, 애니메이션, 그래픽, 그리고 사진으로 확장시킬 수 있다. 학생들은 수업에서 그들이 만든 파워포인트를 활용하여 발표할 수 있다.

대부분의 쓰기 곤란을 가진 학생들은 작문 구성 대신에 파워포인트를 사용하여 발표하는 것을 좋아한다. 그들은 장문보다 단문으로 쓰는 것이 더 쉽다고 말하면서 이런 작업은 재미있고, 가장 중요하고, 독자와 그들의 작품을 공유하기 쉽다고 설명한다. 발표용 슬라이드 프로젝트를 만드는 것은 많은 학습장애 학생의 강점 영역인 시각적 기술을 불러 일으키는 것이다.

**웹페이지 만들기** 위키스페이스(Wikispace)는 수업에서 혹은 웹사이트를 쉽게 개발하려는 학생들의 집단에서 사용하는 프로그램이다. 위키스페이스 웹사이트 주소는 http://www.wikispaces.com이다.

### 작문에 대한 사정

작문에 대한 사정은 항상 작문 결과에 집중한다. 다른 영역의 수업에서 공식적 그리고 비공식적 측정 모두는 작문을 평가하는 데 사용할 수 있다. 이런 측정의 몇 가지는 **표 13.2**에 목록으로 제시해 둔다. 작문 시험은 학생들에게 늘 처음으로 한 구절을 작성하도록 한 후에 평가한다.

## 13.2 철자법

철자법은 "악마의 발명품"이라고 불려왔다. 이런 정신적 비유가 계속되면서 몇몇 사람은 철자법을 잘 하는 능력은 "신으로부터 받은 선물"이라고 빈정대기도 한다. 철자법은 창의성은 물론 확산적 사고도 촉진하지 않는 교육과정 영역 중 하나이다. 오로지 문자의 유형과 배열이 정확하게 수용되어야만 할 수 있는 것으로 결코

표 13.2 작문 검사

| 검사 | 연령 혹은 학년 사정 |
|---|---|
| • OWLS: Written Language Scales, AGS http://ags.pearsonassessments.com | 3~21세 |
| • Test of Adolescent Language-3(TOAL-3) Pro-Ed http://www.proedinc.com | 12~19세 |
| • Test of Written Expression(TOWE) Pro-Ed http://www.proedinc.com | 5~17세 |
| • Test of Written Language-3(TOWL-3) Pro-Ed http://www.proedinc.com | 7~18세 |
| • Woodcock-Johnson Psychoeducational Battery-III, Tests of Achievement, Riverside Publishers http://www.riverpub.com | 유치원~17세 |

타협이란 없다. 철자법이 이렇게 어려운 것은 영어로 쓰기에 대한 모순된 유형으로 나타나는데, 이런 모순은 영어의 말하는 소리와 언어의 쓰기 형태 사이의 일대일 대응이 이루어지지 않는 것에서 일어난다. 따라서 철자법은 쉬운 과제가 아니고, 심지어 학습장애나 관련 경도장애를 가지고 있지 않은 사람들에게도 결코 쉽지 않은 과제이다.

단어의 철자쓰기는 단어를 읽을 때보다 훨씬 더 어렵다. 읽기에는 내용, 발음, 구조적 분석, 그리고 상대적 배치와 같은 몇 가지 단서가 있어 독자가 인쇄된 단어를 인지하는 데 도움을 받는다. 철자쓰기에는 주변에 어떤 단서도 제공되지 않는다. 철자법을 어려워하는 많은 사람들은 읽기에서 단어를 인지하면서 숙달한다. 그러나 읽기에서 단어를 해독하는 것이 어려운 사람들은 철자법을 익히기가 어려울 것이다.

## 철자 학습의 발달 단계

아동들은 철자 지식에 대한 일반적인 발달에 따라 철자법 발달의 몇 가지 구별된 단계를 거치면서 발달한다. 철자법의 향상 정도는 서로 다른 철자법 능력을 가진 아동들 사이에서 서로 다르지만 모든 아동들은 철자법의 발달 단계를 순차적으로 통과한다. 또한 철자법의 오류는 아동들이 철자 발달의 현재 단계를 반영해 주는 것이다. 아동들이 철자법의 발달 단계를 통과하는 연령은 중복적으로 나타난다.

**그림 13.10** 전음성적 쓰기 발달: 문자 만들기

그 단계와 연령대, 그리고 특성은 다음과 같다.

**단계 1: 전음성적 쓰기 발달, 1~7세** **그림 13.10**에서 보여 주는 것처럼 아동들은 낙서하고, 그림을 식별하고, 그리며, 쓰기를 모방하고, 그리고 문자를 그리는 것을 배운다.

**단계 2: 문자 명칭 사용과 음성적 전략 시작, 5~9세** 아동들은 음소 표현을 사용하기 시작하지만 제한된 지식이 보인다. 그들은 문자 명칭으로 개발된 철자쓰기를 사용한다(예: *hiked*를 *HIKT*로, *Learn*을 *LRN*으로, *turkey*를 *TRKE*로). 아동들은 **그림 13.11**에서 보여 주는 것처럼 몇 개의 시각 단어로 정확하게 철자를 쓸 수 있을 것이다.

"I'm going apple picking on Sunday"
"나는 일요일에 사과를 따러 갈 것이다"

**그림 13.11** 그림과 음성적 단계 시작

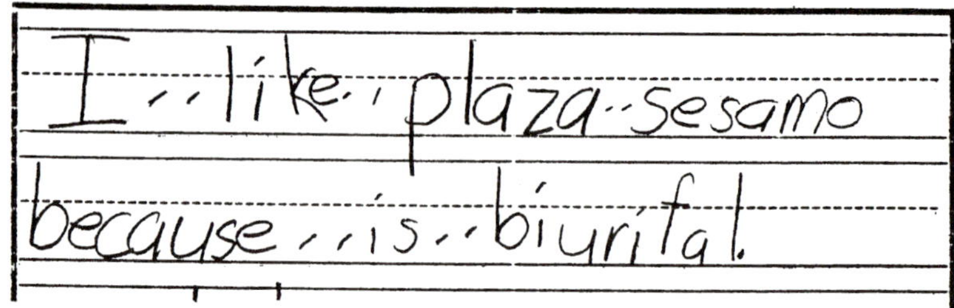


"I like Plaza Sesame because it is beautiful."
"나는 세사미광장이 아름답기 때문에 좋아한다."

**그림 13.12** 쓰여진 단어 유형

**단계 3: 쓰기 단어 유형 활용하기, 6~12세** 쓰여진 철자는 비록 정확하지는 않지만 읽을 수 있고, 발음할 수 있고, 그리고 인지할 수 있으며, 정확하지 않은 대화적 철자를 쓸 수 있다(예: *office*를 *offis*로, *elevator*를 *alavater*로). 아동에 의해 개발된 철자는 단모음과 장모음의 표시에 대한 규칙을 따른다. 많은 시각 단어가 **그림 13.12**에서 보여 주는 것과 같은 철자를 쓰게 한다.

**단계 4: 음절 연결과 다음절 단어 사용하기, 8~18세** 학생들은 다음절 단어에 오류를 보인다. 개발한 철자의 오류는 음절 연결과 약음절의 위치에서 나타나며, 일탈적인 규칙을 따른다(예: *usage*를 *useage*로; 약모음 용어를 비강세 음절로 언급하고, *cotton*을 *cottin*과 같이 일반적인 철자 오류를 일으킴). 다음절 시각 언어는 철자쓰기 수행에서 바뀔 수도 있고 그렇지 않을 수도 있다.

**단계 5: 성숙한 철자법 관점의 발달, 10세~성인** 이 단계에서는 이전에 수용되었던 개발된 철자를 오류라고 판단한다. 많은 사람들은 철자 규칙을 지키려 하지만 철자법에 대한 어려움은 지속된다. 영어 철자에서의 많은 예외들 때문에 사람들은 사전, 컴퓨터 철자 검토, 그리고 전자 맞춤법과 같은 보완 자료에 의존하는 것을 배운다. (전자 맞춤법의 예로 프랜클린 학습자료(http://www.franklin.com)에 있는 프랜클린 스펠링 튜터를 들 수 있다.)

## 철자법에 관련된 문제

철자법에서는 많은 다른 능력들을 요구한다. 예를 들어, 음운적 인식이 부족한 아동들은 구어에 음소 혹은 소리가 있다는 것을 알지 못하거나, 철자법에서 필요한 철자와 소리를 연결하는 것을 어려워한다(Torgesen, 1998). 몇몇 아동들은 처음부터 철자 단어를 읽을 수 없다. 또 다른 아동들은 한 단어의 철자를 어떻게 발음에 적용하는지, 그리고 구조적 분석을 어떻게 하는지 알지 못할 수도 있다. 또 일부 아동들은 단어의 표현을 시각화하는 것이 부족하다. 몇몇 아동들은 단어를 쓰는 데 필요한 운동 능력이 부족하고 신체적 어려움을 보이기도 한다.

사람들이 정확하게 단어의 철자를 쓰려면 단어를 기억하여 저장해야 하는 것은 물론 시각 단어의 도움 없이 기억에서 단어를 완전하게 회상할 수 있어야만 한다. 문자를 기억하거나 시각화할 수 없어 빈약한 철자를 쓰는 사람이나 단어에서 문자의 배열 순서에 빈약한 철자를 쓰는 사람은 철자를 쓰는 데 단어에 대한 시각적 기억을 증강하고 강화를 지원해 주는 활동이 도움이 된다. 예를 들어 Fernald(1943/1988)는 촉각과 운동 감각으로 단어에 대한 시각적 상상을 강화하는 것에 의해 철자쓰기를 가르치는 추적 기술을 개발하였다. (Fernald 방법은 이 장의 "교수 전략" 영역에 기술한다.)

몇몇 빈약한 철자쓰기를 하는 사람들은 청각적 기억을 어려워하고 그들의 기억에 소리 혹은 음절들을 머물러 있게 할 수 없다. 이런 학생들에게는 단어의 소리를 인지하고 음운적 기술을 형성하는 데 도움이 되는 교수가 필요하다. 운동 기술은 철자를 쓰는 사람이 단어를 어떻게 생각했는지 기억하거나 이전에 썼던 단어에 대한 움직임을 기억해야 하기 때문에 철자법에서 또 하나의 요소가 된다.

## 개발된 철자쓰기

개발된 철자쓰기는 비록 틀에 박히지 않는 방법이지만 체계적인 단어의 소리 단위와 연합되는 문자에 주의하여 단어를 쓰고자 노력하는 초보 필자의 시도이다(Jennings et al., 2010). 개발된 철자쓰기의 예로는 *everybody*는 *evry budy*로, *neighbor*를 *nabor*로, *easy*를 *ez*로, *nickel*을 *neck all*로, *thousand island*를 *1000ilnd*로 적는다. 개발된 철자쓰기의 예시는 **그림 13.13**과 **그림 13.14**에 있다.

개발된 철자쓰기를 사용하고 어떤 방법이든 자신의 원하는 어떤 것을 쓰도록 장려된 아동들은 좀 더 쓰는 것에 의지를 발휘할 수 있다. 그들은 실패가 없는 환경에서 위험을 무릅쓰고 학습하고, 쓰기는 사고가 다른 사람에게 무엇인가를 의미하는 상징으로 바꾸는 기분 좋은 의사소통의 형태라는 것을 이해하게 된다. **그림 13.14**는 무당벌레에 대하여 심도 있게 정서적 느낌을 표현한 2학년 소녀의 작문 예시이다. 많은 연구들은 이른 나이에 자신의 철자를 개발한 아동은 이런 교수

"Swimming pool. I am going in."
("수영장. 나는 들어갈 거야.")

**그림 13.13** 개발된 철자쓰기의 예시

를 받지 못한 아동들보다 훨씬 더 철자쓰기를 잘 하는 경향이 있다고 밝혔다(Sipe, 2001).

지도 기술로 개발된 철자를 사용하는 교사들은 부모들이 그 방법의 철학과 목적을 확실히 이해하도록 설명해야 한다. **학생 이야기 13.2**, "철자쓰기에 대한 황당한 사실 학습하기"는 Brian의 이야기로, 1, 2학년에는 행복하게 개발된 철자쓰기를 사용하다가 철자쓰기는 규칙이 있다는 말을 듣고 충격을 받게 된 이야기이다.

개발된 철자쓰기를 사용하는 중요한 요인은 언어의 소리에 대한 아동의 음운론적 인식에 있다. 언어의 소리에 대한 음소의 인지를 습득한 어린 아동들은 개발된

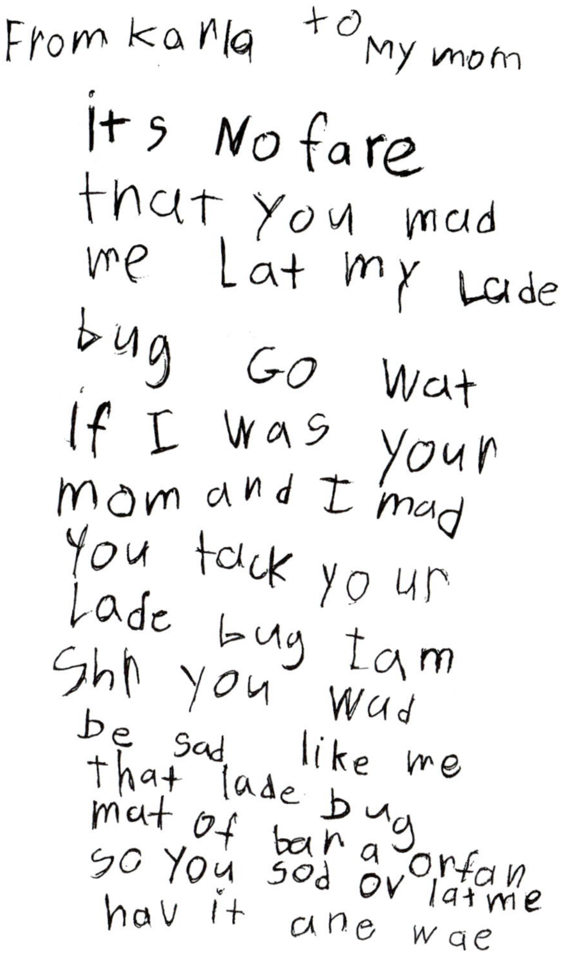

From karla to my mom
its No fare
that you mad
me Lat my Lade
bug Go Wat
if I was your
mom and I mad
You tack your
Lade bug Iam
Shr you wad
be sad like me
that lade bug
mat of ban a orfan
so You sod ov lat me
hav it ane wae

"From Karla to my mom. It's no fair that you made me let my ladybug go. What if I was your mom and I made you take your ladybug. I am sure you would be sad like me. That ladybug might have been an orphan. So you should have let me have it anyway."
("Karla가 엄마에게. 엄마가 나에게 무당벌레를 가도록 하는 것은 공평하지 못해요. 엄마의 엄마처럼 나는 엄마에게 무당벌레를 가지도록 했을 거예요. 나는 엄마가 나처럼 슬플 것이라고 믿어요. 그 무당벌레는 고아였을 거예요. 그래서 엄마는 어떤 방법으로든 나에게 무당벌레를 가지도록 해야만 해요.")

**그림 13.14** 엄마에게 개발된 철자로 쓴 2학년 학생의 공책

철자쓰기로 실력이 향상되어 좀 더 쓰기를 하려는 경향을 나타낸다.

## 철자법에 대한 다감각적 접근

우리는 이미 12장, "읽기 곤란"에서 읽기를 위한 다감각적 접근에 대하여 살펴보았

## 학생 이야기 13.2

### 철자쓰기에 대한 황당한 사실 학습하기

1, 2학년에서 개발된 철자를 자유롭게 사용하는 몇몇 아동들은 정확한 철자쓰기에는 엄격한 규칙이 있다는 것을 알게 되었을 때 충격을 받는다. Brian이 3학년의 가을 학기에서 2주를 보냈을 때 그는 그의 엄마에게 다른 3학년 반으로 바꾸어 줄 것을 요청하였다. 그의 엄마는 선생님을 바꿔야 하는 이유를 그에게 물었고, Brian은 현재 3학년 담임선생님은 매우 좋지 않다고 설명하였다. 그의 엄마가 좀 더 자세히 설명해 달라고 말하자, Brian은 3학년 선생님은 단어의 철자를 쓰는 데 오로지 한 가지 방법만 있다고 생각한다고 털어 놓았다.

**심화질문** 아동들에게 왜 개발된 철자쓰기를 장려해야 한다고 생각합니까?

다. 다감각적 방법은 철자법을 가르치는 데에도 유용하다. 몇 가지 감각을 사용하는 것은 철자법의 학습을 강화하여 도움을 준다. 다감각적 방법의 학습에는 시각, 청각, 운동감각, 그리고 촉각을 통한 철자법 학습이 포함된다. 다감각 철자법 접근에는 다감각적 방법과 Fernald 방법이 있는데, 이에 관해서는 이 장의 "교수 전략" 영역에서 좀 더 자세히 설명하기로 한다.

### 철자법 지도를 위한 단어 선택의 두 가지 이론

철자법 지도를 위하여 단어를 선택하는 것에는 (1) 단어-유형 접근과 (2) 단어-빈도 접근이라는 두 가지의 대안적 접근이 있다.

**철자법에 대한 단어-유형 접근** **철자법에 대한 단어-유형 접근**은 미국 영어의 철자가 음운론적, 형태론적, 그리고 구문론적 혹은 단어 유형을 강조하는 교수적 방법을 정당화하기 위한 충분히 규칙적이라는 주장에 근거한 것이다. 이런 단어-유형 접근은 구어의 음운론적 그리고 형태론적 요소들 간의 규칙성과 쓰기언어에서 그들의 그래픽적 표현을 기본적으로 이용한다.

겉보기에는 철자에 대한 규칙에 수많은 예외가 있음에도 불구하고 많은 연구들은 미국 영어의 철자는 예측되는 유형과 음운론적 그리고 형태론적 규칙성에 근거한 체계를 가지고 있음을 증명한다. 교사들은 학생들의 철자법 교수를 위하여 어떤 단어를 선택하여 기본적인 언어학적 유형을 발견할 수 있도록 도와준다. 예를 들어, 음소 *oy*라는 철자 유형을 가르칠 때, 학생들이 음운적 일반화에 도움이 되는 *boy*, *joy*, *Roy*, 그리고 *toy*와 같은 단어들을 포함하는 것이다. 철자법에 대한 지도는 음운, 그리고 단어-분석 기술이 철자를 쓰는 동안 예측되도록 음운 교수에 통합할 수 있다.

**철자법에 대한 단어-빈도 접근** 철자법에 대한 단어-빈도 접근에서 철자 교수를 위한 단어는 음운론적 유형보다는 사용 빈도를 기초로 하여 선택한다.

철자쓰기 단어의 핵심은 아동과 성인의 작문에 대한 집중적인 조사를 거쳐 결정되었다(Fitzgerald, 1951). 우리 언어에서 몇몇 단어들은 반복해서 사용된다. 실질적으로 단 2,650개의 단어와 그들 파생어의 반복은 초등학교 아동의 작문에서 약 95%를 차지한다. 3,500개의 단어에 대한 기본 목록은 초등학교에서 학생들의 요구를 충족시키고(Fitzgerald, 1955), 작문 구성의 60%를 차지하는 100개의 단어는 **표 13.3**에 제시해 두었다.

철자법에 대한 단어-빈도 접근은 가장 빈번하게 일어나는 철자법 규칙의 많은 예외가 철자를 쓰는 초보자들에게 그 유형과 규칙을 전달하기 어려운 단어를 사용

**표 13.3** 쓰기언어에서 가장 일반적인 단어 100개

| | | | | |
|---|---|---|---|---|
| a | eat | in | our | there |
| all | for | is | out | they |
| am | girl | it | over | this |
| and | go | just | play | time |
| are | going | know | pretty | to |
| at | good | like | put | too |
| baby | got | little | red | tree |
| ball | had | look | run | two |
| be | has | made | said | up |
| big | have | make | saw | want |
| boy | he | man | school | was |
| but | her | me | see | we |
| can | here | mother | she | went |
| Christmas | him | my | so | what |
| come | his | name | some | when |
| did | home | not | take | will |
| do | house | now | that | with |
| dog | how | of | the | would |
| doll | I | on | them | you |
| down | I'm | one | then | your |

**표 13.4** 비공식적 철자 검사

| 1학년 | 2학년 | 3학년 | 4학년 | 5학년 | 6학년 | 7학년 |
|---|---|---|---|---|---|---|
| all | be | after | because | bread | build | although |
| at | come | before | dinner | don't | hair | amount |
| for | give | brown | few | floor | music | business |
| his | house | dog | light | beautiful | eight | excuse |
| it | long | never | place | money | brought | receive |
| not | must | in | sent | minute | except | measure |
| see | ran | gray | table | ready | suit | telephone |
| up | some | hope | town | snow | whose | station |
| me | want | live | only | through | yesterday | possible |
| go | your | mother | farm | bright | instead | straight |

하게 하였다는 논점에 기초한다. 이는 음소(구음)와 문자(쓰여진 상징) 간의 불규칙적 관계의 예로 설명하기 쉽다.

어떤 교사는 단어 *awful*에 대한 학생의 철자쓰기가 *offul*, *awfull*, *offel*, 그리고 *offle*를 포함하는 것처럼 다양하다는 사실을 알게 될 것이다. 이들 단어의 각각은 단어의 구어적 소리를 정확하게 발음적으로 전환한 것이다.

## 철자법에 대한 사정

**비공식적 검사** 비공식적 검사와 교사가 구성한 철자법 검사는 그 활용도가 매우 높다. 또한 교육과정 중심 사정은 교수에 직접적으로 연결된 철자법의 정보를 확보할 수 있는 방법으로 제공된다(Spinelli, 2006).

짧은 비공식적 철자 검사는 **표 13.4**에 제시해 두었는데, 이는 빈번하게 사용되는 단어 목록에서 10개의 단어를 선택하여 개발되었다. 학생들에게 각 학년 목록에서 3개의 단어만 틀릴 때까지 종이에 단어의 철자를 쓰도록 한다. 학생이 철자를 쓰는데 단 두 개만 틀릴 때까지 측정될 수 있다.

**공식적 검사** 철자법의 몇몇 공식적 검사들은 개별적 철자법 검사들이고, 다른 검사들은 종합적인 기초 학습 성취 검사의 일부이다. **표 13.5**는 일반적으로 사용되는 철자법 검사들을 제시하고 있다.

**표 13.5** 철자법 검사

| 검사 | 유형 | 평가 연령 혹은 나이 |
|---|---|---|
| Brigance Comprehensive Inventory of Basic Skills-Revised, Curriculum Associates http://www.curriculumassociates.com | 검사 | 유치원~9학년 |
| Peabody Individual Achievement Test-Revised(PIAT-R), AGS Pearson http://ags.pearsonassessments.com | 검사 | 유치원~12학년 |
| Test of Written Spelling-3(TOWS-3), ProEd http://www.proedinc.com | 철자법 | 1학년~12학년 |
| Wide-Range Achievement Test-4(WRAT-4) PAR Psychological Assessment Resources http://www.3parinc.com | 검사 | 5세~성인 |

## 13.3 필기

필기에는 3개의 다른 방법, 즉 (1) 인쇄체, (2) 필기체(가끔 사본이라고도 부름), (3) 자판 치기(혹은 타이핑)가 있고, 이 방법들은 현재 학교에서 가르치고 있다.

컴퓨터 단어 처리가 학교에서는 좀 더 일반적이지만, 필기는 여전히 반드시 필요한 능력이다. 필기는 학생들이 자신이 학습한 것을 교사에게 전달하는 주요한 수단이다. 성인들은 필기가 대부분의 일상생활에서 피할 수 없는 필요성을 가지고 있다는 것을 알고 있다.

필기는 가장 확실한 의사소통 기술이다. 필기는 출력에 대한 영구적 기록으로 직접 볼 수 있고, 평가할 수 있고, 보존할 수도 있다. 필기 과정은 복잡하고 서로 다른 기술과 능력에 의존한다. 필기 활동은 눈에 의한 시각적 기능, 눈의 움직임과의 협응, 눈과 손의 자연스러운 운동 협응, 어깨, 손 그리고 손가락 근육의 통제를 기초로 하는 예리한 시각과 운동 기술을 필요로 한다. 또한 필기는 문자와 단어를 쓰는 데 정확한 시각과 운동 감각의 기억을 요구한다.

매우 서투른 필기를 **실서증**이라고 부르는데, 이는 기본적으로 신경학적 조건 때문이라고 할 수 있다. 서투른 필기는 학생들이 필기에 요구되는 근육의 움직임을 효율적으로 수행하지 못하고, 쓰여진 문자 혹은 형태를 옮겨 적을 수 없는 것은 소근육 운동의 곤란 때문이다. 학생들은 시각적으로 입력된 정보를 소근육 운동의

Mike의 필기: 10세

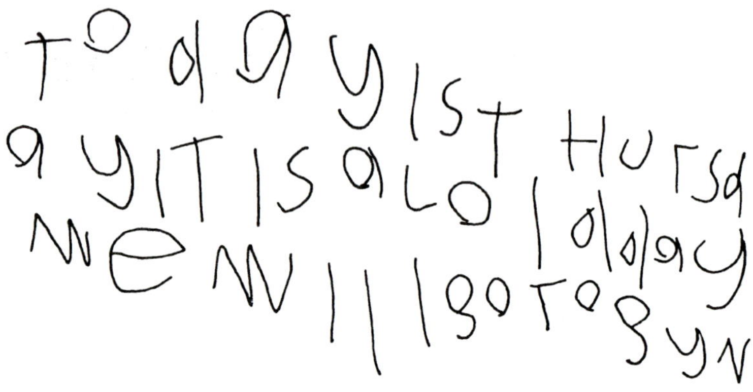

Allen의 필기: 10세

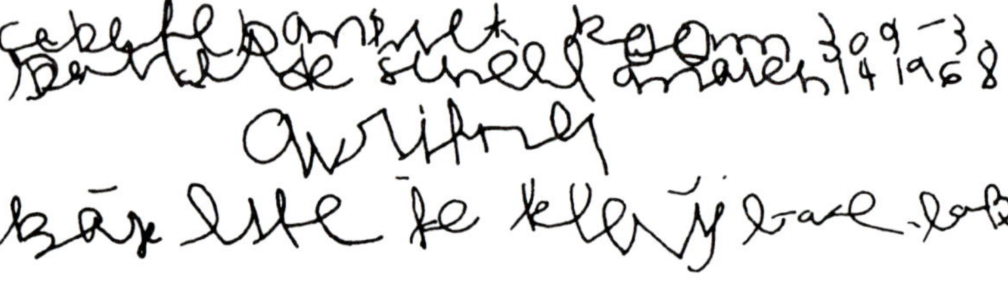

**그림 13.15** 쓰기 곤란을 보이는 두 명의 10세 소년의 쓰기 예시
(두 사례 모두 소년에게 예시문을 보여 주고 옮겨 적도록 함)

움직임을 통해 출력으로 전환하지 못할 수도 있고, 또는 운동과 공간적 판단이 요구되는 활동에 어려움을 가질지도 모른다. 몇몇 학생들이 문자를 보는 데 있어서 원거리 시각적 과제로는 해결할 수 없거나 칠판에 적힌 단어를 근거리 시각적 과제로 종이 위에 옮겨 적지 못할 때는 영양실조의 문제를 의심해봐야 한다. 기본적으로 필기를 방해하는 또 다른 문제는 빈약한 운동 기술, 문자와 단어에 대한 시지각적인 능력, 시각적 각인을 재생하는 데 어려움을 나타내는 것이다.

**그림 13.15**는 학습장애와 필기 곤란을 가진 두 명의 10세 소년의 쓰기 자료에서 일부를 제시한 것이다.

## 인쇄체 쓰기

필기 교수는 항상 아동들이 알파벳 문자를 쓰기 시작하는 유치원에서 **인쇄체 쓰기**로 시작된다. 인쇄체 쓰기는 일반적으로 1학년, 2학년, 그리고 3학년까지 지속

**인쇄체 알파벳**

A B C D E F G H I J K L M N O P Q R
S T U V W X Y Z a b c d e f g h i j k l m
n o p q r s t u v w x y z 1 2 3 4 5 6 7 8 9 10

**필기체 알파벳**

Aa Bb Cc Dd Ee Ff
Gg Hh Ii Jj Kk Ll
Mm Nn Oo Pp Qq Rr
Ss Tt Uu Vv Ww Xx
Yy Zz 1 2 3 4 5 6 7 8 9 10

**그림 13.16** 인쇄체와 필기체의 알파벳 예시

출처: From *Sample Manuscript Alphabet*, *Grade 3* and *Sample Cursive Alphabet*, *Grade 3*, 1958, Columbus, OH: Zaner-Bloser. 허락하에 재인용함.

된다.

인쇄체 쓰기는 확실한 이점이 있다. 인쇄체는 단지 원과 직선으로만 구성되어 있고, 읽기에서 사용되는 인쇄된 형태와 비슷하기 때문에 배우기가 좀 더 쉽다. 몇몇 교육가들은 인쇄체 형태가 합법적이고, 판독하기 쉽고, 그리고 빠르기 때문에 필기체로 전환할 필요가 없다고 믿는다. 학습장애 학생과 관련 경도장애 학생은 인쇄체 쓰기를 더 쉬워 한다. 인쇄체 문제는 **그림 13.16**에 제시해 두었다.

## 필기체 쓰기

**필기체 쓰기**(가끔 사본이라고도 부름)는 문자들을 연결한다. 학교에서 필기체 쓰기로 바꾸는 것은 5학년 후반이 되어서야 가르치는 것이 좋지만 일반적으로 3학년경에 가르치고 있다. 과거에는 필기 지도에서 필기체 쓰기를 강조했지만 오늘날 필기 지도의 목표는 기능성에 두고 가르치고 있다. 필기체는 다음과 같은 확실한 이점이 있다. (1) 학생들에게 공간적 판단을 최소화시킨다. (2) 인쇄체 쓰기에서는 부족한 리듬의 연속성과 전체성이 있다. 그리고 거꾸로 쓰는 문자는 필기체 쓰기에서 사실상 없어진다. 그러나 대부분의 학습장애 학생과 관련 경도장애 학생들은 인쇄체 쓰기를 배운 후에 필기체 쓰기로 전환하는 것이 어렵다. 필기체 문자의 예시는 **그림 13.16**에 제시한다.

또 다른 필기방법은 디닐리언(D'Nealian) 쓰기이다. 이 방법은 학생들에게 좀 더 쉽게 필기체로 전환하도록 도와준다. 디닐리언 쓰기는 인쇄체 문자가 필기체 문자에 대응하는 기본적인 형태를 유지하면서 인쇄체 모양을 간소화시킨 것이다. 대부분의 인쇄체 문자는 인쇄체 필기에 연결되도록 하여 지속적인 획을 만들고 학생들은 연필을 들어 올리지 않는다. 이 방법은 몇몇 학생들이 인쇄체 쓰기에서 필기체 쓰기로 전환하는 것을 좀 더 쉽게 한다. 디닐리언 쓰기의 웹사이트는 **http://www.dnealian.com/lessons.html**이다.

## 왼손잡이 학생

왼손잡이들은 종이 위에서 오른쪽에서 왼쪽으로 필기하는데, 이는 왼손잡이가 직면하게 되는 특별한 필기 문제가 된다. 왼손잡이는 왼쪽에서 오른쪽으로 필기하여 쓴 것을 보기 어려워한다. 그들의 손이 필기하는 것을 가리고, 종이를 움직여 필기한 것을 얼룩지게 한다. 얼룩을 피하려면 왼손잡이 학생들은 볼펜을 사용할 때 그들의 손을 갈고리처럼 들어 올려야 한다. 오늘날 왼손잡이는 당연하게 수용되고 있다. 잘 사용하는 손이 아직 고정되지 않은 학생들에게는 그들이 오른손으로 필기하는 것이 어려워해도 오른손으로 필기를 하도록 격려해야 할 것이다.

왼손에 강한 수행능력이 있는 학생들에게는 비록 왼손으로 필기하는 데 몇 가지 문제를 일으키고 특별한 교수를 요구하지만 왼손으로 필기하는 것을 허락해야 한다. 많은 연구들은 왼손잡이들이 오른손잡이보다 더 빠르게 쓰는 것을 배울 수 있다고 밝히고 있다. 왼손잡이 학생이 인쇄체 쓰기를 할 때는 종이를 기울어지지 않게 학생 앞에 바르게 놓아 주어야 한다. 필기체 쓰기에서는 종이의 상단이 오른손잡이 학생이 사용하는 기울임과는 반대방향인 북-북동쪽으로 기울어져 있어야 한다. 연필은 길어야 하고 연필 끝에서 약 1인치 떨어진 지점을 잡게 하고, 연필 끝에 달려 있는 지우개는 왼쪽 어깨 방향으로 향해 있어야 한다. 손의 위치는 새끼손가락의 바깥쪽에 무게를 실어 끌수 없도록 굽혀야 한다.

대부분의 단어-처리 프로그램은 왼손잡이의 클릭 위치로 마우스를 바꾸어 조절하도록 한다. 교사들은 왼손잡이들이 왼손잡이 클릭 위치를 사용하고 싶어 하는지에 관한 학생의 선호를 세심하게 살펴야 한다.

### 자판 치기 혹은 타이핑 기술

컴퓨터의 자판을 사용하는 기술은 **자판 치기** 혹은 타이핑 기술이라고 말한다. 필기를 어려워하는 학습장애 학생과 관련 경도장애 학생들은 종종 단어-처리 프로그램으로 그들의 필기 곤란을 해결할 수 있어 매우 기뻐한다. 자판 치기에 요구되는 운동 기술은 필기체 쓰기에서 요구되는 운동 기술보다 훨씬 쉬우며, 출력된 자료는 독자들에게 확실히 더 쉽게 읽힌다. 그러나 자판 치기는 학생들을 단순히 컴퓨터 앞에 앉히는 것만으로는 충분하지 않으므로 명백하고 일관된 교수가 반드시 제공되어야 한다. 처음부터 학생들에게 정확한 손가락의 위치를 가르치는 것은 자기 멋대로 자판을 치는 나쁜 습관으로 발전하는 것보다는 훨씬 더 낫다.

타이프에 대한 학습은 힘든 작업으로 훈련과 연습을 위한 풍부한 기회와 함께 오랜 시간 동안 직접적이면서 규칙적인 교수가 요구된다. 충분한 시간은 자판 치는 교수를 위하여, 그리고 학생들이 기술을 연습하기 위하여 제공해야 한다.

타이프 학습(Type to Learn; **http//www.K12software.com**)과 타이핑을 가르치는 마비스 베이콘(Mavis Beacon Teaches Typing; The Learning Company at **http//www.Learningco.com**)과 같이 학생을 위한 우수한 자판 소프트웨어 프로그램은 음성 교수적 원리에 기초를 둔다. 이 프로그램들은 화면에 새로운 자판을 누를 수 있는 방법과 자판을 보여 주면서 특별한 자판을 강조하여 자판을 치는 시범을 보여 주는 것으로 시작된다. 학생들이 새로운 자판을 사용하여 연습할 때, 그들은 정확성에 대한 피드백을 받는다. 연습을 위한 빈번한 기회를 제공하는 이 프로그램은 정확성과 속도 모두를 강조한 연습을 포함한다. 우수한 타이핑 교수적 프로그램은 학생들이 얼마나 빠르게 타이핑하는지에 관한 속도(일분당 단어 수)와 그들이 얼마나 많이 실수를 하는지에 관한 학생의 숙달 정도를 지속적으로 기록한다. 학생들은 이런 자판 치기 프로그램이 제공된 컴퓨터 타이핑 게임을 좋아한다.

## 교수 전략 Teaching Strategies

지금부터는 (1) 일반학급에서의 쓰기 전략, (2) 작문, (3) 단어 처리, (4) 철자법, (5) 필기의 영역으로 구분하여 쓰기에 도움이 되는 특별한 교수 전략을 설명한다.

## 13.4 일반학급에서의 쓰기 전략

쓰기 곤란을 가진 대부분의 학습장애 학생과 관련 경도장애 학생들은 일반학급에서 작문 수업을 받는다.

### 에세이 시험을 위한 교수

전체적 사정을 위한 시험에 종종 작문이 포함된다. 이런 작문 시험은 특별한 틀을 사용하는 훈련된 평가자에 의해 점수화하여 평가된다. 만족스럽게 작성된 에세이를 제출하려면 일반학급에 있는 학생들에게 점수화된 틀에 맞는 특별한 교수가 필요하다. 학생들에게 간단히 정보적 작문을 어떻게 발달시키는지에 대하여 가르치는 작문 틀의 요소들은 Jennings와 Haynes가 다음과 같이 설명한다(2006).

1. **주재 문장.** 주제 문장은 이 에세이에 작성된 것이 무엇인지를 의미한다.
2. **주제를 지지하는 3개의 문장을 작성하기.**
   a. **지지하는 문장 1.** 학생은 "무엇보다도 먼저"라는 서문의 단어로 문장을 시작한다.
   b. **지지하는 문장 2.** 학생은 "두 번째로"라는 단어로 문장을 시작한다.
   c. **지지하는 문장 3.** 학생은 "세 번째로" 혹은 "마지막으로"라는 단어로 문장을 시작한다.
3. **각각 지지하는 문장에 대한 설명을 제공하기.** 이는 주제 문장을 지지하는 배경으로 특별한 요인 혹은 지지 문장을 작성한다.
4. **결론 문장.** 학생은 "결론"이라는 단어로 문장을 시작한다. 이는 에세이가 무엇을 표현하였는지에 관한 최종 요약이다.

**교수 정보 13.1**, "작문 틀"은 위의 작문 틀에 따른 에세이를 예로 제시한 것이다.

대부분의 학습장애 학생과 관련 경도장애 학생들은 일반학급에서 쓰기 수업을 받는다. 일반학급 교사들은 모든 학생에게 작문을 가르치기 위한 전략에 익숙해져야 한다. 일반학급 교사들을 위한 몇몇 쓰기 전략은 **일반교육에 포함된 학생 이야기 13.1**, "쓰기 전략"에 제시되어 있다.

## 교수 정보 13.1

### 작문 틀

**주제 문장** 외부 활동을 즐겁게 하려면 기본 안전을 준수하는 것이 중요하다. 여러분이 외부 활동을 할 때, 적절한 시간에 보호 장비를 입고 보호 모자를 써야 할 것이다. 또한 여러분은 자전거를 탈 때 혹은 수영을 할 때는 우선 보호 장비를 준비해 두어야 할 것이다. 여러분은 친구와 함께 이런 준비를 해야만 한다.

**지지하는 문장** 우선, 여러분이 자전거를 타거나 스케이트보드를 탈 때, 여러분은 보호모자와 다른 보호 장비를 입어야만 한다. 보호모자는 여러분이 넘어졌을 때 여러분의 생명을 구해 줄 것이고, 다른 보호 장비는 또 다른 부상들을 막아 줄 것이다. 만약에 어떤 사람이 자전거나 스케이트보드에서 떨어진다면 그들은 부상을 입을 수 있다. 그 예로 나는 처음으로 두발자전거를 배우기 시작하였을 때 나는 늘 자전거에서 떨어졌었다. 나는 매일 어딘가가 부러지고 상처를 입었다. 내가 보호모자를 쓰고 있지 않았더라면 나는 머리에 큰 구멍이 났을 것이다. 감사하게도, 나는 빨리 자전거를 배웠다.

**지지하는 문장** 두 번째로, 누군가가 자전거를 타고 있을 때, 그들은 그들에게 맞는 보조 장비를 우선 챙겨야 한다. 누군가가 자전거를 타고 있을 때는 늘 그들이 상처를 입을 위험이 뒤따른다. 만약에 자전거를 타다가 부상을 당했을 때, 그들을 도와줄 사람이 주변에 없을 수도 있다. 그래서 나는 어디에서 자전거를 타든지, 나는 늘 우선 보조 장비를 챙긴다. 그 이유는 자전거를 타는 동안 부상을 입은 적이 있었기 때문이다. 나는 늘 혼자였고 발목을 삐곤 했다. 나는 나의 첫 번째 보조 장비로 발목을 보호할 수 있었다.

**지지하는 문장** 세 번째로, 친구와 함께하는 수영은 그런대로 안전하다. 그러나 수영은 늘 혼자서 하기 때문에 안전하지 않다. 누구든 수영을 하는 동안 빠질 위험이 있다. 만약에 여러분이 수영을 하려면, 여러분이 어디에 있는지 누군가에게 말해 두어야만 한다. 그 예로 어느날 나의 친구는 날씨가 너무 더워서 수영장에 가기로 결정했다. 그의 부모님은 집에 계시지 않았지만 그는 어쨌든 수영하러 가야겠다고 결심했다. 문제는 그의 부모님께 수영하러 간다는 쪽지를 남기지 않았던 것이다. 그의 부모님은 매우 걱정했다. 그가 탑필드에 있는 연못에 가기를 좋아했기 때문이다. 그 연못은 1년 내내 열어 두지 않는 곳이어서 그의 부모님은 그가 물에 빠진 것은 아닌지 걱정하기 시작했지만, 다행히도 그는 그저 연못 주변을 산책하고 있었다.

**결론** 결론적으로, 활동을 할 때 안전 규칙을 지키는 것은 중요하다는 것이다. 대부분의 나쁜 일들은 누군가가 안전 규칙을 지키지 않았을 때 일어난다.

**출처:** From "Essay Writing: An attainable goal for student with dyslexia," by Terrill M. Jenning & Charles W. Haynes, 2006, *Perspectives: The International Dyslexia Assoc*, *32*(2), 36–39.

## 일반교육에 포함된 학생 이야기 13.1

### 쓰기 전략

#### 작문

- 작문을 위한 충분한 시간을 할애해라. 학생들은 작문하기를 학습하라. 학생들은 1주에 네 번 정도 작문을 배우도록 하라.
- 개발된 철자를 사용하는 초등학교 학년에 있는 학생들도 장려하라.
- 작문 주제에 대하여 사고를 창조하는 브레인스토밍을 사용하라.
- 학생에게 창조적인 작문과 기능적 작문 모두가 포함된 작문 과제를 제시하라. 창조적 작문은 개인적 작문이고, 이에 비해 기능적 작문은 한 주제에 관한 정보를 전달한다.
- 학생들에게 집필 전 생각 정리하기, 초안 작성, 교정하기, 공유하기와 같은 작문 과정의 단계를 가르쳐라.
- 하나의 이야기를 계획해 가는 인스피레이션(**http://www.inspiration.com**)과 같은 그래픽 조직도를 사용하라.
- 이야기를 발달시키기 위해 마이크로소프트 파워포인트와 같은 발표 프로그램을 사용하라.
- 한 주제에 대한 조사를 위해 인터넷을 활용하라.

#### 철자법

- 한 시간에 배워야 할 철자쓰기 단어의 수를 제한하라.
- 새로운 단어의 음소를 분석하라.
- 다음절 단어의 음절을 지적하라.
- 친숙한 단어를 가르쳐라(예: at, sat, rat, mat).
- 주기적으로 재시험과 검토를 제공하라.
- 다감각전략을 활용하라(예: 단어 보기, 단어 말하기, 허공에 단어 쓰기, 심상으로 단어 보기, 종이에 단어 쓰기, 제시된 단어와 비교하기).
- 학생들에게 철자쓰기 단어를 학습하도록 동기 부여를 할 수 있는 게임을 활용하라. 예를 들어, 운명의 수레바퀴 게임은 특별히 철자쓰기 단어를 학습하는 것을 강화시켜 주는 즐거운 게임이다.

#### 필기

- 인쇄체 쓰기를 시작하고 선과 원의 구성에 대하여 설명하라.
- 교사는 작성된 문자의 명칭을 말하라.
- 학생들은 그들의 손가락으로 문자를 추적하게 하라.
- 문자를 위하여 점선을 활용하고 학생들은 연필로 점선을 따라 쓰도록 해라.
- 교사는 학생에게 지시를 한 번씩 해 주어라(예: 처음에는 내려가세요, 그리고 올라가세요).
- 학생들이 하나의 예시를 보면서 종이에 문자를 옮겨 적도록 해라.
- 학생들이 그 문자의 명칭을 말하면서 기억하여 문자를 적도록 해라.

## 13.5 작문 지도를 위한 전략

대부분의 학습장애 학생과 관련 경도장애 학생들은 작문에 대한 경험이 거의 없이 초등학교 혹은 중등학교에 올라간다. 부족한 읽기 기술을 개선하려는 많은 노력과 집중적인 수업은 종종 작문 수업에서도 빛을 발휘한다. 작문 학습은 다양한 종류의 작문을 읽기 위한 풍부한 시간과 기회를 요구한다.

작문 지도를 위한 몇몇 지침들을 **교수 정보 13.2**, "작문 과정 지도"에 제시한다.

## 교수 정보 13.2

### 작문 과정 지도

✔ **집중적인 작문을 위한 기회를 제공하라.** 학생 필자들은 생각하고, 반영하고, 쓰고, 그리고 다시 쓸 충분한 시간을 요구한다. 작문하는 어려움을 가진 대부분 학생들은 하루에 10분 정도도 작문 시간을 가지지 않는다. 작문 시간은 1주에 4일, 1일 50분으로 확장하는 것을 권한다. 작문에 집중하는 시간이 짧은 학생을 위하여 몇몇 작은 시간으로 작문 시간을 나누어라.

✔ **작문 환경을 만들어라.** 작문 교실의 분위기는 작문 활동을 육성해야 하고 협동적인 작문 학습을 장려해야 할 것이다. 교사들은 학생들의 현재 작문 프로젝트, 다 마친 작품에 대한 목록, 미래 주제를 위한 아이디어들, 그리고 개인적 철자쓰기 사전과 같은 작문 지원 자료들이 포함된 개인적 작문 폴더를 사용할 수 있다. 한 곳에 자료와 책을 보관해 두면 학생들이 교사에게 지원을 요청하지 않고 그들의 작문을 시작할 수 있다.

✔ **학생들에게 그들 자신의 주제를 선택하도록 허락하라.** 학생들이 작문 프로젝트의 주제에 개인적으로 흥미를 가질 때 가장 성공적이다. 만약에 그들이 좀 더 정보를 필요로 한다면, 즉시 다른 참고 자료를 읽고 인터넷을 활용할 수 있어야 한다.

✔ **쓰기 과정을 시범 보이고 생각을 소리 내어 말하라.** 작문에 대한 활동은 선생님과 친구들이 작문에 포함된 인지 과정을 시범 보였을 때 장려된다. 예를 들어, 선생님이 다음과 같이 생각한 것을 소리 내어 말하는 작문 전략을 시범으로 보일 수도 있다. "나는 나의 이야기에 미스터리 환경을 구성할 것이다. 유령의 집에 관한 것은 어떨까? 그 다음은, 나는 이 이야기의 인물들을 결정할 것이다…"(Graham & Harris, 1997).

✔ **청중의 감각을 개발하라.** 전통적인 작문 교육과정에서는 학생들이 교사를 위해서 작문하고 교사의 정확성에 대한 기준에 맞추어야 한다고 생각했었다. 그러나 청중에 대한 학생의 감각을 위해 또래 협동, 자문, 집단 공유, 그리고 출판에 참여하게 장려하라. 그들의 작문 과정을 작문에 전문가는 아니지만 친구들과 토론할 기회를 제공하라. 작문 프로젝트가 끝났을 때, 학생들은 또래 청중에게 그들의 작품을 읽어 줄 수 있고 그들의 작품에 대하여 토론할 수 있다.

✔ **학생들에게 작문의 소유권과 관리를 주어라.** 쓰기 과정의 목표는 필자에게 소유권과 관리를 넘기는 것이다. 학생들은 사고를 이끌어 내는 전략을 내재화하는 것을 배우고, 점진적으로 그들의 작문에 책임을 가지며 선생님의 지시 없이 작문을 할 수 있도록 한다.

✔ **학생의 흥미를 이용하라.** 학생들의 흥미를 파악하고 작문의 주제가 될 수 있는 적절한 사건에 민감해라. 운동, 학교, 음악, 영화, 지역이나 나라 소식, 여행, 가족 휴가, 혹은 공휴일에 대한 관심을 쓰기의 주제로 제시한다. 어떤 선생님은 장난을 좋아하는 난쟁이(못생기고, 요정 같은 얼굴, 다채로운 머리카락을 가진 인형)가 인기 있는 장난감이라는 것을 알게 되었다. 그래서 대부분의 학생들이 학교에 그 인형을 가져왔기 때문에, 선생님은 학생들에게 하루에 하나

(계속됨)

의 난쟁이 인형을 가져오도록 제한하였다. 그들의 관심을 이용하여 선생님은 학생들에게 그들 자신의 난쟁이 인형을 그림으로 그려 보고, 제조업자가 난쟁이 인형을 만든 이유가 무엇인지 이야기로 작성하여 말하도록 하였다.

✔ **징벌적인 채점을 피하라.** 학생들을 실망시키는 채점 행위를 용인하지 마라. 기술적인 형태가 아니라 오로지 아디이어를 채점하도록 하고, 몇 가지 과제를 위하여 혹은 아이디어를 위하여 한 가지, 그리고 기술적인 것을 위해 한 가지, 이렇게 두 가지의 성적만을 제시하라. 학생이 많은 영역에서 실수를 한다면, 대문자와 같은 오로지 하나의 기술만을 수정하도록 한다. 학생들이 그 기술을 다 습득하면, 다른 영역에 집중하라.

✔ **창의적 그리고 기능적 작문을 구별하라.** 창의적 작문과 기능적 작문의 수업은 목표가 서로 다르기 때문에 학생들은 서로 다른 기술이 요구된다는 것을 이해해야 한다. 창의적 작문의 목표는 아이디어를 발전시켜 작문 형태로 표현하는 것이지 기술적 완벽함에 대한 필요성은 적다. 이와는 반대로 기능적 작문은 학생들에게 특별한 형식을 학습하는 것을 요구한다. 예를 들어, 마지막 작품이 사업적 편지라면, 필자는 특정한 기준과 형식을 고수해야 한다.

✔ **풍부한 입력을 제공하라.** 학생들은 어떤 것에 관하여 작문할 필요가 있을 수 있다. 학생들이 작문을 쓰기 전에 그들이 작문을 위해 써 내려 갈 수 있는 여행, 창의적 활동, 텔레비전 쇼 보기, 영화, 혹은 운동과 같은 상황들로 충분한 직접 경험을 가지도록 한다. 그리고 이런 경험에 대하여 말해 보자.

✔ **빈번한 작문의 기회를 계획하라.** 학생들의 쓰기 기술을 발달시키려면 많은 작문 경험이 필요하다. 교사에 의해 수정(혹은 읽는 것조차)되지 않는 개인적 일기를 한 주에 일정한 페이지 수 만큼 작성하도록 하는 과제는 필요한 연습을 제공하고 작문의 질을 개선하는 데 좋은 방법이다.

✔ **문장을 어떻게 연결하는지에 대하여 가르쳐라.** 이 접근은 청소년과 성인에게 특히 유용하다. 교사는 여러 개로 분리된 핵심 문장을 쓴다. 학생은 이런 문장을 절과 접속사를 추가하여 좀 더 복잡한 문장으로 연결하도록 한다.

## 13.6 단어 처리를 위한 전략

다음은 작문을 가르치는 데 컴퓨터 단어 처리를 활용하는 몇 가지 활동이다.

- **어휘 확장하기.** 단어-처리 프로그램을 활용하여 컴퓨터로 문장이나 짧은 절을 쓰라. 몇 개 단어의 동의어를 찾기 위하여 컴퓨터 사전을 활용하라.
- **줄거리 연결 학습하기.** 정확하지 않은 일련의 상황을 몇 개의 문장으로 배치하라. 학생들이 적절한 문장으로 일련의 상황을 배치하기 위해 "오리기"와 "붙이기" 기능을 사용하게 하라.
- **이야기 시작하기.** 디스크에 이야기의 시작을 저장하고 개개 학생들과 계속하

여 담론을 가져라. 개개 학생의 이야기는 다른 학생의 이야기와 비교할 수 있다. 또 다른 변화로는 디스크에서 이야기를 시작한 다음 다른 학생이 다음 영역을 쓰고, 또 다른 학생이 그 다음 영역을 쓰면서 이어가라.

- **전자 일기 혹은 일지 쓰기.** 매일의 사건에 대하여 일기를 쓰는 것은 읽기와 쓰기 기술을 개선하는 데 효과적인 기술이다. 학생들은 종이에 적는 대신 단어-처리 소프트웨어로 컴퓨터를 사용할 수 있다.
- **e-메일 보내기.** 학생들은 메시지를 전달하기 위해 e-메일을 사용할 수 있다. 메시지는 학급의 학생들 사이에서 보낼 수도 있고, 교사와 학생 사이 혹은 전 세계를 통해 서로 다른 학급의 학생들에게도 보낼 수 있다.
- **책 보고서 쓰기.** 컴퓨터로 더 쉽게 책 보고서를 작성하고, 책 제목, 작가, 책의 유형, 요약, 그리고 학생의 이름과 같은 핵심 주제로 원형을 개발한다. 학생들이 책 보고서를 작성하는 것은 간단히 원형을 채워 넣고 각각의 주제 아래에 정보를 채워넣는 것이다.
- **학급 신문 작성하기.** 신문은 어떤 단어-처리 프로그램으로도 작성할 수 있다. 몇몇 상업적인 프로그램은 사용자가 작성하고, 설명하고, 붙이고, 그리고 신문과 유사한 페이지의 인쇄를 허락한다.
- **그래픽 사용하기.** 그래픽이 단어-처리 문서에 추가되면 단어-처리 문서가 좀 더 쉬워질 수 있다. 그래픽은 인터넷 사이트에서 찾을 수 있고, 사진은 디지털 카메라로 찍을 수 있다. 클립아트는 종종 단어-처리 소프트웨어 프로그램에서 가져오기도 한다. 그래픽은 스캔으로 스캔할 수도 있고, 학생들 자신만의 예술적 그래픽을 만들 수도 있다.
- **인터넷 사용하기.** 인터넷을 이용하는 학생들은 관심이 있는 주제에 관련된 좋은 정보를 발견할 수 있다(텍스트, 그림, 포토그래픽, 그리고 차트와 같은). 공룡, 야구, 운동, 혹은 캐나다의 역사와 같은 주제는 기관을 통해 조사할 수 있다. 그들의 조사에 의해 수집된 자료로 학생들은 줄거리와 보고서를 작성하고 다른 사람들과 그들의 보고서를 공유하기 위해 발표 파워포인트를 개발한다.

## 13.7 철자법 지도를 위한 전략

다음은 철자법을 지도하기 위한 전략이다.

1. **문자 소리에 대한 청지각과 기억.** 문자 소리에 대한 청지각 연습을 제공하는 것은 발음과 구조적 분석에 대한 지식을 강화하고, 발음의 일반화를 적용하는 기술을 개발시킨다.
2. **단어에 대한 시각적 기억.** 학생들이 단어에 대한 시각적 상상을 강화할 수 있도록 도와준다. 플래시카드와 컴퓨터 철자쓰기 소프트웨어는 철자쓰기의 속도를 향상시키고 기억을 강화시키는 데 사용한다(8장, "장애 유아"의 시지각과 기억을 개발하는 특별한 전략을 참고하라).
3. **철자법의 다감각 방법.** 철자법 수업을 받는 학생들은 해야 할 것들을 자주 잊어버린다. 다음은 시각, 청각, 운동감각, 촉각을 활용하여 철자법을 학습하려는 다감각 방법이다.
   a. **의미와 발음.** 학생들에게 단어를 보게 하고, 정확하게 발음하게 하고, 문장 내에서 단어를 사용하게 하라.
   b. **심상.** 학생들에게 단어를 "보고", 그 후에 본 단어를 말하도록 하라. 학생들이 그 단어의 각각의 음절을 말하고, 음절로 단어의 음절을 말하고, 구어적으로 그 단어의 철자를 말하고, 그러고 나서 공기 중에 혹은 적혀진 단어 위를 손가락으로 따라 쓰게 하라.
   c. **상기.** 학생들이 단어를 보도록 한 후 눈을 감고 심상을 그려보도록 하라. 구어적으로 그 단어의 철자를 말하도록 해라. 그런 다음, 눈을 뜨게 하고 자신이 심상으로 그린 단어가 맞는지 확인하게 하라.
   d. **단어 쓰기.** 학생들이 기억해서 단어를 정확하게 쓰도록 요청하고, 철자를 원본과 비교하여 검토한 후, 모든 문자를 확실하게 읽을 수 있는지 확인하라.
   e. **숙달.** 학생들이 그 단어를 가리고 쓰게 하라. 그들이 정확하게 썼다면, 그들에게 두 번 더 그 단어를 가린 채 쓰도록 하라.
4. **Fernald 방법.** 이 방법은 다감각적 방법이고, 철자법뿐만 아니라 읽기와 쓰기를 가르치는 데도 사용된다(Fernald, 1943/1988). 철자법 지도를 위한 Fernald 방법은 **교수 정보 13.3**, "철자법 지도를 위한 Fernald 방법"에 제시되어 있다.
5. **"검사-학습-검사" 방법 대 "학습-검사" 방법.** 학급에서 철자법을 가르치는 두 가지의 일반적인 방법은 "검사-학습-검사" 대 "학습-검사" 계획이다. 검사-학습-검사 방법은 늘 한 주가 시작될 때 사전 검사를 실시한다. 학생들은 사전 검사에서 틀린 단어들을 공부한다. 이런 방법은 학생들이 이미 알고 있

## 교수 정보 13.3

### 철자법 지도를 위한 Fernald 방법

a. 학생들에게 매우 성공적으로 밝혀진 새로운 방법으로 단어를 학습할 것이라고 설명한다. 그들은 배우기를 원하는 단어를 선택한다.
b. 선생님은 학생들이 지켜보는 가운데 4×10인치의 종이에 단어를 적으면서 그 단어를 말한다.
c. 학생들은 여러 번 반복하여 그 단어를 말하면서 따라 쓴 후에 새로운 종이에 단어를 말하면서 그 단어를 써 본다.
d. 학생들은 그 단어가 적혀진 원본을 보지 않고 기억하여 그 단어를 적는다. 만약에 그 단어가 틀렸다면 학생은 단계c를 다시 반복한다. 만약에 그 단어가 정확했다면 파일 박스에 넣는다. 파일 박스의 단어는 나중에 작문에서 사용될 것이다.
e. 마지막 단계에서는 학습할 단어를 위해 이렇게 힘든 옮겨 적기를 할 필요가 없다. 학생들은 교사가 단어를 적고, 단어를 말하고, 단어로 작문하는 것을 보면서 한 단어를 학습한다. 마지막 단계에서는 학생들이 인쇄물 안의 단어와 단어로 작문하는 것을 오로지 보는 것만으로 학습할 수 있다. 마침내, 그들은 그 단어를 단순히 보는 것만으로 학습한다.

는 단어들을 공부할 필요가 없도록 하기 때문에 꽤 좋은 철자법의 능력을 가진 나이가 많은 학생에게 효과적이다. 학습-검사 방법은 어린 학생이나 사전 검사에서 너무 많은 단어들을 틀리는 철자법 능력이 부족한 학생들에게 더 효과적이다. 학습-검사 방법은 검사가 실시되기 전에 적절하게 선택된 몇 개의 단어들을 공부한다.

6. **듣기 실습실, 오디오 테이프, 그리고 CD.** 철자법 수업은 오디오 테이프 혹은 CD에 쉽게 입력할 수 있다. 학생들이 스스로 공부할 수 있는 수준으로 발달시킨 후에 듣기 실습실에서 그들의 철자법을 완성시킬 수 있다. 이어폰은 개별화된 교수를 위해 허락되는데, 이는 많은 학생들에게 청각적 자극으로 산만해지는 것을 차단시킬 수 있다.
7. **전자 철자 교과서와 컴퓨터 철자법 검사.** 학생들은 철자법에 도움을 받기 위해 철자법 장치를 어떻게 사용하는지 배워야 할 것이다. 플랜크린 철자 교과서(http://www.franklin.com)는 전자 철자 교과서를 만들어 내는 업체 중 하나이다.

## 13.8 필기 지도를 위한 전략

다음은 필기 지도에 유용한 활동들을 제시한다.

1. 칠판 활동. 이 활동은 필기 교수를 시작하기 전에 연습을 제공할 수 있다. 원, 선, 기하학적인 모양, 그리고 숫자를 쓰는 것에는 어깨 근육, 팔, 손, 그리고 손가락을 활용하여 크고 자유로운 움직임을 만들 수 있어야만 한다. (부가적인 설명은 8장, "장애 유아"를 참고하라.)

2. 자세. 학생들은 적절한 높이의 책상과 편안한 의자에 앉아서 필기를 준비하도록 하라. 학생의 발이 바닥에 붙어 있는지, 그리고 두 팔뚝이 필기를 하려는 표면에 붙어 있는지 확인하라. 각각의 학생이 필기에 사용되지 않는 손은 종이의 가장 위를 잡고 있어야 한다. 학생들은 처음의 필기 활동을 위하여 일어서서 칠판에 쓰도록 해라.

3. 종이. 인쇄체 쓰기에서는 종이가 책상의 아래쪽 모서리에 평형이 되게 하여 삐뚤어지지 않도록 놓여야 한다. 필기체 쓰기에서는 오른손잡이 학생에게는 왼쪽으로, 왼손잡이 학생에게는 오른쪽으로 일정한 각도—수직에서 약 60° 정도—가 기울어져 있어야 한다. 학생들이 정확한 기울임을 기억할 수 있도록 책상의 위쪽과 종이의 위쪽이 평행이 되도록 테이프를 붙여 두라. 종이가 책상에서 미끄러지지 않도록 책상에 종이를 붙여 둘 수도 있다.

4. 연필 잡기. 필기장애를 가진 대부분의 학생들은 집게손가락을 연필 위에 올려놓고 엄지손가락과 중지손가락 사이로 적절하게 잡는 방법을 모르거나, 혹은 그렇게 잡을 수 없을 수도 있다. 학생들은 연필이 깎여진 위를 잡아야만 한다. 연필 잡는 위치에 테이프나 고무 밴드를 붙여 놓으면 학생들이 바른 위치에 연필을 잡게 도울 수 있다.

만약에 학생이 연필 잡기가 어렵다면 연필에 연습용 골프공(많은 구멍이 있는)을 꽂아 놓을 수도 있다. 학생들은 오른손으로 연필을 잡는 연습을 하기 위해 공의 주위에 엄지와 중지를 놓게 한다. 초보 크기의 연필, 큰 크레용, 그리고 펠트펜은 필기의 초보 단계에 있는 학생들에게 유용하다. 점토를 연필 잡는 위치에 붙여 놓으면 학생들이 연필을 잡는 데 도움이 될 것이다. 짧은 연필은 학생들이 연필을 정확하게 잡을 수 없기 때문에 피해야 한다. 또한 준비할 수 있는 한 다양한 유형의 연필을 잡아 보도록 한다.

5. **형판과 모형.** 기하학 형태, 문자, 그리고 수의 판지 혹은 플라스틱 모형을 만들어라. 학생들에게 하나의 손가락, 한 개의 연필, 한 개의 크레용으로 그 형태를 따라 가도록 하라. (모형이나 형판이 움직이는 것을 막기 위해 종이 위에 모형이나 형판을 클립으로 고정하라.) 그런 다음 형판을 제거하고 만들어진 모양을 보여 준다. 형판은 구멍으로 모양을 만들어 오릴 수도 있고 혹은 그 반대로 형판 외부의 가장자리로 모양을 만들어 오릴 수도 있다.

6. **따라 쓰기.** 흰색 종이 위에 굵게 검은 모양을 만들고, 그 문자 위에 반투명하고 광택있는 종이 혹은 투명한 종이 한 장을 클립으로 고정하라. 학생들이 형태나 문자를 따라 쓰게 하라. 처음에는 대각선과 원으로 시작하고, 그 다음은 수직선과 수평선, 기하학적 모양, 그리고 마지막으로 문자와 수의 순서로 진행하라. 학생들은 크레용이나 펠트펜으로 검은 문자를 따라 쓸 수 있고, 혹은 그들은 투명한 종이를 사용하여 쓸 수도 있다. 또 다른 방법은 투명지 위에 문자를 올려놓고 칠판이나 한 장의 큰 종이에 모양을 투사하는 것이다. 학생들은 투사된 그 모양을 보고 따라 쓰게 한다.

7. **선 사이에 그리기.** 학생들에게 다양한 넓이와 모양으로 이중 선 사이에 "길"을 만들어 주고 연습하게 하라. 그런 다음, 학생들에게 윤곽이 그려진 문자의 이중 선 사이를 따라가며 문자를 쓰도록 지시하라. 선의 방향과 순서를 표시하는데 화살표나 숫자를 사용하라.

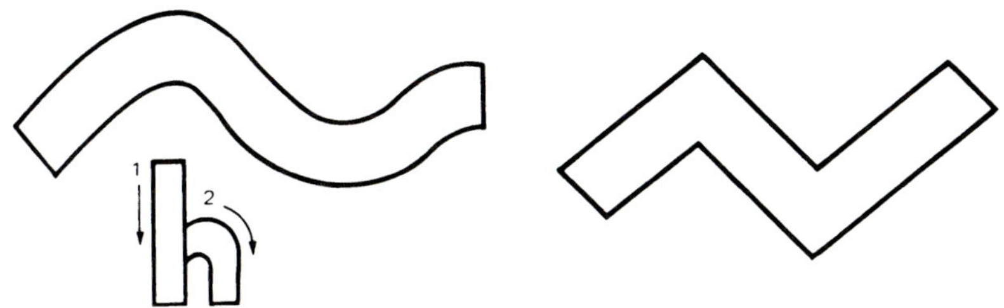


8. **점-대-점.** 완전한 모양을 그린 후 점을 활용하여 동일한 모양으로 윤곽을 그려라. 학생들에게 점을 연결하여 모양을 만들어 내도록 지시하라.

9. **단서를 줄이면서 따라 쓰기.** 완전한 문자 혹은 단어를 쓰고 학생들이 그 문자나

단어를 따라 쓰도록 하라. 그런 다음, 문자나 단어의 첫 부분을 쓰고, 학생들이 그 다음 부분을 쓰도록 한 후에 문자나 단어를 완성시키게 한다.

**10. 선이 그려진 종이.** 학생들에게 선이 그려진 종이를 사용하여 필기를 시작하게 하라. 나중에 학생들에게 문자의 배치에 도움이 되도록 넓은 선이 그려진 종이를 사용하도록 한다. 글자의 위치를 도와주는 색 단서로 특별히 선이 그려진 종이는 이런 활동에 유용하다. 일반적으로 선이 그려진 종이는 학생들이 문자를 만들 때 도움이 되는 단서가 된다.

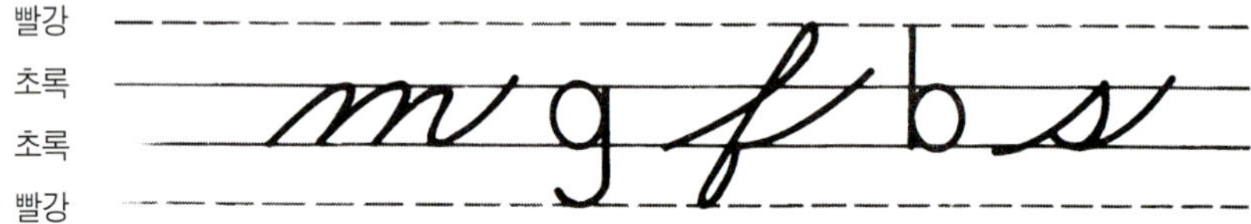


**11. 형판 선.** 선에서 멈추는 도움으로 좀 더 부가적인 도움을 필요로 하는 학생들을 위하여 테이프를 아래와 위에 붙일 수 있다. 창은 문자를 쓸 수 있는 공간으로 좀 더 안내를 제공하기 위하여 판지를 잘라내어 만들 수 있다. 다음의 그림은 한 개의 선, 두 개의 선, 그리고 3개의 선의 문자를 위해 3개의 창문을 한 장의 판지로 만들어 놓은 형판이다. 한 개의 선 문자인 *a*, *c*, *e*, *i*, *m*, *n*은 하나의 선 공간이 적절하다. 두 개의 선 문자는 *b*, *d*, *h*, *k*, *l*, *t*와 같이 위로 올라가는 문자이다. 세 개의 선 문자는 *f*, *g*, *j*, *p*, *q*, *z*, *y*와 같이 아래로 내려가는 문자이다.

12. **문자 어려움.** 필기체는 다음과 같이 쉬운 순서로 소개한다. 시작 글자로는 *m, n, t, i, u, w, r, s, l*과 *e*, 좀 더 어려운 글자는 *x, z, y, j, p, h, b, k, f, g* 그리고 *q*, 좀 더 복잡한 글자로는 *me, be, go, it, no* 등등.

13. **구어 단서.** 학생들이 문자의 형태를, 예를 들어 "아래–위–그리고–주위"와 같은 지시 듣기는 쓰기 활동에 도움이 된다. 교사들은 이런 구어 교수로 학생들에게 지시할 때 학생들이 산만해지지 않도록 주의해야 한다.

14. **단어와 문장.** 학생들이 하나의 문자를 쓰는 것을 배운 후의 교수는 단어와 문장을 쓰도록 진행해야 한다. 공간, 크기, 그리고 기울임은 이런 단계에서 고려되는 부가적인 요인들이다.

## 내가 알고 있는 한 아동…

### Rosie: 필기에 노력하는 학생

Rosie는 로사팍스중학교의 7학년에 다니는 12살 된 소녀이다. 그녀의 7학년 담임인 Trump 선생님은 Rosie가 쓰기 과제를 제출한 적이 없다고 말하였다. 하나의 줄거리를 작문하거나 어떤 과목의 과제로 보고서를 작성하도록 요청되었을 때 Rosie는 그 과제를 완성하지 못하거나 과제를 제출하지 않았다. Trump 선생님은 수업 중에 쓰기 과제를 하는 동안 Rosie를 관찰하였는데, Rosie는 무엇인가를 쓰려고 노력할 때 천장을 바라보며 골똘히 생각하는 것 같지만, 그녀는 결코 종이에 어떤 생각도 쓰지 못한다는 것을 알았다.

Rosie는 많은 강점을 가지고 있다. 그녀는 구어 활동을 매우 잘 하여 구두로 발표하는 것을 즐거워한다. 그녀의 읽기 기술은 평균 이상이다. 또한 그녀는 수학을 좋아하고 수학 과제를 잘 해 온다. Rosie는 친구들이 많고 그녀의 친구들과 잘 지낸다.

그러나 Rosie는 쓰기에 관해서만 문제를 보였는데 심지어 그녀의 필기는 무엇을 적었는지 읽을 수 없을 정도이다. Rosie는 여전히 인쇄체 쓰기를 사용하고 있고 필기체 쓰기로 이동하는 것을 거부하고 있다. 그녀는 정확한 방법으로 모든 문자를 연결하는 것이 너무 어렵다고 말한다.

작업 치료사인 Walter 선생님은 학교에서 아동들에게 관련된 지원을 제공한다. Walter 선생님은 Rosie가 쓰려고 애쓰고 있는 것을 관찰했고, 그녀의 쓰기는 매우 힘들고, 느리고, 매우 애쓰고 있다고 기록했다. 몇 가지 비공식적 평가들에서 Rosie는 모양과 도안과 같은 몇몇 소근육 운동 과제를 어려워한다는 것이 밝혀졌다.

작업 치료사인 Walter 선생님과 특수교사인 Joseph는 Rosie의 필기 어려움을 의논하기 위해 팀으로 모였다. 이 팀은 Rosie가 그녀의 작문 과제를 위하여 컴퓨터와 단어 처리를 할 수 있는 자판 치기 기술을 배우도록 권유했다. 특수교사는 Rosie에게 자판을 치는 기술을 가르칠 것이다.

#### 질문

1. 운동 기술이 매우 빈약한 학생들을 위하여 필기를 위해 적용 가능한 대안은 무엇입니까?
2. 학생들에게 자판 치기 혹은 타이핑 기술을 가르치는 데 중요한 전략은 무엇입니까?
3. 자판 치기를 소집단으로 가르칠 수 있다고 생각합니까? 아니면 꼭 개인적으로만 가르쳐야 합니까?

## 요약

1. 이 장에서는 쓰기언어에 대한 3개의 영역인 작문, 철자법, 필기에 대한 이론과 교수 전략을 설명한다.
2. 작문은 성취하는 데 가장 복잡하고 어려운 언어 기술을 고려해야 하고 학습장애 학생과 관련 경도장애 학생에게 문제로 빈번하게 나타난다.
3. 작문 과정은 집필 전 생각 정리하기, 초안 쓰기, 교정하기, 그리고 청중과 공유하기로 구성된다. 교수는 결과보다는 과정을 더 강조한다.
4. 작문을 위한 전략은 작문 담론, 개인 일기, 작문 형식, 그리고 그래픽 조직도를 활용하는 것이 있다.
5. 단어 처리는 모든 언어 체계를 통합하기 때문에 작문을 가르치는 데 우수한 수단으로 제공된다.
6. 철자법은 언의의 말하기와 쓰기 형태 사이에 나타나는 불규칙성 때문에 특히 더 어렵다. 아동들의 철자법 발달은 몇 가지 구별된 단계를 거쳐 진행한다. 그들의 발달 속도는 다르지만 단계는 순차적으로 모두 거쳐 간다.
7. 개발된 철자법은 단어를 쓰려는 필자의 시도이기 때문에 격려되어야 한다. 개발된 철자법은 정확한 철자의 정확성을 발달시킨다.
8. 필기는 학습장애인과 관련 경도장애인에게 어려움을 보이는 소근육 운동 기술을 활용한다. 특별한 고려는 왼손잡이 학생에게 인쇄체 쓰기와 필기체 쓰기를 가르치는 것에서 이루어져야 한다. 필기에 어려움이 많은 학생들은 컴퓨터나 단어 프로세서를 사용하여 도움을 받는다. 타이핑이나 자판 치기 기술을 가르치는 것은 학생들에게 매우 중요하다.
9. 특별한 교수 전략은 작문, 단어 처리, 철자법, 그리고 필기로 구분하여 설명한다.

## 교육정보 비디오 사례 활동

**13장을 읽은 후에** Education CourseMate 웹사이트에 들어가 "초기 쓰기 교수: 쓰기 과정(Elementary Writing Instruction: Process Writing)"이라는 제목의 교육정보 비디오 사례(Teachsource Video Case)를 보길 바란다. 이 비디오에서 학급 선생님과 읽기 쓰기 능력의 코디네이터가 함께 다양한 단계의 쓰기 과정에 있는 학생들을 돕는 작업을 한다. 이 학생들은 사회적 연구와 역사적 소설을 창작하기 위해 역사로부터 아이디어를 얻는다.

## 질문

1. 이 비디오에서 학생들은 쓰기를 위하여 어떻게 아이디어를 얻고 있습니까?
2. 이 비디오에서 보이는 쓰기 과정의 단계는 무엇입니까?

## 토론과 심화질문

1. 작문 과정과 작문 결과에서 나타나는 교수 사이의 차이점은 무엇입니까?
2. 작문 과정의 단계를 기술해 봅시다.
3. 작문에서 사용될 그래픽 조직도는 어떻게 사용할 수 있습니까?
4. 쓰기에서 컴퓨터 단어처리과정이 가지는 이점에 대하여 토론해 봅시다.
5. 개발된 철자란 무엇입니까? 개발된 철자는 유아의 쓰기에 어떤 영향을 미칩니까?
6. 학습장애 학생과 관련 경도장애 학생이 쓰기언어에서 나타내는 문제의 종류는 무엇입니까?

## 핵심 용어

개발된 철자법 … 474
교정 … 477
그래픽 조직도 … 483
단어 처리 … 485
실서증 … 499
인쇄체 쓰기 … 500
자판 치기 … 503
작문 결과 … 475
작문 과정 … 476
집필 전 생각 정리 … 476
철자법에 대한 단어-빈도 접근 … 497
철자법에 대한 단어-유형 접근 … 496
청중과의 공유 … 478
초기 문해 … 473
초안 작성 … 477
필기체 쓰기 … 501

# 14장

# 수학 곤란

Elizabeth Crews

“나는 듣고 잊어버린다. 나는 보고 기억한다. 나는 직접 해 보고 이해한다.”

—CHINESE PROVERB

## 이 장의 차례



몇 몇 학습장애 아동과 관련 경도장애 아동은 언어와 읽기는 잘 하지만 수학과 양적 학습에 문제를 보인다. 학습장애 학생을 위한 2개의 수학적 문제 영역은 장애 아동교육개선법(IDEA-2004)에 (1) 수학적 계산, (2) 수학적 추론으로 분류되어 있다. 수학에서 이런 영역의 곤란은 학교에서의 수학 성취와 나중의 인생에서 성공하는 데 방해가 된다.

이 장의 “이론” 영역에서는 (1) 총체적 언어로서 수학, (2) 수학적 곤란, (3) 조기 수 개념과 수 감각, (4) 수학 장애의 특징, (5) 중등 수준에서의 수학 장애, (6) 수학 기준, (7) 수학 교수를 위한 학습 이론, (8) 수학 성취에 대한 사정을 검토할 것이다.

이 장의 “교수 전략” 영역에서는 수학을 가르치기 위한 전략과 방법에 대하여 살펴볼 것이다.

# 이 론 Theories

우리는 수학적 세상에 살고 있다. 초기 문화와 언어 집단은 수량과 수학에 포함된 개념을 활용한다. 수학은 수량적 요소와 관계에 관하여 생각하고, 의사소통 개념으로 인간 존재를 가능하게 하는 상징 언어이다. 또한 수학은 모든 문화와 문명을 위해 중요하기 때문에 총체적인 언어라고 할 수 있다. 모든 문화, 사회 계층, 언어, 인종 집단에서 아동들은 수량적인 환경과 사건들이 풍부한 자연적 환경에서 살아간다. 또한 모든 문화, 언어, 사회적 계층, 인종 집단에서 인간 존재는 수량을 통한 기록과 의사소통의 개념에 관하여 생각한다. 몇몇 문화에서 아동들은 블록으로 수를 세기도 하고 또 다른 몇몇 문화에서는 돌로 수를 세기도 한다.

학생들은 그들이 좋아하는 야구팀의 점수로 시합에 서는 선수들을 비교하고, CD구입을 계획하고 영화표를 구입할 때 수학적 개념에 의존한다. 청소년과 성인들이 그들의 예산, 수표장의 균형, 혹은 전표의 사용을 계획할 때, 그들은 수학을 사용하게 된다. 직장이나 매일의 생활에서 요구되는 수학적 사고와 **문제 해결**의 정도는 계속 증가하고 있다(National Council of Teacher of Mathematics, 2000, 2006).

## 14.1 수학 곤란과 수학 학습장애

많은 학생들은 수학 기술을 습득하고 사용하는 것을 어려워한다. 연구자들은 수학에 문제를 보이는 사람들을 2개의 서로 다른 집단, 즉 (1) 수학 곤란을 가진 학생, (2) **수학 학습장애** 학생으로 구별하였다. 이 책에서는 두 집단 모두를 위한 교수 전략을 제공한다. 수학 곤란을 가진 학생들은 수학성취 검사에서 빈약한 수행을 보인다. 8학년[30] 학생의 30%넘게 전국학업성취평가(National Assessment of Educational Progress: NAEP)의 기본적 수학 수행에서 낮은 점수를 획득한 것으로 나타났다(Maccini, Strickland, Gagnon, & Malmgren, 2008; Mazzocco, 2007).

그에 반해서 수학 학습장애 학생들은 총인구의 약 6%로 나타났다(Mazzocco, 2007). 수학 학습장애는 생물학적 원인으로 인한 장애인데, 특히 인지처리과정과 뇌기능의 어려움에 관련되어 있다. 자기공명영상(fMRI)에 대한 연구는 이런 인지처리과정 역기능을 보여 준다(Mazzocco, 2007; Gersten, Clarke, & Mazzocco, 2007).

학습장애 학생들의 약 26%가 수학 영역에서 문제를 보인다. 장애 학생들 중 50%가 넘는 학생들이 그들의 개별화 교육 계획(IEP)에 수학 목표를 설정해야 한다(Kunsch, Jitendra, & Sood, 2007; Miller & Hudson, 2007; Cass, Gates, Smith, & Jackson, 2003).

**계산장애**라는 용어는 의학적으로 수학에서 심각한 장애로 기술되는 용어이다. 성인들이 뇌손상으로 인하여 산수에서의 능력이 손상되었을 때 의학적 전문가들은 계산장애로서 신경학적 손상에 관련된 수학적 기술이 손상된 것으로 분류한다. 읽기에서 유사한 용어로는 난독증이 있는데, 이는 의학적 그리고 인지적으로 읽기 기술이 손상된 것을 의미한다.

수학 곤란과 수학 학습장애 모두는 초등학교에서 나타나서 중등학교 연령까지 지속된다. 학령기 동안 개인에게 어려운 문제는 수학 장애이고, 성인이 되어 매일의 일상을 살아가는데 그것들의 손상이 지속된다(Maccini, Mulcahy, & Wilson, 2007; Adelman & Vogel, 2003; Cass et al., 2003). 4학년에서 심각한 수학적 곤란으로 분류된 약 절반 정도의 아동은 3년 후에도 여전히 심각한 수학 곤란으로 분류될 수 있다(Gersten & Jordan, 2005; National Center for Learning Disabilities, 2006; Swanson, 2007).

학습장애뿐만 아니라 관련 경도장애도 수개념을 어려워한다. 사실, 심한 읽기장애 아동 중 몇몇은 수학을 잘하고 수량적 사고에 강한 재능을 보이기도 한다.

수학 장애의 확인과 관리는 읽기장애에 관련된 문제보다 좀 더 관심을 받는다(Fuchs, Fuchs, & Hollenbeck, 2007; Gersten, Clarke, & Mazzocco, 2007). 대부분의 일반교육에서의 수학교육과정은 수학 곤란 학생들 사이에 나타나는 수학적 학

30) [역자 주] 한국의 경우 중학교 2학년에 해당한다.

습의 차이에 충분한 주의를 할애하지 않는다. 또한 일반교육의 수학교육과정은 수업, 안내된 연습, 혹은 실제적 적용을 할 수 있는 충분한 시간을 주지 않는다. 게다가 수학적 개념은 수학을 어려워하는 학생들에게 너무나 빠른 속도로 소개된다. 만약에 학생에게 수학적 개념을 완전히 파악할 수 있는 충분한 시간을 주지 않거나, 또 다른 수학적 개념이 소개되기 전에 충분한 연습의 기회를 제공하지 않는다면 그들은 의기소침하거나 혼돈할 수도 있다(Cawley & Foley, 2001; Butler, Miller, Crehan, Babbitt & Pierce, 2003).

## 14.2 조기 수 개념과 수 감각

수 감각은 양에 관하여 생각하는 능력을 의미한다. 유아들을 위한 수 감각의 예로는 수 세기 능력, 사물을 종류별로 짝지어 분류하기, **일대일 대응**을 이해하기가 있다. 몇몇 아동들은 어린 나이에 수 감각에 대한 어려움이 시작된다. 수 감각은 사물을 조작했던 아동의 경험에 달려 있다. 불안정한 지각적 기술, 주의 문제, 혹은 운동 발달에서 어려움을 보이는 아동들은 양, 공간, 순서, 시간, 혹은 거리를 이해하는 방법을 기초로 하는 조작 활동의 경험이 부족할지도 모른다(Berch & Mazzocco, 2007; Kephart, 1971).

아동들에게 수학 과제의 수행을 기대하였을 때, 그들은 아직 수학 학습에서 요구되는 조기 기술을 습득하지 못했을 수도 있다. 만약에 이런 아동들에게 사전에 반드시 필요한 경험들을 가지기 전에 수 개념을 소개한다면, 그들은 수개념을 이해하지 못하고 혼돈스러워 할 것이다. 수학을 배우는 것은 연속하여 일어나는 과정이고, 아동들은 다음 단계에 들어가기 전에 선수 단계의 기술들을 습득해야만 한다(Jordin, Kaplan, Locuniar, & Ramineni, 2007).

**조기 수 학습**과 수 개념은 (1) 일대일 대응, (2) 수 세기, (3) 공간 관계, (4) 시각-운동과 시-지각 능력, (5) 시간과 방향 개념의 기술들을 포함한다.

### 일대일 대응

일대일 대응은 첫 번째 세트의 한 요소와 두 번째 세트의 또 다른 요소를 짝짓는 능력을 의미한다. 예를 들어, 어떤 아동이 한 집단에 있는 각각의 아동들을 위해 하나의 책상 위에 한 개의 과자를 올려놓는 것이다.

## 수 세기

수 세기는 수로 사물을 셀 수 있는 능력을 필요로 한다. 우선, 아동들은 한 세트의 사물을 가리키며 구두로 각각의 사물을 셀 것이다. 몇몇 아동들은 신속하게 사물의 수를 확인하는 데 필요로 하는 능력인 집단(혹은 세트) 안의 사물을 볼 수 없을 수도 있다. 두 번째 수 세기의 발달 단계는 "모두 세기"와 "세어서 합산하기"로 구분할 수 있다. "모두 세기"는 아동들에게 두 집단의 사물들을 세어 보게 하면 숫자 1로 시작하여 각각의 모든 사물을 세는 것이다. "세어서 합산하기"에서는 아동들이 큰 집단의 수를 우선 세기 시작하고, 그 다음으로 작은 집단의 수를 각각 센다. 4개의 집단에 3개의 집단을 더하라고 했을 때, 수학에 어려움을 보이는 어린 아동들은 큰 집단으로 수를 세어 더하는 대신에 숫자 1로 시작하여 모든 집단의 사물을 세는 것을 고집할 것이다(Bley & Thornton, 2001; Van de Walle, Karp, Bay-Williams, 2010).

## 공간 관계

일반적으로 어린 아동들은 서로 맞는 냄비, 후라이팬, 박스와 같은 사물, 그리고 용기에 들어갈 수 있는 사물들을 가지고 놀면서 공간 관계를 배운다. 이런 놀이 활동은 공간, 계열, 그리고 순서에 대한 감각을 발달시키는 데 도움이 된다. 수학에 어려움을 보이는 아동들의 부모들은 종종 그들의 아동들이 이런 활동을 즐거워하지 않았고, 취학 전에 블록, 퍼즐, 모형, 혹은 조립식 장난감을 가지고 놀지 않았다고 말한다. 이런 아동들은 조기 수-학습 경험을 놓친 것이다.

**공간 관계**에 대한 대부분의 경험은 일반적으로 취학 전 연령에서 획득된다. 수학 장애를 보일 것으로 예측되는 아동들은 위-아래, 높음-낮음, 가까운-먼, 앞-뒤, 시작-끝 그리고 가로지르기와 같은 개념에 당황한다. 또한 그들은 **수직선** 혹은 자 위에 있는 수 사이의 거리를 인식할 수 없거나 숫자 3이 4 혹은 6 중 어느 수에 더 가까운지에 대하여 알지 못한다.

## 시각-운동과 시-지각 능력

수학적 어려움을 가진 아동들은 시각-운동 능력과 시-지각 능력을 요구하는 활동을 힘들어한다. 시각-운동 능력은 그림 혹은 모양 등 어떤 것을 보고 움직임으로 결합하는 능력이다. 시-지각 능력은 어떤 것을 보고 해석하는 능력을 의미하는데,

예를 들어, 기하학적 모양을 전체적으로 완성하고 통합하여 시각적으로 인지하는 능력을 들 수 있다. 시-지각이 곤란한 아동들에게는 정사각형이 정사각형 모양으로 보이지 않고 연결되지 않는 4개의 선으로 보인다. 몇몇 아동들은 사물을 가리키며 "하나, 둘, 셋, 넷, 다섯"이라고 말하면서 일련의 사물들을 셀 수 없을 것이다. 이런 아동들은 처음에 신체를 활용하면 사물을 잡거나 조작하는 것으로 수 세기를 배워야 한다. 몇몇 아동들은 시각적으로 숫자를 지각하는 것을 배우는 데 어려움을 가진다. 그들은 숫자 1과 숫자 4의 수직 획을 혼돈하거나 숫자 3의 일부로 숫자 2를 절반의 윗부분으로 혼돈하기도 한다.

종종 부적절한 수학 능력을 가진 아동들은 시각-운동 과제가 서툴다. 그들은 모양을 인지하고, 공간적 관계를 알고, 공간적 판단을 형성하는 것이 어렵기 때문에 기하학적 형태, 모양, 수, 혹은 문자를 옮겨 적을 수도 없다. 이런 아동들은 산수뿐만 아니라 필기에도 많은 노력이 필요하다. 아동들이 쉽게 숫자를 쓰지 못한다면, 그들은 그들이 쓴 숫자를 적절하게 배열할 수도 없고 계산적 오류도 범할 것이다.

## 시간과 방향 개념

시간에 대한 개념은 일반적으로 취학 전에 습득한다. 예를 들어, 4세가 되면 "잠자는 것"으로 할머니가 올 때(예: 할머니는 세 밤 자면 여기에 있을 거야)까지의 시간을 헤아린다. "10분 전", "30분 안에", 그리고 "나중에"와 같은 표현은 취학 전에 어휘를 말하고 이해하는 일부이다. 1학년 후반에 아동들은 30분이라고 말하는 시간과 가장 근접한 시간의 중간 정도로 예측한다.

수학적 어려움을 가진 대부분의 학생들은 시간과 방향에 대한 감각이 부족하다. 그들은 친구의 집에 가는 방법, 혹은 학교에서 그들 자신의 집에 가는 방법을 쉽게 잊어버리거나 찾아갈 수 없을 수도 있다. 그들은 가끔 아침인지 오후인지 잊기도 하고, 심지어는 쉬는 시간을 학교가 다 끝난 것으로 생각하고 집으로 가는 경우도 있다. 그들은 한 시간, 일 분, 몇 시간, 몇 주의 시간적 순환을 예상하는 것이 어렵고, 그들은 과제가 얼마나 오래 걸리는지 예측할 수 없을 수도 있다. 또한 그들은 과제를 완성하는 데 필요한 시간을 판단하여 배분하지 못한다.

## 14.3 수학 장애의 특성

학습장애 학생과 관련 경도장애 학생의 대부분의 특성은 수적 학습에 영향을 미친다. 그러나 수학에 어려움을 호소하는 개개의 학생들은 독특하여 모두에게 동일한 특성이 나타나지는 않는다. 여기에서는 수학적 어려움을 보이거나 수학 학습장애를 가진 학생들의 특성인 (1) 정보처리 곤란, (2) 언어와 읽기 능력, (3) 수학 불안에 대하여 살펴보기로 한다.

### 정보처리 곤란

학습에 대한 정보처리 모형은 5장에서 이미 설명하였다. 간략하게, 정보처리는 학습하는 동안 정보의 흐름을 따라가는 것이다. 대부분의 정보처리에 대한 요소는 주의를 할애하고, 시공간적 처리, 청각적 처리, 장기 기억과 복구, 작업 기억, 그리고 운동 기술과 같은 것으로, 이들은 수학적 학습과 긴밀하게 연결되어 있다(Geary, Hoard, Nugent, & Byrd-Craven, 2007; Cirino, Flecther, Ewing-Cobbs, Barnes, & Fuchs, 2007; Wilson & Swanson, 2001). **표 14.1**은 정보처리에 대한 요소에 관련된 문제들이 수학에 어떻게 영향을 주는지에 대하여 제시한 것이다.

**표 14.1** 수학에서 정보처리와 문제

| 정보-처리 문제 | 수학적 기능에 대한 영향 |
|---|---|
| 운동 문제 | • 읽기 어렵고, 느리고, 그리고 부정확한 수 쓰기의 문제<br>• 작은 공간에서 수 쓰기 어려움 |
| 주의 문제 | • 계산 수학 단계에서 주의를 집중하기 어려움<br>• 수학 수업 동안 주의를 집중하기 어려움 |
| 기억과 인출 문제 | • 수학적 사실들을 기억하지 못함<br>• 단계의 순서 잊어버림<br>• 단어 문제에서 많은 단계를 잊어버림 |
| 시공간적 처리 문제 | • 시각적 어려움<br>• 숫자 정렬의 문제 |
| 청각적 처리 문제 | • 청각적 산수 사실을 기억하는 데 어려움<br>• 세어서 합산하기에 어려움 |

## 언어와 읽기 능력

양에 대한 조기 개념은 모두 없다, 그것이 전부다, 좀 더, 크다, 그리고 작다와 같은 언어를 아동이 사용하는 것으로 나타난다. 비록 몇몇 수학 장애를 가진 아동들은 구어적 기술이 뛰어나고 심지어는 글도 잘 읽지만, 대부분의 수학 장애는 구어 결함과 읽기 결함으로 인해 더 심해진다. 그들의 언어 문제는 더하기, 빼기, 옮기기, 빌려오기, 그리고 **자릿값**과 같은 수학적 용어를 혼동하는 것에서 그 원인을 찾을 수 있다. 수학적 단어 문제는 특히 읽기장애를 가진 학생에게 어렵다. 그들이 수학 문제의 기본적인 언어 구조를 이해할 수도 없고 읽을 수도 없다면, 그들에게 문제를 풀도록 요구하는 과제를 계획할 수도 없고 수행시킬 수도 없다(Bley & Thornton, 2001).

## 수학 불안

**수학 불안**은 사람들이 수학 문제에 직면하였을 때, 혹은 수학 시험을 볼 때 긴장하는 원인이 수학에 대한 정서에서 비롯한 반응을 의미한다. 이 불안은 학교에서의 실패와 자존감을 잃으면서 일어난 공포로부터 초래한다. 뇌 영상(fMRI)을 사용하는 뇌 연구는 스트레스와 불안에 대한 유발은 실질적으로 뇌의 특별한 영역에서 일어난다고 밝혔다(Lytle & Todd, 2009). 불안은 수학 학습에 많은 영향을 끼친다. 처음으로 수학을 배우면서 어려움을 보인 수학 장애를 가진 학생들은 학교에서 수학 과제를 수행하지 않을 수도 있고, 그들이 가진 수학적 지식을 사용하거나 전환할 수 있는 능력을 방해받기도 하고, 그들이 시험에서 지식을 증명하려고 노력할 때 문제를 보일 수도 있다(Ashcraft, Krause, & Hopko, 2007; Barkley, 2006; Slavin, 2009).

대부분의 학습장애 학생과 성인들은 수학에 대한 불안을 지속적으로 수반한다고 보고한다. 사람이 어디에 갈 때 긴장되는 것을 진정시키는데, 긴장된 사람은 당황할 때 불안이 생긴다고 말한다. 그런 사람들은 자신의 감정을 "나는 바른 단어를 선택할 수 없어요. 나는 떨고 있고 몸부림 치고 있어요."라고 표현하였다(Smith, 1991). **교수 정보 14.1**, "수학 불안을 다루는 지침들"은 수학 불안을 다루기 위한 제안들을 제시한 것이다.

## 교수 정보 14.1

### 수학 불안을 다루는 지침들

- ✔ 조심스럽게 경쟁을 활용하라. 학생들은 학급 혹은 학교에서 다른 사람보다 그들 자신과 경쟁하게 하라. 경쟁적 상황에서 학생들이 성공할 수 있는 좋은 기회를 확실하게 마련하라.
- ✔ 학생들에게 유사한 시험에 대한 연습을 제공하라. 학생들은 시험의 절차에 친숙해져야 한다.
- ✔ 분명한 교수를 활용하라. 학생들에게 어떤 수학 과제를 하는지 확실하게 이해시켜라. 학생들에게 간단한 예시 문제를 질문하여, 그들에게 과제를 확실히 이해시켜라. 새로운 수학 과정에 들어갈 때에는 학생들이 그 공부를 어떻게 해야 하는지에 관한 예시, 혹은 시범과 연습을 많이 제공한다.
- ✔ 불필요한 시간 부담을 피하라. 학생들에게 수업 시간 내에 수학 과제를 완성할 수 있는 충분한 시간을 제공하라. 가끔 시험을 숙제로 내어 주어라. 필요하다면 완성해야 할 문제의 수를 줄여라.
- ✔ 시험 보는 상황에서 압박감을 제거하도록 노력하라. 학생들에게 시험을 치르는 전략을 가르쳐라. 시험 보는 것에 대한 연습 기회를 제공하라. 시험 유형은 명확하게 하고 학생들이 그 유형에 친숙해지도록 해라. 예를 들어, 학생들은 다음과 같은 유형의 문제에 친숙해져야 한다.

$$\begin{array}{r} 7 \\ +8 \\ \hline \end{array}$$

이 학생은 동일한 문제가 다른 유형으로 표현되는 다음과 같은 시험에 친숙하지 못할 수도 있다.

$$7+8=$$

## 14.4 중등 수준에서의 수학 장애

중학교와 고등학교에 있는 학습장애 학생들과 관련 경도장애 학생들의 수학 문제는 초등학교의 수준과는 다르다. 중등학교의 수학 교육과정은 점점 더 정교하고 추상적이고, 기초 기술이 학습되었다는 가정하에 실시된다. 고등학교 수준에서 증가되는 수학적 요구와 좀 더 많은 시험에 대한 압박은 수학에 어려움을 가진 학생들에게 불리한 영향력을 미칠 수 있다(Maccini & Gagnon, 2006; Deshler et al., 2001).

미국의 고등학교 졸업에서 요구되는 수학은 좀 더 엄격하다. 고등학교 졸업은 가장 최고의 단계인 대수학이라는 수학과정을 통과해야 하는 것을 조건으로 하는데, 이는 과거 대학 예비 교육과정으로 학생들에게 요구되었던 조건이다. 지금은 미국의 많은 주에서 모든 학생의 졸업 요건에 대수학이 포함된다(National Council of Teachers of Mathematics, 2000, 2006; Witzel, Mercer, & Miller, 2003).

수학에 어려움을 보이는 대부분의 중등학교 학생들이 상급 수학 과정에서 성공할 수 있지만 기하학, 통계학, 계산법을 피하는 경향이 있다. 과거, 수학 장애에 직면한 학습장애 학생들에게는 보충 수업 혹은 기초 수학 과정을 계속하도록 지원해왔다. 그러나 지금은 대수학이라는 가장 최고의 단계를 고등학교 졸업자격으로 요구하고 있기 때문에, 학습장애 학생과 관련 경도장애 학생을 어떻게 가르쳐야 할지 고민 중에 있다.

중등학교 수준에서 나타나는 일반적인 수학 문제에는 기본 연산(분수 포함), 소수와 백분율, 분수 용어, 전체 수의 곱셈, 자릿값, 측정 기술, 그리고 나눗셈이 포함된다(Cass et al., 2003). 학습장애를 가진 청소년과 관련 경도장애를 가진 청소년들은 계산 사실에 대한 자동적 학습을 방해하는 기억 결함이 지속된다. 이런 청소년들은 계산 사실을 배우고 기억하도록 도와줄 수 있는 기술이 필요하다. 수학에 심각한 문제를 가진 학생들에게는 성공적인 삶을 위한 기능적 능력을 습득하는 데 도움이 될 수 있는 방법으로 기본적 기술을 학습하는 것을 강조하는 **직접 교수**가 필요하다.

대부분의 학습장애 학생과 관련 경도장애 학생은 상급 수학과정에서 성공할 수 있다. 이런 학생들은 중등교육 후 교육과 대학에 진학할 것이고 상급 수학 능력이 요구되는 기능사 혹은 컴퓨터 과학과 같은 전문 직업에 취업할 것이다.

중등학교 학생을 위한 수학에서 교수 전략의 효과는 다음과 같다(Maccini & Gagnon, 2006; Cass et al., 2003; Witzel et al., 2003).

- **많은 예제를 제공하라.** 학생들은 배운 개념이 포함된 많은 예제를 풀어봐야 한다. 교사는 종종 너무 적은 예제를 제공한다.
- **다양한 문제 유형을 식별하는 연습을 제공하라.** 수학 장애를 가진 중등학교 학생들은 문제를 식별하는 것이 어렵다. 그들은 계산 기호를 무시하고 빼기 대신에 더하기도 한다. 하나의 기술을 배우고 나면 그 수학 문제는 다른 문제로 대체되는데, 이런 과정에서 학생들은 문제의 식별과 일반화를 학습한다.
- **명시적 교수를 제공하라.** 수학 장애를 가진 학생들은 단계별로 지시되는 조직적인 직접 교수가 필요하다.

## 14.5 수학 기준

### 높은 기준과 연간 시험

미국 연방과 미국의 주 정부는 현재 높은 수학적 기준과 연간 시험의 수립을 요구하고 있고, 이러한 기준들은 성취를 측정하는데 사용된다. 2002의 낙제아동방지법은 학교는 결과에 대하여 책임을 져야 하고, 학교는 학생의 시험 결과를 토대로 징계 혹은 포상을 받는다고 명시하였다. 학생들의 수학 시험 점수는 학생이 다음 학년으로 진급할 것인지 혹은 고등학교 졸업증서를 받을 수 있을 것인지와 같은 중대한 이해관계에 대한 결정에 영향을 미친다. 풍자 작가인 Garrison Keillor는 레이크웨비건효과(Lake Wobegon effect)[31]를 "모든 여성은 강하고, 모든 남성은 잘생겼고, 모든 아동은 평균 이상이다."라고 기술한다. 높은 사회경제적 지역에 있는 학교는 높은 이해 관계의 수학적 사정에서 우수한 학생들이 포함되어 있지만, 반면에 가난한 지역에 있는 학교에서는 학생들이 기대되는 수준으로 수행하는 데 어려움을 겪는다. 일반적으로 수학 장애가 있는 학생들이 특별한 배려나 조절 없이 수학 교육을 받는다면 높은 이해 관계 사정을 잘 해 나갈 수 없다(Witzel et al., 2003; Ysseldyke, Thurlow, Bielinski, House, & Moody, 2001). (이해 관계가 큰 시험에 대한 좀 더 많은 정보는 2장, "사정과 IEP 절차"를 참고하라.)

오바마 교육 행정당국은 높은 이해 관계 시험을 지속적으로 실시할 것을 제의했다. 미국교육부장관인 Arne Duncan은 높은 기준에 학생들을 지원하려는 환경을 구성하려는 주, 지역, 그리고 심지어는 비영리조직에 보상의 일부로 150억 달러의 연방 장려금을 지원한다고 발표했다. Duncan은 "이런 주에 지원되는 보상은 극적인 효과를 거둘 것이라고 생각한다."라고 말하였다.

### 수학교사 국가위원회(NCTM)의 수학 원칙과 기준

수학교사 국가위원회(NCTM, 2000)는 2000 보고서에 수학을 가르치기 위한 원리와 기준을 제시하였다. 완성된 NCTM 보고서는 **http://www.nctm.org**에서 볼 수 있다. 수학적 기준은 수학에 어려움을 가지는 학습장애 학생과 관련 경도장애 학생을 위해 중요하기 때문에 여기에서 간단히 개요를 제시한다.

31) [역자 주] 성적에서 결정된 숫자적 측면으로 한 집단의 모든 구성원을 평균치 이상으로 대우하는 경향

**표 14.2** 학교 수학을 위한 NCTM 기준

| NCTM 기준 | NCTM 목표 |
|---|---|
| 수와 연산 | • 수, 수를 제시하는 방법, 수 사이의 관계, 그리고 수 체계를 이해한다.<br>• 연산의 의미와 연산이 상호 어떤 관계인지를 이해한다.<br>• 능숙하게 계산하고 합리적으로 어림을 잡는다. |
| 대수학 | • 유형, 관계, 그리고 기능을 이해한다.<br>• 대수학을 사용하려는 수학적 상황과 구조를 설명하고 분석한다.<br>• 수량적인 관계를 설명하고 이해를 위한 수학적 예시를 활용한다.<br>• 다양한 상황에서 변화를 분석한다. |
| 기하학 | • 2차원과 3차원의 기하학적 관계의 특징과 속성을 분석한다.<br>• 좌표 기하학과 다른 표현 체계를 활용하여 특별한 위치와 공간적 관계를 기술한다.<br>• 수학적 상황을 분석하여 변환을 적용하고 대칭을 사용한다.<br>• 문제를 해결하려는 가시화, 공간적 추론, 그리고 기하학적 예시를 활용한다. |
| 측정 | • 측정 가능한 사물의 속성, 단위, 체계 그리고 측정의 과정을 이해한다.<br>• 측정을 결정하는 적절한 기술, 도구, 그리고 공식을 적용한다. |
| 자료 분석과 확률 | • 자료로 설명될 수 있는 질문들을 마련하고, 그것들의 대답과 관련 있는 자료를 수집하고 조직하고 제시한다.<br>• 분석된 자료에 적절한 통계적 방법을 선택하여 사용한다.<br>• 자료에 기초한 추론과 예측들을 개발하고 평가한다.<br>• 확률의 기본 개념을 이해하고 적용한다. |
| 문제 해결 | • 문제 해결을 통한 새로운 수학적 지식을 구축한다.<br>• 수학과 다른 상황에서 일어나는 문제들을 해결한다.<br>• 문제 해결에 여러 가지 적절한 전략들을 응용하여 적용한다.<br>• 수학적 문제를 해결하는 과정을 평가하고 반영한다. |
| 추론과 증명 | • 수학의 근본적 측면에서 추론하고 증명을 인식한다.<br>• 수학적 추측들을 구성하고 조사한다.<br>• 수학적 논쟁과 증명을 개발하고 평가한다.<br>• 다양한 추론의 유형과 증명의 방법을 선택하여 사용한다. |

출처: Adapted from *Principles and standards for school mathematics*, by the National Counsil of Teachers of Mathematics, 2000.  Standards listed with the permission of the National Council of Teachers of Mathematics(NCTM). NCTM은 이런 정렬에 대한 객관성 혹은 내용을 지지하지 않았다.

NCTM은 유치원 들어가기 전 어린이에서 12학년까지의 학교 수학에 대한 기준을 수립했다. 그 기준에는 수와 계산, 대수학, 기하학, 측정, 자료 분석과 확률, 문제 해결, 추론과 증명이 포함된다. 각각의 기준 구성에 포함된 몇몇 특별한 목표는 모든 학년에 적용된다. 이런 기준에 대한 개요는 **표 14.2**에 제시해 두었다.

NCTM 원리와 기준은 모든 학생에게 사용된다. 학습장애 학생과 관련 경도장애 학생을 위한 이러한 목표는 특히 일반교육 환경에서 수행방법을 학습하는 것이다(Miller & Hudson, 2006; Jones & Southern, 2003).

2006년에 수학교사 국가위원회(NCTM)는 새로운 보고서인 '수학 교육과정에서 유치원 들어가기 전 어린이에서 8학년까지 학생을 위한 교육과정의 주안점: 통일을 위한 추구(**http://www.nctm.org/focalpoints**)'로 개정하였다. 이 교육과정의 주안점은 각 학년 수준에서 가장 중요한 수학적 주제로 핵심 교수 목표를 지원하는 것이다. 2006년의 보고서에서는 학생들이 기본적 사실을 기억할 수 있어야 하고 계산적으로 유능해야 한다고 강조한다. 2006 NCTM 보고서는 아시아 학생들이 국제 수학 시험에서 미국 학생들을 앞서고 있다는 연구 결과에 의해 박차를 가하게 된 것이다. 아시아 수학 교수는 기본적 기술을 가르치는 데 매우 집중한다(예: 곱셈 사실을 아는 것). 2006 교육과정 핵심 보고서는 비록 계산적으로 유능할 것을 강조하고, 학교 수학을 위한 2000 NCTM 원리와 기술을 완전히 지원한 것이지만, 이는 궁극적으로 기본적인 수학 개념에 대한 이해를 강조하기 위한 것이다(NCTM, 2000). NCTM(2006)은 대수학과 기하학을 7학년과 8학년에서 가르치라고 권유한다.

## 14.6 수학 교수를 위한 학습 이론

### 적극적인 개입

수학을 학습하는 것은 활동이 개입된 적극적인 과정이어야 한다. 학생들이 손을 사용하는 자료의 학습으로 그들 스스로의 생각을 확장시킨다. 학생들은 조작적인 자료로 사물을 볼 수 있고, 만질 수 있고, 움직일 수 있다. 학생들이 수학에 적극적으로 참여하는 것은 실제 생활의 문제들을 해결하기 위하여 수학을 사용하는 것을 촉진한다. 이와 같은 수학 학습에 대한 적극성을 "나는 듣고 잊는다. 나는 보고 기억한다. 나는 행(行)하고 이해한다."라는 중국의 속담으로 비유할 수 있다.

## 학생 이야기 14.1

### 수학에서의 적극적인 개입

다음 예시는 어린 아동이 어림잡는 기술을 어떻게 사용하였는지를 설명한다.

- 네 살인 Lee는 텐트에서 밤을 보내면서 잠을 자는 첫 경험을 했다. Lee는 형과 할아버지와 함께 텐트에서의 1박 캠프생활을 위하여 4개의 침낭을 가져다 놓았다. Lee는 다음날 그의 부모에게 그 경험을 흥분하며 설명하였고, 부모님들도 다음 기회에 함께 갈 수 있는지 물었다. Lee는 즉시 대답하지 않았는데, 그 이유는 Lee가 그 질문에 언제 가야 하는지 고민하였기 때문이다. Lee는 그 공간을 어림잡아 생각한 뒤, 부모님께 다음과 같이 대답했다. "안돼요. 텐트는 두 개의 침낭을 더 넣을 만큼 크지 않기 때문에 아빠, 엄마는 함께 갈 수 없어요."

다음의 문제는 어린 아동이 추상적 문제를 해결하기 위하여 어떤 구성을 하는지에 대한 예이다 (Lindquist, 1987).

**문제 A:** Jane은 8개의 트럭을 가지고 있다. 그녀는 3개를 Ben에게 주었다. 그녀에게 남은 트럭은 모두 몇 개인가?

**문제 B:** Jane은 8개의 트럭을 가지고 있다. Ben은 6개의 트럭을 가지고 있다. Jane은 Ben보다 몇 개의 트럭을 더 가지고 있나요?

문제 A에서, 어린 아동들은 8개의 트럭을 세고 3개의 트럭을 준다. 그러고 나서 그 아동은 남아 있는 트럭을 세어 본다. 문제 B에서는 아동이 Jane의 8개의 트럭과 Ben의 6개의 트럭을 센다. 그러고 나서 Jane의 트럭과 Ben의 트럭을 짝지어 본다. 마침내, 그 아동은 Jane이 Ben보다 트럭이 얼마다 더 많은지 눈으로 세어 본다. 그 아동은 의도를 구조화하였고, "더해야 할까? 빼야 할까?"라고 물을 필요가 없다.

**심화질문** Lee는 텐트에 적절한 침낭의 수를 어림잡는데 어떤 과정을 사용했다고 생각합니까? 문제 A나 B의 해결을 보여 주는 그림을 그려 봅시다.

**학생 이야기 14.1**, "수학에서의 적극적인 개입"은 수학에 대한 적극적 개인 과정을 설명한다.

### 구체적 학습에서 추상적 학습으로 진행

수학 학습은 점진적인 과정이다. 알고 있느냐, 혹은 알지 못하느냐의 문제가 아니다. 대신에 수학 학습은 능력이 점진적으로 증가되는 연속체를 추구한다. 수학 학습이 진행됨에 따라 지식은 구체적 학습에서 추상적 학습으로, 복잡하지 않는 지식에서 복잡한 지식으로 천천히 진행된다. 학생들을 구체적 학습에서 추상적 학습으로 진행하도록 돕는 것에는 수학 교수의 세 가지 순차적인 수준이 필요하다 (Mercer & Pullen, 2009; Miller & Hudson, 2007; Cass et al., 2003).

**그림 14.1** 구체적 학습에서 추상적 학습으로 진행

구체적 사고에서 추상적 사고까지의 3개의 수준은 **그림 14.1**에 제시한다.

1. **구체적 수준.** 이 수준에서는 학생들이 블록, 주사위, 구슬, 포커 칩, 혹은 자릿값 막대와 같이 실제 자료를 조작한다. 학생들은 수 문제를 해결하기 위하여 이런 사물들을 신체적으로 만지고, 움직이고, 그리고 조작할 수 있다.
2. **반구체적 수준(혹은 표상 수준).** 학생들은 일단 구체적 수준에서 기술을 습득하면, 교수는 반구체적 혹은 표상적인 수준으로 진행한다. 학생들은 수학 문제를 해결하면서 그림 혹은 표시를 활용한다.
3. **추상적 수준.** 이 수준에서는 학생들이 수학 문제를 해결하는데 반구체적 그림이나 표시의 도움 없이 오로지 숫자만을 사용한다.

## 수학에서의 직접 교수

직접 교수는 명백하고 세심하게 구조화되고 계획된 교수로 학생들이 수학적 기술을 숙달하도록 도와주는 수학 지도 방법이다. 수학에서 교수적 프로그램을 제작한다는 것은 가르치는 기술에 교육과정안을 통합하는 종합적인 체계이다(Miller & Hudson, 2007; Marchand-Marcella, Slocum, & Martella, 2004; Kroesbergen & Van Luit, 2003; Swanson & Hoskyn, 2001). 수학의 연속적인 특성때문에 수학의 내용에 특히 직접 교수 접근을 적용할 수 있다.

직접 교수를 기본으로 한 수학 프로그램은 고도로 조직화되고 세심하게 계열화된다. 수업은 지시된 계획에 따른다. 교사는 교육의 목표를 결정하고, 과제 분석을 통해 가르치는 것을 계획하고, 명백한 교수를 제공하고, 지속적인 시험을 계획한다. 직접 교수는 학습장애 학생과 관련 경도장애 학생을 위하여 매우 효과적이라고 밝혀져 왔다(Miller & Hudson, 2007; Marchand-Marcella et al., 2004; Jones & Southern, 2003). 직접 교수를 활용하려면 교사는 다음과 같이 실행해야 한다.

1. 과제를 작은 단계로 나누어라.
2. 학생들이 배워야 하는 것을 결정하기 위해 조사하고 관리하라.
3. 피드백을 즉시 제공하라.
4. 학생의 이해를 향상시키려면 도형과 그림을 제공하라.
5. 충분히 혼자서 연습하는 기회를 제공하라.

## 학습 전략 교수

학습 전략 교수는 수학 장애를 가진 학생들이 수학 교육과정에서 부딪치는 난제와 수학 학습을 관리하는 데 특별한 절차를 습득하도록 도와준다(Deshler, 2003). 학습 전략 교수로 활용되는 중재 기능은 성취도를 높이는 데 효과적이다. 학습 전략 교수 모델을 실행하는 교사들의 수행은 다음과 같다(Deshler, 2003; Mainzer, Deshler, Coleman, Koleski, & Rodriguez-Walling, 2003).

1. 상세한 설명을 제공하라.
2. 학습 과정을 시범으로 보여라.
3. 전략을 사용하는 데 자극을 제공하라.
4. 교사-학생 대화에 관여하라.
5. 과정적 질문을 하라.

학습 전략 교수에 관한 좀 더 많은 정보는 9장, "학습장애 청소년과 성인, 그리고 관련 경도장애 청소년과 성인"을 참고하라.

## 문제 해결

문제 해결은 수학교사 국가위원회에 의한 수학 교육과정에서 최우선으로 분류된다(NCTM, 2000). 게다가 문제 해결은 일반교육과 특수교육 모두에서 빠르게 교육과정의 더 많은 영역에 포함되고 있다(Cawley & Foley, 2001; NCTM, 2000; Van de Walle, Karp, & Bay-Williams, 2010). 수학 문제 해결에는 수학 문장제 문제를 해결하는 데 필요한 사고의 종류도 포함된다. 또한 수학에 대한 현행 관점은 학생들이 친숙하지 않은 상황을 해결하려는 과정에서 문제 해결 능력을 확장시키는 것이다. 문제 해결에 대한 지도에 잠재되어 있는 내용은 다음과 같은 수학에 대한 기본적인 신념에 따른다. (1) 수학 문제를 해결하는 방법은 단 하나만 있는 것이 아니다. (2) 교수 목적에서 수학을 조직하는 데는 단 하나의 방법만이 있는 것은 아니다. (3) 중요한 수학적 개념은 실질적으로 문제를 해결하는 과정 중에 배운다(Van de Walle, Karp, & Bay-Williams, 2010).

문제 해결 과제의 예로 숫자 8에 대하여 생각하는 학생에게 숫자 8을 서로 다른 2개의 양으로 나눌 수 있는 방법을 그림으로 그려 보도록 요청하는 것이다. 그러고 나서 학생들은 그들의 그림을 활용하여 설명한다(Van de Walle, Karp, & Bay-Williams, 2010).

문제 해결은 수학 곤란을 보이는 많은 학생들에게는 수학에서 가장 어려운 영역이다. 수학 곤란을 보이는 학생들은 집중적인 안내와 계산 기술에 사고와 언어를 연결시키는 학습이 필요하고, 개념 또한 수학 문제에서 해결되어야 한다. 수학 문제를 해결하려면 학생들은 그들이 선택하고 결정할 수 있는 정보를 해석하고 분석해야 한다. 문제 해결은 학생들이 수학적 개념을 적용하는 방법과 새롭거나 다른 환경에서 계산 기술을 사용하는 방법을 아는 데 필요하다.

학생들은 수학에서 문제 해결을 어떻게 할까? 많은 연구들은 1학년과 2학년 학생들은 간단한 문장에서 문제를 해결하는 그들만의 방법을 쉽게 고안한다고 밝힌다. 그러나 중간 학년의 학생들은 개인적 문제 해결에 의한 시도를 멈추고 학교에서 배운 기계적 방법의 절차에만 의존하여 시작하는 경향이 강하다. 중간 학년 학생들이 지속적으로 창의적 사고가 격려되어 수학적 문제를 해결하려는 그들만의 방법을 사용하도록 해야 하는데, **학생 이야기 14.2**, "문제 해결 태도 격려하기"는 그 예를 보여 주는 것이다.

## 학생 이야기 14.2

### 문제 해결 태도 격려하기

문장제 문제에 대한 다음의 예는 교사가 어떻게 창의적으로 문제 해결 태도를 격려하는지에 대한 방법을 제시한다(Lindquist, 1987).

**문제:** Rebecca가 걸스카웃트 과자 30박스를 팔기를 원한다. 그녀는 25박스를 팔았다. 그녀가 얼마나 더 많이 팔아야 할까?

교사는 누군가가 이 문제를 보여 주는 그림을 그려주도록 요청했다. 한 학생이 이 문제를 해결하기 위하여 오른쪽과 같은 그림을 그렸다.

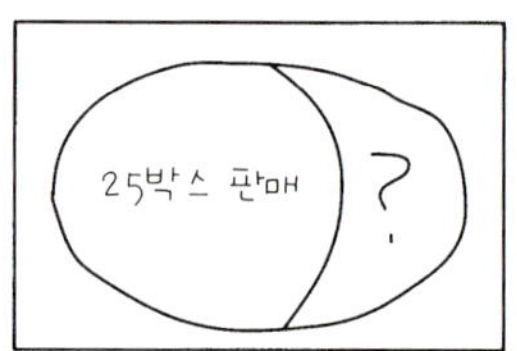


**심화질문** 어떻게 학생들이 문제 해결에 도움이 되는 그림을 그렸다고 생각합니까?

중간 학년 학생들은 수가 문제 안에 있을 때 자동적으로 계산하는 경향이 있다. 문제 해결 태도를 격려하는 것은 교사가 이런 반응에 관하여 그들과 함께 토론하여 문제에 대한 학생들의 반응을 구조화하는 데 도움을 주는 것이다. 토론을 격려하는 것은 학생의 대답에서 추론적 수준을 향상시켜 준다. 교사는 문장제 문제에 관하여 학생들이 생각하는 것을 말하게 하고 들어 주는 것으로 도와줄 수 있다. 또한 수학 문제를 해결하는 데 서로 다른 전략을 사용하는 것을 격려하고, "어떻게 그런 답을 얻을 수 있었니?"라는 질문을 학생에게 하는 것은 중요하다.

현재 일반학급에서 사용되는 대부분의 수학 교재는 문제 해결 접근을 활용한다. 문제 해결은 종종 학습장애 학생과 관련 경도장애 학생에게 서로 다르기 때문에 그들은 수학 문제 해결에서 요구되는 계산 기술과 개념에 사고와 언어를 연결하여 학습하는 집중적인 안내와 연습이 요구된다. 수학 문제를 해결하려면 학생들이 선택하고 결정한 정보를 분석하고 해석해야만 한다. 아래에 제시된 3단계는 수학 문제 해결의 수업에 도움이 된다(Van de Walle, Karp, & Bay-Williams, 2010).

**단계 1. 준비하기.** 우선, 학생들이 문제에 관심을 가지고, 그들 자신의 경험과 언어로 그 문제를 바꾸어 본다. 교사는 확실히 그들이 무엇을 기대하고 있는지에 관하여 이해해야 한다.

**단계 2. 학생들이 해결하기.** 이 단계에서는 학생들이 지속적인 안내 없이 해결할 기회를 갖는다. 교사들은 지켜보면서 신중히 듣고, 단서를 제공한다.

**단계 3. 수업 토론하기.** 마지막 단계에서는 해결에 대하여 토론한다. 교사는 평가 없이 학생들의 해결을 수용한다. 학생들은 그들의 결과와 방법을 정당화하고 평가한다. **교수 정보 14.2**는 몇몇 문제 해결에 대한 예시를 제공한 것이다.

## 14.7 수학 성취에 대한 사정

수학에서 학생의 능력에 관한 정보는 (1) 형식적 검사와 (2) 비형식적 검사로 수집될 수 있다. 형식적 검사는 표준화된 조사 검사, 집단 조사 검사, 개별적 실시 검사, 그리고 진단 수학 검사가 있다. 비형식적 검사는 비형식적 목록, 분석된 수학 오류, 그리고 교육과정 중심 사정이 있다.

## 교수 정보 14.2

### 몇몇 문제 해결 예시

1. 학생들에게 5-2=3과 8-5=3과 같이 짝이 되는 경우를 보여 주라. 그 다음 학생들에게 두 개의 서로 다른 수의 조합으로 동일한 답이 나올 수 있는 방법을 설명하게 하라. 예를 들어, 여러분은 그 대답은 숫자들의 각각 조합이 서로 다르게 나타나기 때문에 동일한 대답을 하게 된다고 설명한다(Cawley & Foley, 2001).
2. 학생들에게 분수 6/8과 4/5를 비교하게 하라. 그런 다음 분수를 더 크게 만들도록 하라. (학생들은 공통분모에 대하여 배우지 않았기 때문에 생각해야 한다.) 한 학생이 "나는 4/5는 8/10과 같고 전체에서 2/10를 뺀 것이라는 것을 알고 있다. 십분의 일은 8보다 작기 때문에 8/10은 전체에 더 가깝고, 그래서 4/5가 더 크다"라고 대답했다(Van de Walle, 2004).
3. 학생들에게 수 7을 서로 다른 양으로 어떻게 나눌 수 있는지 질문하라. 그런 다음, 학생들에게 수 7을 서로 다른 양으로 나눌 수 있는 방법을 보여 주는 그림을 그리도록 요청하라(Van de Walle, 2004).

## 형식적 검사

형식적 수학 검사는 표준화된 조사 검사로 몇몇은 집단 관리를 위해 고안되었고, 몇몇은 개별적으로 실시하는 성취 검사이다. 또한 형식적 수학 검사에는 진단적 수학 검사도 있다. 진단적 수학 검사는 사용하기 전에 타당성, 신뢰성, 그리고 표준화된 절차를 검토해 보는 것이 중요하다(Salvia, Ysseldyke, & Bolt, 2010).

**표준화된 조사 검사** 조사 검사는 학생의 수학 수행에 대한 일반적인 수준에서 정보를 제공한다.

**집단 조사 검사** 집단 조사 검사는 집단 실시를 위하여 고안되었다. 일반적으로 자료는 검사의 신뢰성, 타당성, 그리고 표준화된 절차에 적용된다. 종종 학년 점수, 연령 점수, 표준 점수와 백분율을 포함한 다양한 유형의 점수 해석표가 지침으로 포함된다. 대부분의 조사 검사는 일반 성취 검사의 일부이다. 가장 폭넓게 사용되는 검사는 **표** 14.3에 목록화해 둔다.

표준화된 성취 검사는 수행 점수가 기대 수준보다 아래에 있는 학생들을 확인해 주기 때문에 선별도구로서 유용한다(Salvia, Ysseldyke, & Bolt 2007). 대부분의 검사 도구들은 잘 구조화되어 있고, 일반적으로 우수한 기술적 특성을 가지고 있고,

**표 14.3** 수학을 위한 형식적 검사

| 검사 | 학년 및 연령 |
|---|---|
| 집단 표준 조사 검사 | |
| • California Achievement Tests, CTB/McGraw-Hill http://www.ctb.com | 유치원~12학년 |
| • Iowa Tests of Basic Skills, Riverside Publishing http://www.riverpub.com | 유치원~12학년 |
| • Metropolitan Achievement test, Harcourt Assessment http://www.harcourtassessment.com | 유치원~12학년 |
| 개별적 실시 성취 검사 | |
| • Brigance Comprehensive Inventory of Basic Skills-Revised, Curriculum Associates http://www.curriculumassociates.com | 유치원~9학년 |
| • Brigance Diagnostic Inventory of Essential Skills Curriculum Associates http://www.curriculumassociates.com | 6학년~성인 |
| • Kaufman Test of Educational Achievement-Normative Upgrade (K-TEA-NU), AGS http://ags.pearsonassessments.com | 유치원~12학년 |
| • Peabody Individual Achievement Test-Revised(PIAT-R), AGS http://ags.pearsonassessments.com | 유치원~12학년 |
| • Wide-Range Achievement Test-4(WRAT-4), PAR Inc. http://www3.parinc.com | 5세~성인 |
| • Woodcock-Johnson Psychoeducational Battery-III, Riverside Publishing http://www.riverpub.com | 유치원~12학년 |
| 진단 수학 검사 | |
| • KeyMath-Revised: A Diagnostic Inventory of Essential Mathematics, AGS http://ags.pearsonassessments.com | 유치원~6학년 |
| • Stanford Diagnostic Mathematics Test 4, Harcourt Assessment http://www.harcourtassessment.com | 유치원~12학년 |
| • Test of Mathematical Abilities-2, ProEd http://www.proedinc.com | 3학년~12학년 |

수학 교육과정에 있는 거의 대부분의 영역을 다룬다. 그러나 이런 검사들은 다수의 문항 중 선택이라는 반응에 의지하는 지필검사이기 때문에 진단적 정보는 제한적이다. 또한 집단 조사 검사는 개별적으로 실시할 수 있다.

**개별적으로 실시되는 성취 검사** 이 검사는 개별적인 사정을 위하여 고안되었다.

이 검사는 집단 조사 검사보다는 수학 곤란에 대한 특별한 영역과 교수를 계획하는 데 좀 더 많은 단서를 제공하며 좀 더 많은 진단적 정보를 가져올 수 있다.

그리고 브리간스 기초 기술 이해 목록-개정판(Brigance Compehensive Inventory of Basic Skill-Revised)과 같이 일반적으로 사용되는 다수의 준거-중심 측정이 있는데, 이는 수학 성취 유형에 대한 광범위한 정보를 제공한다. **표 14.3** 목록은 널리 사용되고 있는 개별적 검사이다.

**진단 수학 검사** 진단 수학 검사는 집단과 개별 모두에 실시된다. 집단 검사는 (1) 프로그램을 계획하는 학생들에게 진단적 정보를 제공하고, (2) 행정의 목적을 위한 프로그램 평가를 지원하려는 두 개의 목적이 있다. 일반적인 개별 진단은 강점과 약점의 유형을 평가하는 데 중요하고 숙달된 수학적 기술과 숙달되지 않는 기술을 평가하는데도 활용된다.

## 비형식적 검사

비형식적 검사는 수학에서 학생의 수행과 능력에 관한 정보를 획득하는 또 다른 방법이다. 수학 수업에서 학생의 매일 행동을 관찰하고, 숙제의 수행정도를 검토하는 것으로, 수학 교사가 만든 시험 혹은 교재를 만든 출판사에서 만든 시험을 통해 학생의 수학 기술에 관한 정보를 얻을 수 있다(Spinelli, 2006).

수학을 사정하는 비형식적 검사에는 (1) 비형식적 목록, (2) 수학적 오류에 대한 분석, (3) 교육과정 중심 사정이 있다.

**비형식적 목록** 비형식적 검사는 교사들이 학생의 수학 기술을 사정하기 위해 만든다(Bryant & Rivea, 1997). 일단 일반적인 문제 영역이 결정되면, 그 영역에 대한 좀 더 확장된 진단 검사를 실시할 수 있다. 비형식적 수학 검사의 예시는 **그림 14.2**에 제시한다. 교사는 특별한 수학적 기술과 일련의 수학적 기술에 대한 학생의 성취 정도를 평가하기 위해 비형식적 검사를 쉽게 구성할 수 있다. 비형식적 검사는 개별학생을 위한 맞춤 제작이 가능하다.

**수학적 오류에 대한 분석** 교사는 수학 곤란을 보이는 학생의 오류 유형을 발견할 수 있어야만 하고, 이런 오류를 바르게 잡아 주는 방향으로 지도할 수 있는 수업을 구성해야 한다(Ashlock, 2006). 이런 정보는 학생의 수행 정도에 대한 시험을 보거나 그들이 어떻게 문제를 풀었는지 설명하게 하는 것으로 얻을 수 있다. 교사는 학생들이 사용하는 방법을 관찰하고, 학생들이 사용하는 사고과정을 밝힐 수

**더하기**

$$\begin{array}{r}3\\+5\\\hline\end{array}\quad\begin{array}{r}8\\+0\\\hline\end{array}\quad\begin{array}{r}25\\+71\\\hline\end{array}\quad\begin{array}{r}20\\+49\\\hline\end{array}\quad\begin{array}{r}15\\+\ 7\\\hline\end{array}\quad\begin{array}{r}77\\+29\\\hline\end{array}\quad\begin{array}{r}5\\2\\+7\\\hline\end{array}$$

$5 + 7 = \square$ $\quad 3 + \square = 12$ $\quad \square + 7 = 15$

$$\begin{array}{r}233\\+\ 45\\\hline\end{array}\quad\begin{array}{r}879\\+\ 48\\\hline\end{array}\quad\begin{array}{r}648\\745\\+286\\\hline\end{array}$$

**빼기**

$$\begin{array}{r}7\\-5\\\hline\end{array}\quad\begin{array}{r}25\\-\ 9\\\hline\end{array}\quad\begin{array}{r}78\\-23\\\hline\end{array}\quad\begin{array}{r}72\\-49\\\hline\end{array}\quad\begin{array}{r}546\\-222\\\hline\end{array}\quad\begin{array}{r}6762\\-4859\\\hline\end{array}$$

$5 - 2 = \square$ $\quad 7 - \square = 4$ $\quad \square - 3 = 5$

**곱하기**

$$\begin{array}{r}5\\\times3\\\hline\end{array}\quad\begin{array}{r}6\\\times7\\\hline\end{array}\quad\begin{array}{r}24\\\times\ 2\\\hline\end{array}\quad\begin{array}{r}86\\\times\ 7\\\hline\end{array}\quad\begin{array}{r}59\\\times34\\\hline\end{array}\quad\begin{array}{r}25\\\times79\\\hline\end{array}$$

$6 \times 3 = \square$ $\quad 7 \times \square = 56$ $\quad \square \times 5 = 20$

**나누기**

$2\overline{)10}$ $\quad 4\overline{)16}$ $\quad 8\overline{)125}$ $\quad 11\overline{)121}$ $\quad 12\overline{)108}$

$12 \div 4 = \square$ $\quad 24 \div \square = 6$ $\quad \square \div 9 = 6$

**그림 14.2** 계산 기술에 대한 비형식적 목록

있다. 계산 오류에서 나타나는 가장 일반적인 네 가지 유형은 (1) 자릿값, (2) 계산 사실, (3) 잘못된 과정 사용, (4) 왼쪽에서 오른쪽으로의 계산이다. 다음에 제시된 목록은 이런 일반적 오류의 예시이다.

- **자릿값.** 자릿값은 수에서 한 숫자가 가지는 위치에 특별한 중요성을 표시하는 수체계의 측면이다. 이런 오류를 범하는 학생들은 자릿값, 재묶음, 가져오기, 빌려오기와 같은 개념을 이해하지 못하여 다음과 같은 오류를 보일 수 있다.

$$\begin{array}{r}75\\-27\\\hline58\end{array}\qquad\qquad\begin{array}{r}63\\+18\\\hline71\end{array}$$

이런 학생들은 1, 10, 100, 그리고 1000의 자릿값에 대한 집중적인 연습을 해야 한다. 이런 연습에 효과적인 도구는 주산과 자릿값 상자, 혹은 칸이 있는 차트이다. 학생들은 자릿값을 보여 주려고 칸 안에 막대, 빨대, 혹은 조각과 같은 사물을 넣어 둘 수 있다.

- **계산 사실.** 기본적인 더하기, 빼기, 곱하기 그리고 나누기에서 오류를 보이는 학생은 좀 더 많은 연습과 훈련이 필요하다. 오류의 예는 다음과 같다.

$$\begin{array}{r} 6 \\ \times 8 \\ \hline 46 \end{array} \qquad \begin{array}{r} 9 \\ \times 7 \\ \hline 62 \end{array}$$

그림 14.3과 같은 편리한 계산 차트는 그들의 계산을 검토하는 데 도움이 된다.

- **잘못된 과정 사용.** 몇몇 학생들은 잘못된 계산 과정을 사용하기 때문에 오류를 보인다. 그 예는 다음과 같다.

$$\begin{array}{r} 6 \\ \times 2 \\ \hline 8 \end{array} \qquad \begin{array}{r} 15 \\ -3 \\ \hline 18 \end{array}$$

이런 학생들은 상징과 기호를 인식하는 학습이 필요하다.

- **왼쪽에서 오른쪽으로의 계산.** 몇몇 학생들은 계산 방향을 반대로 하여 왼쪽에

| **1** | **2** | **3** | **4** | **5** | **6** | **7** | **8** | **9** | **10** | **11** | **12** |
|---|---|---|---|---|---|---|---|---|---|---|---|
| **2** | 4 | 6 | 8 | 10 | 12 | 14 | 16 | 18 | 20 | 22 | 24 |
| **3** | 6 | 9 | 12 | 15 | 18 | 21 | 24 | 27 | 30 | 33 | 36 |
| **4** | 8 | 12 | 16 | 20 | 24 | 28 | 32 | 36 | 40 | 44 | 48 |
| **5** | 10 | 15 | 20 | 25 | 30 | 35 | 40 | 45 | 50 | 55 | 60 |
| **6** | 12 | 18 | 24 | 30 | 36 | 42 | 48 | 54 | 60 | 66 | 72 |
| **7** | 14 | 21 | 28 | 35 | 42 | 49 | 56 | 63 | 70 | 77 | 84 |
| **8** | 16 | 24 | 32 | 40 | 48 | 56 | 64 | 72 | 80 | 88 | 96 |
| **9** | 18 | 27 | 36 | 45 | 54 | 63 | 72 | 81 | 90 | 99 | 108 |
| **10** | 20 | 30 | 40 | 50 | 60 | 70 | 80 | 90 | 100 | 110 | 120 |
| **11** | 22 | 33 | 44 | 55 | 66 | 77 | 88 | 99 | 110 | 121 | 132 |
| **12** | 24 | 36 | 48 | 60 | 72 | 84 | 96 | 108 | 120 | 132 | 144 |

그림 14.3 계산 차트

서 오른쪽으로 계산한다. 그 예는 다음과 같다.

$$\begin{array}{r} 35 \\ +81 \\ \hline 17 \end{array} \qquad \qquad \begin{array}{r} 56 \\ +71 \\ \hline 28 \end{array}$$

이런 학생들은 자릿값에 대한 학습이 필요하다.

그리고 서투른 쓰기 기술은 많은 수학 오류의 원인이 된다. 학생들이 그들의 글씨를 읽지 못하거나 세로로 숫자를 정렬하는 데 실패하면 그들은 풀어야 하는 문제를 이해하지 못하게 될 것이다.

**교육과정 중심 사정** 교육과정 중심 사정 혹은 진보 평가(2장, "사정과 IEP 절차"를 참고)에 대한 절차는 수학 진보를 측정하는 유용한 방법으로 제공된다. 교육과정 중심 사정은 수학 교육과정에서 가르쳐진 교재와 밀접하게 연결된 사정이다. 이 절차는 학생의 진보 혹은 교육과정 목표를 측정하기 위하여 교사가 구조화한 검사이다. 수학에 관련된 교육과정 중심 사정은 4개의 단계로 구성된다(Baroody & Ginsburg, 1991; Shinn & Hubbard, 1992).

1. **목표 기술을 확인하라.** 예를 들어, 그 기술은 두 자리 수 더하기와 같이 수학 계산일 것이다.
2. **달성해야 할 목표를 결정하라.** 예를 들어, 4주 동안 학생들은 5분 이내에 정확하게 두 자리 수의 덧셈 20문제의 답을 적을 수 있을 것이다.
3. **각 기술의 예시를 시험 문항으로 출제하라.** 두 자리 수의 문제를 수집하여 구성하라.
4. **성취 정도를 측정하는 기준을 설정하라.** 학생은 5분 이내에 무작위로 선택된 20개의 두 자리 수의 수학 문제를 오류 없이 정답을 적을 것이다.

## 교수 전략 Teaching Strategies

이 장의 "교수 전략" 영역에서는 (1) 일반학급에서 수학 전략, (2) 수학 교육과정, (3) 수학 곤란을 보이는 학생들을 위한 교수 원리, (4) 수학 지도를 위한 활동, (5) 수학적 교수에서 지원과 교수공학을 설명한다.

## 일반교육에 포함된 학생 이야기 14.1

### 수학 전략

- 더하기, 빼기, 곱하기, 나누기에서 학생을 위한 기초 컴퓨터 기술을 결정하라.
- 학생들이 하나의 개념을 이해하는 데 도움이 되는 조작을 활용해라.
- 학생들에게 수학적 어휘를 가르쳐라.
- 학생들에게 개념을 설명하는데 시각적인 자료나 그래픽을 활용하라.
- 학생들이 그들 자신의 문제를 만들게 하라.
- 학생들에게 계산기의 사용방법을 가르쳐라.
- 진짜 돈이나 돈 놀이를 활용하여 돈에 대한 개념을 가르쳐라.
- 조작적 시계를 활용하여 시간을 가르쳐라.
- 연습과 복습으로 많은 기회를 제공하라.

(일반학급에서 수학 곤란을 보이는 학생들을 가르치는 부가적인 정보는 **http://www.ldonline.org/indepth/math**의 LD온라인을 보라.)

## 14.8 일반학급에서 수학 전략

수학 곤란을 보이는 많은 학습장애 학생과 관련 경도장애 학생들은 일반학급에서 수업을 받는다. 따라서 일반교사에게 수업의 책임이 있다. 일반교사가 수학 곤란을 보이는 학생을 이해할 수 있도록 충분히 교육 받지도 못했고 배경 지식도 없을 수도 있다. **일반교육에 포함된 학생 이야기 14.1**, "수학 전략"은 일반학급에서 수학 곤란을 보이는 학생들에게 수학을 가르치는 몇 가지 전략을 제공한다.

일반학급에서 수학 곤란을 보이는 학생들을 위한 부가적인 산수 전략은 아래에 제시된 웹사이트에서 찾아볼 수 있다.

- Schrockguide, **http://www.school.discoveryeducation.com/schrockguide/math.html**
- PBS Teacher Source, **http://www.pbs.org/teachers**
- Illuminations, National Council of Teachers of Mathematics, **http://www.illuminations.nctm.org**
- Teacher Resources for the classroom, **http://www.mathgoodies.com**
- Stuart Murphy, **http://www.stuartmurphy.com**
- K-3 Teaching Resources, **http://www.k-3teachingresources.com**

- National Literacy of Virtual Manipulatives, **http://www.nationallibraryofvirtualmanipulatives.com**
- Cool Math 4 Kids, **http://www.coolmath4kids.com**

## 14.9 수학 교육과정

일반교사와 특수교사 모두는 전반적으로 수학 교육과정에 대한 기본적인 파악이 되어 있어야 한다. 학생들이 수학 교육과정에서 이미 학습한 것과 앞으로 무엇을 배워야 하는가에 대하여 알고 있는 것은 매우 중요하다.

### 수학의 연속성: 유치원에서 8학년

수학은 각 학년의 수준에서 적절한 어떤 기술을 소개하는데, 그 기술은 연속적이어서 전형적인 사고가 본질적으로 누적되어 나타나는 과목이다. 예를 들어, 곱셈은 더하기 지식에 의존한다. 유치원에서 8학년까지 수학 교육과정에 나타난 주요한 주제는 자연수에서 더하기, 빼기, 자연수에서 곱하기와 나누기, 소수, 분수, 측정, 기하학과 같은 수, 계산, 컴퓨터 교육과 많은 수학적 프로그램이다.

비록 연속성은 서로 다른 프로그램에서 다소 다양할 수 있고, 수업에 대한 일반적인 시간표는 다음과 같다.

**유치원.** 기본적인 수 의미, 수 세기, 분류, 배열 혹은 순서, 숫자의 인식, 그리고 숫자 쓰기

**1학년.** 20까지 덧셈, 20까지 뺄셈, 1과 10의 자릿값, 30분의 시간, 돈, 그리고 간단한 측정

**2학년.** 100까지 덧셈, 100까지 뺄셈, 0에서 100까지 수 세기, 2씩 건너 수 세기, 100의 자릿값, 덧셈과 뺄셈의 재묶음

**3학년.** 9단까지 곱셈, 홀수나 짝수로 건너 수 세기, 1000의 자릿값, 두 자리, 그리고 세 자리 덧셈과 뺄셈, 그리고 시간 말하기

**4학년.** 나눗셈, 9까지의 곱셈과 나눗셈의 확장된 활용

**5학년.** 분수, 분수의 덧셈과 뺄셈, 수의 혼합, 긴 나눗셈, 두 자리 나눗셈 그리고

소수

**6학년.** 백분율, 세 자리 수 곱셈, 두 자리 수 나눗셈, 소수와 복소수의 덧셈과 뺄셈, 소수의 곱셈과 나눗셈, 그리고 자연수에 의한 복소수

**7학년.** 기하학, 반올림, 비율, 그리고 간단한 확률

**8학년.** 과학적인 개념, 그래프의 사용, 복잡한 분수, 복잡한 응용, 그리고 문장제 문제

### 중등 수학 교육과정

9학년에서 12학년을 위한 내용영역은 NCTM(2000; NCTM은 **http://www.nctm.org** 웹사이트 참고)의 학교 수학을 위한 기준위원회에 의해 다음과 같이 분류된다.

- 대수학
- 기하
- 통계
- 확률
- 이산 수학

## 14.10 수학 곤란을 보이는 학생들을 위한 교수 원리

수학 학습의 몇 가지 원리는 효과적인 수학 수업을 위한 지침을 제공한다. 이 원리들에는 (1) 조기 수 학습, (2) 구체적에서 추상적으로 진행, (3) 연습과 복습의 기회 제공, (4) 배웠던 개념과 기술의 일반화, (5) 수학적 어휘 지도가 있다.

### 조기 수 학습

학생들이 무엇을 배울 준비가 되었는지 확인하려면 사전에 조기 수 학습의 습득 정도에 대하여 확인하는 것이 중요하다. 견고한 기초를 형성하는 데 투자된 시간과 노력은 좀 더 진보되고 좀 더 추상적인 과정으로 이동하려고 노력하는 학생들에게 많은 어려움을 예방시킬 수 있다(Jordan et al., 2007). **표 14.4**는 필수적인 기초 조기 수 학습 능력에 대한 설명을 제시하고 있다.

표 14.4 조기 수 학습

| 능력 | 기술 |
|---|---|
| 짝 맞추기 | 비슷한 사물들을 함께 묶음 |
| 사물의 묶음 인식하기 | 수 세기 없이 사물 3개씩 묶는 것 알기 |
| 수 세기 | 사물에 해당하는 수 짝짓기 |
| 뒤에 오는 수 말하기 | 7 다음에 오는 수 말하기 |
| 0에서 10까지 수 쓰기 | 바른 순서 알기 |
| 측정하기와 짝짓기 | 일대일 대응, 어림잡기, 사물 잇기 |
| 연속적 가치 | 양적인 차이에 의한 순서로 사물 배열하기(예: 크기) |
| 연산 | 구체적 사물 없이 10에 대한 수 사실을 조작하기 |

## 구체적에서 추상적으로 진행

학생들은 구체적에서 추상적인 순서로 진행되도록 가르칠 때 수학적 개념을 가장 잘 이해할 수 있다. 교사는 구체적, 반구체적, 추상적이라는 세 가지 교수 단계를 계획해야 한다(Miller & Hudson, 2007; Cass et al., 2003; Witzel et al., 2003).

1. **구체적 교수** 단계에서는 학생들이 기술을 학습하는 데 실제 사물을 조작한다. 예를들어, 학생이 다섯 개의 블록이 같다는 것을 배우기 위해 2개의 블록과 3개의 블록을 보고, 잡고, 움직일 수 있다.
2. **반구체적 교수** 단계에서는 그래픽 표현이 실제 사물을 대신한다. 아래에 제신된 예시는 사물을 표현하는 원이 종이에 제시된다.

$$00 + 000 = 5$$

3. **추상적인 교수** 단계에서는 최종적으로 그래픽 상징을 수로 대치한다.

$$2 + 3 = 5$$

## 연습과 복습의 기회 제공

학생들은 계산 사실을 거의 자동적으로 사용할 수 있어야 하기 때문에 충분한 학습을 위해 복습, 훈련, 그리고 연습의 기회가 많이 필요하다. 이런 연습에 제공되는 방법은 많고, 교사는 가능한 방법을 다양화해야 할 것이다. 이런 기술은 학습지, 플래시 카드, 게임, 행동수정기법(과제를 완성하였을 때 보상과 같은), 그리고 컴퓨터 연습(특히 즉각적인 피드백을 제공하는 소프트웨어 프로그램)이 있다.

## 배웠던 개념과 기술의 일반화

학생들은 많은 상황에서 기술을 일반화하는 것을 배워야 한다. 예를 들어, 교사 혹은 학생들이 서로 만들고 교환할 수 있는 많은 이야기 문제로 계산 사실을 연습할 수 있다. 이 목표는 다양한 새로운 상황에서 계산적 조작을 알고 적용하는 기술을 습득하는 것이다.

## 수학적 어휘 지도

수학적 어휘와 개념은 학생들에게는 새롭고 배워야 하는 것이다. 학생들은 계산하는 방법은 알지만 계산에 응용되는 정확한 용어는 알지 못할 수도 있다. **표 14.5**는 기본 연산을 위한 수학적 어휘를 제시하고 있다.

**표 14.5** 기초 연산을 위한 수학적 어휘

| 연산 | 용어 |
|---|---|
| 덧셈 | 3 → 가수<br>+5 → 가수<br>8 → 합 |
| 뺄셈 | 9 → 피감수<br>−3 → 감수<br>6 → 차 |
| 곱셈 | 7 → 피승수<br>×5 → 승수<br>35 → 곱 |
| 나눗셈 | 7 → 몫<br>6 ⟌42 → 피제수<br>6 → 제수 |

# 14.11 수학 지도를 위한 활동

이 영역에서는 교수 활동을 (1) 조기 수 기술 지도, (2) 계산 기술 지도, (3) 문장제 문제 지도라는 세 가지 영역으로 나누어 제시한다.

## 조기 수 기술 지도

### 분류와 묶음

**1. 분류 게임.** 학생에게 색, 혹은 질감과 같이 한 가지 속성을 가진 다른 사물을 제시하고 두 개의 다른 상자에 한 가지 속성을 제시하여 그에 해당하는 사물을 분류하게 하라. 예를 들어, 사물의 색을 다르게 하여 학생들이 한 상자에는 빨간 품목을, 다른 상자에는 파란 품목을 넣는다. 좀 더 진보된 수준에서는 사물의 속성을 좀 더 복잡하게 할 수 있는데, 예를 들어, 학생들에게 고정된 사물에서 이동 가능한 사물을 분류하게 하는 것이다. 또 다른 변화로는 모양, 색, 그리고 크기와 같이 몇 가지 중복되는 속성을 가지는 사물을 활용하는 것이다. 학생들에게 세 가지 색(예: 파랑, 노랑, 그리고 빨강)과 두 가지 크기(예: 작음, 그리고 큼)에서 삼각형, 원, 그리고 사각형으로 잘라진 것들을 제시한다. 학생들에게 모양으로 분류한 다음 색으로 분류하게 하라. 그런 다음 학생들에게 세 번째 분류 방법은 무엇이 있는지 찾아보도록 한다.

**2. 짝 맞추기와 분류하기.** 수 개념의 발달에서 첫 번째 단계는 단 하나의 사물 혹은 모양에 집중하여 인식하는 능력이다. 학생들은 사물의 특별한 유형을 발견하도록 구색을 갖춘 사물들이 모아진 것을 찾아낸다. 예를 들어, 학생은 색깔 콩의 상자 혹은 빨간 블록을 힐끗 볼 것이고, 모아진 다양한 종류의 동전들을 살펴보고, 다양한 상품 상자에서 포크를 선택하고, 단추 상자에서 타원형 단추를 보고, 다양한 판지 모양에서 원을 꺼내고, 혹은 네모 조각을 찾기 위해서 견과나 볼트들을 살펴볼 것이다.

**3. 사물의 묶음 인식.** 도미노 게임, 놀이 카드, 구체적 사물, 펠트 판지, 색 원반 카드, 이 모두는 집단 개념을 개발하는 데 우수한 매체로 제공된다.

### 순서

**1. 일련의 순서와 관계.** 순서에 대한 개념을 가르칠 때는 학생들이 6 다음에 오는 수, 5 전에 오는 수, 2와 4 사이의 수를 말하게 한다. 또한 학생들에게 일련의 사물

들에서 첫 번째, 마지막, 세 번째 사물을 가리키게 한다. 다르게 측정되는 양에서는 크기, 무게, 강도, 색, 혹은 부피와 같은 다른 측면으로 배열할 수 있다.

**2. 수 선.** 수 선은 학생들이 직접적으로 조작하여 계산하도록 하는 직선으로 이루어진 수의 연속이다. 학생들에게 수 선과 수 블록을 걷게 하는 것은 상징과 또 다른 것과의 관계를 이해시키는 데 중요하다.

| • | • | • | • | • | • | • |
|---|---|---|---|---|---|---|
| 0 | 1 | 2 | 3 | 4 | 5 | 6 |

**3. 크기와 길이에 의한 배열.** 학생들에게 보다 적고, 보다 크고, 보다 키가 크고, 그리고 보다 키가 작다는 개념을 형성시킬 수 있게 서로 다른 크기의 사물을 비교하고 대조하게 하라. 원, 나무, 집 등과 같은 판지 사물을 만들고, 볼트의 와서, 종이용 클립, 그리고 나사와 같은 사물을 모아 두라. 학생들에게 크기별로 사물을 배열하게 한 다음 어떤 사물이 특정 공간에 맞는지를 예측하여 사물의 크기를 측정시켜라.

**4. 일대일 대응: 짝짓기.** 일대일 대응은 한 세트에서 하나의 요소에 해당되는 하나가 또 다른 세트에서 하나의 요소와 짝이 되는 관계이다. 짝짓기는 수 세기의 기초이다. 하나의 사물과 다른 사물을 맞추고 배열하도록 고안된 활동들은 유용하다. 학생들에게 미리 마련된 줄에 맞추어 나무못 판지에 나무못을 한 줄로 배열시키고, 각각의 접시에 한 개의 과자를 놓아 식탁 위에 차리게 하고, 개개 사람이 하나의 사물을 받도록 집단에 자료를 배분하도록 계획하라.

### 수 세기

**1. 수 세기를 위한 운동 활동.** 몇몇 학생들은 말로 수 세기를 배우지만 그들은 하나의 사물에 대응하는 각 수에 대한 개념에 도달하지는 못한다. 이런 학생들에게는 수 세기와 함께 강한 운동과 촉각적 반응을 형성하는 것이 도움이 된다. 시각적 자극을 보거나 사물을 가리키는 것만으로는 학생들이 변덕스럽게 수를 세거나 사물을 건너뛰어 세거나, 하나의 사물을 두 번 세어 말할 수 있다. 학생들을 도와주는 수 세기 원리가 포함된 운동 활동으로는 구멍에 나무못 박기, 빨랫줄에 빨래집게로 집기, 담배 파이프 소제 용구 위의 구슬을 실로 꿰기, 세 번 박수치기, 네 번 높이 뛰기, 두 번 책상 두드리기가 있다. 학생들에게 눈을 감게 하여 드럼 박자를 세면서 듣는 것으로 시각적 수 세기를 강화하는 청각적 방법을 활용하라. 학생들은 매번의 소리를 표시할 것이고, 그런 다음 표시된 것을 세어 보도록 한다.

**2. 컵 세기.** 컵과 같은 한 세트의 용기를 마련하여 각각 하나의 숫자를 지정한다. 학생들에게 병 뚜껑, 조각, 단추, 나사, 볼트의 워셔와 같은 사물을 활용하여 각 용기에 정확한 수만큼 물품을 채우게 하라.

### 수 인식

**1. 수의 시각적 인식.** 학생들은 인쇄된 숫자(7, 8, 3) 모두를 인식하고, 이런 수를 말(칠, 팔, 삼)로 표현하는 것을 배워야 한다. 또한 학생들은 쓰기 상징과 구어 상징을 통합하는 것을 학습해야 한다. 학생들이 적힌 숫자를 다른 숫자와 혼돈한다면, 색 단서는 그 상징을 인식하게 하는 데 도움을 줄 것이다. 예를 들어 3 위를 초록색으로, 혹은 3 아래를 빨간색으로 표시하여 만들면 된다. 또 다른 활동으로는 학생들이 펠트, 판지, 혹은 모래 종이 상징, 혹은 사용할 수 있는 사물 묶음과 같은 일련의 사물들을 정확하게 숫자로 짝짓도록 하는 것이다.

**2. 주차장 포스터.** 숫자 대신에 점으로 주차 공간을 표시한 주차장을 포스터로 그려라. 작은 자동차에 숫자를 적고, 학생들이 주차공간의 점과 자동차의 숫자가 동일한 주차공간에 자동차를 정확하게 주차하도록 한다.

## 계산 기술 지도

다음은 계산 기술 지도를 위한 몇 가지 전략이다.

**1. 부분-전체 개념.** "큰 개념" 생각은 더하기와 빼기가 부분-전체 관계를 가진다는 것으로, 여러분은 전체 혹은 둘의 합계 혹은 더 많은 부분을 찾아 더할 것이고 전체에서 놓친 영역을 발견하여 뺀다. **그림 14.4**는 학생들이 부분-전체의 관계를 파악하는 것을 도와주는 그림이다. 전체 집단에서 부분-전체 관계를 설명하기 위해 오버헤드 프로젝트로 그림을 보여 주면서 수 세기에 활용하라. 학생은 **부분-전체 관계**를 설명하려고 계산대를 활용할 수 있다.

**2. 기초 계산 기술.** 수학에서 많은 문제는 기초 계산 기술의 결함 때문에 일어난다. 학생들이 이런 결함을 극복하도록 돕는 것은 학생들에게 부족한 덧셈, 뺄셈, 곱셈, 나눗셈, 분수, 소수, 그리고 백분율과 같은 기초 **수학 계산**을 가르치는 것이다. 수학 계산 기술을 가르치는 쉬운 방법은 수학 게임과 할인 가게에서 상품을 구입하는 놀이를 통해서 획득시킬 수 있다. 또한 온라인 할인 판매도 좋은 방법이 될 수 있다. 할인 가게에서 곱셈 표의 큰 스티커를 얻을 수 있다. 학생들은 수학 파일 폴더에 스티커를 넣어 둘 수 있다. (온라인 할인 가게, 동양 무역은 http://www.

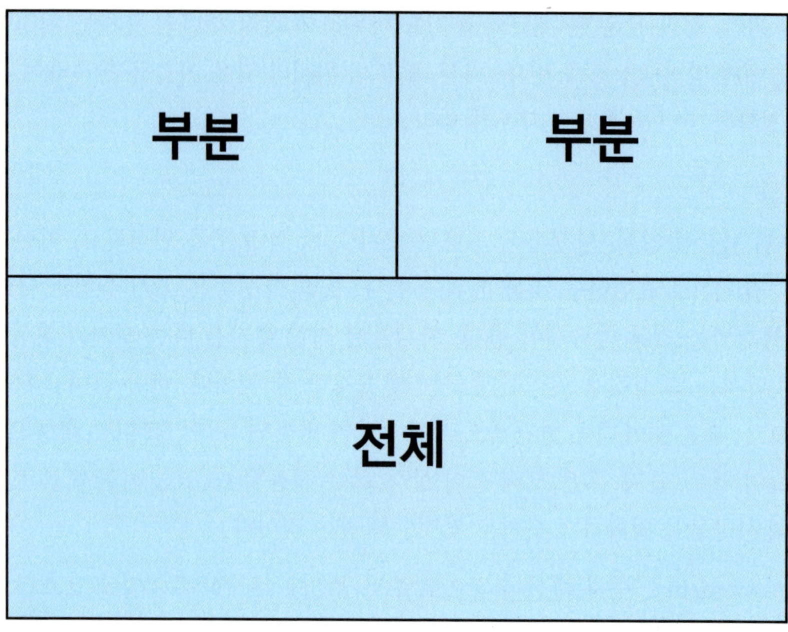


그림 14.4 부분-전체 관계

OrientalTrading.com에 있다.) 또한 CD를 활용한 수학 게임은 계산 기술을 가르치는 데 도움이 된다. (몇몇 게임과 CD는 http://www.planetcdrom.com의 플레니트 CD롬에 있다.) 이런 게임과 활동은 수학 활동 책상에 배치할 수 있다.

3. 덧셈. 덧셈 사실에 대한 지식은 모든 다른 계산 기술에 기초가 된다. 더하기는 수 세기의 간단한 방법이고, 학생들은 다른 모든 것에 실패했을 때 수 세기에 의존할 수 있다는 것을 알고 있다. 덧셈은 "부분 더하기 부분은 전체"라고 생각할 수 있다. 배워야 할 중요한 기호는 +(더하기, 또는 "함께 넣기")와 =(같다, 혹은 "와 같은")이다. 다른 영역들과 마찬가지로, 구체적인 사물을 활용하는 것으로 시작하고, 그 다음에는 수로 표현된 카드, 그리고 마지막으로는 3+2=□와 같이 오로지 수만 있는 수문장을 사용한다. 여기서부터, 학생들 또한 2+3=□; □+2=5; 그리고 3+□=5를 학습한다.

10과 20 사이의 총계를 사용하여 덧셈을 가르치는 것은 좀 더 어렵다. 여기에는 몇 가지 방법이 있다. 8+8=16과 같이 배수로 시작하는 것은 훨씬 쉽다. 그러고 나서 한 번 더 16이 되게 9+8의 합에 대하여 질문을 한다.

또 다른 방법은 "10 만들기"이다. 예를 들어, 7+5에서, 학생들은 5에서 3을 가져와, 3을 7에 더하여 10을 만든다. 이때 이 학생은 10+그 나머지 2=12라는 것을 알 수 있다. 학생은 실질적으로 사물을 움직여 그 과정을 직접 경험할 수 있다.

$$7+5=12$$
$$10+2=12$$

이 수 선은 더하기를 가르치는 또 다른 방법으로 제공된다. 학생들은 수 선으로 더하기 과정을 시각적으로 인식할 수 있다.

**4. 뺄셈.** 학생들은 덧셈을 습득하여 기초를 다진 후에 뺄셈을 배운다. 중요한 새 기호는 −(빼기, 혹은 "덜어 내다")이다. 한 학생이 책상 위에 일련의 사물들을 놓고 일부 사물들을 없앤다. 얼마나 남았는가? 6−2=□. 그러고 나서 카드를 사용하라. 2의 세트의 카드와 4의 세트의 카드를 사용하여 6을 찾아라. 이 카드가 합쳐졌을 때 6의 세트의 카드를 가질 수 있음을 학생에게 말하라. 2의 세트를 없애면 몇 개가 남는지 학생에게 질문하라.

또한 수 선은 빼기에도 사용된다.

재묶음은 1, 10, 100의 생각과 함께 빼기를 가르칠 때 중요한 개념이다.

**5. 곱셈.** 수학 곤란을 가진 많은 학생들은 곱셈 사실(**그림 14.3** 참고)을 알지 못한다. 이런 학생들은 그들이 곱셈 사실을 습득할 때까지 나누기를 배우는 것이 불가능하다.

곱셈은 덧셈의 간단한 방법이다. 2+2+2+2를 더하는 대신에 학생은 2×4 = 8을 학습할 수 있다. 뺄셈은 곱셈의 필수 요건이 아니기 때문에 뺄셈에 어려움을 가진 학생들은 곱셈을 좀 더 잘 할 수 있을 것이다. 학습할 기호는 ×(곱하기)이다.

곱셈을 설명하는 데는 몇 가지 방법이 있다. 방법 하나는 곱셈 문장이다. 2개씩 3세트는 모두 몇입니까? 사물의 세트를 활용하여 학생들은 사물을 세거나 혹은 동등한 가수를 더해가면서 총합을 알아낼 수 있다.

또한 교환(회전시키다)의 개념을 소개할 수 있다. 이는 3×5=□이 5×3=□의 형태로 바뀌어도 답은 바뀌지 않는다는 사실이다.

동일한 가수 접근법은 학생들에게 다음과 같이 나타내도록 지시하는 것이다.

3×5=5+5+5, 혹은 15

수 선 접근법에서는 덧셈에서 수 선을 사용할 수 있는 학생이 아마도 곱셈에서도 수 선을 잘 사용할 것이다. 이 학생은 수 선에서 5를 세 번 더하여 그 선이 15에 이를 때까지 더한다.

직사각형 배열 접근은 각 줄에 사물의 수를 동일하게 배열한다. 예로, 3×5는 다음과 같다.

0 0 0 0 0

0 0 0 0 0

0 0 0 0 0

**6. 나눗셈.** 이 계산 기술은 배우고 가르치는 데 가장 어렵다. 앞에서도 언급한 것처럼, 기본적으로 나눗셈 사실은 곱셈 사실의 지식에서 비롯된다. 긴 나눗셈은 많은 연산을 요구하고, 학생들은 그것들을 한데 모을 수 있기 전에 모든 단계를 할 수 있어야만 한다. 새로운 기호는 ÷(나누기)이다.

나눗셈에 접근은 여러 방법이 있다. 6÷3=□와 같은 세트를 이용할 수 있다. 6을 3개의 동일한 세트로 묶어 보라. □ 안에 들어갈 요소가 2임을 알 수 있고, 그림으로는 다음과 같이 표현할 수 있다.

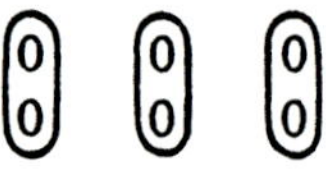

얼마나 많은 하위 세트가 있는가? 얼마나 많은 사물들이 각 세트에 있는가?

또한, 수 선도 이용할 수 있다. 3 단위씩 도약한다면 얼마나 많이 도약할 수 있는가?

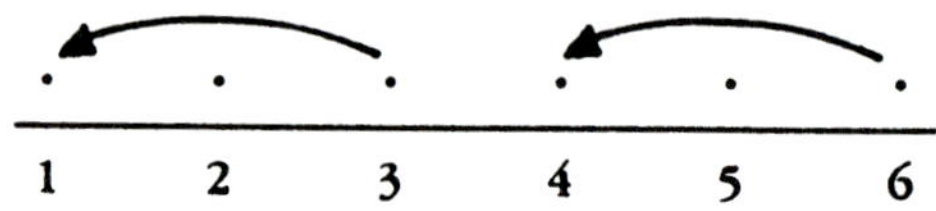


누락된 요소 접근은 잘 알고 있는 곱셈 사실을 이용하는데 3×□=12와 같이 그 과정을 반대로 되돌려 보는 것이다. 그런 다음 12÷3=□와 같이 나눗셈 문장으로 바꾸어 본다.

**7. 분수.** 기하학적인 모양은 일반적으로 기능적 수를 소개하는 데 사용된다. 새로운 기호는 다음과 같다.

$$\frac{1}{2}\ \begin{matrix}\rightarrow \text{특정 부분의 수} \\ \rightarrow \text{동등한 부분들의 합한 수}\end{matrix}$$

이분의 일에서 시작하여 사분의 일, 그 다음 팔분의 일로 진행된다. 판넬 혹은 종이접시에서 모양을 오리면서 제시할 수 있다. **그림 14.5**는 일반적인 분수를 나

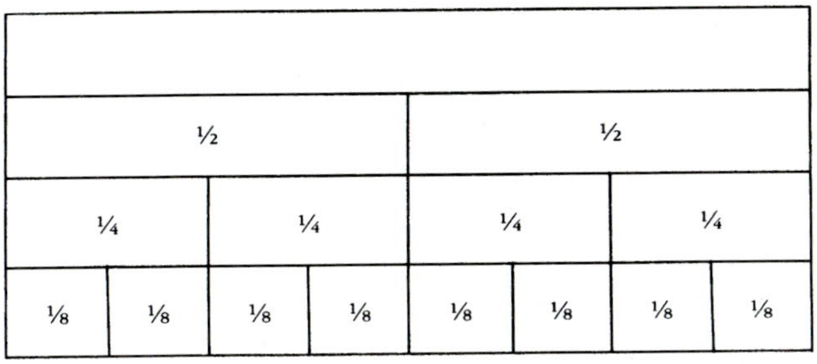

| | | | | | | | |
|---|---|---|---|---|---|---|---|
| ½ | | | | ½ | | | |
| ¼ | | ¼ | | ¼ | | ¼ | |
| ⅛ | ⅛ | ⅛ | ⅛ | ⅛ | ⅛ | ⅛ | ⅛ |

**그림 14.5** 몇 가지 일반 분수

타낸 것이다.

**8. 계산 규칙 학습.** 일단 규칙의 이면에 대한 개념을 알게 되면, 학생들은 혼자서 그 규칙을 기억해야만 한다. 이를 위해 다양한 학습 기회가 필요하다. 학생들은 그 규칙을 적을 수 있어야 하고, 그것들을 말할 수 있어야 하고, 규칙이 적용되는 게임을 할 수 있어야 하고, 속도 시험을 볼 수 있어야 한다. 또한 플래쉬 카드, 주사위 던지기, 놀이 카드, 하루 규칙 학습하기와 같은 활동도 도움이 된다. 매우 다양한 방법이 활용된다.

계산 기술을 배우기 위해서는 수학 곤란을 가진 학생들은 추상적이고 수에 대한 상징적 수준으로 이동하기 전에 구체적이고 조작되는 매체에 대한 많은 경험이 필요하다. 물리적으로 분해하고 합칠 수 있는 사물과 매체들은 학생들에게 전체에서 부분이라는 분수의 관계를 시각적으로 관찰할 수 있는 도움을 제공한다.

만약에 1의 자리(3+1=4)와 배수(3×3=9)가 포함된 규칙을 제외시킨다면, 산수 계산(덧셈, 뺄셈, 곱셈, 그리고 나눗셈)에 대한 각 유형에서 숙달해야 할 56개의 기본적인 수 규칙이 있다. 수 규칙의 예로는, 3+4=7; 9−5=4; 3×7=21; 18÷6=3이다. 더하기의 계산 기술에서 예를 들면, 1+1=2에서 9+9=18까지 범위를 포함하는 81개의 분리된 규칙이 있다.

1의 자리(5+1=6)와 배수 (2+2=4)를 힘들어하는 학생은 거의 없다. 따라서 이러한 규칙이 생략된다면 56가지의 기본 덧셈 규칙을 숙달해야 하는 것이다. 유사하게, 1의 자리와 배수 없이 뺄셈, 곱셈, 그리고 나눗셈과 같은 다른 계산 영역을 각각 숙달해야 할 것이다.

**9. 2주에 관한 사실: 7+7.** 학생들이 달력에 2주간을 동그라미로 그리고 각 주의 날짜 수를 센다. **그림 14.6**에서 보여 주는 것처럼 7+7=14를 학습한다.

**10. 10자리에 있는 수에서 9 빼기.** 10자리에 있는 수에서 9를 빼는 것을 학습하도

| Sun | Mon | Tue | Wed | Thur | Fri | Sat |
|---|---|---|---|---|---|---|
| 1 | 2 | 3 | 4 | 5 | 6 | 7 |
| 8 | 9 | 10 | 11 | 12 | 13 | 14 |
| 15 | 16 | 17 | 18 | 19 | 20 | 21 |
| 22 | 23 | 24 | 25 | 26 | 27 | 28 |

**그림 14.6** 사실을 학습하기 위한 달력

록 도와주는 유용한 기술 중 하나는 학생들이 16−9=□과 같은 문제를 생각해 보는 것이다. 1과 6을 더하면 정답 7이 된다. 이런 기술은 모든 10자리의 수에서 9를 빼는 것을 공부하여 습득한다.

**11. 배열.** 배열에 문제를 보이는 학생들도 있다. 예를 들어, 숫자 1, 2, 3을 학생들에게 제시하라. 그리고 그 숫자들로 배열할 수 있는 얼마나 많은 방법들이 있는지 질문하라. 1–2–3; 1–3–2; 2–1–3; 2–3–1; 3–1–2; 3–2–1(혹은 3×2×1=6). 또 다른 예는 다음과 같다. 4명의 아동이 정사각형의 책상에 앉는다면, 얼마나 많은 방법으로 그들을 배치할 수 있을까? (4×3×2×1=24).

**12. 계산용 퍼즐 카드.** 덧셈, 뺄셈, 곱셈, 그리고 나눗셈의 문제를 판지 카드에 만들어 학습시켜라. 문제를 하나의 카드로, 그리고 답을 또 다른 카드로 만들어 각각 두 개의 카드를 오려라. 학생들이 퍼즐을 맞추려고 노력할 때 오로지 정답으로만 맞출 수 있게 각각의 카드는 독특하게 오려야 한다.

컴퓨터용 회계처리 프로그램과 차트는 수학 교육과정의 필수적인 영역이고 수학교사 국가위원회는 그것들의 사용을 권유한다.

**13. 카드 놀이.** 일상적인 카드 한 벌은 수 개념을 가르치기 위한 만능의 도구이다. 몇 가지 활동으로는 수의 연속적인 순서, 수의 세트에 짝 맞추기, 개별적 카드로 덧셈과 뺄셈, 그리고 한 세트에 있는 숫자를 재빨리 인식하는 것이 있다.

## 문장제 문제 지도

수학 교수의 목표는 문제 해결에 개념과 기술을 응용하는 것이다. 수학교사 국가위원회(2000)는 모든 수준에서 문제 해결을 좀 더 강조할 것을 주창한다. 문장제 문장 지도를 위한 몇몇 제안들은 다음과 같이 제시한다.

1. **문장제 문제.** 학생들이 흥미로워하고 경험이 있는 문장제 문제를 활용하라.
2. **구어로 문제를 제시하라.** 이 방법은 읽기 문제를 가진 학생에게는 특별히 더 중요하다.
3. **시각적 강화.** 문제를 명확하게 제시하고, 해결방안을 제시하고, 답을 입증할 수 있는 구체적 사물, 그리기, 그래픽을 활용하거나 다른 시각적 강화를 활용하라. 학생들이 그 문제를 실행하게 하라.
4. **단순화하기.** 크고 복잡한 수 문제를 작고 좀 더 쉬운 문제로 대체하여 그들이 문제를 이해하고 좀 더 쉽게 해결할 수 있도록 해라.
5. **다시 말하기.** 학생들은 그들 자신의 언어로 문제를 다시 말하게 하라. 이런 구두 표현은 학생들이 그들 자신을 위하여 문제를 구조화하도록 도와주고, 또한 문제의 이해 정도를 보여 주는 것이다.
6. **보충 문제.** 수업에서 다룰 수 있는 교재 문제를 보충하라. 학생의 이름이 포함되면 그 문제는 좀 더 사실적이 된다.
7. **사고를 위한 시간.** 학생들이 생각할 수 있도록 충분한 시간을 허락하라. 문제를 해결하기 위한 대안적인 방법을 질문하라. 학생이 문제에 관하여 어떻게 생각하는지, 그 문제를 어떻게 풀어갈지에 관하여 이해하도록 노력하라.
8. **문장제 문제를 해결하는 단계.** 대부분의 학습장애 학생들은 문장제 문제를 어려워한다. 비록 읽기 문제가 원인이라고 할지라도 그 어려움은 종종 수학 문제에서 사고하는 데 어려움으로 나타난다. 학생들은 문제의 숫자를 보자마자 곧 계산을 시작하는 경향이 있다. 다음과 같은 단계는 문장제 문제 응용을 지도하는 데 도움이 된다.
   a. **상황 검토하기.** 학생이 문장제 문제를 처음으로 읽어본 후 문제의 환경을 연결하라. 학생은 이 단계에서 종이와 연필이 필요하지 않다. 그들은 환

경 혹은 상황을 간단히 진술한다.

b. **질문 결정하기.** 학생이 발견하게 된 것이 무엇인지 결정하게 하라. 해결해야 할 문제가 무엇인가?

c. **자료 모으기.** 종종 문장제 문제는 문제 해결에 관계있는 것과 그렇지 않은 많은 자료를 제시한다. 학생들에게 문제를 큰 소리로, 혹은 조용히 읽히고, 그런 다음 관계있는 자료와 관계없는 자료를 목록화하게 하라.

d. **관계 분석하기.** 학생들이 자료 사이의 관계를 분석하도록 도와주라. 예를 들어 만약에 문제에서 자동차 가격이 2,000달러인데 25%를 싸게 살 수 있다고 진술되었다면, 학생들은 두 가지 사실 사이의 관계를 발견해야만 한다. 관계를 아는 것은 추론기술인데, 이는 수학 곤란을 보이는 학생들에게 종종 어려움으로 나타나는 것이다.

e. **과정 결정하기.** 학생들은 문제를 해결하는 데 사용할 계산 과정을 결정해야만 한다. 학생들은 덧셈에서 제시되는 총, 도합과 뺄셈에서 제시되는 나머지, 잔여와 같은 핵심 언어에 집중해야 한다. 다음으로 그들은 그 문제를 수학적 문장으로 표현해야 한다.

f. **해답 예측하기.** 학생들에게 합리적인 해답이 무엇인지 추론하는 연습을 시켜라. 학생들이 그 문제에 숨겨진 추론을 이해한다면 그들은 해답을 예측해 낼 수 있을 것이다.

g. **연습과 일반화.** 학생들이 한 유형의 문제를 생각하고 해결한 후에 교사는 서로 다른 수로 이루어진 유사한 문제를 제시한다.

9. **시간. 시간 개념**은 수학 장애를 보이는 많은 학생들이 언급하는 어려움으로, 그들은 시간을 말하는 방법을 배울 수 있는 특별한 교수가 요구된다. 진짜 시계 혹은 교사가 제작한 시계는 이러한 기술을 가르치는 데 필요하다. 교사가 제작한 시계는 종이접시에 판지를 붙여 종이 잠금쇄를 사용하도록 만들면 된다. 시간을 지도하는 순서는 매시(1:00), 30분(4:30), 15분(7:15), 5분(2:25) 간격 순으로 가르치고, 그 다음으로 매시 전과 후, 분 간격, 그리고 초를 가르친다. 텔레비전 시간표의 프로그램, 교실 활동을 시간과 관련하여 사용하라.

10. **돈.** 진짜 돈과 실제 상황을 활용하는 것은 몇몇 학생에게 수 사실을 가르치는 데 효과적인 방법이다. 가게에서 돈을 지불하게 하고, 잔돈을 바꾸고, 식당 메뉴에서 음식을 주문하고 가격을 더하여 지불하게 하라. 이런 상황 모두는 산수를 학습하는 데 구체적이고 의미 있는 연습이다.

## 중등학교 수학 전략

**활동적 학습을 통한 대수학 지도** 고등학교 학생들은 지역 휴대 전화의 다양한 가격을 분석하는 데 대수학을 활용한다. 그들은 매달 요금을 팔면서 휴대폰 회사로부터 광고를 활용하는 것과 휴대 전화의 실질적 비용을 지불하게 하려는 문자 요금과 같은 부가적 요금 또한 살펴봐야 한다. 그들은 진짜 비용을 반영하는 대수학 방정식을 만들어 낸다. 그런 다음, 그들은 다양한 휴대 전화 비용을 비교한다. 그들은 전자 발표를 만들고, 차트, 그래픽, 그리고 파워포인트로 부모와 동료 학생들에게 그들의 결과를 보여 준다(Boss, 2009).

**문장제 문제** STAR는 학습장애 학생과 관련 경도장애 학생들을 위한 문장제 문제 전략이다(Maccini & Hughes, 2000).

**S**—문장제 문제를 조사하라(Search). 문제를 읽고, 스스로에게 질문하고, 규칙을 적어 보라.
**T**—방정식을 언어로 전환하라(Translate). 예를 들어, 활동을 확인하고, 조작과 그림을 통하여 방정식을 표현하라.
**A**—그 문제에 답하라(Answer).
**R**—해결을 재검토하고(Review) 해결이 합리적인지 평가하라.

**활동 전략의 순서** 활동 방법의 순서를 아는 것은 대수학을 배우는 데 중요한 필요조건이다. ORDER 전략은 학습장애 학생과 관련 경도장애 학생이 활동의 순서를 기억하도록 도와준다(Minskoff & Allsopp, 2003).

**O**—문제를 관찰하라(Observe). 문제를 읽고 중복 활동 단서를 살펴보라.
**R**—단서를 읽어라(Read). 각각의 단서를 찾고 그것을 표현하는 활동을 확인하라.
**D**—처음으로 할 활동을 결정하라(Decide). 활동은 특별한 순서로 수행해야만 한다.
**E**—순서의 규칙을 집행하라(Execute). "대부분의 개는 냄새가 난다"라는 구절은 학생들이 곱셈과 나눗셈이 덧셈과 뺄셈 전에 온다는 것을 상기시킨다.
**R**—편안해져라(Relax). 할 수 있다.

## 14.12 수학적 교수에서 지원과 교수공학

### 계산기

학생은 컴퓨터 기술을 배우지만 계산기를 잘 사용하는 경우도 있다. 학교에서 학생들은 계산기를 어떻게 능률적으로 사용하는지 배워야 한다. 수학 추론 문제를 해결하면서 학생들은 수업에서 추론적 면으로는 결코 얻을 수 없는 컴퓨터의 수렁으로 빠지곤 한다. 학생들이 계산기를 사용하면 기본적인 계산 과정을 수행하는 것보다 오히려 수학적 개념을 이해하는 데 에너지를 더 사용할 수 있다(Center for Implementing Technology in Education, 2007).

가격이 저렴한 주머니용 계산기는 쉽게 구할 수 있고 가지고 다니기도 편리하다. 계산기는 좀 더 복잡한 산수 과정은 물론 컴퓨터의 기본적 기능으로 사용될 수 있고, 또한 자기 점검에도 유용하다. 계산기는 다른 셈하기 체계보다는 사회적으로 좀 더 수용되기 때문에, 특히 기본적 계산 사실을 기억하지 못하는 성인들에게 도움이 된다. 학생들은 계산기를 사용하는 적절한 방법에 대한 수업을 받을 필요가 있기 때문에 수업에서 계산기 기술을 가르치는 것이 계획되어야 한다.

**수학 곤란**이 있는 학생들은 좀 더 유용한 말하는 계산기를 발견할지도 모른다. 말하는 계산기는 언어합성기가 부착된 계산기이다. 숫자, 기호, 연산을 누르면 언어합성기에서 소리로 전환된다. 사용자는 청각적 피드백을 받으며 답을 두 번 점검할 수 있다.

중등학교 학생들과 성인들은 좀 더 복잡한 수학 기능을 실행하는 데 프로그램화할 수 있는 계산기가 필요할 것이다.

### 컴퓨터

컴퓨터 활용에서의 급진적인 변화는 수학을 가르치는 데 특별히 유용한 컴퓨터 기술을 만들었다.

대부분의 수학 소프트웨어 프로그램은 비록 수학 장애 학생들을 위하여 고안되지는 않았지만 유용하다. 컴퓨터는 학생을 동기화시키고, 수학적 소프트웨어 프로그램은 개별화할 수 있고, 피드백을 제공하고 반복을 제공한다(Belson, 2003; Lewis, 1998; Raskind & Higgins, 1998a). 이런 프로그램은 가능한 혼돈되지 않고, 간결하고 명확한 지시, 좀 더 길고 복잡한 문제를 간단하고 구체적인 지시로 전환시킨다. 프로그램은 학생에게 자주 질문할 것이다(예를 들어, "확실합니까? 답을 바꾸길 바랍니까?"라고 묻는다). 그들은 또한 학생에게 즉시 피드백을 제공한다.

수학 프로그램은 훈련과 연습 프로그램에서 문제를 해결하는 것까지 그 범위가 넓다. 학습장애 학생을 위한 수학 소프트웨어 프로그램을 위한 좋은 자료는 Closing the Gap's Resource Directory에 있다. Closing the Gap을 위한 웹사이트는 http://www.closingthegap.com이다.

## 컴퓨터용 회계처리 프로그램

컴퓨터용 회계처리 프로그램은 수학 교육과정의 필수적인 영역이고, 그 사용을 수학교사 국가위원회에서 권유하고 있다(2000). 그리고 학습장애 학생들은 종종 회계처리 프로그램이 언어적 과제보다는 시각적 과제이기 때문에 가능한 회계처리 프로그램 어플리케이션을 사용하려고 한다. 회계처리 프로그램은 열과 줄의 격자를 통해 수적 정보를 표현한다. 수는 셀에 배치되고, 그것들은 수학 계산과 수학 공식에 적용할 수 있다. 원 차트, 막대 그래프, 혹은 선 그래프와 같은 차트와 그래프는 회계처리 프로그램에 입력된 수를 토대로 전자적으로 만들어진다(**그림 14.7**).

**원 차트**는 중요성과 빈도를 나타내는 데 원형을 부분으로 나눈 것이다. **막대 그래프**는 서로 다른 가치가 직사각형의 막대로 표현된 차트 유형이다. 광범위한 여러 가지 학생 활동으로 예산을 계획하고, 성적의 기록을 유지하고, 취미에 사용되

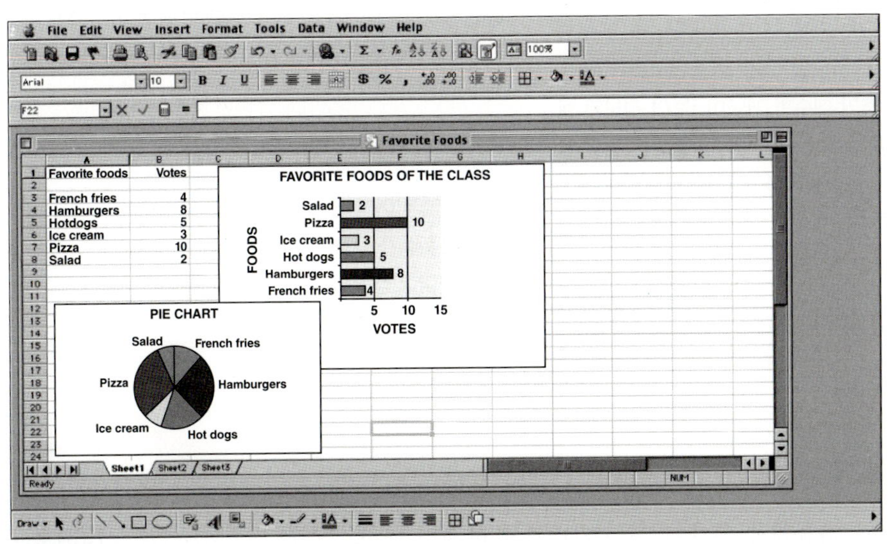


그림 14.7 회계처리 프로그램, 원 차트와 막대 그래프

는 항목의 목록을 편집하거나 선택된 결과를 추적하는 것은 회계처리 프로그램을 활용하여 처리할 수 있다.

어떤 활동에서 학생들은 그들이 좋아하는 음식을 기록하였다. 이런 음식은 판지에 목록화되었고 개개 학생은 그들이 좋아하는 음식에 스티커를 붙이는 것으로 투표했다. 학급 투표는 계산 되었다(예: 피자 10표; 핫도그 5표, 등). 좋아하는 음식과 투표는 **회계처리 프로그램**을 활용하여 원 차트나 막대 그래프로 작성되었다. **그림 14.7**은 이런 활동의 결과를 원 차트와 막대 그래프로 작성한 회계처리 프로그램이다.

## 내가 알고 있는 한 아동…

### Sam: 대수학을 어려워하는 학생

Sam은 14세 8개월이 되었고, 9학년 학생이고, IEP에서 학습장애로 분류되었다. Sam은 읽기를 좋아하고 영어를 잘하지만 초등학교부터 수학에서 어려움을 보였다.

Sam은 일반교육 대수학 수업에 포함되어 있다. 개학하여 Sam의 대수학 선생님인 Zero 선생님은 학생들이 8학년에서 배웠을 거라고 생각되는 기본 예비 대수학의 기초 개념의 몇 가지를 복습시켰다. 신속한 복습 후에 대부분의 학생은 좀 더 진보된 대수학 개념으로 이동할 준비를 하였다. 그러나 Sam은 여전히 기초 대수학 개념이 어려웠다. Zero 선생님은 이런 조기 대수학 개념이 좀 더 진보된 개념으로 이동하기 전에 반드시 습득해야만 한다는 것을 알고 있다. 그는 특수교사와 협력하여 Sam에게 기초 예비 대수학 기술을 가르치기로 했다. 그들은 Sam이 다음과 같은 대수학의 문제를 풀도록 가르칠 것이다.

- 정수로 구성된 덧셈, 뺄셈, 곱셈, 그리고 나눗셈 문제.
  예시: $4 + 6$; $4 + -6$; $4 \times 5$; $-18 \div -3$.
- 간단한 덧셈, 뺄셈, 그리고 나눗셈 방정식.
  예시: $(2x + 6) + (4x + 7) = 6x + 13$.
- 변수 표시 풀기. 예시: $3x = -24$.
- 두 단계 방정식 풀기. 예시: $3x - 4 = 2$
- 연립 방정식 풀기. 예시: $5x - 4 = 2x + 5$

**출처:** Adapted from The Iris Center for Faculty Enhancement, Case Study Unit, Algebra (Part 1), **http://www.iris.peabody.vanderbilt.edu.**

#### 질문

1. Sam에게 어떤 협력전략이 사용되었습니까?
2. 다른 학생들의 대수학 수업에도 이런 협력교수가 도움이 된다고 생각합니까?

## 요약

1. 학습장애 학생과 관련 경도장애 학생의 몇몇은 수학 학습에 심각한 어려움을 보인다. 다른 학생들에게는 수학이 강점으로 나타날 수도 있다.

2. 계산 장애는 심한 학습장애이고 수학을 활용하는 데 있어서 신경학적 기능장애와 관련되어 있다.
3. 어린 아동에게 실시되는 조기 수 학습에는 공간 관계, 시각 운동, 그리고 시지각 처리, 그리고 시간과 방향에 대한 개념 활동이 포함된다.
4. 수학 장애의 특성은 정보처리 곤란, 언어와 읽기 능력, 그리고 수학 불안과 관계되어 나타난다.
5. 수학 교육에 대한 관점은 국가적 관심사로 해를 거듭하면서 변화하고 있다. 오늘날의 접근은 높은 기준과 매년의 시험을 요구하는 것으로 나타난다.
6. 수학 장애를 가진 학생을 위한 수학 교수에 대한 몇 가지 학습 이론은 구체적 학습에서 추상적 학습으로의 진행, 직접 교수, 학습 전략 교수, 그리고 문제 해결 접근이 있다.
7. 학생의 수학 기술은 형식적 검사와 비형식적 검사로 사정될 수 있다. 각각은 수학 수행에 대한 서로 다른 유형의 정보를 제공한다.
8. 수학 교육과정의 내용은 순차적이고 누적적이다. 수학의 서로 다른 요소들은 다른 학년 수준에서 가르친다.
9. 수학의 교수 원리에서는 학생들이 조기 수 학습을 받아야 한다고 강조한다. 교수는 구체적에서 추상적으로 진행하고, 연습과 복습을 위한 풍부한 기회를 제공하여야 한다. 학생은 학습한 개념을 일반화하는 것을 배워야 하고, 기본 수학 활동을 위한 어휘도 알아야 한다.
10. 학생은 기본적인 계산적 사실을 배우지만 교실에서 어떤 목적을 위하여 계산기를 사용하도록 허락될 것이다. 계산기 사용은 수학 교육과정의 일부이다.
11. 컴퓨터는 학습장애 학생과 관련 경도장애 학생에게 수학을 가르치는 데 중요한 어플리케이션을 많이 보유하고 있다.

## 교육정보 비디오 사례 활동

**14장을 읽은 후에** Education CourseMate 웹사이트에 들어가 "발견 학습을 촉진하는 기술 활용하기: 고등학교 기하학 수업(Using Technology to Promote Discovery Learning: High School Geometry Class)"이라는 제목의 교육정보 비디오 사례(Teachsource Video Case)를 보길 바란다.

이 비디오에서 기하학 선생님인 Gray Simons는 학생들이 기하학 수업에서 예측하는 방법을 학습하도록 돕기 위해 "발견 학습"을 활용한다. 그들은 기하학에서 각도를 공부하려고 "스케치패드"라고 부르는 기술적 도구를 사용한다. 이 기하학 선생님은 발견 학습이 교사의 레퍼토리에서 필수적인 영역이라고 설명한다. 또한 그는 "전통적인 수학"도 교사의 레퍼토리의 일부라고 강조한다.

### 질문

1. 기하학에서 "발견 학습"이란 무엇입니까?
2. "전통적 수학" 교육과 "발견 학습"은 어떻게 다릅니까?

## 토론과 심화질문

1. 장애인교육개선법-2004(IDEA-2004)는 학생이 수학 장애를 가질 수 있는 두 개의 영역을 제시합니다. 이런 두 개의 영역을 분류하고 지원을 위한 의미를 토론해 봅시다.
2. 학습장애와 관련 경도장애의 특성은 수학 학습에 영향을 미칠 수 있습니다. 수학 장애 학생의 특성 두 개를 선택하고, 이런 특성이 계산 학습에 어떻게 영향을 미칠 수 있는지 설명해 봅시다.
3. 수학 수업에서 계산기를 사용하는 것에 대하여 어떻게 생각합니까? 그 이유는 무엇입니까? 그것들을 사용할 수 있는 방법에 대하여 토론해 봅시다.
4. 수학 교육에서 컴퓨터를 어떻게 활용할 수 있습니까?
5. 학생들이 구체적 학습에서 추상적 학습으로 이동하는 방법을 기술해 봅시다.

## 핵심 용어

계산 장애 … 522
공간 관계 … 524
구체적 교수 … 547
막대 그래프 … 561
문제 해결 … 521
반구체적 교수 … 547
부분-전체 관계 … 551
수직선 … 524
수학 계산 … 551
수학 곤란 … 560
수학 불안 … 527
수학 학습장애 … 521
시간 개념 … 558
원 차트 … 561
일대일 대응 … 523
자릿값 … 527
조기 수 학습 … 523
직접 교수 … 529
추상적인 교수 … 547
회계처리 프로그램 … 562

## 역자 소개

### 김미숙

역자는 대구대학교 특수교육과를 졸업하고 일본 토호쿠(東北)대학교대학원 교육부 심신장애학 전공에서 교육학석사 학위와 대구대학교대학원 특수교육전공에서 문학박사 학위를 취득했다. 제주영송학교에서 특수교사로 근무했으며 현재 백석대학교 특수교육과의 교수로 재직하고 있으면서 한국학습장애학회, 한국특수아동학회 이사와 한국특수교육학회의 편집위원으로 활동하고 있다. 교사를 위한 특수아동의 이해와 교육, 놀이의 이해와 실제, 학습장애 이론 진단 그리고 교수 전략, 마음으로 학급 관리하기, 교사 리더십, 가장 좋은 학교와 같은 다수의 저서와 번역서는 물론 완전통합교육과 학습장애 등 특수교육과 관련된 다수의 논문이 있다.

**학습장애와 관련 경도장애:**

**특징, 교수 전략, 그리고 새로운 방향, 제12판**

발 행 일 | 2014년 6월 30일 초판 1쇄 발행
저 자 | Janet W. Lerner · Beverley Johns
역 자 | 김미숙
발 행 인 | 구본하
발 행 처 | 도서출판 박학사
주 소 | 서울시 마포구 서교동 460-26 동아빌딩 2층
전 화 | (02)3142-3764~5
팩 스 | (02)3142-3766
웹사이트 | www.pakhaksa.co.kr
등록번호 | 제10-2230호

**정가 27,000원** ISBN 978-89-98521-21-9